中西古代审美思维比较研究

A Comparative Study between Chinese and Western Ancient Aesthetic Thinking

吴登云 著

国家社会科学基金课题（西部项目）『中国文论中象思维体系与西方审美体系比较研究』最终成果（项目编号：10XZW003）
曲靖师范学院『云南省十二五硕士学位授权建设学科』
中国语言文学学科等资助出版

科学出版社
北京

内 容 简 介

近些年来，为“治疗”中国文论的“失语症”，不断兴起了关于中国文论和美学的“体系构建”的探索热潮。以此为背景，本书立足于古代话语语境，从“思维方式”的视角，把中国古代文论中的“象思维”体系与西方“形思维”的审美思维体系的对应和比较作为研究内容，并以中西古代文论和美学的宏观体系为视域，着力于审美思维的探究，在构建中国古代审美思维体系的基础上，具体展开了关于中西古代生命审美、社会审美、艺术审美、悲剧审美等四个维度的比较和阐述。居于立足点的宏观性和研究内容的交叉性，在分析和阐述中注重三个方面的统一：立足于哲学根基，注重哲学、文论、美学的统一；力求于“和”文化理念，注重道学、儒学、释学的统一；立身于审美思维体系，关照理论层、思想层和思维层的统一。

本书可供高校文艺学、文学、美学等教学科研教师，以及哲学类、汉语言文学类专业学生参考，也可作高校所有专业学生的通识课教学内容选择；还可作社会其他各行各业人员自觉提升文化素养的阅读材料。

图书在版编目（CIP）数据

中西古代审美思维比较研究 / 吴登云著. —北京：科学出版社，2017.6
ISBN 978-7-03-050624-5

Ⅰ. ①中… Ⅱ. ①吴… Ⅲ. ①审美-比较美学-中国、西方国家-古代
Ⅳ. ①B83-091

中国版本图书馆 CIP 数据核字（2016）第 272681 号

责任编辑：付　艳　袁　玲 / 责任校对：贾伟娟
责任印制：张欣秀 / 封面设计：楠竹文化
编辑部电话：010-64033934
E-mail: edu-psy@mail.sciencep.com

科 学 出 版 社 出版
北京东黄城根北街 16 号
邮政编码：100717
http://www.sciencep.com
北京凌奇印刷有限责任公司 印刷
科学出版社发行　各地新华书店经销
*
2017 年 6 月第　一　版　开本：720×1000　1/16
2017 年 6 月第一次印刷　印张：23 3/4
字数：466 000
POD定价：　99.00元
（如有印装质量问题，我社负责调换）

前　言

近百年来，国内关于中西文论和美学的比较研究，曾经有过不同的研究视角和理论话语，也曾经兴起过不同的流派和多样化的论争。新时期以来，更是学者云集如潮，观点聚讼纷纭，理论日新月异。针对近些年来关于中国文论和中国美学“体系建设”的问题，为深入探究中西古代文论和美学的精神体系及其生命特质，承传其生态价值，推进中西融合与共生，本书着力于“审美思维”，从思维方式的视角，对中国古代以“象”为核心的文论思维体系和西方以“形”为核心的审美思维体系进行比较研究。

一、本书的形成背景与研究目标

20 世纪末以来，关于构建“中国美学体系”的呼声越来越高，对其研究现状也各有评说：“中国需要美学，而且百年来已建构和发展了自己的美学。从王国维的以‘境界’为核心概念的美学，到宗白华、朱光潜、吕荧等的以美感态度或美感经验为核心概念的美学，蔡仪的以典型为核心概念的美学，到李泽厚、蒋孔阳等以‘实践’为基础概念的美学，再到周来祥的以‘和谐’为核心概念的美学以及另一些人主张的以‘生命’或‘存在’为基础概念的美学，中国至少已形成了六七种模式，且各有其独特贡献。”[①]“建国以来，在我国美坛上以对美的本质的不同看法，而形成四派观点，即主观说、客观说、主客观统一说、社会性与客观性统一说。”[②]“随着朱光潜、蔡仪、吕荧等老一辈的相继去世，随着美学探讨的发展，美坛上也由老四派发展为自由说、和谐说、生命美学说等新三派。”[③]“除了原有四派外，新时期又涌现了一些有影响的、与四派不同的美学学派或观点。……在 80 年代中后期，一些中青年在吸收西方现当

① 阎国忠. 美学百年·序. 中华读书报，1999-10-13.
② 周来祥. 我看今日美坛. 山东大学学报，1997，(3)：48-49.
③ 周来祥. 新中国美学 50 年. 文史哲，2000，(4)：5-12.

代美学新成果的基础上，也提出了与原有几派美学从思路、方法到范畴全然不同的新的美学理论构架，如系统美学、体验美学、生命美学、接受美学、审美活动论美学、心理学美学、语言美学、符号论美学等等。”[①] 无论对美的本质的追问还是对美学体系的探究，对“生命美学”体系构建的尝试还是对“实践美学”的大胆延伸，都必须首先探讨一些根本性的问题。例如，中国美学的核心精神是什么？中国美学体系的灵魂特质与生态脉络何在？中国传统审美的思维特征是什么？如何呈现中国美学固有的文化本质、生命特质和生态价值？要回答这些问题，就应该在中西古代审美思维体系的比较和鉴别中来认识。

20 世纪初是中国美学和中国文论的一个历史性转折时期。被称为“现代美学先驱”的学术大师们，在译介和吸收西方思想理论的基础上，以西方哲学、文论和美学等思想理论为参照，反思和研究中国古代的文论和美学，倡导“博通古今”“学贯中西”的学术主张。同时，引进西方理论，搭建了中西理论“嫁接”的桥梁，开启了中国文化史上继佛学引入之后的又一次“中西对话”，开创了中国现代美学和文论研究的新视角、新思路、新理论，呈现出了新的学术气象。从此，文化与学术“中西融合”的趋势被激活，并以日益活跃的态势追逐着文化“全球性”的目标。

然而，任何新生事物的产生和发展，都不可能一开始就以“完善”的姿态呈现，它往往只能以其最富有生命价值的某些方面和某些特征，去突破前进中的一道道关口。在突破的过程中呈现曲折性、摇摆性、反复性，呈现为整体迂回上升的格局，中国文论、中国美学也不例外。早期的佛学文化进入中国，先后经历了水火难容的思想排斥与对抗、错综复杂的理论辩论与调和、艰难曲折的精神变通与吸收、漫长历史过程的思维化合与学说独立。经历了近千年的文化变迁，到唐代慧能创立了禅宗，形成了儒道佛一体的“禅学”，才以其本土化的思想理论体系呈现出“民族性”与“世界性”有机统一的文化特征。“禅学”融化于以儒、道为主体思想的中国哲学文化，渗透于中国诗文创作、诗学理论和审美思维，成为“中西合璧”的历史典范。

王国维堪称中国近代美学的开创者和现代美学的奠基人，被誉为“中国近三百年来学术的结束人，最近八十年来学术的开创者”，法国伯希和称之为“中国近代之世界学者”，梁启超赞其“不独为中国所有而为全世界之所有之学人”，郭沫若认为他“在几千年的旧学城垒上，灿然放出了一段异样的光辉”。英国诗人雪莱曾经说过：“诗人和哲学家、画家、雕刻家、音乐家一样，在一定意义上他们是时代的创造者，在另一种意义上他们又是他们时代的创造物。”[②] 王国维吸收了西方哲学和美学思想理论，以中国固有的哲学文化思想为根本，以探

① 朱立元.“实践美学”的历史地位与现实命运. 学术月刊，1995，(11)：95-102.
② 卢喜庆. 中国近代美学思想史. 上海：华东师范大学出版社，1991：3.

索“人生”为目的，以康德、叔本华、尼采等有关“生活”“欲望”“利害”的视角、思想和学说来反思和研究中国古代的文论和美学，并主张抛弃“功利”思想，认为：“美之性质，一言以蔽之，曰：可爱玩而不可利用者是已。”[①]把美学作为一门独立的学科加以讨论，给中国文学批评和中国美学领域带来了一度空前的学术活力和理论繁荣景象。“中西融合”和“审美独立”的思想理论的呈现，成为中国文论和美学近代转型的根本性标志。正如聂振斌所说：“王国维的美学思想是中国美学从自发状态走向自觉的标志，从此中国人开始自觉地建设美学学科的独立体系。”[②]与此同时，王国维关于“非功利”的美学思想还成为我国近代教育方针的新起点；蔡元培坚持审美超功利性，把中西教育结合起来，提出“以美育代宗教”的主张，极力倡导“美感教育”，力推“五育并举”，把美育视为“唯一的中坚任务”，认为“民国教育应以养成共和健全之人格为根本方针”，并在《以美育代替宗教说》一文中明确提出：“纯粹之美育，所以陶养吾人之感情，使有高尚纯洁之习惯，而使人之我见，利己损人之私念，以渐消沮者也。”“故教育家欲由现象世界而引以到达于实体世界之观念，不可不用美感之教育。”“五育并举”主张的形成，成为中国近代教育方针转型的标志。然而，王国维又感慨：“呜呼！我中国非美术之国也。”[③]这又成为近代以来国内学术界关于中国“无美学”的偏见与误导的源头。王国维在吸收西方思想理论的同时，也兼容了西方“主客对立”的“二元”思维。因此，中国古代美学的现代性转型，不仅是理论话语的转型，最根本的还是思维方式的转型，即由“一元”思维向“二元”思维的转型。

朱光潜被公认为中国现代美学的奠基人。如果说王国维为我国文学理论和美学思想搭建了“融贯中西”的桥梁，那么朱光潜的美学思想和理论则进一步推进了我国当代文论和美学的哲学思维、理论话语和美学思想的“西式”转换，具体表现在以下几个方面。

1）朱光潜以西方哲学和心理学的视角来理解中国文论和美学，推进了“本土”思维的“西式”转换。他的《谈美》和《文艺心理学》把西方20世纪初的审美心理学诸流派结合成了一个完整的体系，在中国美学领域具有学科的领先地位。他以西方“主观与客观”和“形式与内容”的“二元”哲学观来阐释中国的文论和美学，以“主客统一”观来阐述美的本质，成为我国当代美学“主客观统一派”的代表。这对于“主客一体”的中国哲学思维方式，是一次根本性的颠覆，并广泛而深刻地影响了我国当代审美思维和学术思维。与此同时，朱光潜认为：“中国向来只有诗话而无诗学！”[④]从此，“主客对立”观和“有诗

① 北京大学哲学系美学教研室. 中国美学史资料选编（下册）. 北京：中华书局，1981：435.

② 聂振斌. 中国近代美学思想史. 北京：中国社会科学出版社，1991：56.

③ 王国维. 王国维文集（第三卷）. 北京：中国文史出版社，1997：158.

④ 朱光潜. 诗论（抗战版）. 上海：上海古籍出版社，2001：序.

无学”论成为许多学者视西方理论为“标准”的重要依据。至 20 世纪 80 年代，学术理论的“开放”浪潮日益走向一个新的极端，西方哲学的思维方式成为我国哲学、文论和美学等诸领域的主体性思维方式，以“象思维”为特征的中国传统思维的“边缘化”达到了空前绝后的顶峰。

2）朱光潜用西方文论和西方美学术语来解读和阐释中国传统的诗论和美学思想，推进了中国本土话语的“西式”转换。他的《西方美学史》是汉语学界第一本关于西方美学史的著作，也是他借以阐释中国诗论和中国美学的思想理论基础。他曾说：“我倒不曾想到中国文化处处不如人，不过确曾想过西方文化在某些方面比我们强。我的一个野心就是把它搬一些到中国来。”[①] 他在大量翻译西方历代哲学和美学著作、译介和评论西方美学思想的同时，积极引进西方文论术语和美学概念，诸如布洛的“距离”说、利普斯的“移情”说、布鲁斯的“内摹仿”说等，在中国当代美学思想体系中影响甚广。20 世纪 80 年代以后，由于“百花齐放”的学术力量的助推，试图摹仿朱光潜而发掘、引进或应用西方的某种理论来阐释、“勾兑”中国美学和文论的现象，逐步成为一种浮躁的学术趋向和学术潮流，并先后出现了多元化的美学热点，诸如“新三论”美学热、弗洛伊德的精神分析美学热、现象学美学热、存在主义美学热、符号学美学热、阐释学美学热、分析学美学热、结构主义美学热、解构主义美学热等，西方术语、西方话语、西方思维不自觉地成为当代中国哲学、文论、美学的理论范式和话语标准。

3）朱光潜、宗白华等受叔本华、尼采哲学的影响，提出并阐述了“人生艺术化”的审美理想，推进了中国当代美学思想的“西式”转换。在中国古代审美思维体系中，美学并非以艺术美为唯一对象，而是包含了自然美、社会美、人格美、艺术美等十分广泛的领域。当代以来，“美即艺术”的思想理论日益成为美学理论的主流思想，其源头就在于“泛艺术”思想的萌芽。朱光潜认为，艺术是情趣的活动，艺术的生活也就是情趣的生活。情趣愈丰富，生活也愈美满。“人生本来就是一种较广义的艺术，每个人的生命史就是他自己的作品。”“知道生活和懂得生活的人就是艺术家，他的生活就是艺术品。”[②] 所谓“人生艺术化”就是人生的情趣化。“因为艺术是情趣的表现，而情趣的根源就在人生。反之，离开艺术也便无所谓人生；因为凡是创造和欣赏都是艺术的活动。”他又说：“生活上的艺术家不但能认真而且能摆脱。在认真时见出他的严肃，在摆脱时见出他的豁达。”“一切哲学系统也都只能当作艺术作品去看。”“真理在离开实用而成为情趣中心时，就已经是美感的对象……所以科学的活动也还是

---

① 朱光潜. 最近学习中的几点检讨. 人民日报，1951-11-2（6）.

② 朱光潜. 朱光潜美学文集（第一卷）. 上海：上海文艺出版社，1982：533.

一种艺术的活动。”[①]因此主张将“艺术”引入人生，又将人生纳入“艺术”之中，使人生成为“艺术人生”。“艺术人生”是朱光潜关于人生的审美理想和追求，他认为“艺术人生”是美，但没有认为“美即艺术”。

宗白华同样追求“艺术式的人生”，主张人生应成为艺术品似的创造，但他也没有把美和艺术加以等同。他吸收中国古代关于自然美、艺术美、社会美和人生美的思想，主张“艺术自然化”“自然生命化”“文化的人生观化”，提出包括“同情的艺术人生观”“创造的艺术人生观”“追求自由的艺术人生观”等在内的“艺术人生观”。宇宙和人生的统一是中国哲学的精髓，而人生与艺术的统一则受益于西方思想的启迪。宇宙、人生、艺术的统一，正是当代“中西合璧”的理论创新。刘小枫曾说：“在宗白华那里，艺术问题首先是人生问题，艺术是一种人生观，‘艺术式的人生’才是有价值、有意义的人生。”[②]但“人生的艺术化”和“艺术式的人生”的理论透露出了“泛艺术”的思想，成为后世学者借题发挥的“引子”，成为人们把西方“美即艺术”“美在形式”搬进中国的重要理论依据。

王国维、朱光潜等分别以“学贯中西”“博通古今”为己任，为中国现当代美学注入了新的活力，以辩证的思维和态度开辟了“学贯中西”的学术出路，并立足于中国自身的文化体系而开创了“中西对话”的理论范式。然而，他们对于中国文论和美学的一些批评结论和话语，诸如无美学、非科学、非体系、感性、直觉等，曾一度被新时代的许多学人所默认和共识，甚至被当作定论和经典论断而盲目引用和穿凿发挥，进而成为浮躁、极端并走向“西化”的“启蒙”术语和理论论据。在此基础上，关于中国文论和美学有诗无学、有美无学、没有体系、缺乏逻辑、缺乏理性、非科学性等种种自卑之情和自贱之声纷至沓来。

伴随着带“非”的观点的日益偏激和主流化倾向，顺势而为的各种学术期刊、学术文章和学术论著等，不断构筑了西化语境的海洋。极力仰视、推崇和引渡西方概念，借用西方术语、理论和话语方式来“点对点”地阐释、置换或检讨中国理论的倾向，成为转型时期的一种时髦追逐。20 世纪 50 年代以来，关于“美”的本质问题的讨论所形成的多元化理论倾向，如围绕主观与客观、形式与内容等所形成的主观论、客观论、主客统一论、规律论、实践论、美即艺术、美在形式等，以强大的“磁场效应”，广泛地把人们的视线不断引向了西方二元哲学的立场和视角。高校的文论和美学教材基本上以西方思想、西方理论和西方话语为主体，西方标准、西方中心、西方主体等成为新时代文论和美学的主流和导向。中国文论和美学的这种日益边缘化和文化遮蔽现象，在 80 年

① 朱光潜. 朱光潜全集. 合肥：安徽教育出版社，1997：90-95.
② 刘小枫. 湖畔漫步的美学老人——忆念宗白华老师. 读书，1988，(1)：115.

代被推向了前所未有的高潮：用西方思维来理解中国古代思维，用西方话语来阐释中国古代文论，以西方理论作为衡量标准，如此等等,可谓“除却洋腔非话语，离开洋调不能言”[①]。“极端”也许就是转型期的必然过程，这就是中国当代文论和美学的基本现状。

当然，“遮蔽”是暂时的。从民族性的视角来看，在“中西对话”的新时代，并不缺少关于中国古代文论和美学的哲学研究、史学研究、心理学研究、文本研究、范畴研究和各类专题研究的实力，关于中国古代文论和美学的文化研究、比较研究也日益备受关注。多侧面的理论成果显示，中国古代文论和美学越来越体现出其独立的研究领域、独特的价值体系和体系化的学科特征，成为中国当代和未来的文论和美学体系建设最为丰富和宝贵的学术积淀、理论资源和反思“镜面”。从现代性的趋势来看，“反思”是中国近代以来文论和美学研究的一种自觉，不缺少能够冷静观察、善于反思和勇于质疑的文艺理论家和美学思想家。20 世纪 90 年代，学术界关于“西化”的反思，终于以一种共鸣式的呐喊，为中国当代文论和美学的研究掀开了崭新的一页。以曹顺庆的《文论失语症与文化病态》一文为代表的“反思”性理论，揭示了中国现代文论因“文化大破坏”“先天性不足”“文化偏激心态”等因素所导致的民族虚无主义、“失语症”等学术和理论现状，“重建中国文论话语”的学术主张曾一度引起了强烈的轰动。文中指出：“长期以来，中国当代文艺理论基本上是借用西方的一整套话语，长期处于文论表达、沟通和解读的‘失语’状态。”[②]在反思“失语症”现象的同时，文论界和美学界纷纷展开了关于中与西、古与今等关系问题的讨论，并先后兴起了“重建”论、“转换”论、“中国化”、“民族性与国际性”、“学科化与科学化”等学术思潮和论争主题。然而，近 20 多年来，关于“重建”和“转换”的各种理论和主张，一直呈现为繁杂的理论倾向和多元化的理论状态，尚未涌现出能够被学术理论界一致公认的理论范式，中国当代文论建设的走向依然处于摇摆、动荡、离散的困境和危机之中。正如有的学者所说：“美学学科三十年：走向离散。”[③]尤其突出的是，失语、失根、失体“三失”并存，构成了中国当代文论和美学的“病态”特征。

“失根”是一种放弃“血缘”、丢失“根基”、丧失“脉络”的思想理论现象，突出地表现为断章取义、牵强附会、哗众取宠的学术文风与时弊。海德格尔曾说过：“按照我们人类经验和历史，一切本质的和伟大的东西都只有从人有个家并且在一个传统中生了根中产生出来。”[④]以当代文论和美学研究的话语行

① 孙大军. 当代中国文论话语研究十年述要. 文艺理论与批评，2007，(4)：109-113.
② 曹顺庆. 文论失语症与文化病态. 文艺争鸣，1996，(2)：50-58.
③ 高小康. “美学”学科三十年：走向离散. 文艺争鸣，2008，(9)：38-41.
④ 孙周兴. 海德格尔选集. 北京：生活 • 读书 • 新知三联书店，1996：1305.

为为例，一些学术文章为体现所谓的“引经据典”“广征博引”，对于来自古代和西方的术语和理论，不顾及其本身所蕴含的哲学思想和文化意义的本质、内涵和根源，而只力求意义“相关点”的组合、征引与对接，并能引起不少读者的迎合、赞许和模仿，助推了哗众取宠文风的潜滋暗长，进而成为一种学术时弊，不顾思想文化根系、盲目引进术语、以西释中、铺陈论据、猎奇求新等文风不断成为一种学术时尚。

“失体”是没有形成一种能够以中国本土特有的哲学基础、文化基因、话语语境和审美精神等为灵魂主体的中国当代文论和美学体系。同西方以“摹仿”说为基础、以“神灵”为本、以“叙事”为主流的文论史不同，中国文论史是以“物感”说为基础、以“情性”为本、以抒情为主流的“诗学”历史。即便后来逐步产生了不同样式的戏曲和小说，但它们在宇宙观念、审美视角、思维方式、表现艺术、文体结构等诸多方面，始终和“诗”具有千丝万缕的血脉关系。把诗的话语方式、意象和意境有机融入戏剧、小说等各类叙事文学作品，以力求最大限度的、充满“诗化”的思想意蕴和情感想象空间，体现了最为独特的东方民族风格和审美思维。与之相应的文论、诗论，多以诗话、词话、点评、书信、序、论、品等多种语体样式而呈现，故被当代人们视为非体系、非逻辑、非科学、非理性。单纯从语言形式上看，与西方逻辑化、系统化的历代鸿篇巨制相比较，中国文论仿佛“小巫见大巫”。当代人们更愿意接受西方的形式逻辑与“形思维”，推崇由概念、判断和推理所构筑的无机化的“叙事学”理论体系，而不善于重视祖先们习以为常的思辨逻辑和“象思维”的基本思维方式，不能够回归“本土”去理解中国哲学体系中融辩证思维、系统（整体）思维、变易思维为一体的思维优势，难于承接数千年来以“情性”而一以贯之的、充满生命精神和富有再生空间的中国诗学体系和审美精神。“龙学”界以其系统化的学科方式和丰富的研究成果体现了中国文论体系的独特价值，并把《文心雕龙》公认为独特的中国文论话语体系。但《文心雕龙》作为魏晋时期的文论专著，一方面，它还不能完全体现中国文论的全部的和最高层次的审美范畴和理论话语；另一方面，它与西方文论之间，无论是思想内涵还是话语方式，“距离”性远远大于“通融”性。继《文心雕龙》之后，中国再也没有出现过一部能够从根本上体现中国审美精神的、具有完整话语体系的经典文论，更没有一部既能够从本质上把西方思想理论吸收和融化为自身精神、又能够以自身的民族话语来呈现“世界性”的文论体系。没有参照似乎就没有“摹仿”，于是西方文论就成为最现实的“范本”，“中国等于古代，西方等于现代”无形地成为一种“约定俗成”的、难以颠覆的思维定势。

出路究竟何在？宗白华说过：“我以为中国将来的文化绝不是把欧美文化搬来了就成功”，而是“借些西洋的血脉和精神来使我们的病体复苏”，从而“发挥中国民族文化的‘个性’”。[①]纵观中国文论、中国美学的百年研究史，中国文论和中国美学曾在文献研究、哲学研究、史学研究、文化研究、范畴研究等方面取得了前所未有的丰硕成果，在比较研究、体系研究方面也日益显现出新的层面和方向。但是，在比较研究方面，尚未寻求到一种能够透视中西审美思维的灵魂体系的新视角。在体系研究方面，尚未寻求到某种能够贯中西、通古今的理论脉络。因此，以比较研究为基础，把哲学思想、文化精神、审美思维、理论话语等融为一体而形成交叉性的研究思路和视角，将成为中国文论和美学体系建设的根本出路。在中西比较研究中诉求中国古代文论和美学的文化精神体系、审美思维体系和理论话语体系，发掘具有必然性的中西“嫁接点”和古今“生长点”，为汲取能够“使我们病体复苏”的血脉和精神，为推进民族性与国际性相融、学科化与科学化一体的“当代形态”的体系构建，寻找基本思路，这是中国当代文论和美学研究的根本任务。本书以“审美思维体系”为基本视点，试图通过中西比较，探寻中国文论、中国美学固有的精神构架和体系特征，为当代文化传承与文化建设提供系统的通识教育资源，为当代文论和美学的“体系构建”提供有价值的思路和参考，为相关学科建设、课程建设等提供必要的理论支撑，也为中国文论和美学研究提供新的视角和思路。

二、本书研究的主要方法和基本思路

本书以思辨法和比较法为主要研究方法，以“思维体系”和“思维方法”为宏观视角，以中国文论中的“象思维”体系同西方“形思维”体系的比较为重心，在反思当代国内关于文论和美学的理论潮流和倾向中诸多问题的基础上，针对以往具有误读、误解、误传、误导性质的理论现象，对一些具有片面性的中西互释、互接、互换等理论现象进行辨析，同时助以历史研究法。立足哲学、文论和美学“三位一体”的文化根基，通过“寻根”和“比较”相结合的讨论，力求回归中西理论的原生语境和文化土壤，分别对各自的文论和美学中的基本范畴、核心概念、重要理论及其思想体系的本义、根系、源流、转换等进行追溯和梳理，以寻求“体系”的内在逻辑、思维线索、思维体系和思维方法特性，在呈现“古今”思维方式转换的基础上凸显其“民族性”生态价值，在中西思维体系的对照中呈现“国际性”价值取向，为当代中国文论和美学的“话语体系”建设提供视域的“参系”。

研究的内容和方法来源于“反思”。作为“思维体系”研究，我们努力吸收以往关于文论的史学研究成果和资料，但又力求超越以往以“断代史”和“时

① 宗白华. 宗白华全集（第2卷）. 合肥：安徽教育出版社，1994：321.

间流”为特征、以“点”为依据的“史化”研究，力求以“思维转换”为基本线索，着力关注点与点的深层关系。作为审美思维研究，我们尽力吸收以往关于范畴研究的基本思想，着力于审美范畴的思维方式及其“根系”与“源流”追溯，以透视其民族文化心理特质、范畴的生命内涵和“体系”的内在逻辑。作为比较研究，我们尽力吸收以往哲学文化研究、文论专题研究等方面的真知灼见，同时对具有片面性的理论现象进行反思，对一些盲目沿袭“既定结论”的思维惯性加以辨析。为尽力避免充满“论争”意味的言辞，我们力求回归有关术语、范畴、思想、理论的“本土”精神，努力置身于“当时”的思维方式，着力于对其文化根系、思想演进、话语语境、原始内涵等方面的追溯，由此呈现出以供“甄别”的意义。

“反思”的动力来自种种困惑与质疑。诸如困惑于多年来文艺学、美学方面各类教材、论文和论著所表现出的浓厚的西方中心观与中国文化极度“边缘”倾向；纠结于中西概念互释互译、中西术语理论“对等”与“代换”等诸多牵强附会的悖论；忧患于许多偏激、浮躁、自卑和理论“动荡”局面；等等。尤其关于中国文论和美学的非体系、非逻辑、非科学、非理性，以及有诗无学、有美无学等种种论断，越来越具有更多的理由令人质疑。

德国哲学家伽达默尔说过：“历史精神的本质并不在于对于过去事物的修复，而在于对现时生命的思维性的沟通。”[①] 在中西文化碰撞的时代潮流中，或受西方思想的启迪，或吸收西方理论的有效价值，以中西文化潜在的当代“融合点”来强化自身的古今“生长点”，这是当代文化学术研究的目标所在。

从研究的范围和对象来审视，20 世纪 30～50 年代，关于中国文论和文学批评的史学研究呈现出了新的格局，以陈忠凡、方孝岳、郭绍虞、罗根泽等为代表的一大批文艺理论家，立足于中国文化之根本而研究中国文学批评史，分别出版了多部《中国文学批评史》，以不同的线索和视角梳理、解读、阐述了关于中国古代文学批评史各个时期的经典理论、美学范畴和美学思想，初步体现出中国古代文论的体系化特征。80 年代初期以后，关于中国美学的史学研究呈现出了全新的繁荣景象，例如，李泽厚、叶朗、敏泽等代表了新时期中国现代美学的新气象。李泽厚曾经提出关于美学研究的三个主张：“现代美学实质上包括三个部分，或三个内容、三种成分、三种因素，即一是关于美的哲学的探讨，一是关于审美心理学的探讨，一是关于艺术理论（艺术哲学）的探讨。”[②]

但是，由于视角的不同，关于文论和美学研究的范围、对象、思路的选择也就各不相同。总体来说，在文献研究、史学研究和阐释学方面的成果可谓功德无量，在哲学研究和范畴研究方面呈现为观点和立场的多元化与争论性、课

① 伽达默尔. 真理与方法. 上海：上海译文出版社，1999：221.
② 李泽厚. 美学的对象问题. 北京：北京师范大学出版社，1981：15.

题空间无限性与广阔性，在心理学研究和应用研究方面不断打开了新的视野，关于重要思想家和经典著作的专题性研究可谓百艳争芳、百舸争流，在体系研究和审美思维研究方面，正在逐步吸引着越来越多的视线。

本书研究的基本思路是以上述学术状态、学术成就为背景和基础，以中西古代文论和美学的思维体系为视角，着力于“审美思维”的比较研究。居于立足点的“宏观性”和研究内容的“交叉性”，在分析和阐述中注重三个方面的统一：一是立足于中西文化的哲学根基，注重哲学、文论、美学的统一；二是力求于中国“和”文化理念，注重道学、儒学、释学的统一；三是立身于“审美思维”体系，力求原创性理论层、思想层和思维层的统一。以往关于古代文论的心理学研究主要侧重于“以意逆志”，更多地以现代思维去理解古代思维，以现代话语去阐释古代理论。而作为文论的思维研究应力求于“知人论世”，即努力回归文论原创时代的思想根基，置身于当时的话语语境和思维方式去认知、体验和阐释“当时”的文论思想。因此，“知人论世”是本书立意的基本思想，寻源头而理线索，从“历史中的经典”去发现“经典中的历史”，顺着历史必然性去探究思维转换的关键环节，按照生态逻辑去讨论文论中的生命价值。

三、本书的基本观点和基本内容

（一）本书的基本观点

1. 中国古代“象思维”发展的基本线索

中国古代“象思维”体系分别呈现为哲学思维和艺术审美思维。早期以“象”观念为特征的“象思维”的形成，经历了复杂的嬗变过程：图腾“想象”之“象”→外交沟通之“象”→图象表达天文之“象”→符号表达义理之“象”→语言阐述“断卦”之“象”。“象论”的产生标志着“象思维”自觉与成熟，以“易象”为基础，形成了以“象”为核心范畴的“象论”发展线索：易象→象论→意象论→意境论→境界反思论。艺术审美以“象”为元范畴，在不断发展的过程中形成了审美范畴体系：乐象→意象→意境。

2. 中国古代的审美思维体系结构

1）宏观视角下的审美范畴体系。中国古代的审美范畴体系是以“和”为核心精神的三个基本范畴：“中和”“意象”“情性”。中国审美思维以三个基本范畴为核心，形成了“三位一体”的范畴体系：以“中和”为核心范畴的社会审美的思维体系，以“意象”为核心范畴的艺术审美的思维体系，以“情性”为核心范畴的生命审美的思维体系。三者互相渗透与交叉，共同体现我国古代的“象思维”体系及其审美思维方式。

2）中国传统哲学与文论中的“象思维”体系。“象”是中国古代原创的哲学范畴，发展为审美范畴，“象思维”是中国古代最基本的审美思维方式。“象思维”经历了三次转换：①由原始的图腾与宗教中的“象”观念和“想象”思维，转向宇宙哲学中的“取象”和“立象”思维；②由“易象”的“立象尽意”思维，转向诗学“意象”的“神用象通”的艺术创造的思维；③由心、物一一对应的“意象”创造的思维，转向“境思纵横”的“意境”创造的思维。王国维引进西方理论和“二元”思维，成为中国审美思维由“一元”向“二元”转换的开端。“二元”思维已成为我国现当代文论和美学的主体思维方式，理解中国古代文论和美学必须回归“一元”思维为主的“象思维”。

3）以“意象”为核心范畴的中国文论范畴体系。“象”又是中国文论体系中的“元范畴”和理论“基因”，“意象”是核心范畴，“情性”是核心精神，“一元”思维是哲学基础。“象”论的发展不断推进了艺术审美的“象思维”的发展，集中表现为三个阶段：①由“易象”的生命和伦理价值阐释，延伸为“乐象”的“情性”阐释；②由言、象、意的“义理”阐述，发展为“意象”审美理论的确立，例如，《文心雕龙》以“意象”为核心范畴、以“神思”为主题，确立了“意象”审美体系的系统理论；③由诗学“意象”拓展为“意境”理论体系，成为中国诗学的最高审美范畴。

3. 中西审美范畴与思维体系比较的理论视角

1）中西审美思维体系的区分特征：以往的区分观点众说纷纭，诸如“感性思维”与“理性思维”、“形思维”与“体思维”、“时间思维”与“空间思维”、“形象思维”与“逻辑思维”、“动态思维”与“静态思维”、“整体思维”与“个体思维”等。本书认为，“象思维”与“形思维”是区分中西审美思维体系的根本特征。

2）中西审美思维体系的“四维”比较：中西“象思维”体系与“形思维”体系的本质差别集中体现为四个维度，即生命审美的思维、社会审美的思维、艺术审美的思维、悲剧审美的思维。

（二）本书的基本内容

本书分为两个基本部分：上编为“中国古代审美思维体系”，下编为“中西古代审美思维体系比较”。

上编分为四章，主要阐述中国古代的“象”观念的形成、哲学“易象”与“象”论、诗学“意象”理论的形成、“意境”理论的产生和发展，以及“境界”说关于“意境”的反思，并通过追根溯源，寻求中国古代思维发展主线，构建“象思维”体系，着力阐述思维发展的转换环节。

下编也分为四章，重点选择了中西古代审美思维体系中具有主流价值的四个“视点”进行“四维”比较：分别以“万物有生”和“万物有灵”宇宙观为依据，对中西古代关于“情性”论与“灵魂”观的生命审美的思维进行比较；分别以“和”文化和“对立”观为依据，对中西古代“中和”观与“和谐”论的社会审美的思维进行比较；分别以“人本”和“神本”哲学观为依据，对“物感”与“摹仿”的艺术审美的思维进行比较；分别以“悲情苦境”和“冲突”审美观为依据，对中西古代“悲情”观与“悲剧”观的悲剧审美的思维进行比较。通过“四维”比较而共同呈现中西“象思维”与“形思维”的民族特征。

中西比较，其义自见。然而，当我们以“古代”为重心的时候，也许会有人视之为“复古”。当我们突出“中国”的时候，也许会被视为“国故”而受蔑视。但我们只能说：价值认同与审美会通并非无源之水，思维体系的开放需要“智慧互补”，审美情感的融合需要“生命共识”，审美境界的升华需要“文论共生”。“根系发达”才会“枝繁叶茂”，“海纳百川”才显“雍容华贵”。坚信“借古还今”，维护历史价值的“生命延续”，这是古代文论和美学研究的根本立足点。“相得益彰”，推进民族文化价值实现“无缝对接”，这是中西关系的自然走势。或者再重复一遍伽达默尔的话：“历史精神的本质并不在于对于过去事物的修复，而在于对现时生命的思维性的沟通。”而本书关于中西“象思维”与“形思维”两种审美思维体系的比较，不过是抛砖引玉而已。

作为宏观性的基础理论研究，往往需要充分吸收和利用前人、他人的研究成果和现成的文献资料，甚至是人们曾经熟知的部分必要材料，这应该是理论研究的本分。有时从司空见惯的材料和观点中寻求不同流俗的思想、观点和理论，对于引导读者转变“流俗”中的观念和思维，或许更具有广泛的效应。当然，此仅作为一个小小的“题外”学术观点存言罢了。

吴登云

2016年9月10日

目　录

下编 中西古代审美思维体系比较

绪　论
中西关于古代"诗"与"思"的研究与反思

社会的发展首先是思维发展，人类的创造来自思维突破，时代的变革源于思维的转变。思维能力决定创造能力，思维境界决定人生境界，思维方式决定话语方式和行为方式。所以，"思维方式是一切文化的主体设计者和承担者"①。不同民族原始思维方式的形成，决定着该民族的文化特质和价值走向，规定着该民族的话语语境与话语方式。由于生存背景决定着人们对于宇宙的认知视角，生存方式决定着人们对于万物的生命价值的取舍，所以思维方式取决于生存背景和生存方式。人们在一定的认知视角所形成的宇宙观念和认知方法，构成了哲学思维，而在一定的生存方式中所形成的对于万物的生命价值认知过程和取舍方式，形成了科学思维。作为哲学思维，不同民族对于"天人"关系的不同认识、态度和处理方法，形成了不同的民族思维方式。作为科学思维，在认知和价值取舍过程中必然形成特定的生存理念和生活方式。一定生存背景下的宇宙观念和生活方式，能够促成人们形成相应的价值观念和情感态度，并通过各种艺术形式来表现，这就上升为审美思维。文论则是思想家、文艺理论家们关于文学艺术审美价值的哲学思辨，体现着鲜明的审美态度和审美主张，是理性化的审美思维。因此，关于中西文论的研究，不仅要关注文论中的理论话语和美学思想，更要立足于"原始语境"来探究文论所蕴含的审美思维特征。

一、中西"哲学时代"的思维分野

19 世纪中叶，德国哲学家雅斯贝尔斯提出"轴心时代"的理论，认为在公元前 800 年至前 200 年间，旧大陆上的古老文明地区（如中国、印度、古希腊

---

① 蒙培元. 中国哲学主体思维. 北京：人民出版社，1997：182.

等）都出现了伟大的精神导师，都发生了“终极关怀的觉醒”，他们开始用理智的方法、道德的方式来认识自然、社会和人生，形成了对原始文化的巨大超越和突破，不仅同时塑造出了不同类型的思想文化传统，还形成了不同文明地区的审美思维模式，决定了不同的民族文化形态[①]。所谓“终极关怀的觉醒”实际上就是人类对自身的主动性研究，包括对人的生命现象、人类精神、人类思维、人的宇宙地位和人的价值等的研究。中西哲学理论、美学思想、生命科学等都是从这个时代开始起步的。

19 世纪末，英国人类学家弗雷泽把人类智力发展分为巫术时代、宗教时代和科学时代三个演化阶段，并认为信仰巫术、崇拜神灵是人类原始时代的共性[②]。用现代话语来阐释，巫术是以幻想的思维方式、以理想化的荒谬手段去控制自然的；宗教是以理性思维方式、以虔诚的心态崇拜并服从神化的偶像的；科学是以逻辑思维方式、通过智能的途径和手段来谋求对客观对象的认识及利用的。弗洛伊德在《图腾与禁忌》一书中也认为人类智力的发展经历了“精灵”说、“宗教”和“科学”三个阶段的宇宙观。作为在西方文化背景下所得出的结论，“三阶段”说只是从时段上体现了人类智力发展的共同特征。但中西古代具有同步性的同时，又具有各自的具体途径，表现为：西方思维演进经历了巫术时代、宗教哲学时代和科学时代；中国思维发展则经历了巫术时代、道德哲学时代和科学时代。

在巫术时代，中西同处于原始野蛮人共有的以想象为基本思维方式的诗性智慧阶段。在轴心时代，即中国先秦时期和古希腊时期，中国先民告别了巫术时代而进入了以人为本、万物有生的道德哲学时代，西方人则由巫术时代进入了以神为本、万物有灵的宗教哲学时代。因此，轴心时代既是中西同步的哲学时代，也是思维分野的时代。哲学时代的基本特征是理性思维，其主要对象是宇宙本原和人类本身，即所谓的“终极关怀”。中西思维的分野，形成了不同的哲学思想体系和政治统治体系：在哲学上，以大陆生存为背景的中国先秦圣人们，把原始天文学与巫术统一起来，形成了“天人合一”的宇宙观，以形而上思维揭示了宇宙本原之“道”，创立了“阴阳”哲学体系，形成了以“象”为核心范畴的哲学思维方式。而以海陆生存为背景的古希腊哲人们，则形成了“天人对立”的宇宙观，以形而下的实体物质元素为宇宙本原，创立了多元化的、动荡式的自然哲学观。在政治上，先秦以“道”为本的“阴阳”哲学直接摆脱了原始神话、原始宗教、原始巫术的神秘主义羁绊，“万物有生”和“生生不已”体现了伦理哲学的活的灵魂，并与宗族伦理紧密结合，建立了以血缘为纽

① 江颖颖. 孔子与苏格拉底的思维方式对中西方哲学传统的影响. 哈尔滨市委党校学报，2011，（3）：11-14.

② J.G. 费·弗雷泽，金枝，徐育新等译. 北京：新世界出版社，2006：12.

带的伦理社会结构。“道德”是儒家、道家的共同学说，道家揭示了自然道德和人类道德的同一性，儒家把政治、伦理和人生统一起来，建立了一套以“人”为本、以“情性”教化为核心的严密的封建道德体系与礼教制度。而在古希腊的多元化自然哲学中，“万物有灵”论自始至终笼罩着“上帝”和“神灵”的神秘主义色彩，所建立的是一套以“神”为本、以“神灵”为统帅的城邦民主法律制度，并且“灵魂”学说一直在“人”与“神”、“人”与“自然”之间摇摆不定，最终皈依宗教神学，成为“净化心灵”的“神教”制度的理论依据。

中西不同的思维方式创造了不同的科学体系、文化体系和历史形态。关于中西思维，曾有不同的比较视角，如非逻辑思维与逻辑思维、形象思维与抽象思维、直觉与理性等，但都忽视了中国古代特有的智慧化的思维特性。“立象尽意”的“象思维”具有自身的逻辑法则，同样包含着形象思维与抽象思维、直觉思维与理性思维。思维方式主要表现为三个基本环节：观察视角、认识方式和表达方式。

首先是观察视角。不同观察角度与分析方法，所得到的认识、感受、体验及其结论等各不相同。中国古代立足于“物我一体”的思维视角，把人视为宇宙整体中的中心要素，或者超越于“天地人”一体的高度去观察宇宙、类推事物，或者置身于物、以感悟的心智去体验事物内在的关系和同一的运行法则，形成了有机宇宙观。而西方则把天、人、神视为“三角鼎立”的宇宙模式，把人摆放在与自然、神灵相对立的位置来观察宇宙、辨析事物，以抽象的数学方法去获取外在、形式的“组合规律”，但始终不能摆脱神秘宇宙观的制约。

其次是认识方式。中国古代擅长从整体到局部的把握，并把一切“具体”和“个别”放在“整体”中来考察，形成“内省”的思维倾向和“联类取象”的思维方式。“观物取象”是认识事物的基本手段，“生命”是认识万物的通用法则，“人”是宇宙哲学和生命哲学的核心，《周易》就体现了融宇宙哲学和生命哲学为一炉、认识论和方法论为一体的系统完整的哲学思想体系。而西方则善于从个别到整体，以个体的实在性来判断整体的存在性，形成了“外省”的思维倾向和“实证推理”的思维方式。古希腊神话以“神系”为典范，孕育了神创世界、神造人类的逻辑，成为宗教神学的哲学源头，“神”是一切生命的源头，水、火、气、原子等具体的自然元素是“实证”思维的哲学基础。亚里士多德的《逻辑学》从理论上确立了西方逻辑思维的基本模式。在“内省”与“外省”两种“相反”方向的思维逻辑中，“内省”的结果强调修身养性，“外省”的结果强调改造外界。

最后是表达方式。中国古代以“立象尽意”为基本表达方式，善于以代表类事物的符号化之“象”来表现事物的动态法则，“象”既是对事物的主观认识

（观物取象），又是对主观认识的表达（立象尽意），因此成为哲学思维、艺术思维、文艺理论的核心概念。西方古代善于以个体事物的“概念”和“定义”来描述事物的静态特性，概念、判断、推理在古希腊时期就成为一切思维的基本方式。“象”表现了以“通变”为特征的思辨逻辑和抽象模式，而“概念”和“定义”则表现了以“定性”为特征的推理与演绎的形式逻辑和抽象模式。“中西两种思维的不同，源于在‘轴心时期’产生的基本理念的不同。西方‘形上’学理念从亚里士多德以降均为不同实体，显示为实体性、对象性、现成性。”①

因此，把中国古代思维视为非逻辑、非理性、非科学，或者简单地概括为“直觉思维”“形象思维”等，甚至视为“落后”的思维模式，都是一种“智慧自卑”的心态。从《周易》到道家老庄和魏晋玄学，它们都一致剖析了“言”的局限性，肯定了以“象”表意的心智能量，认为“言不尽意”，唯有“象”能尽意。现代科学证实，历来国际国内无数重大的发明创造都和想象思维徐徐相关。黑格尔（1770—1831）就认为想象是创造性的，是最高的艺术本领。因此，以进步和落后来评判和分辨中西思维，是一种缺乏民族自信的表现。

21 世纪以来，学术界关于中西思维方式的比较不断提出了新的思路。例如，王树人提出“象思维”与“概念思维”来辨析中西古代基本思维的方式，认为西方“概念思维”是对于局部的、对象化、实体性、现实性、静态事物的分析和判断，西方人以为这样的理论就能“言以尽意”②。中国古代“象思维”是对于整体性的、非对象化、非实体性、非现实性、动态关系的类推和演绎，并坚信任何理论都是“言不尽意”的。与此同时，关于中西思维本质的比较，分别涌现出“感性思维”与“理性思维”、“形思维”和“体思维”、“时间思维”和“空间思维”、“形象思维”与“逻辑思维”、“动态思维”与“静态思维”、“整体思维”与“个体思维”等诸多对应比较观。我们则认为，“象”与“形”相对应，“象思维”是中国古代的基本思维方式，“形思维”是西方古代的基本思维方式，“象思维”和“形思维”分别体现了中西古代思维方式的本质特征。

中国古代关于自然科学的思维、哲学思维、艺术思维、医学思维，以及社会生活的各种思维等，都是以“象”为主体的思维方式，共同形成了民族化的思维体系——“象思维”体系。“象思维”是一个“想象”（构筑“象”）的过程，它以事物的整体性为思维前提，通过事物的“联类”与“类推”来把握事物的运动变化状态以及事物之间的关系特性，呈现为时空一体、动静相依、形体相合、感性与理性相融的“整体性”思维，是关于类事物“特性”的领悟、体验和表现，因此古代用“想象”这一概念来比喻这种思维方式（“想象”概念

---

① 王树人. 中国哲学与文化之根——“象”与“象思维”引论. 河北学刊，2007，(5)：21-25.
② 王树人. 回归原创之思. 南京：江苏人民出版社，2005：6.

的源流将在第一章第一节阐述)。“象思维”的本质就是“想象”(动宾结构),《周易》将其描述为“观物取象”“立象尽意”,其思维的核心和最高理念是“象”。思维主体凭借主观认识和主观情感,通过对实体的类推而领悟到一种代表共性特征的非实体的客观之“义”,并将“义”和“情”(志、理)熔铸成特征化、非实体之“象”,使之既承载客观之“义”又表达主观之“意”。“象”是沟通“义”与“意”的“符号”化的媒介,是脱离了“形”的想象空间,因此“大象无形”。“象思维”力求创造最大的意义想象空间,成为中国古代智慧化的基本思维方式,“象思维乃是对中国传统思维的本质内涵和基本特征的概括”[①]。所以,“义”和“情”是“象”和“象思维”的基本要素。

与“象思维”相对应,西方“形思维”以个体性的实体事物为思维依据,通过概念来把握事物在空间形体之中的静态性质,是对具体的有形物质的“定性”或“定量”,也就是“概念”思维。“形思维”以“实证”为根本,通过实验、分析、综合、归纳、演绎等多种逻辑方法,对事物的“原型”进行描述和再现。“形”是思维的核心和最高理念,它以“数”和“量”而呈现和传达有形事物的现实性存在。“形思维”力求最精准的定义,能够概括西方古代基本思维方式的本质内涵和特征。“数”和“量”是“形”和“形思维”的基本要素。

“象思维”立足于“心物一体”,表现于对事物整体、动态和关系性的体悟。“形思维”则立足于“主客分离”,表现为对事物个体、静态和独立性的判断。人类早期的原始巫术、神化传说和象形文字,所表现的是以想象思维为主体的原创性“象思维”。从“轴心时代”开始,西方人以表音文字为标志,以亚里士多德逻辑学为起点,抛弃了原创性的“象思维”,发展了概念思维,而中国古代则以汉字系统和汉语体系的完善和沿袭而发展了“象思维”体系。“当希腊人和印度人很早就仔细地考虑到形式逻辑的时候,中国人则一直倾向于发展辩证逻辑。”[②]两种不同思维和语言的发展,从根本上形成了中西思维方式分野。因此,以“象思维”和“形思维”来区分中西古代基本思维方式的本质,其特征性更加鲜明。

二、近代西方关于原始思维的探究

近代以来,西方人开始关注于对原始思维的探究。原始时期的人类思维犹如一个人童年时期的思维,被称为混沌思维。瑞士儿童心理学家皮亚杰(1896—1980)就认为,儿童时期的思维发展与原始人的思维发展经历了一个相同的过程:“在我们看来,我们并不相信,在儿童的思维和原始人的思维之间可能的相

① 王树人. 回归原创之思. 南京:江苏人民出版社,2005:3.
② 李约瑟. 中国科学技术史(中译本第三卷). 卢嘉锡编译. 北京:科学出版社,1990:337.

似之处是由于任何遗传。心理发展规律的持久性就是以解释这两方面吻合的道理，而且既然一切人（包括原始人在内）都是从儿童开始的，那么儿童时期的思维正像出现于我们自己的思维之前一样，也是出现在我们最远的祖先的思维之前的。”[①] 尤其是语言和文字尚未发展起来的时期，人类还处于“自然的人化”过程，低级的、本能的生存与自卫需求是人类认识和创造事物的原动力，而这种认识过程是以直觉为主的混沌思维（模糊思维），表现为非逻辑性、潜意识性、浮浅性。在迁徙生活中经常面临频繁的自然灾害、变化莫测的险境与突如其来的死亡等威胁，人们不断在困惑中产生疑问，在惊奇中产生神秘，在恐惧中产生幻想。在仅有的感性经验条件下，“原始人不是根据自然界的知识来解释自己，他们很少有这种知识，恰恰相反，他们是根据自己的知识来解释自然界”[②]。以超现实、超自然的本能的想象来力求解除这种疑问、神秘和恐惧，成为原始人类思维的特长，原始的宗教图腾、原始巫术和原始神话正是这种思维的成果。“他们的一切行动和思想，是由可见的和不可见的世界、所有事物和因素都是互相联系互相渗透这一概念所指导的。”[③] 这实际上就是王树人所说的原创性“象思维”。

意大利哲学家维柯（1668—1744）把原始混沌思维称作“诗性智慧”，认为“诗性智慧的性质，是打开新科学的钥匙”[④]。“在世界的童年时期，人们按本性就是些崇高的诗人。”[⑤] 维柯认为“远古那些野蛮人的粗野本性”是以感觉和想象为内容的创造能力[⑥]。他把这种感觉力和想象力称作“原始的感觉型智慧”，“感觉到的想象出的玄学，这种玄学就是他们的诗，诗就是他们生而就有的一种功能，因为能凭想象来创造”，并把这种思维形式叫作“诗性逻辑”[⑦]。“诸异教民族最初创始人的那种心灵状态，浑身是强烈的感觉力和广阔的想象力。”“他们对运用人类心智只有一种昏暗而笨拙的潜能。”[⑧] 当他们在绝望中找不到救济的时候，就会祈求某种超自然的拯救力量，凭自然本性的感觉去体会天神意旨，因此，原始人“以惊人的崇高气派”“凭完全肉体方面的想象”来解释自然、创造世界、创造神话、创造原始巫术。[④]“人类本性，就其和动物本性相似来说，具有这样一种特性：各种感官是他认识事物的唯一渠道。”[⑨] 他认为原始人没有逻辑推理能力，也没有自我反思能力，只凭借“纯天然”的感觉力和想

① 皮亚杰. 儿童的心理发展. 傅统先译. 济南：山东教育出版社，1982：47-48.
② 张晓凌. 中国原始艺术精神. 重庆：重庆出版社，2004：56.
③ 利普斯. 事物的起源. 汪宁生译. 成都：四川民族出版社，1982：325.
④ 维柯. 新科学. 朱光潜译. 北京：人民文学出版社，1986：17.
⑤ 维柯. 新科学. 朱光潜译. 北京：人民文学出版社，1986：98.
⑥ 维柯. 新科学. 朱光潜译. 北京：人民文学出版社，1986：107.
⑦ 维柯. 新科学. 朱光潜译. 北京：人民文学出版社，1986：161-162.
⑧ 维柯. 新科学. 朱光潜译. 北京：人民文学出版社，1986：32.
⑨ 维柯. 新科学. 朱光潜译. 北京：人民文学出版社，1986：374.

象力来认识事物并赋予事物属性，凭借记忆中的材料把“分离的和各异的要素结合起来”，以人格化的思维去书写神话故事。由于希腊神话、中国神话故事都是诗性思维的成果，所以是“诗人”创造的。这些诗人们“凭自然本性才成为诗人而不是技艺”[①]。“各门技艺和各门科学的粗糙的起源：也就是一种诗性的或创造性的玄学；从这种粗浅的玄学中一方面发展出也全是诗性的逻辑功能、伦理功能、经济功能和政治功能；另一方面发展出物理知识、宇宙知识、天文知识、时历和地理知识，这些也都是诗性的。”[②]这种世界最初的智慧就是“诗性智慧”。海德格尔也说：“诗是一个历史的、民族的原始语言。”[③]维柯还认为，“人类的本性是这个世界的本性，或是和世界本性相贯通”，比如，“继混沌而来的首先是宗教、婚礼和埋礼那些原始制度”[④]。他还认为原始各民族都具有共同的诗性智慧，“蕴含着全人类心灵共同的情感和道德取向”[⑤]。

原始人类共同的“诗性智慧”的基本思维特征是想象和类推，维柯称之为“以己度物”，“让一些物体成为具有生命实质的真事真物，并用以己度物的方式，使它们也有感觉和情欲，这样就用它们来造成一些寓言故事”。“人在无知中就把他自己当作权衡世间一切事物的标准，在上述事例中人把自己变成整个世界了。”[⑥]可见，“诗性智慧”肯定了人类早期特有的感觉力与想象力的创造性功能，标志着回归并反思人类“原创思维”的理念在西方的觉醒。康德的“美感”论、黑格尔的“情致”说、新浪漫主义、非理性主义、直觉主义、意象派、解构主义等思潮，无疑是这种觉醒的延伸。

三、近代中西关于“诗”与“思”的反思

20 世纪初，随着封闭国门的打开，“学贯中西”的中国先驱们率先走出了故步自封、唯我独尊的思维体系，以西方逻辑思维来检讨中国文化理论。从此，“非逻辑”“非科学”“非体系”的批评观就成为近代中国百年来学术反思的主流。

值得深思的是，18 世纪以来，西方哲学思想、文学思潮、科学理念等越来越不断靠近中国文化及其“象思维”。在哲学上，17 世纪欧洲一直是德国理性主义和英国经验主义两大派系所代表的“目的论”和“经验论”的角逐时代，但 18 世纪以后，德国哲学家康德的“美感”论认为审美判断离不开“自由想

① 维柯. 新科学. 朱光潜译. 北京：人民文学出版社，1986：213.
② 维柯. 新科学. 朱光潜译. 北京：人民文学出版社，1986：40.
③ 海德格尔. 诗语言思. 北京：生活·读书·新知三联书店，1986：155.
④ 维柯. 新科学. 朱光潜译. 北京：人民文学出版社，1986：4.
⑤ 王悦. 论维柯的诗性智慧. 山东教育学院学报，2006，(10)：96-98.
⑥ 维柯. 新科学. 朱光潜译. 北京：人民文学出版社，1986：181.

象”及其“悟性”。黑格尔的“情致”说把“艺术哲学”的本质归结为活跃在人们心中的心情“在最深处受到感动”，而且是一种“普遍力量”，认为“最杰出的艺术本领就是想象”，“真正的创造就是艺术家的想象活动”[①]。这就越来越接近中国古代的“象思维”和“主情”诗论。席勒（1759—1805）主张以“审美教育”来“培养我们的感性和精神力量的整体达到尽可能和谐”，这与我国先秦时期的“诗教”观较为相似。在西方近现代以来文学思潮的涌动中，浪漫主义注重以强烈的情感作为美学经验，非理性主义崇尚直觉的生命哲学，直觉主义张扬直觉或直观在认识中的作用，意象派所推崇的“象征主义”直接受益于中国意象诗。解构主义主张任何结构都不是以任何固定或绝对的形式存在，这又回归到中国先秦时期的“通变”思想和相对论。可见，西方的哲学、美学和科学思想的整体趋势是不断指归于中国文化本体精神，西方科学家和哲学家不断向往着、凝视着、探索着、肯定着、惊叹着中国文化中的瑰宝。美籍德国科学家爱因斯坦（1879—1955）就说：“西方科学的发展是以两个伟大的成就为基础，那就是：希腊哲学家发明形式逻辑体系（在欧几里得几何学中）以及通过系统的实验发现有可能找出因果关系（在文艺复兴时期）。在我看来，中国的贤哲没有走上这两步，那是不用惊奇的，令人惊奇的倒是这些发现（在中国）全都做出来了。”[②]

当西方科学发展到20世纪中期以后，西方人逐步意识到，用科学思维和科学理论来解决科学前沿有关“有机整体”等复杂问题已经无能为力，便不断把视线转向中国“诗性”文化，寻求解决复杂问题的宝贵资源。当我们对自身文化自轻自贱、自卑自弃、竭力“西化”的时候，西方人则对中国古代生命哲学倍加关注，日益重视和推崇哲学之“思”与艺术之“诗”相融合的思维。德国哲学家卡西尔（1874—1945）就指出：“把哲学诗化，把诗哲学化——这就是一切浪漫主义思想家的最高目标。真正的诗不是个别艺术家的作品，而是宇宙本身——不断完美自身的艺术品。”[③]海德格尔更加重视“思”与“诗”的关系和真理与诗的内在关联，认为传统哲学已经终结，思想成为诗人的使命。他指出：“凡艺术都是让存在者本身之真理到达而发生的，一切艺术本质上都是诗。”[④]“艺术的本质是诗。而诗的本质是真理的创建。……之所以如此，是因为艺术在其本质上就是一个本源：是真理进入存在的突出方式，亦即真理历史性的生成的突出方式。”[⑤]这无不映射出中国古代“象思维”的影子。庞德（1885—1972）极力吸收并推崇中国诗歌意象，他认为中国古典诗歌作为一个宝库，

---

① 黑格尔. 美学（第一卷）. 朱光潜译. 合肥：安徽教育出版社，1990：357.
② 许良英，李宝恒，赵中立. 爱因斯坦文集（第一卷）. 北京：商务印书馆，1983：574.
③ 卡西尔. 人论. 甘阳译. 上海：上海译文出版社，2003：136.
④ 海德格尔. 林中路. 孙周兴译. 上海：上海译文出版社，1997：55.
⑤ 海德格尔. 林中路. 孙周兴译. 上海：上海译文出版社，1997：58-62.

是今后一个世纪西方诗歌创作寻求推动力的力量源泉，正如文艺复兴从希腊人那里寻求推动力一样。关于美国文学所受到的外来影响，他在意象派喉舌刊物《诗刊》上说：“中国是根本性的，日本不是。”① 美国“新超现实主义”诗歌流派代表默温说：“到如今，不考虑中国诗的影响，美国诗无法想象。这种影响已成为美国诗传统的一部分。”② 法国语言学家、汉学家伯希和（1878—1945）曾多次到中国考察，广泛收集中国文物、书籍和艺术品，冒险调研中国文化，积极向欧洲推介王国维、罗振玉所代表的中国近代学术文化。英国胚胎学家李约瑟由机械论理想转向唯物辩证法，最终转向了中国科学思想，毕生研究中国科学发展史，他的巨著《中国科学技术史》推崇中国传统的整体思维、有机自然观和有机宇宙观，并认为老子是世界最早的科学家，充分肯定了中国古代哲人在世界科学史上的突出地位和价值。印度诗人、哲学家、第一位获得诺贝尔文学奖的亚洲人泰戈尔，信仰“生命哲学”，追求人格与宇宙的和谐统一，把人与自然的生命统一视为宇宙间最高的法则，这与中国的“有机宇宙观”和“天人合一”观殊途同归。但应该清醒地认识到，西方现代各类思潮所追随和践行的“诗性智慧”，不能与中国的“象思维”体系相提并论。

随着 20 世纪初“中西对话”的开启，我国关于古代文论和美学的反思性研究及其对思想理论体系的探索与构建，成为学术理论研究的主要趋势之一。王国维曾以康德、叔本华、尼采等哲学来尝试搭建贯通中西的美学理论桥梁，在经历“学术三变”后又回到中国文化本体中来，但尚未关注到中国文论自身的思维体系。之后，随着文化检讨的不断深入，西方哲学文化、审美思维和文艺理论不断介入，西方的思维、思想、理论和话语等日益遮蔽了中国固有的审美思维、审美理论和话语地位，中国文论独有的思维体系被推向理论边缘。

新时期以来，中国古代文论的研究日趋活跃，但主要集中于文论的历史研究、文化研究、审美研究和微观研究等，侧重于从个体文论家或论著身上阐释文论命题、文论思想和文论范畴，并于 20 世纪 80 年代兴起了新一轮的“反思”热潮，关于“失语”问题的讨论再次拉开了“反思”的序幕。但遗憾的是，围绕古今、中西关系及其当代体系建设问题，陷入了“转换”“重建”的困境而摇摆不定，思维视角、话语方式和精神体系始终囿于西方“二元对立”与“逻辑思维”的窠臼而不能自拔。90 年代以来，文艺界展开了关于文学理论的“审美反映”论、“当代形态”论等的激烈讨论，有学者主张中国文论研究应追求“科学”精神。北京大学董学文教授指出：“‘转换’论、‘重建’论曾泛起一阵一阵波澜，但关于‘中西’关系、‘古今’关系以及‘中西’与‘古今’之关

① 徐扬尚. 中国文论意象论话语的“他国际遇”. 华文文学，2010，(2)：53-73.

② 赵毅衡. 美国新诗运动中的中国热. 读书，1993，(9)：130-137.

系的研究，并没有取得更多实质性的进展，基本上还囿于上世纪末前后的思维框架和认知方式。中国古代文论和美学研究‘走向离散’的现象逐渐突出，在体系建构上还没有找到既符合自身又符合时代要求的模式。”[①] 因此，从中国古代文论中的“象思维”体系的讨论入手，通过中西审美思维体系的比较，或许能够为中国文论和美学的“当代体系”构建启迪新思路、转换新视角。

① 吴登云. 中国古代审美学·序. 昆明：云南人民出版社，2009：1.

上　编

中国古代审美思维体系

中国古代审美思维体系是以“象”为核心的思维体系，即“象思维”体系。“象思维”作为一个概念，是与西方“概念思维”相对应而提出的，而它作为一种思维方式，则具有自身的文化土壤，具有独特而深厚的文化内涵。“象思维”特指中国古代形成的以“想象”为主体的思维方式，即构筑“象”的思维方式。如果说心理学上的“想象”是一个广义的概念，那么中国古代的“想象”则具有狭义的特征，它是一种始终围绕“象”而展开的思维活动，人们通过“象”来认识事物、表达意志。原始图腾中的“想象”活动、“象舞”及“象胥”制度的形成等，成为中国古代“想象”的原始内涵，这是“象思维”形成的源头。《周易》卦象系统及其关于“观物取象”“立象尽意”的理论，使“想象”成为自觉化的哲学思维，儒家、道家和玄学的“象”论进一步强化了哲学思维的“想象”特质，呈现了“象思维”的成熟。汉字系统作为传承、传播思想文化的全息系统，它以“立象尽意”为基本特征，使“象思维”成为中国古今具有统治地位的基本思维方式。原始神话、原始艺术是艺术“意象”的源头，古代艺术的“象思维”成熟地呈现于《诗经》中，而与之相应的艺术理论的“象思维”在《乐记》中最早体现为“乐论”，在《毛诗序》中最早体现为“诗论”，在魏晋时期产生了“意象”理论，唐代延伸到“意境”理论。“象”是中国古代一切艺术创作、艺术欣赏和艺术理论的核心范畴，所以“象思维”是中国古代一切审美活动的基本思维方式。

中国古代的“象思维”以“人”为本，立足于“主客一体”的审美视角，通过类事物之“义”的整合，熔铸出一个代表“义类”之“象”。“象”是“立象”者对于事物的认识（理）、感受（情）和表达（意）的基本方式，又是接受者领悟哲理、激发情感想象的思维空间，因此“象思维”始终伴随着“情”。“象思维”以整体性、非实体、非现实的事物关系为对象，所认识、把握和表达的是动态的、时空一体的、超形的、事物关系的特性及其发展趋向。

下面分四章，试图通过对中国古代哲学中的“象”“易象”及其“象论”的思维源流探讨，对中国古代文论中的“意象”“意境”与“境界”反思等思维发展与转换的阐述，构建中国古代的审美思维体系——“象思维”体系。

第一章
中国古代智慧与审美思维体系
——从“象”观念到“象思维”

对于中国古代思维，国内不少学者曾经用“意象思维”“象征思维”“象化思维”等术语来概括，但在学术界尚未求得一致认同的概念。20 世纪末期以来，一些学者引进了维柯的“诗性智慧”而创造了“诗性思维”概念。然而，维柯是在西方主客对立的“二元”思维的背景下针对人类最初的感官现象及其智慧形态所提出的“感觉型智慧”，这种“最初原始人”的“昏暗而笨拙的潜能”，难以阐释中国古代主客一体的“一元”思维背景下以生命体验为基础、以整体思维为归宿的超越逻辑和思维灵智——“象思维”。

第一节　原始形态的“象”观念与“象思维”

“意象”作为中国古代艺术审美理论的核心范畴，其本质是“象”。《易传》关于“卦象”的哲学阐述，开启了“象”论的先河，成为最早的“象”论经典。道家老子以“道”“无”论“象”，指出“大象无形”。庄子主张“象罔得珠”和“得意忘言”，至魏晋形成了玄学的“言意”之辨和“义理”之“象”，都是关于“象”的思维特征的阐释。王弼的《周易略例·明象》是继《易传》之后的又一篇“象”论经典。刘勰的《文心雕龙》将哲学“易象”延伸为审美“意象”，并建立了“意象”理论体系。唐代以“象”为原质，由“个象”拓展为“象境”，由“心物”关系升华为“情景”关系，创立了“意境”理论体系。因此，在《文心雕龙》以后的古代文论几乎看不到一篇较为系统的关于“象”和“意象”的理论著作。

“意象”论缘于“象”论，始于“象”观念，发端于“象”崇拜。“象”崇拜的特质是在意念中模拟和构思大象，即意中之“象”，这是“想象”一词的最初本义和文化源头。理解“象”和“象思维”，必须回到这一源头。动物之“象”与人的思维相联系，并非偶然之得。从原初的“象”观念到“象”论经历了四个阶段的思维转换：图腾与“想象”思维，“象舞”与“象征”思维，外交与“传达”思维，《周易》与“立象”思维。

一、图腾与“想象”思维

图腾中的“想象”：“案其图而想其生。”“象”首先是一种动物，《说文解字》云“南越大兽”。郭璞的《山海经注》曰：“象，兽之最大者。”“最大者”使“象”具有了审美的意义。故《尔雅·释地》曰：“南方之美者，梁山之犀象焉。”邢昺疏：“犀象二兽，皮、角、牙、骨，材之美者也。”殷人对大象少见其形，曾把它作为最神圣的崇拜对象和审美对象，或曾用于有关祭祀。《韩非子》曰：“人希见生象也，而得死象之骨，案其图而想其生也，故诸人之所以意想者，皆谓之象也。今道虽不可得闻见，圣人执其见功处见其形，故曰：无状之状，无物之象。”（《解老》）韩非子的记录中，“想象”不仅是一种原始宗教与图腾活动，而且还是图腾崇拜中的一种“意象”的思维形式，即把“死象之骨”拼成大象图形而置于案桌供奉，并借以“想其生”“意其形”，“案其图”就成为最原始的“意象”。“想”的内容是“象”，故为“想象”，这是“想象”概念的起源，所构想的“胸中之象”是“虚象”、精神之象，是通过“联类”而兴发的情感体验，是一种宗教性的审美活动。它后来延伸为比喻，泛指联想性、创造性的心理活动。可见，借助符号化的“象骨”作为思维媒介，在意念中构想大象的形态并瞻仰其精神，这是“意象”的本意、“想象”的原意。可见，在宗教图腾中萌芽与产生的审美意象，既体现了“意象”和“象思维”的本质特征，又成为“象思维”的开端。

二、“象舞”与“象征”思维

征战中的“象舞”：“象太平而作乐。”“象舞”表现了“象”的模拟思维到象征思维的“移情”转换和理性提升，周代的“象舞”就具有了这种象征思维。首先，“象舞”是摹仿和效法象的动作，是“文王击刺之法”。《礼记·文王世子》中郑玄注曰：“象，周武王伐纣之乐也。”郑玄笺：“象舞，象用兵时刺伐之舞，武王制焉。”高亨在《周颂考释》中说：“周公灭商，取其象而教之舞，配以人之歌舞，故名《象》舞，其后北方舞象，当以人饰象，如今之狮子舞之例也。”[①] 故“象”有了模仿、效法之义。其次，“象舞”象征武力征服并获得太

① 高亨. 周颂考释（上）//中华书局上海编辑所. 中华文史论丛（第四辑）. 北京：中华书局，1963：90.

平。周武王伐纣之乐就是象征武力征服，《吕氏春秋・古乐》曰："商人服象，为虐于东夷，周公遂以师逐之，至于江南，乃为《三象》，以嘉其德。"《孟子・滕文公下》云：周公"伐奄三年讨其君，驱飞廉于海隅而戮之，灭国者五十，驱虎、豹、犀、象而远之，天下大悦"。如果虎、豹、犀、象所指的是部族，那么"服象"则表现了征服取胜。如果把"象"视为动物，那么"服象"表现了对大象的制服、支配和使用。古代有关于"服象"的记载，如"传书言舜葬于苍梧下，象为之耕"（王充《论衡・书虚》），"世谓舜之在下也，田于历山，象为之耕，鸟为之耘"（陆龟蒙《象耕鸟耘辨》）。可见，"服象"意味着征服和平定，象征"太平"。《白虎通・礼乐》又说："武王曰：《象》者，象太平而作乐，示已太平也。"《诗序》曰"维清，奏象舞也"，而《维清》之诗自咏文王之文德。可见，"象舞"成为审美意象而"象太平""示已太平"，"想象"的意义就转换为使人联想并体验其所象征的观念、意义和价值。

三、外交与"传情达意"思维

外交中的"用象"："达其志，通其欲。"周代产生了一种外交手段，叫"用象"，并发展为外交职能，曰"象胥"，标志着"象"观念由"象征"功能向"传达"功能的延伸。《礼记・王制》云："五方之民，言语不通，嗜欲不同。达其志，通其欲，东方曰寄，南方曰象。"《周礼・秋官・象胥》云："象胥掌蛮、夷、闽、貉、戎、狄之国使，掌傅王之言而谕说焉，以和亲之。"汉郑玄注云："通夷狄之言者曰象；胥，其有才知（音智）者也。此类之本名，东方曰寄，南方曰象，西方曰狄鞮（音敌），北方曰译。今总名曰象者，周之德，先致南方也。"

明代邱濬所著的《大学衍义补》（卷一四五）记载，周王朝共有周边藩属国"八蛮四夷七闽九貉五戎六狄"。各藩属国都有自己的民族语言，周王朝一方面频繁接收藩属国的敬献，另一方面要不断向周边邻国传达旨意，以求亲善、和睦和友好，这就需要语言沟通。"象胥"是专门负责翻译和掌外交事务的官员，因相互之间还不能够进行直接的语言翻译，故以歌舞乐来表情达意。最早是通过"象舞"与"南蛮"沟通，并以"象胥"称名其官职。随着外交的不断扩大，"象胥"逐步"掌四夷之乐与其声歌"，以歌舞乐沟通异族、实现外交目的。宋代易祓撰的《周官总义》（卷二十五）记载：

先王设象胥之官，既使之译四方之言，则蕃国使者之来，乃传王之言，而谕说焉，以和亲之。若蕃国之君以时入宾，而行世一见之礼，则其所习虽不同乎中国，象胥则以中国之仪而协其礼与其辞言传之，虽不能变其声音，亦可通其事之意，然后译其辞而言之于上也。凡其出入送逆之礼节，和币帛辞令而宾相之者，皆象胥所以摈相蕃国之事。

通过“象舞”和歌舞乐来让对方使者领悟所传达的思想情感，是“以象表意”的外交方式，使“象”具有了交际、传达、传授功能，表现通达、沟通等意义。《周易》关于“立象尽意”的思想，可以从这里找到相应的依据。

四、《周易》与“立象”思维

周易中的“卦象”：“立象尽意”。“卦象”作为哲学思维和哲学表达方式的“符号”，把“象”和“象舞”的模拟思维、象征思维及其表达方式转借为对宇宙万物的认识和表达的思维方式，这种以“象”为核心的哲学思维（即“想象”思维）体现了“象思维”的“定型”。“观物取象”“立象尽意”，高度概括了“象”和“象思维”的本质特征，成为中国哲学的理论起点，体现了对人类自身思维的自觉化和理性化，标志着中国古代“象思维”的成熟。

《周易》卦象体系及其关于“象”的哲学阐释，摆脱了原始宗教的神学观念，构建了以天人关系为观测视角、以人的生命为主体、以“象”为核心范畴的应用哲学的思想系统。在《易传》中，“八卦”以“预测”为主要应用方式，以“断吉凶”为主要功能，但它与原始巫术中的“预测”及其吉凶观存在着本质的差别。“八卦”之“预测”，是一种顺应自然法则而适时与时变的智能推理，根据“天道”来认识“人道”的动态和趋势，不再是巫术“预测”中的神秘主义盲从。所谓“断吉凶”，是根据“人事”所处的时、位、势，对生存现实的利弊得失、可能性与必然性的自觉审视和判断，“吉凶者，言乎其失得也”（《系辞传上》）。因此，“预测”“断吉凶”体现了一种极其高致的智慧活动。在卦象系统中，《系辞》（卦辞和爻辞）采用了甲骨“卜辞”的语言模式来描绘卦爻之“象”，类推事物在不同时空背景、关系、条件和状态下的趋势和走向，这才是以卦象“占卦”的本意。“八卦”预测曰“占卦”，是“观物取象”的结果，而巫术预测曰“占卜”，是“问神”的结果。“占卦”以“卦象”为依据而对自然法则进行的自觉推理，而“占卜”则是以龟壳、钱币、竹签、纸牌等为手段的茫然的、图腾的巫术思维，对难以决断的人事，就以“赌注”方式盲从于“天意”，所以荀子说：“善为易者不占”（《荀子大略》），认为《周易》的真正价值不在于“赌注”之“占”或求助于鬼神，而在于人的智慧的理性发挥。可见，荀子早已把《周易》的智慧精神同“卜筮”的迷信盲从区别开来。以“道象”为统帅的“太极”“两仪”“四象”“八卦”等“塔式”宇宙结构论，“天地人”一体的“三才”要素论，共同建立了宇宙、人生、社会“三位一体”的哲学理论体系，体现了“象”和“象思维”的最高理念。

然而，由于原始巫术观念的潜移默化，《周易》“断吉凶”的“工具性”特征，民间对“预测”功能的无知的迷信，以及朱熹的《周易本义》关于《周易》原为“卜筮之书”的定论等，《周易》在当代呈现为“科学观”与“迷信观”两种评价观。但“易象”中的“象思维”，《易传》中的“象”论，《周易》的哲学价值、思维价值和社会价值等，必将以其科学性的价值成为未来人类智慧不可或缺的精神宝库。

“易象”的核心概念是“象”，其主体思维是“观物取象”“立象尽意”，其本质就是“想象”，即以“象”为核心的思维方式——“象思维”，其思维包括“取象”“立象”“尽意”三个基本阶段，具有以下五个基本特征。

第一，超形思维。“象”非定形，与“道”同论。“有形”就不成其为“象”。图腾中的“想象”只是一种主观意念，即“虚象”。《系辞传》中将象与形、器对举，强调“象”之无形和“形上”特点：“形而上者谓之道；形而下者谓之器”，“见乃谓之象；形乃谓之器”（《系辞传上》），“形而上者，无形者也，故谓之道。形而下者，有形者也，故谓之器”[①]。可见，“象”是“道”而不是“器”，是“超形”的思维存在。老子称为“无状之状”“无物之象”“大象无形”。河上公注：“象，道也。”其意即“象”与“道”等同。所以，“大象属于体悟中的意象，人经过反观内视，到达某种体验境界，即所谓‘知常曰明’的‘明’的境界”[②]。《管子·幼官》曰：“备具胜之原，无象胜之本。”以往学者常常把象释为“形象”“物象”“具象”等，而事实正好相反。它虽然与具体事物之形有关，但取象、立象、尽意的思维过程主要关注事物属性之间的关系，因此“象”是脱离形体、超越“形象”的符号。在艺术意象创造中，主体往往从个人生活体验中提取具有普遍意义的审美经验，“离形得似”，写形而超越形，在曲折、隐微、含蓄中创构新奇意象，建立感觉世界，表现直觉效果，因此是一种“超形思维”，是情感想象，是“理智和情感的复合体”。[③]《周易正义》关于象的“形之象”和“无形之象”之说，不论在思维上还是在用词上，显然对后世产生了极大的误导。

第二，触类生变。触类为象，合义为征。唐代张怀瓘的《书断·评》曰：“触类生变，万物为象”，“触类”即是“合类”。“象”作为“类”事物的共同意义和特性，相当于一个意义体系。王夫之说：“汇象以成易，举易而皆象，象即易也。”[④]“形”是物的存在，“变”是“象”的特质，“易象”的本质就是变。王弼说：“互体不足，遂及卦变，变又不足，推致五行。”（《明象》）孔颖达认

① 李道平. 周易集解纂疏. 北京：中华书局，2006：612.
② 汪裕雄. 意象探源. 合肥：安徽教育出版社，2007：11.
③ 庞德. 回顾//戴维·洛奇. 二十世纪文学评论. 上海：上海译文出版社，1987：108.
④ 王夫之. 船山全书（第一册）. 长沙：岳麓书社，1996：1039.

为："更重之而有六画，备万物之形象，穷天下之能事。"（《周易正义》卷一）"万物"即自然，"天下"即人事。"象"中之"意"随着时空的转移或关系的位移而改变，"八卦虽有万物之象，其万物变通之理，犹自未备"（《周易正义》卷首），故八卦、六十四卦、三百八十四爻皆各具其类。"盖物有万象，人有万事，若执一事，不可包万物之象；若限一象，不可总万有之事。故名有隐显，词有踳驳，不可一例求，不可一类取也。"可见，"立象"是以类取象，离形存义，以义表意，意随类变。

第三，比兴成象。取象曰比，取义曰兴。"形"重描绘，"象"重想象，"比兴"是想象的基本方式，因情而起，感应而生。《易》卦均是比兴之象，"是故，吉凶者，失得之象也。悔吝者，忧虞之象也。变化者，进退之象也。刚柔者，昼夜之象也"（《系辞传上》）。正如高亨所说："取象之辞乃采取一种事物以为人事之象征，而指示休咎也，其内容较简单者，近于诗歌中之比兴。"①

第四，整体思维。"立象"的思维源于整体宇宙观，其思维特征包括三个方面：一是"取象"立足于"物我一体"的整体视角，把握对象的整体特性；二是"立象"的基本内容是"关系"和"过程"，寻求事物普遍属性及其"感通"之理；三是"尽意"即"象"中之意具有非确定性意义系统，领悟者在"意象"所既定的意义体系中具有弹性的理解和想象空间，但"意"不离本"义"。正如王树人所说："概念思维与'象思维'的根本区别在于，概念思维诉诸主客二元的对象化思维模式，而'象思维'则诉诸'物我两忘'即回归'本真之我'而与'道'一体相通。诉诸整体直观的非对象化思维模式。"②

第五，"反射思维"。物理学上的"反射"是指从一个"射点"发出的光，在两种物质界面之间改变传播方向，又返回原来物质中的现象。"象思维"在思维路径上与这种"反射"现象十分相似，因而这里把它叫做"反射思维"。其表现有三。一是由人推及宇宙而建立整体意象，再返回到对人事的观照。例如，以人的生理结构和两性本能关系的理性认识，推及宇宙结构和宇宙现象，建立起关于宇宙哲学之象——天象，再反推人生、人性、人事、道德和社会的诸多法则。所谓"观天象"，就是把人、事、物同天象不断结合起来加以验证。二是由个别事物出发，建立类事物的整体之象，再回到对诸多个别事物的观照。"八卦""五行"学说就是以个体事物的特性来表现"吉凶祸福"的征兆之"象"，指导人事思想和行为。三是以某一物的特定之义立象，比照、象征人事、观念或哲理。歇后语、谚语、俗语、成语等都属于此类"立象"思维，具有艺术审美意象的明显特征。观念之"象"、哲学"易象"和艺术"意象"共同呈现出"象"为核心的超形的"象思维"特征，表现了中国古代智慧性思维的发展与成熟。

① 高亨. 周易古经今注. 北京：中华书局，1984：49.

② 王树人. 回归原创之思——象思维视野下的中国智慧. 南京：江苏人民出版社，2005：6.

通过“象”观念的演变及其“易象”的思维特征可以看出，哲学上的“易象”“意象”和“象”是同一个意义。“象”观念和“象”概念起源于原始崇拜中的“想象”活动，一开始就伴随着“情感”特质。“象”成为脱离了“形”的符号，成为“无状之状，无物之象”，于是“想象”转化为一种哲学思维方式就成为必然，《周易》最终把“象”升华成为哲学概念，分别表示不同层次之“象”：形而上的“道象”，宇宙自然的“天象”，义理之“卦象”和“爻象”。从“取义”到“立象”始终灌注着“情”（志、理），故曰“立象以尽意”。“易象”之“意”在于传达真理、警示忧患、传授法则、寄托期望。中国哲学思维中的“想象”就是“立象尽意”，明确了思维的核心是“象”，“象”基本功能是“尽意”，体现了哲学“象思维”内涵及特征。诗歌意象的创造，本质上也是“立象尽意”的思维法则，体现了中国本土的“想象”概念的特殊内涵——“象思维”。

第二节　中国古代智慧与审美思维体系

一、“象思维”体系与中国智慧

20 世纪 80 年代，王树人对中国传统思维的本质内涵和基本特征进行概括，并与西方“概念”思维相对而提出“象思维”概念。“象思维”贯穿于整个中国古代的自然科学、哲学和诗学，成为中华民族的基本思维方式。王树人曾分别在《回归原创之思：“象思维”视野下的中国智慧》一书和《中国哲学与文化之根“象”与“象思维”引论》一文中多次论证过这点。他认为“象思维”是人类最本原的思维，是前语言、前逻辑的思维，又是富于原创性的思维。“中国的特殊性在于语言文字和逻辑产生之后，由于其语言文字在符号化中仍然保留象形性根基，以及在中国经典《周易》中，把中国成熟的思维方式显示为‘观物取象’和‘象以尽意’，这就使得中国易、道、儒、禅经典都主要是‘象思维’产物。”[①]“象思维”与西方“概念思维”相对应，其根本差别在于，西方“概念思维”属于主客二元思维中的“实体”思维，而中国“象思维”则属于天人合一思维中的“非实体”思维，具体表现在以下方面。

其一，“象思维”富于诗意联想，具有超越现实和动态之特点。而概念思维则是对象化规定，具有执著现实和静态之特点。其二，“象思维”的诗意联想具有混沌性，表现为无规则、无序、随机、自组织等。概念思维之对象化规定，

① 王树人. 中国哲学与文化之根——“象”与“象思维”引论. 河北学刊，2007，(5)：21-25.

则具有逻辑性，表现为有规则、有序，从前见或既定前提出发，能合乎逻辑地推出规定系统。其三，“象思维”在“象之流动与转化”中进行，表现为比类，包括诗意比兴、象征、隐喻等。概念思维则在概念规定中进行，表现为定义、判断、推理、分析、综合以及逻辑演算与整合成公理系统等。其四，“象思维”在诗意联想中，趋向“天人合一”或主客一体之体悟。概念思维在逻辑规定中，坚守主客二元，走向主体性与客观性之确定。①

可见，“象思维”作为与西方“概念思维”相对应的概念，其本质就是“观物取象”“立象尽意”的思维方式，就是中国传统的“想象”思维。

中国早期以“想象”为特征的“象思维”始于原始图腾、原始神话、原始巫术和原始宗教，“象思维是人类最早产生的思维形式，也是最富于原创性的思维形式”②。先秦以后，“象思维”不断发展和成熟，突出地表现为汉字体系、哲学、文学艺术、生命科学和审美理论的思维。因此，“象思维”成为中国古代的基本思维形式，并构成了一个不断发展和延伸的思维体系，维柯的“诗性智慧”概念不能够解释中国古代成熟了的“象思维”。

“象”和“象思维”作为祖先智慧，首先表现为原始哲学思维形态、原始艺术思维形态。其哲学思维源于原始天文学、原始农耕与原始巫术等思维，延伸到人生学、伦理学与政治学等社会生活思维，表现为图画意象、符号意象和文字意象；其艺术形态始于原始图腾、原始巫术、原始宗教以及各类典礼仪式，主要表现为歌舞乐、神话传说、原始绘画等形式。“象”和“象思维”在《易经》中呈现为成熟的哲学形态，在《诗经》中呈现为成熟的艺术形态，在古代中医学、养生学领域呈现为成熟的生命科学形态，在诗学理论体系中发展为成熟的审美理论形态，通过成熟的汉字体系承传了综合的智慧形态。

“象”和“象思维”经历了两个基本途径的升华：一是从原始思维到哲学思维的升华；二是从原始艺术创作到文学审美理论的升华。

1）原始思维到哲学思维的升华。原始图腾、原始巫术和原始宗教呈现着我国古代最具原创性的哲学“意象”，承载着原始精神生产的基本的和主要的“象思维”形式。原始“象思维”步步推进、层层提升，不断延伸于社会生活诸领域，于是孕育了以“象”为核心范畴的中国哲学，促成了“象思维”的哲学意义的升华，推进了原始巫术同自然科学、社会生活、生命法则相结合的“泛象”化思维的形成。《河图》《洛书》中的图象及《周易》中的易象符号系统等，代表了中国哲学体系的形成，标志着中国“象思维”的成熟，《易传》其实就是关于“象思维”的理论阐述。“象构成易的本质和灵魂”③，故《系辞传

① 王树人. 中国哲学与文化之根——“象”与“象思维”引论. 河北学刊，2007，(5)：21-25.

② 王树人. 中西比较视野下的“象思维”——回归原创之思. 文史哲，2004，(6)：108-114.

③ 王树人. “易之象”论纲. 开放时代，1998，(2)：21-27.

下》云：“《易》者，象也。”《系辞传上》曰：“书不尽言，言不尽意”，“圣人立象以尽意”。以“象形”为基本特点的汉字系统，是对“象思维”体系的完整的承传，每一个汉字就是一个审美意象，在汉字承传中推进“象思维”不断转化为人们的生存思维方式。《黄帝内经》在《周易》的“阴阳”哲学基础上加以演绎，推进了古代养生学、中医学的发展，进一步体现了“象思维”在生命科学领域的实践价值。随着宗法制度和道德政治的不断强化，“象思维”逐步延伸至政治、道德、军事、医学、人生、艺术等诸领域。“象”和“意象”从非自觉的原始的思维之“象”发展为“义理”的哲学之“象”，易学的发展不断承传了哲学的“象思维”。汉代以后，《周易》被奉为儒经之首，易学在儒教经学中具有思想理论的统领性地位，经无数儒学家对《易经》和《易传》不断进行注解、阐释和引申，易学不断通过理论化、学术化和官方行为，使“象思维”不断地、广泛地渗透于社会生活实践之中，成为普遍的思维形式。

2）原始艺术创作到文学审美理论的升华。原始图腾、原始巫术和原始宗教往往同原始艺术合为一体，又呈现着我国古代最具原创性的原始艺术“意象”，代表着原始先民最基本的审美思维形式，并且一贯主导着各类艺术创作、艺术审美和艺术理论的思维方式。中国远古神话以人为主体、以“创生”为主题，以艺术思维形式和丰富的审美意象表现了先民认识自然、认识社会、认识人生的思维模式。歌舞乐一体、政教合一的诗乐艺术形式，集中表现了原始艺术意象创造的普遍性特征，《诗经》的整理和“诗教”的产生，表明原始的“意象”审美逐步走向了理性和自觉。战国《楚辞》把神话意象自觉运用于诗歌创作，标志着神话意象由宗教图腾和巫术意义的非自觉的认识和创造，升华为富有人类灵性思维的自觉的艺术审美意象创造。随着诗乐创作实践与诗学理论的发展，“以乐行政”和“政教合一”的“礼乐制度”的形成，“象思维”进一步呈现为“意象”审美理论体系。以《乐记》和《乐论》为代表的诗乐理论，最早从艺术思维的视角对“心物感应”的“乐本”、“乐象”进行系统的理论阐释。孔子通过对《诗经》的整理和批评，提出了“兴观群怨”等系列“诗乐”理论，体现了学术思维中的“象思维”，而“知者乐水，仁者乐山”等则表现了孔子生活哲学中的“象思维”。从《尚书》的“诗言志”说到汉代《毛诗序》的“赋、比、兴”论，进一步强化了诗学理论的“象思维”。《文心雕龙》始终以“象思维”来阐述关于“意象”和“神思”的理论，成为我国最早的、也是唯一的关于“意象”的审美理论体系。唐代以后关于“意境”审美理论的产生、发展与完善的过程，表现了“象思维”所呈现出的最高审美思维境界。可见，中国“象思维”不断发展和提升，逐步摆脱了维柯所说的“野蛮人的粗野本性”的“诗性智慧”，成为中国古代文化体系中最富有民族智慧特征的思维形式。中国古代文论就是以“象思维”为主体思维的系统审美理论体系，代表了人类智慧的高级表现形态。

“象思维”就是创立“象”的思维方式，包括“取象”“立象”“尽意”的思维。如果说作为哲学“易象”和艺术“意象”之“象”在“尽意”的功能上具有“直观”和“直觉”的特性，那么从“取象”到“立象”的过程则凝聚着哲人和诗人们丰富的“实证”经验和复杂的理性思维，是一个由形象思维到抽象思维的过程，因此，把中国传统思维归结为“形象思维”和“直觉思维”，必然是一种“误判”。不论从哲学层面来分析还是从艺术层面来审视，“象”都是一种被抽象化了的“符号”，它表现的是类事物的共同特质或特性，是“有形”中的“无形”，因此，把“符号化”之“象”视为“形象”和“具象”，同样是一种悖论。

当代有学者把中国的“象思维”称为“诗性智慧”，无意中又等同于维柯所论的“原始的感觉型智慧”，即“人类童年时期”的“原始思维”。中国“象思维”是在深厚的哲学文化体系中孕育，同时又在漫长的诗学精神实践中不断发展完善起来的一种超逻辑的创造性灵智，是生命体验与感性直观相融合、宇宙哲学与人生哲学相统一、逻辑性与领悟性相交汇的创造性结果。它作为整体性、直觉型的智慧，既是哲学思维又是艺术思维，“思”与“诗”自然融合，通过广泛的社会生活诸领域的渗透，成为中华民族最具特征性的思维基因。

王树人所说的“前语言、前逻辑的思维”，是指“象思维”的“原创性”特征，包括“象”观念产生之前的思维形式。但“象思维”由非自觉的“原创性”发展为理性的哲学思维、艺术思维和学术理论，已经不再是“前语言”和“前逻辑”的思维。应该说，从“轴心时代”开始，无论是西方发展的逻辑思维，还是中国坚守的“象思维”，都摆脱了“前语言”和“前逻辑”的思维，只不过中国的思维走向了成熟的“诗性智慧”，即以“易象”系统为起点的“象思维”体系。以儒、道、佛融合为基础的、以“意象”“意境”为核心范畴的中国文论体系，进一步体现了“象思维”体系所显现的审美思维的张力。毫无疑问，“用概念思维可以透彻解读西方形上学经典，却未必能透彻解读中国诸家经典”[①]。重新打开被西方中心论所遮蔽的“象思维”，是把握中国传统经典本真的关键，研究中国古代文论及其审美思维方式，就应该回到“象思维”的根系上来。比较中西审美理论，应回到以“象”为核心的“象思维”和以“形”为核心的“概念思维”两个不同思维体系上来。

“象思维”作为“以象运思”的思维模式，“取之以象，以象会意”。表达者以“象”表意，借助想象，通过象征、比喻、暗示等形式把主观理念转化为“感性显现”，而接受者以“象”领悟，借助想象，对“理念”进行直觉的“心

① 王树人. 中国的“象思维”及其原创性问题. 学术月刊，2006，(1)：51-58.

领神会”，表达者与接受者之间依靠“共同精神”和共通的“心头语言”来交流。在人类语言产生之前，人们主要凭借原始的“诗性思维”来感知事物、传情达意。出生后未能说话的婴儿同母亲或其他亲人的沟通，主要通过这种“诗性思维”来完成。现代儿童心理研究表明，“诗性逻辑”是展现儿童精神特质的基本表达形式。从人类初期和人的儿童时期本能化的潜能来说，维柯所阐述的原始的“诗性智慧”“诗性逻辑”等概念作为西方话语，主要是对原始人类的思维特征进行静态的言说，所揭示的是整个人类早期思维的共同特征，对于我们认识人类早期思维特征，具有深远的意义。而“象思维”的内涵，既包括中国早期人类所谓原创的“诗性智慧”，又包括整个中国文化体系中不断发展和完善了的自觉的、高级的“象思维”特征。中国“象思维”的生命力在于对宇宙自然和社会人生的智慧化、科学化、哲学化、意象化的认识方法和表达方式，在于艺术意象创造及其审美想象空间的无限性，在于意象理论体系的不断延展性。

二、“象思维”与审美范畴体系

新时期以来，国内形成了关于中国古代美学范畴和范畴体系建构研究的热潮，并形成了不同视角的理论和观点。例如，曾祖荫在《中国古代美学范畴》一书中认为，“情理”“形神”“虚实”“言意”“意境”“体性”六对范畴，是中国古代审美范畴中最重要、最基本的范畴。这一构思，一方面缺少历史逻辑；另一方面，除了“体性”以外，其他五对都属于“意象”的范畴体系。汪涌豪在《范畴论》一书中把“趣”“兴”“象”“神”“味”“韵”等范畴视为包容性极强的元范畴。这一构想，恰恰没有寻找到“元范畴”，除了“象”以外，其他都属于“子范畴”的性质。王振在《中国美学范畴史》一书中试图以“气”“道”“象”三个基本范畴及其辐射、下辖的范畴群落来构建一个三维人文结构式的古代审美范畴体系。但从哲学的层面看，三者属于同一个哲学概念。这说明，关于“审美范畴体系”的构思尚未寻找到中国审美范畴的本质及其可靠的思维逻辑。关于中国古代美学“核心范畴”的认识，更是芸芸众生、莫衷一是，诸如以“意”为核心范畴，以“意境”为核心范畴，以“气”为核心范畴，以“趣”为核心范畴，以“和谐”为“元范畴”“总范畴”，以“味”为“基础范畴”“核心范畴”，以“道”为元范畴，等等。此外，还有分别以“情”“兴”“神”“韵”“象”“境”等为核心范畴的诸多观点。可见，关于范畴和范畴体系的研究，需要辨析“枝叶”与“根系”，需要通过“寻根”以求源头，更需要转换视角而拓开视野，透过文论的理论层面和思想层面去透视和领悟思维发展线索，去发现新的体系特征。

通过“寻根”，我们从“思维”的层面将中国古代审美范畴体系归结为以“中和”“意象”“情性”三个基本范畴为核心的范畴体系：以“中和”为核心范畴的社会审美的思维体系；以“意象”为核心范畴的艺术审美的思维体系；以“情性”为核心范畴的生命审美的思维体系。“中和”体现一切审美的最高追求，“意象”体现一切审美的基本思维形式，“情性”体现一切审美的生命本质。它们以“情性”为本质和动力，以“意象”为表现方式，以“中和”为理想目标，构成“三位一体”的审美范畴体系。三者既相互独立发展又相互交叉渗透，形成了以“中和”为轴心的三个平行的审美范畴体系，如图 1-1 所示。①

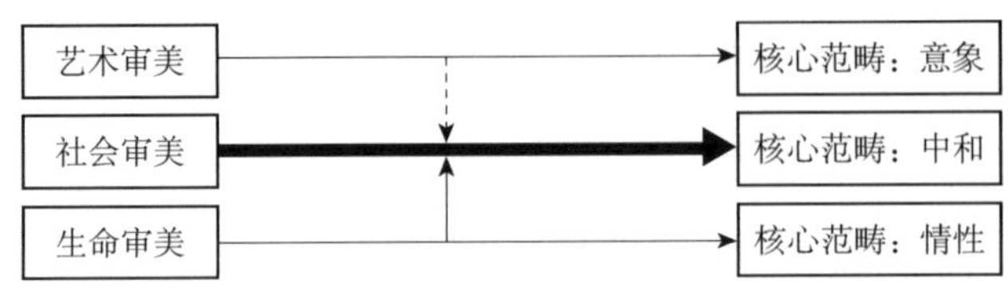

图 1-1　中国古代审美体系及其核心范畴

以“中和”为核心的社会审美，是整个审美体系的最终归宿，体现了对伦理社会价值的高度认识。“社会审美”体系包括社会思想、社会道德、社会政治、社会经济和社会军事等领域的审美理论和审美实践。“中和”是整个中国古代文化审美体系中最深层、最根本的审美范畴，具有审美文化“中轴线”的地位，是一切审美文化的根本目标“指向”和精神活动“标杆”，社会审美、艺术审美、生命审美最终都回归于“中和”这一审美理念。所以，追求“中和”是中国古代一切审美的最高境界和审美准则，也是区别于西方古代追求对立和谐与挑战意识的社会审美思想的最本质的特征。

以“意象”为核心的艺术审美范畴发源于远古“象思维”、“象”观念和意象创造，从思维范畴上升为哲学范畴，发展为“意象”审美范畴，拓展为“意境”审美理论。“意境”的元素是“意象”，因此“意象”就成为中国艺术审美理论体系中的核心审美范畴。“中国哲学与文化博大精深，这条根就系于‘象与象思维’。”②“象”和“象思维”在其发展中形成了中华民族的生命意识和民族心理，成为一切审美的基本思维方式，“意象”则成为艺术审美理论体系的核心范畴，成为中国古代文论枝繁叶茂的活性“基因”。以“象”为原质的艺术审美，是区别于西方以“摹仿”为核心的艺术审美思维的本质特征。

以“情性”为核心的生命审美范畴，是中国古代较早成熟的人本观念和生命意识发展的结果。从以人为主体的神话传说到以歌舞乐为基本形式的原始宗教，从原始巫术到《周易》哲学，从天文观测到“立象尽意”，无不体现出天人

① 吴登云. 中国古代审美学. 昆明：云南人民出版社，2009：25.
② 王树人. 中国哲学与文化之根——“象”与“象思维”引论. 河北学刊，2007，(5)：21-25.

一体、以人为中心的生命审美追求。中国古代文化一开始就是“情性”文化。在天地人一体的宇宙观念中，由于万物共有了生命与情性，才形成了宇宙、人生、道德和政治等多位一体的生命审美范畴体系。《易传》关于《易》之象、数的“情性”和义理的阐述，开启了中国古代“情性”论。于是，以宇宙和人生的生命关系为出发点，以道德、社会的生命审美为归宿，人们由“向外”的宇宙探索转向“向内”的生命追究，并进一步深入到对“心灵世界”的发掘，致使“情性”论在儒家思想体系中占据独特的理论地位：哲学上形成了先秦情性论、汉代“感应”论、宋明理学、明代心学等多次理论高潮，诗学上先后成为先秦汉“物感”说、魏晋“缘情”说、唐宋“情景”说、明代“童心”说和清代“性灵”说等不断阐释和主张的“情本”诗学理论。可见，“情性”论是中国古代哲学的中心范畴，是中国文论和美学以生命为本的立论基础，是艺术“象思维”的基本特征。

汉字数字饱含着生命“情性”，是我国古代生命审美的实证，是古代“天象”观测的结果，也是中国古代汉字产生以前最早的哲学话语，同时又是宇宙万物的生命审美意象。中国古代把十个汉字分为“生数”与“成数”，并赋予其独特的“情性”。每一个数字都承载着中国古代丰富的“情性”审美观念。《周易》中的“象”与“数”，表现了“三才”一体、天人相通的生命“情性”审美观。

“气韵”是关于生命“情性”审美的艺术升华。中国古代最高哲学的“道”，是以“气”为宇宙本体的一元哲学。“元气”“精气”表现了人们对宇宙万物生命本质的审美认识。阴阳之气的相互感化是生命“情性”的作用，以阴阳为核心的太极哲学是人们对生命周期的审美认识。从自然之气到哲学之气，从人性之气到艺术之气，使“气”成为中国古代的一个独特的生命审美范畴。在古代艺术审美领域，“气韵”审美突出了艺术“情性”的生气与活力、节奏与气魄，体现了关于艺术的生命审美的最高境界。

中国古代关于美的范畴十分复杂，并且处于不断丰富和发展的流变过程。《周易》以“生生”为“天地之大德”，《尚书》倡导以德为美，孔子主张以仁为美、以和为贵，道家追求以道为本的自然美。随着古人对生命的体验和感悟，审美范畴不断繁衍，诸如表现人生审美理想的“乐”“和”“祥”，表现生命活性与气质的“气”“神”“骨”，表现审美品位的“趣”“味”“韵”，表现风格特征的“刚柔”“藏露”“动静”“虚实”“雅俗”，表现形质关系的“心物”“形神”“文质”，表现艺术创造至境追求的“意象”“意境”，等等。然而，上述诸多系列的审美范畴都是“意象”和“意境”的“子范畴”。“意象”是核心范畴，“意境”是最高范畴，“情性”是贯通所有范畴的主线。因此，以“情性”为特质的生命审美，是区别于西方“灵魂”审美的基本精神。

总之，“中和”“意象”“情性”作为中国古代审美体系中关于社会、艺术、生命三大审美体系的核心审美范畴，它们具有同源的社会生活基础、哲学基础和思维方式[①]。同时，它们又分别以自身的审美思维特性与理想追求形成了自身的发展逻辑。与西方“形思维”相对，“象”是中国审美思维体系的核心概念，是审美范畴体系的元范畴和核心范畴，是审美理论体系的精神灵魂。“象”“象论”和“象思维”构成了中国古代审美思想体系的内在逻辑和审美范畴体系的基本精神。

① 吴登云. 中国古代审美学. 昆明：云南人民出版社，2009：27.

第二章 中国古代“象”论与“象思维”

——从“易象”到“象”论

中国早期哲学的表达方式，曾先后表现为“图象”表达、符号表达和语言表达三个阶段。《河图》《洛书》代表了早期哲学的“图象”表达方式，《周易》卦象系统所呈现的是哲学的符号表达方式，《周易》中的《系辞》和《系辞传》则代表了早期哲学的语言表达方式。中国古代的“象”论是关于思维的理论，“象”论的产生又成为中国哲学理论的开端，因此，“象”论体现了“象思维”的理论自觉。

第一节 从符号哲学到《周易》“象”论

在汉字产生之前，中国古代“圣人”们早已具有了对宇宙自然的理性认识和综合能力，具有了哲学思维，图画便是这时期哲学思维及其哲理的表达方式。根据《易传》和诸子百家的许多记述，《河图》《洛书》是“结绳记事”与原始天文学、原始数学相结合的文化成果，是文字出现之前的原始哲学的“图象”表达形式。《河图》《洛书》尽管伴随着相关神话传说及其神秘因素，但其本质是“整一”宇宙观和“阴阳”“五行”等哲学思想的集合体，是中国哲学的最初源头。“象”是《周易》的核心范畴，卦象系统构筑了天、地、人的关系系统，《系辞传》开启了中国“象”论的先河，并以哲学理论的范式阐述了“易象”的基本思维方式——“象思维”，以唯物和辩证的理念阐述了“象”的本质、特征、功能及其呈现方式，提出了关于卦爻象系统的认识方法，为道家和玄学“象”论奠定了思维方式和理论基础。

一、中国哲学的原始表达与理论开端

人们早在 6500 年前就已掌握二十八宿、北斗七星、日月变化的规律。《尚书·顾命》和《周易·系辞》所记载的《河图》（图 2-1）、《洛书》（图 2-2），就是以图为“象”来表达对天文和宇宙内在平衡规律的认识，上合于天星、下用于地理。在没有文字的时代，这种用“图象”来描述宇宙自然规律的方式，同后世的“定律”“公式”等理论模式具有相近的意义，而且更具有直观性和简约性，形成了时空一体的图象思维模式（图 2-3）。

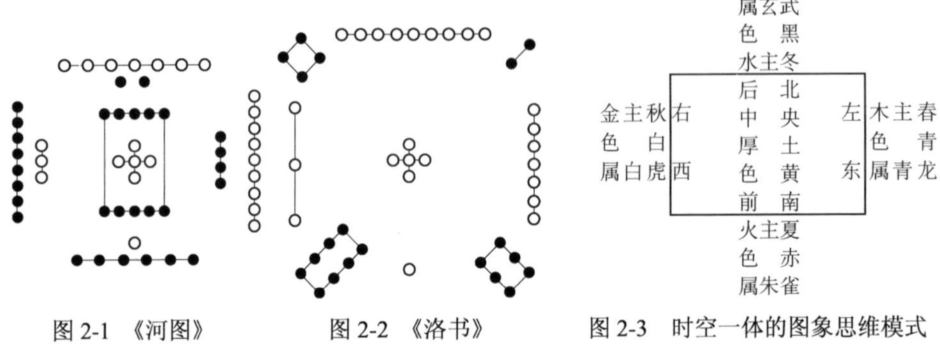

图 2-1 《河图》　　图 2-2 《洛书》　　图 2-3 时空一体的图象思维模式

（一）早期哲学的“图象”表达与宇宙时空观

《河图》《洛书》包括象和数，是“观物取象”的结果。古人经过长期的天文观察，总结出与土、木、火、金、水“五星”运行相对应的四时气候变化规律，并按五星出没时节绘成《河图》，即以象、数所构成的“图象”来表现时空一体的宇宙运行状态，并成为一个完整的天文理论系统。作为“象”，该系统以“五星”的运行轨道同日道的周期性距离变化为依据，用以纪日并划分季节，五星运行曰“五行”，季节变化曰“五方”。作为“数”，《河图》以十数合五方、五行、阴阳及天地之象，分别按照黑白、阴阳、奇偶相对应，又以天地合五方、阴阳合五行。把二十八星宿按照东西南北划分，以各方位七星布局视图为星象，形成了四季与五方相对应而统一的星象运行系统：

玄武星象：一与六共宗居北方，“天一生水，地六成之”，表示水星见于北方并与日月会聚。此为十一月冬至前，冬气交令，即为冬季。

朱雀星象：二与七为朋居南方，“地二生火，天七成之”，表示火星与日月会聚见于南方，时为七月夏至后，夏气交令，即为夏季。

青龙星象：三与八为友居东方，“天三生木，地八成之”，表示木星与日月会聚见于东方，时为三月春分，春气当令，即为春季。

白虎星象：四与九同道居西方，“地四生金，天九成之”，表示金星与日月会聚见于西方，时为九月秋分，秋天杀伐之气当令，即为秋季。

时空奇点：五与十相守，居中央，“天五生土，地十成之”，表示土星与日月会聚见于中天。时为五月盛夏，湿土之气当令。[①]

因北极星恒居北方之位，古人以之作为定位标准。“五星”皆以“土星”为中点，按木、火、土、金、水运行顺序相继出现于北极天空，各行72天，合周天360度，为一年周期，即为“五行”。从“五星”到“五行”，脱离了“形”而转化为表现宇宙时空运行法则的“天象”符号，形成了“天象”宇宙观，决定了中国古代自然科学、社会科学、思想文化和思维方式的基本走向。例如，“五行”与大地结合而推演出农事“时令”和地理“风水”学，与“人事”结合而推演出“八卦”“太极图”，与人生结合而产生了“命理”，与人体内脏器官结合而产生了中医学、养生学，与音乐的音律结合而产生了“五音”之法，与社会关系结合而产生了伦理学，等等。“五行”不断被抽象出来，取“五星”为“象”而构筑了宇宙万物的五种属性系统：木代表生发、柔和特性；火表示阳热、上炎特性；土象征长养、发育特性；金表示清静、收杀特性；水象征寒冷、滋润、就下、闭藏特性。“五行”还形成了“相生相克”的生灭学说，各类事物都建立了与“五行”相对应的体系，可谓“诸术之源”，诸如[②]：

五音：宫、商、角、徵、羽　　五声：呼、笑、歌、哭、呻
五色：青、白、赤、黑、黄　　五味：咸、苦、酸、辛、甘
五气：寒、暑、燥、湿、风　　五化：生、长、化、收、藏
五方：东、西、南、北、中　　五脏：心、肺、脾、肝、肾
五病：风、热、湿、燥、寒　　五常：仁、义、礼、智、信

清代著名经学家、天文学家和数学家江永说：“天下之事，皆出于五行，则皆根源于《河图》。”[③]“是所谓《图》《书》者，当必有统卦画之全，极天文、地理、人事之变，而后圣人得而则之。”[④]清代李光地在《周易折中·启蒙附论》中说：“盖所以见图书为天地之文章，立卦生蓍为圣神之制作，万理于是乎根本，万法于是乎权舆。”[⑤]由《河图》《洛书》所表现的“五行”哲学，通过“象”来类推天文、地理与人事，这种类推思维正是中国哲学“象思维”体系的源头。

“五行”既表示四季的“时序”变化，又表示“五方”的空间转移。因此，

① 吴登云. 中国古代审美学. 昆明：云南人民出版社，2009：237.
② 吴登云. 中国古代审美学. 昆明：云南人民出版社，2009：237-238.
③ 江慎修. 河洛精蕴. 北京：学苑出版社，1989：340.
④ 江慎修. 河洛精蕴·跋. 北京：学苑出版社，1989：427.
⑤ 李光地. 周易折中（卷二十一）. 北京：九州出版社，2002：1093.

《河图》《洛书》图像所表达的天文理论，反映了中国古代“时空一体”的思维方式和哲学理念，故李约瑟引艾迪的话说：“这些图表说明了一种对真理的认识：事物乃系一组一组的关系。以我所见，这些图表本身显系理想的结构，表达真的事实，且是从实际经验建立的，虽则不完美且带幻想。这些图表仅是抽象的类型而已，用一种理想的过程来代替在大自然界中的实际观察。他们是去万殊，存和谐的公式。”[①] 中国哲学源于《周易》，而《周易》之“阴阳”“数理”“天象”“时序”等观念均取于《河图》和《洛书》。《河洛》与《周易》共同构筑了“时空一体”的基本思维方式和表现宇宙动态的理论范式。《周易》反映了哲学的“图象”和“符号”表述向哲学的语言表述的过渡。

（二）系统哲学的“符号”表达与理论呈现

《周易》以其系统的卦象符号展示了成熟的哲学思想体系，卦辞、爻辞则以语言文字的表达方式呈现了易象的哲学思想，《易传》标志着中国哲学理论的正式形成。成中英也认为：“《易经》哲学是语言与思维相结合的最完整的系统……是中国哲学的原点。”[②]《系辞传上》曰：“易有太极，是生两仪，两仪生四象，四象生八卦，八卦定吉凶，吉凶生大业。”这是最早对宇宙结构同人类生存关系的归纳，也是对中国哲学理论体系的高度概括。“易象”的本质是明“三才之道”而“究天人之际”，它是中国古代科学的结晶，正如李约瑟所说：“该书用一套图像把所有的自然现象转变成数学语言，这种图像就是 Leibniz 所说的‘普遍性’的胚芽；它似是一部字典，让人观察大自然如看书一样，不管是以求知或实用的目的。”[①]

“易象”作为哲学之象，呈现为两种表述形式：一是符号表述之“象”，即卦爻画之“象”，是对宇宙自然之“类”的模拟——“触类为象”；二是语言表述之“象”，即卦爻名和卦爻辞之“象”——“合义为征”。语言表述之“象”是把符号之“象”翻译成为语言中的“象”。《易传》（《十翼》）以“解象”的方式发挥易象的哲学思想，形成了哲学理论，完成了符号表达向语言表达的过渡，成为中国哲学的语言表达的开端。

卦辞、爻辞作为卦爻象附文之“言”，包括卦爻名、明象、断意三个部分。其中“卦爻名”言“取象”，“明象”言“取义”，“断语”言“吉凶”。以《乾卦》为例，卦辞（彖辞）中的“乾”为卦名，取象于“天”；“元”为“明象”，取义于“大”和“初始”，即“万物资始”“生万物”之理；“亨，利，贞”为断意，以象征对“吉凶”之判断。爻辞（象辞）具有相同的结构，如表 2-1 所示。

① 李约瑟. 中国古代科学思想史. 陈立夫译. 南昌：江西人民出版社，2006：437.

② 张岱年，成中英等. 中国思维偏向. 北京：中国社会科学出版社，1991：198.

表 2-1　爻辞结构表

卦爻名（取象于“位”） 事物存在特性	明象（取义于“变”） 事物运动特性	断意（人事应变） 事物发展趋向
初九	潜龙	勿用
九二	见龙在田	利见大人
九三	君子终日乾乾，夕惕若厉	厉，无咎
九四	或跃在渊	无咎
九五	飞龙在天	利见大人
上九	亢龙	有悔

由此看出，“取象”“明象”都立足于揭示天地自然的共同本质和特性，具有客观性描述的倾向，体现了《易》与天地准的本质。断意的功能则在于把“天道”延伸于“人道”，指出事物变化的状态和趋势，表现出对主体的指导、提示或警示的主观意愿，体现了“吉凶人为”的思想。卦爻辞的功能在于“明象”，不具有“诠释”意义，但却孕育着“象”论的哲学“基因”，《易传》中的“象”论就是根据这一“基因”生发出来的。

《彖传》与《象传》也存在客观性与主观性的不同偏向。《彖传》侧重于揭示天地自然之理，偏向于客观性描述，例如，“乾卦”《彖》曰：“大哉乾元，万物资始，乃统天。云行雨施，品物流形。”“坤卦”《彖》曰：“坤，至哉坤元，万物资生，乃顺承天。坤厚载物，德合无疆。含弘光大，品物咸亨。”这近乎于对“卦象”的“义”“理”阐述。而《象传》侧重于主体对天地的主观性、情感性的“比德”，例如，“乾卦”《象》曰：“乾，天行健，君子以自强不息。”“坤卦”《象》曰：“地势坤，君子以厚德载物。”这近乎于对“尽意”的阐释。可见，《彖传》《象传》已经具有了“诠释”的意义。

《系辞传》是关于“系辞”的通论，揭示了“意—象—言”的“立象思维”。“观物取象”是关于“象”之来源的阐述，“立象以尽意”是关于“立象”目的之总说，“设卦以尽情伪”是讲“易象”的表意功能，“系辞焉以尽其言”是关于“易象”的认识方法和途径，“变而通之”是关于“易象”的应用法则。

“义”为事物客观之义，“意”指“圣人”主观之意。“立象尽意”指“易象”的创立者们的主观认识、思想、意愿和心声，包括三方面基本内容：一是关于宇宙原理和三才之道的认识；二是关于“崇德广业”、发展人类的忧患之情；三是关于传授“趋吉避凶”之法的意愿。在“言不尽意”与“立象尽意”因果关系论述中，“言不尽意”是指“圣人”之言难以穷尽的“心中之意”，“立象尽意”是把“心中之意“转化为“象中之意”。因此，在“易象”体系中，“意”在“言”外，又在“象”中。“言不尽意”是《易传》作者对“八卦”作者的思维系统的分析，揭示了“言”与“意”难以对等的理性认识。“立象尽意”指出了“圣人”为解决“言”“意”矛盾而采取的表达策略，属于方法论范畴。“意”具有包容性和模糊性，要靠实践者的智慧来领悟和把握，所谓“仁者见仁，智者见智”。

二、《周易》“象”论与“象思维”

《系辞传》开启了“象”论的先河，在阐述“取象”“立象”思维的基础上，进一步阐述了“三象”（天象、易象、人事之象）的呈现方式及其相互关系，表现了“吉凶由人”的主张。《贲·彖》曰：“刚柔交错，天文也；文明以止，人文也。观乎天文，以察时变；观乎人文，以化成天下。”“天文”即天象，“人文”即人事之象。

“天象”即客观存在之象，凭“天象”可察时变。“天象”是指宇宙星辰和自然万物的某些规律性特征所呈现出来的象，即“天文”。古人通过长期观察、观测、验证，认为一些富有特征性的宇宙星辰现象能直观反映宇宙某些运行规律和趋势，这就是“天象”。“在天成象，在地成形，变化见矣。”因此，又通过观察大地万物的变化法则（即自然之象）来印证和实践天象规律，并推及人事变化，即“仰则观象于天，俯则观法于地，观鸟兽之文，与地之宜”（《系辞传下》），归结为“四象”。以此说明“易象”是“观物取象”的结果，故“易与天地准，故能弥纶天地之道”（《系辞传上》）。但“天象”既是客观存在之象，又是人们的认识之象，不同的认识方法和认识角度可以发现不同特征的“天象”，所以“天象”又具有主观性，是“意中之象”。

“易象”是对天象的主观模拟，曰“四象生八卦”，即“人文”。“天地变化，圣人效之；天垂象，见吉凶，圣人象之。”（《系辞传上》）故“象者，物之似也”[①]。“易象”之用关键在于“观其会通”。“天地者，阴阳形气之实体；乾坤者，易中纯阴纯阳之卦名也。卑高者，天地万物上下之位也。”[②]乾健与天阳同，天以阳刚而尊，坤顺与地阴同，地以柔阴而卑，这是对宇宙原理的认识。“是故夫象，圣人有以见天下之赜，而拟诸其形容，象其物宜，是故谓之象。圣人有以见天下之动，而观其会通，以行其典礼，系辞焉以断其吉凶，是故谓之爻。”这是指圣人为传授认识所采取的方式。可见，“立象尽意”并非圣人的主观臆想，而是以宇宙天地的运行为法则，突出了唯物观念。由于天象与人事吉凶相会通，“法象莫大乎天地，变通莫大乎四时，县象著明，莫大乎日月”（《系辞传上》），故按照天象法则立卦象，以作为人类行为的参照，即能“化成天下”，这是关于“易象”根本价值的论述。

① 朱熹. 新刊四书五经：周易本义. 北京：中国书店，1994：107.
② 朱熹. 新刊四书五经：周易本义. 北京：中国书店，1994：106.

“人事之象”即人事应变之象，即根据“天文”和“人文”判断吉凶趋势。“八卦定吉凶，吉凶生大业。”（《系辞传上》）“辞以言象”，“辞”即“分辨”，通过“系辞”可以把握吉凶，成就大业。《系辞传上》曰：“圣人设卦观象，系辞焉而明吉凶。”《周易本义》注：“此言圣人之作《易》，观卦爻之象而系以辞也。”[①] 显而易见，《系辞传》是对《系辞》中“人文之象”的哲理进行延伸性言说，也就是对道德认识和道德实践的实用价值的诠释。《系辞》和《系辞传》所言的“人事之象”表现了《周易》中的吉凶观，分为吉、凶、侮、吝、无咎等若干层次，如“吉凶者，言乎其得失也；悔吝者，言乎其小疵也；无咎者，善补过也”（《系辞传上》）。《系辞》所揭示的是“阴阳”之道和“易象”之理，“断吉凶”就是借“系辞”以判断事物发展趋向、权衡利弊、矫正思路、指导行为。因此，《系辞》就成为掌控人生的智慧和“工具书”。《周易正义序》曰：“王者动必则天地之道”，“行则必协阴阳之宜”。朱熹在《语录》中说：“吉凶在两头，悔吝在中间。悔自凶而趋吉，吝自吉而趋凶。”清代李光地在《周易折中》中引何揩曰：“悔有改过之意，至于吉则悔之著也，吝有文过之意，至于凶则吝之著也，原其始而言，吉凶生于悔吝，要其终而言，则悔吝著而为吉凶也。”有悔则改过，改则无悔。有咎则补过，补则无咎。因此，《周易略例》就说：“凡言无咎者，本皆有咎者也，防得其道，故得无咎也。”可见，所谓“人事之象”，就在于引导人们认识现实、把握自我、趋吉避凶。“自强不息”“厚德载物”“崇德广业”是《周易》吉凶观的核心精神和最高宗旨。它摆脱了神学观和宿命观的束缚，主张吉凶由人、积极进取，强调人类在宇宙体系中的主体地位和能动性，为中国古代最早研究人性与教育奠定了思想理论基础。孔子强调《周易》的道德教育价值，这开辟了中国古代教育学和人性研究的路子。

三、“易象”本质论与“象思维”

《易传》之“象”论还阐述了“易象”的本质特征。《易传》认为，“易象”的本质是“易变”。“彖者，言乎象者也。爻者，言乎变者也。”《周易正义序》曰：“夫《易》者，变化之总名，改换之殊称。”“谓之为《易》，取变化之意。”它认为变的本源在于气之阴阴消长与互动，故《系辞传上》说：“是故刚柔相摩，八卦相荡，鼓之以雷霆，润之以风雨，日月运行，一寒一暑。”“变易”的根源在于“道”，易即是“道”，“道”即是“变”。宋理学派程颐曰：“《易》，变易也，随时变易以从道也。”（《程氏易传序》）孔疏在《序》中概括道：“夫易者，变化之总名，改换之殊称。”这就是说，易象是言“变”之象，“圣人有以

① 朱熹. 新刊四书五经：周易本义. 北京：中国书店，1994：107.

见天下之动，而观其会通”（《系辞传上》），用以启示人们“顺时变易”“唯变所适”，即适时而变、时中而易，“随时变易以从道”。《正义》认为易象之变有三：一是“阴阳”变易，“阴阳六爻，更互变动，不恒居一体也”（《周易正义》卷八）；二是爻辞变化，“变通者，趣时者也”（《系辞传下》）；三是爻位变动，“阴阳六爻，两相交易，或以阴易阳，或以阳易阴。或在初位相易，在二位相易，六位错综上下，所易皆不同”（《周易正义》卷八）。“参伍以变，错综其数，通其变，遂成天地之文；极其数，遂定天下之象。非天下之至变，其孰能与于此。”（《系辞传上》）“易象”揭示宇宙万物之本质是“变”，其实践价值的核心是“变通”，“变通之谓事”，“变而通之以尽利”，“通其变使民不倦”，“变则通，通则久”，“变”是宇宙万物“生生”之道，“变通”则是人类长久生存之法，“唯变是从”是人类行为的基本法则。

“变”是《易》的核心精神，但“通变”与“变通”的概念内涵不同。如果“通变”属于本质论，那么“变通”则属于方法论。“通变”所论的是宇宙万物之道及其客观存在性质，阐述其“恒常”特性。“易象”之道及时中之道、通变之道，是对“通变”特性进行主观认识和概括的结果，属于哲学义理性质，其特征在于“简”。“变通”则是指人们应用“易象”的行为法则，主张“随机应变”。“象”之“变易”表现在艺术意象之中，体现为意象创造的无限性、意象蕴含的包容性、意象旨向的广角性与无限延伸性。“变易”也指人们认识“象”的法则：“神而明之，存乎其人”，“仁者见之谓之仁，知者见之谓之知”（《系辞传上》）。

在《系辞传》中，“易象”之“不易”是“变”与“常”统一体的另一个侧面。“不易”就是“不变”“恒常”。“变”是恒常的真理，即“动静有常，刚柔断矣”（《系辞传上》）。王夫之说：“动静互涵，以为万变之宗。”（《周易外传》）“不变”首先表现为宇宙万物的“尊卑”之位的恒常，即运动的秩序恒常，揭示了宇宙规律。其次“不变”表现为卦象中的六爻之位的不变，以揭示事物生灭与发展的周期性特征，即“六爻之动，三极之道也”（《系辞传上》）。同时，爻位中“天、人、地”三才之位恒常，揭示了人在宇宙变化中具有无限的主动性。最后“不变”还表现为“象”中之“意向”的恒常，这是立象者与接受象者之间取得“默契”的沟通与交流的关键所在。

《易传》关于“象”之“易变”和“变易”的理论，体现了唯物和辩证的思维视角，显现了形而上的宇宙本体论、运动本质论、义理认识论和生命实践论，表现出了中国早期“象”论的理性方式。正如黑格尔所说：“个别自然事物，特别是河海山岳星辰之类基元事物，不是以它们的零散的直接存在的面貌而为人所认识，而是上升为观念。”[①] 但是，《易传》中的“太极”“道”等概念

① 黑格尔. 美学（第二卷）. 朱光潜译. 北京：商务印书馆，1981：23.

尚属于实体意义的内涵，尚未形成最高的、终极的宇宙本体理论。

《系辞》关于“易象”思维方式的论述，体现了“象思维”的成熟。《系辞》指出了“易象”的思维过程是“观物取象”“立象以尽意”和“设卦以尽情伪”，即取象、立象、尽意三个思维过程，如图 2-4 所示。

取象（义理）→ 立象（意象）→ 尽意（情理）
（认识）　（抽象）　（表达）

图 2-4 《系辞》的思维过程

“取象”就是“取义”，是直觉和理性思维的结合。“取象”不是获取具体的“物”，而是摄取事物和现象中的本质、特性或功能，故为“取义”。它来源于有形之物，又对事物和现象进行“脱壳”，只留下了不依赖于形的“义”，并非是一些学者所说的“始终不脱离形象”，而是一种“得意忘形”，故曰“观物取象”。“立象”就是“取理”，是直觉和想象结合、个别与整体统一、个性与共性融合，经过理性的归类和提升，并以所取对象的名称或特征作为“义类”的代表性“符号”，即“意”或“意象体”，使之既以直观的方式体现类事物的共同特征，又承载着事物的道理、哲理，也就是由“义”到“理”的“超形思维”过程。“尽意”即“用理”，通过联想和想象思维，借助比兴、象征、暗示、推类等不同手法，把“意象体”所产生新意分别投射于相类、相似、相近的“人事”，实现“尽情性”的表达目的，使接受者能够通过直觉来感受“象中之意”，并达到“得意而忘象”的层次和境界。因此，“象”论着力突出了“易象”的以下特征。

第一，突出“悟中思理”的核心价值。“立象”过程借助了“观物”的直觉，但又以“超形思维”来熔铸“义”“意”一体之“象”。而对于接受者而言，则是通过无形之“象”而引发“直觉”思维，又通过“悟”来领受“象中之意”。所以王树人所说：“‘象思维’则在求悟中不仅思理，而且要提升境界。”①“悟中思理”是意象的核心价值。

第二，突出“通变”的基本特征。“易象”是以一种非静态、非空间实体、非具体对象、非客观现实的“形上”符号，表现事物的“动静”、“刚柔”与“变通”。“通变之谓事”，即“人事之象”的动态性。《易传》指出卦、爻象用以断“吉凶”，而吉凶源于“动”，“动”的本原是“刚柔”，“吉凶悔吝者，生乎动者也；刚柔者，立本者也；变通者，趣时者也”。“刚柔相推，变在其中。”（《系辞传下》）“刚柔相推而生变化。”“变化者，进退之象也。刚柔者，昼夜之象也。”“化而裁之谓之变；推而行之谓之通。”（《系辞传上》）可见，“通变”是

① 王树人. 回归原创之思——象思维视野下的中国智慧. 南京：江苏人民出版社，2005：1.

《易传》关于“象”论的主题，是“易象”的基本特征。

第三，主张自觉“趋吉避凶”。“天垂象，见吉凶，圣人象之”，易象体系按照“天人相通”的思维表现事物的趋势，构建的是一个“推天道以明人事”、“观天象以断吉凶”的自然逻辑体系，所揭示的是人们在生活实践活动中关于利与害、福与祸、兴与衰、吉与凶的发生条件与转化规律，引导人们“与天地合其德，与日月合其明，与四时合其序，与鬼神合其吉凶”。《易传》还指出，“积善去恶”是顺天应人的前提，顺天应人则是趋吉避凶的唯一途径：“与天地相似，故不违。知周乎万物，而道济天下，故不过。旁行而不流，乐天知命，故不忧。安土敦乎仁，故能爱。”（《系辞传上》）可见，《周易》吉凶观不是依附于“神”的宿命论，而是依赖于天地法则而对事物趋向的利与不利、顺与不顺、通与不通的真挚告诫，故“吉凶生，而悔吝著也”（《系辞传下》）。

总之，“象”和“象论”是《周易》的两个基本内容，二者以自然科学和社会科学为基础，构建了一部以“运动观”为基本精神的成熟、完整、系统的宇宙哲学、生命哲学、道德哲学和人生哲学。比利时当代著名化学家、诺贝尔化学奖获得者伊利亚·普里戈津（Ilya Prigogine）说：“中国文明具有了不起的技术实践，中国文明对人类、社会与自然之间的关系有着深刻的理解。中国的思想对于那些想扩大西方科学的范围和意义的哲学家和科学家来说，始终是个启迪的源泉。”[①] 这一“文化典范”价值的坚实基础，就在于“易象”体系所呈现的成熟哲学及其关于“象论”的成熟思维。通过《易传》的诠释，序位尊卑法则成为儒家伦理道德和礼教制度的理论根基，“通变”与“变通”成为乾道“自强不息”与坤道“厚德载物”的智慧和精神。而“天德”与“人德”的同一观则成为道家“尊道贵德”、崇尚自然的理论基础。所以，《易传》中的“象论”成为儒、道的分水岭。

但还应该进一步认识到，《周易》哲学并不能代表中国古代最高的哲学理论。首先，《周易》尚未揭示“终极本体”宇宙观，它以“太极”为宇宙整体结构体系中的最高范畴，但“太极”所表现的只是最高的“实体”观念，并非至上的宇宙之理。其次，其“象”论中既没有在“道”与“象”之间建立起等同的关系，也没有在“道”与宇宙“本原”之间明确建立起等同关系。最后，《周易》中的“道”论还不具有“一”和“常”的思想。“一阴一阳谓之道”所讲的是阴阳互动、刚柔相推的宇宙运行法则，是永恒的“变”，表现为“乾坤之道”“天地之道”“圣人之道”“君子之道”等，还没有提出宇宙“大道”的哲学概念。其“道”的意义主要表现为区别事物的功能与“位”“序”的“个性”特征，诸如“乾道成男，坤道成女”（《系辞传上》），“立天之道曰阴与阳，立地之

① 伊·普里戈津，伊·斯唐热. 从混沌到有序（中译本）. 曾庆宏等译. 上海：上海译文出版社，1987：2.

道曰柔与刚，立人之道曰仁与义”（《说卦传》），“天地之道，贞观也，日月之道，贞明也”（《系辞传下》）。由此说明，《周易》是以“自然运动论”的视角来观察宇宙，把人置身于宇宙万物的运动过程，在运动中感受、理解万物运行之道，并根据尊卑时序的推移而随机应变，顺应事物的运动趋向而掌控人事之道。此外，《易传》关于“象”与“形”关系的表述显得模糊混乱，例如，“在天成象，在地成形”，将“象”与“形”分别同“阳”与“阴”、“刚”与“柔”相对应，这与“形而上者谓之道，形而下者谓之器”相矛盾。《周易》中的“象论”具有浓厚的社会伦理观、社会道德观，成为后世封建统治阶级强化专制制度和等级观念的道德哲学基础。

第二节　道家“象”论与“象思维”

一、老子“象”论与“象思维”

《老子》最早把“道”与“象”统一起来，并提升为最高的宇宙本体论、本原论和本质论哲学。与《周易》的“自然运动论”宇宙视角不同，《老子》则是从“自然存在论”的视角来认识和观察宇宙，把思维和观察点置于宇宙实体之上的制高点，以“居高临下”的视角来审视宇宙的存在方式，认为在“太极”实体之前还存在着一种整一的、永恒的、真正具有本原意义的、唯一存在的“形而上”，并命名为“道”。因此，在中国哲学史上，老子率先将“道”视为先于“太极”的宇宙终极本原，“道”是《老子》的哲学精髓和最高哲学范畴。

（一）老子“无”与“自然存在”观

老子超越现实，转向对宇宙和人生的理性思考与哲学分析，以“道”释“象”，把“象”纳入“道”的哲学范畴体系。老子的“道”与同时期古希腊柏拉图的“理念”不谋而合地追究宇宙本原问题，他提出惊人相似的宇宙本质论与本体论，但柏拉图却因找不到宇宙最终的源泉，最终回到神学，把“造世主”（神）作为宇宙原动力，足见其“理念”论的模糊性。老子则以“自然存在”观从根本上找到了宇宙的本质和本原，寻求到了一个彻底唯物的最高哲学范畴的“道”。胡适说：“老子的最大功劳，在于超出天地之外，别假设一个‘道’。”[①]张岱年也说：“关于本根，最早的一个学说是道论，认为本根是道。最初提出道

① 胡适. 中国哲学史大纲. 石家庄：河北教育出版社，2002：47.

的是老子。”①

在老子哲学中，“道”是唯一先于宇宙万物而存在着的“形而上”，是宇宙万物之母，“有物混成，先天地生”（《老子》第二十五章）。道是“万物之宗”，“吾不知其谁之子，象帝之先”（《老子》第四章）。“吾不知其名，强字之曰：道，强为之名曰：大。”（《老子》第二十五章）其字曰“道”，其名曰“大”，其“名字”就是“大道”。《周易》之“道”是非恒道，即“变”，老子把这种“非恒道”提升为同一的、最高范畴的“大道”、“恒道”和“常道”，用以表达宇宙终极本原之存在性。但“道”又不是孤立存在的，而是贯通于万事万物，表现为具体事物，“孔之容，惟道是从”（《老子》第二十一章）。因此“道”无处不在、无时不有，“大道泛兮，其可左右。万物恃之以生而不辞，功成而不有”（《老子》第三十四章）。“道”又是超形的，即“大象无形”。

“有”、“无”是老子描述宇宙的两种基本存在方式。长期以来，不少学者一致把老子的“道”等同于“无”，忽视了“有无相生”的内涵。其实，“大象无形”，“道隐无名”（《老子》第四十一章），“无”是“道”的一种存在方式，即无形、无声、无色、无味。“无”具有两种意义，一是“道”是宇宙总规律的存在方式，二是指与“有”相对的客观存在性，表示天地混沌未开之际的状况，即“无，名万物之始也；有，名万物之母也”（《老子》第一章）。“无”与“有”相对，还表示万物在生灭、转化过程中的起始性环节，即“天下万物生于有，有生于无”（《老子》第四章）。所以，宇宙以“有”“无”两种基本方式存在，二者相互转化、互为起点、互为终点，即“有无相生”，“有之以为利，无之以为用”（《老子》第十一章）。故“道”是“有”与“无”的统一。

“静”是“道”的另一种存在方式。老子多用“雌”“天地根”“天地母”“玄牝”等女性生殖意象来比喻“道”，主张“守雌”“贵柔”“守静”就是主张“守道”。曾有学者认为：“老子哲学脱胎于母系氏族的宗教崇拜，特别是女性生殖崇拜。所谓‘道’，最初建立在对女性生殖力的认知上，然后将这种女性生殖作用扩而充之，用来观整个宇宙的创生过程，于是形成了‘道’的概念。”②冯友兰也说：“老子把‘道’比为女性的生殖器，天地万物都从其中来。”③可见，老子的哲学思维也是“象思维”。他认为“道”为万物之根，“归根曰静，静曰复命”，即“道”是以“静”的方式而存在，表现为“道常无为而不为”，“万物自化”（《老子》第三十七章），“不自见”而“明”、“不自是”而“彰”、“不自伐”而“有功”、“不自矜”而“长”（《老子》第二十二章）。并以此论证万物“相反相成”而发展，“有无相生”而转化，“反者，道之动也”（《老子》

① 张岱年. 中国哲学大纲. 南京：江苏教育出版社，2005：37-38.

② 牟钟鉴. 老子的学说//牟钟鉴，胡孚琛，王葆玹. 道教通论——兼论道家学说. 济南：齐鲁书社，1993：152.

③ 冯友兰. 中国哲学史新编（第一册）. 北京：人民出版社，1962：249.

第四十章)。

由“静”到“动”便是“道生一”。首先,“一”指宇宙化生的自然动力,与《周易》“天行健”、乾以施动的思想一致,同“一阴一阳谓之道”有着必然联系,即“冲气以为和”,因而“道生一”是“道法自然”的具体表现。其次,“一”又指“有”与“无”的混一、合一、整一,近似于《周易》中的“太极”,同时也包含着混沌、玄妙、深奥之意,即“视而不见,名曰夷;听之不闻,名曰希;搏之不得,名曰微。此三者不可致诘,故混而为一”(《老子》第十四章)。最后,“一”还指“道”的恒常、一以贯之,即“守一”“抱一”,“昔之得一者:天得一以清;地得一以宁;神得一以灵;谷得一以生;侯得一以为天下正”(《老子》第三十九章),“是以圣人抱一为天下式”(《老子》第二十二章)。它主张人们的一切创生行为都必须遵循“无为而治”、顺应“万物自化”这个唯一的宇宙运行法则。

关于“一生二,二生三”,“二”有两种意义。其一是指“道”具有“有”和“无”两种存在方式。其二是指“阴阳”两分之气,例如,《淮南子·天文训》阐释说:“道始于一,一而不生,故分而阴阳。阴阳合和而万物生,故曰:一生二,二生三,三生万物。”“三”指天、地、人“三才”,但理解为“多”更为确切。“道”生“有”和“无”,“有无相生”便产生了“多”(包括“三才”),所以“二生三”实际上是“法道”的结果,“三生万物”指出只有“法道”“法自然”才具有无穷的创生力。

(二)老子“象”论与“象思维”

《老子》与《周易》都具有一致的宇宙观、思维方式和认识方法。道家、儒家与《周易》共同构成完整的中国哲学思想体系。正如李约瑟所说:“道家是阴性的思想体系,而儒家是阳性的思想体系。不过阴阳实为一体而不可分,这个观念处处表现在中国文化中。”① 二者不同的是,在《周易》中,“太极”是宇宙的终极本原,“人道”在宇宙系统中具有主体性价值(吉凶由人:认识吉凶,把握命运),由此而形成了儒家系统的道德哲学体系。而在《老子》中,先于“太极”之“道”才是宇宙的终极本原,“天道”在宇宙系统中具有主体性价值(万物自化:尊道贵德,致虚守静),由此形成了道家系统的自然哲学体系。二者比较如下:

《周易》道德哲学的宇宙生成结构:

“太极”(一、有)→“两仪”(阴、阳)→“四象”→“八卦”→“吉凶”→“大业”

---

① 李约瑟. 中国古代科学思想史. 陈立夫译. 南昌:江西人民出版社,2006:74.

《老子》自然哲学的宇宙化生结构：

“道”（静、无）→“一”（动、有）→“二”（有、无）→“三”（多、三才）→“万物”

李约瑟也曾剖析过这两种宇宙生成结构的差别：“道家的心理状态在根本上是科学的，民主的，儒家与法家是社会的，伦理的。儒家的思想形态是阳生的，有为的，僵硬的，控制的，侵略的，理性的，给予的。——道家激烈而彻底的反对这种思想，他们强调阴柔的，宽恕的，忍让的，曲成的，退守的，神秘的，接受的态度。”①

关于“道”的价值认识，《老子》和《周易》具有不同的立足点和社会功能观。《易传》中的“道”论主要体现了儒家的伦理政治观，它立足于社会政治，觅天地伦理，究天人之际，通古今之变，力求推崇“仁义”之道，这既是对“以德治国”的历史经验的总结，又是强化伦理制度的客观需要。《老子》的“道”主要体现了自然哲学观，它立足于自然、社会和人生的宇宙整体高度，阐述天、地、人共同的“道”与“德”，主张“尊道贵德”，推崇“无欲”“无为”的社会政治和人生法则。

关于“象”论，《老子》和《周易》都以“象”论“道”，共同体现了唯物和辩证的宇宙观，都具有形而上的哲学意义，故《易》曰：“形而上者谓之道，形而下者谓之器”（《系辞传上》），但《老子》的“象”论与《周易》的“象”论又具有多角度的内涵差别，主要表现在以下几个方面。

第一，“道”与“象”的关系论不同。在《周易》中，“象”是“观物”的结果，具有主观性质，既用卦象符号来表示，又以卦爻辞来明象。“道”具有客观性质，但当以“象”来表达、以“辞”来言说，就转化为“意”，渗入了主观认识和主观情感的意义。而在《老子》中，“道”与“象”基本上是合为一体的，“象”即是“道”，“道”具有恒常的“自然”性和客观性。同时，“道”是“恍惚”和“玄妙”的，不可言说的，故以“象”喻“道”，以“大象无形”言“大道无形”，“是谓无状之状，无物之象，是谓惚恍”（《老子》第十四章）。“道之为物，惟恍惟惚。惚兮恍兮，其中有象；恍兮惚兮，其中有物……其精甚真，其中有信。”（《老子》第二十一章）“道之为物”是指“道”的存在，“有象”“有精”“甚真”“有信”把“道”与“象”统一起来，指出“道”虽然虚无、虚空和无形，但又以“精”“真”“信”为本，“有象”阐述了“道”能够被感知、意会、想象、体悟和领略，故主张“执大象，天下往”（《老子》第三十五章）就是主张“抱一”“守一”。庄子的“象罔”正是对这一思想的继承和发挥。

① 李约瑟. 中国古代科学思想史. 陈立夫译. 南昌：江西人民出版社，2006：1.

第二，“有”与“无”的本质论的差别。《周易》以“象”论“道”，“道”分别指天道、地道、人道，表现为有形，天道为阴阳，地道为刚柔，人道为仁义。万物各有其“道”，显现为不同的“器”，各具有不同的“位”与“序”。而老子之以“象”喻“道”，“道”指宇宙万物整体之“道”，即“大象”；万物只有一个“道”，即“整一”“统一”“一以贯之”，表现为无形。《淮南子·原道训》说：“所谓无形者，一之谓也；所谓一者，无匹合于天下者也。卓然独立，块然独处，上通九天，下贯九野，圆不中规，方不中矩，大浑而如一。”

第三，“变”与“常”的特征论的差别。“易变”是“易象”及其“象”论的基本特征，因此，“易变”即言“道变”，故《周易》之“道”是适时而变、适位而变的。而老子“道象”的基本特征是“恒常”，即永恒不变，“寂兮寥兮，独立而不改，周行而不殆，可以为天地母”（《老子》第二十五章）。“恒常”还表现为“无”与“有”的永恒混合与玄妙：“故常无，欲以观其妙；常有，欲以观其徼。此两者，同出而异名，同谓之玄。玄之又玄，众妙之门。”（《老子》第一章）由于道之“恒常”，通过“无”之“象”，可以悟其精妙，通过“有”之“形”，可以察其真信，通过观“象”以悟道和守道。

第四，“动”与“静”的存在论的差别。《周易》以“易象”言“道”，认为“道”的存在表现为“动”，即阴阳相荡、刚柔相摩、生生不息，因此，主张“乾”之自强不息、“坤”之厚德载物，主张人有不同的尊卑与序位，应各就其位、各尽其职、积极进取、崇德广业。老子则以“静”喻“道”，“静”的具体表现是：①“道”为恒常而不变；②“道”为“无形”而不“自彰”；③“道常无为”而“不自现”、“不自是”；④“道”为“无欲”而不争；⑤“道”显“柔弱”而“润下”，即“上善若水”。所以老子主张“守静”，即“守道”。

老子以“象”论“道”，主张“尊道贵德”“致虚守静”“见素抱朴”，以理想化的真实性原则和科学化的生存理论，为统治者开具了一副世代通行的治世良方，同时也成为人类智慧健康发展的最高哲学。遗憾的是，数千年来，《老子》除了曾经被“道教”和“武术”利用过以外，在整个历史长河中仅仅成为一种哲学、一种“学术”、一种思维方式或者一种理想化的精神境界而被崇拜，始终没有广泛进入人类的精神骨髓。只有庄子才真正领悟了老子的“道”和“象”的本质，并把哲学的象思维和艺术的象思维融为一体，把哲学诗化，把诗哲学化，创造了无数融哲学、艺术和人生为一体的审美意象。

二、庄子的“忘言”说与“象思维”

庄子理论的最大贡献有二：一是创立了以“真”为核心的认识论和人生论思想体系；二是以诗人哲学家范式建立了以“意”为核心、以想象为主体的关于思维境界的理论体系。

基于老子的“道象”本体论，庄子的“言意”论是以“悟道”“体道”为核心的认识论。从思维倾向来看，老子的核心思想是“尊道贵德”，重在关注人类如何克制欲望、克服妄为而回归自然的治世出路问题，属于自然哲学的宇宙论[①]。庄子的核心思想是“思玄悟道”，进一步关注人类如何面对现实、正视人生价值、调控生存心理、提高人生境界等问题，属于人生哲学的认识论。从人生法则来说，老子主张“无欲”，以“守静”的自然心境去领悟宇宙存在着的本真，矫正人类灵魂与行为。庄子则进一步主张“忘我”，以“无我”的精神境界把自身融入自然，成为“物我一体”的本真。从社会道德来说，老子主张“不争”，“无为而无不为”，回归于“见素抱朴，少私寡欲”的“小国寡民”之世。庄子主张充足德性，获得与自然合一的一种自足精神，从而实现“与天齐一”的平等和逍遥自在的真实、自由、快乐、幸福的理想社会。因此，“真”是庄子本体论的核心范畴，“意”是庄子“言意”论的指归。庄子以“真”“意”为基本要素，通过众多艺术意象构建了一个较为完整的关于认识思维和生存思维的理论体系。

（一）庄子的“言意”论与“真”

庄子既是哲学家，又是诗人。作为哲学家，他以老子的宇宙哲学为基础，通过众多艺术意象，系统阐述了“悟道”、“体道”、“归道”的人生哲学。作为诗人，他以哲理阐述为核心，通过诗性思维铸就了风格独异、洋洋洒洒十万言的诗作，塑造了前所未有、丰富多彩、难以计数的寓言“群象”，把“象思维”发挥到了极致，成为后世文学“意象”创造的典范。他的“言意”论把人生哲学推向了当时哲学的最高境界，其“以象尽意”的艺术思维对中国文论的影响十分深远。

“言意”论是庄子的一个基本理论，其本质就是一个“真”。“真”是庄子最高的宇宙观、认识论和人生论，分别表现为“真性”“真知”“真人”的理想境界。

1）“真性”是庄子的终极宇宙观。他以老子的“道”为最高哲学范畴，建立了以“真”为核心的宇宙本体论。老子强调“道”之“无”，庄子进一步强调“道”之“真”，认为“道”的本质在于其“真性”的存在。《大宗师》中写道：

> 夫道，有情有信，无为无形；可传而不可受，可得而不可见；自本自根，未有天地，自古以固存。神鬼神帝，生天生地；在太极之先而不为高，在六极之下而不为深；先天地而生而不为久，长于上古而不为老。

---

① 吴登云. 老子的核心思想是“尊道贵德”. 学术论坛，2007，（12）：22-25.

庄子的宇宙观与老子一脉相承，他反复强调“道者，万物之所由也”（《渔父》），“道者万物之所然也”，“道者万物之所以成也”（《解老》），“道无始终，物有生死”（《秋水》），肯定“道是天地万物所以生之总原理”[①]。张岱年也认为：“庄子发挥老子的思想，也主张道是宇宙之究竟本根。”[②]但在理论上，庄子更关注“道”之“真性”。他以“气”论“道”，认为“天地者，形之大者也，阴阳者，气之大者也，道者为之公”（《则阳》）。天地为外在最大的“有形”，阴阳之“气”则是其内在最大的“无形”，而“道”则居于二者之“公”。“道”是万物之始，“变而有气，气变而有形”（《至乐》）。这就从宇宙构成论的视角来推理“道”之“真性”。人作为宇宙自然而存在，同样以“气”为其“真”，“人之生，气之聚也，聚则为生，散则为气”（《知北游》），以此揭示人与宇宙同等的自然属性。在实践中，他以诸多具体事物为例，证明“真性”的普遍存在性，例如，“马，蹄可以践霜雪，毛可以御风寒，龁草饮水，翘足而陆，此马之真性也”（《马蹄篇》）。“真”就是“真性”，“真性”就是“自然”，“道”即是“真”，“真”是宇宙最高的本体。“真性”是宇宙万物之根本，无时无地不存在，“通天下一气耳”（《知北游》）。可见，“真性”其实是对老子“道”的本质特性的具体诠释。

2）“真知”是庄子的最高认识本体。以“真性”存在论为根基，庄子进一步建立了以“真知”为最高范畴的“可知论”，认为道“可传而不可受，可得而不可见”。从认知对象来说，宇宙万物都统一于“道”，“道通为一”（《齐物论》），“真知”就是“悟道”、“体道”和“得道”，把握“真理”。认识“道”就要认识万物同一、平等的“真性”。《齐物论》曰：“劳神明为一，而不知其同也”，“子知物之所同是乎”。《德充符》又说：“一知之所知。”把“同”“一”等作为认识的最高对象，这才是“真知”。从认识主体来说，“真知”是一种“忘知之知”，即“无心”“以道观之”，认知之心与道同一、与天契合，达到自然、淳朴之“真”的思维境界。然而，庄子认为世俗之人皆有“成心”，即偏心，与“无心”相对。郭象注：“夫心之足以制一身之用者，謂之成心。”成玄英疏：“夫域情滞著，执一家之偏见者，谓之成心。”（《庄子疏》）庄子认为，由于“成心”的支配，人们往往把事物视为“物我”、“内外”、“长短”、“贵贱”、“是非”等对立关系，这种“对立”就成为认识过程中“自由”的桎梏，即“随其成心而师之，谁独且无师乎”（《齐物论》），这样的认识结果往往是“同于己者是之，异于己者非之”（《寓言》）。所以庄子认为，带着区分大小是非的对立的主观成见和偏见，只能导致“以人灭天”的言说，只有“无心”才能通达“道”的真实和本性。因此，庄子的“真知”就是以“道心”来观道、体道、悟

① 冯友兰. 中国哲学史. 北京：商务印书馆，1961：280.

② 张岱年. 中国哲学大纲. 北京：中国社会科学出版社，1985：22.

道。庄子把宇宙本体之“道”延伸到认识本体之“道”，主张“真知”与“真性”的同一，使“道”又具有了认识论意义。“道大体上有两个意义，一是指世界的本体，一是指最高的认识。前者是道的实体意义，即自然观中的道，后者是道德认识论意义，即认识论中的道。”①其实，庄子的“真知”、“真性”、“真人”是同一的，“且有真人而后有真知”（《大宗师》）。

3）“真人”是庄子的最高人生论。“真人”是庄子最理想的人格追求。“真人”表现为心与道、天的关系，认为只有心与道同一、与天契合的人，才是“真人”。庄子对“真人”的界定有四个方面：①人心与天性合一的人，“天与人不相胜也，是谓之真人”（《大宗师》）；②能体悟至纯至素的自然之性的人，“能提纯素，谓之真人”（《刻意》）；③不以心智去损害大道的人，“不以心捐道，不以人助天，是之谓真人”（《大宗师》）；④以平等之心与大道同体、同万物合一的人，“故无所甚亲，无所甚疏，抱德炀和，以顺天下，此谓真人”（《庄子·徐无鬼》）。归根结底，“真人”是修炼了真知（得道）、超越了“物我”对立（齐物）、掌握了最高真理（同一）、达到了最高人生境界（逍遥）之人。或者说，“真人”是将客观的宇宙之道内化成了人生的境界，使主观精神合于宇宙大道，其主观本体是“道”，即“道心”。正如李泽厚所说：“他把人提到宇宙高度来论说，也就是说，他提出的是人的本体存在与宇宙自然存在的同一性。”②“道心”是庄子认为人生最高的精神境界，“他所关注的是人在体‘道’之后产生的境界，也即体道之后所达到的精神状态”。“在庄子看来，‘道’成为人生所达到的最高境界，人生所臻至的最高境界便成为‘道’的境界。由是老子形而上之本体论和宇宙论色彩浓厚的‘道’，到了庄子则内化为心灵的境界。”③

庄子以“真性”为最高的宇宙本体，以“真知”为最高的认识本体，视“真人”为最高的人生境界。三者具有同一性、齐一性及同等的高度，这是由宇宙推广到人、由客观延伸到主观的“通天下一气”的理论逻辑，最终归结于“真人”。可见，突出人的主体地位和主体精神是庄子哲学区别于老子哲学的根本所在，“从理论上讲，庄子仍以‘道’存在的最高宇宙本体和宇宙的终极原因，但是，庄子以‘人’作为‘道’的直接和主要的体现者……人为存在之本体，精神为人之根本”④。

（二）庄子的“意”与“思维”理论

《易传》中的“言不尽意”以“象”为核心范畴，着力阐述“生生”之道。

① 刘笑敢. 庄子哲学及其演变. 北京：中国社会科学出版社，1988：103.
② 李泽厚. 中国思想史论. 合肥：安徽文艺出版社，1999：189.
③ 陈鼓应. 老庄新论. 上海：上海古籍出版社，1992：188-189.
④ 赵明，薛明殊. 道家文化及其艺术精神. 长春：吉林文史出版社，1991：92-93.

老子以“道”为本，认为本体“道不可言”，主体“希言自然”，所以主张“贵言”：“知者不言，言者不知。”庄子则以“意”核心，主张“三忘”：在“言”与“道”关系上“忘言”，在“物”与“道”关系上“忘形”，在“心”与“道”关系上“忘我”。“忘言”“忘形”“忘我”既体现了庄子独特的“象思维”，又代表了中国古代哲学思想的一次理论提升。

在庄子理论中，“意”作为主观存在之物，成为与“真”并驾齐驱的核心范畴。“意”相当于“思维”的整体概念，包括认知活动、心理调控和精神境界，因此具有不同的指向：作为主体内在之“心”，其最高境界是“真心”；作为认知过程及方法之“知”，其最高境界是“真知”；作为认识本体之“知”，其最高境界是“得道”的“真人”；作为人生观之“知”，其最高境界是“忘我”。庄子以“齐物论”为哲学基础，提出“得意忘言”，显然与儒家关于“易象”的伦理阐释及其“仁义”主张针锋相对。他以辩证逻辑的思维，独创性地阐述了“言”“意”“物”“道”之间的“非同一性”关系，彰显了“意”的张力。

1.“忘言”与“言、意、道”之辨

庄子认为“言”“意”“道”之间具有不可逾越的距离。

首先是“言”与“道”的距离，包括四个层面。第一层是“道不可言”。从对象上看，宇宙大道尽在不言中，“天地有大美而不言，四时有明法而不议，万物有成理而不说”（《知北游》）。从主体方面看，“道”不可言，“道不可闻，闻而非也；道不可见，见而非也；道不可言，言而非也”（《知北游》）。因此，从“不言”中悟道，是圣人之大德，“无为为之之谓天，无言言之之谓德”（《天地》）。“不论”“不辩”乃是“道”之“大德”，“得道”的最高境界是“无”，“无思无虑始知道，无处无服始安道，无从无道始得道”（《知北游》）。第二层是“道不可辩”：“物无非彼，物无非是。”（《齐物论》）宇宙万物齐一而等同，“道”无真假之分，“物”无是非之别，这是本来存在的“自然”，而辨析事物的各种言论往往不符合客观事理，但人又总是善于强调事物的是非观念和是非界限，“是非之彰也，道之所以亏也。道之所以亏，爱之所以成”（《齐物论》）。因此，“道之所亏”来源于人们的偏爱与偏见，尤其是“是非之辩”，不言则“齐”，言而反为“不齐”。这是由于“成心”的支配，人们往往以“自我”之“是”为中心，肯定对立面所否定的东西，或否定对立面所肯定的东西，因此难以谋求对事物“本然”和“本真”的明鉴。所以“不言则齐，齐与言不齐，言与齐不齐也，故曰无言。言无言，终身言，未尝不言；终身不言，未尝不言”（《寓言》）。第三层是“言无定论”：“言者有言，其所言者特未定也。”（《齐物论》）自古言论就不曾有过定论，对于超时空之道，人们凭借“时空”语言所持有的“是非”言说，往往是主观偏见，并非物之本然。第四层是“方生方死”：

“彼是，方生之说也。虽然，方生方死，方死方生；方可方不可，方不可方可。”（《齐物论》）人们在特定的条件下所形成的认识，一旦形成了“定论”就具有固定的内涵。而随着时空转移和“生生灭灭”的物化变迁，过去的“定论”只能成为历史的遗迹，事物“方生方死”之后的本质与原有的“方生之说”（定论）之间必然存在着很大的距离。因此，“言”与“道”存在着永恒的距离，只有“忘言”才能获得“真知”。

其次是“言”与“意”的距离。“意”是“心”对外物的认识和思想，“言”则是“心意”的外物，二者都属于主观的产物。一方面“言”与“意”非同一，“可以言论者，物之粗也；可以意致者，物之精也；言之所不能论，意之所不能察致者，不期精粗焉”（《秋水》）。这是“言”与“意”的距离。“尽管语言的其他因素较为活跃，然而其内在的逻辑意义却是异常刚性的。它固守着旧世界的范围，并在社会历史发生根本性变革的时代，与现实地生存者的新世界相对立而呈现出其内在矛盾。”[①]另一方面“意”与“道”非同一。“语之所贵者，意也，意有所随。意之所随者，不可以言传也。”（《天道》）“道”是固有的和恒常的，而“心意”则是主观的、可变的，它随人心而异动，随时空而迁移，这是“意”与“道”的距离。语言贵在传达“心意”，如果连“心意”都难以传达，那么就更难言说无形的、永恒的、整一的道。可见，“言”“意”“道”三者之间具有连环距离。

由此，庄子主张“得意忘言”。“得意”就是“悟道”并“得道”，把“道”转化为“胸中之竹”。“忘言”就是抛弃自认为是“言道”的“辩言”。庄子借助艺术“意象”的“言说”方式表现“言外之意”，把自己洋洋十万言也归纳为“三言”：古今帝王和圣人的“重言”，海阔天空、寓意深刻的“寓言”，纯心自悟、自由言说的“卮言”。自命“三言”以暗示“道”在“意”外、“意”在“言”外。只有借“言”会“意”、以“意”会“道”，将“道心”与大道“齐一”，才是“真知”的认知过程。庄子甚至感叹难以寻找到“忘言”的并能相互交谈沟通的人。

庄子全方位展开了“言”、“意”（心）、“物”、“道”四者之间“非同一性”的论述，这在世界文化史上当是绝无仅有的。西方人直到近代才开始承认语言与抽象概念之间的非同一性，德国哲学家卡西尔引述英国语言学家麦克斯·缪勒（Max Muller，1823—1900）的话：“人类语言除非凭借隐喻就不可能表达抽象概念，科学是抽象思维的产物，它离不开隐喻。”[②]其实，关于四者之间距离的论说，几乎贯穿于《庄子》的全部理论。为了阐述“道”的本质和“悟道”的真知，庄子依据众多自然现象和社会现象，塑造了许许多多的“意象”来阐

① 崔宜明. 生存和智慧——庄子哲学的现代阐释. 上海：上海人民出版社，1997：21.

② 卡西尔. 人论. 甘阳译. 上海：上海译文出版社，1985：141.

述了一个“逻辑链”：宇宙本体“道不可言”——传授主体“言不尽意”，“言不尽道”——认识本体以心“悟道”，“悟道”与“忘言”具有同等的价值理念。庄子以“立象尽意”的“象思维”展开“言意之辩”，“得意忘言”包括了“忘言”“忘象”两个思维层次。

2.“忘形”与“物、象、道”之思

老子由“天德”推及“人德”，主张“尊道贵德”，把回归自然、纯真、质朴的本性视为人生修养的最高道德境界和智慧的最高标准。庄子以此为前提，进一步阐述了“物—道”之间的距离，提出了“真人”“至人”自然本性修养的最高精神境界——“忘形”，包括三个方面：“忘形存德”“象罔得珠”“不言之教”。

1）“忘形存德”。“存德”就是“存道”，就是“得其常心”“斋以静心”，即达到自然淳朴、无“成心”的“真常”心境，其根本是“得道”。“真人”之心便是“道心”，“道心”作为观念形态便是“忘形”与“忘情”。“忘形”就是达到物我俱化、死生同一的心境，“忘情”就是达到等贵贱、平是非的“齐一”观念。“德”就是达到这种“忘形”与“忘情”的精神境界。他说：“道者，德之钦也；生者，德之光也；性者，生之质也。性之动，谓之为；为之伪，谓之失。”（《庚桑楚》）大道是自然的敬仰，生命是盛德的光华；禀性是生命的本根。自然本性所支配的行动，属于率真的作为；受“伪情”驱使的行动，叫作失却本性。所谓“忘形”就是驱除伪情，保持率真的自然本性。

庄子说：“德者，成和之修也。”（《德充符》）他认为“德”是事得以成功、物得以顺和的最高修养，因此主张“全德之人”，即才智完备而德不外露的人：“才全而德不形者。”（《德充符》）他还认为具有“全德”境界的人能够宁寂、淡漠而摒除世俗争名逐利之心，保存淳朴的自然本性而具有一种无形的精神魅力。庄子还通过寓言列举“形残而全德”之人，他们“德有所长，而形有所忘。人不忘其所忘，而忘其所不忘，此谓诚忘”（《德充符》）。虽然形体残缺，但由于淳朴自然的德性完美而高尚，因此不在乎自身的残缺丑陋，世人也都会忘记他们的缺陷而争相亲近和归附。这正是“全德之人”的精神魅力所在，并由此推断：“德不形者，物不能离也。”（《德充符》）德不外露的人才可能与外物“齐一”。

庄子进一步指出，“忘形存德”的根本途径在于“养志者忘形”（《让王》），以达到“忘情”的境界。“养志忘形”就是要消除意志的干扰，解脱心灵的束缚，遗弃道德的牵累，打通大道的阻碍。可见，“忘形”和“忘情”就是要用智慧来充实内心的修养，排除各种“情”与“欲”羁绊，达到虚、静、空的心灵境界，使心智处于明镜状态，才能透过万物之“形”而与道合一。

2）“象罔得珠”。“道”作为一种“真性”的存在，老子认为它恍惚不定、若即若离，但其中有“象”“物”“真”“精”“信”。面对这种玄妙精深的真性，庄子进一步提出“象罔得珠”的认识论。如果说“忘形存德”强调主体灵智的修养，那么“象罔得珠”则关注思维理念的提升。庄子通过一则寓言来阐述：

黄帝游乎赤水之北，登乎昆仑之丘而南望。还归，遗其玄珠。使知索之而不得，使离朱索之而不得，使喫诟索之而不得也。乃使象罔，象罔得之。（《天地》）

庄子以“玄珠”喻“道”，并以“知”“离朱”“吃诟”“象罔”四个意象分别比喻智慧（心计）、明察（有形）、善辩（辩说）、无心（虚无）四种不同的求“道”方式。皇帝“遗珠”，先后派四者去寻求，结果前三者均无所得，最终是“象罔得珠”。成玄英疏：“罔象，无心之谓。”“无心”即无“成心”。郭嵩焘注：“象罔者，若有形，若无形，故曰眸而得之。即形求之不得，去形求之不得也。”（《庄子集释》）超越“形”的遮蔽，以“心”去意会和领悟，即“忘形”。吕惠卿又注：“象则非无，罔则非有，不皎不昧，玄珠之所以得也。”（吕惠卿《庄子义》）认为“象罔”就是一种若有若无、大智若愚的思维方式，通过去智、去见、去言，以“朦胧”之思去会“朦胧”之道，以“混沌”之心去附和“混沌”之真，而沟通心、物、道的“桥梁”就是“象”。“象罔”就是一种“无知”（无欲）、“无目”（忘形）、“无辩”（忘言）的思维状态，它以若有形、若无形的“象”为媒介，通过“真知”来体悟“道”的本真，其本质就是主张“立象尽意”的认识思维。

3）“不言之教”。庄子对“知”的解释具有“知识”和“智慧”两种意义，《庚桑楚》曰：“知者，接也；知者，谟也”，前者解释“知”即“认知”“知识”，它出自与外物的应接，是主体的思维向外并与客体之间相互接应的认知过程；后者解释“知”即“智慧”，它出自内心的谋划，是主体在认知基础上形成独立的、向内的主观思维活动和“心机”。“知识”和“智慧”都是一种能“传授”而不能“言教”、能“意会”而不能“言说”、能得到而不能显现的“领悟”。

“不言之教”源于老子“是以圣人居无为之事，行不言之教”（《老子》第二章）。庄子说：“知者不言，言者不知，故圣人行不言之教。”（《知北游》）老子提出“绝圣去知，民利百倍”（《老子》第十九章）。庄子进一步说：“绝圣弃知，而天下大治。”（《在宥》）老子、庄子的“智慧”观具有两方面的含义：一是指“真知”，即在“无欲”、“无心”、“虚静”状态下对真理的掌握和对自然规律的遵循能力；二是指“妄为”的“心计”，为了满足欲望而善于巧辩、奸诈和违反自然法则、违反人性的所谓“应变”能力。“绝圣去知”所指的便是后者。

庄子与儒家“仁义”道德针锋相对而主张“绝圣弃知”“不言之教”，认为真正的“智者”当是“不言”之人，真正的“圣人”当是收敛自身光辉、放弃巧辩、不施令于人的“玄同”之人，主张以真知、真心和真情把自己融入社会，与各阶层同亲疏、等贵贱、共患难，和百姓以心传心、以德同德、潜移默化，即所谓“立不教，坐不议。虚而往，实而归。固有不言之教，无形而心成者邪？”（《冲德符》）然而，统治阶层已经处于家、国失道的状态，儒家所主张的“仁”“义”及其理想的“圣人”，都属于无可奈何的、妄为的、无济于事的“治方术者”而已（《天下》），现实已经“大道不称，大辩不言，大仁不仁，大廉不谦，大勇不忮。道昭而不道，言辩而不及，仁常而不成，廉清而不信，勇忮而不成”（《齐物论》）。庄子还认为凡严刑峻法、仁义道德、功名利禄、知巧机变及权谋术数等不顺乎人性的强行制度，都会扭曲自然的人性，扼杀自发的个性，最终“使天下瘁瘁焉人苦其性，是不愉也。夫不恬不愉，非德也”（《在宥》），主张“顺物自然而无容私焉，而天下治矣”（《应帝王》），认为“圣人”们的“妄为”追求，于个人常常带来痛苦和不安，于国家往往导致国事纷乱、国破人亡。

因此，针对当时统治者，继老子“绝圣弃知”和“见素抱朴、少私寡欲，绝学无忧”的主张，庄子进一步以“绝圣弃知”“不言之教”来阐述“真知”“真人”的人格标准，主张“忘形”而回归“大道”。

3.“忘我”与“心、知、道”之境

“忘我”是庄子关于“心—道”之间距离的阐述，“心”属于“意”的范畴，主要指人生境界。

庄子的人生观是“不为福先，不为祸始”，在《刻意》中具有许多描述，例如，精神独立、心灵自主的精神境界：“刻意尚行，离世异俗，高论怨诽，为亢而已矣。”淡忘名利、把人生视为审美过程的生活态度：“刻意而高，无仁义而修，无功名而治，无江海而闲，不道引而寿，无不忘也，无不有也。”注重“阴德”、富有社会责任感的人生境界：“生也天行，其死也物化。静而与阴同德，动而与阳同波。不为福先，不为祸始。感而后应，迫而后动，不得已而后起。”“不为福先，不为祸始”的人生追求，将是人类社会追求和谐的永恒不变的真谛。

“忘我”是身心归道、“万物皆化”的至乐心境，即“坐忘”、“心斋”。“忘我”就是达到“真人”的三种心境：①超越生死，“不知悦生，不知恶死”（《大宗师》）；②顺应时命，“不逆寡，不雄成，不谟士”（《大宗师》）；③无情无欲，“其寝不梦，其觉不忧，其食不甘，其息深深”。只有达到三种境界而成为“真人”，才可能实现“不为福先，不为祸始”的人生追求。“忘我”就是“物我俱化”“生死同一”，具有超人性能，“登高不僳、入水不濡、入火不热”（《大宗师》）。

“物我俱化”的核心是“齐物”。首先是忘记“对待”。庄子主张超越“对待”，抛弃自我中心，即“丧我”，把自我投射于万物生命，与外物相互交感而“同情”。通过自我主宰灵魂，获得精神自由，使人与自然之间达到“三籁”和谐：天籁与地籁相应，地籁与人籁相应，万物同为一体。在中国哲学体系中，庄子把“天人合一”观推向了唯物论和辩证法的最高峰。其次是等贵贱、无差别。在《秋水》中，他认为大与小、有与无、东与西、对与错等都是相对而言的，万物都以“对待”而存在，“彼”与“此”相对而生、相互依存，因此都没有绝对的定论。大无穷，小亦无穷。大中有小，小中有大。因此，万物具有不可比性，譬如栋梁可以用来冲城，但不可以用来塞小洞；骐骥驰骝等好马能一日千里，但捉老鼠还不如狸猫；等等。所以庄子主张“丧我”，洗涤偏执己见与唯我独尊。最后是“同情”，就是把自己置身于观察对象，达到“换位”理解。他认为在天地之间众生平等，即“天无私覆，地无私载”（《大宗师》）。在《齐物论》中，他作了很多比喻性的比较，诸如人睡在潮湿的地方就会患腰痛或半身不遂，泥鳅则不会；人吃肉类，麋鹿吃草，蜈蚣喜欢吃小蛇，猫头鹰和乌鸦却喜欢吃老鼠；狙和雌猴作配偶，麋和鹿交合，泥鳅和鱼相交；如此等等。这些说明不同事物具有不同的习性，只有“同情”才能达到“物我具化”。

“物我俱化”的理论归宿是“生死同一”。庄子在“物我俱化”、“生死同一”的理论基础上，进一步建立了以自我情感自由为特征的“死亡审美”学说。这一内容将在第六章具体阐述。

综上所述，庄子的“象思维”集中表现为三方面的成就。①以“象”论“真”，阐述了以“真”为核心的“真性”、“真知”、“真人”的思维境界，又以“象”论“忘”，阐述了以“意”为核心的“忘言”、“忘形”、“忘我”的生存境界，构筑了一个以“真”、“忘”为核心的人生哲学思想体系和认识论思维体系。②以“象”显“论”，通过超凡脱俗的想象思维，创造了色彩斑斓的意象群，以诗的思维方式和诗化的寓言故事系统阐述了人生哲学，以艺术思维的新视角阐述超越自我的“逍遥”、“物我一体”的“同情”等人生境界，主张“天马行空”、心灵自主和情感自由的思维模式，极大地打开了艺术思维的想象空间。这种把哲学理论、艺术意象和人生主张融为一体的“诗化”理论及其“象思维”，对后世文学产生了深远影响。郭沫若在《鲁迅与庄子》中指出：“秦汉以来的一部中国文学史，差不多大半是在他的影响之下发展。”（《沫若文集》第十二卷）③舍“象”而又存“象”，庄子在理论上没有直接论“象”，而是舍“象”而关注言、意，主张“得意忘言”，但贯穿他所有论著的则是关于言、意关系之“象”，代表了先秦时期哲学“意象”理论的思辨高峰，成为魏晋时期关于言、象、意关系理论及其艺术“意象”理论的基石。

第三节　玄学“象”论与“象思维”

以老庄的“言象意”学说为核心，魏晋形成了以王弼为代表的玄学思潮，“象”论是玄学阐释《周易》的主题。在老子“天下万物生于有，有生于无”的理论基础上，王弼以本末、体用关系来阐释“无”与“有”，进而视道家哲学思想为本，儒家伦理思想为末，前者为体，后者为用，把象数之学提升为思辨的玄学哲学，从思辨哲学的高度注释《易经》、寻求“易象”之义理，创建了玄学理论体系。正如朱伯崑所说：“王弼易学的形成，除受老庄思潮的影响外，同古文经学派的发展也是分不开的。”[①] 王弼针对《周易》关于“意”“象”“言”三者关系的思辨，展开了“象”论，体现出关于“易象”的认识论和方法论的理论特征。

一、王弼“象”论的思维法则

王弼以“易象”为言、意的“纽带”，既辨析了“意—象—言”的“立象”思维，又创建了“言—象—意”的“解象”思维，建立了“立象”与“解象”的“双向”思维法则，从哲学的高度揭示了“象思维”的基本范式。

首先，揭示了“立象”的思维特征。根据周易“立象尽意”思想，王弼明确指出了关于“易象”创造由“本”到“末”的思维程序：“意→象→言”。“夫象者，出意者也。言者，明象者也。尽意莫若象，尽象莫若言。”（《明象》）“象”以卦爻符号为标志，“言”以系辞为代表，“意”即义理，认为“意”为“象”之本，“象”为“言”之本，为“尽意”而立“象”，为“明象”而系“言”。“象”的功能是“表意”，“言”的功能是“明象”，即“意以象尽，象以言著”。

其次，创建了“观象”的思维特征。根据《庄子》的“得意忘言”思想，王弼创建了关于“易象”解读和接受寻“末”逐“本”的思维程序：“言→象→意”。他指出：“言生于象，故可寻言以观象；象生于意，故可寻象以观意。”其意即认识“易象”须“寻言以观象”“寻象以观意”，突出了“以意为本”的认识思维，成为后来文论“文以意为主”的理论基础。

再次，诠释了“忘象”的思维特征。根据《庄子》的“得意忘言”理论，王弼进一步提出“得意忘象”的诠释学理论。“故言者所以明象，得象而忘言；象者所以存意，得意而忘象。”“得意在忘象，得象在忘言。故立象以尽意，而

① 朱伯崑. 易学哲学史（卷一）. 北京：华夏出版社，1995：246.

象可忘也；重画以尽情，而画可忘也。”这是王弼最具有代表性的“崇本息末”观的思维体现。他以老庄“道不可言”与“可言非道”的思想为依据，指出“存言非得象”“存象非得意”，以及“存象非象”和“存言非言”的理论：“是故，存言者，非得象者也；存象者，非得意者也。象生于意而存象焉，则所存者乃非其象也；言生于象而存言焉，则所存者乃非其言也。”王弼以“意”为本，以“象”为核心，创建了关于“立象”和“解象”的“双向”思维的阐释学范式，成为关于“象思维”的完整而系统的理论阐述。

从经学“观物取象”“立象尽意”论，到道学“得意忘言”论，再到玄学“得意忘象”论，把中国古代“象”论推到了最高峰。

二、王弼以“意”为本的“取义”观

从《易传》开始，“象”论的着眼点始终是“意”。《易传》阐述象、意关系，重心在于以象尽“意”，表达主观情意。庄子的言、意关系，重心在于得“意”，主要指悟道。王弼辨析言、象、意，其归宿也在于“意”，指象中义理。

在《周易》八卦中，“取象”和“取义”是融为一体的。按照《易传》的阐释，“取象”就是就是“取义”，“物以类聚”“触类为象”，即“合义为其征”。因此朱伯崑说：“从《易传》开始便存在着‘取象说’和‘取义说’的对立。”“这两种说法，在《易传》的体系中是并存的，而又互相补充。可是，汉朝以后，这两种说法逐步发展成为两大对立的学派，象数派和义理派。”[①] 事实上，在“易象”体系中，“取象”与“取义”各有自身的功能，“取象”侧重于“物”与“象”的关系，故蕴含着“象数”观，而“取义”侧重于“象”与“意”的关系，孕育着“义理”观，二者相互作用而构成了“象”的整体性。魏晋时期是老庄学说流行的时期，“是古代学术史、思想史以及哲学史的一个大转折时期。总的情况是从两汉经学转为魏晋玄学。玄学是以老庄学说为核心而发展起来的哲学流派”[②]。玄学以经学为基础，又以老庄道学解《易》，排斥象数和“取象”说，注重义理而创建了“义理”学派。因此，王弼《周易注》关于挂爻辞的诠释，就是关于“取义”说的理论阐释。玄学之“意”也指“圣人之意”，但抛弃了儒家观念中的伦理观，特指“义理”“哲理”“玄理”。“王弼于《略例·明象》中，以取义说驳斥了汉易中的取象说。此文从哲学上看，提出了一个基本观点，即‘得意在忘象’。此命题也是以其玄学观点解释筮法中的取义说。……就筮法说，言指卦爻辞，象指卦爻象，意指卦爻象和卦爻辞所蕴涵的意义或义理。意有两层含义：一是指心意及观念，即《系辞》所说的‘圣人之

① 朱伯崑. 易学哲学史（卷一）. 北京：华夏出版社，1995：7-8.
② 朱伯崑. 易学哲学史（卷一）. 北京：华夏出版社，1995：245.

意’；一是引申为卦象所蕴藏的义理，即卦义和爻义。”①

王弼以“象生于意”为前提，提出“象生于义”“忘象求义”的理论：“夫易者象也。象之所生，生于义也。有斯义然后明之以其物。故以龙叙乾，以马明坤，随着事义而取象焉。”（《周易注·乾·文言》）他在批评汉易“取意”说的同时，提出了“触类可为其象，合义可为其征”“忘象以求其意，义斯见矣”的理论，推崇“卦义”，极力探索卦爻象、挂爻辞中的义理，其实就是主张“忘象求义”。“义”充满了整部《周易注》，在《明象》篇中主要阐述“言、象、意”，而在《周易注》中则转为以“义”“理”言象，几乎没有提到“意”的概念。可见，王弼“象”论中的“意”，就是“义”“理”。

在《周易注》中，“义”和“理”的含义不同。“义”主要指“天道”，“理”主要指“人道”。《明象》曰：“凡象者，统论一卦之体者也。象者，各辩一爻之义者也。”《系辞上注》说：“象总一卦之义也。”“易之为义，兼周万物矣”即“义”为宇宙万物之道，“物之存成，由乎道义也。”而“爻各言其变也”。“变化之道，则俱由刚柔而著，故始总言之，下则明失得之轻重，辨变化之小大，故别序其义也。”“变”其实就是“理”，《系辞下注》说：“夫八卦备天下之理，而未极其变。”“爻卦之义，所存各异。”“立卦之义，则见于《彖》《象》，适时之功，见存之爻辞。”因此，“人道”就是适时而变。“义”就是“论太始之原以明自然之性”（《老子指略》），“理”则指吉凶得失，此乃与“天道”同一的君子之道，实际上就是指“君德”，“复者，各反其所始，故为德之本也”（《系辞下注》）。人道回归宇宙之道，就是“崇人伦之始”（《序卦注》）、“以一为德也”（《系辞下注》），故“爻者，效也”（《明爻通变》）。因“理”或“德”仍然属于“无”的范畴，故挂爻辞在于“穷理尽性”，“理类辨明，故曰‘断辞’也。”“吉凶者，失得之象也。得一者于理不尽，未至成形。”（《系辞下注》）又如《系辞传下》曰：“君子上交不谄，下交不渎，其知几乎？”王弼注曰：“能无谄、渎，穷理者乎？几者去无入有，理而无形，不可以名寻，不可以形睹者也。”

“象生于义”“忘象求义”的理论，是对《易传》关于“易象”的“取象”观念的哲学升华。在《易传》中，“取象”所关注的是“天象”变化对“人事”的影响，即“天人”关系，因此，“象数”易学着眼于卦爻“象数”与“天象”的关系。而王弼则认为，“易象”所表现的“天象”变化，其本质不在于“天象”或事物本身，而在于隐藏于事物背后的根本的、统一的规律（义理）：

夫众不能治众，治众者，至寡者也。夫动不能制动，制天下之动者，贞夫一者也。故众之所以得咸存者，主必致一也；动之所以得咸运者，原必无二也。物无妄然，必由其理。统之有宗，会之有元，故繁而不乱，众而不惑。

---

① 朱伯崑. 易学哲学史（卷一）. 北京：华夏出版社，1995：288.

(《周易略例·明象》)

“寡”“一”指能够支配万物运动变化的根本的、统一的“宗”“元”之理，就是“无”，“天地万物皆以无为本”(《晋书·王衍传》)。“夫物之所以生，功之所以成，必生乎无形，由乎无名。无形无名者，万物之宗也。”(《老子指略》)认为义理是“无形”的，“无”是最高的义理。因此主张“崇本息末”，认识“易象”之本在于透过“天象”去把握宇宙万物运动、变化的“宗”“元”之“义理”，不能停留于“象数”而被“天象”所遮蔽。可见，王弼“取义”说所关注的是“易象”与宇宙本质和本体的关系，即“象”与“道”的关系。其实，《易经》、《易传》、易学“象数”派、“义理”派四者都以“象”为中心而共同关注“天人”关系，并以“人事”为指归，但关于“象”的思维特点及其理论逻辑则具有明显的差别，其比较如下：

《易经》：意→象→辞→人事（变）
《易传》：意→象→义→人事（德）
易学“象数”派：数→象→义→人事（术）
易学“义理”派：象→义→道→人事（理）

王弼以“道”和“无”来阐释“易象”之义理，以“忘言”“忘象”而超越“易象”、“天象”的思维，寻求形而上的宇宙原理，使“象”论具有了理性主义色彩。所以朱伯崑说：“王弼的取义说是同汉易中的象数派解易的学风对立的。”[①]但其“象”论中的“取义”说更强调“爻位”的义理阐述。《周易略例》曰：“夫位者，列贵贱之地，待才用之宅也。爻者，守位分之任，应贵贱之序者也。”“位有尊卑，爻有阴阳。尊者，阳之所处；卑者，阴之所履也。”所以“观爻思变，变思尽唉”，以此突出“爻位”变化与人事“适变”的关系，并按照其“物无妄然，必由其理”的理论，主张“以爻为人，以位为时，人不妄动”(《文言注》)。在解释《乾》、《坤》两卦时，王弼进一步认为“乾健”“坤顺”的义理是天地之德行，人们“适时而变”不能违背所处的位分、社会地位，应各守其位，应之以序。可见，王弼以道家老子“尊道贵德”的思想和理论来阐释儒家伦理尊卑、贵贱等级的思想，为统治阶级加强封建等级制度提供了理论依据。

综上所述，经学的伦理“象”论、道学的自然“象”论、玄学的义理“象”论，共同塑造了中国古代以“象”为核心的哲学文化心理、思维结构和思维模式，形成了以“象思维”为基本方式的思维体系和哲学理论体系，为诗学“意象”审美理论的形成奠定了坚实的思想理论基础。“言、象、意”的理论体系则成为中国诗学最根本的理论依据和思维方法。

---

① 朱伯崑. 易学哲学史（卷一）. 北京：华夏出版社，1995：253.

第三章 中国诗学"意象"与"象思维"

——从"易象"到"意象"

中国古代关于"意象"的审美范畴及其理论，始于魏晋南北朝时期。而近代以来，西方最早提出"意象"并为之下定义的是德国古典哲学创始人康德（1724—1804）。他在理性二元对峙的感知方式基础上，把"意象"定义为"审美的意象是想象力重新建造出来的感性形象，它能引人想起很多东西，却又不可能用任何明确的思想或概念把它充分表达出来"，从思维方式和表达方式上来说，比较接近中国古代的"意象"范畴[①]。英国哲学家、表现主义美学代表鲍桑葵（1848—1923）对"意象"的理解是："我们所感受或想象的只能是那些能成为直接外表或表象的东西。"[②]他关注的是"直接外表或表象"。美国意象派代表庞德（1885—1972）认为："意象之为物，乃是瞬间内呈现理智与情感二者的复合体。"[③]显然，这是主客对立的思维，在肯定"理智与情感"二重性的同时，只看到了"瞬间"的静态性。德国存在主义哲学创始人海德格尔（1889—1976）认为："本真的意象使不可见者被看到并因此想象这不可见者存在于对它来说是陌生的某种东西之中。"[④]这是从视觉的"陌生化效果"指出了普遍性和概括性，注重感官效果。美国符号论美学家苏珊·朗格（1895—1982）认为，意象"可作为抽象之物，可作为象征，即思想的荷载物"，发现了"意象"的抽象性，但"思想的荷载物"仍是主客分离的思维[⑤]。美国文学批评家韦勒克（1903—1995）认为："'意象'一词表示有关过去的感受上、知觉上的经验在心中的重现或回忆，而这种重现和回忆未必一定是视觉上的。"意象"可以是视觉的，可以是听觉的。或者可以完全是心理上的"[⑥]。这具有古希腊"回忆"说的

① 蒋孔阳. 德国古典美学. 北京：人民文学出版社，1980：115.
② 鲍桑葵. 美学三讲. 周煦良译. 上海：人民文学出版社上海分社，1965：5.
③ 郑敏. 英美诗歌戏剧研究. 北京：北京师范大学出版社，1983：3.
④ 海德格尔. 海德格尔诗学文集. 成穷等译. 武汉：华中师范大学出版社，1992：204.
⑤ 苏珊·朗格. 情感与形式. 刘大基等译. 北京：中国社会科学出版社，1986：57.
⑥ 韦勒克，沃伦. 文学理论. 刘象愚等译. 北京：生活·读书·新知三联书店，1984：201-203.

痕迹。法国作家、哲学家萨特（1905—1980）提出："意象这个词只能指意识同对象的关系，换言之，它只表示对象在意识中显现所所采取的某种方式。"[①] 这明显体现出意识与对象的分离性。

以上可以看出，西方人的"意象"观念与中国"意象"概念具有相近的思想，他们承认"意象"具有想象思维、象征手法、表意功能及意识中的感知性等，但始终以"主客对立"的思维来理解和阐释，始终以空间性、实体性、静态性的思维，把"意象"视为感官的、有形的"具象"或"形象"。因此，西方思维难以理解和阐释中国本土"意象"的哲学文化内涵和"象思维"文化体系。中国"意象"是借助实体而又抛弃实体所建立起来的"主客一体""心物合一"的思维成果，它虽然能使接受者具有心理的视觉性或听觉性，但"意象"的表达则具有抽象性、无形性、非实体性和非现实性等。空间观念与时空一体观、实体性与非实体性、现实性与非现实性、静态观与动态观等思维方式的差别，决定着中西关于"意象"的思维方式、意义内涵、认识方法和理论阐释等诸多方面的本质的区别。然而，曾在中国诗学理论体系中产生而又渐渐被"淡出"的"意象"术语，却深深影响着近代西方世界。20 世纪初，庞德翻译了书名为《华夏集》（1915 年出版，又名《神州集》、《中国》）的中国古诗集，从而将中国古代的"意象"审美范畴译介到西方，并掀起了西方以象征主义为基础的意象主义诗歌运动，"意象"也成为近代西方哲学、文艺理论和美学所热烈关注、倍加阐释的美学范畴，甚至有学者还认为"意象"属于"西方文论术语"。

在中国新文化运动中，我国新文化先驱在接受西方文论和西美学思想的同时，又从西方的意象主义诗歌中重拾"意象"这一美学范畴。近百年来，国内关于"意象"的研究学者云集，作品林立。然而，不少学者曾经应用西方理论来阐释中国"意象"理论，进而以西方的"逻辑思维"为准则，把中国的"意象"视为"缺乏逻辑""只重直觉"而加以批评。因此，作为国人尤其是学人，应当深入了解中国古代"象"、"象论"及"象思维"的文化根系和文化源流，认识中国以"象"核心范畴的审美理论体系，科学、客观、自信地理解、认同并阐释中国本土、本源的"意象"内涵。

在中国当代文学理论体系中，"意象"、"意境"理论体系已经成为璀璨的东方明珠。这同西方关注形式、注重技巧、强调感官、表现情感主体、以"客观对应物"为基本内涵的"意象"概念形成鲜明的对照，中国的"意象"理论体系与西方"典型"理论体系并驾齐驱、交相辉映，可视为世界文论的"双子星座"。

我国当代关于"意象"的理论探讨，主要表现在文艺理论界和美学界两条主线上，并相互交叉。在中国美学史上，"意象"正式作为自觉的审美论题当始

① 保罗·萨特. 想象心理学. 褚朔维译. 北京：光明日报出版社，1988：11.

于 20 世纪初 30 年代的朱光潜和宗白华。朱光潜说“意象是个别事物在心中所印下的图影”，并认为诗与画同是艺术，是“情趣的意象化或意象的情趣化”，把“意象”作为具体的形象、图影来看待，并同“情趣”分别开来，强调其“直觉”性[①]。宗白华认为“意境是情与景（意象）的结晶品”，认为“意象”等同于“景”，使“意象”失去了本来的意义[②]。朱光潜和宗白华都倾向于把“意象”看成独立于情感之外的具体景物或形象。中国台湾诗人余光中的《论意象》一文给意象下的定义是：“所谓意象，即是诗人内在之意诉之于外在之象，读者再根据这外在之象还原为诗人的内在之意。”[③]此定义体现了西方主客分离和意、象“隔离”的思想。叶朗在对“意象”与“意境”进行区别时说：意象的基本规定是情景交融，任何艺术都要创造意象，因此意象是一切艺术的本体；意境是意象中最富有“形而上”意味的一种类型，它的特殊规定是超越具体物象。情感的哲理性的人生感、历史感、宇宙感[④]。叶朗以“情景交融”来阐释“意象”，模糊了“意境”与“意象”二者的界限。同时，以形而上和形而下的关系来对比“意境”与“意象”，本质上是把“意象”作为具体形象来对待。艾青也曾下过定义：“意象是具体化了的感觉。”“意境是诗人对于情景的感兴；是诗人的心与客观世界的契合。”(《诗论·意象、象征、联想、想象及其他》)从感官上来阐释，模糊了意象的“超形”思维，同时又以主客二元论来阐释意境，具有西方意象派的思想。还有不少学者把“意象”等同或并列于心象、表象、物象、具象、事象、景物等加以阐释。诸多解释，大致有以下共同点：一是对于意象的存在形式，普遍以现象、“形象”来理解和阐述，把“象”混同于物、景、形，而忽视了其意、象一体的原质；二是对于意象的表达方式，普遍强调它的直觉性、直观性的一面，而淡化了其想象、抽象和形而上的一面；三是对于意象的思维特征，普遍强调它的形象思维，而忽视了“象思维”的基本特征；四是对于意象的审美意蕴，很大程度受西方意象定义中主客、灵感、偶然和瞬间等思维的影响和制约，忽视了中国古代关于“象”和“象论”的哲学文化内涵。此外，关于“意象”范畴的美学地位，也众说纷纭，莫衷一是。而关于“意象”的内涵，庞德却看到了其中的玄妙：“意象在任何情况下都不止是一个思想，它是一团，或一堆交融的思想，具有活力。”[⑤]因此，美国文学理论家韦勒克和沃伦就指出：“一首诗每诵读一次就要比原诗多一些东西，每一次表演都包含了一些这首诗以外的因素。”[⑥]可见，西方人越来越认识到，由“意

① 朱光潜. 诗的意象与情趣. 见：朱光潜全集（第九卷）. 合肥：安徽教育出版社，1993：369.

② 宗白华. 美学散步. 上海：上海人民出版社，1981：66.

③ 余光中. 余光中集（第八卷）. 天津：百花文艺出版社，2003：354.

④ 叶朗. 胸中之竹——走向现代之中国美学. 合肥：安徽教育出版社，1998：57.

⑤ 庞德. 严肃的艺术家//伍蠡甫. 西方古今文论选. 上海：复旦大学出版社，1984：251.

⑥ 韦勒克，沃伦. 文学作品的存在方式//冯黎明，阳友权，周茂君. 当代西方文艺批评主潮. 长沙：湖南人民出版社，1987：46.

象”构筑的诗意，具有无限的再创造空间。

“象”论是中国古代“意象”审美理论的根基，它经历了思维范畴、哲学范畴和审美理论范畴，最终在诗学理论体系得到完善和发扬光大。在“象”与“象思维”的早期哲学形成过程，同时伴随着审美创造与审美实践，它们共同发展、相互融合、互为基础，于魏晋南北朝时期在诗学领域形成了“意象”审美范畴及其理论，唐代扩展为“意境”理论体系。在当代世界文艺理论体系中，“意象”“意境”与西方“典型”理论并驾齐驱，分别代表文学创作中表意、抒情、叙事作品的“至境追求”。

第一节　原创审美意象与“象思维”

如果说中国思维发展经历了原始巫术时代、道德哲学时代和现代科学时代，那么巫术时代的原始综合文化就成为“象”观念形成的开端。以巫术中的“大象”崇拜为起点的“想象”思维，不仅形成了中国“象思维”的基本方式，而且还以这种思维方式不断创造了集政治、宗教、哲学、文学、艺术和天文学、医学、生产等为一体的“意象”体系，“发展出物理知识，宇宙的知识，天文知识，时历和地理的知识，这些也都是诗性的”[①]。中国原始神话代表着中国早期人类的宇宙观和审美观，他们带着“野蛮人的粗野本性”，“凭完全肉体方面的想象”，“象思维”通过神话传说，创造丰富多彩的审美意象，传达着人们对宇宙自然、对社会人生的认识和理解[②③]。汉字被视为中华文化的象征，其创造过程既是漫长历史的物质财富和精神财富的综合积累过程，又是当时以“象思维”为基本方式的宇宙自然观、社会意识形态、价值观念、审美情趣、生活方式、民族心态、宗教巫术、民族风俗等综合文化的具体表现。以“巫术”为基础的歌舞乐一体的歌诗，人们“凭自然本性成为诗人”，通过“象思维”创造了歌辞、表演、器乐等以“和”为基本精神的不同表达方式的审美意象，不仅推进了中国古代“和”文化、礼乐文化和道德哲学的发展，而且奠定了以《诗经》为代表的“诗的国度”的文学基础[④]。所以，中国原始巫术、原始神话、汉字、诗乐、书画等，以“象思维”的方式多元化地呈现了丰富多彩、无奇不有的审美意象，成为中国诗乐创作和诗学理论形成与发展的“惯性”思维。

① 维柯. 新科学. 朱光潜译. 北京：人民文学出版社，1986：K5.
② 维柯. 新科学. 朱光潜译. 北京：人民文学出版社，1986：107.
③ 维柯. 新科学. 朱光潜译. 北京：人民文学出版社，1986：8.
④ 维柯. 新科学. 朱光潜译. 北京：人民文学出版社，1986：213.

一、宗教巫术原创性意象与“象思维”

任何理论都是对以往实践总结的结果，“意象”理论产生也不例外。在中国远古时期，原始图腾、原始巫术、原始宗教和原始艺术等融为一体，成为原始人类精神生产的基本的和主要的形式，“人类精神生产尚未明确分工之前一切精神产品的总和，未来社会分工之后的哲学、历史、宗教、文学、艺术、民俗乃至自然科学等种种学科都会在这里找到萌芽和源头”①。因此，中国原始人类精神的生产形式，正是审美意象的孕育、萌芽和产生的基础，同时也是表现审美意象的重要载体和呈现审美意象的重要媒介，并以原创性的意象体现了早期艺术“象思维”的特征。

在原始图腾中，人们想象出某种自然物同氏族有血缘关系，并且视为繁衍本氏族的唯一祖先及保护神来崇拜，因而以其图形作为本氏族的徽号或标志来维系氏族群团组织，成为具有象征意义的“意象”。在原始巫术中形成的“万物有灵”的模糊观念，使人们想象并创造出越来越多的巫术信仰和巫术活动。巫术信仰所崇拜的曾经是多个对象，因而巫术是集多个“意象”为一体的原始状态的“多神教”活动。随着巫术的发展，人们进而相信存在着某种超自然的力量——神，它能够改变自然的进程和人类的命运，因而敬仰、崇拜、取悦、依附并求助于这种超自然的力量。因此，宗教信仰的是一个绝对的至高无上的神，即唯一意象。原始巫术关于“万物有灵”的这种非自觉的模糊的神学观念，至先秦《周易》时代已转化为“万物有生”的人学意识。原始图腾意象、原始巫术意象和宗教意象都是对于人们认识、观念、情感、意志的表达，是宇宙观、政治观、伦理观、审美观等合为一体的综合意象，是艺术生成的母体。“艺术与宗教具有相同的渊源、相同的题材和相同的内在体验。宗教与艺术两者在其被有意识地视为人类的不同兴趣之前，不外乎是一个事情或同一回事。世界级艺术珍品不乏以宗教为主要题材的。宗教信仰的体验与美的体验在一定程度上具有同一性。”②

原始宗教与巫祝所呈现的审美意象也是丰富多彩的。中国上古巫祝文化兴盛于传说中的五帝时代，在神农、黄帝时代已出现了世袭专职巫师，直到西周时期，巫祝一直成为官方专利、权力象征。代表权力和神性的巫师本身就是一种意象，神秘性、象征性正是这种意象所具有的审美意味。整个夏、商、周时期，各种各样的崇拜、禁忌、巫术及占卜、祭祀等巫祝活动，构成了该时期人们精神生活的主体，以各种不同的“意象”流行于民间并成为习俗，从而支配着人们社会生活的各个方面，突出地表现为人们对自然、对生命的观念和方

① 廖群. 神话寻踪. 上海：上海古籍出版社，1996：4.

② 保罗·韦斯，冯·沃格特. 宗教与艺术. 何其敏等译. 成都：四川人民出版社，1999：86.

法，包含着对真、善、美的追求。直到明清时代，帝王们的各类祭祀、典礼、封禅等，还遗留着许多巫祝文化的痕迹。正如荣格所说："每个意象中都凝聚着一些人类心理和人类命运的因素，渗透着我们祖先历史中大致按照同样的方式无数次重复产生的欢乐与悲伤的残留物。"[①] 卜辞是我国原始巫术的痕迹，最初的卜辞就是通过符号之"象"来解读上天和祖先的旨意。巫术活动又往往以艺术形式来表现，巫术施行主体是巫，巫术操作方式是舞，"巫"不离"舞"，舞不离乐。《尚书·伊训篇》说："敢有恒舞于宫，酣歌于室，时谓巫风。"孔颖达说："巫以歌舞事神，故歌舞为巫觋之风俗也。"这种所谓"事神"的巫舞就是艺术审美意象，表现着人们的审美观念。同时，国家还通过巫术祭祀活动统一指挥农事、起行居住、调和关系，于是祭祀中的歌舞乐又成为政治意象、生活意象和艺术意象多位一体的审美意象。王国维说："奉神人之事通谓礼。"（《观堂集林》卷六《释礼》）它必须通过想象而赋予某种象征意义，以膜拜等仪式和礼仪去乞求神灵的保佑和恩赐，表达着人们的情感与理想，因而原始礼仪具有艺术审美意象的属性。在中国古代，各地区、各种民族都有巫术的渊源和礼仪习俗，随着社会发展和文明进步，许多巫术转化为民族风俗习惯，"其中一部分习俗得到改进，逐步理性化、文雅化"，一部分则渐渐被同化和消失[②]。

此外，考古发掘材料证明，我国旧石器时代的随葬品中，如生产工具、玉器、骨雕、石雕、木雕、牙雕等许多陵寝礼仪，包含着"生者"对于悲哀和思念的情感慰藉，表达着"生者"对"死者"美好的期望和祝福，成为具有普遍性意义的审美意象。比如陶器，有学者就认为："无论商代还是史前的陶器符号，绝大多数都是家族、宗族、氏族或分支的标记和族徽。"[③] 可见，原始巫术与宗教所呈现的种种意象，除了具有法律制度性质以外，还伴随着许许多多人们的潜意识的、集体无意识的、具有共识性的情感观念、情感体验和审美想象。"虽然史前人类在仪式的制作上的确需要一定的审美能力，但审美能力毕竟不等于审美动机。史前艺术家的审美能力的运用在某种意义上也受制于史前意识形态的总体背景，而且，旧石器时代的这些仪式画大多处在洞穴深处的某个相对难以到达的地方，这一事实就几乎不能符合对它作装饰性的或审美性的解释的想法。"[④] 巫术与宗教的观念和模式表现在当时的艺术品之中，往往是通过一种不自觉的想象（原创性思维——"象思维"）而创造出来的审美意象，这些意象"作为外显的符号系统具有可观、可感性，而功能作为潜在的价值取向则是隐晦、模糊的"[⑤]。当它成为随葬品之后，又转化为另一种审美意象，并一直被沿

① 叶舒宪. 神话——原型批评. 西安：陕西师范大学出版社，1987：100.
② 徐杰舜，周耀明. 风俗文化史纲. 南宁：广西人民出版社，2001：24.
③ 张光直. 美术·神话与祭祀. 沈阳：辽宁教育出版社，1988：70.
④ 郑元者. 美学观礼. 北京：中国发展出版社，2000：88.
⑤ 陶思炎. 风俗探幽，南京：东南大学出版社，1995：1-3.

袭下来。

二、原始神话自觉性意象与“象思维”

扑朔迷离的原始神话，通过自觉的审美意象来反映古代人们关于宇宙和人类起源、关于自然现象及社会生活的原始理解，是以超自然的、幻想的想象思维来表现观念的故事和传说。中国古代典籍中保存了许多神话与传说，如《山海经》《淮南子》《楚辞》等，创造了丰富多彩的、富有艺术魅力的审美意象。正如马克思所说：“神话是在人民幻想中经过不自觉艺术方式所加工过的自然界和社会形态。”①

神话的思维方式是典型的“象思维”。中国神话“其魅力之核心，就在于‘神话’乃是借助‘象思维’形成人类想象力一次空前绝后之大爆发”②。“整体”思维是中国古代神话审美意象的一个鲜明特点，许多神话往往以小总大，集多人、多事于一身，并且通过人神一体、人与动物为一体的意象。因此，神话是人们对于时间和空间进行艺术整合的结果。大多数神话起步于同生存直接有关的人物和事件，由眼前拓展到幽冥浩渺的空间和迢遥空远的时间，追溯到生死祸福之因果，从而放射出神奇的光彩。盘古“人体如天地”的神话，善于创造发明、善于治国安民的人头兽身、人面蛇身的“三皇五帝”等系列帝王和智慧圣贤神话等，都是整体性思维的意象，神话中的主人公作为一种独特的审美意象，表现了天人合一、“物我一体”、神人相和的宇宙观，充满了想象力、创造力和感情色彩，以一个个幻化的意象，表达着特种观念、情思、意志和倾向。所以马克思说：“任何神话都是用想象和借助想象以征服自然力，支配自然力，把自然力加以形象化。”③

神话思维的主体是人。以人为中心，人神一体，是中国古代神话审美意象的又一个重要特点。中国古代“龙”意象，其本意是“真龙天子”，是对帝王及其权力和地位的神化。许多创世神话中的审美意象，都表现了人们对人类起源的认识：人来源于人本身。许多英雄神话意象，其根本思想都在于表现对人类祖先的敬仰，在于突出人在宇宙中的中心地位，在于对人类自身主体力量的充分肯定，都是人们的能力、情感和希望熔铸起来的审美理想。其审美意象的内涵大致可以概括为三个方面：第一，人们对于宇宙起源的想象性认识、朦胧体验和忧患性思考；第二，人们对于人类自身精神力量的肯定、评价，表现着强烈的愉悦感和自豪感；第三，人们对于真假、善恶、美丑的情感倾向和审美追

① 马克思. 政治经济学批判导言. 北京：人民出版社，1972：133.

② 王树人. 中国哲学与文化之根——“象”与“象思维”引论. 河北学刊，2007，(5)：21-25.

③ 马克思，恩格斯. 马克思恩格斯选集（第 2 卷）. 中共中央马克思恩格斯列宁斯大林著作编译局译. 北京：人民出版社 1972：29.

求。正如居阅时所说："关于人为什么会说话、怎样给万物命名的来历，在中国各族神话中真是太多了。从这些神奇故事中透露出的，是人兽分离、人鬼分离的自豪。"[①] 因为它是"人类思维的第一个成果，是后来人类的各种学科的发端"，"它包含着原始人的宗教、信仰、哲学、科学、审美等多种意识因素，是各种意识形态的综合体"[②]。神话意象作为自觉的艺术审美意象，是"象思维"的一个重大成果。战国《楚辞》大量采用神话、神巫故事和寓言，通过"象思维"创造了一系列审美意象和壮观境界，表现奇伟高洁的人格。把神话意象自觉运用于诗歌创作，标志着宗教图腾和巫术意义的非自觉的意象，升华为富有人类灵性思维的自觉的艺术审美意象。这说明，神话中已经具有了文学意象的因素，因而成为后世文学的素材之源。

三、汉字"意象"体系与"象思维"

大约在商代就形成的汉字，最早呈现为图腾物的象形文字。"中国最早的象形文字是图腾图象，两者密切相关。"[③] 这说明汉字一开始就是一种"意象"符号，在"模拟""象形"的同时，都是某种"想象的共相"。[④] 所谓"象形"，是以汉字符号象征事物之"形"，因此汉字本身不是"形"，而是一种富有主观色彩的意象符号。每一个汉字就是一个审美意象，甚至一个汉字可以成为一首诗，呈现多个意象，留给人们无限的想象空间和审美韵味。美国学者芬诺罗萨（1853—1908）评价说，"中国文字不独能摄取自然界之诗的性质，另造一隐喻之世界"[⑤]。汉字体系是以"象思维"为主体思维方式的融宇宙观、审美心理、价值理念等为一体的意象符号系统，有着博大精深的文化内涵，表现出中华民族文化的精神品格和思想境界，集中体现出"感性世界与彼世合而为一"的"天人合一"宇宙观和整体思维方式[⑥]。汉字不仅是"象思维"的结果，而且还是"象思维"的全息承载系统，因此任何时代都须以"象思维"来认识、掌握和应用汉字。许慎说："盖文字者，经艺之本，王政之始，前人所以垂后，后人所以识古。"（《说文解字・叙》）尤其重要的是，汉字产生是中国古代走向文明的标志，汉字系统使"象思维"同汉语语言一起得到全面承传，成为人们普遍的基本思维形式。

关于汉字起源的传说中就包含着"象思维"。《春秋元命苞》记载：仓颉

① 居阅时，瞿明安. 中国象征文化. 上海：上海人民出版社，2001：285.

② 陶阳，牟钟秀. 中国创世神话. 上海：上海人民出版社 1989：4-8.

③ 何星亮. 中国图腾文化. 北京：中国社会科学出版社，1992：154.

④ 维柯. 新科学. 朱光潜译. 北京：商务印书馆，1989：182.

⑤ 芬诺罗萨. 论用中国文字之作工具. 张荫麟译. 学衡，1926（56）. 参见：何九盈. 汉字文化学. 沈阳：辽宁人民出版社，2000：125.

⑥ 列维・布留尔. 原始思维. 丁由译. 北京：商务印书馆，1981：376.

“穷天地之变，仰观奎星圆曲之势，俯察龟文、鸟羽、山川、掌指”。《河图玉版》曰：“仓颉为帝，南巡狩，登阳虚之山，临于元扈洛汭之水，灵龟负书，丹甲青文，以援之。”《临汾县志》记载：“上古仓颉，为黄帝左史，生而四目，有睿德。见灵龟负图书，丹青甲文，遂穷天地之变，仰观奎星圆曲之势，俯察龟文、鸟语山川撑指而拼文字，文字即成，天为雨粟，鬼为夜哭，龙为潜藏。”《淮南子·本经训》曰：“昔者仓颉作书而天雨粟，鬼夜哭。”这些传说中的意象，表现了对汉字发明伟大功绩的无限崇敬和高度赞颂之情，进一步说明汉字起源是“象思维”的成果。汉字作为“意象”符号，既表意又表情，通过形体构造的诗性特征，与人的生命状态血脉相通、情感相连，通过褒义、贬义的比喻、象征和暗示，“使无生命的事物显得具有感觉和情欲”。①

许慎充分肯定了汉字“观物取象”的特点：“黄帝之史仓颉，见鸟兽蹄迒之迹，知分理之可相别异也，初造书契。”（《说文解字·序》）他认为象形字也是“远取诸物”“近取诸身”的结果，并认为汉字与“八卦”意象具有“血缘”关系和共同的思维方式。以甲骨文为基础的象形符号，以“取象赋形”和“取象比事”为基本表现方式，使汉字拥有了暗示、象征、比喻和“触类旁通”等表现方法和认识方法。正如庞德所说：“一行中国诗就是一行速写画，一个汉字就是一个意象，一首诗就是一串意象。”② 芬诺罗萨称之为“诗化之文字”，具有“诗化之美质”。③ 汉字的成熟，“沿着保留‘象形性根基’之符号化文字道路发展，形成以形表意、既有诗意性又有逻辑性的文字，从而在思维方式上表现为崇尚悟性，以诗意性‘象思维’为主”④。由“象思维”建立起来的汉字“意象”符号系统，随着汉字的完善和普及，人们在认识和使用汉字的同时，也就自觉不自觉地参与了“象思维”。以汉字符号为媒介的一切口语和书写语，促使“象思维”不断渗透于汉语交际的所有生活领域。汉语书写的文章，尤其是文学作品，无不充满了“象思维”。

汉字的“象思维”及其审美意象特征，生动地表现于音、形、意不同方面。清代学者陈澧《东塾读书记》（卷十一）中说：“盖天下事物之象，人目见之，则心有意；意欲达之，则口有声。意者象乎事物而构之者也；声者象乎意而宣之者也。声不能传于异地、留于异时，于是乎书之为文字。文字者，所以为文与声之迹也。”⑤ 汉字的“象形”不是“写形”、“绘形”和“图画”，而是通过对事物特性（本义）的模拟，以象征其“形”，“意”在“形”中，可以按

---

① 维柯. 新科学. 朱光潜译. 北京：商务印书馆，1989：200.
② 谢谦. 庞德：中国诗的发明者. 读书. 2001，（10）：74-79.
③ 芬诺罗萨. 论用中国文字之作工具. 张荫麟译. 学衡，1926（54）. 参见：何九盈. 汉字文化学. 沈阳：辽宁人民出版社，2000：125.
④ 王树人. 中国哲学与文化之根——“象”与“象思维”引论. 河北学刊，2007，（5）：21-25.
⑤ 北京大学传统文化研究中心. 北京大学百年国学文粹·语言文献卷. 北京：北京大学出版社，1998：154.

照“本义”的指向并借助联想而不断引申。著名艺术史家蒋彝在《中国书法》一书中就说：“中国字有力简化线条，是‘理想主义’，而埃及字是‘照相式’，是一种‘现实主义’图画。”[①]汉字系统表现了“时空”一体、动静相宜的事物状态和宇宙全息系统，每个汉字作为一个抽象化的意象符号，都融汇了人们对事物的认识、观念、情感，成为复杂的主观之“意”与单一的客观之“义”的结合体。汉字在微观上象征着特定的意义指向，在宏观上表现出人们的方圆观、整一观、对称观、平衡观、稳定观等。在字形内部结构上，不同部首偏旁之“象”，规定了不同义类汉字群的思想意义、精神内涵和情感倾向，渗透着宇宙哲学、宗教意义、道德伦理、等级观念、情感色彩、价值取向、生命体验和思维方式等，体现着自觉了的“诗性智慧”，显现着一种民族性格。李泽厚说：“它以儒家思想为基础构成了一种性格——思想模式，使中华民族获得和承续着一种清醒冷静而又温情脉脉的中庸心理：不狂暴，不玄想，贵领悟，轻逻辑，重经验，好历史，以服务于现实，保持现有的有机系统的和谐稳定为目标，珍视人际，讲求关系，反对冒险，轻视创新。”[②]汉字意象充满了诗情画意，洋溢着无限的审美感召力，引人联想，激人神思，“沟通着以人为本的民族文化，是先民心灵的物化，是人生的缩影，是文化的凝冻，是语言哲学、逻辑哲学与文化哲学的立体组合”[③]。

四、《诗经》与艺术“象思维”成熟

海德格尔说：“诗乃是一个历史性民族的原语言……原语言乃是作为存在之创建的诗。”[④]《诗经》作为我国诗歌的源头，虽然仅仅是歌舞乐一体的综合艺术中的一个部分，但《诗经》的整理与“诗教”文化的形成，则是对于诗乐审美意象的广泛传播。《汉书》曰：“六艺之文，乐以和神，诗以正言，礼以明体。”《广雅》曰：“昔在周公，制礼以导天下，尔雅以释其意义。”《汉书》曰：“诵其言谓之诗。”《诗经》作为歌词集，它体现了我国最早的纯文学样式，并且成为以审美意象为基本表达方式的艺术典范。早期诗乐是宗教、政教、礼教合一的综合意象的代表。朱光潜说：“原始诗歌所表现的大半是某部落、某阶段的共同情感或信仰。”[⑤]这揭示了原始艺术审美意象的本质。“风、雅、颂”的构成，不仅显现了诗歌审美意象创造的成熟与自觉，而且表明审美意象的创造与欣赏已大面积覆盖了生活现实。

① 朱良志，詹绪佐. 中国美学研究的独特视境——汉字. 安徽师范大学学报，1988，(3)：12-22.
② 李泽厚. 中国古代思想史论. 北京：人民出版社，1986：306.
③ 李玲璞等. 古汉字与中国文化源. 贵阳：贵州人民出版社，1997：8-9.
④ 孙周兴. 海德格尔选集. 上海：上海三联书店，1996：319.
⑤ 朱光潜. 朱光潜美学文集（第二卷）. 上海：上海文艺出版社，1982：19.

先秦时期是中国文化裂变、理性精神爆发的时期。分封制解体，诸侯争霸，礼仪崩溃，天命神权陨落，卜巫祝史分化，私人养士、聚徒讲学与著书立说成为新的潮流。原始宗教和巫祝的发展，逐步形成了艺术和哲学两大历史文化成果：其艺术成果集中体现在《诗经》中较为成熟的意象群之中，其哲学成果集中体现于《周易》“易象”体系。以儒家思想为主体文化精神的华夏民族，其哲学理论主要继承了《周易》思想，诗学文化主要传承了《诗经》艺术，礼教文化沿袭着《诗经》歌舞乐中原有的“礼仪”。《诗纬》是汉代鲁、韩、齐、毛四家诗之外的一种对《诗经》的研究，其《含神雾》篇曰：“诗者，天地之心，君德之祖，百福之宗，万物之户也。”哲学和诗学共同体现了“象思维”的成熟，“象思维”又分别通过宗法制度、礼仪教化、哲学思辨和诗学审美等多途径贯穿历史、深入人心，普遍成为人们的思维习惯。

《诗经》审美意象的成熟，首先表现为诗歌意象所具有的再创造审美空间。在古代《诗》学中，同是一首《关雎》，孔子看到的是“乐而不淫，哀而不伤”的“中庸”之美；《毛诗序》看到的是“《关雎》，后妃之德也，《风》之始也，所以风天下而正夫妇也”，“是以《关雎》乐得淑女，以配君子，忧在进贤，不淫其色；哀窈窕，思贤才，而无伤善之心焉”，以及“正夫妇，成孝敬，厚人伦，美教化，移风俗”之类的纯道德之美；朱熹看到的是“生有定偶而不相乱”“得其性情之正，声气之和也”（《诗集传》）等情性关系。可谓“仁者见仁，智者见智”。这说明，《关雎》的意象为古代文人留下了广阔的再创造审美想象空间。近代以来，人们逐渐发现，《诗经》所记录的是我国上古先民的生活全景，“是人类远古生活的遗迹，是重复了亿万次的那些典型经验的积淀和浓缩”[①]。当代学术界关于《诗经》原型意象的研究日益呈现多视角的活力，先后形成历史文化研究、审美研究和跨学科研究等热潮，关于《诗经》意象与原始的巫术卜筮、图腾崇拜、生殖崇拜、宗教神学、婚恋爱情、离愁别绪、思乡怀旧、念亲爱国、神话传说、风俗民情等人类文化研究成果，更是层出不穷。“这样的解读还能缩短我们与远古时代的距离，帮助现代人认识并找回自己灵魂的故乡。”[②]荣格也认识到：“谁讲到了原始意象，谁就道出了一千个人的声音，可以使人心醉神迷，为之倾倒。与此同时，他把他正在寻求表达的思想从偶然和短暂提升到永恒的王国之中。”[③]

《诗经》审美意象的成熟，还表现为创造了丰富多彩的“意象群”。取象范围广阔无边、无所不及，山水、鸟鱼、花草、树木、天文、地理、舟船、美玉等异彩纷呈。中国台湾学者庄雅州曾经对“诗三百”进行统计并认为：“《诗

---

① 傅道彬. 晚唐钟声. 北京：东方出版社，1996：7.

② 王双. 新时期《诗经》意象研究述评. 河北大学学报（哲学社会科学版），2009，(2)：36-39.

③ 荣格. 论分析心理学与诗的关系//叶舒宪. 神话——原型批评. 西安：陕西师范大学出版社，1987：101.

经》当中曾出现天文词的诗篇至少有五十余篇，扣除气象、历令、时律等属于广义的天文意象之后，所剩下的星占、运行规则、天体、天象等属于狭义天文意象的，也还有二十余篇。”① 还有学者也曾统计：“《诗经》305 篇，共记载动、植物 252 种：计植物 143 种，内含草类 85 种、木类 58 种；动物 109 种，内含鸟类 35 种、兽类 26 种、虫类 33 种、鱼类 15 种，总计至少在 250 种以上。”② 不同的数字统计表明，《诗经》中有着广博而丰富的意象。

《诗经》审美意象的成熟，尤其表现为“赋象”“比象”“兴象”三种基本表达方式的“定格”。明代学者谢榛曾将《诗经》中的艺术审美意象概括为“赋七百二十，兴三百七十，比一百一十”（《四溟诗话》卷二）。每一首诗都具有特定的意象，有诗歌题目就是该诗的意象，各自“依据简洁的形式概括最丰富生动的上古人类文化史”③。《诗经》中大量的名物用语，“在诗歌意象结构中的特定社会内涵，却是民族文化、历史生活的积淀，不经特意探寻，是很难知其真谛”④。《诗经》所创造的许多审美意象，诸如“水”“柳”“月”“南山”等无数以自然现象所取之意象，还有许多由动物、植物等构成的意象，成为后世诗歌不同视角的意象主题。“赋象”“比象”“兴象”的基本表现手法，体现了艺术“象思维”的自觉与成熟，成为中国诗歌创作的“定格”手法，贯穿了中国古代诗歌创作史和诗诗学理论史。

总之，原始巫术、原始神话、原始歌舞乐等创造了丰富多彩的审美意象，在不断表现原始先民的宇宙观、自然观、社会发展观、伦理道德观和人生价值观的同时，还以不同的创造方式育植了“象思维”的基本方式。汉字意象体系通过对文化全息系统的承载，将成熟的“象思维”进一步造就成为稳定的思维模式，成为永恒的承传趋势。任何时代的人们，只要使用汉字，就离不开“象思维”。所以有学者说：“造成中华文化核心的是汉字，而且成为中国精神文明的旗帜。”⑤ 神话传说和《诗经》作为原始文学艺术创作的经典，经过艺术意象的承传，成为中国文学创作思维的基本范式，成为以“象”为核心范畴的中国文学理论基石。古代思想家们关于《诗经》的阐释及其诗乐理论的阐发，成为中国诗学理论的开端。数千年来，从诗乐创作演进到诗乐理论发展，从来没有摆脱“象思维”这一基本思维方式。

① 庄雅州. 论诗经天文意象的多元价值//中国诗经学会第五届诗经国际学术研讨会论文集. 北京：学苑出版社，2002：553-554.

② 孙作云. 孙作云文集. 开封：河南大学出版社，2003：13.

③ 傅道彬. 晚唐钟声. 北京：东方出版社，1996：12-13.

④ 李湘. 诗经名物意象探析. 台北：万卷楼图书股份有限公司，1989：1（例言）.

⑤ 饶宗颐. 符号•初文与字母——汉字树. 北京：商务印书馆，1998：174.

第二节 “意象”理论的萌芽与“象思维”

哲学之“象”表现为“取义为本”，而诗学之“象”则表现为“以情为本”。从哲学“易象”的思想辨析到诗学“意象”的审美理论，表现了哲学的“象思维”到诗学“象思维”的发展。“意象”的审美理论，孕育于先秦时期，发端于汉代。孔子开辟了诗学理论研究的领域，秦汉“物感”说与“赋比兴”说成为审美“意象”理论形成和发展的诗学基础，魏晋产生了以刘勰“神思”说为核心的“意象”审美理论体系。“意象”审美理论的产生和发展，呈现出了艺术“象思维”的理性化趋向。在“意象”审美理论中，“情”是意象的核心内容，“赋、比、兴”是意象创造的基本手法。

一、先秦思辨哲学与“取象”思维

《周易》卦象体系及其“象”论，使“象思维”摆脱了原始巫术、原始宗教和原始神学的“象思维”，《诗经》的结集和整理，把“歌诗”从歌舞乐一体的综合艺术中分离出来，早期诗教与诗论孕育了诗学“意象”理论。

中国古代的诗歌理论始于孔子“诗教”及《诗经》研究。孔子出于重振“周礼”、启蒙人心、拯救社会的愿望，“修《诗》、《书》，定《礼》、《乐》，序《周易》，作《春秋》”，传播“仁义”思想，推行“礼乐”精神。他之所以特别看中《诗》教，就在于悟出了《诗经》意象所表现的社会价值。他从《诗经》中总结了“兴观群怨”的社会功能以及“乐而不淫，哀而不伤”的审美标准等，触及了审美意象的本质，感受到了人的智慧与灵魂的能源所在，体悟到了“中庸”的内涵，发现了乐与淫、哀与伤的人类情感与社会兴衰的关系。他凭借对于“乐”的特殊感受，把“乐”视为人格修养和人生的最高境界。孔子关于诗乐的全部思想、观点和主张，都是通过诗、乐中的审美意象来感受和领悟的。正如普列汉诺夫所总结的那样：“任何一个民族的艺术都是由它的心理所决定的，它的心理是由它的境况所造成的，而它的境况归根到底是受它的生产力状况和它的生产关系制约的。”①

诗、乐体系中的“象思维”的潜移默化，培育了孔子特有的悟性，成就了孔子的思想、理论和精神境界。他从《诗经》中悟出了礼乐与政治、道德、人

---

① 普列汉诺夫. 普列汉诺夫美学论文集. 曹葆华译. 北京：人民出版社，1983：350.

生的关系，从《周易》中悟出了“德义而已”的精华。他面对大自然常常感悟出许多人生哲理，诸如“逝者如斯夫”，“知者乐水，仁者乐山。知者动，仁者静。知者乐，仁者寿”（《论语》）等，都表现着“取象”的思维特征。孔子的“启发式”教育思维，其实就是“以象尽意”的暗示手法。《论语》中关于《诗经》的许多“点评”，比如“兴观群怨”和“兴于诗，立于礼，成于乐”等理论，都是“以象求意”的思维成果。可见，孔子的思维渗透了“象思维”，并以系列诗学理论成就开辟了诗学研究的领域。

在“百家争鸣”时代，以寓言为代表的“象思维”成为诸子们共同的、基本的辩论思维方式。创造寓言和成语，几乎成为道、儒、法、墨各家学派思想家们进行说理与辩论的基本方法，所呈现的寓言和成语可谓灿若星光。庄子的“寓言”创造了无数“群象”，孟子善于借寓言以阐发哲理，论辩说理，创造了上百个成语。被称为“儒派逻辑哲学家”的荀子，可以算是我国较早注重科学性、讲求逻辑性的思想家和理论家，但他注重类推，主张“善假于物”、借助寓言等，这些表明他的思维主体是“象思维”。被称为中华最早的“逻辑学家”、法家代表韩非子，仍然以寓言故事作为他进行哲学论证的基本方式。墨家代表墨子也善于以寓言故事说理，同样创造了诸多成语。

纵观诸子散文，各派诸子群星灿烂，百家争鸣盛况空前，理论纷争此起彼落，学术思想纷纭呈现，理性思维频频闪光，表现了前所未有的“理性爆发时期”。但他们的哲学思想、学术思维、辩论方法、话语方式等，都是以艺术化的“取象”思维来阐述哲理的，对中国文化、中国思维产生着无穷的影响。清代史学家、文学家章学诚就说：“战国之文深于比兴，即其深于取象者也。”（《文史通义·诗教上》）尤其以寓言为特征的辩论方式，充分体现了“象思维”在论说领域及其理论体系中的独特优势，直接影响了后世文学创作思维，成为孕育“意象”审美理论的理性化资源。

二、汉代诗乐情本观与意象审美范畴

汉代“赋比兴”说的展开，是审美“意象”理论形成和发展的诗学基础。《毛诗序》对于《诗经》意象中的“情”的本原因素的发掘，深化了诗歌“意象”的内涵，成为“意象”理论中由“言志”转向“缘请”的开端。

以《尚书》“诗言志”作为“开山纲领”，先秦儒家诗论居于宗法与伦理而强调“言志”。《左转》载文子告叔向曰“诗以言志”（《左传·襄公二十七年》），《庄子·天下》与《荀子·儒效》等也分别讲“诗以道志”“诗言是其志也”。先秦时期的“志”主要以“修身”“治国”为主题，是与道德政治的教化密切相关的志向和怀抱，属于理性的范畴。孔、孟等诗论也是围绕理性之“志”而言的。也就是说，诗歌的情感特质在先秦诗论中尚未成为一种自觉的认识，也没有被明确论及。把诗情与“言志”联系起来并加以较系统论述，则源于汉初的《毛诗序》。《毛诗序》文曰：“诗者，志之所之也。在心为志，发言为诗。情动于中而形于言。”在“诗言志”基础上肯定了“情”“志”的统一，明确提出了《诗经》“情本”的理论，开启了“以情论诗”的诗学理论先河，标志着语言艺术开始走向自觉。西晋陆机在此基础上提出了“诗缘情”的理论，成为诗歌摆脱政治附庸、迈向“主情”诗学的先声。

“主情”思想和理论源于《乐记》“以情为本”的“物感”乐论。《乐本篇》开篇就阐述了音乐的本质：“凡音而起，由人心生也，人心之动，物使之然也。感于物而动，故形于声。”“乐者，音之所由生也，其本在人心之感于物也。”这明确阐述了物、心、声的联动关系。“心”为“音”之本体，“物”为诱因。“凡音者，生人心者也，情动于中，故形于声：声成文，谓之音”进一步阐述了“情本”思想。《乐化》篇中强调：“夫乐者乐也，人情之所不能免也。乐必发于声音，形于动静，人之道也。”把“情”之动视为“人之道”，这是“情本”思想的理论根据。《乐象篇》曰：“乐者，心之动也。声者，乐之象也。文采节奏，声之饰也。”其明确指出“声”为“乐象”，把音乐看作超越感官的“意象”。《乐象篇》又言：“诗言其志也。歌咏其声也，舞动其容也。三者本于心，然后乐气从之。是故情深而文明，气盛而化神。”《乐记》作为关于歌舞乐一体的乐论，以“乐象”为主体，具体阐述了诗、歌、舞“三者本于心”的理论，多角度突出了“以情为本”的思想，成为诗学理论“情本”思想理论的源头。

“赋比兴”说作为诗学理论的提出，确立了中国诗歌创作及其意象创造的基本手法，成为后世“意象”“意境”理论研究中“必释”的基本要素。例如，西晋挚虞在《文章流别论》中认为：“赋者，敷陈之称也；比者，喻类之言也；兴者，有感之辞也。”[①] 南北朝刘勰曰：“比者，附也；兴者，起也。附理者切类以指事，起情者依微以拟议。起情故兴体以立，附理故比例以生。”（《文心雕龙》）南北朝钟嵘说：“文有尽意有余，兴也；因物喻志，比也；直书其事，寓言写物，赋也。宏斯三义，酌而用之。干之以风力，润之以丹采，使味之者无极，闻之者动心，是诗之至也。”（《诗品序》）唐王昌龄说：“天地之号令曰风。……错杂万物，谓之赋也。……真比其身，谓之比假。”（《诗格》）宋朱熹说：“兴者，先言他物以引起所言之辞。比者，以彼物比此物也。”“赋者，敷陈其事，而直言之者也。”（《诗集传》）宋李仲蒙认为：“叙物以言情谓之赋，情物尽者也；索物以托情谓之比，情附物者也；触物以起情谓之兴，物动情者也。”（胡寅《斐然集·与李叔易书》引）

① 郭绍虞. 中国历代文论选（第一册）. 上海：上海古籍出版社，1979：190.

以《诗经》为创作范式的“赋、比、兴”阐释，真正从艺术审美的视角建立了诗歌中言、意、象的审美关系，确立了“意象”创造在诗歌创作中的核心价值和地位。《文章流别论》曰：“文章者，所以宣上下之象，明人伦之叙，穷理尽性，以究万物之宜者也。”① 这说明“立象尽意”依然是诗歌的基本功能，正如“易象”是易学的核心范畴一样，“意象”是诗学的核心范畴。由此可见，早期诗学关于“赋、比、兴”的理论，成为关于“意象”的审美理论的开端。然而，在汉代以前的儒家诗学体系中，从“兴观群怨”到“赋、比、兴”，其理论的基本精神都是强调“美教化，移风俗”的诗教功用和社会政治价值，重视“经夫妇，成孝敬，厚人伦”的道德功能，受制于“止乎礼义”的情感理念。《毛诗序》曰：“情发于声，声成文谓之音，治世之音安以乐，其政和；乱世之音怨以怒，其政乖；亡国之音哀以思，其民困。”“是以一国之事，系一人之本，谓之风。”这就从根本上揭示了“诗史一体”、诗歌与政治和道德水乳交融的关系，这种思想在《礼记·乐记》中体现得特别充分。在郑玄《诗笺》中最为突出的“三论”——兴衰论、正变论、风化论等，依然以强化“政”与“教”、“国”与“德”的密切关系为基本精神。郑玄关于“论古人之世”与“逆诗人之志”的理论，是对孟子“知人论世”“以意逆志”等儒家教化思想的诗学阐释，同时“教化”也是他笺注“赋、比、兴”的核心思想。王国维在《玉溪生年谱会笺序》中就说：“及北海郑君出，乃专用孟子之法以治《诗》。其于《诗》也，有笺、有谱。谱也者，所以论古人之世也；笺也者，所以逆诗人之志也。”《毛诗序》虽然肯定了“情”为“言志”的动源，但本质上仍然是儒家政治、伦理教化的“以志为本”思想。

《淮南子》当是诗学理论由“志本”走向“情本”的一个重大转折。它既吸收儒家思想，又以道家思想为主，最早揭示并阐述了“以情为本”的诗学思想和理论。《淮南子·本经训》曰：“心和欲得则乐，乐斯动，动斯蹈，蹈斯荡，荡斯歌，歌斯舞……必有其质，乃为之文。”在吸收孔子以“乐”为最高境界的基础上，明确把“情”视为“文”之“本”，认为诗歌“发乎词，本乎情”，“人之情，与物接”，揭示了物动情、情生文的“物→情→文”的关系。《淮南子·缪称训》曰：“文者所以接物也，情系于中而发于外这也。以文灭情者失情，以情灭文者失文，文情理通，则凤麟极矣。”这进一步阐述了诗歌中“以情为本”“文情理通”“内情外文”的“意象”内涵，成为“诗缘情”的理论基础。

其实，关于“情本”的思想早在《诗经》中就有相关诗句，例如，《诗经·魏风·园有桃》中有：“心之忧矣，我歌且谣。”孔子认为“诗可以怨”，屈原践行“发愤以抒情”（《惜诵》），《淮南子》主张“愤于中而形于外”。《汜论

① 郭绍虞. 中国历代文论选（第一册）. 上海：上海古籍出版社，1979：190.

训》说：“愤于志，积于内，盈而发音，则莫不比律而和人心。”《修务训》又说：“喜怒哀乐，有感而自然者。”“夫歌者乐之征也，哭者悲之效也，愤于中则应于外。”明确把创作视为情感积郁的结果。司马迁认为古今之作皆为“怨品”，他的“发愤著书”说的主张，进一步肯定了“以情为本”的创作思想，从史学的角度成为“情本”诗学的又一个理论支柱。

作为审美意义的“意象”术语的合成，初见于东汉王充的《论衡》。王充阐述了“立意于象”的取象原则：“礼，宗庙之主，以木为之，长尺二寸，以象先祖。孝子入庙，主心事之，虽知木主非亲，亦当尽敬，有所主事。土龙与木主同，虽知非真，示当感动，立意于象。”[①]这里的“象”具有了象征意义，即立木象征为祖先，通过想象来缅怀先祖的功绩。“立意于象”是对大象崇拜中利用死象骨“案其图而想象”的发展，又是对“圣人立象以尽意”的伸展。王充进一步提出“礼贵意象”之说：“天子射熊，诸侯射麋，卿大夫射虎豹，士射鹿豕，示服猛也。名布为侯，示射无道诸侯也。夫画布为熊、麋之象，名布为候，礼贵意象，示义取名也。土龙亦夫熊麋、布侯之类。”[②]这里所说的“意象”其实就是“象”，是指画有熊、麋、虎、豹、鹿、豕之象的画像，同《周易》中的“象”具有相近的概念意义，但已经具有艺术审美的意义。而把“意”与“象”组合起来，则突出了“意中之象”宗教情感、道德情感的象征性，强调了“象中之意”的主观性。“礼贵意象”强调了“礼”的象征意义，即礼仪形式的本质是一种表达意愿的“意象”，倾向于情感意义。《论衡》在《乱龙篇》《遭虎篇》《商虫篇》中多次解析了“象”之“虚”，认为其作用在于“示义取名”，如“象因之形”“禹铸金鼎象百物”“以象不以实”“以象见实”“土龙之象”“为土象人”等。总之，王充关于各种“象”的阐释，始终偏其主观意义，尤其偏于情感意义，初步具有了诗学之“象”的蕴含，这明显地表现在他的文论之中。其《超奇篇》有关文论就强调“意”和“情”：“实诚在胸臆，文墨著竹帛，内外表里，自相副称，意奋而笔纵，故文见而实露也。”“情见于辞，意验于言。”又在《佚文篇》中说：“贤圣定意于笔，笔集成文，文具情显。”这些论述，既阐述了“情”“意”在文学创作中的主导作用，又强调了表“情”、达“意”是文学创作的归宿。王充的“意象”说和“情意”观直接影响了刘勰关于“神与物游”“神用象通，情变所孕”的“意象”理论。《文心雕龙》多次论及王充及其《论衡》，更能说明这一点。

以往学者仅仅从“词源”的意义来认识王充的“意象”术语，并把王充的“意象”概念立于审美范畴之外，例如，“王充这里第一次将‘意’与‘象’连缀成词，使之成为完整的概念，在‘意象’的内在涵义上也为我们提供了足资

---

① 北京大学历史系《论衡》注释小组.《论衡注释》（第三册）. 北京：中华书局，1979：922.

② 北京大学历史系《论衡》注释小组.《论衡注释》（第三册）. 北京：中华书局，1979：923.

参考的语源学上的依据”[①]。叶朗也认为：“在中国古典美学中，‘意象’是一个标示艺术本体的概念……而第一次铸成这个词的则是魏晋南北朝的刘勰。”[②]但是，从王充关于“象”的主观意义、“意象”的情感倾向等方面来看，其“意象”不仅具有“术语”和“词源”的性质，而且具有审美意义的内涵。在《商虫篇》中，王充引用西汉昌邑王刘贺的郎中令龚遂为昌邑王解梦的对话：

《诗》云：“营营青蝇，止于籓。恺悌君子，无信谗言。”谗言伤善，青蝇污白，同一祸败，《诗》以为兴。昌邑王梦西阶下有积蝇矢，明旦召问郎中龚遂，遂对曰：“蝇者，谗人之象也。夫矢积于阶下，王将用谗臣之言也。”由此言之，蝇之为虫，应人君用谗。何故不谓蝇为灾乎？如蝇可以为灾，夫蝇岁生，世间人君常用谗乎？

王充把《诗经》中的“无信谗言”与龚遂“蝇者，谗人之象也”联系起来，充分体现了对“意象”的审美性阐释。以《周易》为代表的哲学之“象”侧重于表达“义理”，以《诗经》为代表的审美之“象”侧重于表达情感，情感是审美思维的基础。可以看出，“礼贵意象”就是主张“礼仪”形式重在表达情感，包含着审美意义，标志着作为审美范畴的“意象”概念的分娩。

三、魏晋思维转换与“意象”审美理论

魏晋时期，文学、文学批评和文学理论的自觉，推进了哲学“易象”理论向艺术“意象”理论升华。从“易象”到“象”论，从儒学、道学、玄学的“言象意”论的辨析到“百家争鸣”的“寓言化”的辩论，从原始艺术意象的创造到“赋、比、兴”诗学理论的提出，一致体现着“象”和“象思维”内在的发展趋势，孕育着“意象”审美理论。“意象”审美理论的形成大致经历了两次重大的思维转换：一是玄学与佛学相融合所形成的“象内”思维转向“象外”思维；二是文艺由“政治附庸”的伦理思维转向“独立发展”的审美思维。

时至西晋，挚虞《文章流别论》把《诗》之“象”、政教功能、“赋、比、兴”手法及其历史渊源等进行了统一的论述：

文章者，所以宣上下之象，明人伦之叙，穷理尽性，以究万物之宜者也。王泽流而《诗》作，成功臻而《颂兴》，德勋立而铭著，嘉美终而诔集。祝史陈辞，官箴王阙。《周礼》太师，掌教六诗：曰风，曰赋，曰比，曰兴，曰雅，曰颂。言一国之事，系一人之本，谓之风；言天下之事，形四方之风，谓之雅；颂者，美盛德之形容；赋者，敷陈之称也；比者，喻类之言也；兴者，有感之

① 胡雪冈. 意象范畴的流变. 南昌：百花洲文艺出版社，2002：53.
② 叶朗. 现代美学体系. 北京：北京大学出版社，2002：107.

辞也。后世之为诗者多矣。其功德者谓之颂，其馀则总谓之诗。颂，诗之美者也。古者圣帝明王，功成治定，而颂声兴，于是史录其篇，工歌其章，以奏于宗庙，告于鬼神；故颂之所美者，圣王之德也。……

古之作诗者，发乎情，止乎礼义。情之发，因辞以形之；礼义之旨，须事以明之；故有赋焉，所以假象尽辞，敷陈其志。……古诗之赋，以情义为主，以事类为佐。今之赋，以事形为本，以义正为助。情义为主，则言省而文有例矣；事形为本，则言当而辞无常矣。文之烦省，辞之险易，盖由于此。夫假象过大，则与类相远；逸辞过壮，则与事相违；辩言过理，则与义相失；丽靡过美，则与情相悖。此四过者，所以背大体而害政教。是以司马迁割相如之浮说，杨雄疾“辞人之赋丽以淫，诗之流也”。[①]

挚虞主要继承了儒家伦理思想和《毛诗序》关于诗论的基本精神，强调“象内”之意，在思维视角、理论视野、思想境界等方面尚未形成新突破。

外来的佛学文化是审美“意象”理论形成和发展的外在动力。魏晋时期，随着佛教广泛流行，广建佛堂，塑造佛像，推进中西文化大融合的不断深入。佛教与玄学合流，成为当时盛行的风气，许多玄学家精通佛学，而佛教徒也逐步深明玄理。从思维方式上看，佛学之“佛”与“悟”同庄子“坐忘”“心斋”的领悟性相通。从哲学本体论来看，“虚”“空”“无”正是玄学与佛教相互会通的结合点。在言意关系上，佛学与玄学也具有相近的观念和理论，例如，梁代慧皎《高僧传 · 竺道生传》载竺道生言：“夫象以尽意，得意则象忘；言以诠理，入理则言息。自经典东流，译人重阻，多守滞义，鲜见圆义，若忘鉴取鱼，始可与言道矣。”这与王弼之言意关系论如出一辙。又如，《般若无知论》《答刘遗民书》《维摩经注》等佛学著作中，都分别载有关于“言外之旨”“象外之趣”“期于文外”的思想及其论述。

与此同时，佛像（象）、佛理（意）之间的关系引起了人们的思考与讨论。范晔主张“所求在一体之内，所明在视听之表”（《后汉书・郊祀志》），认为不可就象论象，应“执象则迷理”，而求“畅微言于象外”（释僧卫：《十住经合注序》，《全晋文》卷一六五），“极象外之谈”（释僧肇：《般若无知论》，《全梁文》卷一六四）。窈渺无边的佛理存于象外，无疑对王弼产生了影响。王弼吸收了《周易》“立象尽意”的义理、《老子》“大象无形”的哲理、《庄子》“得意忘言”的玄思、佛教“求理于象外”的佛理等，发挥出“得意忘象”的理论，与《周易》“立象尽意”一脉相承，共同成为意象审美理论的思维基础和哲学理念，也成为后世“象外之象”“象外之意”等美学思想的源头。王弼从义理上所确立的言、象、意的关系，正符合艺术意象的基本思维形式。可以说，王弼的

---

① 郭绍虞. 中国历代文论选（第一册）. 上海：上海古籍出版社，1979：190.

《明象》是沟通《周易》《老子》《庄子》与佛学思想之间的奠基之作，标志着“象思维”由“象内”到“象外”延伸的思维转变。所以，佛学思想促成中国文化思想结构的改变，成为“象思维”转化的外部动力。

文学逐步摆脱经学附庸而获得独立地位，是审美“意象”理论形成和发展的机遇和条件。两汉以来，随着汉武帝对儒家文艺思想的“专尊”及儒家思想在整个社会中占主导地位的逐步确立，儒家学派诗论日益重视伦理教化，关注文艺的社会作用就成为经学的根本特点。魏晋开始，随着儒家思想的衰微，人们思想得到一定解放，人道价值重新得到肯定，文学地位日益提高。曹丕《典论・论文》对文学本质特征的认识、对文学地位的肯定，以及对“诗赋欲丽”的倡导，成为文学理论摆脱经学、独立发展的开端；陆机在揭示了“意不称物，文不逮意”的创作现实问题，提出了“诗缘情”的理论，并在“赋、比、兴”理论基础上论述了艺术想象、创作灵感、审美标准等问题，提出了“隐”“曲”“喻巧”“曲有微情”等艺术主张，呈现出关于艺术意象创造的“象思维”理论特征。关于文学创作现实问题的思考，成为推进当时哲学思维向诗学思维转换的潜在动力。沿着“诗缘情”的思路探索诗文创作的艺术本质及其特征，也就成为该时期“意象”审美理论所关注的焦点。

恩格斯说过“每个时代的哲学，作为分工的一个特定领域，都具有由它的先驱者传给他而他便由以出发的特定思想资料作为前提”①。随着秦、汉和魏晋时期“象”理论的不断积淀和“象思维”的逐步扩展，随着“意象”理论的逐步展开和诗学审美理论的独立化倾向，哲学“意象”理论升华为审美“意象”理论已成为必然，刘勰“意象”审美理论应运而生。

第三节　“意象”审美理论的体系化

如何从根本上解决“意不称物，文不逮意”的创作矛盾，这是刘勰《文心雕龙》理论的主旨。围绕“物—意—文”的关系，刘勰紧紧抓住了“象”这一核心范畴和“诗缘情”这一基本精神，提出了“窥意象而运斤”的创作动机、“神用象通”的创作思路及“神与物游”的构思方法，构建了以“神思”为主题的关于创作思维的较为完整的理论体系。以“文心”而“雕龙”，以“神思”而创造“意象”，这是《文心雕龙》理论的基本精神。所以，“窥意象而运斤”“神用象通”“神与物游”是《文心雕龙》的关键词和核心概念。《文心雕龙》关于

① 马克思，恩格斯. 马克思恩格斯选集（第四卷）. 中共中央马克思恩格斯列宁斯大林著作编译局译. 北京：人民出版社，1972：485.

文学“意象”创作思维的审美理论体系，完成了“象思维”由经学到诗学、由哲学“象”论到审美“象”论的重大思维转折，使“意象”真正成为了审美范畴。

一、“意象”范畴的文化“兼采”

（一）“意象”审美的思想兼容

刘勰《文心雕龙》及其“意象”审美理论，“兼采”了玄学自然观、经学“树德立言”观和佛学“般若绝境”观，可谓吸收众家精华的理论经典。

玄学自然观。在哲学上，老子的“道法自然”主张“本真”，庄子的“齐物”论主张“天籁”之音。魏晋玄进一步把“自然”阐释为“自生”“独化”“自足”等，把具体事物的产生和发展动因解释为无所依、无所待、无所因、无所资的独自生化，认为不仅没有任何外在的因果和条件，而且无法加以解释和描述。其目的在于说明物有常性，造之“必败”，应该任物“自然”，“同乎天之任物”（郭象《在宥》注）。同时，嵇康也提出“越名教而任自然”的口号，主张让人的本性得到自由伸展。玄学自然观对魏晋南北朝的艺术思想和审美思维产生了深远的影响，在《文心雕龙》中表现更为突出。刘勰就在《原道》中阐述了文学发生的“自然”论，认为天地、动植物都按照“自然”“自生”而有“文”，即“凡虎斑霞绮，林籁泉韵，俱为文章，其说汗浸，不可审理”，而人类“人禀七情，应物思感，感物吟志，莫非自然”，“心生而言立，言立而文明，自然之道也”，认为各类文学辞章也因“自生”而“自然”有“文”，进而把形文、声文、色文、情文都看成是“自然”产生的客观必然，所以“人文”“文章”就是“自然”和“自生”，是“情动而形言，理发而文见”“形立则章成，声发则文生矣”。刘勰意在从理论逻辑上解决文、意关系，强调情真、辞切、物活。

“树德立言”观。刘勰对于天道与文道的“自然”观的阐述，一方面，接受了《易经》“象思维”的推类法，由“天文”推理“人文”；另一方面，崇尚圣人，推崇儒学，追踪经学，尤其儒家“三不朽”思想对刘勰影响极深。《左传》曰：“太上有立德，其次有立功，其次有立言，虽久不废，此之谓不朽。”（《左传·襄公二十四年》）作为庶族出身的刘勰，带着一种强烈的建功立业、出人头地的愿望，希望通过自身努力融入主流社会、跻身社会上层，想通过著书立说的方式来实现人生追求和雄心壮志，实现“腾其姓氏，悬诸日月”（《文心雕龙·诸子》以下只注篇名）的愿望，这是刘勰的主观动力，所以他说“君子处世，树德建言”（《序志》）。刘勰出于“名教而自然”的主观需要，为了承袭了儒家的诗教主张，把文章审美同政治教化、改良风俗和国家的兴衰存亡联系起来，便以孔子的圣人地位作为其理论根基，把道家、玄学家的“自然”观融入到儒家思想体系，构建自己独特的体系，形成了“征圣”观“宗经”观。这就成为刘勰的思想和理论致命的局限。

“般若绝境”观。佛教思想对刘勰的影响比较深刻。刘勰积十年佛学，修佛不浅，晚年出家，足见对佛教思想的感悟之深。他曾受梁武帝派，研读佛书、整理佛经，于 31 岁完成佛经整理，36 岁完成《文心雕龙》，明显受益于佛教。《文心雕龙》明显渗透了佛学思想，《论说》中就使用了“般若”一词：“动极神源，其般若之绝境乎。”“般若”学是盛行于魏晋的一个佛家学派，主张一切皆空，一切皆无。《般若无知论》中有“实而不有，虚而不实”“非有非无，非实非虚”等语。“贵无”和“崇有”是魏晋时期一场激烈的大辩论，刘勰既反对“崇有”，也反对“贵无”，其实，就是“非有非无”论，正是地道的佛教思想。“般若”意为“智慧”，刘勰认为“有无”问题，归根到底是一个“般若之绝境”，就是要人们去领悟那种“非有非无，非实非虚”的佛教最高境界。可见，“动极神源”反映了他的“神思”理论与佛学思想的联系。周振甫认为：“刘勰《文心雕龙》的所以立论绵密，这同他运用佛学的因明是分不开的。”[①] 杨明照也认为：“按文心全书，虽不关佛理，然其文理密察，组织谨严，似又与之有关。”[②] 不过，其主体依然是儒家思想为正宗，正如郭鹏所说：“刘勰时代的儒家思想，也不是先秦两汉时的儒家思想而是已经糅合了释道，带有一些玄学意味的儒家思想。不过可以肯定的是，《文心雕龙》的主要思想，是儒家的。”[③]

（二）“意象”审美的理论兼纳

刘勰把“诗言志”与“诗缘情”统一于一体，并兼纳了之前历代文艺理论，这是一个独特的文论思想，使《文心雕龙》具有“集大成”的思想内涵。

一是渗入了《周易》的宇宙结构观。《文心雕龙》的内在精神遵循着与《易》相对应的思想结构，如图 3-1 所示。

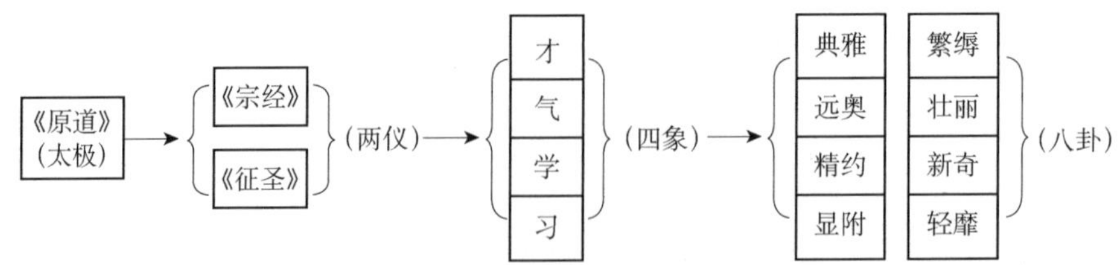

图 3-1 《文心雕龙》整体精神系统图

“《原道》→《宗经》《征圣》→才、气、学、习→八体”构成《文心雕龙》

---

① 周振甫. 文心雕龙注释. 北京：人民文学出版社，1981：5.

② 杨明照. 文心雕龙校注拾遗. 上海：上海古籍出版社，1982：408.

③ 郭鹏.《文心雕龙》的文学理论和历史渊源. 济南：齐鲁书社，2004：11.

内容的整体精神系统。其中，《原道》即“天道”，是创作的思想根本；《宗经》和《征圣》分别为“文道”和“人道”，是创作所崇尚的两大“血缘”；“才、气、学、习”是构成作者“才智”的四个方面；“八体”指因作家才性不同，作品风格也多种多样，归纳为八种基本风格，因此“八体虽殊，会通合数，得其环中，则辐辏相成”（《体性》）。这样，“天道”—“血缘”—“才智”—“八体”的精神系统，构成《文心雕龙》最基本的思想骨架，即“谋篇之大端”（《神思》）。其篇目结构也力求“大衍之数”：“位理定名，彰乎大衍之数，其为文用，四十九篇而已。”“大衍之数”即“大易之数”，指《周易》中的天地演变之数。“变”是刘勰精心结撰“大衍之数”的著作结构的用心所在，体现了《宗经》《征圣》的基本主张。他说：“盖《文心》之作也，本乎道，师乎圣，体乎经，酌乎纬，变乎骚：文之枢纽，亦云极矣。”（《序志》）

二是继承了春秋时期的文艺审美思想。“诗言志”作为儒家文艺思想的核心，成为刘勰的《征圣》和《宗经》的根本思想。始于《左传》成公十四年的“婉而成章，尽而不汙”，左丘明概括为“春秋笔法”，主张以微婉显隐为审美价值追求，“微婉显隐”显然成为刘勰“隐秀”说的重要依据。初见于《左传》的“言以足志，文以足言”（《左传·襄公二十五年》），《文心雕龙·征圣》篇概括为“志足而言文，情信而辞巧”。《国语·晋语五》》中有“夫貌，情之华也；言，貌之机也。”“情”“貌”“言”关系成为刘勰关于“情辞”关系的文学思想，并得到了拓展。孔子关于“兴观群怨”“文质彬彬”“志于道，据于德，依于仁、游于艺”等文艺功能、文质关系及审美标准等理论，成为刘勰“宗经”“征圣”的重要依据，“是以论文必征于圣，窥圣必宗于经”（《征圣》）“经也者，恒久之至道”（《宗经》）。

三是融入了战国时期的文艺审美理论。墨子的“饰车以文采，饰舟以刻镂”（《墨子·辞过》）的“文饰”思想，孟子的“不以文害辞，不以辞害志”（《万章章句上》）的文、辞、志关系，荀子的“情文俱尽”（《乐论》）、“无性则伪”（《性恶》）所阐述的性、情、文的关系，《乐记》对“心、物、情、志、象”的关系理论和“物感”说，韩非子的“理者，成物之文也，道者，万物之所以成也”（《解老》）所阐述的“理”“物”“道”关系等，都在《文心雕龙》中都得到系统、深入的阐述。

四是容纳了两汉时期的文艺审美理念。《淮南子》的“文情理通”（《缪称训》），司马迁的“文约辞微”“志洁行廉”（《太史公自序》），杨雄的“言为心声，书为心画”（《问神》），王充的“文由胸中出，心以文为表”（《论衡·超奇篇》）、“物以文为表，人以文为基”（《论衡·书解篇》），《毛诗序》的“六义”说等创作技巧，都成为刘勰的理论基础。

五是吸收魏晋以来的文艺和书画理论精髓。曹丕关于文章风格分类的“诗赋欲丽”论，陆机关于“物、意、文”问题的“诗缘情”论等，直接成为刘勰的基本论题。东晋画家顾恺之的“以形写神”(《世说新语・巧艺》，南朝画家宗柄《画山水序》中的“理、趣、神、思”关系，南齐书画家王僧虔关于“神彩为上，形质次之”的论述等，也都成为刘勰“神思”论的重要理论内容。

对历代文艺理论进行批判性的吸收，是刘勰文艺思想中的宝贵精神。例如，他批评东汉时期作家们死守章句、靡于儒风的陋习：“其余风遗文，盖蔑如也。”(《时序》) 又如，批评西晋以来过分追求文辞藻饰的形式主义趋向：“晋世群才，稍入轻绮”,“俪采百字之偶，争价一句之奇，情必极貌以写物，辞必穷力而追新，此近世之所竞也”(《明诗》)。他在《序志》中对建安以来的文学进行了具体的辨析，认为曹丕的《论文》细密但不完备，曹植的《与杨德祖书》颇见辩才而不够恰当，应玚的《文论》华丽但空疏简略，陆机的《文赋》巧而显得琐碎杂乱，《文章流别论》精湛但用处不大，《翰林论》浅薄且不得要领。因此，它们都没有寻找到根本，没有追溯到源头，没有继承圣贤的精华，固对后人无益。齐梁以来，儒学衰微，文坛附庸风雅、追逐文辞采饰、无病呻吟、为文造情等文风，自然是刘勰所抨击的对象。

总之，刘勰的《文心雕龙》正是建立在自觉、繁荣的文艺理论基础上，“振叶以寻根，观澜以索源”，在吸收历代文艺思想精髓和理论精华的同时，对魏晋以来文艺理论进行总结和批评，从而建立了自己的文艺思想理论体系。清代学者章学诚曾在《文史通义》中对钟嵘的《诗品》和刘勰的《文心雕龙》加以比较，认为：“《诗品》之于论诗，视《文心雕龙》之于论文，皆专门名家，勒为成书之初祖也。《文心》体大而虑周，《诗品》思深而意远；盖《文心》笼罩群言，而《诗品》深从六艺溯流别也。”郭鹏说：“刘韶在《文心雕龙》中表现出了兼采今占、南北之长的中古时期所特有的，带有浓重艺术和美学色彩的思想价值取向。”[①] 戚良德说：“在中国文艺理论批评史上，具有如此完整、系统而庞大的理论体系的著作，可以说是独一无二的。”[②] 所以，《文心雕龙》在完整地阐述了审美“意象”的基本理论的同时，还奠定了我国文学审美理论体系的基本框架。

二、“神思”理论与“神用象通”

(一)“文心雕龙”与“意象”示范

刘勰以“文心雕龙”为题，把“做文章”称作“雕龙”，呈现了一个示范性

① 郭鹏.《文心雕龙》的文学理论和历史渊源. 济南：齐鲁书社，2004：11.

② 戚良德. 刘勰与《文心雕龙》. 济南：山东文艺出版社，2004：26.

的整体审美意象。这个题目中包含了三个意象：“文心”是审美态度、审美观念和审美技能的综合意象，表现艺术之心与审美之心；“雕龙”把创造过程、创造方法和创作目标作为一个审美意象；“龙”既象征作品整体，又象征作品中的艺术意象。全文由三句话构成以“神思”为主题的基本框架：“窥意象而运斤”——整个写作过程应紧紧扣紧塑造“意象”这一根本目标；“神用象通”——“象”是文学构思与文学表现的核心范畴；“神与物游”——创作情感与创作想象相协调的思维特质。《文心雕龙》所构筑的以创造“意象”为核心任务、以“神思”为其核心理论的文论体系，完整地反映了中国古代文论以“象思维”为特征的基本理论形态。

刘勰创立了《文心雕龙》的一个核心意象——“龙”。龙是中国最高的审美崇拜意象，古代典籍中有关“龙”的描写较多，传说中的“龙”，其形体和磷光“斐然成章”；其性变化莫测，腾空潜渊，呼风唤雨，无所不能；其态虚实一体，动静适宜，或为“潜龙”“腾龙”“卧龙”。龙象征高贵、至尊和最完美。以“龙”比喻文学作品及其审美意象，赋予了其最高的审美意义。可见，刘勰试图超越文章的功用价值，以完全审美的眼光来认识“文”的价值，所以，“龙”作为一个高度集中的意象呈现于《文心雕龙》之中并成为核心意象，文章犹如“龙”一般虚实相应、有无相生、刚柔有体、多姿多彩、或隐或腾的一条条“巨龙”。

以“雕龙”比喻创作，其核心是创造“意象”。把创造“意象”的过程和技能视为“雕龙”，赋予了艺术审美特性和审美情趣。刘勰在“创作论”的用词中，善于采用富有审美意味的表述方式，如“神思”“体性”“风骨”“情采”“声律”“丽辞”“夸饰”“隐秀”“指瑕”“物色”“知音”等。同时，《文心雕龙》中绝大多数语言都具有独特的审美思维特点，如“龙图献体，龟书呈貌”“鉴悬日月，辞富山海”等，把静态的、色彩单一的对象描绘得动静相宜、色彩斑斓、神采依依。可见，《文心雕龙》行文本身就是“雕龙”的示范，“文心雕龙”概括了创作艺术千变万化、精雕细琢的特征。他把“雕龙”归结为“才智”：“夫宇宙绵邈，黎献纷杂，拔萃出类，智术而已。”他认为“拔萃出类”者的高超之处，无非是过人的才智，以此突出“雕龙”之精。

“文心”是刘勰用来比喻作文章的“心思”的意象。他说：“夫‘文心’者，言为文之用心也。”又说：“心哉美矣，故用之焉”。他认为人心本是追求美的，文为心生，故要以美为之。“文心”就是要把作文章作为创造美来对待，要用艺术之心、审美之心、审美目的和审美思维来运作，故“文心”如“雕龙”之心。又说：“盖《文心》之作也，本乎道，师乎圣，体乎经，酌乎纬，变乎骚：文之枢纽，亦云极矣。”（《序志》）强调以道为根本、以圣人为先导、以经典为垂范、以纬书为参考、以《离骚》为变化的楷模等，是刘勰关于“文心”

的基本思想，也是“为文”的根本问题。所以他把“宗经”“征圣”作为“文之枢纽”。

刘勰《文心雕龙》创立了前所未有的关于文学“意象”的审美理论体系。但“意象”一词在文中仅使用了一次，即“独照之匠，窥意象而运斤”（《神思》）。全文自始至终没有对“意象”作出直接解释。那么“意象”是什么？那就是“龙”。以“龙”比喻“意象”，正是刘勰“象思维”的艺术表现。《后汉书·崔骃传赞》有“崔为文宗，世禅雕龙”之说，后因以“禅世雕龙”谓文章世代相传。“窥意象而运斤”就是暗自朝着心中所构筑的“龙”的神态去雕凿，使文章成为不朽的杰作。《文心雕龙》的理论体系的核心是以“文心”来“雕龙”，所以，“龙”就是刘勰对文学作品中的“意象”的解释，“意象”是刘勰所追求的所有文章的“美”。正如戚良德说：“《文心雕龙》的文体论看上去纷繁复杂，但刘勰考察各种文体的角度却是统一的，那就是‘美’；其目的只有一个，那就是文章之美的实现。”[①] 以“文心雕龙”为题，以作为“意象”创造的示范，这是刘勰的良苦用心。

（二）“神用象通”与“文心”三要素

“文心”三要素：神、象、物。《神思》开篇说“故思理为妙，神与物游”，结尾曰“神用象通，情变所孕”。“神与物游”与“神用象通”共同揭示了“神思”的本质，也就是意象创造过程中的“想象”特征。又曰：“古人云：‘形在江海之上，心存魏阙之下。’神思之谓也。”“神思”是一种超越时空的思维活动，其云：“文之思也，其神远矣。故寂然凝虑，思接千载；悄焉动容，视通万里。吟咏之间，吐纳珠玉之声；眉睫之前，卷舒风云之色；其思理之致乎！”“神思”突出地体现了艺术创造的“象思维”，刘勰把它视为创造审美意象的根本思维方法，并围绕“文心”的审美三要素关系进行阐述。

1.“神与物游”与“情物”互动

“神思”是《文心雕龙》的核心命题。刘勰始终把主体的能动作用放在文学创作的首位，强调“神思”，并用“神与物游”来概括其本质。他认为，“神思”作为一种特殊的感情活动过程，必须凭借主体的想象力：“神居胸臆，而志气统其关键；物沿耳目，而辞令管其枢机。”“神”与“志气”是主体思维的活力所在，是思维腾飞的原动力。他的艺术想象可概括为两个字：“疾”和“巧”。“疾”是指“神思”往往是主体瞬间活动。“神思”的本质是想象，它具有天马行空般的极度自由空间，如陆机所说的“精骛八极，心游万仞”，“观古今于须臾，抚四海于一瞬”（《文赋》）。它也是庄子所说的“其疾俛仰之间，而再抚四

① 戚良德. 刘勰与《文心雕龙》. 济南：山东文艺出版社，2004：70.

海之外，其居也渊而静，其动也悬而天”（《在宥》）。可谓“万世犹一瞬”（《吕氏春秋》）。刘勰概括为：“夫神思方运，万涂竞萌，规矩虚位，刻镂无形。登山则情满于山，观海则意溢于海，我才之多少，将与风云而并驱矣。”（《神思》）“巧”是指“神思”过程中“神与物游”的切合契机，是想象活动中的“出奇制胜”，是“神思”的关键环节。刘勰说：“意翻空而易奇，言徵实而难巧也。是以意授于思，言授于意，密则无际，疏则千里。或理在方寸而求之域表，或义在咫尺而思隔山河。”（《神思》）从主观上看，“意授于思，言授于意”，而文意却远在天边，近在咫尺。从客观上看，意之“奇巧”与言之“徵实”本来就相互矛盾。而“游”的主体是“心神”，是人的思维，而思维又决定于“心术”，所谓“思绪飘渺”。所以，刘勰又回到“秉心养术”上来：“是以秉心养术，无务苦虑；含章司契，不必劳情也。”（《神思》）他认为只要“秉心养术”，修炼才智，那么作起文章来就不必徒劳情思。可见，“神与物游”重在阐述神、物关系中主体的价值和能动性，这是刘勰的独创。所以戚良德说：“中国国有的文艺理论术语中，‘神与物游’应是富有生命力的出色的一个。”①

“神与物游”首先是心物互动关系。审美意象是“神与物游”的结果，“游”不是“单相思”，而是情、物的双向互动，“目既往还，心亦吐纳”，“情往似赠，兴来如答”。在超越时空的想象活动中，只有主、客“互动”，才能实现心物交融。正如陆机的《文赋》所云：“情曈昽而弥鲜，物昭晰而互进。”心与物交换，一方面是主体所灌注的强烈情感，另一方面是在“物”上寻找到了主体情感的“触发”点，“物色相招”，于是产生“碰撞”。因物生情，即“物色之动，心亦摇焉”，物因情变，故“物有恒姿，而思无定检”，这是构思过程的心物互动。“是以诗人感物，联类不穷。流连万象之际，沉吟视听之区。写气图貌，既随物以宛转；属采附声，亦与心而徘徊。”（《物色》）“随物以宛转”“与心而徘徊”是“运斤”过程中的“神与物游”。

“神与物游”的原动力是“感召”。刘勰认为《诗经》和《楚辞》都是作者们受到大自然的感召而作，只有诗人以全部身心拥抱大自然，与大自然合为一体，才能获得“江山之助”。“然则屈平所以能洞监《风》、《骚》之情者，抑亦江山之助乎？”（《物色》）北宋范仲淹《送谢景初廷评宰余姚》说“文藻凌云处，定喜江山助”，黄庭坚《忆邢惇夫》云“诗到随州更老成，江山为助笔纵横”。刘勰认为，只有获得客体的“感召”，才能“洞性灵之奥区，极文章之骨髓”（《宗经》）。但把握“感召”的主体还是人，是“神游”的结果，如曹植《宝刀赋》所言“思潜达而玄通”“摅神思而造像”，如《吕氏春秋·论人》云“无以害其天则知精，知精则知神，知神之谓得一”。

① 戚良德. 刘勰与《文心雕龙》. 济南：山东文艺出版社，2004：75.

可见，陆机的“缘情”说强调“因情”而作，主张主体情感的自由。而刘勰“神与物游”则进一步主张并渲染主体情感的主动性。不仅要求主动用情、主动“神游”，而且还主张通过修炼才智来培育情感，可以说达到了主张“造情”的地步，体现了刘勰关于情性审美的一种新境界，无疑是前所未有的、具有划时代意义的审美思维大转折，对后世创作思维和审美理论产生了历史性影响。但是，主体情感主动性的另一面是对情感的主动控制性，在刘勰那里，“神思”被“软禁”在“诗言志”“三不朽”和“经”“圣”等儒家思想之中。所以，刘勰所主张的“主动”是矛盾的、不透彻的“主动”。

2.“神用象通”与“神思”法则

“神用象通”揭示了“象思维”的基本特征。刘勰说：“神用象通，情变所孕。物心貌求，心以理应。”（《神思》）关于“神用象通”的内涵，历来有许多不同的认识，甚至是一种误解。一般都把“神用象通”的“象”注释为“形象”“物象”。例如，周振甫把“神用象通”译为“精神靠物象来贯通”[①]。其实，“神用象通”作为“文心雕龙”的一个基本精神，揭示了以“象”为核心的基本思维方法，即在“物感”过程中以“象”来实现“情”与“物”的互动、心与理的通达，在构思上以“象”实现“神与物游”的思维奔放与回归，在表达上以“象”来实现“物—情—辞”三位一体的统一与协和。“神用象通”一语从理论上明确揭示了以“象思维”为主体的“神思”本质。

“神用象通”首先是以“象”为核心的构思法则。《神思》的主旨是阐述意象创造的构思过程和构思方法，“神用象通”是对“神思”的过程和方法的总结，即“象”是神与物之间的桥梁。《神思》首先提出“神与物游”，指出心物互动是“神思”的本质。“意象”是情感的孕育，又是“神思”的结果。“窥意象而运斤”则是“雕龙”的过程，即围绕心中构思成熟的“意象”进行精雕细刻。“意在笔先”，“意授于思”，故“意象”首先是“胸中之竹”“意中之象”，故可以“窥”。而《神思》不是讲写作过程，而是讲构思的过程和方法，即如何实现心物交融、完成“意中之象”。“神与物游”是以“象”作为媒介，将情、意融入外物去理解、感受和体验，形成“神—象—物”的思维过程，也就是以“象”为本体的“观物取象”“立象尽意”的“象思维”法则。

“神用象通”又是以“象”为核心的“为文”法则。刘勰反复强调“宗经”“征圣”，明确指出“《易》统其首”“则《诗》立其本”。《易》是第一“宗”、最根本之“宗”，而《易》的主体是“象”，“《易》惟谈天，入神致用。故《系》称旨远辞文，言中事隐”（《宗经》）。同时，又指出“赋颂歌赞”为“《诗》立其本”，显然是崇尚《诗经》的意象创造手法。在《征圣》中，刘勰认为周公、孔

① 刘勰. 文心雕龙. 周振甫今译. 北京：外语教育与研究出版社，2003：368.

子当推为首圣，把孔子所称赞的“言以足志，文以足言”视为“为文”的基本法则。孔子所推崇的《诗经》《礼记》《春秋》等作品，其文辞微妙、意义宛转、深刻含蓄等都源于周公之《周易》中的“卦象”，所以刘勰说：

> 文章昭晰以象离，此明理以立体也。四象精义以曲隐，五例微辞以婉晦，此隐义以藏用也。故知繁略殊形，隐显异术，抑引随时，变通适会，征之周孔，则文有师矣。(《征圣》)

刘勰特别推崇《周易》中的“明理以立体”“四象精义以曲隐”“五例微辞以婉晦”，认为只有孔子这样的圣人才能够“妙极生知，睿哲惟宰。精理为文，秀气成采”，即“庖牺画其始，仲尼翼其终”(《原道》)。认为“夫作者曰圣，述者曰明。陶铸性情，功在上哲”(《征圣》)。所谓“圣”就是能够独立创造的人，所谓“明”就是能够继承阐发圣人学说的人。归根结底，就是推崇“立象尽意”。他认为“文”是“与天地并生者”，是“自然”，万物有形就有文采，“三才”之一的人“心生而言立，言立而文明，自然之道也”(《原道》)。而《周易》中的“自然之道”，其根本的义理就在于“象”，“人文之元，肇自太极，幽赞神明，《易》象惟先”(《原道》)。“天文”“地文”“人文”“情文”都是“自然之理”，表现“自然之理”就应“《易》象惟先”。可见，“神用象通”是以“易象”思维为“宗”的“象思维”。

“神与物游”“神用象通”深刻、生动地揭示了“文心”的真正内涵。“神与物游”阐述了“情—物”关系，“神用象通”揭示了“象”在“神—物”关系中的核心地位。“神—象—物”是神的基本过程，即艺术“象思维”的基本法则。“神用象通”之“象”即“意象”，是《文心雕龙》中的核心范畴。“‘意象’这一概念只有极大的包容性和概括性，是极富中国特点的文论术语。”①

（三）“情以物迁”与“雕龙”三要素

“雕龙”三要素：物、情、辞。“辞”即“言”，言由心生，即“心”之文，故为“辞”。以“辞”显“文”，是“为文”之理，“铺采摛文，体物写志”是顺应自然之道，也是人心与天地之心共同的“文明”之言。《诠赋》说：“情以物兴，故义必明雅；物以情观，故词必巧丽。丽词雅义，符采相胜。”在刘勰看来，物因情观，情因物兴，辞以见情。“物”之“文”既“雅”且“丽”，故“情”之“文”应“词必巧丽”“丽词雅义”。可见，刘勰以“情以物迁，辞以情发”(《物色》)来揭示文章“意象”的辞、情、物关系，体现了以“情”为本、以“象”为核心的为文法则。

---

① 戚良德. 刘勰与《文心雕龙》. 济南：山东文艺出版社，2004：78.

1.“情”与“志”

“诗言志”与“诗缘情”具有本质差别，但刘勰受汉代许慎的影响，把情、志、意三者统一起来，并对“言志”和“缘情”加以整合。

关于“志”的内涵，《国语·晋语》曰“志，德义之府也”;《孟子》曰“夫志，气之帅也”;《春秋·说题辞》曰“思虑为志”;《荀子·解蔽》曰“志者，臧也”;《鬼谷子·阴府》曰“志者，欲之使也”; 许慎的《说文解字》曰“志，意也”。关于“情”的解释，《白虎通·情形》:“情者，阴之化也。”《礼记·礼运》曰:“何谓人情？喜、怒、哀、惧、爱、恶、欲，七者弗学而能。”《荀子》曰:“性者，天之就也；情者，性之质也；欲者，情之应也。”(《正名》)《说文解字》曰:“情，人之阴气有欲者。”可见，“志”与“情”不同。“志”在“藏”,“情”在“露”;“志”源于内“气”所动，“情”缘于外物所感，“志”主“言合”,“情”重“言通”。《庄子·达生》曰“用志不分，乃凝于神”,《系辞下》曰“圣人之情见乎辞”。可见，“志”源于内发，有意向，属于怀抱;“情”受于外感，无定向，表现为奔放。在诗学领域，“志”侧重理性，多指思想，一般指人生义理，“情”则偏于感性，多为感发，一般属于生命活动的自然和本真。朱自清认为，先秦时代的“诗言志”原本不是从作诗人的角度说的，而是从读诗人、用诗人的角度说的，是将现成的诗篇当作表达意见的工具。认为那个时代人们对诗的认识完全是功利性的，还全然没有诗歌抒情的自觉，从《楚辞》的作者屈原才“真正开始歌咏自己”。①②

陆机从诗学上把“情”“志”分开，刘勰更关注对“情”“志”关系的把握。一方面，他坚守“况乎文章，述志为本”《情采》)，厉行“本乎道，师乎圣，体乎经”(《序志篇》)的儒教宗旨，倡导“气以实志，志以定言”《体性》)。另一方面，又赋予了“情”“志”各自的审美作用，“揭示了‘情’源、‘志’体的各自归源与二者之间的必然联系”③。他主张志足而情信，“志足而言文，情信而辞巧”(《征圣》)。还主张“情与气偕”(《风骨》)，即情与志偕。更主张以情达志、以志控情，“率志以方竭情”(《养气》)，情服务于志。“志”“情”也讲“深”，但“情深而不诡”(《宗经》),“志深而笔长，故梗概而多气也”(《时序》)。认为“情”“志”都是才智的表现，“情志为神明”(《附会》)。

刘勰还把“情”与“理”进行对举，使“情”和“理”显其意，如“情者文之经，辞者理之纬”(《情采》),“情动而言形，理发而文见”(《体性》),“率志委和，则理融而情畅”《养气》)，等等，把“理”视为表达“情志”的自然法

① 参阅张丽丰.“诗言志”研究抉微——兼述朱自清、闻一多的“诗言志”阐释. 求索. 2010,(7): 175-177.

② 朱自清. 朱自清古典文学论文集(上册). 上海：上海古籍出版社，1981: 218.

③ 张汝山. 论《文心雕龙》的“情”、“志”融通观及其诗学理论价值. 美与时代. 2005,(5): 175-177.

则。可见，“情”主动力，“志”掌方向，“理”求法则，刘勰通过价值关系把“情”“志”“理”统一起来。

2.“物”与“情”

“神与物游”的实质是“情与物游”。刘勰主张“情以物迁，辞以情发”，形成了“物→情→辞”的逻辑关系。“物”为本，“情”为质，“辞”为文，此乃“为文”之道。

首先，主张以“情”为“质”，以“辞”为“文”。“诗者，持也，持人情性。”(《明诗》)《情采》中反复强调：“木体实而花萼振，文附质也”，“为情而造文”，“吟咏情性”。《定势》强调“因情立体”，《情采》又说“性发而为辞章”。《养气》进一步提出：“神疲而气衰：此性情之数也。”可见，刘勰认为情即性，都是人的自然本真，故“为情者要约而写真”(《情采》)，“情”既是“文之经”又是“文”之“质”，文章如果没有“情”就没有“体”，“凭情以会通，负气以适变”(《通变》)，这就进一步突出了“情”的本体地位。“情”成为贯穿“神思”的一条主线，诸如“按部整伍，以待情会”(《总术》)，“吐纳英华，莫非情性”(《体性》)，“文质附乎性情”“辨丽本于情性”(《情采》)，等等。

其次，主张以物为本，情、物交感。他在“物感”说基础上，认为“情”来自物，物决定情，故情随物迁，即“主体在为对象所‘感动’的同时，又为这个正在‘感动’着的自我所感动”[①]。而“物”对于“情”的作用表现为“兴”，即“睹物兴情”“情以物兴”(《诠赋》)。“兴，起也”(《尔雅释言》)，“举也”(《五音集韵》)，“动也”(《五音集韵》)，“悦也”(《正韵》)。“兴”的关键在于“切象”：“凡斯切象，皆比义也。”(《比兴》)刘勰对“切象”作了许多阐述，如“拟容取心”“习小而弃大”，“比之为义，取类不常：或喻于声，或方于貌，或拟于心，或譬于事”，“写物以附意”，“以物比理”，“以声比心”，“以容比物”，“一叶知情”“一言穷理”，等等。可见，“切象”就是“取象”，指出了“物感”的过程不是简单的交感，而是通过“意象”来完成，也就是“神用象通”。《物色》强调“文贵形似，窥情风景之上，钻貌草木之中”，进一步强调“物感”的关键是“切象”。这样，“兴”的价值就在于通过“切象”而获得“比义”，再发挥联想和想象，将“比义”推及其他景物，即“触兴致情，因变取会”(《诠赋》)，这才是“情以物迁，辞以情发”(《物色》)的真正含义。

“物”“情”交感的本质是“兴”。“兴”是在“切象”基础上的想象，是情感借助“意象”的延伸与迁移，即“诗人感物，联类不穷。流连万象之际，沉吟视听之区”(《物色》)，或“触兴致情，因变取会”(《诠赋》)。有了“切象”和“比义”，才能“写气图貌，既随物以宛转”(《物色》)，达到“春日迟迟，秋

① 叶朗. 现代美学体系. 北京：北京大学出版社，1999：159-160.

风飒飒，情往似赠，兴来如答”（《物色》）。

3.“情”与“辞”

“窥意象而运斤”的过程，就是处理“情”“辞”关系的过程，即“雕龙”的过程。这里的“情”不再是“物感”之情，而是“象”中之情。“运斤”就是把“象”中之情变为“辞”中之情，故“辞以情发”《物色》。此时，心中意象已经构成，需要“情理设位”（《熔裁》），“情”为文之经，“辞”为理之纬，“情动而辞发”（《知音》），“情动而言形”（《体性》），故“辞”是“情文”。《情采》写道：

故立文之道，其理有三：一曰形文，五色是也；二曰声文，五音是也；三曰情文，五性是也。五色杂而成黼黻，五音比而成韶夏，五性发而为辞章，神理之数也。

“五性”是“情文”之道，故“五性发而为辞章”。“辞”乃“情文”，所以要“因文以明道，旁通而无滞”（《原道》）。认为以“文”表情是自然之道，“文以明道”是神理之数，这是“文”之所以能够触类旁通的缘故。刘勰进一步强调“辞”的作用：“鼓天下之动者存乎辞。辞之所以能鼓天下者，乃道之文也。”（《原道》）“辞”不仅是“情之文”，而且是“道之文”，故“文”能够“鼓天下”。《熔裁》又云：“万趣会文，不离情辞”，即所有文章都离不开“情”和“辞”。《定势》又说“绘事图色，文辞尽情”。“情”属于内容的范畴，原之于“道”；“采”属于形式的范畴，“辞”以尽之。刘勰按照“道→情→辞→文”的逻辑关系构筑一个由内向外的创作思维体系，阐释了“神理之数”的内涵。把“辞”称为“情文”，进一步强化了言辞的审美意义，突出了“辞”的审美价值。

（四）“辞采”与“隐秀”

“秀气成采”和“精义曲隐”是刘勰关于“辞”的审美特征的概括，“秀”与“隐”体现了审美意象的又一个基本特征。

一方面，强调文辞之“秀”，即“秀气成采”。“辞”须“妙极生知，睿哲惟宰。精理为文，秀气成采。鉴悬日月，辞富山海”（《征圣》）。认为作者要像圣人那样懂得精妙的道理，具有超然的才智，精妙道理写成文，灵秀气质构成采。同时还要明鉴如日月，辞藻如山海。“辞采”既是作者综合才智的具体表现，又是“为文”的实质过程，进一步阐释了“文心”的深层意义，突出了“雕龙”意象的特征。认为以“辞采”为文，既要生动活泼、跃然于纸上，又要自然协调，没有雕琢的痕迹，犹如天工所成，更要“夫以草木之微，依情待实”（《情采》）而呈现出独特的意象。他说：

龙凤以藻绘呈瑞，虎豹以炳蔚凝姿；云霞雕色，有逾画工之妙；草木贲华，无待锦匠之奇，夫岂外饰，盖自然耳。(《原道》)

“辞采”作为文章的形式，还必须“饰言”而“辞畅”。他认为：“经正而后纬成，理定而后辞畅。此立文之本源也。”(《情采》) 由“情”“理”的关系推理出“辞畅”的原理，并进一步提出：“情理设位，文采行乎其中。刚柔以立本，变通以趋时。”(《熔裁》) 然后充分发挥辞藻的作用，以创新的方式穷极“辞采”，根据内容的需要驾驭文采、修饰语言。他说：

故文能宗经，体有六义：一则情深而不诡，二则风清而不杂，三则事信而不诞，四则义贞而不回，五则体约而不芜，六则文丽而不淫。(《宗经》)

驾驭文采就是“为情而造文”，即力求感情真实，文辞精练，文质兼备，“郁然有采”。而认为“为文而造情”是无病呻吟，夸耀辞采，是“采滥辞诡”的不良倾向，“为情者要约而写真，为文者淫丽而烦滥”(《情采》)。可见，“文辞尽情”，“饰言”而“辞畅”，“文丽而不淫”，是刘勰对“辞采”形式的审美追求。

另一方面，强调文意之“隐”，即“精义曲隐”。他指出：“隐也者，文外之重旨者也；秀也者，篇中之独拔者也。隐以复意为工，秀以卓绝为巧。”(《隐秀》)“隐”是对“意”的追求，主张“伏采潜发”“文隐深蔚，馀味曲包”，同“含蓄”相近，但不等同。“隐”就是要表现“文外之重旨”“义生文外”，回归到“神用象通”，指出了“言外之意”“象外之象”。“秀”是关于审美意象的再创造空间的要求，即“秀以卓绝为巧”，“意象”应新奇独特，含意应丰富幽远，“辞约而旨丰，事近而喻远”(《宗经》)。刘勰对“秀”的描绘是：

彼波起辞间，是谓之秀。纤手丽音，宛乎逸态，若远山之浮烟霭，娈女之靓容华。然烟霭天成，不劳于妆点；容华格定，无待于裁熔；深浅而各奇，穠纤而俱妙，若挥之则有馀，而揽之则不足矣。(《隐秀》)

他认为“秀”即文辞中涌出波峰，犹如像纤丽之手奏出的佳音，表达出宛然在目的超逸情态，若远山漂浮的云烟，美女妆饰的容貌。天然的云烟，或深或浅各有奇态；天生的容颜，浓妆淡抹都各得其妙。只有发扬其天然，才能奇妙有余①。这种自然生动之奇妙，令人流连万千、回味无穷，富有深而远的审美创造空间。

综上所述，刘勰把哲学“意象”转化为审美“意象”，并通过系统的阐述而使“象思维”成熟地显现于文学审美理论之中。《文心雕龙》关于“意象”的审美理论体系可以概括为三个层次：第一，通过“神→象→物”三要素关系，系

---

① 参阅网络：秀水墨客.《文心雕龙》卷四十. http://blog.sina.com.cn/s/blog_65bc79ac0/00kdk.html［2010-9-15］.

统阐述了以“象”为核心的“神思”法则；第二，通过“物→情→辞”三要素关系，具体阐述了以“情”为本的“为文”法则；第三，通过“秀”“隐”的审美特征的凝练，概括并系统阐述了文学意象的审美特征。刘勰对于中国诗学理论的最大贡献，就在于“意象”审美理论体系的构建，标志着哲学义理的“象思维”自觉地转化为艺术审美的“象思维”，在我国诗学史上具有划时代的理论价值。

第四章
中国诗学“意境”与“象思维”
——从“象思”到“境思”

中国诗学的思维发展经历了三次转换：一是“意象”理论的产生，以刘勰的“神思”论为标志的从哲学的“象思维”到审美的“象思维”的转换；二是“意境”理论的产生，以王昌龄的“境思”论为标志的由“象”到“境”的审美思维转换；三是“境界”反思论的产生，以王国维的“境界”说为标志的传统主客一体的“一元”思维到接受西方主客对立的“二元”思维的转换。

刘勰关于“意象”审美理论体系的自觉构建，标志着以“意象”为核心范畴的诗学审美理论体系的确立。以此为新的起点，随着中国诗歌自身的发展和儒、道、释的不断融合，“象思维”不断打开新境界，使“意象”审美理论逐步延展，至唐代形成了以“意象”为“内核”的诗学“意境”审美理论，并在后世不断得到阐释和丰富发展。

第一节 “意象”转换与“意境”思维

诗学“意境”审美理论的产生和发展，一方面是中国古代诗歌创作实践的自身规律和内在“基因”等共同形成的必然趋势，另一方面是外来文化的思维方式和思维境界对我国“象思维”的影响，有力地推进了我国思维视野的转换与拓展。儒、道、释的融合是意境理论形成和发展的主要背景，“意象”理论是“意境”理论形成的本源，“象思维”仍然是意境创造和意境理论的基本思维方式。

一、心灵超越与诗学“意境”

（一）内在基因

“意境”的内在基因是“意象”，其原质和核心是“象”，所以“意境”理论离不开“象思维”。“意境”是通过摄取人、事、物、景等众多意象群所构筑成的时空一体的具有层次感的情感想象空间，创造意境就是创造这种想象空间。它以“境”为艺术构思的核心，唐代王昌龄称之为“境思”，揭示了与“象思维”相对应的“境”思维特征，标志着诗学的思维由“象思维”到“境思维”的提升和转换。“意象”是“意境”的精神元素，“意象”论是“意境”论形成的基础，“象外之象”是“意境”区别于“意象”的基本特点。“象外之象”作为术语始于司空图，但它作为审美范畴则起于刘勰“文外之重旨”“义生文外”，源于王弼“求理于象外”的理论。从“境”的哲学思维来看，庄子的“齐物”论、“逍遥游”、“外物”等，无疑是一种“超于象外”的艺术思维境界的范式。

老子、庄子都曾有过“玄冥”的表述。《庄子》曰：“于讴闻之玄冥，玄冥闻之参寥。”（《大宗师》）其“玄冥”指一种混沌不分、深不可测的状态或一种无知无觉、不分是非和古今的精神境界。西晋玄学家郭象注：“玄冥者，所以名无而非无。”（《大宗师》注）他加以发挥而提出了“玄冥之境”的概念：“是以涉有物之域，虽复罔两，未有不独化于玄冥之境者也”（《齐物论注》）。“玄冥之境”是“物各自造”“自化”的场所，也作为一种自满自足的精神境界。庄子《逍遥游》说：“定乎内外之分，辨乎荣辱之境”，就具有心理的境界意义。又如《庄子》曰：

吾犹守而告之，参日而后能外天下；已外天下矣，吾又守之，七日而后能外物；已外物矣，吾又守之，九日而后能外生；已外生矣，而后能朝彻；朝彻，而后能见独；见独，而后能无古今；无古今，而后能入于不死不生。（《大宗师》）

如果说，老子的“大象”尚属于哲学思维范畴的境界超越，那么庄子的“外天下”“外物”“外生”“无古今”“玄冥之境”则是对于精神境界的追求和超越，体现了“境”思维的特质。郭璞诗句“放情凌霄外，嚼蕊挹飞泉”，其意境就具有庄子的思维和精神超越的特征，被王昌龄列为“神仙”趣向。陆机的《文赋》通篇没有出现一个“境”字，但提出的“曲尽其妙”“遵四时以叹逝，瞻万物而思纷。悲落叶于劲秋，喜柔条于芳春。心懔懔以怀霜，志眇眇而临云”“笼天地于形内，挫万物于笔端”等，都包含着“境思”的思想，并率先影响了刘勰关于“文外之重旨”“义生文外”的理论，孕育着“境思”的理论。

“境”用于审美阐释，具有其本土的含义。从训诂学来看，“境”的最初意义是“疆域”“疆界”，“是指人的控制约束力量所能达到的范围”，虽然不是主体情志的心理含义，但是主体具有了心理、思维所向的意义[①]。由于精神和思维的境界的存在，“境界”作为术语，由地域用语延伸到了精神用语就成为可能。在诗人笔下，“境”被用于描绘人和人生的某种心态和理念，例如，东晋陶渊明《饮酒》诗中有“结庐在人境，而无车马喧”。这显然已经具备了“境”思维中的心境、情境、精神之境等。

由此可见，中国古代的“境”，早已成为主体的外在时空延展所创造的心灵空间和情感领域。它以主体的意识及其感受能力所能及至的领域而存在，表现心灵、精神的外境。由地理之“境”转化为心理和精神之“境”，这正是“象思维”这一内在基因的成果。

（二）外在动因

佛学思维是“境”思维形成的外在动因。从西晋开始，佛教一直为中国佛教徒和文学爱好者所称赞而广为传诵[②]。佛、道、儒在长期论争的过程中逐步结合、日益融合，各以自身独有的精神生命力而渗入社会。佛教对文人的影响，最根本的就在于促进当时文人的思想、文化观念和思维方式的转变，并深刻而广泛地渗透于诗学理论和诗学思维，例如，晋代谢灵运曾旗帜鲜明地提出“顿悟成佛”说。唐代王昌龄、高适、岑参、常建、王维、李白、孟浩然、刘禹锡等，他们频繁出入僧庙古寺，参拜当时高僧，景慕佛教教义及高僧大德，创作禅诗。唐代皎然被称为诗僧，诗与论双丰收。唐代司空图的境界说、形神说、顿悟说及其诗歌创作中蕴含着对佛禅的认识思想及其思维特征。唐代王维被称为诗佛，光耀诗坛。诗僧贾岛影响中唐的一代诗风。宋严羽“以禅喻诗”，将审美感兴称为“妙悟”，成为宋代的一种风气。总之，凡是在意境创造、意境理论方面富有成就的诗坛巨匠，对“意境”理论具有卓越贡献的文论家，无不与佛教有着千丝万缕的联系。可见，认识和理解“意境”的思维和理论，离不开佛学的思想和思维。

中国所译的佛教典籍中有“境”“境界”之词。丁福保所编《佛学大词典》曰：“心之所游履攀援者，谓之境。如色为眼识所游履，谓之色境，乃至法为意识所游履，谓之法境。”曹魏天竺三藏康僧铠译《无量寿经》说：“比丘白佛，斯义宏深，非我境界。”北魏菩提留支译《入楞伽经》有“妄觉非境界”之说。北魏昙摩流支译有《如来庄严智慧光明入一切佛境界经》，梁僧伽婆罗等译有

① 鲁峡. 王国维“有我之境”与“无我之境”新说. 洛阳师范学院学报，2006，25（3）：98-100.

② 高振农. 中国佛教. 上海：上海社会科学院出版社，1986：42-44.

《度一切诸佛境界智严经》等[①]。北魏杨炫之的《洛阳伽蓝记》赞美永宁寺说："相物境界，亦未有此，口唱南无，合掌连日。"《隆兴编年通论·赐谥碑》文有"入佛境界，于取非取，谁缚谁解，万有千岁，此法无坏"之语[②]。可见，对于佛教来说，境或境界都是主体精神和心智活动所达到的范围或领域，这也正是佛"境"与诗"境"的连接点。在老庄和玄学基础上，具有佛学思想的诗人及其诗论，把佛学之"境"与诗学之"境"结合起来，使自然境域的"境"、人生境地的"境"逐步转化为艺术之"境"，就成为诗歌的一种艺术造诣和审美追求，进而成为诗学审美理论[③]。刘勰的"般若之绝境"就是一个具体的表现，他还在《隐秀》中说："叔夜之《赠行》，嗣宗之《咏怀》，境玄思澹，而独得乎优闲。"以此评价陆机、陶渊明诗歌的境界深远、淡泊寡欲、清闲自得等特征，实际上是阐释了"境"的内涵。

"意象""象外之象""象外之境"共同构筑了"意境"。"意象""意境"都是中国古代的特产，但"意境的根本特征是超越"，即超越自我、超越现实、超越时空、超越"象"[④]。只有超越才能化有为无，才能拥有自由的心灵，才会具有"境"的体验和感受，才能够达到"清""远""逸""淡"的境界。老子、庄子如此，阮籍、嵇康、陶潜如此。而刘勰虽然张扬"情感"、力举"神思"、追寻"自然"，但最终超越不了神、物、象和情、物、辞关系的"单线"思维，没有完全达到超时空的"境"思维。真正能够以"境"论诗，并具有历史性跨度的理论建树，是从王昌龄的"境思"论开始的。

二、"境思"纵横与"三境"说[⑤]

在中国古代诗学史上，唐代王昌龄最早把"境"概念引入诗论，倡导"纵横"思维，阐述"境思"理论，提出"意境"审美范畴，形成了诗学理论由"象思"到"境思"的审美思维转折。由物、象、意一一对应的思维向时空纵横而"放情"的思维转换，使"象思维"的时空一体观在诗学领域提升到了最高境界，成为真正的心灵自由的审美理论的开端。

在以儒家文化为主导的背景下，古代文论家要在审美思维上获得个人情感自由和心灵超越，是十分不容易的。他们大多经过儒家经典与教条的哺育和儒家思想的熏陶而成长起来，超越就意味着"离经叛道"。刘勰如此，王昌龄也不

① 王济民. 中国古代文论中的境——境界和意境. 华东师范大学学报（社科版），2003，(1)：12-22.

② 鲁峡. 王国维"有我之境"与"无我之境"新说. 洛阳师范学院学报，2006，25 (3)：98-100.

③ 吴登云. 中国古代审美学. 昆明：云南人民出版社，2009：168-169.

④ 李昌舒. 意境的哲学基础. 北京：社会科学文献出版社，2008：80.

⑤ 本节基本观点和主要内容（全文近 10 000 字）曾作为本项目起始时期的阶段性成果发表。详见董学文，吴登云. 王昌龄"境思"说的诗学地位. 湖南社会科学，2009，(4)：137-141.

例外。不同的是，刘勰致力于儒家经典和佛书的研读，《文心雕龙》的写作正值他悉心追求“树德建言”的狂热时期，虽然直面而深刻地抨击了当时片面追求形式的创作风气，但他主“情”而不离“志”，壮“文”而不背“理”，重“辞”而不离“道”，始终严守着《宗经》和《征圣》的信条，其审美视角和思维路径始终受制于儒家精神。王昌龄则不然，他与诗坛孟浩然、李白、岑参、王之涣、王维、高适等众多诗人都有交谊，曾远赴西北边地，游往各地胜境。军旅生涯、政治沉浮、人生磨难等，使他对生活体验更为深刻，视野更加广阔。他把对人生的领悟融入他的艺术实践和审美创造，使他进一步对“情境”之外的诗意拥有了更加独特的体验和更加深刻的感受。尤其是他贯通佛经、与僧庙密切往来，以及实践禅诗创作，佛教的“境”思维必然潜移默化，使他的情感空间和心灵自由度得到了极大的扩展，从而成就了他的“纵横”式的“境思”说。诚如陈良运所说：“王昌龄等以境论诗，实际上是将佛家境界转化成诗家境界。”张伯伟认为，由于有佛家之视野，王昌龄《诗格》提出了“三境”说[①②]。王振复也说：“王昌龄《诗格》以佛学修养建构其‘诗有三境’尤其‘意境’之说，并非偶然。”[③]王昌龄把“象思”和“境思”结合在一起，主张“意象”的“纵横变转”，形成“象”纵横、“情”纵横、“意”纵横三个方面，并称之为“境思”，包括“物境”“情境”和“意境”。“境思”体现了诗学思维的又一次历史性转折，在我国审美理论史上具有里程碑的意义。

关于王昌龄对中国诗学的贡献，我们不能停留于他所提出的“意境”概念。因为一种思想的产生或一种思维方式的变革，往往比一个概念的形成更重要，所以更要关注他关于诗歌艺术思维的“纵横”与“境思”的阐述，它真正形成了中国诗歌以心灵自由为特征、强调主体情感自由抒发的基本思维模式。这是中国审美思维的一次富有历史性跨度的心灵纵横超越，其价值远远大于“意境”概念本身的价值。

（一）“放情”与“情境”

相比较而言，刘勰最富有“荡气”的“情”论，莫过于“登山则情满于山，观海则意溢于海”（《神思》），但其浪漫之“情”却受制于“志”，“主情”而以“心志”为宗旨。王昌龄的“主情”则抛弃了“心志”功利，强调个体情性的自由性，他在《诗格》中批评刘公幹的诗是“从首至尾，唯论一事，以此不如古人也”，强调“诗本志也，在心为志，发言为诗，情动于中而形于言，然后书中于纸也”。这里潜藏着一个基本思想，那就是形于言、书于纸之情，不可

① 陈良运. 中国诗学体系论. 北京：中国社会科学出版社，1992：249-272.
② 张伯伟. 全唐五代诗格校考. 西安：陕西人民教育出版社，1996：149.
③ 王振复. 唐王昌龄“意境”说的佛学解. 复旦学报（社会科学版），2006，（2）：94-101.

受制于“志”，应“缘情”而发，纵横情致，主张情感解放、心灵自由。

“感物多远念，慷慨怀古人。”(《诗格》) 这是王昌龄对“主情”的进一步阐释。他所概括的“十七势”入诗法则，或飞流直下，或缓缓而入；或先抑后扬，或欲擒故纵；或铺陈比兴，或曲径通幽；或“含思落句”，或“心期落句”。每一种“势”都是“情”所积蓄的能量释放，都因“情”之“性”而回应，可谓“假物比象”，由“势”导情，显示“自然”。他在《诗格》中说：“自古文章，起于无作，兴于自然，感激而成，都无饰练，发言以当，应物便是。”“娱乐愁怨，皆张于意而处于身，然后驰思，深得其情。”《诗格》引用诗句大约150多次，大多数为感物得情、缘情得“势”、因“势”导情、“放情”极致的富有典型性的作品。

王昌龄主张“放情”而“令境生”，是对主体情感的主动性和自由性的充分肯定。所谓“情境”，是“情”在时空延展中所呈现出来的富有立体感和审美意味的艺术想象空间，如果没有“情”的游荡浸润，一切“物”都毫无价值。所以，他主张登临山水应“闲情”，“把情入兴”；立意过程应“放情”，“任意纵横”；兴致来临时则“屏绝事务，专任情兴”；叙事过程需“密林含余情”；心灵具有“放情凌霄外”的神仙趣向。因此《诗格》中所引例句，多为突出“主情”特征，例如，他引用自己的《寄驩州》“与君远相知，不道云海深”，可谓纵情入海不道深；《送别》中的“春江愁送君，蕙草生氛氲”，实为送情与君令草愁；《代扶风主人答》中的“杀气凝不流，风悲日彩寒。浮埃起四远，游子弥不欢”，应是悲戚煞人血凝固；《赠李侍御》中的“迁客又相送，风悲蝉更号”，更觉依恋情意动鬼神；王维《哭殷四》中的“泱漭寒郊外，萧条闻哭声。愁云为苍茫，飞鸟不能鸣”，哭声凄寒百鸟滞；颜延年的诗“凄矣自远风，伤哉千里目”，凄情漂泊无尽处；比势者，“相思河水流”，情势无阻潮流水；王昌龄诗中的“桑叶下墟落，鹍鸡鸣渚田。物情每衰极，吾道方渊然”，深感物情起落随风飘。如此之类的例子，不胜枚举，皆属“放情”“纵横”之作。

“放情”意味着由“象”到“境”的思维拓展，意味着对一切功利的超脱，犹如无缰之野骑，任其天马行空。“放情”既要“超以象外”，又要“得其环中”。既要有屈原那种“乡国之情”的炽烈，又要有庄子那种“逍遥”之魂的开阔。宗白华说：“中国艺术意境的创成，既须得屈原的缠绵悱恻，又须得庄子的超旷空灵。缠绵悱恻才能一往情深，深入万物的核心，所谓‘得其环中’；超旷空灵，才能如镜中花，水中月，羊挂角，无迹可寻，所谓‘超以象外’。”[①] 这就是王昌龄所说的：“用字不如用形，用形不如用气，用气不如用势，用势不如用神。”因为“神”最自由而又最本真，最具有张力而又最富有收束性。以

---

① 宗白华. 美学散步. 上海：上海人民出版社，1981：65.

“神”为线，可远可近，穿古越今，收放自如，起落随意，“拘限清切禁，中情无由宣”（《诗格》）。这明显是“发乎情，止乎礼仪”的一个富有力度的挑战。在“缘情”说、“神思”论的基础上，这种从理论上对情感解放、心灵自由的明确倡导，为诗歌的情感审美境界提出了新的抒情尺度，这在我国古代诗学史上是不多见的。

通过“赋”“比”“兴”阐释的前后历代比较，从另一个侧面体现了王昌龄的“主情”思想：“天地之号令曰风。上之化下，犹风之靡草。行春令则和风生，行秋令则寒风杀，言君臣不可轻其风也。”“赋者，错杂万物，谓之赋也。”“比者，真比其身，谓之比假，如‘关关雎鸠’之类是也。”（《诗格》）他抛弃了郑玄注的“教化”观、刘勰的“体物写志”、钟嵘的“因物喻志”等，抛开“言志”而大论“天地之号曰风”，突出“放情”与“纵横”，还提出“言君臣不可轻其风也”。此后，朱熹重“理气”，胡寅主张以“情”为核心，等等，“志”论的味道从王昌龄开始逐步弱化并消失，而“情”论的趋势则由此逐步上升并成为诗论主体范畴，成为“赋”“比”“兴”的基本精神。可见，情感自由的获得，是需要以时间为代价的，需要无数理论家渐进突破，王昌龄的“境思”论是一个崭新的开端。黄保真认为：“诗学还处于经学附庸的发展阶段，待到钟嵘的《诗品》问世，才使诗学脱离经学而独立。”[①]王昌龄的“放情”论与“纵横”论，真正从理论上对“情”进行了独立的审美阐释，强调主体情感的自由抒发，标志着“情景”说正式作为艺术审美理论而产生，并成为“意境”理论的基本特征之一。正如祁志祥所言：“尽管与‘情景’说有关的论述很早就有了，然而‘情’、‘景’作为一对概念提出来……则从唐代开始。从现存资料看，首先提出这一理论的是王昌龄的《诗格》。”[②]

情感自由，是“情”之所以能“纵横”的前提，情感的“纵横”，是创造“意境”的必要条件。如果说刘勰详尽地阐述了“情物”“情文”“情辞”等关系，那么王昌龄则主张“放情”并提出了“景语”概念，“情境”“物镜”“意境”“境思”“境象”等概念就是对刘勰“情物”论的一个巨大的艺术思维的突破。王国维《人间词话》的“一切景语皆情语”当源于此。

（二）“境思”与“物境”

王昌龄以“山水诗”为切入点提出并阐述了“境思”论和“境象”论。“意象”作为“情”与“物”的融合体，不再是具体和实在的“物”。刘勰的“意象”内涵，在王昌龄的思维系统中得到完全的继承，例如，《诗格》中有“久用精思，未契意象”“四时气象”“搜求于象”“假物不如真象，假物色比象”“不

① 黄保真，成复旺，蔡钟翔. 中国文学理论史（一）. 北京：北京出版社，1987：297.

② 祁志祥.“情景”说——中国古代的诗歌意境理论. 广州师范学院学报，1992，(2)：59-63.

可以虚无而对实象”“文章是景，物色是本，照之须了见其象也”等提法，他不仅强调“象”和“意象”，而且阐述了它们与“物”“景”“形”的本质区别。同时，他把“象”与“境”结合起来，提出“境象”概念：“了解境象，故得形似”（《诗格》）。可见，王昌龄所说的“景”“物”不再是普通的“有形”，而是“象”和“境象”，是抽象的视觉审美客体，是以“意象”为核心所展开的超时空的立体境域，也是超出惯性的理性化审美范畴，是由情感的波动与冲击并产生灵感所撞击出来的、蕴涵着独立人格和思想的、具有幻化特征的审美想象空间。陆时雍就说“昌龄之意象深矣”（《诗镜总论》）。可见，“境象”是对“意象”的又一次审美理论上的升华，“境思”是源于对“象思”的发挥。

王昌龄在“象思”基础提出了“境思”说。他主张以“意象”为元素，展开“意思纵横”“任意纵横”“纵横变转”，寻求广阔的想象空间。经过“纵横”思维，以“一物”“一象”为起点，展开“放射”状的多维联想和想象，构筑一个由“物”和“象”在时空中铺展而成的多维立体的、广阔无限的审美空间，即“物境”或“境象”。他说：

至于一物，皆成光色，此时乃堪用思。所说景物，必须好似四时者。春夏秋冬气色，随时生意。取用之意，用之时，必须安神净虑。目睹其物，即入于心。心通其物，物通即言。言其状，须似其景。语须天海之内，皆纳于方寸。至清晓，所览远近景物及幽所奇胜，概皆须任意自起。意欲作文，乘兴便作。（《诗格》）

王昌龄认为，“物境”的构思过程就是“境思”。从“至于一物”到时空延展的“景物”就是一个“思”的过程：“所说景物，必须好似四时者”，即借景物之“形”而为“象”，具有时间感和空间感，人能够活动于其中，情可纵横于其间。这是“取景”（取象构境）的过程；同时，根据“春夏秋冬气色”，以“形似”而“随时生意”，且必须安神、睹物、入心，达到“心通其物”，这是“取意”的过程。接下来是“物境”的成诗过程：“言其状，须似其景”，语言“须天海之内，皆纳于方寸”，具有包宇宙于一心的容量。对于“所览远近景物及幽所奇胜”，皆须“任意自起”“乘兴便作”。在此基础上，王昌龄提出了“诗有三思”：

一曰生思，二曰感思，三曰取思。生思一。久用精思，未契意象。力疲智竭，放安神思。心偶照境，率然而生。感思二。寻味前言，吟讽古制，感而生思。取思三。搜求于象，心入于境，神会于物，因心而得。

“生思”源于主体，是发挥主体思维智慧的主动性，通过“精思”实现“心与境照”；“感思”取法于历史，是对前人的审美经验进行“寻味”，以获得启发与悟性；“取思”感悟于象，是从审美对象中“搜求”心与境、神与物的交合点，唤起心灵的自主，获得主体灵感。通过“三思”，实现心与境合、神与物游，人在“境”中，而“境”在心中。这种在“意象”思维基础上的“意思纵横”，构筑成为以“物境”的外在形式而显现的立体思维空间，即“象境”，它是“境思”的审美成果。这里不仅“境”中有物、“境”中有情，而且形成了“象外之象”“象外之境”，就是所谓“物色万象，爽然有如感会”。对于“物”的概念，都是“搜求于象”的结果，但王昌龄在使用时是很有分寸的，例如，“物”“景物”“万物”“应物”“附物”“物色”“物情”“物声”“物境”等，都是有区别的。所以，王昌龄对“物境”的解释便是：

物境一。欲为山水诗，则张泉石云峰之境，极丽绝秀者，神之于心，处身于境，视境于心，莹然掌中，然后用思，了解境象，故得形似。(《诗格》)

“物境”包含三个层次，即身心依次“入境”“融境”“容境”，是一个开阔而自由的精神和情感世界。“处身于境，视境于心”与“心入于境，神会于物”一致，实际上就是庄子所说的“万物以我为一”的境界。“莹然掌中，然后用思，了解境象，故得形似”，说明“物境”是在“境思”中凝练而成的，是一种被“情”所感、为“情”所化、因“意”所融的精神境界，“物”与“情”之间不过“形似”而已，因此，“物境”其实是“境象”。

关于“物境”，王昌龄在《诗格》中还有许多描述。例如，“如登高山绝顶，下临万象，如在掌中。以此见象，心中了见，当此即用”。这里的“万象”就是“物境”或“境象”。这种驾驭时空、收放自如的思维，同刘勰的“情满于山”和“意溢于海”相比，突出了审美情感“一览众山小”独立性；“昏旦景色，四时气象，皆以意排之，令有次序，令兼意说之为妙。”说明“物境”具有空间的“景色”，又有时间的“气象”，是“物”和“意”相融合的一个整体而有“次序”的“妙境”，展开了一个豁然开朗的立体思维空间；“夫诗，有生杀回薄，以象四时，亦禀人事，语诸类并如之”，这说明“人境”和“事境”也属于“物境”范畴，把“物我一体”和“天人合一”的哲学思想升华为独特的审美境界。皎然把王昌龄的“三境”整合为“意境”，其框架就是以“物境”为基础的。

王昌龄所提出的“象外语体”“象外比体”，是对“象境”的“象外之境”和“境外之境”的具体阐述。可见，“境思”是王昌龄对《文心雕龙》“意象”思维的又一个突破。

（三）“纵横”与“境思”

以“放情”为前提，王昌龄进一步主张“任意纵横”。他说：“格，意也。

意高为之格高，意下为之下格。”又曰：“意是格，声是律，意高则格高，声辨则律清，格律全，然后始有调。用意于古人之上，则天上之境，洞焉可观。”（《诗格》）主张“意高”应“于古人之上”，成为“天上之境”，这种超越历史和现实、超越时间和空间的无限境界，就是他所说的“意境”。关于王昌龄的“三境”关系，目前学术界存在争议，主要表现为“并列”观和“层次”观两种。其实，王昌龄的“意境”同“物境”“情境”是既相并列又具有层次的关系。

作为并列关系，“意境”在《诗格》中相当于“理境”的意思，其中也包括“志境”，但主要是阐述“理”与“景”的关系。前引“物境”解释是一个例证，他对“情境”和“意境”的解释进一步得到证明：

情境二。娱乐愁怨，皆张于意而处于身，然后驰思，深得其情。意境三。亦张之于意，而思之于心，则得其真矣。（《诗格》）

他认为“情境”与“意境”各有其位。它们都“张于意”，但前者“处于身”，后者“思于心”；前者“得其情”，后者则“得其真”。王昌龄的“意境”内涵的关键，就在于“得其真”，这是我们理解王昌龄“意境”概念的本质所在。

“真”即是真理、哲理、真谛。王昌龄所讲的“意境”是由“景”与“理”交融成“境”的哲理诗境，即所谓“诗有意好言真，光今绝古”。既然称作“意境”，他在“十七势”中提出“理入景势”“景入理势”“心期落句势”，前二者自然是“理”与“景”的关系，“心期落句势者，心有所期是也”。“心有所期”可以理解为各种愿望，也包含“志”，但却比“志”更宽泛。故“理”与“景”相融成为“意境”，这是对“诗言志”理论的一个超越。

从“理”与“景”的关系来说，在王昌龄之前，没有“诗言理”的说法，而且“诗言志”偏重于主观“志向”，更偏重于教化。历来对于“赋、比、兴”的注释和发挥也十分模糊，看不出“诗言理”的地位。《文心雕龙》中的“理”主要有以下几层意思。一指“天理”“神理”，如“情者文之经，辞者理之纬”（《情采》），“情动而言形，理发而文见”（《体性》）。二指“义理”，主要指对《易经》中关于“象”的“义理”及王弼所说的“意”，并认为万物之理都在《易经》之中。三指“法则”“规则”之意，《文心雕龙》中有“辞亦匠于文理”，“寻理即畅”（《宗经》）。《征圣》中讲“明理以立体”，“精理为文”。《神思》还有“心以理应”。这些都是讲所要明白、精通、遵循的“理”。刘勰讲得更多的是“情理”“文理”“思理”。但他认为，凡具有“法则”“规则”意义的都是“神理”“天理”，所谓“名理有常”。四指“说理”与“辩理”，《杂文》中有“致辨于事理”，《史传》《诸子》《论说》《事类》中有“析理居正”“众理可贯”“辨理”等，主要是指应用文体的叙述与论证。《离骚》虽然得到刘勰的推崇，但并没有明确提出“理”与“景”的审美关系，那是因为“有骚人之作，皆有怨刺，失于本宗”(《诗格》)。王昌龄把“理”与“景”结合起来，提出了“意境”概念。宗白华说过：“意境不是一个单层的平面的自然再现，而是一个境界层深的创构。从直观感相的模写，活跃生命的传达，到最高灵境的启示，可以有三个层次。”[①]王昌龄所说的“意境”，虽然有别于后来的“意境”，但他的“境思”理论则突出了“理”在“境”中的情感性，强化了其艺术审美的意义。

“意思纵横”是王昌龄在“意境”论中专门提出来的，并且多次使用了“纵横”这一概念，如“意须紧，然后纵横变转”，“不得一向把，须纵横而作”，“皆须百般纵横，变转数出”等。他倡导“凡诗立意，皆杰起险作，傍若无人，不须怖惧”。这说明王昌龄不仅主张情感的“纵横”自由，而且主张借景言理的“纵横”自由。这就需要超越一切心理约束，尤其需要摆脱政治和道德的精神羁绊，需要拥有非凡的胆识和勇气，更需要拥有超脱一切的境界。下面的两段话，进一步表明了这一点：

夫作文章，但多立意。令左穿右穴，苦心竭智，必须忘身，不可拘束。思若不来，即须放情却宽之，令境生。(《诗格》)

夫置意作诗，即须凝心，目击其物，便以心击之，深穿其境。……(《诗格》)

对于此类理论，当代人们一般只作为审美的理论来吸收和评判，但从当时的政治角度来看，这种超凡的“意纵横”，与屈原的《离骚》一样，难免具有“失于本宗”之风险。

“意纵横”也需要借助于景物、立足于“意象”，通过“放情”来拓展“理”的思维空间。所以，王昌龄在“势”和“体”中都有具体阐述。他说，“理入景”者，“诗不可一向把理，皆须入景”，“其景与理不相惬，理通无味”，要以“景语入理语”。要求“所览远近景物及幽所奇胜，概皆须任意自起”。但又要“兴于自然，感激而成”。他还认为“物”与“意”不能仅仅是外形的拼凑，应该是“言物及意，皆不相倚傍”。他说：“意须出万人之境，望古人于格下，攒天海于方寸。”要形成“意阔心远，以小纳大之体”。从不同的角度阐述理、景相融的审美关系，这是前所未有的。同时，王昌龄在“高格”“古雅”“闲逸”“幽深”“神仙”等五种“趣向”中，把“高格”摆在第一位；在“得趣”“得理”“得势”的“诗有三得”中，“得理”又是核心。可见，王昌龄以“理”为主的“意境”，同“物境”“情境”一样，具有相同且可以并列的审美境界和一致的审美情趣。古风认为：“这里的‘意境’实际上就是‘理境’。‘理

① 宗白华. 美学散步. 上海：上海人民出版社，1981：63.

境’所表现的对象不是一般的‘意’，而是‘思之于心’的深刻之‘意’。”[①]这当然过于绝对，但王昌龄所说的“意境”的主体是“理境”，这是可以断定的。由此可说，王昌龄对“意境”论最突出的贡献在于，他正式把“理”与“景”的关系作为审美范畴来加以阐述，突出了“理境”的审美特征，这是王昌龄在艺术思维上的再一个新突破。

作为层次关系，《诗格》中的“三境”又具有相互交叉与包含的迹象。“情境”是因“放情”而至，“物境”为心境合一、神物互游，“意境”也“张之于意，而思之于心”。“三境”具有共同点，都本于“心”、游于“物”、成于“境”，前者又成为后者的基础，后者包含着前者的意义。但《诗格》中的这种逻辑又是模糊、含混的，因而又显示了三者存在“并列”而又相互矛盾的关系，这也正是《诗格》的逻辑性局限。这一矛盾最终在皎然那里得到了比较系统的解决，皎然借助禅理、虚实对“三境”进行系统整合，以“意象”为精神，融合“三境”，统一了情、理、意，才使“意境”理论成为定型的框架体系。司空图的“四外”说、王国维的“境界”说等是对皎然“意境”论的不断拓展和完善。

总之，王昌龄把“象思”与“境思”统一起来，在“意象”基础上提出了“境象”概念，开创了“境思”理论，主张“放情”思维，在中国诗学史上开启了“情”纵横、“象”纵横、“意”纵横的审美思维，这远比他的“三境”术语更富有时代价值。正如蔡镇楚所说，这“在中国文学诗学批评史上具有划时代的美学意义”[②]。

“境思”是“意境”的审美思维方法问题，“心与境会”“情景交融”是“意境”的审美特征问题，“纵横”是“意境”的审美想象空间问题。“境思”还包括“取境”“趣向”等审美理论。可以说，王昌龄的“境思”论所开创的前所未有的“开放性”艺术思维，推动了整个唐代及其以后的意境审美和意境理论的发展，进而逐步向音乐、绘画、建筑等其他艺术领域扩展。

三、“禅理”与“境思”理论

自王昌龄“境思”论和“三境”论问世，分别从创作、欣赏等不同角度来阐释“意”境的学者层出不穷，并不断产生文学理论家。其中，最富有思维跨度并具有创造性理论阐释的，主要是皎然、司空图、王国维等。

皎然作为一个诗僧，善与名僧往来，精通佛学，曾著《辨宗论》，阐发竺道生顿悟之旨。他力推谢灵运山水诗，曾以诗来颂扬：“诗情缘境发，法性寄筌

① 古风. 意境探微. 南昌：百花洲文艺出版社，2001：222.
② 蔡镇楚. 中国古代文学批评史. 长沙：岳麓书社，1999：208.

空，翻译推南本，何人继谢公！”[①]以“此乃迥出意表”来赞美王粲《咏史诗》中的诗句“临穴呼苍天，涕下如绠縻”。他自身也创作了大量山水诗，以描摹景物、创造意境著称。皎然真正把儒、道、释融为一体，形成了独特的审美思维，正如他在《诗式》中所说：“向使此道，尊之于儒，则冠六经之首。贵之于道，则居众妙之门；精之于释，则彻空王之奥。”他在王昌龄“境思”论基础上，又以突破性的审美思维对“三境”论进行整合，使“意境”理论成为中国诗学中的最高范畴，并形成一个比较成熟而系统的审美理论体系。

（一）借“禅理”论“境”

中国禅宗的核心思想是心性论，把自心认为是自我本质，是本真之心，即佛性、真性，故讲求以心传心。皎然正是主张诗歌“意境”以心传心，他在《赠李舍人使君书》中说“昼于文章理心之外，或有所作，意在适性情，乐云泉”就是要表现真性情。他将儒、道、佛三家思想融汇而论诗，直接催生了意境观的成熟和深化[②]。诚如周裕锴所说：“唐人意境理论的形成也主要得力于禅宗，无论是王昌龄的《诗格》、皎然的《诗式》等著作，还是司空图的《廿四诗品》，都闪现着禅宗思维方式的影子。”[③]皎然以王昌龄“三境”论为基础，用佛教的“心”“境”论来加以观照，把禅境融入诗境，将禅理和儒道有机结合，于是把物境、情境、意境统一起来，认为“心悟道妙”“心与道契”“意静神王”是意境的极致追求。

以禅理论“境”集中表现在“心”“静”“真”三个方面。首先是主“心”。他在《戏呈吴冯》中说：“世人不知心是道，只言道在他方妙。”强调心悟道妙，心与道契。其次是求“静”。《诗式·文章宗旨》写道：“彼清景当中，天地秋色，诗之量也；庆云从风，舒卷万状，诗之变也。”他用佛教术语来描绘自然界的一种静态美，用“量变”来展现自然界的一种动态美。《辩体》曰：“静，非如松风不动，林穴未鸣，乃谓意中之静。远，非谓淼淼望水，杳杳看山，乃谓意中之远。”《姑苏台歌》中有“山中精灵安可睹，辙迹人踪麋鹿居。”麋鹿在人车往来的山路中，还同样保持心灵的寂静，这与陶渊明的“结庐在人境，而无车马喧”就是同样的境界。他在《诗式》中提出：“有时意静神王，佳句纵横，若不可遏，宛若神助。”可见，他认为用禅境来表现诗境，具有以静待动的审美功效。再次是尚“真”。他在刘勰“取象”和王昌龄“取思”的理论基础上，提出“取境”术语。王昌龄的理论中具有了“取境”的思想，但皎然用禅理加以具体阐述使其显得更加深厚。王昌龄提出“皆杰起险作，傍若无人，不

---

① 皎然. 秋日遥和卢使君游何山寺宿敭上人房论涅槃经义. 见：全唐诗·卷八百一十五·皎然诗集卷一.

② 吴登云. 中国古代审美学. 昆明：云南人民出版社，2009：181.

③ 周裕锴. 中国禅宗与诗歌. 上海：上海人民出版社，1992：128.

须怖惧”，皎然则说“须至难、至险，始见奇句”，从“至难”与“至险”中看到了“奇”。王昌龄说“处身于境，视境于心”“感而生思”，“纵横变转”，在思维驰骋过程中取境。皎然则说“不入虎穴，焉得虎子”，“不要苦思”，“有似等闲，不思而得”，“先积精思”，“意静神王，佳句纵横”，主张在“静”中取境。王昌龄说“心入于境，神会于物”，“搜求于象”，皎然则说“若不可遏，宛若神助”，强调“风韵正，天真全”“自然之质”“成篇之后，观其气貌，有似等闲”。又在《诗评》中说“固当绎虑于险中，采奇于象外，状飞动之句，写真奥之思”，达到“风流自然”的境地。以禅理论“境”，主“心”、求“静”、尚“真”，“心”与“道”契、以静显动、奇险见真，这是皎然的一个具有突破性的审美思维方式。

（二）扣“意象”释“境”

情、志、意三者，在刘勰的《文心雕龙》中是有层次地统一于一体的。王昌龄把“情境”和“意境”分开，其“意境”主要是突出“理”。而皎然则把情、志、意三者合为一体，把陆机的“诗缘情”说、刘勰的“意象”论和王昌龄的“意境”观融为一体，归结为“意”与“境”的关系，提出“境象”“假象见意”“诗情缘境发”等，使“意境”内涵形成了更加清晰的三个层次结构：一是“形”（物）与“神”（心）的关系——求“似”；二是“意”与“象”的关系——求“融”；三是“情”与“境”的关系——求“阔”。皎然在《辨体有一十九字》中曰“志，立志不改曰志”“情，缘情不尽曰情”“意，立言曰意”，把志、情、意归入“体”，三者皆属于“心”，心与物构成“思”，形与神构成“象”，而情与“象外之象”构成了“境”。这样，“意境”的结构依然是以“象”为“原点”，以“情”为动力，由内向外辐射并尽情驰骋，在时间和空间上展开无限的、自由的、极妙的“意”的想象空间。唐代白居易在《金针诗格》中说：“诗有内外意，内意欲尽其理，理谓义理之理，美刺箴诲是也。外意欲尽其象，象谓物象之象，日月山河虫鱼草木之类是也。”唐代徐寅的《雅道机要》云：“内外之意，诗之最密也，苟失其辙，则如人之去足，如车之去轮，其何以行之哉！”元代杨载在《诗法家数》中说：“诗有内外意，内意欲尽其理，外意欲尽其象。内外意含蓄，方妙。”可见，“意象”和“意境”作为想象空间不尽相同的两个审美观念，但却相为表里而又融会贯通。皎然正是紧扣“意象”，借助“禅理”，阐释了一个层次清晰、完整统一的“意境”概念。

皎然的阐释，并没有停留于孤立的“意境”。刘勰提出了“文外之重旨”“义主文外”的思路，但“旨”和“义”的内涵还比较模糊。王昌龄提出“象外语体”和“象外比体”的理论，其本质是“象外之象”，但“体”依然是含混的。皎然则提出“两重意已上，皆文外之旨”“采奇于象外”，其本质就是“象外之境”和“境外之境”，使“意境”既拥有一种“山外青山楼外楼”的审美层次感，又富具有“山重水复疑无路，柳案花命又一村”的审美韵味。而这种看似空阔无际的“境”又“如壶公瓢中自有天地日月，时时抛针掷线”，“但见情性，不睹文字，盖诗道之极也”。给人予玩味不尽的再创造审美空间，对于创作和欣赏，都进一步开拓了审美思维视野。“文外”“象外”“境外”是一个既无极而又朦胧的视野，是一个阐述不完、阐释不尽的审美空间，这是皎然在审美思维上的又一个突破。刘禹锡的“境生于象外”说、司空图的“象外之象”等，从根本上看，都是对“文外之旨”和“采奇于象外”的阐释和发挥。

（三）探“虚实”悟“境”

把“境象”分为“虚实”，明确提出并阐述了“实境”与“虚境”、“实象”与“虚象”的关系，这是皎然的再一个审美思维突破。他在《论境象》中提出：

夫境象非一，虚实难明，有可睹而不可取，景也；可闻而不可见，风也；虽系乎我形，而妙用无体，心也；义贯众象，而无定质，色也。凡此等可以偶虚，亦可以偶实。

“夫境象非一”明确指出境、象并非只有“虚”或只有“实”，而是二者并存于一体。“虚实”虽然“难明”，但并非不能辨别。皎然的“境象”之“虚实”观，大致可以包含以下几个方面。

第一，“虚实”可以明鉴。“有可睹而不可取，景也”，“景”仿佛有形，是作者呈现出来的“景象”。“可睹”即可感，仿佛可以触摸，说的是“境象”之“实”。“不可取”显然是若隐若现的“虚象”；“可闻而不可见，风也”，“可闻”是指可以意会而“不可见”，即非感性的思维过程。“风”即“化”，指感化作用，可以指“意”，与“景”相对，属于主观内容，所以意是“虚”。同时，“虚实”还有另一个内涵，对于“采奇于象外”和“文外之旨”来说，“原象”和“文中之意”可以视为“实”，“象外之象”“象外之境”和“境外之境”则是“虚”。

第二，“虚实”相映相生。“可睹而不可取”和“可闻而不可见”，说明“境象”并非现实的事物，而是心与物、形与神、情与境相互渗透、融为一体的“心境”，它仅存在于构思的想象之中，即“处身于境，视境于心”“心入于境，神会于物”，作为一种心灵境界而存在。不论表达还是欣赏，情与意是诗中之“真”，也是根本目的，因而是“实”；而形与物是胸中之虚拟之物，是作为“象”而存在，因而是“虚”。所以，不仅“虚实相映”而并存，而且“虚实相生”而互见。

第三，“虚实”相互转化。“凡此等可以偶虚，亦可以偶实”，说明被认为是“虚”和“实”的双方所处的条件、语境、审美角度等不同，“虚”和“实”就要随同转换。皎然用“可以偶虚”“可以偶实”阐述了二者的辩证关系。

借助“禅理”论“境”，紧扣“意象”释“境”，探究“虚实”悟“境”，系统反映了皎然将儒、道、释融为一体的“意境”审美视角，使“意境”概念成为定型的、最高的审美范畴，并形成一个系统的审美理论体系。

第二节 “韵味”说与“意境”诠释

在王昌龄的“三境”说和皎然的“意境”论的基础上，晚唐诗人和诗论家司空图从“品诗”的角度阐述了以“韵”“味”为核心范畴的较为系统的接受美学理论，形成了以情感、景象、韵味为三要素的“意境”观，从而使“意境”的内涵及其理论体系更加充实和完善。

司空图身处黄巢起义和唐王朝行将覆灭的大动荡时代，他以避世隐退的人生态度而定居山中“世外桃源”，唐王朝屡招不征。但他立身于儒家思想，后来因哀帝被弑而绝食身亡，这说明儒家思想在他心底根深蒂固。一方面深居山野而又不忘李唐王朝，心情凄苦；另一方面又“众人皆察察，而我独昏昏。取训于老氏，大辩欲讷言”（《自诫》），只好到佛老思想中去寻求精神上的慰藉：“谁料平生臂鹰手，挑灯自送佛前钱。”（《修史亭三首》）“名应不朽轻仙骨，理到忘机近佛心。”（《山中》）“从此当歌唯痛饮，不须经世为闲人。”（《有感》）他实际上是由感伤、悲观、绝望而转向任其自然、置身物外、冲淡恬静的道家精神，又幻想着从佛教的空寂中寻求人生的解脱。晚年更是每日与高僧名士吟咏为乐，以诗酒赏花为生，“家自有麒麟阁，第一功名只赏诗”（《力疾山下吴村看杏花》）。在创作中，司空图常把道、佛结合起来。他留给后世的诗，大多抒发山水隐逸的闲情逸致，以远离现实生活的超脱体验，创造了闲情而幽雅、冲淡而飘逸、含蓄而豪放的审美意境。

在理论上，他把道家之“清”和佛家之“空”融为一体，提出以“韵”与“味”作为创作的极致审美追求，为我国“意境”理论拓展了新的审美思维空间。他在《与极浦书》中阐述了“象外之象，景外之景”，在《与李生论诗书》中阐述了“韵外之致”和“味外之旨”，后世将它们合称为“四外”说。“四外”说系统地体现了“意境”理论的整体性，历来很多学者认为“四外”说均为司空图所创。但“象外之象，景外之景”主要是对刘勰的“文外之重旨”和

“义主文外”、王昌龄的“象外语体”和“象外比体”、皎然的“文外之旨”和“采奇于象外”等的继承和归结。他的独创在于他对“意境”的“韵”“味”的独特体验和审美阐释，学术界常常将其合称“韵味”说。“韵”和“味”相互交叉融合，但又是两个不同的审美层面，也是分别进行论述的。后人把二者合为一个术语，背离了司空图的原论，混淆了二者的本质差别。

一、“韵外之致”与“全美”

“韵”是司空图的独特感受。他在《与李生论诗书》中论述“韵外之致”，是从《诗经》“六义”开始说起的。他说：“诗贯六义，则讽谕抑扬，渟蓄渊雅，皆在其中矣。”其意思是说，诗所包括的“六义”，讽谕、抑扬、渟正、蕴蓄、温雅这些风格都在其中了。孔子把《诗经》之“乐”列为圣人君子之所成和人生的最高境界，故在“子路、曾皙、冉有、公西华侍坐”而问志的时候，感叹“唯有曾皙得‘乐’之精神”。司空图从“六义”开始论“韵”，并非和“乐”无关。

“韵”本属于乐论的范畴。“韵”的本义为音乐的调和与律动，具有节奏、旋律和格调之美。《乐记》言“比音而乐”，注重乐象，强调歌、舞、乐以外的思想。《乐象篇》道：“声者乐之象也，文采节奏声之饰也。”“君子动其本，乐其象，然后治其饰。”从“乐其象”到“治其饰”，说明《乐记》以乐象为最高的审美境界，不仅论述了心、情、乐之“偕”，更以节奏、意象、境界为极致追求。通过抑扬顿挫、轻重缓急，以和谐的节奏构筑音乐的声韵意象，一直是歌舞乐共同追求的核心目标。所以，“韵”成为我国古代艺术追求生命活性与韵律姿态的最高审美范畴。

以“韵”论美始于先秦。战国时期流传于世的主要论述“道”“名”“形”关系的《尹文子》一书中有“韵商而含徵”之语。至汉魏之际，“韵”更多用于形容人物的风度、情致、气质、个性，也包括气韵、情韵、风韵等，体现着对人的超群脱俗之美感。南齐谢赫以“韵”论画，他在《古画品录》中说：“气韵，生动是也。”唐代司空图在《诗品》中写道“晴涧之曲，碧松之阴。一客荷樵，一客听琴。情性所至，妙不自寻”，在《绮丽》中写道“金尊酒满，伴客弹琴”。这说明司空图论“韵”是和“乐”联系起来的。北宋范温在《潜溪诗眼·论韵》中曰“韵者，美之极”“有余意之谓韵”，认为“凡事既尽其美，必有其韵，韵苟不胜，亦之其美”。司空图的立足点就在于把“韵”视为诗歌的灵魂和最高的审美范畴，他的贡献就在于超越了以往对“韵”之“致美”的认识，追求“韵外之致”，完全是一种全新的审美视角和超然的审美思维，直接影响了严羽的“神韵”说。

中国艺术历来擅长表现一种深远的意境和绵长的韵味。“以韵传神”体现了传统音乐精神的内核，其神韵主要通过对神、气的精通与妙悟，对清淡、真雅的追寻，对旋律的丰富变化的表现，显现人的至情至性的生命气质。所以，司空图在《与李生论诗书》中提出“韵外之致”：“近而不浮，远而不尽，然后可以言韵外之致耳。”其“韵外之致”具有以下特征。

（一）韵为“真体”

韵由心生，情动为文，动必有律。“真”表示元气充实，故司空图说：“真体内充，返虚入浑，积健为雄，具备万物，横绝太空。”（《雄浑》）“真”是质而实，苏轼也说：“质而实绮，癯而实腴，发纤秾于简古，寄至味于淡泊。”（《书黄子思诗集后》）纤即纹理细腻，秾即色泽润厚，它们在简朴古雅之中能够抒发纤微浓厚的思想感情，在朴素无华的语言中能够寄托纯真而幽深的意趣，达到大味必淡，真水无香的境界。所以，“真”是司空图所追求的第一要素。在《诗品》中，他反复强调“真”，诸如“乘之愈往，识之愈真”（《纤浓》），“畸人乘真，手把芙蓉”（《高古》），“体素储洁，乘月返真”（《洗炼》），“饮真茹强，蓄素守中”（《劲健》），“是有真宰，与之沉浮”（《含蓄》），“真力弥满，万象在旁”（《豪放》），“是有真迹，如不可知，意象欲生，造化已奇”（《缜密》），“惟性所宅，真取弗羁”（《疏野》），“绝伫灵素，少回清真”（《形容》），等等。求“真”，注重真情，历来是诗论的首要主张。而司空图融入了禅宗之“真”、道家之“真”，使“真”具有迷离恍惚、若隐若现之感，即“虚伫神素，脱然畦封”（《高古》），正如他在《李翰林写真》一诗中所说：“气澄而幽，万象一镜。”只有“超以象外，得其环中”，才能感悟诗的审美情趣。“韵”乃诗之真，是唐代诗人们的共同感悟。

“真”的具体表现是自然，体现为朴素、“冲淡”，“蓄素守中”，给人的感受是“俱道适往，着手成春。如逢花开，如瞻岁新。幽人空山，过水采苹。薄言情晤，悠悠天钧”（《自然》）。而自然才能“典雅”，如“玉壶买春，赏雨茅屋。坐中佳士，左右修竹。落花无言，人淡如菊”（《《典雅》）。自然才有“清奇”，“可人如玉，步履寻幽。载行载止，空碧悠悠。神出古异，淡不可收。如月之曙，如气之秋”（《清奇》）。然而，自然又需要“洗炼”，经过“超心炼冶”的自然，“体素储洁，乘月返真。流水今日，明月前身”（《洗炼》）。“洗炼”又创造了“实境”，即“取语甚直，计思匪深。忽逢幽人，如见道。情性所至，妙不自寻”（《实境》）。“见道”即具有返朴归真的天然韵致。在司空图看来，自然是“素”与“雅”的统一，是“真”和“精”的统一，是“淡”和“奇”的统一。

“真”的基本特征是“偕”。《说文解字》曰：“偕，俱也。”“偕”即和谐共存，“偕”的效应是“和”。音乐的“五音”之韵在于“偕”，诗歌韵律依靠“偕”，而首先必须是心与物“偕”、情与景“偕”、神与形“偕”、感性与理性相“偕”，情思意绪与客观外物和谐统一，这是“象”的本质，历来成为诗歌和诗论最根本的审美追求。例如，刘勰主张“神与物游”，王昌龄论述情景交融，司空图提出“思与境偕”，苏轼有“境与意会”，谢榛有“情景之合”，王世贞有“神与境合”。对于审美意境来说，“象”又是“境”的核心，故司空图在《与王驾评诗书》中说：“长于思与境偕，乃诗家之所尚者。”神思与“境象”相“偕”，就能够“真力弥满，万象在旁”，形成“万象”之“偕”。“偕”的表现是“行神如空”，具有天地之间那种天然、神化之谐和，即“天地与立，神化攸同”（《劲健》）。所以“偕”实际上就是使心物会合、情景交融、神思与境象贯通，具有“妙造自然”（《精神》）的审美特征。所以，司空图强调的素淡与高雅，追求的洗炼与清奇，倡导的“思与境偕”，都是以“真”为根本的。

（二）韵显“飘逸”

“真”所带来的是超脱，超脱才能超越，超越才能飘逸，飘逸就是自然之“韵”，是一种超然的独往之神、不群之致，所谓“落落欲往，矫矫不群。缑山之鹤，华顶之云”（《飘逸》）是一种凌风驭气、可望而不可及的美感，故韵在飘逸。

“飘逸”显示动态美。“韵”在于“气”之流转，有“气”则动，动则生“韵”。“气韵生动”乃自然之道、阴阳之和，“和故万物皆化”（《乐记》）。我国古代以“气”为万物本、生命之原，孟子以“浩然之气”来阐述正直的道德精神，曹丕以“文以气为主”来阐述文章之魅力。司空图则以“气”论韵：“绿杉野屋，落日气清”（《沉著》），“行神如空，行气如虹”（《劲健》），“由道返气，处得以狂。天风浪浪，海山苍苍”（《豪放》），“生气远出，不著死灰”（《精神》），“载行载止，空碧悠悠。神出古异，淡不可收。如月之曙，如气之秋”（《清奇》）。“气”乃生命动机，使万物流而不息，使诗作以静显动、因动返静，即“超超神明，返返冥无。来往千载，是之谓乎”（《流动》）和“返虚入浑，积健为雄。具备万物，横绝太空”（《雄浑》）。

“飘逸”表现洒脱美。洒脱才能自由，自由方能潇洒，潇洒谓之韵，故如“缑山之鹤，华顶之云”。洒脱是飘逸的具体表现，是悠闲自在地“横绝太空”“持之非强，来之无穷”（《雄浑》）；是“行神如空”“巫峡千寻”，“走云连风”；是“生气远出”而“欲返不尽”。故《疏野》曰：“惟性所宅，真取不羁。控物自富，与率为期。”“倘然适意，岂必有为。若其天放，如是得之。”“韵”之飘逸还表现为“豪放”：“观化匪禁，吞吐大荒。由道返气，处得易狂。天风浪浪，海山苍苍。真力弥满，万象在旁。前召三辰，后引凤凰。晓策六鳌，濯足扶桑。”（《豪放》）“吞吐”“易狂”“浪浪”“苍苍”是一种气象开阔、逍遥自如的情韵。如此豪放，不是英雄志士之豪放，而是“天地与我并生，万物与我为一”的超脱境界，是一种与“境象”融为一体、超越经验世界、达到天人合一的审美境界。此种豪放之气产生于自然之道，是“真力饱满元气充实的表现。如藐姑射之山的神人”，“不食五谷，吸风饮露，乘云气，御巨龙，而游手四海之外”（《庄子·逍遥游》），即司空图所说“驱驾气势，若掀雷挟电，奋腾于天地之间”（《题柳州集后》）。

（三）韵在“含蓄”

刘勰提倡“隐秀”，皎然主张“含蓄”，但内涵都还比较含混。司空图在《含蓄》中说：“不着一字，尽得风流。语不涉己，若不堪忧。是有真宰，与之沉浮。”“不着”有两层意义：一是指以少胜多，以瞬间表现永恒，以有限传达无限，以精练之“象”来展现开阔的“境象”，表现丰富的情感内容；二是指“象外之象”，“景外之景”“韵外之致”和“味外之旨”，以着笔之“象”显示无须着笔的“境象”，创造并暗示出广阔、无限的想象空间。“韵”字蜿蜒游动、回旋往复，表现出婉转、含蓄、隐逸和淡远。所谓“不着一字，尽得风流”，是“素处以默，妙机其微”（《冲淡》），指在“言外”“象外”“境外”能够感受到“韵”的脉动，虽“超以象外”却“万象在旁”，并且“得其环中”。

韵之“含蓄”在于“虚”。“虚”具体表现为“隐”和“深”，是一种“距离”美，即所谓“淡者屡深”“红杏在林”（《绮丽》），犹如“幽人空山”（《自然》）若隐若现、若即若离。“是有真宰，与之沉浮”，犹如“明漪绝底，奇花初胎”（《精神》），而又仿佛“悠悠空尘，忽忽海沤”（《含蓄》）。在《与极浦书》中，司空图借用唐代诗人戴叔伦的一段话“诗家之景，如蓝田日暖，良玉生烟，可望而不可置于眉睫之前也”，来说明“象外之象”和“景外之景”的特征。所说的就是审美距离，是一种朦胧飘忽的妙境感受。他认为“近而不浮，远而不尽，然后可以言韵外之致”，以深、隐来表现审美意蕴、感受审美情趣，才可谓“韵外之致”。

“韵”之“含蓄”在于“静”。老子主张“至虚极，守静笃”，庄子主张“心斋”“坐忘”，荀子主张“虚一而静”，刘勰主张“陶钧文思，贵在虚静”（《神思》），这是从哲学体道的“虚静”观发展到创作构思的“虚静”观的历程，其实是通过虚静达到与虚静相反的思想活跃、感情焕发之境。禅宗以“静”为要义，“静虑”即禅定，主张顿悟必须“令舍伪归真”，“无自无他”，以回到前概念的状态为契机。受禅宗影响，唐代山水诗普遍追求宁静、空明、禅趣、冲淡的审美风貌，表现出一种泊然宁静的心境。司空图吸收了道家与佛家之“静”，又总结了唐代诗歌创作的特点，主张“虚伫神素，脱然畦封。黄唐在独，落落玄宗”（《高古》），认为主体须具有虚无的精神状态。“素处以默，妙契机微”（《冲淡》），“体素储洁，乘月返真”（《洗炼》），要求超越世俗、摆脱各种心灵束缚，回归返朴归真的状态，达到“薄言情悟，悠悠天韵”（《自然》）的境界，形成道家“心斋独忘”“涤除玄览”的思维境界，又能达到禅宗的顿悟、自悟的审美境界。这直接影响了严羽“以禅喻诗”的方法：“大抵禅道惟在妙悟，诗道亦在妙悟。”（《沧浪诗话》）

“韵”之“含蓄”在于“远”。“远”有两层意义。一是指超越于“言外”“象外”“境外”，“远引若至，临之已非”（《超诣》）。欣赏者无须远求，便可以体悟的韵律脉动。二是指人们永远体悟不完、欣赏不尽，具有无限再创造的想象空间，即“采采流水，蓬蓬远春”（《纤浓》），“生气远出，不着死灰”（《精神》）。意境展示了生机勃勃的虚拟“境象”，欣赏者之情亦如春风，可以无限地吹开一片又一片的绿色境界，谓之“韵有余意”。因为作者“情性所至，妙不自寻”“浅深聚散，万取一收”，所创造的是“神出古异，淡不可收”的境界，如《文心雕龙》所说的“悄然动容，视通万里”，故曰“韵”有余意。后来，严羽在《沧浪诗话·诗辨》中说：“盛唐诸人惟在兴趣，羚羊挂角，无迹可求。故其妙处，透彻玲珑，不可凑泊，如空中之音，相中之色，水中之月，镜中之象，言有尽而意无穷。”

总之，司空图把“韵外之致”看作诗歌所具有的完善和丰厚的流动美和整体美，即“全美”。

二、“味外之旨”与“醇美”

“味”是司空图的另一个独特的审美感受。他又以“味”论诗，借助通感思维，提出“味外之旨”，阐释诗歌的“醇美”：“今足下之诗，时辈固有难色；倘复以全美为上，即知味外之旨。”（《与李生论诗书》）他论述诗“味”是从“辨味”开始的。他说：

> 文之难而诗尤难，古今之喻多矣。愚以为辨味而后可以言诗也。江岭之南，凡足资于适口者，若醋非不酸也，止于酸而已。若盐非不咸也，止于咸而已。中华之人所以充饥而遽辍者，知其咸酸之外，醇美者有所乏耳。彼江岭之人，习之而不辨也宜哉。（《与李生论诗书》）

“醇美”之“味”在于调和。《说文解字》曰：“味，滋味也。”《周礼·疾医》曰：“以五味五谷五药养其病。”《礼记·礼运》曰：“五味六和十二食。”可见，“味”是由多种味道调和之后的味道。对于调和之“味”，《说文解字》叫作“滋味”，张衡的《南都赋》曰：“酸甜滋味，百种千名。”刘勰也多讲“味深”和“余味”，但主要倾向“情”。钟嵘提出“滋味”说，但主要指文质厚重。司空图以“酸”和“咸”两种味道作比喻，讲“调和之味”，称为“醇美”，所突出的是“余味”和“回味”。偏“酸”或偏“咸”的味道不能叫“味”，因为没有调和。经过调和后不再是“酸”味或“咸”味。甚至用更多作料加以调和所产生的，是一种新生的、与其中任何一种作料都不同的虚拟而又可感之“味”，这就叫作“醇美”。所以《韩非子》曰：“食不二味，坐不重席。”这句话说的就是同一个菜肴不能同时有两种味道的感觉。可见，凡“味”都需要调和才能够称作“醇美”。司空图认为，文学审美中的“味”是指“旨趣”，包括“情味”“韵味”等，都是“调和”之“味”。

把感官刺激之“味”转化为艺术审美之“味”，成为审美鉴赏的重要理论，正是中国“象思维”的一种表现。司空图以道家思维来体验，认为诗歌最高的审美境界是“无味”之味的“醇美”。对于“醇美”的审美意味，不仅是他对人生感受的结果，更是他对于诗歌创作的独特审美体验的结果。他与苏轼的雄放豪迈主张相反，向往淡远深邃的美，所以他在《书黄子思诗集后》中称韦应物、柳宗元诗“发纤秾于简古，寄至味于淡泊”，“淡泊”即至味，乃“醇美”之“味”。他对于“醇美”的审美感受是“皆不拘于一概也”（《与李生论诗书》），即不拘泥于某一趣味，而是兼蓄众味，兼备众体。他在《今相国地藏赞》中写道：“圣有佛缘，极之无滞。相不可睹，理不可穷。人有虔恳，感之则通。”认为“人有虔恳，感之则通”，所以他不仅能够体验出“意境”之“味”，还体验出了“味外之旨”，即“超诣”，具有“远引若至，临之已非”的朦胧之美，“诵之思之，其声愈希”，“大音希声”，越读越体味到其中“超诣”的奥妙。同时，也进一步说明，“味外之旨”并非以声色香味而求之，而是要体悟其中的“醇美”之感。

“醇美”之“味”在于变化。司空图说：“盖绝句之作，本于诣极。此外千变万状，不知所以神而自神也。”这句话说的是创作不仅需要极深的造诣，而且还要善于无穷的变化，见神奇于无形之中。“味”在口，仅属于生理感觉，而“味”在心，则是精神愉悦。精神需求是更加微妙、精密和变化无穷的，故诗歌之生命就在于“味”之变[①]。《二十四诗品》乃诗歌最基本的二十四“味”，各种“味”都具有自身明显的特征，不同的“味”都可以让人感受、体验、辨别。每一种“味”又包含更具体的“味”，例如，“旷达”之味中就有“生者百岁”“欢乐苦短”“何如尊酒”“花覆茅檐”“倒酒既尽”等精妙无穷之味。

---

① 吴登云. 中国古代审美学. 昆明：云南人民出版社，2009：192.

司空图把儒、道、释思想融为一体，继承了“象思”和“境思”论的基本内核，在原有“意境”理论体系内进行阐释、拓展和发挥，以“韵”“味”论诗，以“韵外之致”为“全美”，以“味外之旨”为“醇美”。它们是两个不同的层面，前者是前提，后者是归宿。把诗的“韵”“味”之“品”阐述得生动活泼、惟妙惟肖、具体可感，开拓了“意境”审美理论的“超象”“超境”“超旨”“超味”的审美境界，将我国诗学的审美思维又推向了一个新的高度和视野。王士禛论“神韵”说，沈德潜论“格调”说等，都没有超越这一思维空间。

第三节 “意境”反思与“境界”学说[①]

王国维是我国 20 世纪中西美学对话的开山鼻祖，是中国现代美学的奠基人，被尊称为中国近现代美学的伟大启蒙者。他视西洋思想为中国的“第二之佛教”（《论近年之学术界》），并致力于译介、探讨尼采与德国哲学。他以西方美学理论来反观中国古代文化、中国古代美学，提出了“境界”说。近百年来，“境界”说似乎成为读不完、释不尽的概念，同时也产生了不少、偏颇甚至偏激的观点。从性质看，王国维的“境界”说曾经一度被判定为“本于叔本华的唯心的美学观点”，新中国建立之前就有缪钺等人提出的“以叔本华的悲观唯心主义美学为本”[②][③]；近些年，有人认为“境界”说是中国古代“意境”说的“集大成”；还有人认为“境界”说是“复古审美意识”论；等等。从概念本身来看，有人说“境界”说的核心还是“情景”说，但是“提法就比‘情景’说进了一步”；有人说“境界”说是“意境”说的继承和发展。不少人认为“境界”与“意境”是同一个概念，故常见“境界（意境）”的表述形式，甚至纷纷发挥，或阐述“境界”中的“情景”关系，或分析“境界”说的结构、要素、分类、特点，等等，可谓芸芸众生，百花争艳。总之，把“境界”说当作文学审美范畴，并等同于“意境”，几乎成为定论。这种对“境界”说的狭义化认识的产生原因主要有两个：一是对王国维美学思想的误解；二是对“境界”说误读。“入乎其内，故有生气；出乎其外，故有高致”（《人间词话》），这是王国维在反思对中国文化和中国美学的深切体会，所以我们应该清醒地认识到，“境界”与“意境”不是同一个范畴领域的概念，“高致”才是“境界”说的核心价值所在。

---

① 本节中部分内容和观点曾以阶段性成果论文发表。详见吴登云. 王国维的“境界”说与文学批评观. 曲靖师范学院学报，2014，33（4）：33-39.

② 周振甫. 《人间词话》初探//姚柯夫.《人间词话》及评论汇编. 北京：书目文献出版社，1983：113.

③ 肖鹰. 自然与理想：叔本华还是席勒？——王国维“境界”说思想探源. 学术月刊，2008，(4)：93-101.

“境界”说集中体现了王国维在诗学境界、人生境界和学术境界三个方面的审美追求。

一、诗学“境界”与“意境”反思

在《人间词话》中，王国维同时使用了“境”“意境”“境界”三个概念，而且在其论述中，概念之间比较含混，甚至个别地方尚存在矛盾，这大概是造成误读的一个原因。“境”“意境”是中国古代审美理论的重要范畴，王国维在词论之中同时使用了“意境”和“境界”，这大概是人们把“境界”混同于“意境”的另一个原因。把王国维视为纯粹的文艺理论家，把“境界”说看成纯粹的文学理论，这是误读的又一个原因。其实，王国维是以“境界”作为一种“镜面”来反观“意境”，因此“境界”并非是从“意境”发展而来的所谓“更高或更新的审美范畴”。也就是说，“境界”虽然可以用以评价文学，但它不属于文学艺术特有的审美范畴，因此不能以“境界”来代替“意境”。

（一）“境界”与“意境”反思

王国维“境界”说的核心是人生审美境界，当然也包括物质境界、道德境界、艺术意境之境界、学术理论境界等。他说：“谓审美之境界乃不关利害之境界，故气质之欲灭，而道德之欲得由之以生。故审美之境界乃物质之境界与道德之境界之津梁也。于物质之境界中，人受制于天然之势九；于审美之境界则远离之；于道德之境界则统御之。（希氏论人类美育之书简）”归根结底还是指精神境界[①]。“意境”属于诗学的艺术审美范畴体系，“境界”属于人的精神理念的思维范畴体系，它们分属于两个不同的范畴领域。在《人间词话》中，“境界”与“意境”各有其位、各具其意。

“意境”是王国维继承并沿用的审美范畴，他对这二字没有过多展开阐释，仅在《末元戏曲史》中有一个解释：“然元剧最佳之处，不在其思想结构，而在其文章。其文章之妙，亦一言以蔽之，曰：有意境而已矣，何以谓之有意境？曰：写情则沁人心脾，写景则在人耳目。述事则如其口出是也。古诗词之佳者，无不如是，先曲亦然明以后，其思想结构，尽有胜于前人者，唯意境则为元人所独掖。”他又说：“文学中有二原质焉：曰景，曰情。前者以描写自然及人生之事实为主，后者则吾人对此种事实之精神的态度也。故前者客观的，后者主观的也；前者知识的，后者感情的也。……要之，文学者，不外知识与感情交代之结果而已。”[②] 由此看出，王国维始终强调“意境”的情、境两个基本要

① 王国维. 新订《人间词话》广《人间词话》. 上海：华东师范大学出版社，1990：130，132.
② 王国维. 王国维学术经典集（上）. 南昌：江西人民出版社，1997：144.

素。《人间词话》还说：如“古今词人格调之高，无如白石。惜不于意境上用力，故觉无言外之味，弦外之响，终不能与于第一流之作者也”（《人间词话》四二[①]）。这说明王国维依然把“意境”作为不惜用力的审美范畴，并把“言外之味，弦外之响”作为“意境”的审美韵味。也就是说，王国维并没有用“境界”来代替“意境”，也没有对“意境”的内涵加以发展和延伸。

以“境界”作为一种“镜面”来反观“意境”，这是王国维关于“意境”的新思维。并非王国维“改变了境界说中所包含的美学观点”“突破了他所受到的叔本华的美学观点的限制”“放弃了他自矜创获的‘境界’说，改用‘意境’说而主张自然”“这就伏下王氏美学观点转变的根源”等[②]。事实恰恰相反，王国维通过对“意境”的反观，进一步强调了“意”与“境”的关系。他曾托名山阴樊志厚在其《人间词乙稿序》中说：“原夫文学之所以有意境者，以其能观也。出于观我者，意余于境；而出于观物者，境多于意。然非物无以见我，而观我之时，又自有我在。故二者常互相错综，能有所偏重，而不能有所偏废也。文学之工与不工，亦视其意境之有无，与其深浅而已。”[③]对于诗歌来说，主要强调“意境”应有高境界。

以“境界”最为标准，对“意境”的“境域”进行审美判断与阐述，是王国维以“境界”论诗的第一个要务。以往的“情景”说、“兴趣”说、“神韵”说、“格调”说，等等，其“境域”大都局限于个体自我的情感圈子，故他说：“沧浪所谓‘兴趣’，阮亭所谓‘神韵’，犹不过道其面目，不若鄙人拈出‘境界’二字为探其本也。”[④]（《人间词话》九）王国维的根本突破就在于，以“境界”为审美标准来反观“意境”，并对其境域、格调进行评判、分析与阐述。围绕“意”与“境”的关系，王国维重点突出了以下两个方面“境域”标准。

1. 意境求“真情”

这里的“真”不是客观事物本身的“真”，也不是以往美学所强调的主观情感之真，而是把个体的人置身于社会，在共同体中认识自我、体现生命价值和人生理想之“真”[④]。

首先是指人性的“赤子之心”。这虽然同老子的“赤子之心”相近，但主要是受叔本华的影响。王国维在《叔本华与尼采》中翻译叔本华的话曰：“天才者，不失其赤子之心者也。盖人生至七年后，知识之机关，即脑之质与量已达完全之域，而生殖之机关尚未发达。故赤子能感也，能思也，能教也，其爱知

---

① 此处及本章余下部分中所引的《人间词话》均为《人间词话》第一部分内容。
② 周振甫.《人间词话》初探//姚柯夫.《人间词话》及评论汇编. 北京：书目文献出版社，1983：113-117.
③ 王国维. 人间词话. 北京：人民文学出版社，1982：256.
④ 吴登云. 王国维的“境界”说与文学批评观. 曲靖师范学院学报，2014，(4)：33-39.

识也，较成人为深，而其受知识也，亦视成人为易。一言以蔽之曰：彼之知力盛于意志而已。即彼之知力之作用远过于意志之所需要而已。故自某方面观之，凡赤子皆天才也，又凡天才自某点观之，皆赤子也。”[①]叔本华认为由于儿童的大脑较生殖系统发育更早，所以智力超过意志力。“换句话说，他的智力要超过其爱好、欲求和激情。”[②]在叔本华看来，儿童与天才相似，具有一双纯粹知性的眼睛，具有一种清澈澄明的知解力和观察力，是摆脱了主观的意志、欲望、情感纠缠的“纯粹认识主体”，能以一种“纯粹客观的兴趣”来观察世界。王国维认为“不失其赤子之心”的词人，是一种热烈纯真的情感，即像李煜那样“阅历愈少而性情愈真”，故“后主之词，真所谓以血书者也”（《人间词话》十八）。故推崇这种“纯粹的抒情诗人”“主观之诗人”，推崇这种具有西方浪漫主义色彩的“真”[③][④]。

其次是人生共同情感之“真”。情感的“境域”由个体的“小我”扩展到人生与社会融为一体的“大我”。“诗之为道，既以描写人生为事，而人生者，非孤立之生活，而在家族、国家及社会中之生活也。”（《屈子文学之精神》）他所说的人生之“客观界之自然”，是指和人生紧密相连的国家与社会，表现人类共同的情感。宋道君皇帝宋徽宗被金人俘虏后所作的《燕山亭》词，只不过慨叹自己的遭遇而已。因游离于真实的内心世界，王国维把这种词叫作“游词”，并和淫词、鄙词一起加以否定。“主观之诗人，不必多阅世。阅世愈浅，则性情愈真，李后主是也。”（《人间词话》十七）他认为李煜的“自是人生长恨水长东”“流水落花春去也”等都是心灵之语，是由于他有一颗赤子之心和对于生命的真切体验，是信手拈来、无丝毫矫揉造作的天性自然和“真切”流露，但又是具有博大胸怀的“大我”之“真”。表现这种人生共同情感才是“高格”之“真”，才能谓之“境界”[⑤]。

可见，“真情”是一种审美精神境界，是王国维利用西方美学思想对传统“意境”中的“情”进行“反观”所得到的具有人性论和哲学属性的审美范畴，也就是王国维所说的“特别之我”和“纯粹无欲之我”，或者说“雅量高致”，他在《孔子之美育主义》中引用了康德和叔本华的论述说：“无欲故无空乏，无希望，无恐怖，其视外物也，不以为与我有利害之关系，而但视为纯粹之外物，此境界唯观美时有之。”[⑥]

---

① 王国维. 王国维遗书・静安文集续编（第三册）. 上海：上海古籍书店，1983：463-464.

② 叔本华. 作为意志与表象的世界. 英文：2 卷. 第 394.

③ 参考罗钢. 七宝楼台，拆碎不成片断——王国维“有我之境、无我之境”说探源. 中国现代文学研究丛刊，2006，(2)：141-172.

④ 本段落参照阶段性成果：吴登云. 王国维的“境界”说与文学批评观. 曲靖师范学院学报，2014，(4)：33-39.

⑤ 吴登云. 王国维的“境界”说与文学批评观. 曲靖师范学院学报，2014，(4)：33-39.

⑥ 王国维. 王国维文集. 北京：中国文史出版社，1997：156.

2. 意境求“不隔”

王国维所说的“真”又指艺术的“不隔”。关于“隔”与“不隔”，历来是学者们各言其说的问题。朱光潜在《诗论》一书中认为“隔”与“不隔”是显与隐的分别，但“隐”是含蓄，“显”是直露，显然有些偏颇。有的学者认为“隔”与“不隔”是不用典与用典之别，这就把“境界”的意义浅化了[①]。

“隔”与“不隔”是在继承“情景”说基础上对叔本华“直观”“理念”的“嫁接”。叔本华把艺术的本质规定为“表现理念”，认为人的一切知识来自直观，直观是自然赋予人的最原始的认识能力，人的理智发展的历程是从直观走向抽象。他认为每一个具有美的和丰富的心灵的人，总是用一种最自然的、直接的和单纯的方式来表现自己，相反矫揉造作的表现和晦涩的装饰都是平庸的。“人类虽有好多地方只有借助于理性和方法上的深思熟虑才能完成，但也有许多事情，不用理性，反而可以完成得更好些。”“人们自失于对象之中了，也就是说人们忘记了他的个体，忘记了他的意志。”[②]在叔本华看来，艺术真实的目的在于显示生活与事物的真正面目，而由于客观与主观的种种偶然性的障碍，它们就不能被人们直接地辨认出来，艺术扫去了这层障碍。王国维的“不隔”正是把“情景交融”“自然”“真切”“直观”等融为一体，他说“语语都在目前，便是不隔”（原作是“语语可以直观，便是不隔”），否则就是“隔雾看花”及“无一语道着”[③]。叶嘉莹认为：“只要有真切之感受并能予以真切之表达，则便都可以达到‘不隔’的境界。所以缺乏真切的感受或不能予以真切的表达应该才是真正造成‘隔’的主要原因。”[④]叶嘉莹的解释只看中了“真切”[①]。

“不隔”的关键是“意境两浑”而又“直观”，是“内足以摅几己，而外足以感人者”，他说：“问‘隔’与‘不隔’之别，曰：陶谢之诗不隔，延年则稍隔矣。东坡之诗不隔，山谷则稍隔矣。”“不隔”者如“采菊东篱下，悠然见南山。山气日夕佳，飞鸟相与还。”陶渊明的《饮酒诗》是因为写景“不隔”。可见，所谓“不隔”就是，不仅写出了“真景物”“真性情”，更重要的是诗歌“意境”表现出了天然的生命活力，活画了一个如临其境、生动鲜活的艺术情景，达到了自然天成、没有雕琢痕迹、显示生存本真的艺术境界，能使读者在直觉中迅速触发强烈而真挚的审美激情。这种境界，给人予“直观”的审美感受。“观”即叔本华哲学中的“直观”“静观”，要求诗人摆脱主观意志的束缚，进入“自然”的自由状态，“唯自然能知自然，唯自然能言自然”[⑤]。王国维说：

① 吴登云. 王国维的“境界”说与文学批评观. 曲靖师范学院学报，2014，(4)：33-39.
② 叔本华. 作为意志和表象的世界. 石冲白译. 北京：商务印书馆，1995：100，250.
③ 王国维. 王国维文选. 上海：上海古籍出版社，1997：184.
④ 叶嘉莹. 王国维及其文学批评. 香港：中华书局香港分局，1980：255.
⑤ 叔本华. 意志和表象的世界. 石冲白译. 北京：商务印书馆，1995：287-288.

“原夫文学之所以有意境者，以其能观也”，“直观者，乃一切真理之根本”，“被观之对象，非特别之物，而此物之种类之形式”，“观者之意识，非特别之我，而纯粹无欲之我”。这意味着以真情景呼唤真感情，使人置身境中，直接体验生存之真，“文学之事”在于“其观物也深”[①]。如果“所见者真，所知者深”，那么“其言情也沁人心脾，其写景也必豁人耳目”，达到“一切景语，皆情语也”的境界，能够使读者通过对意境的直观体验与感悟，“豁然悟宇宙人生之真理”。所以他赞扬“纳兰容若以自然之眼观物，以自然之舌言情”。

可见，王国维以“境界”反观“意境”，并非以“境界”代替“意境”，而是站在中西审美理论结合的新境界和新视角，试图通过对“意境”中的情之“真”和意、境关系的“不隔”的具体阐释，进一步打开“意境”的“境域”，使其“境域”走向“高格”“高致”的审美境界。

（二）“境界”与“意境”境域

“境界”是王国维《人间词话》中的一个核心概念，但“境界”并非只属于诗词审美范畴。对于诗歌来说，王国维是把“境界”作为“意境”的审美标准。他以“境界”论述“意境”，“境界”的基本内涵就是“高格”“高致”。

“有境界”并非“是境界”。王国维说：“词以境界为最上。有境界，则自成高格，自有名句。”（《人间词话》一）很多人都把这里的“有境界”视为“是境界”。其实，“以境界为最上”，意思是拥有高“境界”的“意境”才是至上的“意境”；“有境界，则自成高格”，是说“境界”高的“意境”，自然成为“高格”的审美意境。“能写真景物真感情者，谓之有境界。否则谓之无境界。”（《人间词话》六）这里的“有境界”“无境界”也并非“是境界”“不是境界”。“境界有大小，不以是而分优劣。”这说明“境界”不在于“大小”，关键在于“格高”。“意境”追求“意深”，“境界”追求“格高”，可见，对于艺术审美来说，“意境”和“境界”是在同一个体系中紧密联系而又各有其内涵的两种概念范畴，前者是“入乎其内，故能写之”“故有生气”，后者是“出乎其外，故能观之”“故有高致”（《人间词话》六十）。前者属于审美创造范畴的概念，始终以“情境”关系为基本要素；后者是对前者的审美价值的判断标准，以“高格”和“高致”为基本准则。

在《人间词话》中，“高致”“高格”具体表现为“格调”“气象”“想象”“创意”等多方面的统一。例如，“古今词人格调之高，无如白石”，（《人间词话》四二）强调“格调”。“太白纯以气象胜。‘西风残照，汉家陵阙’，寥寥八字，遂关千古登临之口”（《人间词话》十）；“幼安之佳处，在有性情，有境

① 王国维. 王国维文集（第三卷）. 北京：中国文史出版社，1997：25，155，156，326.

界。即以气象论，亦有‘傍素波干青云’之概”（《人间词话》四三）多次强调了“气象”。“美成深远之致不及欧、秦，唯言情体物，穷极工巧，故不失为一流之作者。但恨创调之才多，创意之才少耳”（《人间词话》三三）强调创意。“词人想象，直悟月轮绕地之理，与科学家密合，可谓神悟”（《人间词话》四七）高扬“想象”。如此等等，皆为“高致”“高格”的具体追求。

“高致”“高格”的标准又具有模糊性和感性，它追求多方面的统一。所以他说：“白石《暗香》、《疏影》格调虽高，然无一语道着。”（《人间词话》三八）“虽格韵高绝，然如雾里看花，终隔一层。”（《人间词话》三九）“南宋词人，白石有格而无情，剑南有气而乏韵。”（《人间词话》四三）“读东坡、稼轩词，须观其雅量高致，有伯夷、柳下惠之风。白石虽似蝉蜕尘埃，然终不免局促辕下。”（《词话》四五）可见，对于诗歌“意境”的境界来说，王国维没有具体对“高致”“高格”的标准进行具体界定。

王国维有时直接用“境界”“妙境”“味”等来表述具有某种“境界”和“高致”的“意境”，例如，“着一‘闹’字而境界全出。”（《人间词话》七）“元人马东篱《天净沙》小令也。寥寥数语，深得唐人绝句妙境。”（《人间词话》六三）“冯梦华《宋六十一家词选·序例》谓：‘淮海、小山，古之伤心人也，其淡语皆有味，浅语皆有致。’”（《人间词话》二八）“‘明月照积雪’，‘大江流日夜’，‘中天悬明月’，‘黄河落日圆’，此种境界，可谓千古壮观。”（《人间词话》五一）这类表述意味着其“意境”具备了一定的“境界”，成为“高致”之作。由于所指的对象依然是“意境”，故容易导致人们把“境界”和“意境”等同起来。此外，《人间词话》中常用“境”来表示以“境界”为标准的“意境”，如“造境”与“写境”，“无我之境”与“有我之境”等。而这种把审美创造和审美标准含混的表述，最容易模糊人们对“境界”和“意境”的辨识。

总之，从诗学意义来说，“境界”是“出乎其外”反观的标准，阐述的是“意境”的审美层次、审美高度和审美规格，“意境”是“入乎其内”而写的结果，是通过“情”与“景”、“意”与“境”的关系所表现出来的能够“直观”和“直觉”的审美意蕴，而“境界”则是这种意蕴所能达到“境域”状态。

二、人生“境界”与“美育救国”

王国维经历了复杂的学术和思想变迁。他早期的哲学研究，曾经从康德到叔本华，再由叔本华回到了康德。在学术上，曾经历了哲学、文学和史学。在对待中国文化的态度上，他从批判否定，再到重新评价肯定，最终走向“中体西用”①。但是，贯穿王国维探索精神的一条基本主线是人生“境界”，其审美教育主张反映了“美育救国”的思想①。

（一）“无欲之我”与人生境界

关注人生境界，是王国维“境界”说的根本和主旋律。王国维生活的时代，正是中国处于灾难深重、内忧外患、生死存亡的动荡时刻。因此对人生审美的探索，来源于“忧生”的动力。早在1903年，青年王国维就在《游通州湖心亭》和《来日二首》中分别写道“人生苦局促，俯仰多悲悸”“人生一大梦，未审觉何时”，表现了他对人生的忧郁。但他敢于直面人生，将忧结的思绪与海外哲学相连，将灵智的慧目投射于康德、叔本华与尼采，在反复研读康德、叔本华的哲学和美学过程中寻找人生理念①。《静安文集》自序中云：“嗣读叔本华之书而大好之，自癸卯之夏以至甲辰之冬，皆与叔本华之书为伴侣之时代也。其所尤惬心者，则在叔本华之知识论。”这说明，他同叔本华关于生活、欲与痛苦三者合一的悲观主义产生了共鸣。叔本华说：“归根到底，人生只是一种失望，甚至是一种欺骗”，“对人来说，唯有死亡才是真实的；这一事实使得人生的境况越发陷入痛苦的深渊中”，“唯有死亡才是我们苦难的终结”②。所以叔本华唯意志论与悲观主义，不能不影响王国维，但不能因此认为王国维的整个思想理论体系都是“悲观主义”哲学①。

王国维在学术上曾经历过痛苦的选择。他曾认为哲学是“探宇宙人生之真理而定教育之理想者”，后又认为“余疲于哲学有日矣。哲学上之说。大都可爱者不可信，可信者不可爱”，“此近二三年中最大之烦闷”。他深感“伟大之形而上学，高严之伦理学，与纯粹之美学，此吾之所酷嗜也。然求其可信者，则宁在知识论上之实证论，伦理上之快乐论，与美学上之经验论。……余之性质，欲为哲学家，则感情苦多，而知力苦寡；欲为诗人，则又苦感情寡而理性多”③。在他看来，政治家远远不如文学家：“今之人士之大半，殆舍官以外无他好焉。其表面之嗜好集中于官之一途，而其里面之意义，则今日道德、学问、实业皆无价值之证据也。夫至道德、学问、实业等皆无价值而惟官有价值，则国势之危险何如矣。”④他选择哲学和文学，都源自其理想主义性格与解决“人生问题”的内在要求，源于对提升国民心灵世界、增强国家实力的精神追求。尽管他一生的学术道路曲折多变，后来由“疲于哲学”之路转向文学、史学的研究，但他最终还是围绕美学研究，围绕对于人生永恒意义和心灵慰藉的探问，

① 吴登云. 王国维的“境界”说与文学批评观. 曲靖师范学院学报，2014，(4)：33-39.

② 叔本华. 叔本华论说文集. 范进等译. 北京：商务印书馆，1999：417，421，425.

③ 王国维. 王国维遗书·静安文集自序二（第五册）. 上海：上海古籍书店，1983：29.

④ 王国维. 静庵文集续编·教育小言十三则. 上海：上海古籍书店，1983：680.

围绕对于提高国民精神和人自身发展的关注，探究人生审美境界。他的许多译著和论著，直接指向开启国民心智、传播现代学术的目标，尤其对生命审美具有深远的启蒙价值。他把文学审美同人生、社会联系起来，认为个人精神的慰藉应与国家民族的拯救而互为响应，使其人生“境界”论达到了前所未有的高度，充分体现了教育救国、美育救国的思想主张①。

他用康德、叔本华理论来反思儒家道德哲学之后，认为孔子的“仁义”从哲学上讲乃是一种“无根”之谈，儒家性善说缺少“名学上必然之根据”，“性之本来面目是不可知的”。他对中国传统哲学、艺术等受政治、道德、实用压迫的现象及其愤慨并致力批评。他通过对屈原及其之后中国传统的“九死而不悔”的“忧世”的反思，认为人与社会分裂的人生途径是“此路不通”。带着人生困惑的极度“忧生”情怀，他以探讨审美问题的方式探讨人生问题。“忧生”是指诗人的个体生命感悟，是对人生问题的反思与追问，它是一己的，甚至是孤独的。而“忧世”则是诗人对现实社会、世态人情的关注与思考，它超越了个体的自怜自艾而将目光转向更广阔，更丰富的社会生活②。他说：“体素羸弱，性复忧郁，人生之问题，日往复于吾前，自是始决从事于哲学。”③所以，关注人生的审美活动，是王国维探索个体生命意义所获得的新的精神出路。正如潘知常所说：“所谓审美活动，在王国维看来，就只能是个体生存的对应之物。审美活动也必然与个体生命活动密切相关。个体生命活动只有通过审美活动才能够得到显现、敞开，审美活动只有作为个体生命活动的对应才有意义。”④他把人自身的发展和提高放在突出和显著的位置，认为对国民精神趣味和独立人格的培养是改变国民灵魂的根本。进而他把人生审美作为个体生命意义来彰显，把提升个体的生命审美境界作为拯救社会的一种终极理想。可以说，他的“境界”说的核心是生命审美①。

生命审美境界的标准仍然是“高格”和“高致”，那就是“纯粹无欲之我”。王国维在《孔子之美育主义》一文中引用了康德和叔本华的论述：“至叔本华而分析观美之状态为二原质。一、被观之对象，非特别之物，而此物之种类之形式；二、观者之意识，非特别之我，而纯粹无欲之我也。何则？由叔氏之说，人之根本在生活之欲，而欲常起于空乏。”“特别之我”和“纯粹无欲之我”就是叔本华所说的两种认识主体：一种是认识个体；一种是纯粹认识主体。叔本华认为，认识个体是指为意志所支配的生命个体，这种以个体欲望对待眼前事物的认识，很难摆脱利害的计较，所关注的只是有限的事物，无法达

---

① 吴登云. 王国维的“境界”说与文学批评观. 曲靖师范学院学报，2014，(4)：33-39.

② 王海涛.《人间词话》“气象”说探析. 江淮论坛，2006，(2)：159-163.

③ 王国维. 王国维文集. 第三卷. 北京：中国文史出版社，1997：471.

④ 潘知常. 王国维的美学末路. 福建论坛（人文社会科学版），2004，(8)：59-64.

于隐藏在个别事物背后的理念。所以只有个体向纯粹认识主体的转变，才是审美主体的生成。康德也说：“一个审美判断，只要是掺杂了丝毫的利害计较，就会是很偏私的，而不是单纯的审美判断，人们必须对于对象的存在持冷淡的态度，才能在审美趣味中做裁判人。”①可见，王国维把“纯粹无欲之我”视为生命的“高格”和“高致”，是生命的最高境界②。

（二）“悲剧”意识与文学境界

王国维早期的《红楼梦评论》，表现了他对人生根本问题的苦苦思索。叔本华认为审美活动意在摆脱苦难，尼采认为审美活动意在使人快乐。他们都认为审美活动是为了使人们更为深刻地体验苦难、冲突、分裂、毁灭，甚至不惜把苦难推向极致，从而使生命觉醒和敞开。王国维以叔本华的意志论哲学为基础，融合中国道家思想，对人生进行分析，认为生活即欲望，追求欲望必然会带来种种痛苦，追求“快乐”的努力也是苦痛，生活就是无穷的苦痛，“欲与生活与苦痛，三者一而已矣”②。

他认为世界的本质除了生命之欲外，还有势力之欲、名利之欲及各种贪欲。他试图用叔本华的悲剧观念从《红楼梦》中找到重新解释世界的中国方式。他把对《红楼梦》美学价值的体认与对国民性的剖析结合起来，认为“吾国人之精神，世间的也，乐天的也”（《红楼梦评论》），表现在艺术趣味上，则是追求“始于悲者终于欢，始于离者终于合，始于困者终于亨”（《红楼梦评论》）的“大团圆”结局②。这种思维不外乎把它们遮蔽、伪装或遗忘为不存在，这种以假设的方式来进行心灵逃避的方式，本质上是一种“伪审美”。只有《红楼梦》却一反传统的乐天观，以悲剧告终，通过彻头彻尾的悲剧而使人透彻地看待人生与痛苦的关系，这正是其深刻的审美价值所在。虽然《红楼梦评论》只是王国维借鉴西方的一种尝试，但他借叔本华哲学对《红楼梦》所作出的评论是超绝独异的。他用西方“悲剧”意识来评价中国文学所作出的努力，不仅成为近代中国“第一位引用西方理论来评判中国古有文学的人物”，而且极大地拓展了人们的思维空间，为中国文学批评开辟了新的方法和路径，是中国艺术审美思维的一次空前突破③。故聂振斌说：“《红楼梦评论》是在中国人尚不知‘美学’为何物的时代写出来的。它是在新潮流（向西方学习先进思想）影响下，冲破中国文学批评的封闭状态，用西方美学新观念、新方法，观察、分析中国文学批评实际的最先尝试，开阔了中国人的审美眼光。在中国文学批评史上，王国维最早发现了《红楼梦》的悲剧美学价值，是《红楼梦》研究中用悲剧

① 朱光潜. 西方美学史（下卷）. 北京：人民文学出版社，1979：361.
② 吴登云. 王国维的“境界”说与文学批评观. 曲靖师范学院学报，2014，(4)：33-39.
③ 叶嘉莹. 王国维及其文学批评. 广州：广东人民出版社，1982：127.

理论和科学分析方法写出的第一部系统之作，具有开拓性的意义。”[①]

更重要的是，王国维的文学批评不仅仅是一种文学审美理论，而且是一种人生审美理论，是对人生审美境界的重大提升。王国维以叔本华的悲剧学说为基础，进一步从理论上肯定并论证了《红楼梦》的悲剧性质，认为《红楼梦》是属于那种以“通常之道德，通常之人情，通常之境遇为之”的悲剧[②]。每个人都可能遭遇这种悲剧，甚至每个人都可能自觉或不自觉地参与制造这种悲剧。这种悲剧往往能爆发出一种最强烈、最持久的撼人心魄的艺术力量，是“悲剧中的悲剧”。他认为《三国演义》以刘氏为正统，张扬谋略，全为功利性质，无纯文学之资格；《水浒传》之写鲁智深反抗官府起义，《桃花扇》之写柳敬亭、苏昆生反清斗争，从功利出发，所以毫无意义。而《红楼梦》的基本精神是：它以最成功之笔展示了由于“生活之欲”“意志自由”而造成的不堪忍受的巨大苦痛，从而体现了人生的究竟，“以其示人生之真相，又示解脱之不可已”，“凡此书中之人有与生活之欲相关者，无不与痛苦相终始”，即通过表现悲剧性的“壮美”，昭示人们看破人生苦痛的本质，拒绝“生活之欲”而走“解脱”之路[③]。“由一对象之形式不关于吾人之利害之念，遂使吾人忘利害之念，而以精神之全力沉浸于此对象之形式中”[④]。王国维把“生活”“苦痛”“解脱”看作全部人生的三要素，除此之外，没有人生。他多次强调《红楼梦》是“绝大著作”“宇宙的大著述”，是我国美术史上的“唯一大著述”，不仅把这一著作看成是首屈一指的艺术作品，而且认为是我国唯一能反映唯意志论思想、反映人生究竟的“美术”。他说：“美术之务，在描写人生之苦痛与其解脱之道，而使吾侪冯生之徒，于此桎梏之世界中，离此生活之欲之争斗，而得其暂时之平和，此一切美术之目的也。”（《红楼梦评论》）

王国维把文学的传统的艺术价值审美升华为人生审美，这是我国艺术审美思维的一个巨大转折，体现了王国维关于“境界”的另一层意义：文学审美的本质是人生审美[⑤]。

（三）“游戏事业”与诗人境界

王国维进一步认为，既然美的艺术的目的和任务就是为苦痛的人生带来慰藉，那么，要解脱生活之欲的苦痛，使主体超然于利害，忘物于我，只有文学才能实现和完成。这就是他认为文学家远远高于政治家的根本原因。他认为文

① 聂振斌. 王国维美学思想述评. 沈阳：辽宁大学出版社，1986：122.
② 陈芳，张天曦. 王国维对中国美学的贡献. 复旦学报（社会科学版）. 2000，（11）：124-132.
③ 朱忠元，刘朝霞. 王国维美学思想略论. 洛阳师范学院学报，2002，21：75-78.
④ 刘刚强. 王国维美论文集. 湖南人民出版社，1987：114-115.
⑤ 吴登云. 王国维的“境界”说与文学批评观. 曲靖师范学院学报，2014，（4）：33-39.

学艺术首先就要表现“真”和“真理”，以传达人类普遍的情感，从而获得与宇宙人生同在的艺术生命，因此要求文学创作应透视出现实世界中人生活的“苦痛”本质，以疗救社会和人性，普度精神的饥荒、灵魂的空虚、心灵的困惑。这样，诗人“境界”就显得十分重要，诗人必须是“天才”①。

王国维从叔本华的文艺观、美学思想中“获得了文学创作起源于‘天才’的观点”，并破除其神秘主义成分，认为经过“济之以学问，帅之以德性”的主体的“天才”具有“赤子之心”，是摆脱了主观的意志、欲望、情感纠缠的“纯粹认识主体”和“纯粹的无欲之我”，所以敢于融“无限之动机”（个别理性）与“民族之道德”（普遍理性）为一体，是“以其所观于自然人生中者复现之于美术中，而使中智以下之人，亦因其物之与己无关系，而超然于利害之外”（《红楼梦评论》），这就突出了作为“天才”的文学家在社会审美教育中的意义和地位。②

王国维认为，“不失其赤子之心”的诗人，具有“纯粹客观的兴趣”，因而善于从事“游戏的事业”。他接受了康德、席勒关于艺术的“剩余精力”说和“游戏”说，认为文学是主体精神势力的一种游戏活动，因而文学是“游戏之事业也”，是人们“对其自己之感情及所观察之事物而摹写之，咏叹之，以发泄所储蓄之势力”（《文学小言》）。他认为文学家“必须摆脱现实的物质利益而去追求自由自在的精神游戏活动，对自身的感情及所观察的事物进行摹写、咏叹、发泄，才可能称之为文学”，并且只有主体去寻找“神圣之位置与独立之价值”，即“发明所表示之宇宙人生之真理之势力与价值”，才能创造出“纯文学”②。这不仅强调了主体的创造性和能动性，要求主体把自己的精神自由对象化于文学创作，而且为突出文学的人生审美教育作用奠定了理论基础。他认为“游戏”说是一种精神自由的象征，其主旨在于：“然余之为此论，固非使文学美术之价值下齐于博弈也。不过自心理学而言之，则此数者之根柢皆存于势力之欲，而其作用皆在使人心活动，以疗其空虚之苦痛。”（《人间嗜好之研究》）他以“天才”说和“游戏”说为依据，把文学艺术视为摆脱功利关系、成为治疗空虚与痛苦的“游戏”，这在中国文学审美理论史也是一个空前的富有叛逆性的审美思维③。

在王国维看来，只有“天才”诗人才具有“诗人之境界”。所以他把文学的“人生审美境界”分为“常人之境界”与“诗人之境界”。学术界曾经一度把“常人之境界”与“诗人之境界”认为是生活真实与艺术真实的关系，还有甚者

① 吴登云. 王国维的“境界”说与文学批评观. 曲靖师范学院学报，2014，(4)：33-39.

② 朱忠元，刘朝霞. 王国维美学思想略论. 洛阳师范学院学报，2002，(6)：75-78.

③ 参阅本课题阶段性成果：吴登云. 王国维的“境界”说与文学批评观. 曲靖师范学院学报，2014，(4)：33-39.

认为王国维贬低“常人”。本质上，王国维所说的“诗人之境界”，就是指“纯粹无欲之我”的“高格”境界。他说：

山谷云：“天下清景，不择贤愚而与之，然吾特疑端为我辈设。”诚哉是言！抑岂独清景而已，一切境界，无不为诗人设。世无诗人，即无此种境界。夫境界之呈于吾心而见于外物者，皆须臾之物。惟诗人能以此须臾之物，镌诸不朽之文字，使读者自得之，遂觉诗人之言，字字为我心中所欲言，而又非我之所能自言。此大诗人之秘妙也。境界有二：有诗人之境界，有常人之境界。诗人之境界，惟诗人能感之，而能写之，故读其诗者，亦高举远慕，有遗世之意，而亦有得有不得。且得之者亦各有深浅焉。若夫悲欢离合，羁旅行役之感，常人皆能感之，而惟诗人能写之。故其入于人者至深，而行于世也尤广。(《人间词话附录》)

他认为真正能使人脱离功利的枷锁，给人以现实关怀的，惟有美的艺术，因为只有“惟美之为物，不与吾人之利害相关系；而吾人观美时，亦不知有一己之利害”(《红楼梦评论》)。而这种艺术，只有“天才”诗人才能完成，政治家和道德家不可能具备这种境界，只能属于“常人”。从上一段话可以看到以下三点。一是“天下清景，不择贤愚而与之”，但又“特疑端为我辈设”，“清景”就是“真景物，真感情”。这就是说，面对当前社会现实，“我辈”文学家时逢承担这种“游戏的事业”，历史重任赋予了具有“天才”境界的文学家“美育”的天职。二是“一切境界，无不为诗人设”，但“世无诗人，即无此种境界”，认为历来诗人都不是“纯粹的无欲之我”。没有这种“境界”的诗人，就难以呈现《红楼梦》这样的“清景”。三是“清景”往往“呈于吾心而见于外物者，皆须臾之物”，是自我的主观精神表现于外在行为，且转瞬即逝，“惟诗人能感之，而能写之”。“所见者真，所知者深”，“大家之作，其言情也必沁人心脾，其写景也必豁人耳目”(《人间词话》五六)，这就是“诗人”和“常人”的“境界”差别。所以他说：“故民族文化之发达，非达一定之程度，则不能有文学；而个人之汲汲于争存者，决无文学家之资格也。”(《论哲学家与美术家之天职》)

其实，王国维之所以提出“诗人”和“常人”两种不同“境界”，认为“非达一定之程度，则不能有文学”，他是身有体验的。他曾在《叔本华与尼采》中描写过“天才”的痛苦：

若夫天才，彼之所缺陷者与人同，而独能洞见其缺陷之处。彼与蚩蚩者俱生而独疑其所以生。一言以蔽之，彼之生活也与人同，而其以生活为一问题也与人异。彼之生于世界也与人同，而其以世界为一问题也与人异。然使此等问题，彼自命之而自解之，则亦何不幸之有!然彼亦一人耳，志驰乎六合之外而身扃乎七尺之内，因果之法则与空间时间之形式束缚其知力于外，无限之动机与民族之道德压迫其意志于内，而彼之知力意志非犹夫人之知力意志也？彼知人之所不能知，而欲人之所不敢欲，然其被束缚压迫也与人同。……彼之痛苦既深，必求所以慰藉之道，而人世有限之快乐其不足慰藉彼也明矣于是，彼之慰藉，不得不反而求诸自己。其视自己也如君王、如帝天，其视他人也如蝼蚁、如粪土。[①]

他深深感受到，因果、时空束缚于外，“无限之动机”与“民族之道德”压迫于内，“天才”的这种痛苦就在于，历来“被束缚压迫也与人同”，因他们无力回天，“不得不反而求诸自己”，乃至于自高自大。王国维对“天才”所存在的痛苦的认识，阐释了人类本来存在的困境，揭示了数千年来的审美时蔽，进一步阐述了“诗人”和“常人”的“境界”差别，证明了“世无诗人”的结论。因此，他在由“忧世”思考转向“忧生”思考的基础上，主张由伦理审美转向转向“审美无利害”的个体生命审美，由传统个体情感自由主张转向对个体生命的人性审美本质的发掘，把审美向度由欣赏虚假的“快乐”转向欣赏实在的“痛苦”，最终以提升民族精神和自身发展为根本目标。这在中国审美史上，真正把人们的审美视角转向了人生审美的境界。可见，虽然王国维曾经受过悲观主义的影响，但他的这些“转向”说明，他不是“彻底的悲观主义者”，更不提倡“为文学而文学”“为学术而学术”。

那么，“诗人的境界”怎样形成的？王国维通过对人生审美体验和总结，以人生三种不同的审美境界及人生境界所形成的递进的三个过程来作比喻。“古今之成大事业、大学问者，必经过三种之境界：‘昨夜西风凋碧树。独上高楼，望尽天涯路。’此第一境也。‘衣带渐宽终不悔，为伊消得人憔悴。’此第二境也。‘众里寻他千百度，蓦然回首，那人却在，灯火阑珊处。’此第三境也。”（《人间词话》二六）这是他对整个中国历史反观的结果，以此说明，“游戏的事业”需要“天才”，而“天才”就必须具备“诗人的境界”，而“诗人的境界”则需要经过三个阶段的不断提升，才能够达到“无欲之我”的最高境界。

三、学术“境界”与“学贯中西”

王国维的“境界”说还表现为他对中国学术状态的反思和学术境界的新型思维模式的追求。王国维为《国学丛刊》（1911 年 2 月）作《序》时提出的“学无新旧，无中西，无有用无用”观点，集中体现了他的学术境界追求，表现

① 王国维. 王国维遗书（第 5 册）. 静庵文集. 上海：上海古籍书店，1983：72.

出了一种前所未有的前瞻性、开放性、开创性的国际化理论视野。他力求：寻找中西美学“交合”点，搭建沟通中西美学理论的“桥梁”，表现思想理论的平等性与通融性；大力吸收西方理论的同时，融入自身文化的精神体系，表现民族理论的兼容性与融化力；在继承和改造传统理论精华的同时，既诉求西方理论形态的科学性与逻辑性，又力求中国本土话语的表达形式。尽管在他短暂的有生之年，没有也不可能建立起预想的完整而系统的思想理论体系，但对于美学思想理论与学术来说，他是“学贯中西”的倡导者、实践者和示范者，为中西对话建立了三种“境界”范式。

（一）从“支点”到“桥梁”的范式

王国维受康德、叔本华哲学影响较深，因此他始终立足于康德、叔本华的理论视角境界来反观中国文化、中国美学，试图通过中西理论的比较，探求以哲学为基础的理论“支点”或“交合点”，建立中西理论沟通的“桥梁”。

首先以“性”“理”“命”为例。他在《论性》《释理》《原命》中分别阐述“性”“理”“命”的过程中，始终同康德、叔本华的“纯粹理性”“自由意志”“因果律”“直觉”“理性”等理论联系起来加以对比和评判，并对儒家宿命论进行否定。在《论性》中，他从孟子“性善”论评价到朱熹的“天理”说，列举荀子、孟子、杨雄等哲学派别，认为性善说、性恶说都不外乎“善恶”二元论，“连董仲舒也不能坚持一元论”，唯《太极图说》“实超绝的一元论”。他还认为儒家的性善恶论“除董仲舒外，无不就性论性，而不涉及形而上学问题”，都是先验人性论，都自相矛盾，结果导致了道德宿命论。他认为：“大善曰‘善’，小善非‘恶’；大恶曰‘恶’，小恶亦非‘善’”，“有善曰‘善’，无善犹‘非恶’；有恶曰‘恶’，无恶犹‘非善’”。“故从经验上立论，不得不盘旋于善恶二元论之胯下，然吾人之知识，必求其说明之统一，而决不以此善恶二元论为满足也。于是性善论、性恶论，及超绝的一元论（即性无善无不善说，及可以为善可以为不善说）。”而人性是什么，“汗德曰：道德之于人心，无上之命令也。何以未几而又有根恶之说欤？”“叔本华曰：吾人之根本，生活之欲也。”“古今东西之论性，未有不自相矛盾者。”“今论人性者之反对矛盾如此，则性之为物，固不能不视为超乎吾人之知识外也。”“故断言之曰：性之为物，超乎吾人之知识外也。”可见，王国维试图以“二元论”为哲学依据来沟通中西关于人性的立论。

其次以“造境”与“写境”为例。“造境”与“写境”是王国维关于“意境”的中西“交合”的一种新境界。在“意境”的“原质”上，他主张叔本华的“知力”与中国的“想象”相“交合”，即主张“理想”与“写实”、表现与再现紧密结合。他在《屈子文学之精神》中说："诗歌者，描写人生者也。用德国大诗人希尔列尔之定义。此定义未免太狭。今更广之曰'描写自然及人生'，可乎？然人类之兴味，实先人生，而后自然。"这显然是在西方"写人生"（再现）和中国"写自然"（表现）二者之间建立起了"桥梁"。又说："故古代之诗，所描写者，特人生之主观的方面；而对于人生之客观的方面，及纯处于客观界之自然，断不能以全力注之也。"他以此揭示中国古代诗歌重主观抒情，而轻视人生的客观条件的自我满足的所谓"乐观主义"的狭隘境界，认为古人重"情感"、重"物感"的想象性还缺少境界，还应该重"知力"、重"真知"、重"客观真相"。所以他说："诗歌者，感情的产物也。虽其中之想象的原质，即知力的原质。"由此，他推崇以"真"为核心的"纯粹的抒情诗人""主观之诗人"，正是这种中西融合的新理念。在王国维看来，那种完全依靠想象的"感情的产物"之诗，表面上是"忧世"的忧国忧民，而实际上是正好是逃避现实的表现。只有回到"知力"之真，正视个体人生和生命之真，才能从根本上解决个体想象与社会命运、个体灵魂与民族精神的契合。所以他说："诗之为道，既以描写人生为事，而人生者，非孤立之生活，而在家族、国家及社会中之生活也。"通过中西"交合"，从哲学根基上寻找"意境"的"原质"，是王国维关于"意境"的新"境界"。

这种新境界，显然还受到理想派与写实派的影响。席勒在《论素朴的诗与感伤的诗》中区分了"写实派""理想派"。1907 年前后，他在《教育世界》杂志上发表的一组西方作家评传中，有不少作品同写实派、理想派、主观诗人、客观诗人等观念直接相关。在《英国大诗人白衣龙小传》中，他视拜伦为"主观的诗人"，即强于情者而弱于理智，作品大多以自己的情感和经历为对象，同时视莎士比亚为"客观的诗人"[①]。比《人间词话》早六七年，梁启超在《小说与群治关系》中就把小说分为写实派和理想派两种。毫无疑问，王国维从创作角度将"写实派""理想派"的观念用来阐释诗歌"意境"："有造境，有写境，此'理想'与'写实'二派之所由分。然二者颇难分别。因大诗人所造之境，必合乎自然，所写之境，亦必邻于理想故也。"（《人间词话》二）

"造境"重在"表现"，包含"虚构"，但并非都是"虚构"，不能把"造境"与"虚构"等同。"写境"重在"再现"，以"写实"为主，但并未排除"虚构"的成分，写实还包含"已经存在""必然存在"和"可能存在"的现实，如果表现于诗歌，就是注重对现实人生和现实情感的表达。所以，用"写实"和"虚构"来划分"造境"与"写境"，违背了王国维的原意。王国维认为，"造境"与"写境"不能孤立地分开，"所造之境，必合乎自然"，

---

① 罗钢. 七宝楼台，拆碎不成片断——王国维"有我之境、无我之境"说探源. 中国现代文学研究丛刊，2006，(2)：141-172.

“境”中之“景”符合自然就是“真景物”，“境”中之“意”符合自然就是“真感情”。可见，“造境”与“写境”同“理想派”与“写实派”相对应而融合，并以“合乎自然”为准则，又回到了“赤子之心”“纯粹无欲之我”的理论。他说：

自然中之物，互相联系，互相限制。然其写之于文学及美术中也，必遗其关系限制之处。故虽写实家，亦理想家也。又虽如何虚构之境，其材料必求之于自然，而其构造，亦必从自然之法则。故虽理想家，亦写实家也。(《人间词话》五)

作为客体，物与物之间“互相联系，互相限制”；作为主体，其艺术表现又受客体的关系制约，故写实需要有理想成分，理想也要符合自然法则。所以“故虽理想家，亦写实家也”。王国维还认为“意”和“境”是文学的两个基本要素，这明显表现了“二元论”的思维特征。他说：“文学之事，其内足以摅己，而外足以感人者，意与境二者而已。上焉者意与境浑，其次或以境胜，或以意胜，苟缺其一，不足以言文学。”(《人间词乙稿》)不论是“造境”还是“写境”，“意与境浑”为上乘之“境界”，“境胜”或“意胜”为次之境界，“故不能有完全之美”。“造境”所突出的是艺术境界中所体现的作家的人生、社会理想，而“写境”所突出的是艺术境界中所表现的对社会、人生的认识和感受，二者相辅相成。这里再次证明“境界”与“意境”不是等同的范畴。

从上述两例可以看出，王国维对于中国古代美学论题，力求从古代哲学根底上寻找中西美学理论的“支点”，并试图从逻辑上进行比较、阐述，通过中西“交合”与“互补”，构筑中西相通的美学理论桥梁，这是王国维的良苦用心。虽然仅仅是一种尝试，但却通过自觉的实践，为“学贯中西”开创了一种具有科学性的思维“境界”的范式。

（二）从“通俗”到“科学”的范式

追求理论思辨，诉求科学逻辑，是王国维极力追求的学术“境界”。在王国维看来，美学与哲学都属于学术范畴。他在《论哲学家与美术之天职》等文中认为：“天下有最神圣，最尊贵而无与于当世之用者，哲学与美学是已。”“夫哲学与美术之所志者，真理也。真理者，天下万世之真理。”他认为二者都以真理为目的，哲学家发明真理，艺术家体现真理。但是，在中国历史上，没有纯粹的哲学，也没有纯粹的艺术。既然是真理，就不能以“想象”为逻辑，而应该遵循科学逻辑。由此，王国维具有两个基本主张。

首先，主张美学与哲学的学术独立，这是首要条件。“夫然，故我国无纯粹之哲学，其最完备者，唯道德哲学与政治哲学耳。至于周秦，两宋之形而上学，不过欲固道德哲学之根底，其对形而上学非有固有之兴味也。”（《论哲学家与美术之天职》）由于中国没有纯粹的哲学家和艺术家，哲学家和书生作家又“无不欲兼为政治家”。他说“若夫忘哲学、美术之神圣，而以为品行、政治之本事者，正使其著作无价钱者也”，认为哲学、艺术等学术应当独立于政治之外，各有自己独立的价值。他还认为：“学术之所争，只有是非，真伪之别耳，于是非真伪之别，而以国家，人种宗教之见杂之，则以学术为手段，而非以为目的也。”“然则吾国今日学术界，一面当破中外之见，而一面不以政论之手段，则庶可有发达之日欤。”（《论哲学家与美术之天职》）在中国文学理论史上，直面倡导艺术和哲学对于政治功利的独立地位，虽然具有理想化色彩，但却是一个石破天惊的主张。把美学与哲学作为学术，当作科学来对待，这无疑又是一种新的认识境界，揭示了其学科本身的理论本质，对当代仍然具有现实意义。

其次，主张思维方式的转变，这是必要的基本条件。他说：“国民之性质各有所特长，其思想所造之处各异……我国人之特质实际的也，通俗的也，西洋人之特质思辨的也，科学的也，长于抽象而精于分类……吾国人之所长宁在于实践之方面，而于理论之方面则以具体的为满足，至于分类之事，则除迫于实际之需要外殆不欲穷究之也。”（《论新学语的输入》）无论是重现实的儒家，还是重逍遥的道家，以“象思维”为主的传统思维方式，决定了它们在理论建构方式的共同缺憾，那就是轻概念、轻分析、轻推论而重现实、重感悟、重思辨、重想象的“尚用”运思，王国维认为是“通俗”。正是这种以“通俗”“实用”为指归的思维偏向，缺少理论境界。在审美理论方面，从审美“意象”论的形成到“意境”论的建立和发展，王国维对于“情景”论、“四外”说、“韵味”说等，始终持肯定态度并加以系统继承和发展。而对于“神韵”和“兴趣”，王国维则认为是纯粹以个体自我的情感为中心的非逻辑思维，所以他说“犹不过道其面目，不若鄙人拈出‘境界’二字为探其本也”。

王国维以西方视野来反观中国审美文化，主张美学理论和哲学理论应注重科学性和逻辑性，主动以学术意识来关照中国传统审美理论，并通过中西对比分析而赋予中国审美理论的思辨性，这表现了中国审美思维的一个空前的思维转折，标志着中国学术思维的觉醒，成为“学贯中西”的又一个“境界”范式。

（三）从“引进”到“嫁接”的范式

吸收和引入西方思想理论，不等于用西方的概念来代替中国的概念，不等于把中国美学理论当作西方理论的附庸，王国维“引进”的最大特点在于“嫁接”。通过“嫁接”，不仅转化为中国本土的审美思想，而且形成中西平等观念下的中国话语表达方式，这是王国维始终坚守的阵营，实践了“学贯中西”的再一个独特范式。王国维所论述的美学范畴，都能在康德、叔本华那里找到理论的影子。其中“有我之境”和“无我之境”的论述，“嫁接”模式显得尤为突出。

在当代理论界，关于王国维“有我之境”和“无我之境”的讨论，一直是一个争论相当激烈的问题，集中表现在理论来源、内容诠释两方面。在理论来源的争论上，有人认为根源于叔本华，有认为根源于邵雍，有人认为用“西”学阐释“中”学，还有人认为分别源于儒、道、佛，等等。在内容阐释的争论上，观点林立，芸芸众生，如朱光潜认为的“有我之境”和“无我之境”是“同物”与“超物”的关系，以佛雏的《王国维诗学研究》为代表的“主观”与“客观”论，以叶嘉莹的《王国维及其文学批评》为代表的“利害关系”说[①]。此外，还有“情景”说、“心物”说、“移情”说等。事实上，对中西思想和理论的“嫁接”，正体现了王国维独特的思维境界、知识境界、理论境界和精神境界的高度综合的结果。

首先，“有我”和“无我”有叔本华的理论因素。康德、叔本华和尼采等哲学思想渗入王国维骨髓，他的理论无不与西方美学和哲学有着密切的联系。康德的“不关利害之快乐”，叔本华的“纯粹无欲之我”“纯粹无意志”“主观的诗人”，以及“意志”“知识”“理念”“无利害”等，都成为“有我之境”和“无我之境”的“接芽”。叔本华说：“在静观的审美方式中，我们已经发现了两个不可分割的组成部分：客体的知识，不是作为个别事物，而是作为柏拉图式的理论，即作为该事物全体族类的永恒形式，和观照者的自我意识，不是作为个人，而是作为纯粹的无意识的认识主体。”（《表象与意志世界》）王国维接受并发展了这一理论，把这种纯粹主体称为“知之我”，即“纯粹无欲之我”，而现实的有意志的个人则称为“欲之我”（《红楼梦评论》），提出“有我之境”和“无我之境”，力图从创作的角度概括中国古典诗歌“意境”的两种最基本的审美的境域：“有我之境，以我观物，故物皆著我之色彩。无我之境，以物观物，故不知何者为我，何者为物。”（《人间词话》三）从西方概念看，“有我”与“欲之我”、“无我”与“无欲之我”就形成了以“利害”为内涵的对应关系。

其次，“有我”“无我”又是以中国传统哲学、美学理论为基础的，始终建立在中国传统文化根基上。儒家主张“崇有”，强调“有我”境界，是倾向于社会价值的道德境界；道家和禅宗皆以“无”为本，强调“无我”“无心”，但这是倾向于思维的境界。王国维所用叔本华的“直观”，与我国“观物”的直觉相近；所讲的“静”，又与道家和禅宗所讲的“静”有直接联系。所以，王国维以儒、道的“有我”和“无我”两种境界为根基，以“纯粹无欲之我”“无利害关

① 姚柯夫.《人间词话》及评论汇编. 北京：书目文献出版社，1983：87-88.

系”“自由意志”等为“接芽”，从而“嫁接”成为“有我之境”和“无我之境”：一方面试图寻求到意境的哲学逻辑；另一方面试图拓开传统“意境”的境域。叶嘉莹说：“《人间词话》一书的成就，其特点本来就在于虽受西方理论之影响却不被西方理论所拘限，只不过是择取西方某些可以适用的概念来作为诠释中国传统诗词和说明自己见解的一项工作而已。所以要想深入探讨《人间词话》的“境界”说，便需对中国传统的诗说也具有相当的了解。”[①]叶嘉莹注意到了王国维对于西方理论、传统诗学的见解，但却忽视了中国传统哲学因素和王国维的“嫁接”意图，并把“意境”和“境界”相混。

所谓“有我之境”，即“以我观物”，就是以“欲之我”观物。叔本华认为“人生充满苦难”，悲剧起源于欲望，欲望是人“痛苦”的根源。王国维也认为，人生充满了欲望，由欲望产生痛苦，因此主张以“净化”和“升腾”的方法对人生善恶灵魂作审美观照，获得“忏悔之情的洗涤”。“欲”是有功利目的的，以“欲之我”观物，物便显得或乐观或悲观，皆着我之色彩。正如“感时花溅泪，恨别鸟惊心”，“泪眼问花花不语，乱红飞过秋千去”，“可堪孤馆闭春寒，杜鹃声里斜阳暮”，作为“有我之境”，人与花鸟共悲欢，能使人的悲情得到冲淡，于是以审美眼光对待生活，哪怕是对死的恐怖也不再刻骨铭心。同时，在“有我之境”中，“我”是抒情主体，由于“我”的主观关照，“因情感物”而“景因情变”，所以主体所表现的“境”是在对事物主观知觉的基础上的关照，因而只是“一己之情”。在主体心中，“物”和“我”并存，“我”之“情志”通过对象来折射，只不过“物”因为“我”的喜、怒、哀、乐的感化而含“情”，所以“以我观物”实际上是“以情观物”。“我”即使超越了“小我”而具有了“大我”之情，但毕竟是“欲之我”，是没有超“功利”的境界。

所谓“无我之境”，即“以物观物”。可以从两个不同角度理解。一是“纯粹无欲之我”的观物，也就是康德的“无利害”的“审美静观”。由于“我”与物之间摆脱了利害关系，所以“我”在“境”中处于极度静态。例如，“采菊东篱下，悠然见南山”，“寒波澹澹起，白鸟悠悠下”。二是“物我合一”的“虚静”“心斋”的观物，也就是“我与万物齐一”的超我境界。这实际上是“一万物之情”“一万物之理”的体物方法。王国维在《孔子的美育主义》中引用了邵雍的《皇极经世书》卷十二的一段话：

> 圣人之所以能一万物之情者，谓其圣人能反观也。所以谓之反观者，不以我观物也。不以我观物者，以物观物之谓也。既能以物观物，又安有我于其间哉？

不论是“纯粹无欲之我”还是“物我混一”之我，都是物我两忘的境界，

① 叶嘉莹. 王国维及其文学批评. 广州：广东人民出版社，1982：314.

都属于以“真心”“童心”“道心”观物，能做到“世间万象皆心出，而心淡然无所营。”例如，“西风残照，汉家陵阙”，“流水落花春去也，天上人间”，“绿杨楼外出秋千”等，就是物我一体、物我平等的感情“共鸣”。这种共鸣显然与古代道家所追求的境界相通。“以物观物”不仅是一种“无我”状态，而且是一种以理观理的“反观”。“反观”之时乃“物我一体”“穷神知化，与天合一”的“道心”境界，“我亦人也，人亦我也，我与人皆物也。……用天下之心为己之心，其心无所不谋矣”（邵雍《皇极经世·观物内篇》）。王国维把这种“以物观物”的哲学思想引入“境界”说，同叔本华“纯粹无欲之我”和“主观的心境”，同“优美”与“壮美”，同“动”与“静”等形成了理论嫁接。同时，他说“古人为词，写有我之境者为多，然非不能写无我之境，此在豪杰之士能自树立耳”。从这个意义上说，“豪杰之士”具有“无欲之我”的境界，显然高于“欲之我”之境界。

而王国维划分“有我之境”和“无我之境”，不在于重复“意境”中的“物我”关系，更不在于强调“情景”关系，而在于把老庄、禅宗之“静”和西方之“静”结合起来阐述“优美”与“宏壮”的关系，进而阐释“动”与“静”关系。他说：“无我之境，人唯于静中得之。有我之境，于由动之静时得之。故一优美，一宏壮也。”（《人间词话》四）“优美”与“壮美”是在叔本华的崇高和优美理论基础上进行阐发并嫁接过来的。“悲剧”“崇高”“优美”纯属于西方古代审美范畴，中国古代有悲情作品和悲情意识，而没有悲剧理论，但却有“优美”“宏壮”等术语。于是，“无我之境”与“优美”“有我之境”与“宏壮”（壮美）形成了对接。他在《红楼梦评论》中进一步阐发：

> 美之为物有二种：一曰优美，一曰壮美。苟一物焉，与吾人利害之关来，而吾人之观之也，不观其关系而观其物，或吾人之心中无丝毫欲存，而观其物也，不视为与我有关系之物，而但视为外物，则今之所观者，昨昔之所观者也。此时，吾心宁静之状态名之曰优美之情，而谓此物曰优美。若此物大不利于吾人，而吾人生活之意志为之破裂，因之意志遁去，而知力得为独立之作用，以深观其物，吾人谓此物曰壮美，谓其感情曰壮美之情。①

这样，就建立了一个逻辑关系：

“优美”：“无我之境”——“无利害”、“无欲”的平衡境界状态——“静中得之”

“宏壮”：“有我之境”——不利、冲突、意志破裂的境界状态——“由动之静时得之”

---

① 王国维. 王国维遗书·静庵文集（影印本，第三册）. 上海：上海古籍出版社，1983：44.

王国维说："前者由一对象之形式不关于吾人之利害，遂使吾人忘利害之念，而以精神之全力沉浸于此对象之形式中，自然及艺术中普通之美，皆此类也。后者则由一对象之形式越乎吾人知力所能驭之范围，或其形式大不利于吾人，而又觉非人力所能抗，于是吾人保存自己之本能，遂超越乎利害之观念而达其对象之形式。"（《论古雅之在美学上之位置》）由此看出，"有我"与"无我"的不同，是"我"与"物"在"意境"中的关系所显现出来的境界状态。那种用"情景"说、"心物"说、"移情"说等来解释"境界"说，甚至认为是"优劣高下之分"的观点，一是把"境界"同"意境"等同起来，二是舍本求末。两者都降低了王国维"境界"说的思想理论价值。

上述分析说明，王国维的"境界"不是代替"意境"，也不是阐释"意境"，而是用"境界"作为标准来对"意境"进行反观与评判，并从审美教育的目标出发，追求艺术审美、生命审美和人生审美的一致性和"高格"境界。从中西关系来讲，王国维虽然曾经致力于西方哲学和研究，但作为中西对话仅仅是一种开端，他不可能把西方哲学思想系统、完整、准确地吸收和应用。从他自身来说，他在有生之年就经历了"学术三变"，不可能建立起一套系统、完整的理论体系。但是，他通过对文学、美学、哲学等理论研究的实践，开创了前所未有的"学贯中西"的三种境界范式，对于当代中西文化交流具有深刻的现实意义。

更为重要的是，尽管王国维关于意境、境界的理论没有摆脱"象思维"，但他在译介和吸收康德、叔本华、尼采的哲学和美学思想的同时，引进了西方"二元"思维。随着美学的"中西对话"，我国近现代美学的自觉与繁荣，"二元"思维不断从学术思维、审美思维和理论方法等方面直接渗透并取代了我国数千年来一贯的"一元"思维，成为现当代国人的基本思维方式。中国思维方式由"一元"思维向"二元"思维的转变，或者说思维方式的"西化"，不仅改变了我国哲学理论、文学理论和美学思想的话语方式和理论方法，而且还广泛地改变了人们的认知思维和生活思维，这是中国思维在其发展史上最具有"革命"性的转换。我国现当代所呈现的一切"西化"现象，归根结底就在于思维方式的西化。

下　编

中西古代审美思维体系比较

在“轴心时代”，中西古代的精神导师们几乎同步地探索宇宙、社会和人生，并提出了许多具有相通价值的哲学思想和审美理论，同时又以不同的思维方式分别塑造了各自的民族文化传统。譬如在先秦“阴阳”哲学体系及“中和”思想形成的同时，古希腊则产生了“对立统一”哲学及其“和谐”思想；老子阐述“道本”宇宙观，主张自然和谐，柏拉图则提出“理式”宇宙观，主张“灵魂和谐”；庄子主张“真性”的同时，亚里士多德主张“真理”；孔门弟子倡导以“仁爱”为核心的“中庸之道”，亚里士多德同样主张“仁爱”与“中庸之道”。然而，由于不同的生活实践和文化土壤，中西哲人们对于宇宙的观察视角和探索思路各不相同，关于宇宙本质和本原的认识分别形成了“人本”与“神本”的不同哲学体系，构成了宇宙观、社会观、生存观等截然不同的中西两大文化源头及其相应的审美思维体系。

对于中西审美思维的主体思维方式，上一编关于“象”“意象”“意境”“境界”反思的审美思维发展的阐述，论证了中国古代居于主体地位的审美思维体系——“象思维”体系。而与之相对应、相区别的“形思维”是西方古代审美思维体系中的主体思维方式。中国古代的“象思维”立足于“心物一体”，“观物取象”“立象尽意”是“象思维”的基本过程，“义”和“情”是“象”和“象思维”的基本要素。“象”是“象思维”的核心和最高理念，它通过整体性、非实体的认识方式来把握类事物的、动态的、时空一体的、“超形”的、关系性的事物特性和趋向。而与“象思维”相对应，西方古代形成的“形思维”则立足于“主客对立”，通过“概念”和“实证”的思维方式，以“数”和“量”为基本要素，“形”是“形思维”的核心和最高理念，通过个体性、实体性的认识方式来把握静态的、空间形体的、独立性的事物性质及其特性，是对具体的有形对象的“定性”或“定量”。

纵观西方古代美学思想的发展，古希腊“和谐”观的发展过程无不体现了“数量”“比例”的有形“和谐”观。古希腊“摹仿”说始终是以“数”和“形”为基础的主客对立的“复制”观，亚里士多德所主张的艺术与“情感”关系，归结于激起“快感”和情感“净化”。文艺复兴时期主张以人为本，描绘社会现实，创造艺术形象，古典主义时期追求戏剧的艺术形式规范、主张严守“三一律”，18 世纪黑格尔的“摹仿”说批判传统“复制”观，主张艺术是心灵的外在表现，关注情感的激发，歌德主张“创造出与自然现象毕肖的作品”，19 世纪浪漫主义领袖雨果主张自由表现激越情感，现实主义力求真实地再现典型环境中的典型人物等，无不是以“主客对立”为审美视角、以“形”为审美对象的艺术思维方式。因此，“形思维”是贯穿西方审美思维体系的主体思维方式，集中表现为“灵魂”观、“和谐”观、“摹仿”说、“情节”与“冲突”的悲剧观等思维特征。

下面将分别以中西古代生命观、社会观、艺术观和悲剧观为视角，通过中西古代审美思维体系中具有主体性思维特征的生命审美、社会审美、艺术审美和悲剧审美的思维比较，分别从四个维度来透视中西审美思维体系的本质差别，呈现民族性与国际性相通相融的审美思维特质。

第五章 中西古代关于生命审美的思维

——先秦“万物有生”观与古希腊“万物有灵”论比较

对于人的心灵与宇宙生命及其关系的理论探究，是早期人类关于宇宙探索的基本内容之一。自“轴心时代”开始，代表文化主流的统治者或智者们立足于政治和伦理的需要，以“育人”和“治人”为出发点，中西各自开辟了关于人的思维与精神活动的研究，并形成了关于生命审美的不同的思维和理念：中国古代思想家形成“万物有生”的生命哲学，开始了对“情性”的理论研究，归宿于“礼教”，“情性”论的发展不断，推进了以“象思维”为基本思维方式，体现了“情本”的生命审美思维，形成了“情性”诗学审美理论。而古希腊哲学家则形成了“万物有灵”的生命哲学，开始了关于“灵魂”的探讨，归宿于“神教”，对“灵魂”说的不断阐释，推进了西方以“形思维”为基本思维方式、体现“神本”的生命审美思维，形成了以“灵魂”为本的文艺审美理论。对宇宙生命及人的心灵的主动性探讨，意味着人类自我认识、自我发展的觉醒，“万物有生”与“万物有灵”的生命观，以及由此形成的“情性”与“灵魂”的诗学观、“礼教”与“神教”的功能观等，不仅显现了中西文化起始时代的思维分野，还决定了中西不同的审美思维方式及其基本走向。

第一节　先秦“万物有生”论与“情本”诗学

马克思说：“个人怎样表现自己的生活，他们自己也就怎样。”[①] 审美活动是人类生存方式的最高表现形态，是生命活动的最高境界。注重生命及生命的延续，是中国古代文化的基本特征。“在生命活动中，惟一执着追问着有限生命

① 马克思. 德意志意识形态//马克思，恩格斯. 马克思恩格斯选集（第 1 卷）. 中共中央马克思恩格斯列宁斯大林著作编译局译. 北京：人民出版社，1972：25.

怎样企达无限的，是生命的生成活动，即审美活动。”[①]中国古代探求宇宙、探求人生、探求社会所体现出来的生命活动，往往超越了活动本身，表现为以生命为核心的审美形态。“所谓‘自然人化’，最一般的理解，就是将人的生命融入于自然之中，或者将自然统统转化为人的生命，而不是仅仅满足人的某方面的片面要求。”[②]中国古代的生命活动，既“将人的生命融入于自然之中”，又“将自然统统转化为人的生命”，物性和人性的统一体，显示了相得益彰的共同呈现，最终成为以生命为核心的审美观照，这正是“万物有生”论的直观表现。恰如潘知常所认为的那样，它规定着生命又发现着生命，确证着生命又完满着生命，享受着生命又丰富着生命[③]。在中国古代生命哲学思想体系中，“性”是生命的本体，“情”是生命活动的原动力。《周易·乾·文言》曾把宇宙万物同人性加以类比来阐述：

> 乾元者，始而亨者也。利贞者，性情也。乾始能以美利利天下，不言所利。大矣哉！大哉乾乎？刚健中正，纯粹精也。六爻发挥，旁通情也。时乘六龙，以御天也。云行雨施，天下平也。

这里所阐述的是宇宙万物的“情性”的本质：“乾”作为万物之元根，是万物得以亨通的起点。利、贞分别是乾的性和情。性为本体，是生命的根源。情为功用，能将生命的精华施利于天下。“乾”之性情是绝对纯粹的精诚，它刚健中正。其情之发挥，能使万物互感互通而相和，犹如乘六龙以入云霄，云行雨施，滋润万物，实现万物生命的延续。

现代生物学也认为新陈代谢和兴奋性是生命活动的基本特征。这就是说，现代自然科学已经证实了生命与“情性”的内在关系。在“万物有生”的宇宙哲学基础上，中国古人关注生命、享受生命、发展生命，因而必然关注“情性”、研究“情性”、张扬“情性”。自中国远古开始，不论是探索外界宇宙，还是探索内心世界，不论是对人类自身的生存追求，还是关于人与自然的生命传达，始终灌注着以“想象”为特征的“象思维”，贯穿着以“情性”为根本的审美趣味。可以说，中国古代思想文化历史，就是以宇宙哲学来塑造人的灵魂活性的历史，是对于人的生命“情性”的探索史和“生命”审美史。以《周易》为起点，“生生不已”成为以整体宇宙观为基础的中国哲学的终极关怀。所谓“生生之谓易”“天地之大德曰生”，“阴阳”为“性”，是“生”的本原；“阴阳互动”为“情”，是“生”的动力，“情性”是“生”的本质，故道家以自然法则揭示宇宙的“生命”结构：“道生一，一生二，二生三，三生万物。”《周易》

---

① 阎国忠. 走出古典——中国当代美学论争述评. 合肥：安徽教育出版社，1996：496.
② 阎国忠. 走出古典——中国当代美学论争述评. 合肥：安徽教育出版社，1996：485.
③ 阎国忠. 走出古典——中国当代美学论争述评. 合肥：安徽教育出版社，1996：469-472.

则以伦理法则揭示宇宙的生命结构："太极生两仪，两仪生四象，四象生八卦，八卦断吉凶，吉凶生大业。"儒家把这种生命哲学升华为道德哲学，从"性命"论到"情性"论再到"心性"论，体现了中国文化体系中"生命审美"的主旋律，表现了对原始巫术、原始宗教观念和原始神学意识的解放，就是"把人的世界和人的关系还给人自己"①。在道家那里，"故道大，天大，地大，人亦大。域中有四大，而人居其一焉"（《老子》第二十五章）。在儒家那里，"三才者，天地人"，人居其中，顶天立地，协和万物，生生不息。

早有学者认为，生命审美包括两个层级：一是生命体验层级，一是生命创造层级。"生命体验层级"就是主体把生活转化为生命人格，名之为"生活内化生命"，它构建了主体与生活的审美关系，形成了生命的审美形态②。对生存状态的深切关注，对心灵世界的深层开掘，呈现出表现自我生命的抒写方式。而生命创造层级，则叫作"生命外化艺术"。与西方"外求"的审美思维方式不同，中国古代"内求"的思维方式，一开始就不自觉地把审美活动作为一种生存方式。所以，中国原始的审美境界，是不可以用鲍姆嘉登的"感性学"来阐释的。"内求"的最大优越性是获得生命的"自得"。《孟子·离娄下》云："君子深造之以道，欲其自得之也。自得之，则居之安；居之安，则资之深；资之深，则取之左右逢其原。故君子往其自得之也。"周敦颐在《通书·陋》中说："圣人之道，入乎耳，存乎心，蕴之为德行，行之为事业。""内求"的审美意义恰恰在于获得生命的"自得"。也正是这种"自得"，使古人由人的"情性"延伸到宇宙万物的"情性"，再用宇宙万物的"情性"来关照自身的"情性"，所开掘出来的心灵世界，显示了东方智慧的绝妙，从更深层次论证了"天人合一"的哲学思想。

中国古代文化一开始就是"情性"文化。从原始的神话、巫术和天文学走向《周易》哲学，"情性"为本的观念被充分地表现出来。汉代虽然出现过"谶纬"之类的神秘主义的理论，但其存在的历史毕竟很短暂。中国也有过"迷信"的历史，但历来不成为思想文化的主流和主导。"阴阳"哲学以"象思维"方式描述了宇宙万物的"情性"，如"天地氤氲，万物化醇。男女构精，万物化生"（《系辞传下》）。道家肯定了天道与人道的统一，主张人道顺应天道的智慧人生。儒家以天道为依据，张扬伦理道德，致力于人性论的研究和调制。古代文论、书画论等所关注的关于艺术生命本质的"气韵""精气神"等，就是关于生命外化的艺术理论，系统地反映了"情性"为本的生存文化和生命审美特质。对于中华民族来说，美就是"性"的本体和"情"的勃发所产生的生命运

① 马克思. 马克思恩格斯全集（第 1 卷）. 中共中央马克思恩格斯列宁斯大林著作编译局译. 北京：人民出版社，1956：443.

② 石立干. 生命的审美. 名作欣赏（鉴赏专刊），2006，(9)：99.

动。正如潘知常所说："中国美学瞩目于自由的生命活动，瞩目于生命的超越、生命的提升、生命的调协、生命的安顿这一特定的视界。"[①]

"命"与"性"是中国早期人性论的两个基本命题。早在先秦以前，作为初期的人学思想就经历了"敬德"—"天命"—"情性"三次观念转变。在尧舜时期"禅让制"背景下，我国形成了"敬天"与"敬德"并举的观念；与夏商周"世袭制"相适应，"天命"观应运而生；春秋战国时期注重伦理道德，开始了以"情性"为主旋律的人学思想的讨论，发展为宋明理学、明代心学与性灵说等。可见，"情性"论是中国古代生命审美的思维发展主线。

一、中国古代"情性"论与道德哲学

（一）以道德哲学为基础"性命"论与人学思想

1. 天德与人本

"敬天"与"敬德"并举，是"三代"时期的基本思想。《尚书·虞书》记载，夏商周"三代"是我国古代天文历法的成型时期。天文历法的形成，使人们开始摆脱了对"天"的盲目敬畏和神秘崇拜，人们主动、自觉地把握自然、顺应自然，唯物宇宙观和辩证思维初步形成。在《尧典》中，羲和氏"钦若昊天"，探索四季不同的昼夜长短关系，恭敬地"迎送"太阳出没，观察星象运行方位，识别鸟兽生育繁殖、羽毛变化情况等，以确定春夏秋冬四时和一年周期为 366 天，并根据季节变化安排居住迁徙、春种秋收，夏避洪水与酷热，冬避严寒与冰雪，显示了"敬天授时"的生存价值。这说明"敬天"是对自然运行规律的主动认识和把握，自觉遵循和顺应。时空意识的产生、时空历法的制定，确认了人自身在天地万物间的位置，肯定了人类掌控自然的力量。所以，"敬天"是把人的存在纳入宇宙自然的轨道，使人的活动合乎自然的生命法则，人们已经由原始的宗教图腾和盲目崇拜转向自觉地敬重自然天体、崇尚自然法则、服从自然规律，这便是帝王之"德"。

"敬德"是由"敬神"到"敬人"的过渡性观念。"三代"之"德"主要指帝王之德，包括"敬天"之德和"民本"之德。"敬德"首先是敬先王之"祖德"，《尚书》开篇就以先帝为例而确定了"祖德"的基本范式："钦明文思安安，允恭克让，光被四表，格于上下。克明俊德，以亲九族。"敬"祖德"的方式是神道设教，使"百姓昭明，协和万邦。黎民于变时雍"（《虞书·尧典》）。故《易·观》曰："观天之神道，而四时不忒，圣人以神道设教，而天下服矣。"从"敬天"到"敬德"，把"神"与祖先合体，成为"皇天上帝"一元

① 潘知常. 中西比较美学论稿. 南昌：百花洲文艺出版社，2000：70.

神，从血统上寻找到自身精神，这是人本思想的开端。大舜时代，乐宫对未成年人的“诗教”力求达到“神人以和”的目的，表明已经认识到人的“情性”及其调教问题，重德必须关注人的“情性”教化，并明确提出了修身、知人、安民三项要求和“行有九德”的理想人格，这表明对人的“情性”认识的深化，是对“敬德”思想的提升，“以德受命”“以德配天”被视为顺应自然的生命法则，成为对君王人格的理想追求，体现了自觉的人本思想。

2. 天命与人性

“世袭制”代替了“禅让制”，“敬天”思想又被人为神化。统治者用“天命”来神话王位、强化王权、信服四方诸侯，这是“天命”论的由来。同时，“天命”论对于强化尊卑等级、协调伦理秩序、维护政治秩序等来说，常常是政治上的灵丹，宣扬“君权神授”就成为具有宗教意义的“天命”论的开端。至殷商时，以“天命”来维系王权尊严的现象日趋突出，它在巩固了帝位终身制的同时进一步提升了神权的地位，故“殷人尊神，率民以事神，先鬼而后礼”（《礼记·表记》）。神已经主宰了一切，占卜的本质就是向上天和祖先祈祷或请示，所以先定人意，再求问卜卦。

到了周代，随着“天命无常”和“民惟邦本，本固邦宁”的认识的发展，在不断总结历史经验的基础上，“天命”论逐步与君德、保民思想结合在一起。《大禹谟》曰：“德惟善政，政在养民。”《蔡仲之命》：“皇天无亲，惟德是辅。民心无常，惟惠之怀。”《皋陶谟》曰：“天聪明，自我民聪明；天明畏，自我民明威。”《泰誓上》曰：“天矜于民，民之所欲，天必从之。”《泰誓中》曰：“天视自我民视，天听自我民听。”帝王们逐步认识到上天必定顺从民众的意愿，天意以民意为本源，民心向背决定天命所归。故《泰誓中》说：“受有亿兆夷人，离心离德；予有乱臣十人，同心同德。”西周末，“天命”观日趋式微，哲人们致力于寻求“天命”与天德、人德的哲学逻辑，把人性与天性联系起来，又重新回归到“天人合一”的思想轨道，集中体现于《周易》哲学体系之中，并在《系辞传》中得到了具体的阐述。

3. 情性与道德

《周易》“天人合德”的道德学说是“天命”观的转折点，代表天之“命令”的“天命”观开始转向人的生活“命运”、生存“性命”和人的“情性”，孔子是这一过渡的转折人物。

《系辞传》通过对卦象的阐述，分别以“天道”“地道”“人道”来概括宇宙本质，明确指出：“易与天地准，故能弥纶天地之道。”同时说道：“一阴一阳之谓道，继之者善也，成之者性也。”“阴阳”之道决定了“天地之大德曰生”，即宇宙万物共同的“大德”就是创生和发展，“刚柔相推而生变化”。“道”为宇宙本质，“德”为万物的功能与法则。明确天、地、人是宇宙整体中的“三才”，各有其位，“天地设位”，“崇效天，卑法地”，由天地之“道德”推及人类的“道德”，于是把“守位”“适变”视为人类的基本道德，把“崇德广业”视为人类最高的道德。《说卦传》云：“立天之道，曰阴与阳；立地之道，曰柔与刚；立人之道，曰仁与义。”“仁”是坚守“序位”，“义”是行正道。“崇德”即崇尚天之“阴阳”道、地之“刚柔”之道和人之“仁义”之道，核心价值是“广业”。因此，人类创造与发展必须坚守“仁义”之基本道德和“生生”之大德，这就是《周易》关于“道德”的基本内涵。

道家《老子》所主张的“尊道贵德”，庄子所主张的“真”，本质上都是对《周易》中的“道德”思想的阐述。道家把“情性”归结为“道”，认为“道”是宇宙的本体和本原，“生”为万物之“德”。物之既生，其“德”则表现为“性”。人也一物，和宇宙万物一样得道而生，得道曰“德”。人之得生，便有了“性”。道是德之本质，性是德之显现，道、德、性三者本质上是统一的，所以道的本性决定着人的情性本质，共法于自然，所以人性的本质即“自然”。老子说：“道生之，物形之，德蓄之，势成之。”（《老子》第五十一章）庄子说：“道者，德之钦也；生者，德之光也；性者，生之质也。性之动，谓之为。为之伪，谓之失。”（《庚桑楚》）性是生命的本质，人的本质在于生命本身的自然性，即生命原初的自然状态和自然生机，人之情性是本然素朴之真性、常性、本性，所以主张“法天贵真，不拘于俗”（《渔父》）。道家关于道、性关系的“情性”论所确立的是人的生命本身的价值，所追求的是实现主体精神的自由和生命的永恒，反映的是人的生命自然属性的觉悟。因此道家认为，以礼仪教化为内容的所谓仁义道德，以奸诈和技巧为手段的所谓智慧，以功名利禄为目标的人生欲望等，都是反自然人性的，都是对人性的扭曲。

孔子虽然不言“道与性”而关注人本身，但却始终以《周易》中的天道、地道为依据来探究人。譬如，“性相近，习相远也”，就是以“一阴一阳谓之道，继之者善也，成之者性也。仁者见其仁，智者见其智”为依据所提出的“人性”论。同时，把“守位曰仁”“圣人之大宝曰位”视为圣人的基本道德，并以“天命”来加以阐释，内涵上与《周易》“崇德广业”和老子“尊道贵德”思想是一致的。孔子以自身对“命”的深切体验为基础，把“天命”作为“为君子”的依据，明确赋予了“天命”的人伦道德蕴涵。其“天命”不再指天的意志，而是指人的生命运动的绝对性存在，是“天道”表现在人的生命过程的本质特性。子思进一步阐述：“天命之谓性，率性之谓道，修道之谓教。”（《中庸》）明确肯定了“天道”对于人的“天性”的规定性。郭店楚墓竹简《性自命出》中说：“性自命出，命自天降。道始于情，情生于性。”这里的“情”和

《周易》中的“情”是相同的意思，即“真”，与“伪”相对。“修道之谓教”进一步肯定了人的主体性价值，认为人类可以通过调教而认识天道、调控人性、顺应天命。在孔门这里，已经把“道”“性”“命”三者统一起来了，并且突出了“教”在人的生命发展中的重要价值，张扬了人在宇宙中的主体性与主动性价值。在孔子“诗教”理论的基础上，以宇宙道德推及人伦道德为逻辑，以人文化育为树立道德精神的基本途径，以“情性”本质的辨析来诉求道德教化的核心，就成为儒家“情性”论发展的基本精神。

孟子以孔门性命论为依据展开了关于“性”与“命”的阐述：“求则得之，舍则失之，是求有益于得也，求在我者也。求之有道，得之有命，是求无益于得也，求在外者也。”（《尽心上》）通过“求在我者”与“求在外者”对“命”与“性”比较，形成了对于“命”与“天命”的不同规定：“命”体现着天对于人的自然生命的限制，是人所无法驾驭的客观力量，但落实于人并表现为人之“命”；“天命”则体现人之自我确认的道德理想，虽然是人之命却又必须求证于天，即“求之有道”。命与天命，既是回归天人一体的视角，同时也是儒道两家探索的角度与侧重不同的一个基本分野①。孔子以“仁”“礼”“乐”为标志的道德理想和“诗教”实践与主张，直接转向了人的“情性”。围绕“人治”和“教化”所主张的道德问题，孟子、荀子、韩非子等更为系统和深入地阐述了“情性”观，形成了我国古代关于“情性”的理论探索的第一次高峰。体现“性”“命”关系的“情性”论，是对人的生命的社会价值的发现，成为儒家道德学说的核心审美范畴。

《周易》作为儒、道分道扬镳的起点，天人一体的“三才”之“道”与万物之“德”，是道、儒“情性”论的共同的哲学依据和理论开端。道家、儒家都是以《周易》宇宙观和“道德”观为根据来解释人性的起源与归宿的。但道家立足于道、性关系，强调人的情性的自然本真，主张“无为”。儒家立足于命、性关系，力求改造人性、塑造灵魂、炼就心志，主张“有为”。儒家围绕德治所展开的“情性”讨论，体现了人类的自我觉醒，推进了人性论在中国哲学史上的长足进展。

（二）儒家“情性”论与伦理学说的发展

《周易》是我国古代人学理论的起步，它以“阴阳”论“性”而成为我国“情性”论的开端，故易学即人学。易学“究天人之际”，研究人在天人关系中的诸多方面，诸如人的由来与认识、人的地位与价值、人的本质与属性、人的品格与精神、人的吉凶与祸福等，最终是通过研究天人“情性”而关心人的。

---

① 丁为祥. 命与天命：儒家天人关系的双重视角. http：//www. studa.net［2008-06-12］.

《系辞》曰："作《易》者，其有忧患乎？"对生命和生存的忧患，是易学产生的主观原因。《周易》认为人与宇宙万物"情性"相通，拥有共同的生命法则。"仁义"既是人与天地的"阴与阳""柔与刚"相通的"性命之理"，又是人类区别于天地自然的本质特征，是人性的基本内容，也是人的存在方式。为"顺性命之理"而"穷理尽性以至于命"，成为儒家"情性"论的出发点，也成为儒家"情性"论的基本线索。《序卦传》说："有天地然后有万物，有万物然后有男女。有男女然后夫妇，有夫妇然后有父子，有父子然后有君臣，有君臣然后有上下，有上下然后礼义有所错。"儒家将以天为主体的"天命"论转化为以人为主体的道德性命之学，以天伦的尊卑、序位为依据而阐述人伦，"仁义"便成为儒家"情性"论的基本命题，由关注"天命"转向关注人的"性命"，是先秦儒家的一个重大历史成就。

贲卦《彖》曰："刚柔交错，天文也。文明以止，人文也。观乎天文，以察时变。观乎人文，以化成天下。"从"天文"到"人文"，都是"情性"所化的过程，谓之"化成"，所形成的文化和人文精神即"人文化成"。"人文化成"揭示了人居于宇宙中央的活动具有目的性、道德性和社会性。儒家以《周易》哲学为逻辑起点，发挥"人文化成"，形成了两大思想体系：一是以"天尊地卑"为哲学依据，不断演绎为男女、君臣、父子等伦理思想，形成了以"人治"为核心的伦理政治思想体系；二是以"一阴一阳之谓道，继之者善也，成之者性也"为哲学依据，极力演绎"性"与"善恶"的关系逻辑，形成了儒家独特的"情性"论思想体系。这是先秦儒家的又一重大历史成就。

儒家关注道德，就必须关注"情性"，探讨"情性"必然是儒家道德审美理论的核心。"中国文化之开端，哲学观念之呈现，着眼点在生命，故中国文化所关心的是'生命'，而西方文化的重点，其所关心的是'自然'或'外在的对象'这是领导线索。"[①] 儒家对于生命"情性"的关注，形成了"一浪高过一浪"的理论热潮：先秦孔子、孟子、荀子学说关于"情性"的本体价值探究，汉代董仲舒关于"情性"的社会价值阐发，宋代朱熹关于"情性"的政治价值发挥，明代阳明心学关于"情性"的个性张扬与自性回归，以及关于"独抒性灵"的诗学主张等，都把生命"情性"的审美理论推向了高峰。

1. 孔子以"命"论性及其"性相近"说

西周时期的"天命"就是天的命令。清代刘宝楠《论语正义》引《汉书·董仲舒传对策》曰："天令之谓命。"朱熹说："天以阴阳五行化生万物，气以成形，而理亦赋焉，犹命令也。"(《中庸章句》) 东汉经学大师郑康成注："天命，谓天所命生人者也，是谓性命。"孔门接受"天命"，并回归到人本身的自

① 牟宗三. 中西哲学之会通十四讲. 上海：上海古籍出版社，1997：11.

然生命，即“性命”，认为“天命”决定人事。所以，孔子以天人关系为审美视角，以“情性”为审美对象，提出“性相近也，习相远也”（《阳货》）。

孔子以“命”论性。他不谈天道，只谈人德，不谈鬼神，只谈“天命”。“畏天命”与“知天命”是孔子“天命观”的基本思想。“畏天命”是对《周易》“天道”观的崇尚，“知天命”是对《周易》生命哲学的可知论的认同，所以认为“君子务本，本立而道生”（《学而》）。他吸收了《周易》的唯物思想，认为“性”是人的天赋姿质，是人的共同本性，“命”是天地自然对人的生命的制约，同时承认人的天性存在差别：“生而知之者，上也；学而知之者，次也；困而学之，又其次也；困而不学，民斯为下矣。”（《季氏》）“性相近”并非“性相同”，指出天性的差异存在。孔子还吸收了《周易》的“性善”思想，认为人之先天的“性相近”就是指“天命”，也是指性与道。而后天则“习相远”，“习”与“情”相联系，是“性”的延伸，所以“畏天命”。“习相远”是指后天“情性”的发挥，是个人奋斗和社会环境的总和。

孔子一生所追求的“仁”和“礼”就是建立在他的上述“天命”的基础之上的“器用”观。其中“仁”与“性相近”对应，“仁者爱人”就是要求用本真、诚信之天然之心外施于人。“夫仁者，己欲立而立人，己欲达而达人”（《雍也》）是“推己及人”、由内而外、由近及远、亲疏有别的等级化的情感对象化，实际上也是“人性向善”的思想。“礼”与“习相远”相对应，要求认识自身在社会群体中的天然、客观的“设位”，然后自敛于身心，即“克己行仁”，“己所不欲，勿施于人。在邦无怨，在家无怨”（《颜渊》）。可见，孔子虽然关注伦理中的人，但他更关注“天命”中的“情性”、生命中的德性。对“仁”和“礼”的追求，体现了孔子关于“情性”的独特审美境界。

孔子是一个最善于对生命进行审美思悟、善于同“天命”挑战的思想家。“学”和“立”是孔子极力倡导的“运命”人生观。他在对自己一生的描述中，把“学”放在第一位，反复强调“好学”，“学”是对“天命”的挑战。他把“立”放在第二位，说明“立”的前提和基础是“学”。“立”包括“自立”“立德”“立志”“立家”“立业”等，而“立志”是核心。

他认为“志”是人性的灵魂所在，是生命存在的标志，所以“三军可夺帅也，匹夫不可夺志也”（《子罕》）。“立”字体现了孔子对于把握人生的主动性与自觉性，是对“天命”的更深层挑战。子曰：“十有五而志于学，三十而立，四十而不惑，五十而知天命，六十而耳顺，七十而从心所欲，不逾矩。”（《为政》）这是孔子关于自己生命体验、人生体验的思悟最集中、最精辟的概括与描述，既富有普遍人生的哲学意味，又具有人生节奏的审美内涵。正是这种独特的思悟，才使他的一生不断与“天”力争。孔子认为，“君子”具有生命的自由，所以“君子坦荡荡，小人长戚戚”（《述而》），而从“小人”转化为“君子”，意味着人的生命和人生价值最终战胜了“天命”。可以说，孔子是以他的人生来证实了“性相近，习相远”的人性论。后来，孟子把“性”和“习”合为“人性”加以阐述。

由此看出，对于社会政治和社会道德，孔子是一个理想主义者；而对于生命和人生，孔子则是一个现实主义者。孔子一生就是由一个“小人”成长为“君子”的过程，他对于当时政治的理想和追求是失败的，而他对于生命的体验、感悟和总结则是十分成功的。对于“情性”在生命个体上的落实，孔子还有四个方面的生存态度和生命主张：第一，言与行。“言必信，行必果”（《子路》）是“情性”最基本的底线，是“小人”的起码要求。第二，知与仁。“知者不惑，仁者不忧，勇者不惧”（《子罕》），这是对“情性”的肯定，对人的价值的尊重，也是对人的真正发现。第三，乐与忧。“乐以忘忧”是孔子生存境界，他主张三乐，即以“学”为“乐”、“贫而乐”、“闻韶”而乐，他说“德之不修，学之不讲，闻义不能徙，不善不能改，是吾忧也”（《述而》）。第四，学与教。这是由“小人”到“圣人”“君子”的必由之路，也是他对人生法则的真切体验。“学然后知不足，教然后知困”（《礼记·学记》），“学而不厌，诲人不倦”（《述而》）。可见，孔子作为一个智者和圣人，不论是关于理想政治还是现实人生，他始终以审美的思维、审美的心态和审美的观念来对待生命与生存。

总之，孔子揭开了儒家“情性”学说的序幕，成为中国古代“情性”论的奠基人。他的“情性”观源于《易传》关于“情性”的“真”与“善”。在孔子观念中，外施于“仁”是最高的行为法则，内立于“乐”是人生最高的精神境界。可以说，孔子的“情性”论，是中国“人性审美”和“审美人生”的源头。

2. 孟子以“心”论“性”及其“心性”说

孟子的“情性”论有孔子思想的成分，但主要以《周易》“性情”观为依据，并通过论辩来表现。在儒墨论争中，墨子反对儒家等级观、仁义观和天命观，主张人性平等，提出“兼相爱，交相利”，主张“尚同”“非乐”，即主张“性无善恶”。杨朱则反对儒墨，主张“贵生”和“重己”。告子提出“生之谓性”“食色性也”，主张“性有善有不善”，并否定人性的社会道德属性。孟子从维护儒家“性情”学说和道德主张的立场出发，痛斥杨墨为“无君无父”“乱臣贼子”“洪水猛兽”等，同时驳斥告子外治伦理的主张，拒斥法家功利思想，主张从心性内在功用来校正人心，确保儒家立于宗法根基之上的伦理政治主张。因而孟子在论争中阐述了“人性向善”“不忍之心”“动心忍性”和“舍生取义”学说，反映了孟子关于“性情”的审美视角，以及关于人生、道德和政治的审美价值取向。

1）“人性向善”论

从《易传》到孔门，天命、性、道、心是等同的，情源于性，“天命之谓性”。而孟子则在此基础上严格界定了“性”与“人性”的概念差别。他首先肯定了“性”是人的生理欲求，认为“性”是人同于兽性和物性的自然属性，属于“生”和“命”的范畴，情欲属于“性”，而“人性”即“心”，是“人之所以异于禽兽”（《离娄下》）的道德属性，是“人之所以为人者”，“仁，人心也”（《告子上》）。“仁也者，人也”（《尽心下》），指仁义礼智诸德。故认为仁即人的本质和本心，孟子在人与非人的比较中发现了人的心性和“善”端。他说：“恻隐之心，仁也；羞恶之心，义也；恭敬之心，礼也；是非之心，智也。”（《告子上》）认为人皆有不忍之心，故“存其心，养其性，所以事天也”，“尽其心者，知其性也”（《尽心下》）。他认为“性”是自然属性，“人性”是社会属性，“不忍”之心是人性的本质，犹如儿童天生爱其父母、敬其兄长。孟子对于“性”和“人性”的这种界定，其“性”的内涵与告子的“性无善恶”并不矛盾，只不过孔门和老子皆以“生”论“人性”，只言及人的自然属性。而孟子则以“心”论“人性”，在自然属性基础上延伸，通过“生”与“心”的不同，把人与动物分开，强调了“人性”的概念。他所说的“心”实际上是《周易》和孔子所说的“情”。但孟子把情、性等同起来，以“立人之道曰仁与义”为立论依据，把“人性”与道德联系起来，以“仁义礼智”的道德为人性内涵，以“性善”论高扬人性的道德意义。

孟子的“性善”源于《易传》的“情伪”之分和“继之者善”的情性思想，认为良心即本心，实际就是“情”，“情”即“真”。他说：“君子所性，仁义礼智根于心。”（《尽心上》）他把良心概括为“四心”和“四端”：“由是观之，无恻隐之心，非人也；无羞恶之心，非人也；无辞让之心，非人也；无是非之心，非人也。恻隐之心，仁之端也；羞恶之心，义之端也；辞让之心，礼之端也；是非之心，智之端也。人之有是四端也，犹其有四体也。”（《公孙丑上》）认为同情、羞耻、辞让、是非作为善端，是人共有的心性，实际上是“性相同”，他多次提出“圣人，与我同类者”“圣人与民同类”“人皆可以为尧、舜”等。“有是四端而自谓不能者，自贼者也；谓其君不能者，贼其君者也”（《公孙丑上》）认为人必须承认自身的“善端”，否则就是“自贼”，有害于己也有害于君。可见，孔子所说的“情性”是先天的“天命”之情性，而孟子所说的人性是后天的道德之心性。孟子的所谓“人性”论，实际上是“人心”论、“人情”论，所说的“性善”就是“不忍之心”，是本能的良知与良能所表现出来的良心。

孟子的“性善”是指人性之“端”与“向”。他的仁义礼智“四心”具有三层意义。首先是指人心的起点，其“端”为“善”，但并没有否认其恶端的存在。其次是人性向善："人性之善也，犹水之就下也，人无不善，水无不下。"最后是"善"的潜质，有两种可能：一种是"扩充"，即通过对其潜在的"向善"之心加以"养""存""扩充"，把"善"引导、牵引、诱发出来；另一种是"放心"，认为大多数人不善于关注善心，而使"四端"被遗失，即"放心"，人们因遗失了"善端"而否认"善端"的存在，因此他主张要找回"放心""求放心"，也就是"存其心、养其性"(《尽心上》)、"养浩然之气"(《公孙丑上》)，主张"反求诸己"、尽心知性、循性而行，充分发现自身的人性价值。所以，孟子从"性端""性向"和"性质"三方面阐述"人性向善"，实际上是"心善"论。

2)"不忍之心"论

孟子试图以"心善"论贯通伦理与政治，以实现"情性"化的伦理政治，"不忍之心"是孟子"情性"论的审美价值核心。首先，他主张君王推及"不忍之心"。孔子主张个体"情性"的自我修身，孟子则相反，主张以良心来扬善抑恶，即君王应将个体的"不忍之心"由内向外推行于社会政治，形成"王道仁政"。"人皆有不忍人之心。先王有不忍人之心，斯有不忍人之政矣。以不忍人之心，行不忍人之政，治天下可运于掌上。"(《公孙丑上》)他把仁政归之于统治阶层的伦理自觉和伦理责任，认为只要伦理与政治合一，那么"正君而天下定矣"(《离娄上》)，"身正而天下归之"(《离娄上》)。孟子认为，"不忍之心"还表现在君臣关系上，臣下具有仁义之心，对君王具有忠诚之心，因此享有与君对等的人格地位，"君之视臣如手足，则臣视君如腹心；君之视臣如犬马，则臣视君如国人；君之视臣如土芥，则臣视君为寇仇"(《离娄下》)。只要君臣皆以"不忍之心"相对待，就能成为道德的榜样并感化万民，"人人亲其亲，长其长，而天下平"(《离娄上》)，即伦理亲和，天下安宁。这种以"不忍之心"来推行"仁政"的思想，只能是一种理想化的审美追求。

在伦理上，孟子以"不忍之心"为依据而主张"五达道"。他发挥了孔子"君君，臣臣，父父，子子"的道德思想，发展了《中庸》关于"君臣也，父子也，夫妇也，兄弟也，朋友之交也。五者，天下之达道也"的人道观，认为"父子有亲，君臣有义，夫妇有别，长幼有序，朋友有信"(《滕文公上》)，"天下之本在国，国之本在家，家之本在身"(《离娄上》)；认为"五达道"是圣人化育天下的中和之道，是"诚"的人道观。《中庸》曰："诚者，天之道也；诚之者，人之道也。"他吸收了《中庸》以"诚"为天人相通之道的思想，"是故诚者，天之道也，思诚者，人之道也"(《离娄上》)，认为只要真实不欺，人道与天道就沟通了。因此主张以"诚"相施，依次由身推及家、国、天下，心诚则天下诚服，身正则家国平安，君子唯善是从，"善与人同，舍己从人，乐取于人以为善"(《公孙丑上》)，则"爱人者，人恒爱之；敬人者，人恒敬之"(《离娄下》)。如果说孟子的"仁政"只是一种幻想，那么"五达道"伦理则为封建统治者构筑伦理政治体系提供了基本模式，成为强化封建专制的工具，显示了“不忍之心”的软弱性。

3）“动心忍性”论

“动心忍性”是孟子对“不忍之心”的进一步阐述。孟子发现，人在特定环境容易丧失先天善性良心，所以需要“动心忍性”，磨炼心志。动心即扩充善端、抑制恶源。同时，他也主张以善心去思想，心思应“居仁由义”（《尽心上》）。孟子提出“小体”与“大体”，小体即耳目口鼻之欲，大体即仁义礼智之心。从其大体为大人，从其小体为小人。“体有贵贱，有小大，无以小害大，无以贱害贵”（《告子上》）。把“大体”的“存”“养”“扩”称为“动心”。孟子又说“可欲之谓善，有诸己之谓信，充实之谓美，充实而有光辉之谓大，大而化之之谓圣，圣而不可知之之谓神”（《尽心上》），把“扩充善端”的心性活动分为善、信、美、大、圣、神六个层次的逐步提升过程。忍性，是使意志坚强，即强化忧患意识、历练身心。他认为，“安乐”则亡、“忧患”则生，所以主张居安思危。“故天将降大任于斯人也，必先苦其心志，劳其筋骨，饿其体肤，空乏其身，行拂乱其所为，所以动心忍性，曾益其所不能。人恒过，然后能改；困于心，衡于虑，而后作。”（《告子下》）“动心忍性”是对孔子“三省吾身”的发展，即把对个体自我的忧患上升为对社会的忧患，这是对孔子审美思维的一个重大突破。

4）“舍生取义”论

孔子重“仁”，孟子重“义”。“义利”观是我国古代形成的关于人生的一种独特的审美价值取向。先秦时期“义利”观具有不同的倾向。一是“义本”观，例如，“利者，义之和也”（《易・乾・文言》），“义，利之本也”（《昭公十年》），“义以生利，利以平民”（《左传・成公二年》），“义以生利，利以丰民”（《国语・晋语一》），“义以导利”（《国语・晋语四》）。二是“重义轻利”观，孔子在“义以生利”的基础上，提出“君子喻于义，小人喻以利”（《里仁》），主张“见利思义”“见得思义”“见利不亏其义”。三是“义利并重”观，例如，墨家认为“义，利也”（《墨经上》），主张“交相利”，即“互利”。荀子也主张“义与利者，人之所两有也”（《荀子・大略》）。四是“弃义弃利”观，道家因倡导“无为”“寡欲”，故主张“绝仁弃义”“绝巧弃利”。五是“利本”观，管仲“仓廪实而知礼节，衣食足而知荣辱”（《牧民》），商鞅也一反儒家义本利末思想，提出“吾所谓利者，义之本也；而世所谓义者，暴之道也”（战国《商君书》）。

孟子主张“舍生取义”。他认为，仁、义、礼、智皆为“本心”，是人性之“源”、向善之“端”。羞恶之心为“义”，“非其有而取之，不义也”（《尽心上》）。“仁，人心也；义，人路也。”（《告子上》）“仁，人之安宅也；义，人之正路也。”(《离娄上》)“夫义，路也；礼，门也。”(《万章下》) 孟子对于仁、义、礼的区分似乎很明确：仁为“宅”，即心之所存；义为“路”，即心之所为；礼为“门”，即对心之所节制。这样“义”就成为内化于心的一种行为标准，一种道德规定，即“人路”和“正路”。但孟子又常把“义”与“仁”“礼”等字合用，谓之“仁义”“礼义”等，表面上是同等的道德范畴，实际上是以“仁”为前提突出了“义”的价值。在孟子看来，“义”是道德的最高表现，体现为精神追求，而“利”是人性的需求，主要表现为“物利”。所以孟子在肯定“利”在人性中的地位的前提下，主张“重义”。

孟子“重义”主张表现在五个方面：一是道义养民；二是道义“安国”；三是道义战争；四是“舍生取义”，以此作为人生的最高理想；五是“穷不失义，达不离道”(《尽心上》)，即“富贵不能淫，贫贱不能移，威武不能屈”(《滕文公下》)。孟子是先秦第一个对“情性”展开系统论述的思想家，他立足于“民本”，以“心”论“情性”，主张“由己及人”，把“仁政”和“五达道”作为理想化的社会审美追求。以“不忍之心”为立论基础，虽然具有对“情性”善端的审美态度，但却缺乏理性意义。随着封建专制的强化，“义”的内涵处于动态变化之中，“正义”逐步向“忠义”“义气”转化，成为狭隘的、非理性的情感内涵。

3. 荀子以“情”论性及其“化性起伪”论

战国末期的荀子以儒家为本，兼采道、法、名、墨诸家之长，并进行批判和比较，建立了自己的思想体系和政治学说，在宇宙论、知识论、人性论、道德观、教育观、文学、政治学、经济学、逻辑学等各个方面，都有很大的建树[①]。荀子以儒家正宗自居，在强调孔子的“礼学”的同时，痛斥其他儒家学人，剧烈批判孟子“性善”论，主张“性恶”论，提出“天人相分”论，颇有向法家转变的趋势。因法家代表韩非子、李斯都出于荀子门下，故荀子受到后人指责和非议，宋代则为程朱理学所不容，出现了扬孟抑荀的现象。清代末年，梁启超、章炳麟等重新对荀学作出评价，并肯定了荀子思想的哲学史地位。其实，荀子学说具有孔、孟痕迹，他的“性恶”论与孟子“性善”论并非“针锋相对”，而是各有其“性善”的审美角度。在先秦时代，荀子最具有明确的宇宙观，因此他的理论也成为当时最富于逻辑性的思想体系，在先秦诸子争辩中独树一帜。荀子高扬了理性的精神，在注重辩证思维、讲求理论逻辑等方面，不仅具有典范意义，而且具有划时代的历史地位。

1)“性伪之分”论

荀子是继老子、管子之后又一位具有明确宇宙观和宇宙论的思想家。《管

---

① 吴登云. 中国古代审美学. 昆明：云南人民出版社，2009：270.

子》说："天不变其常，地不易其则，春秋冬夏不更其节，古今一也。"（《形势》）"天覆万物，制寒暑，行日月，次星辰，天之常也。"（《形势解》）荀子进一步阐述："列星随旋，日月递炤，四时代御，阴阳大化，风雨博施，万物各得其和以生，各得其养以成，不见其事而见其功，夫是之谓神；皆知其所以成，莫知其无形，是之谓天。""天行有常，不为尧存，不为桀亡，应之以治则吉，应之以乱则凶"（《荀子·天论》），明确指出自然界具有不以人意志为转移的客观必然性，主张既要尊重自然规律又要发挥人的主观能动性，"大天而思之，孰与物畜而制之；从天而颂之，孰与制天命而用之；望时而待之；孰与应时而使之，因物而多之，孰与骋能而化之；思物而物之，孰与理物而勿失之也；愿于物之所以生，孰与有物之所以成。故错人而思天，则失万物之情"（《荀子·天论》）。从唯物论和辩证法的高度来阐述"情性"思想，当代学人曾将其概括为"人定胜天"论。

荀子以"知"为"情性"。他认为"生之所以然者谓之性"（《荀子·正名》）。认识"天"属于人的自然本性，人类认识"天"的能力是无止境的："凡以知，人之性也；可以知，物之理也。以可以知人之性，求可以知物之理而无所疑止之，则没世穷年不能遍也。"（《荀子·解蔽》）他把认识主体的五官叫作"天官"（感官），在于感知外部事物而"各有接而不相能也"（《荀子·天论》）；"心"是思维器官，"心居中虚以治五官"，故谓之"天君"（《荀子·天论》），思维的功能在于"征知"理性。"人何以知道？曰：心"（《荀子·解蔽》），认为"心"具有极大的主体性、主动性，"心者，形之君也；而神明之主也。出令而无所受令。自禁也，自使也，自夺也，自取也，自行也，自止也"（《荀子·解蔽》）。因此，人的认识往往具有片面性和主观性，叫作"蔽"，"蔽"的形式很多，"欲为蔽，恶为蔽，始为蔽，终为蔽，远为蔽，近为蔽，博为蔽，浅为蔽，古为蔽，今为蔽。凡万物异则莫不相为蔽，此心术之公患也"（《荀子·解蔽》）。因此要解决"蔽"的问题：一是主张"虚壹而静"，"心何以知，曰：虚壹而静。……人生而有知，知而有志，志也者，藏也。然而有所谓虚，不以所已藏害所将受之谓虚"（《荀子·解蔽》），认为做到了"虚壹而静"，就可以达到"大清明"。二是主张"学至于行"，"知之不若行之，学至于行之而止矣"（《荀子·儒效》），认为"行"高于"知"，并能够检验"知"，又是"知"的最终目的。所以，荀子肯定了"知"（智）是"性"。

荀子主张"天人相分"，明确天、人不同的"职责"，主张"不与天争职"。他在承认自然界的客观性、规律性基础上，一反"天人合一"的传统宇宙观，提出了"天人相分"的观点。他认为，"强本而节用，则天不能贫；养备而动时，则天不能病；循道而不贰，则天不能祸……故明于天人之分，则可谓至人矣"（《荀子·天论》）。认为人具有自身的主动性，不能完全受天主宰，同时

“天”有自己的规律，不受人的意志支配。但他不否定天和天命，不否定天人感应，也没有把“天人相分”与“天人合一”对立起来。他说：“不为而成，不求而得，夫是之谓天职。如是者，虽深，其人不加虑焉；虽大，不加能焉；虽精，不加察焉，夫是之谓不与天争职。天有其时，地有其财，人有其治，夫是之谓能参。舍其所以参，而愿其所参，则惑矣。”（《荀子・天论》）“不与天争职”第一次明确从理论上对人道与天道、人性与天性进行明确的划分，从而把自然与社会区分开来。

荀、孟之争在“礼仪”。荀子以孟子“性善”为论敌，具体阐述了性与伪、人性与仁义的差别。在孟子那里，心、性、情、德是等同的，都指仁义礼智，故“人性”或曰“四心”“四德”“四端”，并把“情欲”归为人性中的“生”，认为感官欲望也是人性中“生”的一部分。孟子将子思仁义礼智圣“五行”整合为“四德”，拔高“圣”的位置，凸显“成圣”之艰难。由于孟子的宇宙观比较模糊，缺少学理逻辑，因此他的“心即性”、“性即德”的思想为荀子设立了驳论的靶子。对“性”的解释，荀子与孟子具有三个共同点：一是都认为“人性”乃天性，二是都认为“情欲”生于“人性”，三是都认为“性”是人区别于动物的本质。而他们关于“性”的争论焦点在于“礼义”之德的先天之性与后天之教的争辩。孟子认为“仁义礼智根于心”，乃是“天性”；荀子认为“性固无礼义”，“情欲”为先天本性，而礼义道德为后天的教化。

以“情”论性，进行“性伪”辨析，是荀子人性论的逻辑基础。荀子认为，“性”就是人的“情性”，“性者，天之就也。情者，性之质也。欲者，情之应也”（《荀子・正名》），性为天之所生，情为性的本质，欲为情之表现。“性之好、恶、喜、怒、哀、乐谓之情。情然而心为之择谓之虑。心虑而能为之动谓之伪。”（《荀子・正名》）这样，荀子进一步阐述了情、性、欲三者关系。程朱“心统性情”论可以在这里找到影子。又说：“夫好利而欲得者，此人之情性也。”“今人之性，饥而欲饱，寒而欲暖，劳而欲休，此人之情性也”，“若夫目好色，耳好声，口好味，骨体肤理好愉佚，是皆生于人之情性者也”（《荀子・性恶》），认为“人性”就是人的情性、情欲、欲望，就是感官欲求。荀子批评孟子是“不察乎人之性、伪之分者也”，认为：“礼义者，圣人之所生也，人之所学而能，所事而成者也。不可学、不可事而在人者谓之性，可学而能、可事而成之在人者谓之伪，是性、伪之分也。”（《荀子・性恶》）认为礼仪是人为，因而是“伪”。他在《荀子・性恶》中反复论证了性、伪之分：“古者圣王以人之性恶，以为偏险而不正，悖乱而不治，是以为之起礼义，制法度，以矫饰人之情性而正之，以扰化人之情性而导之也。始皆出于治、合于道者也。”“然则礼义法度者，是生于圣人之伪，非故生于人之性也。”他认为礼仪是圣人所制，用来矫正和疏导情性。其性、伪之根本差别就在于，前者为“感而自然，不待事而后生之者”，后者为“感而不能然，必且待事而后然者”（《荀子·性恶》）。又说：“性者，本始材朴也；伪者，文理隆盛也。无性，则伪之无所加；无伪，则性不能自美。性、伪合，然后成圣人之名，一天下之功于是就也。”（《荀子·礼论》）

“性相同”是荀子道德观和政治观的逻辑起点。他认为“天人相分”“性伪有别”，即“性相同”而“伪相异”，“异”在于后天修养。“圣人之所以同于众，其不异于众者，性也；所以异而过众者，伪也。”“凡人之性者，尧、舜之与桀、跖，其性一也；君子之与小人，其性一也。”“凡所贵尧、禹、君子者，能化性，能起伪，伪起而生礼义。”“故小人可以为君子而不肯为君子，君子可以为小人而不肯为小人。小人、君子者，未尝不可以相为也，然而不相为者，可以而不可使也。”（《荀子·性恶》）荀子主张性、伪相分的目的在于强调后天的“化性起伪”。但他把“知”列入“性”的范畴，于是产生了自相矛盾的论点。例如，“有圣人之知者，有士君子之知者，有小人之知者，有役夫之知者”（《荀子·性恶》）。人性具有“知”的差别，显然与“性相同”相矛盾。荀子、孔子都把“小人”与“君子”相对，但孔子的“小人”指地位卑微的人，而荀子的“小人”是指善于奉承讨好、言行相悖、善于巧诈的人，也指小人的“智慧”。

尽管荀子理论本身存在着矛盾，但同孟子以“心”论性相比，荀子以“情”论性的理论更富有坚实的哲学基础和严密的理论逻辑。

2）“化性起伪”论

荀子的“性恶”论同孟子的“性善”论仿佛针锋相对，但他们在“性”的概念上具有不同的意义范畴。孟子以“四端”之“心”为“性”而推出“性善”论，荀子则按照“性伪之分”而把本能的“情性”叫作“性”，“性”产生“欲望”而“贪利争夺”，从而导致纷争、离乱和穷困，“争夺生，而辞让亡”“残贼生，而忠信亡”“淫乱生，而礼义文理亡”，由此推出“性恶”说。荀子认为“性”无所谓善恶，“人性”中的“欲望”和“情性”也无所谓善恶，“所谓善者，正理平治也；所谓恶者，偏险悖乱也。是善恶之分也已”（《荀子·性恶》）。“人性”之所恶在于“情性”和“欲望”中偏向贪利而无分界，从而引起了“争夺”的后果。荀子在倡导“性恶”的同时，同样没有否定“人性”中的“善根”。他说：“所谓性善者，不离其朴而美之，不离其资而利之也。使夫资朴之于美，心意之于善，若夫可以见之明不离目，可以听之聪不离耳，故曰目明而耳聪也。”（《荀子·性恶》）荀子把属于“人性”的资质与美、心意与善良的关系，比作眼睛与视力、耳朵与听力的关系，这说明他在没有否定“人性向善”的前提下，着重强调另一个“心向”或“欲向”，即“人性向恶”的那个侧面，并非指人的本性。所以，荀子的“性恶”与孟子的“性善”并不矛盾，而在于对“性”的界定不同，孟子把“仁义礼智”同归为“性”，荀子则把“仁智”归为“性”，而把“礼义”归为“伪”，认为它是为治“性恶”才产生的“法度”。而真正的“性恶”主张者，当是荀子的学生、法家代表人物韩非子和李斯等。荀子认为君子与小人其性相同，只不过“小人”之欲局限于情性而贪利争夺，“君子”则能够超越情性而“化性起伪”，也就是“制天命”。

“天人相分”“性伪之分”“性恶”说与“制天命”构成了荀子道德理论体系的逻辑关系。“天人相分”强调天“无治”而人“有治”；因人性具有“向恶”的一面，故“圣人”制礼仪法度来“化性”“制恶”，故曰“化性起伪”；人性源于天性，故“化性”“制恶”就是“制天命”。“天能生物，不能辨物也；地能载人，不能治人也；宇中万物、生人之属，待圣人然后分也。”（《荀子·礼论》）故荀子尤其倡导“礼”，“礼者，所以正身也”（《荀子·修身》）。他认为人生来有欲，欲而求，求而争，争而乱，乱则穷，“先王恶其乱也，故制礼义以分之，以养人之欲，给人之求，使欲必不穷乎物，物必不屈于欲，两者相持而长，是礼之所起也。故礼者，养也”（《荀子·礼论》）。他主张以“礼”养“欲”、养“情”、养“性”、养“生”，最终目的在于“见善”，即抑恶扬善。所以荀子“制天命”主张的本质是“制人性”，即主张“化性起伪”，倡导礼仪法度，于是孕育了法家。

综观先秦时期人性论，老子站在宇宙高度关注“自然”人生，孔子站在人文立场关注个体“仁爱”修养，墨子以“兼爱”观主张“功利”人格，孟子站在“贵民”立场主张推及“不忍之心”，荀子以“天人相分”为依据强调“化性起伪”。不同的“情性”理论分别代表了先秦不同的人性审美观，共同构筑了我国古代人性论基本框架和“情性”审美学理论体系。

4. 董仲舒以“天”论性及其“天人感应”论

汉武帝出于思想统一的迫切需要，表彰六经，推尊儒术，举贤良对策，因此有董仲舒答武帝的“天人三策”，他提出“天人感应，君权神授”“罢黜百家，独尊儒术”和“大一统”的统治思想主张，并对传统儒学重新作了解释，在为西汉统治者提供儒学理论基础的同时，阐述了其人性论思想。

1）天人感应

董仲舒是继荀子之后又一个著有人性论专著的思想家，他的《深察名号》《实性》是两篇具有深远影响的人性论专题论文。董仲舒对天人“情性”的独特论述表现在三个层面：一是对先秦“天人合一”宇宙观的再次回归；二是“天人感应”的“情性”观阐述；三是“君权神授”的政治主张，“唯天子受命于天，天下受命于天子”（《为人者天》），从而使君主的权威绝对神化。

“天人感应”的本质，就是自然现象的“情性”，表现为社会现象，以社会现象理解自然现象。它是一把“双刃剑”：一是以神权限制皇权，以“天象示警”来劝告统治者推行“仁政”，“以君随天”；二是以天意劝解百姓，维护封建统治，即“世治而民和”，“世乱而民乖”，“气生灾害起”（《天地阴阳》），认为百姓只有安分守己才能风调雨顺，否则必遭灾难惩罚。因此，“天人感应”论成为维护皇权、巩固统治阶级长久利益、构建大一统政治局面的工具。可见，董仲舒以“天人合一”“天人感应”“君权神授”的神学观念，赋予了天以绝对化的人格意志和情性，这可以说是中国儒学“情性”论的一次空前的扭曲与变形。

2）“性三品”说

董仲舒在批判地继承孔、孟、荀等“情性”理论基础上加以发挥，明确提出“性三品”说。孔子曾以认识论把人划分为“上智”“下愚”“中人”三等，又以伦理学把人划分为“圣人”“君子”“小人”三等。孟子提出“圣人与我同类。出乎其类，拔乎其萃”（《公孙丑上》），显然承认了人的等级差别。荀子也把人分为“圣人”和“小人”。汉初贾谊把人的才性分为上、中、下三等，认为上者“可与为善，不可与为恶”，下者“可与为恶，而不可与为善”，中者则可与为善又可与为恶，并据此将历代帝王分成“上主”（如尧、舜）、“中主”（如齐桓公）、“下主”（如桀、纣）三类，“上主者，可引而上，不可引而下。……贤人必合，而不肖人必离，国家必治，无可忧者也”；“下主者，可以引而下，不可引而上。……邪人必合，贤正必远，坐而须亡耳。又不可胜忧矣”（《贾谊集・连语》）。董仲舒则加以综合，明确提出“性三品”论，把人性分为“圣人之性”“斗筲之性”“中民之性”。

董仲舒认为，情欲极少者谓之“圣人之性”，是不教而善者；情欲极多者叫作“斗筲之性”，是教而不能为善者；仁贪相差无几者叫作“中民之性”，是教而可以为善者。“圣人之性不可以名性，斗筲之性又不可以名性。名性者，中民之性……性待渐于教训而后能为善。”（《实性》）他认为“王”具有“圣人之性”而成为“治人者”和教化立法者的“超人”，违抗封建纲常的叛逆者则是具有“斗筲之性”的“小人”，这两者是不可改变的。而“中民之性”是“有善质而未能善”，是可以改变的。董仲舒的“性三品”论实际上是对孟子和荀子的“情性”论的整合，肯定人的“情性”具有向善、作恶两种可能性。同时，他认为性虽可以为善，但必须“待外教然后能善”。所以董仲舒所关注的是“中民之性”中向善的“情性”。这种“情性”具有两个特点。

首先，人的“情性”为“天质”。他认为人是天的副本，“性”为“生而所自有也”，“性非教化不成”（《天人三策》）。“情性”由天道决定，只可养而不可改。“质朴”或“自然”都是天然之性，是人秉天道，即“天质”。可见董仲舒是以“天”论性。

其次，人的“情性”为“仁贪”。他认为人身生于天，人性与天性合一。天有阴阳，人有情性，性有仁贪。性、情即“贪仁之性”，它来源于天的阴阳之气。性生于“阳”而表现为“仁”，可以产生善质；情生于“阴”而表现为“贪”，可以产生恶质。性与情又相与为一，“情亦性也”，也是性的一部分。所以“贪仁”之性包括性（善质）与情（恶质）。“性者，天质之朴也；善者，王教之化也。无其质，则王教不能化；无其王教，则质朴不能善。……性待教而为善，此之谓真天。天生民性有善质而未能善，于是为之立王以善之，此天意也。民受未能善之性于天，而退受成性之教于王，王承天意，以成民之性为任者也。”又说：“今万民之性，待外教然后能善，善当与教，不当与性。”（《深察名号》）本质上是以神化人性的方式强调“王教”的作用，认为教化是性的继续，只有教化才使人与天、地同等。

“性三品”说对后世产生了重大影响。西汉扬雄提出性善恶混论：“人之性也善恶混，修其善，则为善人。修其恶，则为恶人。”（《法言·修身》）东汉王充提出“余固以孟轲言人性善者，中人以上者也；孙卿言人性恶者，中人以下者也；扬雄言人性善恶混者，中人也。若反经合道，则可以为教，尽性之理，则未也”（《论衡·本性篇》）。韩愈曰：“性之品有上、中、下三，上焉者善焉而已矣，中焉者可导而上下也，下焉者恶焉而已矣。”（《原性》）北宋张载把性分为天地之性与气质之性：“性于人无不善，系其善反不善反而已……形而后有气质之性，善反之则天地之性存焉。”（《正蒙·诚明篇》）

董仲舒以“天”论性，以“阴阳”论“情性”，由天性推及人性，再由人性推及伦理，进而推理到政治。他主张性善情恶，崇阳卑阴，尊性卑情，强调“三纲”的尊卑与主从，详细阐述五行相生的顺承关系，建立起一套严密的社会伦理关系。所以说，董仲舒“情性”论是天道、人性、伦理、政治“四位一体”的政治生命学说，为封建统治建立了一套完整伦理政治体系，也为汉儒经学登上独尊地位奠定了坚实的理论基础。其扭曲了的“情性”审美视角，长期影响着中国古代关于生命和“情性”的审美心理①。

5. 程朱以“气”论性及其“心统性情”论

1）“理气”与“心性”

随着汉儒经学登上了独尊地位，“性三品”论逐步完善并成为汉唐儒家“情性”论的主流形态。但是，儒家与佛、道的根本分歧在于空静与实有、出世与入世的根本差别，因此儒家“情性”论受到了玄、佛、道的强烈冲击，自魏晋以来逐步僵化、衰落，学术旨趣日趋下降。随着隋唐佛教中国化及佛性论的极盛趋向，儒家“情性”论的主流风光更是日趋暗淡。但随着三教并重与合流，宋代兼容儒、佛、道诸家学派的理学产生，又为儒学的重振带来了生机。北宋

① 吴登云. 中国古代审美学. 昆明：云南人民出版社，2009：279.

中叶周敦颐开理学先河，他兼容三教诸家学派，创造了“无极而太极”的宇宙生成说，建立了理学本体论。张载将人性分为“天地之性”和“气质之性”，认为天地之性是善的来源，体现天理，而气质之性是恶的来源，体现人欲。因此主张存善性，去人欲。二程进一步提出“性即理”的命题，将人性区分为“天命之性”与“气质之性”。南宋朱熹加以全面总结和发挥，主张“革尽人欲，复尽天理”（《朱子语类》卷十三），建立起“存天理，灭人欲”的系统理论。程朱理学一直是元、明、清官方推崇的统治学说，明代王阳明说：“学者学圣人，不过是去人欲而存天理。”（《王文成公全书》卷一《传习录》上）程朱对儒、佛、道思想及精神的兼收并蓄与全新改造，革除了董氏的神学思想，把古代“情性”论推向了新的高峰①。

首先，“情性”论与佛性论思维相融。周、张、程、朱等理学诸子曾出入佛老，钻研佛典，深受佛性论熏陶，熟悉佛性论的理论优势，善于吸收佛学精华。他们利用佛性论的思维方式，把以虚无寂灭为旨归的真如佛性改造成为以仁义礼智为内涵的天命之性，使其由虚无缥缈的生死彼岸还俗到现实人生的庄严世界，使佛性论转化为人性论，以论证封建伦常的必然性②。

中国佛教的心性论源于《大乘起信论》的心性论，以“一心开二门”为理论模式。“一心”即“众生心”，即人当下现实的心理意识活动；“二门”即“心真如门”和“心生灭门”。心真如门是此心向上提撕而达到的清净本体，这是真如佛性的“不变”之义；心生灭门是此心向下沉沦而展现的八识变灭、生死流转的人生现实，此为真如佛性的“随缘”之义②。在“一心开二门”模式的基础上，将“不变”的本体之性与“随缘”的主体之心合于“一心”，相互融贯，主张提撕此心，超脱轮回，复归清净空寂的本性，成为中国佛教心性论关于人性善恶的总体思路。程朱以佛性“一心开二门”为基本模式，在张载的基础上提出“心统性情”论，即性、情合于一心。心为生理功能，性是心之本体，是先天未发。而情是性之流动所形成的情感意识，是后天之已发，即心的表现形式。情的强烈化表现就是欲。故性为体，情为用，性通过心显而为情，性情同为一心。未发已发皆为一心所贯通，所以主张用道心去规范人心，存理灭欲，实现向仁义礼智之本性的回复②。可见，程朱“情性”论与佛性论虽有着价值取向上的不同，但天命之性与心真如门，气质之性与心生灭门，其思维相融、意义相近。

其次，“心性”与道学相沿袭。程朱理学亦称“道德性命”学或“心性”学。程朱关于“天命之性”与“气质之性”还与道家思想有着极深的渊源。“所

---

① 吴登云. 中国古代审美学. 昆明：云南人民出版社，2009：280.
② 韩焕忠. 佛性论与程朱人性论重建. 孔子研究，2001，(11)：85-92.

谓道学或理学，正是在道教影响下出现的一股融合三教的思想潮流。”①

用“气”来解释人和天地万物的产生，是道家固有的思想，始于老子“万物负阴而抱阳，冲气以为和”（《老子》第四十二章）。庄子曰：“人之生，气之聚也，聚则为生，散则为死。……故曰：通天下一气耳。”（《知北游》）韩非子用“气禀”来说明生死更替，《文子》用以气来区分人的贤愚：“清气为天，浊气为地，和气为人。于和气之间，有明有暗，故有贤有愚。”唐末道士杜光庭明确将“气禀”概念引入“性”论，他在《道德真经广圣义》中注《老子》“不尚贤”章曰：“人之生也，禀天地之灵，得清明冲朗之气为圣为贤，得浊滞烦昧之气为愚为贱。圣贤则神智广博，愚昧则性识昏蒙，由是有性分之不同也。”周敦颐《太极图说》开篇说道：“无极而太极。太极动而生阳，动极而静，静而生阴，静极复动。一动一静，互为其根；分阴分阳，两仪是立焉。”张载与二程以“气”论性，提出“气质之性”，阐述善恶的不同原因。二程认为：“论性不论气，不备；论气不论性，不明。”（《二程遗书》卷 6）朱熹认为“气禀”论的思想源头是周敦颐之学：“近世被濂溪拈掇出来，而横渠二程始有气质之性之说。”（《朱子语类》卷五十九）他认为“惟周子《太极图》却有气质底意思。程子之论，又自《太极图》中见出来也”（《朱子语类》卷一百三十七）。“须兼性与气说方尽。此论盖自濂溪太极阴阳五行有不齐处，二程因其说推出气质之性来。使程子生于周子之前，未必能发明到此。”（《朱子语类》卷五十九）

朱熹以“气”论性更加透彻。他指出：“性气二字，兼言方备。孟子言性不及气，韩子言气不及性。”（《朱子语类》卷五十九）“至妙之理，有生生之意焉，程子所以取老氏之说也。”（《朱子语类》卷一百二十五）朱熹认为“性者万物之原，而气禀则有清浊，是以有圣愚之异”（《朱子语类》卷四），强调“性气”必兼，“人之有生，性与气合而已”，但性气二者各有其质：性主于理而无形，是本原；气主于形而有质，是派生。以此论证善恶的不同来源：“人之性皆善。然而有生下来善底，有生下来便恶底，此是气禀不同。”（《朱子语类》卷四）朱熹吸收韩非子的思想，认为性之本为善，善恶都是先天的，差别在于“气禀”之清、浊不同。此外，朱熹以“气”论性之善恶，认为先天并存性善和性恶，这既是对孟子先天性善论的突破，又是对荀子先天性恶论的汲取。

最后，“理气”与儒学相生。程朱人性论虽然融合了儒、道、释三教的思想，但其核心精神则是对儒家思想的发展与完善。程朱“心性”论是理学的核心范畴，也是理学的主题。二程理学不仅将理、道上升为世界本体，而且将其解释为“性”，认为“心即性也，在天为命，在人为性，论其所主为心，其实只是一个道”。（《二程遗书》卷 18）“性即理也，所谓理，性是也”（《二程遗书》

① 卿希泰. 中国道教史（第二卷）. 成都：四川人民出版社，1996：704.

卷 18)，认为性就是天或理赋予人或物的自然本性，即天命之性和气质之性，性与天理相通。这与儒家“生之谓性”“天命之谓性”是一致的。二程关于“性即理”的命题，是对于天、理、命、心、性、道等范畴精神整合和理论统一，鲜明地突出了以天理为代表的宇宙精神在一切领域的贯彻和运用，把儒家人性论的发展推向了一个全新的高度。

儒家人性论关注现实的善恶是非，谋求在现实伦理实践中从善去恶，实现王道理想。程朱认为天命之性为“天理”，天理形成了人的本性，决定了人的本性是至善。但由于气有清浊，故人性亦有善与不善。其“不善”阻碍了天理的正常发挥而出现了恶，这就是人欲。人的行为不是遵照天理，就是随顺了人欲，因此天理与人欲是绝对对立的，放纵人欲，就必然掩盖天理；要保存天理就必须去掉人欲，即主张“存天理，灭人欲”。这是对荀子“以欲论性”的继承发展。朱熹也认为“性、情、心，惟孟子、横渠说得好。仁是性，恻隐是情，须从心上发出来。‘心，统性情者也。’性只是合如此底，只是理，非有个物事。若是有底物事，则既有善，亦必有恶，惟其无此物，只有理，故无不善”(《朱子语类》卷五)，实为对孟子性善论的继承和发展。二程认为，人之所以为人的根本标志就在于人保有天理，具体表现为纲常人伦。人的先天善性与本然之心，就是天理的表现。本性、本心为善的人之所以会走向恶，就在于其先天之善被后天的物欲所污染，人的本心错聩不明，天理也就被蒙蔽而不得彰显，只有去除物欲、泯灭己私，才能复明人的先天善性。把“天理”同纲常人伦结合起来，显然是对董仲舒人性论的继承和发展①。

由于程朱理学对儒、佛、道人性思想兼收并蓄、相互渗透，众采先秦两汉诸子的思想理论精华、相互衔接，进一步把宇宙论、人性论、道德论和政治论融为一体，进行了更加系统的阐释与发挥，使原本成熟和完善的儒家人性论和道德论的理论逻辑体现得更加严密，使天理的正当性进一步支撑了人伦的正当性。

2)“心统性情”论

“人”是中国文化的核心，“以人为本”是中国文化的主要特征，“以心为本”是中国古代心性论的思想理论基础。由“以人为本”推向“以心为本”是中国古代人性论由外向内的思维发展。《尚书·泰誓》曰：“惟人，万物之灵。”《礼记·礼运》说：“人者，天地之心也，万物之端也。”刘勰也说人“为五行之秀，实天地之心”(《原道》)。《说文解字》曰：“人，天地之性最贵者也。”在中国古代宇宙结构中，人为宇宙天地之“心”。而就人来说，其“灵”和“秀”在于“心”，它作为人的生理特质和思维器官而被祖先所认识，又作为物质器官实体的功能属性与精神灵性的统一体而被推崇到至高地位。《黄帝内经·素问》曰

① 吴登云. 中国古代审美学. 昆明：云南人民出版社，2009：283.

“心也者，智之舍也”；孟子指出“心之官则思”“仁义礼智根于心”，性、情皆为心所固有；荀子言“心者，形之君也，而神明之主也，出令而无所受令”（《荀子·解蔽》）。董仲舒认为“身以心为本”（《通国身》），具有主宰情欲的能力。可见，秦汉时期已经由“人本”不断向“心本”推进。心在方寸，却具有独立、自主、主宰人身的地位，还能跨越时空、纵横天地神灵。荀子还认为“心也者，道之主宰也”（《荀子·正名》）。在先秦时期，已由“心”演化出了性、情、意、志、感、悟等心理范畴。孟子的心性论，荀子的性、情、欲之分，张载和程朱理学的性、情、心统一等，共同构成了具有系统逻辑的心性论体系。

张载率先提出“心统性情”命题，认为心是总括性情与知觉而言的，“天授于人则为命，亦可谓性。人受于天则为性，亦可谓命”（《张子语录中》）。他认为“性即天也”，故“性又大于心”（《张子语录上》），性之发为情，故情亦是心的内容。《性理大全》卷三十三引，“张子曰：心统性情者也。有形则有体，有性则有情。发于性则见于情，发于情则见于色，以类而应也”。张载“心统性情”还比较模糊，但经朱熹的阐释、发挥和推崇，心、性、情三者的关系也似成定论，并成为理学人性论的基本要素。朱熹说：“统，犹兼也。心统性情，性情皆因心而后见，心是体，发于外谓之用。”“性者，理也。心之体，情之用，性情皆出于心，故心能统之。”（《朱子语类》卷九十八）朱熹认为心有体有用，心之体是性，心之用是情，性情皆由心中发出。他比喻说，心如水，性如水之静，情如水之流，以说明情是性之发，欲是情之发。这与庄子的“性之动，谓之为”（《庚桑楚》）是一脉相承的。《礼记·中庸》孔颖达疏：“贺玚云：性之与情，犹波之与水。静时是水，动则是波；静时是性，动则是情，情之所用非性，亦因性也感而有情。则性者静，情者动。”但以体用关系来论述性情关系，认为心兼性情、心主宰性情等，是朱熹的发挥和创造。

3）“天理”“人欲”论

“存天理，灭人欲”是对儒家经典和儒学人性精神的发掘和阐释，也是程朱人性论的主旨。其思想源于《尚书》，其概念源于《礼记》等。朱熹说：“孔子所谓‘克己复礼’，《中庸》所谓‘致中和’，‘尊德性’，‘道问学’，《大学》所谓‘明明德’，《书》曰‘人心惟危，道心惟微，惟精惟一，允执厥中’，圣贤千言万语，只是教人明天理、灭人欲。”（《朱子语类》卷十二）《礼记·乐记》曰：“人化物也者，灭天理而穷人欲者也。于是有悖逆诈伪之心，有淫泆作乱之事。”二程说：“人心私欲，故危殆。道心天理，故精微。灭私欲则天理明矣。”（《二程遗书》卷二十四）可见，程朱人性论的核心思想依然是儒家学说。朱熹认为，“存天理，灭人欲”是儒学的精髓之所在，“学者须是革尽人欲，复尽天理，方始为学”（《朱子语类》卷十三）。因语出《乐记》，故朱熹把“存天理，灭人欲”的命题归纳为“圣人千言万语”的主旨。周敦颐在谈论音乐时曾说：“乐者古以平心，今以助欲；古以宣化，今以长怨。”（《周子抄释》卷一）程颐提出：“不是天理，便是私欲”，“无人欲即皆天理”。朱熹发展了程颐的思想，认为“天理人欲，不容并立”（《孟子集注大全》卷五）。“天人同理”，是朱熹“天理”论的一个基本内容。他将周敦颐、二程及释、道各家思想融会贯通，形成了以“理”为核心范畴的哲学体系，认为“理”是天地万物形而上的最高本体，天地万物都由理所生。“天地之间，有理有气，理也者，形而上之道也，生物之本也。”（《朱文公文集·答黄道夫》）宇宙万物都由理、气构成，理与气相对，“气”是形而下者，是理的体现，而“理”是形而上者，是事物存在的根据，也称为“道”，理与气是本末、体用关系，“宇宙之间，一理而已”（《朱子文集》卷七）。太极是天地万物之理的总体，“太极只是一个理字”（《朱子语类》卷一）。“道”“太极”“理”三者相通。“理”又是三纲五常的最终根源，即道德本体，包括道德秩序。他说：“阴阳五行错综不失条绪，便是理。”（《朱子语类》卷一）“理者有条理，仁义礼智皆有之。”（《朱子语类》卷六）由于“天理”是永恒不变的常理，它包括万物之规律、社会之秩序、人之情理。所以天理与人理同一，“理是人物同得于天者”（《朱子语类》卷四）。“天理”的本质是“仁”，“窃谓天地无心，仁便是天地之心”（《朱子语类》卷一）。“仁者，天下之公，善之本也。仁者，天下之正理，失正理则无序而不和。”（《近思录》卷一）朱熹以“天理”作为哲学依据，由仁爱之心延伸到君臣、父子等纲常伦理之道，认为“未有君臣，先有君臣之理”（《朱子语类》卷一），强调天人同“理”的目的，在于由天理推及人理、人性之理、道德之理，从理论逻辑上强化了伦理纲常和道德政治的绝对性、永恒性和合理性。

此外，朱熹进一步以“天理”论来论证万物差别，认为富贵贫贱之分是固定、永恒不变的“天理”，以此论证伦理等级秩序的合理性，主张按照伦理等级各安“定分”，“不可认是一理了，只滚做一看，这里各自有等级差别”（《朱子语类》卷九十八），只可“父安其父之分，子安其子之分，君安其君之分，臣安其臣之分，则安得私”（《朱子语类》卷九十五），这里不再赘述。

对于“人欲”，朱熹继承了自孔子以来儒家的基本观点。孔子主张“欲而不贪”（《尧曰》）。孟子把合理的欲望和追求视为善：“可欲之谓善。”（《尽心下》）荀子主张“养人之欲”“以道制欲”（《乐论》）。二程主张“灭私欲则天理明”（《二程遗书》卷二十四）。朱熹进一步对理与欲作了辨析，进一步肯定人的物质生活需求的合理性：“饮食者，天理也；要求美味，人欲也。”（《朱子语类》卷十三）他在《孟子集注》中说：“鱼与熊掌皆美味，而熊掌尤美也。”认为舍鱼而取熊掌者都是合道理的人欲，都属于天理。而“所欲不必沉溺，只有所向便是欲”（《近思录》卷五），即合理的欲望是天理，过分要求与“贪欲”则是所灭的“人欲”。正如宋人袁采说：“饮食，人之所欲，而不可无也，非理求之，则为饕为馋；男女，人之所欲，而不可无也，非理狎之，则为奸为滥；财物，人之所欲，而不可无也，非理得之，则为盗为贼。人惟纵欲，则争端启而狱讼兴。”（《袁氏世范》卷中）朱熹把“人欲”分为“好底”和“不好底”两种：一是“以理得之”，即符合“天理”的追求与所得；二是“非理得之”，即违背“天理”的追求与所得。前者是合理的人欲，后者是贪欲的人欲，即公与私、善与恶的差别，“存天理，灭人欲”就是“去其气质之偏，物欲之蔽，以复其性，以尽其伦”（《朱子语类》卷七）。

朱熹的“存天理，灭人欲”是针对特定的对象的，即分别指向统治者、中人和士人。对于统治者，主张“人主”制天下必须有天理人欲之分，有“公私邪正之途判”。针对“中人”，朱熹继承发展了董仲舒和韩愈的“性三品”学说，认为“圣人”之性清明至善，不教而自善。而“贤人”则次于“圣人”，必须通过教育，才能达到“亦无异于圣人”的地步。“中人”由于“气质”之偏，“物欲”之蔽，因而介乎于“君子”与“小人”之间，施教则可使其成为“君子”，反推则可使成为“恶人”，因此强调对社会中、上层的教育。对于士人学者，则是劝勉后生“格物、致知、诚意、正心、修身”，培养自律自制力，寄厚望于“齐家、治国、平天下”。因为唐王朝科举制度打破了士庶界限，庶族中下层知识分子通过从军边塞、干谒王侯、科举仕进，具有进入社会上层的诸多机会和广阔途径。作为教育家的朱熹，他用《大学》“致知在格物”的命题来探讨认识领域中的理论问题，探讨知行关系，主张士人学者克己省身，这便是理所当然的事。面对立志成就功名的知识分子，朱熹说：“人之一心，天理存，则人欲亡；人欲胜，则天理灭。未有天理人欲夹杂者。学者须要于此体认省察之。”“学者须是革尽人欲，复尽天理，方始是学。”（《朱子语类》卷十三）“学者须常收敛，不可恁地放荡。”（《朱子语类》卷十二）他希望学者“不为物欲所昏，则浑然天理矣”，“有天理自然之安，无人欲陷溺之危”（《朱子语类》卷十三），才能成为国家和社会的栋梁。

朱熹以“心统性情”“天人同理”“理一分殊”为依据，把“三纲”作为皇权制社会关系结构中最核心的伦理关系并纳入政治范畴，把“五常”视为维系社会关系的基本规范，进一步强化了统治者与被统治者之间的人身依附关系和等级差别。“存天理，灭人欲”适应了以道德政治为主体的中央集权制度的需要，成为强化封建统治的政治工具，程朱理学也就成了封建礼教的典范。继程朱理学之后，陆九渊倡导“心理同一”的道德，叶适提出“以利和义”的义利观，王守仁提出“心即理”心学，李贽提出“仁义”与“势利”双重禀性，王夫之阐述“天理”与“人欲”统一思想等，其要素和关系都没有大幅度的变革。

综观儒家人学史，其形成了以伦理为主体、以“情性”为核心的三个重要发展阶段。先秦时期，《易》学以“阴阳”论性，明确了天、命、性和道、情、性的关系：“性自命出，命从天降。道始于情，情生于性。”(《性自命出》郭店楚墓竹简)开启了“情性”论主题，孔子以“命”论性，孟子以“心”论性，荀子以“情”论性等，形成了先秦“情性”论高潮；董仲舒以“天”论性，代表了汉代“情性”论高峰；程朱以“气”论性，心统性情，不仅代表了宋代“情性”论高峰，而且形成了中国古代最系统的人学思想体系。三个阶段的“情性”学说体现了一个共同的生命哲学思想：“性”是万物生命的本质，“情”是“性”之所动，是生命的活力。对于人来说，“性”之冲动就是“情”，而“情”的活跃产生了“欲”。对于社会来说，合理的人“欲”就是符合于“天道”，控制“欲”的法则便是履行“天德”。这种“道德”哲学既符合道家顺应自然的道德观，又成为儒家治理社会的伦理道德观的哲学基础，反映了中国古代对人的本质认识不断深入的基本的逻辑进程，形成了中国独特的“情性”论思想体系，进而形成了以“情性”为逻辑基础的关于人的完善的道德学说。宇宙学说、人性学说、道德学说、政治学说，共同构筑了中国古代文化“四位一体”的“情性”审美观。

二、“情性”与中国诗学审美本体论

“情性”由生命哲学的概念延伸成为诗乐理论中的核心概念，并在不断的转换和发展中贯穿于整部古代文学理论与批评史，体现了关于诗学的生命审美的“象思维”特征。

在中国古代文论体系中，先秦乐论是“情性”审美的源头，集中体现于《乐记》和《乐论》之中。史前“三代”巫祝文化的发展，孕育了“性动生情”“情动生欲”“制欲以德”的道德“情性”观，并渗透于歌舞乐一体、“政教合一”的原始巫术之中，形成诗乐功能观：“乐”既可以道情，又可以导情。“乐”主“和”，“礼”主“序”，万物皆一。于是针对人之情性而制礼作乐、以礼配乐、以乐制欲的思想逐步形成。早在周代以前就形成了一套较为系统的礼乐制度，作为道德伦理上的礼乐教化，维护社会秩序上的人伦和谐，到夏商周时期逐步代替了巫祝文化。正如中国近代史学家钱穆所总结的那样：“心统性情，性则通天人，情则合内外。”[①]《三礼》(《周礼》《仪礼》和《礼记》)就成为先秦时期礼乐文化体系的标志，体现了当时礼乐文化的理论形态。《乐记》曰：“是故先王本之情性，稽之度数，制之礼义。”郭店楚墓竹简《性自命出》也说“情生于性”“礼作于情”。司马迁关于“乐”的总结，进一步阐述了古代

① 钱穆. 略论中国文学//钱穆. 现代中国学术论衡. 北京：生活·读书·新知三联书店，2001：245.

圣人关于诗乐与情性关系的深刻认识："乐者，通于伦理者也。""知乐则几于礼矣。礼乐皆得，谓之有德。""乐者为同，礼者为异。同则相亲、异则相敬。乐胜则流，礼胜则离。合情饰貌者，礼乐之事也。""德者，性之端也。乐者，德之华也。金石丝竹，乐之器也。诗，言其志也；歌，咏其声也；舞，动其容也。三者本乎心，然后乐气从之。是故情深而文明，气盛而化神，和顺积中，而英华发外。"（《史记·乐书》）"和"与"序"一致，"乐"与"礼"并举，共同以人性之真"情"来通达并协和人与人、人与神、人与自然的关系，即所谓"礼乐顺天地之诚，达神明之德，隆兴上下之神"（《礼记·乐记》），"礼所以承天道以冶人情也"（《礼记·礼运》）。在礼乐文化的背景下，以"情性"为审美本体的乐论与诗论随之先后生成。

（一）秦汉诗乐理论中的"情性"本体论

《尚书》"诗言志"说所阐述的是诗教的目的，即为调教人之情性而"教胄子"，通过标准诗乐的引导和感化，使"胄子"情性向着"直而温，宽而栗，刚而无虐，简而无傲"的人格方向成长。其基本标准是："诗言志，歌永言，声依永，律和声。八音克谐，无相夺伦，神人以和。"（《尚书·尧典》）可见，"诗言志"一开始就是诗乐与情性相统一的理论，才成为后世儒家诗乐理论的核心命题。《左传·襄公二十七年》记载文子告叔向曰："诗以言志"，战国时期《庄子·天下》与《荀子·儒效》也都分别载有"诗以道志""诗言是其志也"等，但先秦时期所说的"志"主要指与修身、治国相关的志向和怀抱，所言的是情、志一体的诗教与政治的关系，属于理性的范畴。中国诗论经历了从"情志"合一到"情志"相分的转换，最终以成熟的理论形态确立了"情性"在中国诗学中的本体地位。

"情性"一词，作为哲学概念始于《周易》，孔子开启了以"情性"为本体的诗乐的理论先河。《乐记》和《乐论》体现了哲学"情性"向审美"情性"的思想理论转化，并在《毛诗序》中真正成为诗论概念。

1. 孔子的诗乐理论与"情性"

以"情性"论诗乐，始于孔子。《诗经》的整理，标志着"纯文学"的歌诗已经从诗、乐、礼"三位一体"、政教合一的伦理诗乐体系中分离出来。与《诗经》有关的评论或序言的出现，标志着具有独立性质的"诗论"的诞生。孔子以"情性"论诗乐，致力于《诗》的研究，领悟了《诗》的"情性"本质，并提出了诗歌理论，这当然得益于他系统整理"六经"以及对于诗教的实践与总结。他的诗学思想集中体现为以"情性"为道德政治教化的目的，但他没有明确地把情、性分别开来，而是始终把诗乐与人格精神和社会政治统一起来。因此，孔子的诗论实际上是“诗乐”一体的理论，《礼记·仲尼燕居》载，子曰：“礼也者，理也；乐也者，节也。君子无礼不动，无节不作。不能诗，于礼缪；不能乐，于礼素；薄于德，于礼虚。”孔子重《诗》就在于重“乐”，而重“乐”的本质就是重“情”，重“情”的核心在于重“仁”，因此主张诗、乐并重。在《论语》中，直接论述“情性”的言辞甚少，但他建立在“仁爱”哲学基础之上的诗学思想，就是以“情”为核心内容的：“仁者，爱人。”郭店楚墓竹简《性自命出》是孔子思想的延伸，书云：“爱类七，唯性爱为近仁。”认为只有以“性”为本的“爱”是真情。也就是说，孔子的“仁”的本意是“以性为本”之爱，是真情之爱，因此他的诗论是以张扬性、情、爱为主线的。孔子把“情性”内化为“仁”的精神实质，提出了一系列以“情性”为本的诗乐审美理论。例如，“思无邪”讲的就是情感的“正道”，“《关雎》乐而不淫，哀而不伤”就代表着孔子诗乐理论的情性观。代表他诗歌功能观的“兴观群怨”说，“兴”是激发民情，“观”是洞察民情，“群”是交流感情，“怨”是表达感情，四者无一不是以“情”为核心的思想理念。孔子以“情性”为本的诗歌理论，突出地表现在上博楚简《孔子诗论》之中，开篇第一简就以孔子的“诗亡隐志，乐亡隐情，文亡隐言”三句话作为全篇的纲领，在奠定全篇“以情论诗”的主基调同时，表现了对孔子“情性”为本的诗学观的发现和肯定。第十一简中指出：“情，爱也。”全篇除了直接以“情”“性”二字论诗以外，还分别使用了喜、怒、哀、乐、爱、怨、忧、思、愉、悦等系列关于情感的言辞论诗。可见，孔子在肯定诗歌表现情感、表现人性的基础上，把以“仁”为核心审美思想、以“德”为“性本”审美内涵、以“中庸”为指归的审美标准、以“乐”为最高的审美境界，以及“以和为贵”的社会政治理想等融为一体，开启了中国诗论的先河。其诗论渗透了“情性”，但没有直接把“情性”作为一个诗学概念独立地提出来，这是因为孔子的诗论不在于关注人本身而在于关注人生发展与社会和谐之间关系，也不在于关注诗乐的艺术审美而在于关注其政治教化的功能。然而，这种重“情性”而又“述而不作”的诗乐理论，为诗乐“情性”论拉开了序幕并引出了发展空间。

2.《乐记》中的“物感”与“情性”

《乐记》与《乐论》是最早关于“情性”审美的系统理论，它阐述了音乐与“情性”的关系，揭示了音乐基于“情性”而又以改造“情性”的特质，并以此建立了“物感”说的思想理论，成为后世诗文理论的基本审美精神。如果说孔子的“诗论”包含着“乐论”，那么《乐记》与《乐论》同样包含着“诗论”。

《乐记》既发挥了《周易》的“情性”哲学思想，又发展了孔子以“情性”调教为核心的诗学功能观，最早把“情性”作为一个乐论的概念明确提炼出来。

《乐记》首先发挥了《周易》关于“利贞者，性情也”的“性本”与“情用”的思想，认为“性”为静，“情”为动：“人生而静，天之性也；感于物而动，性之欲也。”人道源于天道，由静而动乃“性术之变”，因“感物”起：“德者性之端也。乐者德之华也。”“夫乐者乐也，人情之所不能免也。乐必发于声音，形于动静，人之道也。声音动静，性术之变，尽于此矣。”认为“凡音之起，由人心生也。人心之动，物使之然也。感于物而动，故形于声。声相应，故生变；变成方，谓之音；比音而乐之，及干戚羽旄，谓之乐”。同时，还把孔子“中庸”及其政治教化功能，把哲学“情性”、人生“情性”、政治“情性”统一起来，把物理“情性”与心理“情性”有机联系起来，在音乐“情性”、人类“情性”和宇宙的“情性”之间建立起了一个严密的哲学逻辑，进而在由“性”到“情”、由“静”到“动”之间寻找到了“动力”起因，从而提出并阐述了“物感”的思想理论。《乐记》关于“情性”本质和“物感”动力的论述，标志着中国古代文艺创作和文艺理论已经具有了相对的独立性和艺术审美意义，为诗学理论的独立发展提供了新思维和新方法。

《乐记》以“诗言志”为核心，在阐述情性、物感、音乐三者逻辑关系的基础上，明确提出并阐述了以下“四论”。

一是“礼乐情同”论。由宇宙原理来类推人性与社会：“乐者，天地之和也；礼者，天地之序也。和故百物皆化，序故群物皆别。”由此认为：“故礼以道其志，乐以和其声”，“乐者为同，礼者为异”，“乐由中出，礼自外作”，“礼节民心，乐和民声”，“礼者殊事，合敬者也；乐者异文，合爱者也。礼乐之情同”。“礼乐情同”论的本质是强调儒家“礼乐并举”的乐教思想。

二是“音通政道”论。由个人的“情性”延伸到社会政治的兴衰与治乱，提出音乐的“政治晴雨表”功能：“凡音者，生人心者也。情动于中，故形于声。声成文，谓之音。是故治世之音安以乐，其政和。乱世之音怨以怒，其政乖。亡国之音哀以思，其民困。声音之道与政通矣！”“音通政道”论所强调的是儒家“乐以观德”的思想。

三是“乐通伦理”论。以音乐的修养层次作为衡量人的“素质”的标准，并以此划分人的等级：“凡音者，生于人心者也；乐者，通伦理者也。是故知声而不知音者，禽兽是也；知音而不知乐者，众庶是也。唯君子为能知乐。是故审声以知音，审音以知乐，审乐以知政，而治道备矣！”

四是“中和之纪”论。以“和乐［lè］”为准则，提出“以乐感人”“以道制欲”和“以乐管情”的理论。“故乐者，天地之命，中和之纪，人情之所不能免也。”由此认为“乐也者，圣人之所乐也，而可以善民心。其感人深，其移风易俗，故先王著其教焉”。“乐者乐也。君子乐得其道，小人乐得其欲。”“以道制欲，则乐而不乱；以欲忘道，则惑而不乐。”“乐也者，情之不可变者也。礼也者，理之不可易者也。乐统同，礼辨异。礼乐之说管乎人情矣！”

《乐记》荟萃了秦汉时期的儒家音乐思想精华，形成了一个较为完整的音乐思想体系。在“乐”的本质、“乐”与“情性”、“乐”与伦理、“乐”与政治以及以“情性为本”的功能观、“礼乐”并举等诸多思想理论上，荀子的《乐论》与《乐记》基本上是一脉相承的。但由于《乐论》以“性恶论”为基础，以墨子“非乐”论为论证的“靶子”，因此与《乐记》的思想相比具有以下不同。

第一，《乐记》强调“言志”功能，多次言及“礼以道其志”“反情以和其志”“诗言其志”“独乐其志”等。《乐论》则强调先王的“立乐之方”与“立乐之术”，基本上没有涉及“言志”的言辞。

第二，《乐记》立足于“物感”，以“感物而动，性之欲”为理论起点，其理论重心在于对“乐”的生成、“乐”与“情性”关系，认为“情深而文明，气盛而化神，和顺积中而英华发外”。《乐论》则立足“乐感”，以音乐节奏“足以感动人之善心”为理论起点，重心在于“乐”与“民”的功能关系，认为“乐者，圣王之所乐也，而可以善民心”。

第三，《乐记》主张以乐“管情”“导情”“和声”“和志”与“道志”，认为“倡和有应，回邪曲直，各归其分……是故君子反情以和其志，比类以成其行”。“故礼以道其志，乐以和其声，政以一其行。”而《乐论》则主张以乐“导善”“动善”，认为“唱和有应，善恶相象，故君子慎其所去就也”。“矫饰人之情性而正之，以扰化人之情性而导之。”（《荀子·性恶》）

第四，《乐记》以“乐”为“德”，“德者，性之端也；乐者，德之华也”，“乐者，所以象德也”，故“乐行而民乡方，可以观德矣”。《乐论》则以“乐”为“道”，认为“人之道，声音动静，性术之变尽是矣”，“君子乐得其道，小人乐得其欲；以道制欲，则乐而不乱；以欲忘道，则惑而不乐。故乐者，所以道乐也”，“故乐也者，治人之盛者也”。

《乐记》和《乐论》代表了中国古代最早的乐论，把宇宙“情性”和人的“情性”统一于一体，共同构成以“情性”为本的思想体系，呈现出艺术审美理论的“象思维”。

3.《毛诗序》中诗论与“情性”

《毛诗序》标志着“情性”由乐论概念转化为诗论概念。《毛诗序》作为《诗经》的序言，是对先秦以来儒家诗学思想的总结和发展，它固守儒家“诗言志”的政治理念和诗乐教化的思想，融汇了包括孔门弟子在内的有关诗乐理论话语，在总结并阐述了《诗》之“六义”的同时，把乐论之“情性”论引入诗学理论，提出“吟咏情性”的思想，体现了秦汉儒家诗论的基本特征。《毛诗序》开篇就揭示了“风”的意义：“风，风也，教也，风以动之，教以化之”，即《诗》具有以情动情、以情化情的社会功用。第二部分具体阐述“心”“志”“言”“情”之间的内在逻辑，通过“情动于中而形于言”来揭示“情性”在《诗》中的本体地位。第三部分进一步把诗乐一体的“诗情”视为国家盛衰兴亡的征兆，进而突出强调“诗情”的教化力量和政治功能：“故正得失，动天地，感鬼神，莫近于诗。先王以是经夫妇，成孝敬，厚人伦，美教化，移风俗。”这与孔子思想一脉相承。第四部分不言“赋、比、兴”而专门阐释“风”“雅”“颂”，提出“吟咏情性，以风其上”，并指出“故变风发乎情，止乎礼义”。把“民之性”和“国之事”统一起来，认为“系一人之本”谓之“风”，“言天下之事，形四方之风”谓之“雅”，“美盛德之形容，以其成功告于神明者也”谓之“颂”。可见，“风”在“风、雅、颂”三者中具有核心地位，“风”以“情”为本，“雅”以“风”为“言”，“颂”以“风”之“功”为依据同神明沟通情感。不难看出，专门阐释“风、雅、颂”的目的在于突出“情性”在《诗》中的价值。《毛诗序》最后把“风、雅、颂”概括为《诗》之“三事”，把“赋、比、兴”概括为“异体”，足见其“重情”的理论特征。

从周代乐礼制度的完善与“诗言志”的提出，到孔子对诗乐论的开启，再到乐论与诗论的系统形成，“情性”观念代表着当时宗法儒学在宗族文化背景下的一种“血缘文化”。稍晚于孔子并与孔子文化背景不同的诗人屈原的诗论，以楚国文化为背景同样体现着以“情”为本的诗学思想。屈原在《九章·惜诵》中明确提出：“惜诵以致愍兮，发愤以抒情。”他的作品大都是发愤抒情之作。西汉司马迁在《史记·屈原列传》中说：屈原“忧愁幽思而作《离骚》”，在《报任安书》中总结了《周易》以来的许多重要经典著作，认为都是“圣贤发愤之所作”。可见，秦汉时期，“情性”不仅成为诗文内容的本体，而且还成为乐论、诗论、文论的思想核心。司马迁对于“情性”在诗文和文论中的本体地位，给予了承前启后的历史性肯定、总结和张扬。

（二）魏晋南北朝诗学中的“情性”主导论

在秦汉时期的诗乐理论中，“情性”论都是指以“诗言志”为主旨的人类共同情性。魏晋时期，曹丕的“诗赋欲丽”明确把“诗赋”作为独立的文学审美体系而分离出来。曹丕没有关于“情性”的理论，但他提出：“文以气为主，气之清浊有体。”“气”与“清浊”是以《周易》中的生命“情性”为依据的，具体指作品所呈现出来的气质情性，实际上是对于作者独特的个性气质的发现，既包含着“情性本体”论，又体现着“情性主导”论的思想。由人类共同的“情性”论到作家作品个性的“情性”观，这是中国文论中由“情性”本体论转向“情性主导”论的一次巨大突破。

陆机再次把“诗”与“赋”划分开来。他批评了以往“每自属文，尤见其情，恒患意不称物，文不逮意”的通弊，提出“诗缘情而绮靡，赋体物而浏亮”。“缘”为缘起、缘由、因缘之意。“诗缘情”明确主张诗歌缘情而发，并通过情感与辞采的统一来主导文章，进而改变“意不称物，文不逮意”的现状。纵观《文赋》全文，“诗缘情”冲破了“诗言志”和“发乎情，止乎礼义”的伦理观，超越了秦汉以来“吟咏情性”的伦理诗学思想，主张诗人的主观情感的发挥。这种“情”当是个体生命情感的体验，是人性存在的真实，是心灵激荡的本味，实际上就是突出“情性”作为诗作之主导地位。可以说，“诗缘情”的理论诞生，标志着中国诗学的“情性主导”论的确立，体现着由伦理、政治、教化合为一体的诗学理论向纯文学的审美理论的转化。

刘勰根据陆机所揭示的“意不称物，文不逮意”的通弊，在物与象、情与辞、文与言等众多关系上展开了较为详尽和深入的阐述，寻求到了一个解决矛盾的核心概念——意象。于是围绕创造“意象”（雕龙）的创作目的论，展开了以“神思”为主题、以“情性”为主导的文学创作观。刘勰的“情性”大致可以归纳为六个层次。第一层，诗以“情性”为本：“文采所以饰言，而辩丽本于情性。”（《情采》）第二层，诗以“情性”为道：“诗者，持也，持人情性。”（《明诗》）第三层，诗以“情性”为宗：“义既埏乎性情，辞亦匠于文理。”（《宗经》）第四层，诗以“情性”为主：“雕琢情性，组织辞令。”（《原道》）第五层，诗以“情性”为质：“气以实志，志以定言，吐纳英华，莫非情性。”（《体性》）第六层，诗以“情性”为治：“陶冶情性，功在上哲。”（《征圣》）这样，在刘勰的理论中，诗“本于情性”“持人情性”“埏乎性情”“雕琢情性”“莫非情性”“陶冶情性”等六个层面，贯通了诗文的创作理念、创作本源、创作主旨、创作方法、创作内容到作品功能等，全程都突出了“情性”为核心的观念，体现出“情性主导”的诗学思想及系统的理论方式。刘勰的“情性”概念，一方面继承了具有普遍社会心理意义的儒家传统“情性”观，另一方面还具有个人才性、个性气质、个体灵性等方面的内涵：“人禀七情，应物斯感，感物吟志，莫非自然。”（《文心雕龙·明诗》）因此刘勰的“情性”概念超越了《乐记》和《毛诗序》主张表现个性气质的诗学“情性”观，成为后世摆脱儒家伦理政治的诗学“情性”观的一枝新芽。

同时，刘勰的诗学“情性”论所体现的又是一种复杂的、矛盾的“情性”观。它具有儒学道德情性观、玄学“自然”情性观、佛学“空净”佛性观等多种思想的交错，于是在理论阐述中呈现着诸多矛盾，如“主志”与“主情”的矛盾：一方面主张“情以物兴”和“物以情观”（《诠赋》），“情以物迁，辞以情发”（《物色》），另一方面又以“原道”“宗经”和“征圣”为纲领；一方面主张“神思”，“物色之动，心也亦焉”（《物色》），“登山则情满于山，观海则意溢于海”（《神思》），另一方面又强调“志气统其关键”（《神思》）；一方面肯定“风雅之兴”时期的诗人“志思蓄愤，而吟咏情性”，另一方面又反复强调“述志为本”（《情采》）的思想；一方面主张“为情造文”，另一方面又在他的论著内容、结构和篇幅等方面刻意“套用”《周易》的宇宙结构论和“天地自然之数”；一方面在理论上呈现出鲜明的“情性主导”的诗学审美观，另一方面又始终贯彻“以志率情”“情志”合一的儒家政治伦理观。既主张自然“情性”观而又坚持功利“情性”的矛盾，成为刘勰诗学“情性”论的根本局限，其根源就在于“宗经”和“征圣”为纲领的束缚。

钟嵘的《诗品序》从不同角度阐述了以“情性”为本的诗学理论：①从人性本质的角度揭示诗作的动力本源，认为“气之动物，物之感人，故摇荡情性，形诸舞咏”，并择引了《毛诗序》中的“动天地，感鬼神，莫近乎诗”，抛弃了“正得失”和“经夫妇，成孝敬，厚人伦，美教化，移风俗”的伦理功利言辞，进一步凸显了“摇荡情性”所体现的崇尚个性的审美主张。②从人类生存的角度来揭示诗作的生活源泉，指出：“凡斯种种，感荡心灵。非陈诗何以展其义？非长歌何以骋其情？”“使穷贱易安，幽居靡闷，莫尚于诗矣。”③从诗歌本质的角度揭示诗歌的核心要素：“至乎吟咏情性，亦何贵于用事”“指事造形，穷情写物”。钟嵘的诗学“情性”观在肯定个人才性、个性气质、个体灵性的基础上，进一步从两个方面凸显了魏晋以来关于“情性主导”论的诗学思想。①推崇具有个性创造的“风骨”：“昔九品论人，七略裁士，校以宾实，诚多未值。至若诗之为技，较尔可知。以类推之，殆均博弈”“干之以风力，润之以丹彩，使味之者无极，闻之者动心，是诗之至也。”（《诗品序》）主张像郭璞那样以“纯用（人隽）上之才，变创其体”，像刘琨那样“仗清刚之气，赞成厥美”，更像谢灵运那样“才高词盛，富艳难踪”。尤其倡导诗如其人，例如，肯定曹植诗的“骨气奇高，词采华茂”、刘桢诗的“真骨凌霜，高风跨俗”、阮籍的“言在耳目之内，情寄八荒之表”等。②主张诗歌的“滋味”，认为诗歌应该使人“味之者无极，闻之者动心”，“是众作之有滋味者也”，反对东晋玄言诗的“淡乎寡味”，批评东晋后期的诗更是平庸得像“道德沦”一般呆板。“滋味”说主张情性为本的审美体验，标志着我国诗学理论真正突破了以政治伦理为主体的功利诗学“情性”观，走向了以审美价值为主体的纯文学诗学“情性”观。

总之，在魏晋南北朝时期，“吟咏情性”已经成为诗学领域淡化伦理政治、强调审美意识的诗学理论的核心概念。南朝文学家裴子野就说：“自是间阎年少，贵游总角，罔不摈落六艺，吟咏情性。学者以博依为急务，谓章句为专鲁。”（《雕虫论》）同时代文学家萧纲也说：“未闻吟咏情性，反拟《内则》之篇；操笔写志，更摹《酒浩》之作。”（《与湘东王书》）

（三）唐宋诗学“情性”观的理性化

唐宋诗论在继承诗歌以“情性”为主体和主导的同时，其根本的突破在于淡化天然之“性”而张扬主观之“情”。

从继承的方面看，以“情性”为主体和主导的诗学思想，是唐宋以来文论和诗学理论的主旋律。例如，唐朝令狐德棻说：“原夫文章之作，本乎情性。”（《周书·王褒庚信传论》）皎然说：为文应“真于情性，尚于作用，不顾词彩，而风流自然”（《诗式》），又说：“览而察之，但见情性，不睹文字，盖诣道之极也。”司空图说：“情性所至，妙不自寻。”（《二十四诗品·实境》）白居易说：“诗者，根情，苗言，华声，实义。”（《与元九书》）严羽说：“诗者，吟咏情性也。”（《沧浪诗话·诗辨》）二程说：“兴于诗者，吟咏情性，涵畅道德之中而教动之，有‘吾与点’之气象。”（《二程外书》）明冯梦龙说：“文之善达性情者无如诗。”[①]金元时期王若虚说：“哀乐之真，发乎情性，此诗之正理也。”（《滹南诗话》）元好问说：“诗与文，特言语之别称耳。有所记述之谓文，吟咏情性之谓诗。”（《杨武能小亨集引》）明徐祯卿说：“情者，心之精也。情无定位，触感而兴；既动于中，必形于声。……因情以发气，因气以成声，因声而绘词，因词而定韵，此诗之源也。”又说：“朦胧萌坼，情之来也；汪洋漫衍，情之沛也；连翩络属，情之一也；驰轶步骤，气之达也。”[②]谢榛说：“景乃诗之媒，情乃诗之胚，合而成诗。”（《四溟诗话 》）明末黄宗羲说：“诗以道性情。”（《马雪航诗序》）沈德潜说：“诗贵性情。”（《说诗晬语》卷上）叶燮说：“文章者，所以表天地万物之情状也。”（《原诗》）

从突破的方面来看，唐代“意境”理论形成了诗学“情性”观的一个重大转折。王昌龄的“境思”论率先揭示了诗歌“意境”关于“情”与“景”两个基本要素及其对应关系。他所主张的“境思”纵横的思维方法，包括“情”纵横、“意”纵横和“物”纵横，谓之“三境”，开启了“意境”论的先河。“意境”论围绕“情”与“景”的交融和“形”与“神”的统一，突出主观之“情”在诗歌中的本体地位。而作为与“天道”合一的固有之“性”在“意境”范畴中则被无形地淡出，“性”主要指个性、气质和才性修养。“意境”及其“情”“景”要素的理论诞生，使诗歌真正从道德与政治的教化体系中分离出来，成为独立的艺术审美形式。同时，“意境”中的主“情”观念和“意思纵横”“任意纵横”的理论，还明确体现了创作思维、创作手法和创作技巧等理论的“象思维”特征。

皎然的“情思”论借助“禅理”的“心”“境”来阐释“意境”，主张“心

---

① （明）冯梦龙. 冯梦龙全集. 南京：江苏古籍出版社，1993：1.
② （明）徐祯卿. 谈艺录//何文焕. 历代诗话（下册）. 北京：中华书局，1981：765.

悟道妙”“心与道契”。在皎然的笔下，“情”“志”“意”皆为“心”，属于“思”的范畴，因此主张“积精思”。而作为“意象”之“物”经过“心”的作用和“情”的纵横，则形成由“物”的纵横转化为“景”的纵横，成为群象纵横，转换成为时空一体之“境”，构成虚实一体、心物相融、情景交合的想象空间。皎然的主“心”论的本质是“情思”论，认为“其比兴等六义，本乎情思”，这就完全不同于“本乎情性”而重“性”的观念。“天与其性，发言自高，未有作用”，而“作者措意，虽有声律，不妨作用”。“作用”就是发挥思维主动性，只有发挥“作用”，才能使“所作诗，发皆造极”，实现“两重意已上，皆文外之旨”的层次性想象空间。皎然没有主张道德之情、政治之情和“止乎礼义”之情，但却主张理智之情和含蓄之情。他说：“气高而不怒，怒则失于风流；力劲而不露，露则伤于斤斧；情多而不暗，暗则蹶于拙钝；才赡而不疏，疏则损于筋脉。”（《诗式》）这说明已经脱离了伦理政治的思维体系，也超越了魏晋以来的“自然情性”，主张发挥个体才性和思维主动性，表现出对于“情”的理性认识。皎然在诗歌“情”本论的基础上，进一步把“情思”作为诗歌创作的根本方法加以具体阐述，把王昌龄的“情”“意”统一于“心”或“思”，把“物境”转换为“景”，把“三境”整合为以“情性”为主导的“意境”，使“意境”理论在概念内涵、创造方法、审美特性等方面初步形成了较为系统和完整的思想理论体系。

王昌龄的“境思”论和皎然的“情思”论，由“情性”本体论、主导论提升到以“思”为根本方法的理论高度加以探索并进行系统阐释，彻底冲破了“止乎礼义”的“情志”观，并以纯艺术审美的思维方式建立了以“意境”为核心范畴的诗学审美理论体系，成为我国诗学“情性”论走向自觉的一个重大转折。以“情”为核心的“意境”理论成为整个唐代诗人和诗论家的诗论主流，司空图以“韵”“味”为审美追求的“四外说”的具体阐述，进一步呈现了审美创造与审美鉴赏在“意境”理论中的统一性。可以说，唐代诗论融入了佛学“境界”的思维，以“情性”为主导、以“情景”为要素、以“韵味”为审美追求的“意境”理论体系，真正从艺术审美的思维立场上确立了“情性”在诗学理论中的核心地位，标志着艺术审美的“象思维”打开了“象外之象”的无限空间。

诗学“情本”论在宋代理学中进一步成为维护儒家伦理教化的根本依据。程朱理学“心统性情”论关于未发之“性”和已发之“情”的辨析，进一步从哲学上阐述了主观冲动之“情”在诗歌创作与诗歌欣赏过程中的突出地位。朱熹明确主张“情”有正邪之分，认为诗教的价值就在于正人“情性”、调控“情性”，引导人格精神回归道德与政治的正轨：“诗者，人心之感物而形于言之余也。心之所感有邪正，故言之所形有是非。惟圣人在上，则其所感无不正，而其言皆足以为教。”(《诗集传序》)“盖《诗》之言美恶不同，或劝或惩，皆有以使人得性情之正。于凡《诗》之言，善者可以感发人之善心，恶者可以惩创人之逸志，其用归于使人得其性情之正而已。”(《诗集传》)可见，程朱之“情本”观沿袭了儒家传统“诗言志”说中的道德与政治的志向和情趣，他说：“熹闻诗者，志之所之，在心为志，发言为诗。”(《答杨宋卿·晦庵集》卷十九)在《朱子全书》中说：“志者，心之所之，比于情意尤重。”所以，他们关于“本于情性”“吟咏情性”“陶冶情性”“正人情性”等主张，其实都是淡“性”而主“情”的诗学观。或者说，诗歌创作、诗歌本质、诗歌欣赏及诗教等，其审美思想的核心不在于“体”而在于“用”，不在于未发之“性”而在于已发之“情”，又从新的哲学高度回归到“情本”诗学的主张。

以“吟咏性情之正”为宗旨的理学诗论，本质上是完全维护儒家诗学的道德伦理价值而淡化诗文的艺术审美价值。但是，关于“性体情用”的理论，淡“性”而主“情”的诗学观，进一步体现了唐宋诗学“情性”论的理性化特征，代表了唐宋“情性”论的理论高峰。

（四）明清诗学“情性”观的“自性”回归

南宋著名哲学家陆九渊针对理学“心统性情”论和“理”在人心之外的理论，展开“心”与“理”的大辩论。他融合孟子“万物皆备于我”和“良知”“良能”的观点，以及佛教禅宗“心生”“心灭”等论点，提出“心即理”的哲学命题，开创了“心学”的门径，提出“宇宙是吾心，吾心便是宇宙，人同此心，心同此理”。他认为天理、人理、物理只在吾心中，心是唯一实在：心即理是永恒不变的。明代中期，王阳明继承并发展了陆九渊的“心即理”的本体论，并结合《大学》中的“格物致知”来批评朱熹的理学，认为心、道、天是统一的，“心即是道，道即天，知心则知道知天”。“无心外之理，无心外之物。”(《传习录》上)

在明代心学以前，无论哲学“情性”观还是诗学“情性”论，或重其自然属性，如告子、荀子力主人的自然属性。或偏其社会属性，孟子的“四端”善性和陆九渊“性即理”“心即理”就是篇重人的社会属性。王阳明则融入儒、释、道哲学思想，把心、性、情、理统一起来，明确提出“心即性”的命题，认为“心即性、性即理”，“心”具有自觉性、自主性和和自由性，主张“知行合一”，开启了从心理层面上论述“情性”的先河，对于诗学“情性”观回归“自性”的审美诗学观，产生了积极影响。

王阳明认为“凡知觉处便是心”(《传习录》下)，“心”就是“理”，“理”的核心是“知”，仁义礼智之心即“良知”，是人的天性，“无善无恶是心之体，有善有恶是意之动，知善知恶是良知，为善去恶是格物”（《传习录》下）。他认为心、性、情、理、知五者“合一”，视为“良知”，“情”为“良知”之用，故“喜怒哀惧爱恶欲谓之七情。七者俱是人心合有的，但要认得良知明白”。“七情顺其自然之流行，皆是良知之用，不可分别善恶。”（《传习录》下）“良知”是心之本体，具有主宰作用和“灵明”与“造化”功能，因而具有主观能动性。“良知是造化的精灵，这些精灵，生天地，成鬼成帝，皆从此出，真是与物无对。人若复得他，完完全全，无少亏欠。”“心即是道，道即天，知心则知道。”（《传习录》中）诗教的目的在于“致良知”，使人追求独立人格、发挥主观能动性：“一悟本体，即见功夫，物我内外，一齐尽透。”（《王阳明全集》）

王阳明还进一步发展了孔子以“乐”为人生最高境界的思想，从七情中把“乐”提出来作为“心之本体”，认为“乐”既在七情之中，又在七情之上，“乐是心之本体，虽不同于七情之乐，而亦不外于七情之乐，虽则圣贤别其乐，而亦常人之所同有”（《答陆原静书》）。孔子认为“乐”是“仁”的表现，王阳明进一步阐述“仁”是人人固有的“良知”，只需在自身中讨求。这就将心理情感和道德本能共同提升到了本体的高度，突出个体心理的自我之真情，强调“内求”的心学思想。所以王阳明说：“知是心之本体。心自然会知。见父自然知孝，见兄自然知悌，见孺子入井自然知恻隐。此便是良知，不假外求。”（《传习录》上）

王阳明认为“自性”即“本性”，是“永恒不变”的、能自主与自决的心本体论，即人的心灵与精神。他说：“人者，天地万物之心也；心者，天地万物之主也。”（《答季明德》）“自性”作为儒家思想因素，是对于儒家“良知”内容（仁义礼智）的继承和“良知”的主观能动性（“主宰”“灵明”“造化”功能）的发现。“自性”又具有佛学的浓厚色彩，是不变不灭的“空静”为本之性和“自悟”之性，即所谓见性成佛、清静自性。正如南朝梁武帝《净业赋》所说：“既除客尘，又还自性。”唐寒山《诗》之二三八所说：“寄语诸仁者，復以何为怀。达道见自性，自性即如来。”王阳明“心学”中的这一佛儒交融的“自性”观和“内求”思维，对明清诗学“性灵”说产生了极大地影响。

可见，王氏心学关于“心性”合一、“情性”合一、“知行”合一、“体用”合一等思想，本质上是“自性”，是三教合流的哲学思想，代表着中国封建社会晚期儒学思想发展的最后高峰，也代表着长期以来儒佛学相互作用、相互交融的最高哲学成果。正如明代学者焦竑所说：“不捐事以为空，事即空”“不灭情以求性，情即性，此梵学之妙、孔学之妙，而吾心性之妙也。”[①] 中国古代三教合流的“自性”心理学观念，与荣格分析心理学的“自性”观存在着本质的区

① （明）焦竑. 澹园集（卷十二）. 北京：中华书局，1999：82.

别，荣格的“自性”也指心、性或本性，是人心灵的中心，但包含着“神”的因素，映射着西方神学思想的影子。而王氏的“自性”观则是以人为主体、以“人心”为本体、以“情性”为主导的具有“知行”主动性的人学观念。

哲学“情性”理论的发展，必然引起诗学审美观念和诗学理论变革。明代中叶以后，随着封建专制制度的日趋衰微和资本主义的萌芽，学术思想界展开了对程朱理学的批判和斗争。然而，在阉党专政、倭乱频繁的明王朝，礼教和假道学对心灵的禁锢，已成为明代社会发展的严重障碍。同时，明代前七子、后七子所倡导“文必秦汉，诗必盛唐”的复古主义，八股盛行，也成为文艺创作的精神桎梏。在该时代现实生活中，进步文人们自持“修身治国平天下”的救世愿望向外伸展而难以实现，只得将理想的“情性”由“外求”收敛为“内求”，抛弃世俗功利的精神羁绊，以任性自适的抒情方式寄情于山水，适乐于酒色。这一必然趋势，为代表进步力量的知识分子寻找冲破心灵禁锢的突破口，提供了时代的机遇。融入了禅宗思想的阳明心学，主张自主、自由和自决的“自性”观和“内求”思维，为心灵的探索提供了哲学理论基础。儒家先贤以“主情”为主流的哲学“情性”与诗学“情性”理论则提供了经学依据。于是，以关照个体心理、张扬主观“情性”、发挥主体精神为特征的哲学“心”学，引起了诗学“主情”论的裂变。诗歌如何使人超越道德政治的心灵禁锢、回归个性的本真，使进取者通过自我情感的“内求”，得到自我的心灵安顿，求得更加有利的进取，成为诗学理论研究的重要内容。明代徐祯卿就说：“情者，心之精也。情无定位，触感而兴。既动于中，必形于声。”这些说明，与“发乎情，止乎礼义”相决裂而复归“自性”，已成为明代诗学“情性”观的必然走向。“乐为心之本”的心学思想，以“空静”“无念”为本的禅宗“情性”观，以“自性”和“内求”为理念的思维方式，主张自由抒发自我情感与欲望等，成为晚明诗歌创作和诗学理论的新思潮。明末产生的“童心”说和“性灵”说，正是这一思潮发展的诗学理论成果。

明末思想家李贽吸收、融合并改造了儒、道、佛的“情性”思想，在《童心说》中揭露伪道学及其教育的虚假本质，否定程朱理学及其“存天理，灭人欲”的教育目的论，主张个性自由和个体精神的解放，主张“童心”是心灵的本源，提出了“童心”的文学“情性”观，认为“童心”即是真心，“一念之本心”，“童子者，人之初也；童心者，心之初也”。“夫童心者，真心也。”“童心”说表现着对人的个性和主体价值的自觉认识，主张文学应以真心和真人来表达个体的真实感受与真实愿望的“私心”，真实自由地表露人性的真实情感和固有的欲望，自由地“吐其心之所有”。他吸收了禅学“自性”思维而去除了“空静”与“虚无”思想，把“童心”阐释为“赤子之心”的自然真性，提倡自然人性和自然的人生态度，反对以伦理政治和道德礼仪来限制人的情感和行为。他认为，人只有保持人性的自然才能认识真理，而任何束缚都会使人失去人性，文学就是要顺应普通人的自然要求，表现从自然属性出发的欲望、要求和感情。他说："夫童心者，绝假纯真、最初一念之本心也。若失却童心，便失却真心；失却真心，便失却真人。"（《童心说》）

早在宋代，杨万里就反对江西诗派模拟、剽袭等恶习，主张"风趣专写性灵"（袁枚《随园诗话》），提出了诗学意义的"性灵"概念。焦竑以"童心"说为依据提出："诗非他，人之性灵之所寄也。"（《雅娱阁集序》）认为诗是人最本真、最深切的情感寄寓，诗"情"应"沛然自胸中流出"（《焦氏笔乘》）。明代戏曲家汤显祖也阐述过文学"灵性"的概念，他特别注重文学的"灵根""灵性"和"灵气"，在《新元长嘘云轩文字序》中提出"独有灵性者，自为龙耳"。"童心"说的"主情"诗论及其诗学"性灵"概念的提出，成为诗学"情性"观的又一转折。李贽和焦竑的弟子"公安三袁"批判前七子、后七子的拟古风气，正式确立了"性灵"说的诗学"情性"论，主张"独抒性灵，不拘格套"。"不拘格套"表明对一切外在约束的冲破，主张创作自由。作为在特定历史背景下产生的"性灵"说，集中体现了"内求"的诗学审美精神。它主张耽情山水、任性自适，从自觉、自悟、自乐的精神状态中超越现实的苦闷与困惑，寻求自主的精神出路，这正是回归"自性"的诗学精神表现。"性灵"说作为中国古代文论中一个富有生命本真的诗学理论，使中国古代诗学"情性"论日益趋向于对生命本能的审美价值发掘。

清代袁枚积极倡导并发展了"性灵"说，并主张"情性为本"的诗学观，认为性情是诗歌的第一要素。他说："诗者，人之性情也。""诗难其真也，有性情而后真。"（《随园诗话》）"诗者，心之声也，性情所流露者也。"（《随园尺牍·答何水部》）"性情之外本无诗。"（《寄怀钱屿沙方伯予告归里》）又说："凡诗之传者，都是性灵，不关堆垛。"（《随园诗话》）可见，袁枚的"性灵"与"性情"是等同的概念。袁枚对于"性灵"说的发展在于，既重"情性"又重"诗才"。认为诗歌中的"情性"应表现出诗人独特的个性："作诗不可无我。"（《随园诗话》卷七）同时认为"诗才"是表现"性灵"的关键因素，体现诗人的独创性："诗人无才，不能役典籍运心灵。"（《蒋心余杂藏园诗序》）"灵性"说充分体现了个性解放精神在诗学领域的进一步发扬光大，并形成当时诗坛的主潮，进而发展成为一个以"自性"体验为基础的较为完整的"性灵"说诗论体系。

纵观中国古代"情性"论史，"情性"作为一个哲学概念被引入了乐论和诗论而成为诗学审美范畴，成为中国诗学审美的灵魂。秦汉道德政治的诗学主张"本于情性"，魏晋南北朝艺术审美的诗学主张"吟咏情性"，宋明理学的诗论主张"陶冶情性"，明清心学的诗论主张"独抒性灵"，"情性"始终成为诗学的核心概念，“情”是诗歌生命的主旋律，是“意象”“意境”的核心要素，体现了“象思维”在生命审美过程中的本质——情感想象。

第二节　古希腊“万物有灵”论与“神本”诗学

与中国古代以人为本、“万物有生”的宇宙哲学和以“情性”为核心的诗学理论不同，西方古代以神为本而崇尚“万物有灵”的宇宙观和生命观，从自然科学、哲学到诗学无不灌注着“灵魂”学说。古希腊是西方“灵魂”学说的发源地，在古希腊哲学思想体系中，宇宙“三界”之天性、人性、神性都离不开“灵魂”说，因此“灵魂”说是古希腊哲学的基本理论和核心思想，也是西方审美思维体系的“基因”。人本与神本、“情性”与“灵魂”，分别体现了中西古代哲人不同的宇宙本体观和生命意识，由此决定了中西古代审美思维发展的基本走向。

“灵魂”说是古希腊哲学家们探索宇宙奥秘、追问宇宙本原的产物。“灵魂”理念早已存在于古希腊神话传说之中，公元前 6 世纪以后开始出现以追求智慧为特征的古典哲学，在探讨万物本原、宇宙起源和演化等问题的同时，把“灵魂”同宇宙万物的本源联系起来。因此，“灵魂”学说是古希腊哲学较早探究并普遍关注的哲学内容之一，也是古希腊审美思维和审美理论的一个核心概念。关于“灵魂”的解释，先后经历了自然哲学、宗教哲学和宗教神学三个基本过程。

一、古希腊自然哲学与“灵魂”观

古希腊最早的哲学学派——米利都学派的创始人、被誉为“科学和哲学之祖”的泰勒斯（公元前 624—前 546），是西方思想史上第一个有记载留名的思想家，也算是古希腊第一个关注生命的哲学家。他在提出“水是宇宙万物的本原”和“水生万物，万物复归于水”的基础上，首次提出了“万物有灵”说。他把“水”的特性中所呈现出来的生命活力现象概括为“灵魂”，从而引申出“万物有灵”的结论。他认为“灵魂是一种具有活动能力的东西”，认为整个宇宙都是有生命的，正是灵魂才使一切生机盎然。泰勒斯把“灵魂”解释为“活力”，以自然物质现象来揭示了“生命”的特征，成为古希腊灵魂学说的开端。同时，这种以“物活”论思想来阐释灵魂的论断，成为西方“万物有灵”论的起点。然而，由于对宇宙本质认识的实体性、现实性等思维特性，以及以实证为依据的自然哲学的局限性，泰勒斯把“水”视为宇宙本体，把“灵魂”视为生命活性的本原。这一“物质一元论”的灵魂说，仅仅是一种猜想或想象的哲学理论，即把这种猜测同当时埃及的神造宇宙的神话相结合，借助想象而以主观唯心主义的思维方法赋予了“神”而得出的结论，并没有从自然科学的逻辑方式进一步阐述“活力”因素的本质所在。所以亚里士多德就认为泰勒斯把灵魂神化了，并在《论灵魂》中说：“有人说灵魂弥漫整个宇宙。正是由于这个原因，泰勒斯才认为万物都充满了神。”①

泰勒斯的学生、米利都学派的另一位集大成者——阿那克西美尼（约公元前 570—前 526）继承了关注“生命”的哲学思维，以“气”来解释宇宙万物及其生命活力。他认为“气”是万物的本原，是维持生命存在的因素。以此为依据，他通过对气的稀散和凝聚两种对立运动现象的直接观察，进一步认为“灵魂的本质就是气、气息、或呼吸”。认为世界的本原是单一的而且是有限制的，这就是“气”。从表面上看，以“气”的聚散现象来解释生命活力，当属于朴素唯物主义。但是，这一实体化的解释，在强调生命的“活力”特征的同时，认为“气”就是“灵魂”，更强调“灵魂”是生命的本源。然而，在当时的原始科学背景下，“气”作为实体性存在具有不可测与不可知性。阿那克西美尼对“气”模糊的、神秘的认识和阐述，只能是以经验为基础的，由于没有去追问“气”之前的客观本原问题，也没有思考“气”作为动力源载体的本质特性，因此留下了神秘的问号，最终还是用“灵魂”来解释“气”的本质，把生命本原追回到“灵魂”上来。西塞罗（公元前 106—前 43）在《论神性》中就说：“阿那克西美尼认为气是神，它存在着，是不可测量的、无限的。”认为阿那克西美尼的气本原是不可知论。奥古斯丁（354—430）则在《神之城》中说：“他认为气并不是众神所造，相反，它们却是来自气的。”也就是说从阿那克西美尼的哲学中可以得出“气是神和万物的最终本原”的结论。古希腊早期关于“水”“气”的“神秘难测”特性的认识及其宇宙本质论，成为古希腊神学理论产生的思维基础，并构建了神学哲学的生成空间，直接影响着后世哲学家。因此，古希腊哲学一直在实体性物质中徘徊，直到柏拉图才开始具有“理式”论的非实体哲学思维。

赫拉克利特（约公元前 540—前 470 年）继承和发展了米利都学派的生命哲学思想，以“火”来解释万物的本原及其过程，并以辩证法思想来猜测事物的产生、变化规律，即对立统一所形成的“一切皆流”的原理，并把这种规律或原理称为“逻各斯”。他认为“宇宙既不是任何神，也不是任何人所创造的”（残篇 30），万物的本原是火，宇宙是永恒的活火，但“火”不是一种具体的物

① 苗力田. 古希腊哲学. 北京：中国人民大学出版社，1992：21.

质元素，而是一种脱离了物质具体形态的形而上的对立统一的运动和生灭不息的特性。宇宙本身就是它自己的创造者，宇宙秩序是由它自身的逻各斯所规定的。人的灵魂是宇宙之火的一部分，是人的思维，灵魂对事物的认识就是认识事物的“逻各斯”，即智慧。“干燥的灵魂是最智慧、最高贵的灵魂。”（残篇 118）而“万物是一，就是智慧”（残篇 50）。“真正的智慧（逻各斯）就是认识万物的主宰，也就是火。”（残篇 118）“智慧就是一件事情：取得真的认识，即万物何以通过万物而被主宰。”（残篇 132）他在明确提出了“灵魂”为本的认识论的同时，还从三个方面超越了米利都学派：一是以“对立统一”的“运动”观来阐述了宇宙、人、灵魂三者的关系，更富有理性；二是认为宇宙是永恒的，人在宇宙中，作为人的思维的灵魂能认识宇宙，智慧（逻各斯）就是认识万物的主宰，成为古希腊认识论的开端；三是以非实体的、形而上的“火”来概括宇宙对立统一的生命特性，超越了“水”“气”所阐释的宇宙实体本原论。“对立统一”的运动论和认识论的产生，是古希腊灵魂观念和灵魂学说的一次巨大飞跃。

但是，赫拉克利特并没有脱离“神本”的哲学观。在传统神学崇拜的背景下，被视为希腊中心的奥林匹斯山被希腊人尊称为“神山”，奥林匹斯以“宙斯”为核心的神系及其多神教，在歌颂以自由为特征的现世生活的同时，已经形成了灵魂转世、灵魂净化和灵魂不朽等宗教灵魂观念，但奥林匹斯多神教中的诸神完全是个体性的人格神。稍晚于奥林匹斯神教的希腊宗教流派之一的奥菲斯教，被当代视为人类最早的纯粹的唯灵论宗教。它在宣扬灵魂转世和灵魂不朽观念的同时，进一步认为个体灵魂脱离肉体而独立自在，人的灵魂与神是血脉相通的，是永恒不朽的。还认为灵魂不具有人格性，没有感性的肉体生活，没有任何情感和意志。因而否定现世生活，认为感性生活有罪，寻求灵魂解脱，体现了对现世生活的自觉和理性思考。“而赫拉克利特则以他承认人在宇宙中的地位的学说表明，他最后统一了这两种相对的思想途径。赫拉克利特的灵魂概念，把奥菲斯教提到一个更高的水平。因为他认为，通过灵魂和宇宙中永恒的活火血脉相通，哲学的灵魂有能力认识神的智慧，并且将它包含在哲学灵魂自身之中。这样一来，公元前六世纪的宇宙学和宗教之间的冲突，就在赫拉克利特的统一中得到解决。他站在新世纪的门槛上。”[①] 赫拉克利特吸收了奥菲斯教关于灵魂是人与神之间的桥梁的思想，认为既产生万物而又驾驭万物的逻各斯才是真正的神，他说：“唯有智慧是一，它既不愿意又愿意被人称之为宙斯。”（残篇 128）认为只有神才能掌握一，“对于神来说，万物都是美的、善的和公正的，而人们却认为有些东西不公正，有些东西公正”（残篇 102）。在赫

① 汪子嵩，范明生，陈村富等. 希腊哲学史（第一卷）. 北京：人民出版社，1988：499.

拉克利特看来，火、宇宙、智慧的本质都是“神”，认为认识万物的主宰是一，即智慧（逻各斯），而智慧不是人的本性而是“神”的本性，逻各斯就是神。他说：“不听从我而听从这个逻各斯，就会说万物是一，就是智慧。”（残篇 50）“人类的本性没有智慧，只有神的本性才有。”（残篇 78）认为“神”是至高、至善的本体，是宇宙本来的原质。可见，赫拉克利特的哲学仍然属于“神本”哲学。

德谟克利特（约公元前 460—前 370）原子论哲学的创立，标志着古希腊米利都学派以来的自然哲学的结束。他用原子的运动来解释自然万物、宇宙本源及灵魂本质，认为原子的运动是宇宙万物生灭变化的根源。灵魂由精细的球形原子构成，并且是使动物产生运动的东西，是一种火或热的东西。原子聚合则形成灵魂，而原子分散则灵魂消亡、生命完结，灵魂也随之消亡。他认为宇宙中有无数个世界在不断地生成与灭亡，人是一个“小宇宙”。小宇宙就是人的内在世界，是人的性格、德行和灵魂。作为审美主体，小宇宙就是热情、灵感和必要的教养[①]。他认为精神上的愉快高于肉体上的快乐，幸福就是灵魂的安宁。善与恶皆来自灵魂，因为贪心与嫉妒才使灵魂苦恼，所以要达到灵魂安宁就必须克制欲望、淡泊名利。而只有智慧的东西才能净化灵魂，得到真正的幸福。在这里，德谟克利特已经从伦理思想和道德修养的高度提出了“心灵净化”的思想，涉及了“思维境界”的问题。他以自然科学为基础，把人的精神世界视为“灵魂”，把灵魂视为生命的本质，又把生命视为一种客观物质的“聚散”现象，这是对当时希腊哲学关于“灵魂不死”和“神创世界”的宗教神秘主义观念的否定，成为古希腊哲学中难能可贵的唯物“灵魂”观。但是，他的“原子”论依然是实体物质。把对宇宙本质和本原的阐释滞留于实体物质，没有上升为形而上的本质和规律，没有解决“实体的本原是什么”的问题，因此最终难以征服神学的“神本”宇宙观。

分别以“水”“气”“火”“原子”等实体性的、有形的物质来解释“灵魂”本质，从自然哲学的立场探究宇宙本源、描述生命原理，这就成为古希腊哲学的“形思维”发端。从主流上看，这种实体“灵魂”观透露出古希腊早期的朴素唯物主义的自然哲学思想，看不出图腾与宗教的痕迹，并且以鲜明的“实证”思维来告别了神话和巫术的自然哲学时代。这种由感性物质上升为哲学理念、进而探究宇宙奥秘的思考，正是古希腊早期理性思维的萌芽形态。正如恩格斯所说：“在这里完完全全已经是一种自发的唯物论了，它在它自己发展的最初阶段便十分自然地把自然现象无限多样性的统一看作是自明的东西，并且就在某个一定的有形体的东西中，在一特殊的东西中去寻找这个统一，如塔利斯

① 阎国忠. 古希腊罗马美学. 北京：北京大学出版社，1983：59.

在水里去寻找一样。”[①] 然而，泰勒斯的“物活”论主张“万物有灵”，“万物充满了神”，赫拉克利特的“对立”论和“运动”论认为智慧的本质是“灵魂”，而灵魂是“神”的本性。他们都主张“灵魂”是生命的特征，而“灵魂”的本体和本原是“神”，“神”是万物的主宰。可见，“神本”是古希腊早期哲学的根本特征。

二、古希腊宗教哲学与“灵魂”观

毕达哥拉斯学派是以“万物皆数”为哲学基石、以“数”为信仰的一个合政治、学术、宗教三位一体的神秘主义宗教性学派。该学派以“灵魂的轮回”为基本的宗教教义，认为对几何形式和数字关系的沉思能达到精神上的解脱，音乐被看作净化灵魂从而达到解脱的手段；认为人们经过净化并进入和谐的神秘境界，可以使灵魂趋近神圣而从轮回转生中得到解脱。所以毕达哥拉斯学派的“灵魂”学说具有宗教和哲学的双重意义。

毕达哥拉斯（公元前 572—前 497）认为“数学的本原就是万物的本原”，“数目的基本元素就是一切存在物体的基本元素”[②]；认为一切可感事物的形体都是“数”的规定性，并以奇、偶为依据，提出并探讨了“对立”与“和谐”的思想。这种由自然科学上升为哲学的创建是无可非议的，但却进一步提出并探讨了“灵魂不朽”“灵魂轮回”“灵魂净化”等问题，赋予了宗教神学的思想。在这里，灵魂虽然还不具有完全的非实体性，但却具有独立性和个体性，是作为与肉体相对立的东西而存在。“在毕泰戈拉那里，灵魂已经是不死的和可游动的，肉体对它来说是纯粹偶然的。”[③] 第欧根尼·拉尔修记载：“传说还认为他是第一个发现灵魂轮回的人，他宣称灵魂依据命运的规定，从一个生物体中转移到另一个生物体中。”[④] 毕达哥拉斯学派认为灵魂可以流动于不同身体之上，当一个生命力结束的时候，灵魂作为独立的个体又将开始另一段“灵魂生命过程”而保持自身的不灭，这就形成“轮回转世”[⑤]。此外，该学派进一步阐述了关于“灵魂”的神学思想，并提出道德意义的“净化灵魂”的教条。他们认为，对于灵魂来说，更重要的是通过净化而上升为纯洁的灵魂。因为万物皆数，上帝通过数来统治宇宙，所以数学可使灵魂升华，与上帝融为一体，这是人的灵魂所能企求的最高幸福和必须追求的根本目的。还认为灵魂是一种和

---

① 恩格斯. 自然辩证法·札记和片断·科学历史摘要. 中共中央马克思恩格斯列宁斯大林著作编译局译. 北京：人民出版社，1957：151.

② 徐本顺，殷启正. 数学中的美学方法. 南京：江苏教育出版社，1990：34.

③ 恩格斯. 自然辩证法. 中共中央马克思恩格斯列宁斯大林著作编译局译. 北京：人民出版社，1957：153.

④ 北京大学哲学系外国哲学史教研室. 古希腊罗马哲学. 北京：商务印书馆，1957：33.

⑤ 北京大学哲学系外国哲学史教研室. 古希腊罗马哲学. 北京：商务印书馆，1957：35-36.

谐，由于音乐是对和谐音调的感觉，哲学是对和谐事物的思考，所以净化灵魂的手段是音乐和哲学。可以看出，灵魂学说在毕达哥拉斯学派的思想体系中就经历了这样的思维转换：自然科学（数学：唯物）→自然哲学（对立统一：辩证）→宗教神学（灵魂轮回：唯心）→道德教条（灵魂净化：神化）。因笼罩着神秘主义逻辑，所以不仅遭到赫拉克利特和德谟克利特的反对，而且“亚里士多德又正确地责难毕达哥拉斯派：用他们的‘数’他们并没有说明运动怎样发生，没有说明运动和变化怎样生成和灭亡或天体的状况和活动”①。列宁就一针见血地指出，毕达哥拉斯哲学表现了“科学思维的萌芽同宗教、神话之类的幻想的一种联系”②。不过，该学派的理论体系虽然具有浓厚的神学思想，但却仅仅体现出一个由自然哲学上升为宗教哲学的理论形态，还没有形成系统的宗教神学理论。

柏拉图（约公元前427—前347）的灵魂说，代表古希腊哲学的一个重大转折。在上述物质“一元论”自然哲学的基础上，柏拉图的灵魂学说则是以形而上的“理式”论为哲学基础来阐释宇宙本原、本质和本体，并以他的灵魂说来解释“理式”的本质。

“理式”“理念”是柏拉图的两个几乎等同的概念。但二者有所不同，理式（form）主要是强调宇宙自身的客观“理性”，即宇宙的本质、真实和真理。理念（idea）主要强调人的主观“理性”，即人的理智对于宇宙真理的认识。柏拉图通过他的“灵魂”说把二者统一起来。把宇宙视为由创造者——理性神所赋予的躯体和灵魂两部分，灵魂处于中心地位，扩散于整个宇宙，统治和主宰着躯体。于是“灵魂”说成为柏拉图关于宇宙、人生哲学中的核心学说。在《斐德罗篇》中，他把灵魂看成超越时空、与肉体分离的永恒不朽的实体，认为灵魂先于肉体而存在，以此证明“理念”先于具体事物而永恒存在的理论，灵魂与理念相通，从而建立起了“二元对立”的哲学思想体系。他认为，灵魂作为一个独立的实体，理性的、完善的灵魂能随“神”上升到宇宙中运行并能主宰整个世界，成为不朽的灵魂；因非理性因素导致的不完善的灵魂，能下落投生于肉体，成为可朽的灵魂。同时还对投生灵魂提出“灵魂轮回”的理论，认为投生灵魂需要经过诚实地追求智慧的哲学生活，才能复归于上升的不朽的灵魂。他还把知识、智慧、思想和真理都归为灵魂，而把感觉归为肉体，主张以摆脱肉体和感觉的干扰来净化灵魂。他把灵魂分为支配人的行为的三个部分：理智、激情和欲望。其中理智通过思考和推理而控制思维活动；欲望的本性是贪婪，是非理性的，往往与各种满足和快乐相伴，与理智对抗；激情介乎于理

① 恩格斯. 自然辩证法·札记和片断·科学历史摘要. 中共中央马克思恩格斯列宁斯大林著作编译局译. 北京：人民出版社，1957：151.

② 列宁. 哲学笔记. 中共中央马克思恩格斯列宁斯大林著作编译局译. 北京：人民出版社，1974：28.

智和欲望二者之间，既可以成为理智的有力助手，也有可能成为欲望的动力。柏拉图十分关注“政治—伦理—道德—心灵—教育”的关联。在《国家篇》里，他认为理性是人的灵魂的主导部分，不同类型的城邦制度都源自人的灵魂的本性。真正的德和最高的德、理想的国家和社会，都必须以理性为基础。正义是伦理和政治的核心，也是理想的承办国家的根本原则。城邦社会成员的正义在于灵魂各部分的协调，良好的教育就是要使情欲服从最高的理智，共同去战胜并控制欲望，使人成为正义的人。可见，主张灵魂的正义，是柏拉图灵魂说的最终归宿。“柏拉图心灵诗学的核心理念，可以简约地归结为一句话：如何利用道德化的诗乐来塑造道德化的心灵，进而通过道德化的心灵来确立公正的美德，建构理想的城邦，成就幸福的人生。”①然而，柏拉图对于他的形而上的理念论和灵魂论，由于找不到其本原所在，最终把他们归为神和上帝的创造。他最后的著作《法律篇》中第十章，就明确地体现了从灵魂到神的论证。柏拉图非实体的“理式”论哲学，一方面体现出古希腊哲学走向“理性”化的趋势，另一方面这种“理性”化的哲学又进一步强化了古希腊的“神性”宇宙观，成为西方以“神性”和“神力”为本体的思维定型。

与柏拉图相反，亚里士多德在肯定灵魂是人的本质的同时，反对“万物有灵”，反对灵魂与肉体的分离，反对“灵魂不灭”和“灵魂轮回”，认为思维和感觉是灵魂的两种不同的功能，两者都具有能动性，但更强调理性。在《灵魂论》中，亚里士多德建立了自己的本体论，认为有三种本体：质料本体、形式本体、质料与形式结合的本体。其中质料是潜能，形式是现实。自然物质有无生命的区别在于有无灵魂，生命体就是质料与形式的结合的本体，灵魂依存于肉体，躯体是质料本体（潜能），灵魂是形式本体（现实）。灵魂是躯体的功能，躯体是灵魂的器官。所以，对于生命体来说，不仅是生命体的本质、形式和现实，而且是生命和生命体存在的原因和本原，因此灵魂本体高于躯体本体。与柏拉图把感觉归为肉体的思想不同，亚里士多德把感觉归为灵魂并且高度重视感觉，赋予它认识论和本体论的意义，认为感觉是一切动物具有的属性（《论感觉极其对象》），因为动物的感觉、记忆、情感、欲念、欲望等属性，既属于肉体又属于灵魂，都是通过感觉引起的，灵魂中的思辨认识和实践知识都是在感觉的基础上产生的。亚里士多德把灵魂分为两个部分：思维部分和感觉部分。其中用来思维的部分叫作心灵，它是理性的灵魂，是灵魂的中心。感觉是思维的基础和前提，没有感觉就没有思维。二者不同的是，虽然都具有能动性，但感觉能力必须依赖于躯体和对象，属于被动的理性，而思维能力则与躯体和对象相分离，属于主动的理性，因而是永恒不朽的。亚里士多德的灵魂论

① 王柯平. 柏拉图的心灵诗学喻说. 外国文学评论，2003，(3)：131.

的归宿是以德性论思想为核心的政治学和伦理学，认为政治学必须研究人的灵魂的德性，而研究德性的根本目的在于追求善和幸福，让整个社会都塑造善的灵魂、理性的灵魂来适应人的行为、符合人的本性。由于他的灵魂论、感觉论建立在形而上的基础之上，所以能够认识到主动理性高于被动理性，但却和柏拉图一样找不到心灵主动性的根源，仍然把主动理性与神等同起来，最终走向了以神学为归宿的哲学。可见，亚里士多德的“灵魂”学说虽然比柏拉图的“灵魂”学说更富有理性和逻辑性，但仍然属于以“神”为本的宗教哲学范畴。

从柏拉图到亚里士多德，他们建立在自然哲学基础之上的“灵魂”学说及其神学思想作为其哲学的核心范畴，仅仅表现为其具有流派意义的学术性和理论性，其主体是哲学理论而不是神学理论，并且不具有对社会的思想“垄断”性以及精神和政治的统治地位，因而只能视为“宗教哲学”而非“宗教神学”。

毕达哥拉斯以“数”阐释“灵魂”的本质，柏拉图以“理念”阐释“灵魂”的实体性存在，亚里士多德以“生命体”来论证“灵魂”的本体特性，他们都一致地表现了“形思维”的基本思维方式。

三、古希腊宗教神学与“灵魂”观

基督教哲学是以希腊思想为基础而创建的宗教神学。它基于柏拉图学说，将斯多葛学派、亚里士多德等神秘主义思想融合为一个体系，将希腊理性主义转化为神秘主义，叫作新柏拉图主义，其创始人是古希腊文化末期的阿摩尼阿斯·萨卡斯（175—242）。他的学生普罗提诺（205—270）将柏拉图的客观唯心主义哲学、基督教神学观念与东方神秘主义等思想融为一体，以柏拉图的“理念”为基础提出“美”在彼岸世界的神秘主义理论，为中世纪基督教文论的基本取向和奥古斯丁等人的神学思考铺垫了道路，并直接影响着基督教神学的产生。早期基督教时期的教父思想，就是将《圣经》教训与古希腊哲学融合，利用新柏拉图主义进行新的解释而建立起来的“教父哲学”：认为世间唯一存在的就是上帝，宇宙是出自上帝的流射物，只有人类灵魂才能接近伟大的上帝的光芒并合二为一。这种以“上帝”为本的神化哲学和“灵魂”观，已经脱离了哲学理论的范畴，成为纯粹的、有形的宗教神学。与此同时，教会领袖、圣经批判学始祖俄利根（185—254）提出了第一个神学体系，即关于上帝、世界和灵魂的神学理论体系以及基督教神学形式体系，把人神关系置于道德修养的核心，为基督教建构了一个超自然的世界图式。普罗提诺认为这种宗教与哲学的结合体，是一种科学也是一种哲学，而且是一种净化灵魂的宗教体系，但其本质上是一种彻底的宗教神学。

从古希腊自然哲学、宗教哲学到中世纪占统治地位的宗教神学，“灵魂”学说的探讨与论争体现出三个基本特征。第一，"灵魂"阐释经历了三个阶段：以运动为特征的自然属性的生命，以思维为主体的主动性意识，以神灵为统帅的道德化精神。第二，论争轨迹的递进性特征，从自然神秘主义哲学的"万物有灵"，逐渐上升到宗教神秘主义哲学的超自然的"万物有灵"。第三，探讨的根本目的同一性特征：净化心灵、服务政治、成全人生。在宗教神学的思维体系中，神、灵魂、上帝都是以"有形"的独立实体而存在，因此没有超越"形"的思维方式。

四、古希腊审美本体论与"灵魂"观

古希腊关于"灵魂"解释所经历的自然哲学、宗教哲学和宗教神学三个基本过程，从宇宙观上决定了古希腊审美思维的基本方式及其文化基因。故恩格斯说："如果没有古希腊文化奠定的基础，也就没有现代欧洲。"[①] 毕达哥拉斯、柏拉图、亚里士多德等关于"美""和谐""摹仿"的阐述，无不充满着"神本"与"神力"的思想，共同体现了古希腊及其古代西方的审美思维特质。

（一）"和谐"论与古希腊"神本"观

在古希腊哲学思想体系中，最早论及审美问题的哲学家当推毕达哥拉斯学派。该学派以自然科学为基础，以"万物皆数"的宇宙本体观为哲学依据，以"数"的比例和结构来解释"和谐"内涵，以"数的和谐"来阐释宇宙万物，进而提出"美是和谐"论，并以"对立统一"的宇宙结构论阐述音乐美的问题。

毕达哥拉斯学派认为，"美是和谐与比例的合度"，"凡是美的东西都具有一个共同特征，这就是部分与部分之间，以及整体之间固有的协调一致"。"整个天体就是一种和谐和一种数。"[②] 并由此推理出宇宙万物、人类社会、国家政治、伦理道德以及音乐教育等"和谐"观，譬如：认为整个宇宙就是一个数的和谐的系统，人作为一个小宇宙就是大宇宙的缩影；人的生命和灵魂也是一种和谐，人体的美在于部分的比例对称，灵魂的美在于均衡、相等；"美德乃是一种和谐"；"友谊就是一种和谐的平等"[③]。和谐"乃是一种由许多复杂的元素所形成的统一以及一种存于不调和元素之间的一致"。"不相似，不相关的事物，被参差不齐地安排在一起，必须是由像这样的和谐性紧紧地结合在一起"[④]。他的门徒费罗劳进一步发挥提出"对立和谐"论，认为和谐是"互相排斥的

---

① 马克思，恩格斯. 马克思恩格斯选集（第三卷）. 中共中央马克思恩格斯列宁斯大林著作编译局译. 北京：人民出版社，1995：25.

② 北京大学哲学系美学教研室. 西方美学家论美和美感. 北京：商务印书馆，1980：13-16.

③ 徐本顺，殷启正. 数学中的美学方法. 南京：江苏教育出版社，1990，（7）：34.

④ 李思孝. 西方古典美学史论. 天津：南开大学出版社，1992：14-15.

东西结合在一起，不同的音调造成最美的和谐；一切都是斗争所产生的”①。再传弟子波里克勒特提出：“音乐是对立因素的和谐的统一，把杂多导致统一，把不协调导致协调。”② 并认为宇宙的和谐产生“天体音乐”，音乐家的天资就是“摹仿天体音乐”“谱写人间音乐”。外在的艺术的和谐同人的灵魂的内在和谐相合，能产生“同声相应”的审美效果，因此音乐能够陶冶和改变人的性格和情感。净化灵魂的目的是使灵魂处于和谐状态，音乐的熏陶和哲学的思辨就可以达到灵魂的净化。于是，“和谐”论最终归结于神本思想的灵魂净化学说。

（二）“摹仿”说与古希腊“神力”观

毕达哥拉斯关于“音乐家摹仿天体音乐”的理论，成为古希腊“摹仿”说的开端。毕达哥拉斯认为“和谐”的本体是“神灵”，其净化功能就是“神力”的作用。赫拉克利特把人的认识归结为神性的“灵魂”，由“音乐摹仿”推理“艺术摹仿”，并阐述了艺术摹仿“对立和谐”的思想。然而“对立和谐”作为“神”所赐予的“美”的杰作，摹仿“对立和谐”就是人的“灵魂”和对象的“神灵”沟通与统一，其本质就是人的心灵依附于“神灵”，即“摹仿”来自“神力”。

德谟克利特以“原子”论为哲学基础，把审美视角从审美对象转移到创作主体的行为上来，明确提出“艺术摹仿自然”的艺术创作理论。他把“灵感”阐述为人的主体精神，肯定了创作主体心灵的“灵感”的地位和作用，在很大程度上表现出对于“神本”灵魂观的否定。苏格拉底又把“摹仿”的对象转向了以人为中心的社会生活，主张艺术不仅摹仿人的行为，更要摹仿人的“灵魂”，认为“摹仿”的目的是表现和传达人的“灵魂”，并肯定了“神力”在模仿中的作用。柏拉图以神和上帝是宇宙万物的主宰为依据，提出“艺术神赐”论，认为艺术摹仿“理式”就是摹仿“神性”。

亚里士多德是古希腊第一个能够用科学观点和方法研究美学和文艺问题的理论家，他的《诗学》作为西方第一部较为完整的美学和文艺理论专著，初步体现出了从“神本”到“人本”的审美思维转化。他的审美理论是建立在他关于“灵魂”与“躯体”相对应的“灵魂”学说基础之上的，认为灵魂是“潜在地具有生命的自然物体的形式”，或“潜在的具有生命的自然物体的第一现实性”。一方面，体现了对“万物有灵”论的否定，凸显了“灵魂”作为生命原则而存在。另一方面，他又认为“灵魂”既是生命的潜能也是生命的形式，是生命躯体的生灭和运动的根本原因。在艺术创作的本质和动力上，他继承并深入阐述了柏拉图关于“灵感”源于“神赐”的思想，表现出其审美理论没有从根

---

① 北京大学哲学系美学教研室. 西方美学家论美和美感. 北京：商务印书馆，1980：13-16.
② 朱光潜. 西方美学史（上）. 上海：上海人民出版社，1979：33.

本上脱离“神本哲学”和“神力”哲学。

古希腊“摹仿”说作为审美理论，从艺术摹仿“对立和谐”开始，先后经历了“摹仿自然”、“摹仿行为”、摹仿社会和人、摹仿人的“灵魂”、摹仿“理式”等不断阐发过程，始终以实体、现实和有形为思维对象，始终贯穿着以“神本”和“神力”为核心的哲学思想，“形思维”始终是“摹仿”说最基本的思维方式。柏拉图和亚里士多德的“神赐”灵感的思想和理论，成为西方神学美学和神学文艺理论的基本精神。

第三节　中西古代关于生命审美的思维比较

中国古代“万物有生”论与“情性”论，古希腊“万物有灵”论与“灵魂”说，作为中西生命审美思维体系的不同源头，都是人类探索世界起源、追溯宇宙本原、认识生命、探究人性、研究心理、阐述思维的思想理论。但由于中西古代文化基因和文化土壤的差异，各自形成了特有的思维方式、哲学思想、理论体系和话语方式，分别体现了中西不同民族的自我意识特征及其思维发展趋势：人本与神本的不同生命思维体系，人学与神学的不同哲学思想理论，礼教与神教的不同政治伦理格局。正如黑格尔所说：“用自我意识代替人，因此最纷繁复杂的人类现实在这里只是自我意识的特定的形式。”①这里，我们试图从源头上对这种“特定形式”进行比较，以寻求中西古代关于生命审美的思维特征。

一、中西古代生命本质活性比较：“生”与“灵”

“生”与“灵”分别是中西古代最早关于宇宙万物生命本质与生命活性的哲学理论，也分别是中西关于生命的哲学思维的开端。作为中国古代生命哲学源头的《周易》，它确立了以“象”为核心的宇宙结构体系以及以“生”为根本的万物生命本质。“生”不仅是宇宙生命的本质，还是万物进化发展的逻辑。“生”的本原是“道”，分别表现为“天道”“地道”和“人道”，“道”作为超物质、超实体的绝对的自然存在，自始至终没有神性观念。而西方最早关注生命的古希腊哲学家泰勒斯，以“水”为宇宙万物的本原提出“水生万物”论。当没有寻求到生命的真正本原之时，把“水”的生命活性概括为“灵魂”，并由此

---

① 马克思，恩格斯. 马克思恩格斯全集（第二卷）. 中共中央马克思恩格斯列宁斯大林著作编译局译. 北京：人民出版社，1957：244.

推出“万物有灵”论，一开始就赋予生命的“神灵”观念。

“生”是我国先秦哲学的核心概念，《周易》代表了系统化的生命哲学。“生生之谓易”，故《周易》被称为“生命之书”。“天地之大德曰生”，“生”作为对事物产生、变化、发展的描述，体现了对生命样式转化的认识，并认为天地万物以“生”为最高德行，“生生不息”是永恒存在的规律。《周易》揭示了“道”的本质是“性”，是“生”的本原。儒学、道学、玄学关于“生”的论述具有一以贯之的哲学依据：儒家思想体系中的“生”是阴阳交感而共生，道家老子认为“生”是自然属性的“万物自化”，庄子认为“生”是物我合一的天性“物化”，玄学认为“生”是以无为本的“自化”与“自生”。整个先秦不同学派的哲学思想都具有一致性：“道”作为绝对存在的客观实在性，是“生”的本原；阴阳之气的互动，是自然之“性”，是“生”的动力源；创生是生命存在的根本逻辑，也是宇宙万物的至高德行；天人一体，创造是人类生存的最高品质，体现了人类生命活动的最高价值，即“富有之谓大业，日新之谓盛德”（《系辞传上》）。人类在天地人之中处于主动地位，能够认识宇宙奥秘、把握万物法则、调控人事行为，这是中国古代关于人类生命特质的确认。

“灵”是古希腊哲学中的核心概念，超自然的“灵魂”学说充满了整个古希腊哲学。泰勒斯开启了“灵魂”本原的生命哲学理论，肯定万物都充满了神，即“万物有灵”；阿那克西美尼认为“气”是万物的本原，“气”即“灵魂”，是生命的本源；赫拉克利特的“火”本原论把人的智慧视为“神灵”；德谟克利特的“原子”论把人的精神世界视为“灵魂”，是生命的本质；毕达哥拉斯学派的“数”本原论认为生命过程即灵魂过程，主张灵魂和谐、灵魂不朽、灵魂轮回、灵魂净化；柏拉图的“理式”论明确提出“神创宇宙”的理论；亚里士多德肯定灵魂是人的本质；基督教神学崇拜超自然的神圣的“灵魂”，把“上帝”和“神灵”结合在一起，创立了宗教神学。古希腊哲学一致认为生命的本原、本质和本体都是“灵魂”，“神性”和“神力”是灵魂的本质特征，是一切生命的活性所在，“神灵”创世是宇宙万物发展的根本逻辑。天人对立，神高于人，人类一切能力都是神赐灵感，一切活动都是神的旨意，一切创造都是模仿神灵。人类受制于神，听命于灵魂，服从于神灵，在宇宙万物面前处于被动地位。

莫测之力谓之神，这是早期人类思维的共性特点。我国《周易》有“阴阳不测之谓神”，《素问》也说：“物生谓之化，物极谓之变，阴阳不测谓之神。”孟子曰：“大而化之之谓圣，圣而不可知之之谓神。”（《尽心下》）不同的是，所谓不测之“神”在古希腊是超自然的创世神灵，而在《周易》和道家思想体系中则被阐释为自然之“道”。“气”作为生命能量的概念，古希腊视为实体物质，在中国哲学中则阐述为非实体的客观存在性，是“阴阳”哲学体系中的一种哲学“意象”。

由此看出，“生”与“灵”分别作为中、西早期关于生命本质的体认和生命哲学的核心概念，体现了中西早期哲学家对于天人关系和地位的不同认识和观念，决定了中西不同的宇宙观、生命观、生存观、审美观及思维方式。从哲学本质看，“万物有生”观所揭示的是关于宇宙万物的“生生不息”的生命延续特征的认识，“生”的本原是生命本身，是阴阳互动的结果。而“万物有灵”观所阐释的则是关于宇宙万物“灵魂轮转”的生命密码的认识，“灵”的本原是“神”的力量，是超现实的神秘的独立存在。中国古代的哲学“情性”论是以天人一体的“万物有性”“万物有情”为基础的“人本”哲学的具体应用，是通过辩证逻辑和想象思维，从万物“情性”的宇宙观回归到对人的“情性”的探索，“陶冶情性”是“情性”论的归宿。古希腊的哲学“灵魂”说是关于人、宇宙、神三者对立的“灵肉分离”“主客对立”哲学的阐述，是通过“形式逻辑”和实证思维，由“末”逐“本”、由“形下”追溯“形上”、由个体到整体、由“此岸”探究“彼岸”的概念判断和逻辑推理的思维局限所形成的关于宇宙的“本源”的枉然性决断，“净化灵魂”是以神为本的“灵魂”学说的归宿。

二、中西古代生命哲学精神比较：“情性”与“灵魂”

“情性”论与“灵魂”说，分别表现了中西古代生命哲学精神的基本特征。

中国古代哲学家围绕“生”的生命本质，展开了以人为核心的“情性”探索。《周易》为“究天人之际”“顺性命之理”，确立了以生命为核心的“情性”观，把阴阳相随谓之道，阴阳相成谓之“性”，万物真性谓之“情”，还认为人与宇宙万物“情性”相通，拥有共同的生命法则。道家为进一步追寻宇宙万物生命的本质，以自然哲学为依据，从“天”（宇宙）的高度阐述了情性的本质，认为“情性”源于道，道为万物之本，德为万物之真性，性是生命的本质，情性表现为自然和本真状态。儒家着力关注人的生命、道德与情性。不论是道家所关注的自然情性，还是儒家所重视的人类情性，都是以《周易》中的情性观为哲学基础的思想理论延伸。

孔子围绕人的德治教化，开启了关于人类“情性”的探索。他在肯定了人的自然天性、提出“性相近，习相远”的同时，主张后天以“仁”为核心的“情”的教育。孔门弟子进一步认为人的生命是“天道”表现，明确肯定了天、命、道、性、情的本然属性，为儒家以立德树人为指归的“情性”论拉开了论证的序幕。孟子以“心”论“性”，以“人性向善”和“不忍之心”为依据，主张“动心忍性”的“情性”观。荀子以“情”论性，以“人性向恶”和“性伪”之别为理论基础，主张“化性起伪”。董仲舒以“天”论“性”，以“天人合一”“天人感应”为理论基础，认为人类情性是自然“情性”的社会表现形式，以“性三品”说进一步阐释了人类“情性”的自然本色。程朱理学以“气”论性，把道、理、心、性统一为“道”，认为性是天、理所赋予的人或物的自然本性，以“心统情性”为依据，主张“存天理，灭人欲”。纵观中国古代情性论史，都是以“道”为本的哲学观、以人为本的“情性”观，都一致地肯定了人类在宇宙整体中的核心地位，肯定了人类于宇宙的认识和通变的主观能动性，肯定了人类对于自身情性的把握、教化与调控。

以希腊神话和宗教为起点，古希腊哲学家围绕“灵”的生命本质，展开了以“神”为核心的“灵魂”追究。泰勒斯以“神”为本所提出的“万物有灵”的“生命”观，把“灵魂”视为生命活性的本原，成为古希腊“神本”宇宙观及其生命审美的思维方式及其理论的源头。阿那克西美尼以“气”来解释宇宙万物本原及其生命活力，并认为灵魂的本质就是“气”，“气”就是“灵魂”。赫拉克利特肯定万物的本质是神，认为“神”是至高、至善的本体，是宇宙本来的原质，并把人的智慧视为灵魂，坚信灵魂主宰着人的认识思维和认识过程。德谟克利特的原子论哲学把灵魂视为生命的本质和起源。毕达哥拉斯认为万物皆数，上帝通过数来统治宇宙，还认为灵魂是一种和谐，因而能够净化灵魂，认为生命的延续就是“灵魂不朽”“灵魂轮回”。柏拉图认为理性神创造了宇宙并将人分为躯体和灵魂两部分，灵魂处于中心地位并统治和主宰着躯体，扩散于宇宙万物，认为知识、智慧、思想和真理都属于灵魂，肯定“神性”和“神力”具有至高无上的能量。亚里士多德从伦理学的角度把人的心灵视为灵魂，认为灵魂是躯体的功能，躯体是灵魂的器官。基督教哲学是以“上帝”为本的“灵魂”观，认为上帝是世间唯一的存在，宇宙是上帝的产物，而人类灵魂能接近上帝的光芒并合二为一，由此创立了中世纪占统治地位的宗教神学。可见，从古希腊灵魂说的产生到中世纪宗教神学的创立，都贯穿着一条思想主线：灵魂根本特征是神性和神力，是万物的本质，是超自然的独立存在，“神”是宇宙的本体、万物的本原，人的一切认识和行为都受神灵的主宰。

古希腊哲学史表明，西方早期哲学家们以自然万物的本原为主要的研究对象，进行哲学思考，从不同角度进行了艰苦卓绝的探索。但是，他们的自然哲学都是建立在直观的经验和实证的基础上，而对于“形而上”的宇宙原理，对于事物的关系和动态特性，由于缺少整体观念和系统观念，缺少相应的科学实验手段和坚实的宇宙理论作根基，难以形成具有确定意义的概念，因此往往以逻辑式的猜测和推理为主要的思维方式而加以决断，在由自然哲学上升为宇宙哲学的探索过程中已经无能为力，思维必然受神秘主义的笼罩，因此成为人与神之间的桥梁，成为他们思维中的一个核心概念。同时，古希腊哲学家们试图通过理性思维来探索和解释生命现象、人类精神和人类思维等，但由于他们还不能把握人类主体思维的本质，更不能把握主体思维与客体对象之间关系的必然性逻辑，因此他们只能围绕灵魂学说，不断在神论和人论之间跳跃和交错，最终与宗教合为一体并倒向了神学的怀抱。当这种宗教哲学与政治、伦理结合，“灵魂”的极度神化并同“上帝”和“神灵”结合，就必然导致神学理论的形成，哲学便成为神学的附庸而暗淡失色。神学理论引导人们崇拜超自然的神圣的“灵魂”，淹没人们关于思维问题的科学研究。这就是西方以神为本的“灵魂”观和“万物有灵”论发展的必然结果。泰勒在《原始文化》一书中认为“灵魂观念是整个宗教信仰的发端和赖以存在的基础，是全部宗教意识的核心内容；如果没有超自然的、不朽的灵魂观念，就不可能有超自然、超人间的神灵观念，从而也就不会有所谓宗教信仰本身”，即认为灵魂观念是一切宗教观念中最重要、最基本的观念之一①。

通过上述比较可以看出：中国古代生命哲学一开始就是以人为本的“情性”哲学，始终张扬人性的地位和价值。而古希腊的生命哲学一开始是以神为本的“灵魂”哲学，始终肯定神性的地位和力量。从理论功能看，中国古代“情性”论和古希腊“灵魂”说都具有政治、伦理、教化合为一体的共同特点，道德教化是“情性”论和“灵魂”说共同的根本目的。但中国古代的“陶冶情性”的教化功能是主张“以情动情”、潜移默化。而古希腊的“净化灵魂”的教化则是主张“以神动灵”“以神动神”，把灵魂从肉体的禁锢中解脱出来。就艺术功能观来说，中国古代诗学“情性”观主张诗、歌、乐、舞以“和”为“情性”之正、以“乐”为最高境界，因此在艺术创作的根本方法上坚守以“情性”为核心、以“象”为基本表达方式的“物感”说，并以内在的“中和”为审美准则，把表现人的“情性”作为至高的审美追求。而古希腊的艺术“灵魂”观则主张艺术以“快感”“愉悦”为精神追求，以神本的“灵魂净化”为最高境界，因此在艺术创作的根本方法上始终主张以外物为对象、以现实性和实体性为核心、以“再现”为基本表达方式的“摹仿”说，以外在的“和谐”为审美标准，把表现神性的真实视为至高的审美追求。可见，关于生命“情性”观与“灵魂”观的差别，体现了中西古代关于生命审美的“象思维”与“形思维”的不同思维特质。

三、中西古代关于生命审美的思维比较：“言情”与“言神”

中西古代的诗乐与诗乐理论，无不与生命审美有关。原始诗乐往往是伴随劳动而产生的。早期人类在劳动中为减轻疲劳、协调动作、增强劳动效果，也

① 吕大吉. 宗教学通论新编. 北京：中国社会科学出版社，1998：105.

为了交流思想感情，于是随着劳动中的运动节奏，伴以相应节拍的吟唱、音响和唱词，这就成为最原始的音乐和诗歌。因此，原始音乐和诗歌既是生命活动的产物，又是生命活动的需要。原始巫术中的歌舞乐作为原始艺术的一种表现形式，既是对神秘莫测的宇宙生命的敬畏，又是控制自然、维护人类生命发展的重要手段。可以说，原始诗乐和其他原始艺术一样，不仅源于生命活动，而且还具有表现生命活力、维护生命发展、张扬生命价值、激发生命激情等功能，表现着原始人类对于生命审美的思维形式。然而，由于中西古代对于宇宙生命本质的认识不同，对于人的生命哲学的精神理念不同，由此形成了不同的审美思维和审美理论。

首先看中国古代的生命审美思维与审美理论。中国古代最早的诗乐审美理论，一开始就是以生命情性为主题，并围绕人类“情性”主线形成了独特诗乐理论、诗学理论和文学理论。早在周代及其以前，先哲们已从原始巫祝、原始诗乐文化中总结出了“乐”以道情、“乐”以导情的教育功能，认识到乐主和、礼主序的社会功能，并针对人之情性而制礼作乐，开展礼乐教化，维护人伦和谐，建立礼乐制度。把乐、礼同伦理和政治紧密联系起来形成“礼乐并举”的伦理政治，它无需借助“神力”，通过以“乐”观情、以“礼”观德，以“乐”主“和”、以“礼”主“序”，建立起一整套系统的“人本”制度体系和管理机制，这是中国古代的一个独创。

秦汉时期是中国诗乐审美理论的建树时期，“情性”论是其诗乐理论基础。中国诗学以“诗言志”说为起点的情、志一体的“诗教”观和政治观，从理论形态上确立了“情性”在中国诗学中的本体地位。孔子主张以“仁爱”为核心的“诗教”观的重心是“乐教”，“兴于诗，立于礼，成于乐”集中体现了“人本”的“情性”教育观。《乐记》始终围绕音乐与“情性”的关系阐述了诗乐源于人之“情性”而又以改造人的“情性”为目的的思想，并以此建立了“物感”说的思想理论，成为后世诗学审美理论的基本精神。《乐记》中的“礼乐情同”论、“音通政道”论、“乐通伦理”论、“中和之纪”论等思想，集中表现了诗乐情感对于政治、伦理、社会等多位一体的“中和”价值观。《毛诗序》围绕人的“情性”具体阐述了“心”“志”“言”“情”之间的内在逻辑，揭示了“情性”在《诗》中的本体地位，主张“吟咏情性”，张扬“诗情”的教化力量和政治功能。以“乐”为基本手段、以人核心，通过“情性”教化而维系伦理社会的和谐与稳定，这是中国古代的又一个独创。

汉代把诗论从诗乐理论中独立出来，魏晋将“诗赋”从“文”的体系中分离出来。自“文学自觉时代”开始，“情性”成为诗学审美的主导性理论，“情性为本”成为贯穿整个中国古代诗学的最核心的审美精神。从程朱理学到阳明心学，从“童心”说到“性灵”说，无一不是肯定“性情”、探索“情性”、张扬“情性”的“人本”宇宙观、政治观、社会伦理观和诗学审美观。

上述分析说明，“情性”论既是中国古代生命哲学的核心概念，也是诗学审美理论的核心范畴。诗学理论发展的历史就是一个“言情”的历史，体现了生命审美的思维发展过程。

再看古希腊的生命审美思维及其审美理论，以神话来解释世界的方式，是古希腊哲学的源头，体现了西方早期的思维方式。“神”是古希腊神话的主角，命运之神就是人的生命之神，掌管世间所有人的命运。悲剧的主人公的悲惨结局往往是命中注定、无法逃脱的，而决定命运的主宰者就是生命之神。因此，以神为本的“灵魂”说贯穿着整个古希腊哲学，统治着古希腊的生存思维及其审美理论。

自泰勒斯提出“万物有灵”并开启了以“灵魂”为本原的生命哲学理论之后，几乎绝大多数古希腊哲学家都坚信“灵魂”是生命的本源和本质。最早关注生命审美的毕达哥拉斯学派就认为生命过程就是灵魂过程，认为宇宙间的一切“和谐”的本质都是“灵魂”的和谐、“数”的和谐。自赫拉克利特“艺术摹仿自然”的理论诞生以来，摹仿“灵魂”、摹仿“外形”和“行为”成为贯穿古希腊“摹仿”说的核心精神，以“神性”和“神力”为本质的“灵魂”说、“灵感”说等，成为“摹仿”说最根本的哲学依据，按照“神”的标准和旨意进行“灵魂净化”，是古希腊生命审美、社会审美、艺术审美的最终归宿。

古希腊诗学理论的发展表明：基于以神为本的思维方式，“灵魂”说既是古希腊生命哲学的核心概念，也是诗学理论的核心范畴。其诗学理论发展的历史，实际上就是一个“言神”的历史，表现了西方古代生命审美的思维发展脉络。

在上述比较中可以看出：在人类早期审美实践中，中国先秦与古希腊最早的文学艺术，分别成为中西审美体验与审美思维方式的不同源头。中国最早的神话，集中表现了天人一体、人性为本体、情性为主导的宇宙观和思维本质。《诗经》作为我国最早的诗集，以“象思维”为基本思维方式创造出了以“情性”为核心的“意象”审美体系，《尚书》把它定性为“诗言志”。而古希腊最早的神话和史诗以天人对立、神性为本体，形成了神灵为主导的宇宙观和思维法则。《神谱》中的“神系”反映了古希腊关于神灵创世观和神灵伦理化的宇宙结构念。《荷马史诗》始终坚守“神本”和“神力”的英雄史观，创造出了以“神”为核心的“形象”审美体系，可谓“诗言神”。“诗言志”关注“象”，“诗言神”关注“形”，分别体现了中西早期文学艺术在审美实践中的审美思维特征差异。

中国“万物有生”观以“道”为宇宙本源、以“阴阳”互动为宇宙动力，以宇万物“情性”观为起点，形成了“一元”人本哲学。虽然“天人感应”论曾经一度被神化，并成为加强封建专制的理论依据，但并没有形成宗教制度，更没有形成以“神”为最高的精神统治和政治权力的思维方式。“情性”论一开始就摆脱了原始神学观念，形成严密的道德哲学体系，成为封建礼教的理论根基，魏晋以后逐步超越了伦理政治，成为诗学本体论和主导论的核心审美概念，宋明理学和心学使诗学“情性”论进一步走向成熟。西方“万物有灵”观则以“神”为宇宙本源、以“灵魂”为宇宙动力、以“对立和谐”观为起点，形成了“二元”对立哲学。认为“上帝造物”“万物有神”，主张主客对立、人神对立、灵肉对立，认为神高于人、灵高于肉。在整个古希腊灵魂学说体系中，政治和伦理都离不开神，人学与神学相含混、人论与神论相交融，形成了以“灵魂”学说为核心的宗教神学体系。宗教神学在古希腊的哲学、政治、伦理和审美的思维、思想和理论中具有统治地位，也成为政治统治的最高权力。即使到了18世纪，法国启蒙思想家、哲学家卢梭依然还坚信上帝的存在，认为人和神可以直接沟通，上帝是万能的、善良的、公正的，“上帝所希望的，是受到人们精神上真实的敬仰”[①]。德国古典哲学创始人康德还以他的理性神学通过对自然神学、道德神学、先验神学、宗教神学等的批判与阐述来证明上帝作为宇宙万物的始因存在。叔本华作为第一个将西方哲学同东方思维方式结合的哲学家，率先批判了基督教，主张汲取东方宗教思想。尼采关于“权力意志论”“上帝已死”的预言以及对基督教的攻击，与叔本华一起拉开了神学批判的序幕，他们的哲学开始站在生命、生存的理论高度探索人类思维，才明显体现了西方哲学中的审美思维境界的理性拓展。19世纪中叶，达尔文进化论第一次对整个生物界的生命现象作出了唯物的解释，以科学的思维方式推翻了神创论在西方哲学思维体系中的统治地位。

通过本章的分析，“万物有生”与神本论的“万物有灵”分别代表了中西古代哲学的根本宇宙观，“情性”论与“灵魂”说分别代表了中西古代哲学和艺术审美的核心精神。在审美理论体系中，“意象”“意境”始终以“情性”为本，而西方的“形象”“真实”始终不脱离“神性”与“灵魂”。“生”与“灵”“情性”与“灵魂”分别体现了“象思维”与“形思维”在生命审美过程中的思维本质。

然而，尽管不同民族具有自身的精神特质和思维特征，但“中西合璧”、国际性与民族性共存，则是人类文化发展的总体趋势。在古代，中国佛教的产生标志着中西哲学和审美思维的第一次国际性“合璧”，佛教以宗教的方式将“佛性”思维赋予了“普度人间”的社会功利性，儒、道哲学则以伦理政治的方式将“人性”思维赋予了道德教化的修身养性法则，最早体现了民族性与国际性统一的特征。在近代，以王国维为代表的美学先驱吸纳了叔本华关于“意志论”和“无欲”的思维理念，引入了尼采反理性主义哲学及其“强力意志”

① 卢梭. 爱弥儿（上、下卷）. 李平沤译. 北京：商务印书馆，1978：427.

论、肯定生命和人生、视“超人”为理想目标和人生境界等审美思维，同时引进了西方“二元对立”思维。王国维以“无欲之我”作为人生境界、诗人境界和诗学境界来评论中国诗学、高赞《红楼梦》、主张“真正的文学”，推进了中西哲学和审美思维的第二次“合璧”。在当代，西方“人性论”与中国“情性论”等古代生命哲学理论的切合，“象思维”、文艺观、美学观等现代审美思维的日益趋同，将会成为多方位推进未来中西“合璧”的一个突破口。

第六章
中西古代关于社会审美的思维
——先秦“中和”论与古希腊“和谐”论比较

曾有学者说：“当人类的文明之钟在黄河流域和地中海沿岸同时敲响的时候，所发出来的第一个声响便是和谐之音。”[①] 应该说，人类文明之钟在黄河流域和地中海沿岸几乎同时敲响，黄河流域在商周时期率先发出“和”的声音，春秋时期上升为“中和”，古希腊稍后则发出了“和谐”的声音。古希腊的“和谐”以“对立体”的“求同”为本，以“正义”为质，以实体为宇宙本体论依据，在自然哲学基础上由音乐理论转向政治学说，成为艺术和社会审美的最高追求。所以毕达哥拉斯说：“和谐是杂多的统一，不协调因素的协调。”中国古代的“和”与“中和”则是以“整体性”的“存异”为本、以“生生”为质，以“道”为宇宙本体论依据，在宇宙哲学基础上由诗乐理论转向伦理哲学，上升为社会审美的最高追求。所以《周易·乾》曰：“同声相应，同气相求。”《论语》中有“和而不同”，《国语·郑语》中有“和实生物，同则不继”。因此，“和”与“中和”所体现的是以“道”“正”为本的“象思维”，而古希腊的“和谐”观所体现的则是以“数”“序”为本的“形思维”，这是中西古代关于社会审美的思维方式的本质差别。

20 世纪 80 年代开始，当代美学研究在我国形成新的热潮。在关于“美”的本质的争论过程中，古希腊关于“美是和谐”的理论被引入中国美学，并在理论界产生了广泛的影响，得到很多学者的认同。从此，国人把“美是和谐”视为美学的“中心观念”，“和谐”概念被等同于“中和”思想，并不断有学者以西方“对立”思维、西方美学理论和西方话语方式来阐述，其论著层出不穷。例如，周来祥就有 80 年代的《论美是和谐》、90 年代的《再论美是和谐》、新世纪的《三论美是和谐》等。与此同时，中国当代的审美观念也发生着巨大的转折，尽管“和谐”思想的内涵与中国本土固有的“和”“中和”等核心

① 周祥来，陈炎. 中西比较美学大纲. 合肥：安徽文艺出版社，1992：121.

文化、美学思想和美学精神相去甚远，但对于形式“和谐”、现象“和谐”、暂时“和谐”、对立“和谐”、比例“和谐”等不同的审美追求，也日益广泛地渗入社会管理、经济活动、教育领域及日常生活的方方面面。所以，我国当代流行的“和谐”观基本上是以西方哲学和美学中的“和谐”理论为主体的思想理念。

在中西文化日益融合、相互渗透的历史时期，“和谐”概念体现了中西审美核心思想的共通，但“和谐”与“中和”各自具有自身的民族性特征。中国古代的“和”和“中和”是一种“意象”化了的概念，包含着“和谐”思想，但比古希腊的“和谐”概念具有更丰富、更广阔的文化内涵、更高层的思维境界，“中”“和”“中和”各具有特定的思想文化内涵。

“和”是整个中国传统文化的核心精神，它首先作为宇宙哲学而呈现，在生命哲学中得到论证，在诗乐理论中得到理论阐述，进而上升为儒家“中和”思想，作为伦理政治和道德追求而成为中国古代社会审美理论的核心范畴。它又贯穿了整个中国社会生活，广泛渗透于其他审美范畴之中，成为一切审美范畴的根本指向。在当代社会，“中和”逐步被提到国际社会的高度，有学者将其称作“全球理论”[①]。这是很有见地的。

第一节　先秦“中和”观与“天人合一”

一、先秦“中”与“和”的文化意蕴

“中”与“和”本是两个概念，都是表现事物的关系。有学者认为“中”侧重内在，“和”侧重外在，但事实正好相反。“中”最初侧重于通过事物的方位关系来体现它的审美特征，它需要事物的相互参照来显现，用以象征正位、正道、中位等，表现事物内外统一、以“内”为主的整体性和系统化特性。而“和”则更注重事物及其各要素之间的“相融”“默契”“同一”等，通过内在协和关系来体现其审美价值，以象征新事物的生成。在儒家思想体系中，“中”与“和”合成“中和”理论，“中”以“天道”为准绳，是“正道”之“象”，是“中和”的前提，“和”是“生成”之“象”，是“中和”的目的，故《中庸》说：“中也者，天下之大本也；和也者，天下之达道也。”董仲舒也说：“中者，天地之所终始也，而和者，天地之所生成也。”[②]可见，“中”“和”是两个不同的“意象”。

① 郝亚飞等. 中国传统文化的“中和”思想与全球伦理. 社会科学论坛，2008，(7)：45-48.
② （汉）董仲舒. 春秋繁露义证//（清）王先谦. 新编诸子集成. 北京：中华书局，1992：444.

（一）“中”与外在关系的相对性

“中”起源于古人对事物空间感的认识。《说文解字》所说的“中，和也”把二者等同起来显然有所偏误，故段玉裁在《说文解字注》中认为“中，内也”，“俗本‘和也’，非是，当作‘内也’”。段玉裁认为“中”指其方位，与“外”相对之“内”，并非“内在”。《礼记·表记》有“中心憯怛”，《诗经》有“施于中谷”（《周南·葛覃》），“中心好之”（《唐风·有杕之杜》）。中心、中谷等都是空间上的相对位置，是事物外部关系的表现。

1. “中”的原始观念

“中”的含义是一个不断流变的过程。其早期观念表现为多种形态，如宗教图腾的氏族观念、以地域为参照的“中土”指向、系统观念的“中心”意识、主次相对的权力和势力意识、以人为中心的宇宙结构意识、人作为协调宇宙万物的“枢纽”的主动性意识等。“中”作为一个意象使其意义得到不断丰富和发展。

1）“氏族徽旗”观念

在原始氏族制度下，氏族徽旗是以符号形式作为不同氏族团体的标志和象征。《周礼·春官宗伯》曰：“皆画其象焉。官府各象其事，州里各象其名，家各象其号。”[①] 唐兰认为“中”最初为氏族社会徽旗，各氏族以图腾符号之象为旌旗，表示统帅氏族成员的中央、中心或中间。考古学也认为，甲骨文字形的“中”像旗杆正中竖立。赵诚认为，甲骨文的“中”字“像建中之旗，本为表意字”，“中之本义为旗”，“引申为表示方位之中”，或“与左中右之中有严格区别”。[②] 宗教图腾的“氏族徽旗”观念，是宗族制度的源头。《尚书·盘庚》记载，商王对“众”说“各设中于乃心”，本是商王迁徙前的“约法三章”，“中”为“旗”，是氏族和国家的象征。商王利用“尚祖”意识设“神教”，根据前后文，其意为“每个人要把祖先放在心中”，如果心生邪念而获刑，就会被祖先抛弃而不保佑，言下之意就是格杀勿论。可见，作为“徽旗”之“中”，是一个氏族、民族、国家和社会团体的标志，在一定程度上象征氏族“权力中心”的同时，表现着一个民族、一个国家、一个团体的一种独特的精神、信仰、激情、凝聚力和召唤力。古今中外，在国际关系上，在军事战争中，在各类社会团体活动中，国旗、军旗、校旗、党旗及各种团队的“徽旗”等都具有同等的意义和价值，它体现着传统的民族主义、团体主义价值观。这些基本上都是原始的“中”的意义的展现。可见，在氏族社会，“中”体现着宗族为特征的血缘关系。

① 唐兰. 殷墟文字记. 北京：中华书局，1981：53.
② 赵诚. 甲骨文简明词典. 北京：中华书局，1988：257.

2）“京都中心”观念

“京都中心”观念作为地域中心的意识，主要是以殷商天文观测和建都为依据，逐步形成的以中原文化为中心的民族意识。也就是说，“中”与古代人文地理相关，古代以“五方”象征“中心”“中央”，即原始天文观测主体和占卜主体的位置——商。殷人在天文观测和占卜过程中，都以自身位置为“坐标原点”，故称“中央商”，谓“天下之中”（《史记·周本纪》）。有关研究表明，卜辞常称“商”为“中商”，“商为殷人京都，‘商’而言‘中商’，犹言追‘中央商’”，“中商而与东、南、西、北四方并举，则殷人已有中、东、南、西、北五方之观念甚为明显”①。西汉贾谊的《新书·属远》曰：“古者天子地方千里，中之而为都。”《史记·周本纪》记载：“武王至于周……曰：‘此天下之中，四方入贡道里均’。”东汉张衡的《东京赋》也证实：“昔先王之经邑也，掩观九奥，靡地不营。土圭测景，不缩不盈。总风雨之所交，然后以建王城。”北京大学唐晓峰在讲述“中国”来历时也认为，“中”字源于周灭商之后，为整合民族而在地理中心建京都——“商邑”，称为“中国”。《诗经·大雅·民劳》中有“惠此中国，以绥四方……惠此京师，经绥四国”，《孟子》曾载有齐王对大臣所说的话“我欲中国而授孟子室”。这里的“中国”都是指“京都”。汉末学者刘熙就说：“帝王所都为中，故曰中国。”可见，“中国”的产生是原始天文学的观测经验、“天地人”一体的原始宇宙观与原始民族主义的地域观相结合而产生的“京都中心”概念，“中”体现出以“空间”为特征的地域关系。

3）“中国中心”观念

“中国中心”观念包含着“地理中心”“权力中心”“势力中心”等。古代华夏族建都于黄河中游地区中原河洛地带，以为居天下之中，因称“中国”，后称“中原”，其周边四境民族为蛮、夷、戎、狄。《史记·天官书》载：“及秦并吞三晋、燕、代，自河（河南）山（华山）以南者中国。中国于四海内则在东南，为阳。”同时，“中”指汉族建立的国家，由于与周边潘属国相比，经济、文化较为发达，军事力量较为强大，“蛮夷闽貉戎狄”等周边国家先后前来进献，“中国”成为与周边潘属国相区别的“地理中心”“势力中心”等。《尚书·周书·梓材》记载：“皇天既付中国民越厥疆土于先王。”《诗经·小雅》中有：“小雅尽废，则四夷交侵，中国微矣！”《左传·庄公三十一年》记载：“凡诸侯有四夷之功，则献于王，王以警于夷。”《公羊传·僖公四年》说：“南夷与北狄交，中国不绝若线。桓公救中国而攘夷狄，卒荆，以此为王者之事也。”《礼记·中庸》载：“是以声名洋溢乎中国，施及蛮貊。”《礼记·王制》又云：“中国夷戎……中国、蛮、夷、戎、狄，皆有安！”《史记·楚世家》曰：“我蛮

① 胡厚宣. 殷卜辞中所见四方受年与五方受年考//深圳大学国学研究所. 中国文化与中国哲学. 北京：东方出版社，1986：61.

夷也，不与中国之号谥!”又曰：“天下名山八，而三在蛮夷，五在中国。”(《史记・武帝本纪》)“中国”之称在周代以后及其战国诸子著作中频繁使用。例如，《孟子・滕文公上》曰“悦周公仲尼之道，北学于中国”，“兽蹄鸟迹之道，交于中国”等。《庄子・田子方》曰：“中国之君子，明乎礼义而陋于知人心”。在早期民族大统一的过程中，“中”体现了以“京师”“中国”为中心的“权力中心”观念，而在中原与周边国家交往过程中，形成了“势力中心”意识。为进步强化这种“势力中心”，中原的先民自称“华夏”，或简称“华”“夏”，其意为夏朝。《左传・定公十年》曰：“裔不谋夏，夷不乱华。”唐孔颖达疏：“华夏为中国也。”《说文解字》曰：“华，荣也”，“夏，中国之人也”。《春秋左传正义》曰：“中国有礼仪之大，故称夏；有服章之美，谓之华。”疆域广阔与礼仪盛大合为“夏”，服饰华采之美意为“华”，因而以“华夏”自称，并把统治区域分设“九州”，自以为“中”，体现着当时中原诸侯在国力上的高度自信。后来“中”字逐步转化为王朝正统、权力中心、帝王之位等象征，并把“中”的意识不断强化于民众。在“势力中心”和“权力中心”观念的不断推动下，中原发展为所属地域的政治中心、军事战略中心和经济文化中心，“中国”的内涵在历史进程中不断发生着行政区划意义的变化。随着华夏奴隶制社会的不断强盛，“中”逐步上升为以“权力”为特征的政治关系。

4)“五行中土”观念

有学者从“五行”学说中认识“五行中土”观，认为信德阳土居中，以和谐阴阳，乃统驭万物顺利变化的根本。《周易》“三才”观以人居宇宙之“中”，体现了“神本”观向“人本”观的转化。在汉字数字中，“五”的意义产生于“四方”，曰“中方”“五方”，它是人们对于天地、四方的“天圆地方”的大系统中的自我位置确认，认为人在“中方”，“中”象征宇宙生命中心和枢纽，体现了对人类自身力量的肯定。在“五行”学说中，“中”即“中土”。《淮南子・墬形训》曰：“正中冀州曰中土。”高诱注：“冀，大也，四方之主，故曰中土也。”《后汉书・西域传论》曰：“其国则殷乎中土。”周代延续商代“中土”思维。这说明“中土”与“地域中心”观、“权力中心”观有着本质联系。《易・象传》曰：“百谷草木丽乎土。”《说文解字》曰：“土，地之吐生物者也。”随着历史文化的发展，“中土”不断引申出“中”“大”“生”“主”等象征意义。《管子・四时》云：“中央曰土，土德实辅四时入出。春嬴育，夏养长，秋聚收，冬闭藏。”《白虎通・五行更王》说：“土所以王四季，何？木非土不生，火非土不荣，金非土不成，水非土不高，土扶微助衰，历成其道，故五行更王亦须土也。”《春秋繁露・五行之义》说：“土居中央为天之润，土者天之肱股也……故五行而四时者，土兼之也。土者五行之主也。”《国语・郑语》曰：“先王以土与金木水火杂，以成百物。”“五行”乃“得土数而成”，即由“生数”与“土”合成。孔颖达疏《洪范》“五行”曰：“水火木金得土数而成，故水成数六，火成数七，木成数八，金成数九，土成数十。”从《河图》《洛书》中也可以看出，“五行”中的“中土”，在宇宙观念中突出“生”的象征意义，在地域观念上突出“中”的思想，而在伦理政治观念中则突出“主”的意识。可见，随着阴阳、五行哲学的产生，“中”进一步体现着“天人一体”的伦理关系。

5）“王者中位”观念

《易》有“得中”为吉的理念，《坤卦》六五爻辞说：“黄裳，元吉。”《象传》云：“显比之吉，位正中也。”《坤卦》曰：“君子黄中通理，正位居体。”《系辞》有“枢机之发”，意为“中心枢纽”，故《春秋·运斗枢》记：“五帝之精黄，则含枢纽。”认为帝王居于“中”则为“宇宙中心”，成为“制动之主”，能“举大事，动大众，协乎五纪，辨乎五方，以顺天地之性”（《钦定四库全书·子部·协纪辨方书》）。既在其位，又谋其职，这便是“吉”的含义。《观卦·彖传》云：“中正以观天下。”《尚书·召诰》云：“王来绍上帝，自服于土中。”《淮南子·天文训》就称黄帝“执绳而制四方”，使四方诸侯臣服。《汉书》中说：“黄者，中之色，君之服也。”帝王居“中土”象征“守中道”，意味着“制四方”。古人把五行与五色、五方联系在一起，黄居中位，故以之象征帝王所重的“中位”“中正”之意。《白虎通义·京师篇》谓：“王者必即土中何？所以均教道，平往来，为恶易以闻，恶易以闻，明当惧慎。”这说明“土中”象征广施教道、沟通四方、制服天下的特殊地位。唐高祖李渊袭用隋制，以黄袍为常服，并禁止官员、百姓服黄，此为禁止民间用黄之始。正如李约瑟所说的那样，中国文明的摇篮是在黄河上游黄土地区，所以假定以黄色为中心自居①。由此可以看出，随着奴隶制向封建制的过渡，“中”被赋予了封建专制的色彩。

2. 先秦儒家关于“中”的哲学阐释

意义的不断引申，是汉字意象的一个突出特征。“中”从“中位”“正位”及“孕育生长”的认识中，不断脱离空间关系的意义，引申为描述人类行为的“正”“当”“适”“宜”等观念，成为具有象征意义的抽象的哲学理念，进而引申为行为道德理想，诸如“中正”“中德”“中庸”等。正如荣格所说：“当一个字或一个意象所蕴含的东西超过明显的和直接的意义时，就具有象征性。”②“中”作为伦理思想，当源于《周易》关于“天道”“地道”和“人道”宇宙观及伦理观。《周易》反复使用了“行时中”“刚中”“位正当”“得中道”“中行”“中直”“得当”等词语，仅在“六十四卦”注释中，“中正”一词使用了17次，“正”字使用了近70次，“中”字使用了近130次。儒家把“中”“正”哲学思

---

① 李约瑟. 中国科学技术史（第二卷），北京：科学出版社，1990：266-267.

② 荣格. 人类及其象征. 张举文等译. 沈阳：辽宁教育出版社，1998：1.

想延伸到“情性”学说和伦理政治，便产生了“中庸”思想。

1）“正”“当”与“中道”

“中”引申为“正”“当”“恰当”等意义，都是形容词，是关于“正位”的一种静态的象征性标准，合于心性即“中正”，合于天道则为“中道”。《广韵·送韵》曰：“中，当也。”“当”是一个抽象概念，即不偏不倚、符合法则、合于道等意思。《易·否》曰：“象曰：大人之吉，位正当也。”《易·需》曰：“位乎天位，以正中也。”《易·屯》说：“虽磐桓，志行正也。”《论语·乡党》曰：“席不正不坐。”如此之类，由“正位”引申到以“中道”为标准的思想和行为法则，或由方位之“正”引申为主体意识之“正”，如正直、正派、正义等，或引申为人格品质之“正”，如纯正、清正、中正、端正等，引申为行为之“正”，如适当、恰当、得当、正当等。以“中道”为核心的“正”与“当”，作为对人的意识、品质、行为的普遍标准，是一个较为抽象的概念，属于认识论范畴。

2）“适”“宜”与“时中”

“中”引申为“适”与“宜”，进一步体现出一种动态的象征性“标准”，其核心意义就是“时中”。“时中”表现了中国古代最高的方法论准则。在《周易》中，“通变”的核心的思想揭示了宇宙万物运行的共同特征，“变通”是主体认识和实践的共同法则，它要求在运动中把握事物、审时度势、随机应变。“中”体现确定性的准则，“时”则体现不确定的变化，“行时中”就是一个不断顺应“时变”的流变过程，既要坚守“不变”的准则，又要不断适应“万变”的标准。从字义本身来认识，“适”“宜”都具有动词性质。《说文解字》曰：“适，之也。”段玉裁曰：“往自发动言之，适自所到言之。”《尔雅》注：“适，往也。”女子出嫁曰“适”。故“适”的本义是“往”“走向目的地”，即为“切合”“适应”之义。“宜”作为会意字，《说文解字》曰：“宜，所安也。”《苍颉篇》曰：“宜，得其所也。”不同事物在不同的时空具有不同的“宜”，故“适”“宜”都体现了“时中”的核心意义，其本质是“唯变所适”，即顺应事物不同的“时机”而实施相适应的策略、方法和手段。在《周易》哲学中，如果说“中正”体现了认识的最高准则，那么“时中”则体现了行为的最高准则。“时中”作为方法论意义的普遍标准，同样是一个抽象的概念。

3）“中正”“中德”与“中庸”

“中”已延伸为道德标准，始于《尚书》关于“中正”“中德”的帝王道德要求。殷商时期曾先后依靠天神崇拜和祖先神崇拜的宗教方式来维护王权，故“殷人尊神，率民以事神，先鬼而后礼”（《礼记·表记》）。在血缘宗法制度背景下，殷王朝的灭亡，使周人在反思历史兴衰的基础上，抛弃了对天神和祖先神的“天命论”崇拜，以“先哲王德”为参照系，把祖先塑造成道德的化身并作为帝王的楷模，由“敬神”转化为“尚德”，既符合宗法制度的社会结构，又能维护王权的合理性与规范性。正如王国维所说："中国政治与文化变革莫剧于殷周之际。……自其里而言之，旧制度废除而新制度兴，旧文化废而新文化兴。……其制度文物与其立制之本意，乃出于万事治安之大计，其心术与规摩，迥非后世帝王所能梦见也。周之制度欲观周之所以定天下，必自其制度始矣。"① "中正""中德"将"王权神授"转化为"以德配天""以祖为范"，强调"己"的道德价值，认为"君德"是连接天、君、民三者的纽带，是获取天下、汇聚民心、收敛民意的根本因素。这是对"上天"和"神"的怀疑和否定，对宇宙和社会的理性认识的结果，体现了"人本"思想的确立。"中正""中德"既体现了善恶之分、君臣之别，也体现了公正、公理、合法的宏观、抽象的权力标准，而作为具体的人事行为，需要在普遍法则的基础上确立具体行为标准。正如张国庆所说："不仅要有普遍的标准，在具体情况下，还需有具体的标准。""凡事求'中'，都须有一个具体标准，不同事物及其不同侧面均有不同的'中'的具体标准，没有任何一个具体标准能够充当一切事物及其不同侧面是否得'中'的具体标准。"② 孔门主张"中庸"，就是"以中为用"，即以"中道"为一切行为的准则。

"中"象征"守中道"。"中道"是表现帝王代表人类顺应天道、协和天地、调和上下、统一四方的主体精神和人本意识。夏商时期，"中"的意义已经在思维方式上形成了自觉的审美心理，"中正""中德"开始作为道德范畴，对帝王人格进行审美评价，主要指行正道、公正、执中、不偏不倚。

"中正"主要是对精神人格方面的要求。例如，《尚书·吕刑》云"明启刑书，胥占，咸庶中正""惟良折狱，罔非在中"等，《大禹谟》有"允执厥中"等，《诗经·商颂·长发》中也有关于赞美商汤"执中"的诗句"不刚不柔，敷政优优，百禄是遒"。谓商汤不刚不柔、施政宽和、福禄在身。《尚书》中的"中正"主要指帝王"守中道"，上合于天、下合于地、中合于人。周代以后，"中正""中德"配合"制礼作乐"，用以道德教化。例如，周公说"作稽中德"(《尚书·酒诰》)，"中德"即合乎中正的道德。孟子说："汤执中，立贤无方。"(《孟子·离娄下》) 言汤坚持中正之道，举贤不拘一格，实为当朝帝王楷模。战国时期，"中正"泛指君子、有德行的人，即品性正直、人格刚正、行"正道"。《易·离》曰："柔丽乎中正。"高亨注："象人有柔和之德，附丽于正道。"《荀子·劝学》中的"故君子居必择乡，游必就士，所以防邪僻而近中正也"说的是正直之士。

"中德"主要指中正的德行。例如，《酒诰》曰："尔克永观省，作稽中

---

① 王国维. 殷周制度论//干春松，孟彦弘. 王国维学术经典集（下）. 南昌：江西人民出版社，1997：129.

② 张国庆. 中国古代美学要题新论. 北京：中央编译出版社，2010：5.

德。”《国语·周语下》曰：“夫有和平之声，则有蕃殖之财，于是乎道之以中德，咏之以中音。”孔传说：“考行中正之德，则君道成矣。”这就是要求以“中”为修德、行德、评德标准。《尚书皋陶谟》提出“行有九德”，即九种对立统一、“过而不及”的帝王之德：“宽而栗，柔而立，愿而恭，乱而敬，扰而毅，直而温，简而廉，刚而塞，强而义。”《周礼·大司徒》记载了教民的六项道德标，即“一曰六德：知、仁、圣、义、忠、和”，这里已经体现了“执两用中”的思想。

孔门发展了“中德”观而提出“中庸”观。孔子主张行为之“中行”：“不得中行而与之，必也狂狷乎”，即不宜过狂，也不宜过谨微，应恰如其分。又进一步把“中庸”上升为正直和光明磊落的人格审美标准：“人之生也直，罔之生也幸而免。”（《雍也》）《中庸》明确提出：“执其两端，用其中于民。”并指出，“不偏之谓中”，“中者，天下之正道”。《周易》哲学以“道”为“中”，表现在行为上就是“适合”“恰当”“正确”。张国庆指出：“《尚书》里‘中’的基本含义，可以在‘正确’（准确、得当）上统一起来。在这个意义上使用‘中’崇尚‘中’，在先秦乃属习见。”[①]可见，“中”始终以“道”为其根本准则，以“正确”为理想方法。儒家把“中”作为中直、中正、中德、中行的思想、人格和行为的理想境界。

综上所述，“中”作为一个“象”，其意义不断演变：由图腾到哲学和伦理观念的提升；由空间到时间，再到时空一体的深入；由静态到动态，再到行为准则的发展；由“天道”到“帝王”之道，再延伸到天下之人的修养准则。它源于人们对于空间的认识和观念，既象征事物“生”之所在，又表现内外平衡的“支点”。“中”作为时空“正位”观，“王”居“中位”体现了从“神本”到“人本”的观念转换，进而上升为“势力”意识。“中”被延伸为行为准则，由空间认识延伸到时间认识上的“适时”“时机”，成为时空一体的思维方法，进一步体现了《周易》哲学的“变易”观。“中”进入道德范畴，这是与传统的宗族观念、《周易》伦理哲学、儒家道德理想等紧密结合在一起的。中国古代以“中”为核心的系列概念，分别表现了特定的意义内涵和思想观念。如：

中旗：宗教观念，祖先崇拜
中位：空间观念，内外平衡
中行：行为观念，普遍意义
中正：品格观念，正直公道
中道：政治观念，协和万物
时中：动态观念，与时俱进
中德：宗族观念，道德规范

① 张国庆. 中国古代美学要题新论. 北京：中央编译出版社，2010：3.

“中”的意义发展与宗教、宗族、战争和政治等都有密切关系，当它由空间认识上升为哲学本义之后，逐步具有象征意义和审美属性，进而成为行为准则和道德规范的审美追求。这个发展过程体现了中国古代心理转换的三个基本特征：①以人为中心对外物的认识，转化为对人的内心的认识，具有“心中”和“中心”的内涵；②由对事物空间感的认识，逐步转化为思想和行为的方法论，具有“正”的意义；③由此进一步转化为象征意义的观念形态，具有“向内”的指向性与聚合性。由“向外”转化为“向内”的思维转移，充分体现了“人本”意识，推进了由哲学到审美的观念升华。

（二）“和”与内在精神的“调和”性

“和”的本质是“生”，即“生”的意象。中国古代重“生”，故“和”成为中国古代关于社会审美追求的最高境界。孔子最早提出“和为贵”，董仲舒认为：“起之不至于和之所不能生，养之不至于和之所不能成。成于和，生必和也；始于中，止必中也。中者，天地之所终始也，而和者，天地之所生成也。”[①]“和气生财”“家和万事兴”“以和为贵”等成为中华民族理家治国的生命哲学。“生”即生发、创造和繁衍，“生生不息”就是创造力没有终止地沿袭与延伸。在中国古代哲学体系中，“和”与“生”的关系具有多角度的阐述。《周易》以“阴阳”相和阐述了生命本源之“生”。“和”源于五味调和、声音相和，后世又根据五味调和之“醇美”、声音相和之“韵美”而“取象”，象征多种不同的要素相融相济而产生的审美感受，进一步证明“和”即“生”。

1.“和”与“阴阳”

《周易》作为我国最早的生命哲学体系，最早呈现了生命的“和”与“生”的关系。它以“阴阳”之性统摄宇宙万物内在消长的存在方式，以“刚柔”之情来概括宇宙万物周期性运行特性，揭示了宇宙万物和人类社会的“整体的平衡”和“永恒的平衡”法则。而这种平衡，正是阴阳之“和”与刚柔之“谐”，使宇宙万物的生命体不断繁衍与进化——“生生不息”，表达了“和”即“生”的思想。用公式来表示：

宇宙万物的生成规律：阴＋阳＝生。转换为公式：A＋B＝1（生）
如烹饪、音乐、和药等，不同因素相“和”：A＋B＋C＋……＝1（生）

“生生之谓易”分别从三个不同层次阐述了“和”与“生”的关系。

首先是“阴阳对应”。“阴阳对应”为“性”，阴阳相推、刚柔相荡则为“情”，情性之动是万事万物存在的共同方式。“情真意切”则为“中”，是万物

① （汉）董仲舒. 春秋繁露义证//（清）王先谦. 新编诸子集成. 北京：中华书局，1992：444.

符合自然之道的本真。“动静相宜”则为“和”，是“生”的前提和基础。“乾”为“天”、为“阳”，代表刚性、雄性、奇数，表示“男”而主“动”，是生命的本原，其功能在于“鼓之以雷霆，润之以风雨”（《系辞传上》）；“坤”为“地”、为“阴”，代表柔性、雌性、偶数，表示“女”而主“静”，是孕育生命的本土，其功能在于化生与化育。《乾》曰：“刚健中正，纯粹精也。”《坤》曰：“万物资生，乃顺承天。坤厚载物，德合无疆。”可见，阴阳对应就是讲求“动静相宜”，是情性的“中和”表现之一。

其次是“阴阳交感”。“交感”是万事万物由静而动的动力源。阴阳为性，交感为情。“阴阳”学说以男女“交感”而生育的特性为“意象”，象征天地万物的共同情性，即“天地氤氲，万物化醇”（《系辞传下》）。《泰·象》云：“天地交而万物通也，上下交而其志同也。”《咸·象》曰：“《咸》，感也。柔上而刚下，二气感应以相与，止而说，男下女，是以‘亨利贞，取女吉’也。天地感而万物化生，圣人感人心而天下和平。”天地交融和盛，则万物化生、欣欣向荣、天下大吉。《乾·文言》对“乾元利贞”及其“阴阳交感”具有纲领性的解释：“元者，善之长也，亨者，嘉之会也。利者，义之和也。贞者，事之干也。君子体人足从长人，嘉会足以合礼，利物足以和义，贞固足以干事。君子行此四德者，故曰乾元亨利贞。”又说：“乾元者，始而亨者也。利贞者，性情也。乾始能以美利利天下。”孔颖达疏：“元，始也；亨，通也；利，和也；贞，正也。言此卦之德，有纯阳之性，自然能以阳气始生万物，而得元始、亨通，能使物性和谐，各有其利，又能使物坚固贞正得终。”（《周易正义》卷二）《否》卦认为，之所以“不利君子贞”，就在于“天地不交”。阴阳交感乃情性的“中和”表现之二。

最后是“阴阳转化”。“转化”是万事万物生成的共同法则。阴阳对应与交感的结果，导致了阴阳转化，阴极生阳，阳极生阴，“日往则月来，月往则日来，日月相推而明生焉，寒暑相推而岁成焉”（《系辞传下》）。转化就是“物极必反”“否极泰来”，其过程就是“生”，其基本法则就是行“中正”与“中道”。《易·需》说：“位乎天位，以正中也。”而“中正”是宇宙万物固有的“自然”之“和”，由于宇宙万物“行时中”“位正当”“得中道”“中行”“中直”“得当”等，所以能够循环往复、螺旋上升、由低级到高级发展。以“刚”“柔”为内在动力，以“中正”为准则的阴阳转化，是情性的“中和”表现之三。

整体观念下的阴阳对应、交感和转化，揭示了万物及人生的“中”“正”“和”“平”“恒”“生”的性质和法则，阐述了“情性”是“中和”的本质属性。故《中庸》说：“致中和，天地位焉，万物育焉。”各学派关于生命哲学的阐释，从不同侧面突出了“和”与“生”的关系。例如，先秦诸子以“气”论

"性"，道家老子提出"万物负阴而抱阳，冲气以为和"。战国阴阳家融合阴阳与五行，以"阴阳消息，五行转移"为宇宙模式，提出金、木、水、火、土"五行元气"，认为元气乃阴阳交替，互为生克。还认为六合之内，千变万化，相生相克，轮回循环，万物生灵负阴抱阳，所以生生不息。宋代周敦颐在《太极图说》中也说："二气交感，化生万物，万物生生而变化无穷焉。"

2."和"与听觉

中国古代音乐论关于"和"与"生"的关系阐述更为深刻。《说文解字》云："相应也，从口禾声。"邢昺的《论语正义》说："和，谓乐也。乐主和同，故谓乐为和。"《尚书》曰"八音克谐，无相夺伦，神人以和"，即通过歌乐舞的形、神、情的协和来实现"神人以和"。在甲骨文中，"和"作"龢"（《殷虚书契前编》）。《说文解字》曰："龢，调也，读与和同。"段玉裁注："经传多借和为龢。"《广韵》曰："龢，谐也，合也。"《吕氏春秋》曰："正六律，龢五声，杂八音，养耳之道也。"《左传·襄公十一年》："如乐之龢。"《集韵》说："龢，一日小"龢，一日小笙，十三管也。""龢"同"和"，原指笙一类的各种乐器演奏的谐和，即"八音克谐"。看来甲骨文也是从听觉来说感受的。《国语·周语下》也说：

> 夫政象乐，乐从和，和从平。声以和乐，律以平声。金石以动之，丝竹以行之，《诗》以道之，歌以咏之，匏以宣之，瓦以赞之，革木以节之。物得其常曰乐极，极之所集曰声，声应相保曰和，细大不逾曰平。如是，而铸之金，磨之石，系之丝木，越之匏竹，节之鼓而行之，以遂八风。

此为音乐中的"和声"理论。"和声"是多种不同器乐集体共同演奏、多个人集体共同演唱所产生的共鸣和旋律。它不是个体演奏、演唱的简单相加和组合，而是来自每一个个体的声音，但又不同于任何一个个体的声音，是全部声音"共鸣"而产生的某种韵律，即"生"的意义所在。在集体演奏、演唱过程中，如果能够分辨出其中任何一个个体的声音，就说明未达到产生共鸣和旋律效果。优美的音乐能够把欣赏者带入一种想象空间，不是靠声音本身，而是靠音乐的"和声"所"生"的旋律，因此说"乐从和"，老子也说"音声相和"。《吕氏春秋·慎行论》同样提到"圣人为能和""和，乐之本也"。

"和声"理论在《乐记》中得到了进一步阐释。它围绕"乐"与"和"的关系，提出"比音而乐"，就是指不同器乐的协调演奏，以及歌乐舞的协调配合，所产生的优美的节奏与旋律，激起人心之"乐"。北宋经学家邢昺的《论语正义》说："和，谓乐也。乐主和同，故谓乐为和。"可见，在古代音乐理论体系中，乐［yuè］主和，和主生，生即乐［lè］。

3.“乐”与味觉

“和”与“生”的关系，还在中国古代“五味调和”理论中得到了更加直观的阐述。“和”曾经为“盉”字。“盉”是我国商周时期的青铜酒器，用以温酒或调和酒水的浓淡。上“禾”下“皿”意为“调味”，后通作“和”，指味觉感受，《国语·郑语》曰：“是以和五味以调口。”《黄帝内经·五藏生成篇第十》说：

是故多食咸，则脉凝泣而变色；多食苦，则皮槁而毛拔；多食辛，则筋急而爪枯；多食酸，则肉胝而唇揭；多食甘，则骨痛而发落，此五味之所伤也。故心欲苦，肺欲辛，肝欲酸，脾欲甘，肾欲咸。此五味之所合也。

晚唐诗人和诗论家司空图把五味调和之美引入诗论，提出“味外之旨”，阐释了“醇美”之“味”的本质特征（详见第四章）。他认为“醇美”之“味”在于调和，由多种味道调和所产生的是一种新生之“味”，即“醇美”。《说文解字》曰：“和，调也。”可见，“醇美”之“味”是“调和之味”，是“调和”所生，以此证实了“和”与“生”的关系。

中医以“和药”治病，其原理就是“和”求“生”。在中医学中，虽然有“单方治大病”之说，但《黄帝内经·逆调论篇第三十四》说：“独治者，不能生长也，独胜而止耳。”所以绝大多数病情都需要“和药”。“和药”是建立在阴阳关系、冷热关系、气血关系、“五行”学说等诸多理论基础上，适时根据病情需要，以多种天然药物按一定的量相配而成，药物相互作用而产生了新的药效。其中任何一种药物中都不存在这种新生药效，它是靠不同药物共同作用而生成的功能。中医的神奇性就在于，不同的中草药品种、不同的剂量、不同的时节、不同的配伍方式等所形成的药物结构，能产生不同的治疗功能。

从“药方”原理来看，中医药理的基本精神在于“气和而生”。在《黄帝内经·六节藏象论篇第九》中，岐伯“请陈其方”曰：

草生五色，五色之变，不可胜视；草生五味，五味之美，不可胜极。嗜欲不同，各有所通。天食人以五气，地食人以五味。五气入鼻，藏于心肺，上使五色修明，音声能彰；五味入口，藏于肠胃，味有所藏，以养五气，气和而生，津液相成，神乃自生。

从“治疗”原理来看，《黄帝内经·六节藏象论篇第九》以“五行”相应的“五脏藏象”原理为根本依据，协调阴阳之“和”，促成人体内在各功能的平衡性“生发”：

帝曰：藏象何如？岐伯曰：心者，生之本，神之变也，其华在面，其充在血脉，为阳中之太阳，通于夏气。肺者，气之本，魄之处也，其华在毛，其充在皮，为阳中之太阴，通于秋气。肾者，主蛰，封藏之本，精之处也，其华在发，其充在骨，为阴中之少阴，通于冬气。肝者，罢极之本，魂之居也，其华在爪，其充在筋，以生血气，其味酸，其色苍，此为阳中之少阳，通于春气。脾、胃、大肠、小肠、三焦、膀胱者，仓廪之本，营之居也，名曰器，能化糟粕，转味而入出者也，其华在唇四白，其充在肌，其味甘，其色黄，此至阴之类，通于土气。凡十一藏，取决于胆也。

所以，中医学以“和药”实践来体现“和”与“生”关系。“自古通天者生之本，本于阴阳。”（《黄帝内经·生气通天论篇第三》）“从阴阳始，始之有经，从五行生，生之有度，四时为宜。”（《黄帝内经·脉要精微论篇第十七》）中医学被称为“养生之道”，就在于从诊断到治疗的全过程都集中体现以“和”求“生”的思想。中医遵循“五行”，“五行”之妙贵在“中和”，所以“中和”既是一种生命科学，又是一种生命哲学。宋代徐大升编著的《渊海子平·五行生克赋》曰：“五行贵在中和。”宋代京图所著命理学《滴天髓阐微·疾病》开篇就说：“五行和者，一世无灾。”

“和”使宇宙万物平衡而风调雨顺，使社会诸因素平衡百姓安宁，使人心平衡而健康快乐，故曰：“以他平他谓之和。”《国语·周语下》曰：“若视听不和，而有震眩，则味入不精，不精则气佚，气佚则不和。于是乎有狂悖之言，有眩惑之明，有转易之名，有过慝之度。”明初刘伯温有注曰：“中而且和，子平之要法也。”可见，“和”是指诸要素之间内在的、无形的协调性效果和效应，是事物创造力的本质所在，是自然进化、社会发展、人类进步的根本原因。而“谐”仅仅是“和”基础性意义，“生”才是“和”的本质所在。

4.“和而不同”与“同则不继”

在中国文化体系中，“和”经先秦诸子对其人性、伦理、政治等方面不断深入阐发，逐步被赋予了自然观、历史观、哲学观、人生观、政治观、军事观等方法论的多重内涵，逐步成为哲学、情感、道德、政治等相容与统一的概念，能够表现天地之和、社会之和、人心之和与人伦之和，而天地之和谓之“太和”，是“和”之美的极致状态。

“和而不同”是中国古代一个独特的审美思维，孔子最早提出“和而不同”思想。在《国语·郑语》中，史伯为郑桓公分析西周将亡的原因时指出，周王亲小人、远贤臣，不民意，且“去和而取同”，即违背了“和而不同”的原理。认为“和”与“同”是对立的范畴，即“和实生物，同则不继”。音乐之“和”、调味之“和”、中药之“和”等都说明“和”是指事物多样性的统一而成就了新的事物。从生命角度看，只有阴阳之“和”才能产生新生命。从认识角度看，人们只有通过知识的积累，不同思想的碰撞，才能产生创造力。“同”则指无差别性的单一性事物，它不可能生化出任何新的事物，所谓“孤掌难鸣”“独树不林”“单丝不线”等，正体现了“同则不继”的思想。“同则不继”就是“同则不生”，因为生命永远不存在“单性繁殖”。在《国语·郑语》中，史伯曰：

以他平他谓之和，故能丰长而物归之；若以同裨同，尽乃弃矣。故先王以土与金木水火杂，以成百物，是以和五味以调口，刚四支以卫体，和六律以聪耳，正七体以役心，平八索以成人，建九纪以立纯德，合十数以训百体。……于是乎先王聘后于异姓，求财于有方，择臣取谏工而讲以多物，务和同也。声一无听，物一无文，味一无果，物一不讲。王将弃是类也而与剸同。天夺之明，欲无弊，得乎？

可见，“和”就是“不同”事物的调和所生，即“存异”思维。史伯把“生”的观念引入听觉、味觉，并上升为政治哲学和人生哲学。晏婴等也阐述了“和”与“同”的区别。晏子说：

公曰：“和与同异乎？”（晏子）对曰：“异。和如羹焉。水、火、醯、醢、盐、梅，以烹鱼肉，燀之以薪。宰夫和之，齐之以味，济其不及，以泄其过。君子食之，以平其心。……先王之济五味，和五声也，以平其心，成其政也。声亦如味，一气，二体，三类，四物，五声，六律，七音，八风，九歌，以相成也。清浊，小大，短长，疾徐，哀乐，刚柔，迟速，高下，出入，周疏，以相济也。君子听之，以平其心。心平德和。”（《左传·昭公二十年》）

晏子由五味之“和”推理到五声的“和”，特别强调“平其心”。孔子由此推理到社会之“和”：“君子和而不同，小人同而不和。”（《子路》）“五味”之和能生其“醇”，“五声”之和能生其“韵”，“天下”之和则能生其“事”。社会的一切进步，人类的一切创造，都是各种不同自然条件、社会因素、思想智慧之“和”的结果。

“和”成为人们对社会的审美追求，具有特定的哲学基础和时代背景。从哲学基础来看，《周易》哲学的系统思维，尚中求和的哲学思想，以及阴阳五行学说等，已经渗透到社会生活的各个领域，成为人们的一种精神力量。这体现在四个方面：一是对宇宙整体和谐有序的认识；二是对天地人的三位一体的认识；三是对人伦道德关系的亲附聚合的认识；四是对人自身的身心平衡的认识。这便是《周易》之所以成为道家哲学的起点，又成为儒家经典的缘故。从时代特征来看，春秋后期，随着战争冲突和政治纷争，“礼坏乐崩”，寻找多元融合的理论已经成为客观需要。孔子讲礼乐之和，倡导人伦之和，主张“以和为贵”，使“和”具有了伦理道德与性情的属性，形成了“仁礼”结合为核心的“中庸”思想体系。“中庸”成为一种社会观、人生观，又是一种对待自然、社会、人生的基本方法，代表了儒家思想的审美学说。经百家诸子对人性、伦理、政治等方面的不断深入的阐发，使“和”的内涵不断丰富，逐步成为哲学、情感、道德、政治等的相容与统一，体现了天地之和、人心之和与人伦之和，而天地之和谓之“太和”，是“和”之美的极致状态。

总之，尚“和”思想及其理论的诞生，标志着华夏民族精神正式形成。尚“和”即尚“生”，它自始至终关注人与自然的协和发展，因此尚“和”是中国古代文化的精髓，是中华民族的灵魂和基本精神，是当代中国文化振兴的“基因”，也是世界文化未来的必然走向。

二、“中和”思维与“天人合一”

通过上述分析看出，“中”“和”各有其自身的文化形成过程。许慎的《说文解字》注：“中，和也。”这说明“中”包含着“和”的意思。然而，“中”与“和”结合并生成“中和”观念，具有其深刻的哲学意蕴：“中”立其“位”，“和”聚其“众”；“中”以“正”为本，“和”以“生”为质；“中”以“道”为体，“和”以“性”为用，“中”是前提，“和”是目的。所以《中庸》以“中”为“大本”“和”为“达道”。“中和”之为“德”，源于《周易》的“天地之大德曰生”。“天地”包括宇宙万物、人类社会，“中和”构成了中国古代关于社会审美的一个完整的思想体系。追求“中和”的理想社会，就是追求“生生不息”的“创生”型社会。社会由不同层次和阶层的社会成员组成，对于社会成员主体来说，“中”体现“各就其位”，“和”体现“各尽所能”。社会又依存于自然的一切物质资料和条件，对于客观自然物质来说，“中”体现“各有其质”，“和”体现“各尽其用”，二者是一致的、统一的，是建立在“天人合一”的宇宙观基础之上的整体意识。这种对于诸事物“各适其位”和事物之间内在关系相融而“生”的认识，完全不同于西方以“数”“比例”“形式”为依据构成视觉感官上的“和谐”观念。

（一）“中和”思维与整体平衡观

宇宙一统，既是中国原始哲学的起点，又是中国古代哲学的最高理念，体现了中国古代的整体观念，成为“中和”观念的最初来源。按照“生”的法则，由宇宙整体到部分、由总到分、由“母”到“子”，是中国古代哲学的基本思路。《周易》作为中国古代哲学的正宗，是最古老的整体宇宙论、人生论和价值论，也是“中和”理论的开端。

首先是宇宙本原和结构上的整一性。《周易》把天、地、人“三才”看作一个整体，并把整个宇宙概括为“道”“太极”“一”，形成了“一元论”哲学思想体系。“太极”所阐述的是宇宙起源与生成，既是宇宙万物的发端，又是宇宙万物的归宿。“阴阴”概括万物的生成法则，这是“中和”的“元理论”，成为儒、道思想家共同的哲学基础。

老子的“道”本体论把“一元论”升华为最高哲学，并以“气”论来阐述“中和”的本质：“万物负阴而抱阳，冲气以为和。”（帛书本作“中气以为和”，《老子》第四十二章）这与《周易》的“阴阳”观一致。《淮南子·天文训》曰：“宇宙生元气”（《太平御览》卷一引），提出宇宙“元气”论。《汉书·律历志》曰“太极元气，函三为一。极，中也。元，始也”，指出“中”为元气本性，即万物本性。“一”是宇宙的本体，是宇宙的存在模式。老子主张“抱一”，把“一”的整体观念表现为方法论。庄子进一步提出“善妖善老，善始善终”（《庄子·大宗师》）。继孔子提出“一以贯之”（《论语·里仁》）以后，荀子提出“慎终如始，终始如一，夫是之谓大吉”（《荀子·议兵》），《魏书·袁翻传》提出“伏愿天地成造，有始有终，矜臣疲病，乞臣骸骨”，《晋书·后妃上》提出“有始有终，天地之经”。可见，从宇宙本质论到方法论，都体现了一体、一统、一致、归一、“一以贯之”以及有序的协和等整体思维。以“一”为体、阴阳相和、生生不已的整体宇宙观念，揭示了“中和”的基本特性，体现了中国古人关于“万物有生”的唯物史观与辩证逻辑。

其次是宇宙存在和运行方式上的“情性”观。《周易》按照生命特征，以“阴阳”之性概括宇宙万物内在消长的存在方式，以“刚柔”之情反映宇宙万物循环往复的运行特性。当代人们常用西方“对立”观来阐释“阴阳”“刚柔”，这是与中国哲学中“执两用中”的思想相背离的。其实，它们不是“对立”，而是对举、对应的一体关系，表现“平衡—不平衡—新的平衡”的无限循环过程，即“整体的平衡”和“永恒的平衡”，其内在动因为“穷则变，变则通，通则久”（《系辞下》）。在易学中，“阴阳太极图”以“道”统一，以“整圆”及其内在的“阴阳”与“刚柔”来表现“整体的平衡”和“永恒的平衡”，展示宇宙万物的运行法则，成为“形而上”和“形而下”共为一体的思维方式。所以“阴”“阳”之间无所谓“对立”，只存在“互动”和“转换”。表现为“阳”则为“刚”，表现为“阴”则为“柔”。“刚”“柔”不平衡则产生“互动”“互化”和“转换”，这就形成“交感”。阴阳的对应、交感和转化三者合一，这是宇宙情性之“中和”。

再次是万物结合的“五行”观。古人已经深刻认识到，同一事物在不同背景和条件下，其阴、阳对应性质各不相同，并具有相生相克关系。以邹衍为代表的阴阳家学派根据宇宙运行和万物化生过程把“阴阳”与“五行”相配，概括出“生”与“克”相协调的整体循环系统。《汉书·艺文志》称：“阴阳家者流，盖出于羲和之官，敬顺昊天，历象日月星辰，敬授民时，此其所长也。”邹衍是阴阳五行之学的倡大发扬者和定型者，《史记·封禅书》曰：“驺子之徒论著终始五德之运，及秦帝而齐人奏之，故始皇采用之。”阴阳家利用《周易》阴阳观念和天人感应思想，提出了宇宙演化论，并把《洪范》中的“五行”改造为“五德终始”：土德、木德、金德、水德、火德。他们认为天道运行、人世变迁、王朝更替兴衰等，均由五行主运。邹衍学说之核心是五行相生相克的历史循环论，其目的在于为当时的社会变革进行论证。

“五德”之“德”，本是指五种物质的基本特性。《尚书·洪范》曰：“五行：一曰水，二曰火，三曰木，四曰金，五曰土。”随着“象思维”的发展，“阴阳”思想同天文、历法、气象、地理、医学等自然科学知识以及政治、伦理等逐步结合，形而下的“五行”就被抽象出来与“德”相对应，象征宇宙万物、社会现象的一般属性，成为形而上的木、火、土、金、水五个属性系统，即“五行”之象（图 6-1）。例如，木德为生发、柔和；火德为阳热、上炎；土德为长养、发育；金德为清静、收杀；水德为滋润、闭藏等。将“五行”之德同人体生命与自然界的事物现象联系起来，形成了人体与内外环境的五行结构，进而推及成为不同体系的整体循环系统。“五行”相生与相克的循环系统，维持其整体发展的平衡，体现了事物以其固有的特性相互生发、相互制约。所以，生、克是“中和”的又一个基本特性。

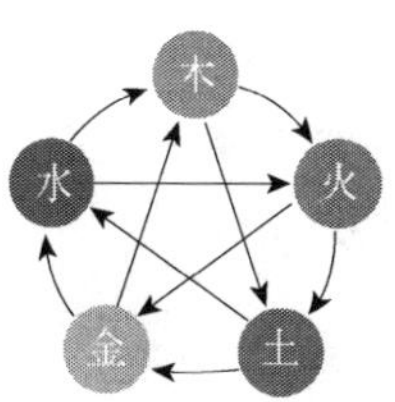

图 6-1　五行图

“阴阳五行”学说被广泛应用于古代医药、建筑、天文、历法、军事、武术、艺术等诸多领域。西汉董仲舒为适应统治者的需要，融合儒、道及杂家思想，发挥《春秋公羊传》的天人感应思想，把阴阳五行说与灾异现象联系起来加以神化、伦理化和政治化，一并纳入其神学体系，以“君权神授”论来维护封建统治，使“五行”学说在思想主流上误入“神途”。

万物整一、阴阳交感、五行生克，揭示了宇宙万物的根本特性，“整体平衡”是万物运行的最高原则及核心目标。这就是“中和”的真正内涵。

（二）“中和”思维与“天人合一”

天人合一观与宇宙整体观是一个有机的整体，但宇宙整体观体现出人们对于宇宙万物的观察、认识和审美的视角和立足点，而“天人合一”观则体现了在主客一体背景下人们对于“中和”的认识和体验。

关于“天人合一”的提出，历来都有争议。争议主要集中在三种观点：一是认为由孟子提出；二是认为由董仲舒提出；三是认为由张载提出。从整个哲学体系来考察，笔者认为，“天人合一”观大约经历了“生命”合一、“情性”合一和“血缘”合一三个阶段。

1.“生命”合一：“天人合一”的思想萌芽

中国古代创世神话传说中，以盘古为代表的“天地混沌如鸡子，盘古生在其中”及盘古身躯化为宇宙万物等，是天、人生命合一的初级表现。天地初始的混沌体，人作为自然的一部分与天地同体，本质上是人们由一种对宇宙物理现象的幻想逐步转化为一种坚信的观念，也包含着对人与宇宙自然关系的原始科学认识①。正如有的学者所说：“这时期的不少神话，在内容和形式上都表现出古人追求天地与人之间的整一、和谐性。”② E. 拉兹洛在讨论神话时也说：“在早期文化实体中，理性的、感情的、想象的和神秘的成分都混杂交织在共时统一体中（Syn-chreticunity）。神话部分是科学，部分是艺术，部分是宗教。”③

与神话相适应的是宗教意义的“天帝”合一。从《尚书》记载和神话传说中看出，在“天人合一”的观念中，“天”指宇宙万物，“帝”指祖先神灵。“神”的根本特点是人格化、灵性和全知全能、超人难测，所以“神”是“天帝”合一的媒介。中国古代的“神”经历了物神、天神、祖神等，远古帝王神如“三皇五帝”等，大都是半人半兽的动物神，表现了“天帝”合一的思想。

至殷商巫祝政治时期，与天文学发展相适应，“天帝”合一之神逐步转化为自然神，如“四宫”神、“五斗星君”、“南斗六星君”、“北斗七星君”等各类星神。当“天”“神”“帝”逐步形成一个模糊相通的概念之后，人们敬鬼神与敬天帝几乎是相同的意义。在天人关系也即神人关系的认识上，人们存在着矛盾心理。一方面盲目屈从于神。“殷人事神，率民以尊神。”（《礼记·表记》）殷人把“神帝”“天帝”看成有意志的“天”，是万物的主宰，故万事问卜，吉凶祸福、指挥农事等均求卜于神。而巫、史担任了沟通人神的主角，又具有了天人相合的意义。另一方面又没有完全屈从于天地神灵，不断在宇宙之中寻找人自身的地位和价值。这表现在以下两点。一是极力倡导“德”，把“德”作为为君之道、为政之道、治国之道，主张“皇天无亲，惟德是辅。民心无常，惟惠之怀”（《尚书·蔡仲之命》），肯定人的道德力量。二是“仰观天象、俯察地理”，观察四时与鸟兽变化、日月星辰运行规律，制定历法律令，“敬授人时”，说明“敬鬼神”的同时也在怀疑“鬼神”，并以科学探索的方式融入天体。三是“保民”高于“敬天”，例如，舜帝强调“惟德动天”，《尚书·无逸》中反复告诫

① （唐）欧阳询. 艺文类聚（卷一·天部上）. 汪绍楹校. 上海：上海古籍出版社，1982：2.
② 吴中杰. 中国古代审美文化论（史论卷）. 上海：上海古籍出版社，2003：51.
③ E. 拉兹洛. 用系统论的观点看世界. 闵家胤译. 北京：中国社会科学出版社，1985：92.

“保惠庶民”“怀保小民”“咸和万民”等，这是对人的主体性与主动性的高度肯定，说明“敬鬼神”和“探天体”并存，“天”“神”“帝”相通，“天”“德”“民”同等，歌“帝德”就是颂祖德，目的是倡导“以德配天”，强调人的道德价值。在巫术礼仪的音乐中，强调“八音克谐，无相夺伦，神人以和”，认为“和”可以感天地、惊鬼神，使人之志与神之意相通感，其实是把天神与祖神混为一体。“天”“神”“帝”合德，意味着祖先神灵与天的生命合一。

西周时期，随着人们对“天”的体验不断深入，否定“天命”、主张“德治”的政治文明可以说发挥到了极致，周公宣称“天不可信”，成王提出“皇天无亲，惟德是辅”“惟人万物之灵”。人们的思维转到“天象”观测，注重“天人感应”。所谓“观天象”和“察地理”，是当时科学的一种实证过程，并非以往学者所说的完全的“猜测”或“推理”。但古人在记录和传授过程中可能重结果而轻过程，尤其善于把所获得的某种思想、认识、理论等归纳为一种“公式化”的哲学定律，便于在生产、生活实践过程中迅速应用和推广，八卦就是这种“公式”和“定律”的一种表现。对于没有经过知识文化教育的原始劳动者来说，他们普遍善于接受并应用这种“公式化”定律。尤其重要的是，人们在否定天神的同时，按照“天人感应”的思维，把宇宙星象的变化同人的生命和人事联系起来，促使人们深入探索天与人“情性”相通的规律，这就形成了天、人生命合一的思想。

2.“情性”合一：“天人合一”的理论形态

天人“情性”合一思想起源于甲骨卜辞，形成于《周易》卦象系统，《易传》把天人“情性”合一思想呈现为哲学理论形态。庄子说“《易》以道阴阳”，“阴阳”所阐述的就是天人“情性”合一的理论。人的生命作为一个小宇宙，与天地万物具有一致的生命法则和生命动力。这正是后世儒、道、法、墨各家学派都以“天人合一”为立论基础的缘故，“情性”合一是“天人合一”的本质所在。

在《周易》天人观基础上，道家进一步把“天人合一”阐述为“自然”。真正从哲学的理论高度阐述天人关系，应始于老子。老子确立了以“道”为核心的宇宙观，把天道与人道、天德与人德统一起来，认为“道”是万物之本，“自然”是万物之特性，而“法自然”是万物之“德”。“三才”均合于“道”而“法自然”，明确提出万物“尊道贵德”。可以说，老子整个思想体系的主体，就是从宇宙本体上阐述“天人合一”思想，他的“道”论把《周易》的“太极”“一”推向了形而上的最高点。庄子进一步提出“万物齐一”论，认为人与天地万物本来就是一体的，“无为为之之谓天”(《天地》)，认为天与人的区别在于是否人为。《齐物论》曰：“道通为一”，“天下一马，万物一指也”。但从认识论上看，庄子认为天与人在本质上是“同情”的，而“天与人不相胜也，是之为真人”（《大宗师》）；从方法论来说，他认为只有“真人”才能“天人合一”，因此主张“天地与我并生，万物与我为一”（《天地》），“人之与天，无一间之离者也”（《徐无鬼》）。从价值论来说，认为“忘我”“死生合一”才是人生最大的幸福。应该说“天人合一”作为术语，是在庄子那里才被明确提出来的，并且是庄子思想理论的核心。

在儒家思想体系中，“天人合一”得到了多视角的具体阐述。孔子始终没有明确的宇宙观，故子贡曰：“夫子之言性与天道，不可得而闻也。”（《公冶长》）真正从理论上对天人关系进行深入讨论、阐述和拓展，是从孟子、荀子开始的。孟子所阐述的是道德哲学，他认为人性与天性相通，“天道”与“人道”一致，人禀受天道，认为“顺天者存，逆天者亡”（《离娄上》），“诚者，天之道也”（《离娄上》），“仁义礼智”是天之性、人之固有，是“天之所予我者”（《告子上》），主张通过道德修养而达到与“天”相通。因此他强调“自然”与“人为”的统一，提出“尽其心者，知其性也，知其性，则知天矣。存其心，养其性，所以事天也”（《尽心》），把“上心、知性、知天”和“存心、养性、事天”当作通达“天道”的桥梁。事实上，在孟子的观念中，同样没有确立自身的宇宙观，其“天性”论缺乏清晰的哲学逻辑。因此，“天人合一”发端于孟子的结论显然没有说服力①。荀子所阐述的则是政治哲学，已经具有了明确的宇宙观和宇宙论，具有比较系统的唯物论和辩证法，具有比较科学的认识论和方法论。他的“天人相分”与“天人合一”思想，以及“制天性”和“化性起伪”主张，就是对“情性”论的深层发挥。阴阳家学派以“天人感应”为核心思想的阴阳五行学说，把无形和有形统一起来，把人同自然相联系起来，把人体内外环境对应起来，所建立的“五行”生克循环序，把“天人合一”思想延伸到生命，应用到社会生活诸领域，成为“应用”哲学。

3.“血缘”合一：“天人合一”的理论“变形”

汉代“天人合一”理论“变形”，形成了天人“血缘”合一的观念。董仲舒出于服务封建一统政治的需要，以“阴阳五行”学说为基础，把“天道”当作政治的原则和人伦道德的根据，把哲学上的阳阴尊卑转化为人伦尊卑，把五行学说转化为道德的五伦关系，于是构建了一套以天人关系为轴心的所谓“天人合一”的政治哲学体系，被视为官方哲学。在《春秋繁露·阴阳义》中，他围绕“天人感应”哲学，反复论述“同类相应”“物类相召”，认为“天亦有喜怒之气，哀乐之心，与人相副。以类合之，天人一也”。还把“天”塑造为整个宇宙间的至上神，认为它是神灵世界的主宰，以此建立了“天”与宇宙

① 颜运秋. 公益诉讼理念研究. 北京：中国检察出版社，2002：177-178.

万物、人类之间的血缘伦理关系，以此强化神学政治。他说：“天者，万物之祖。万物非天不生。”（《春秋繁露·顺命》）“天地者，万物之本，先祖之所出也。”（《春秋繁露·观德》）董仲舒认为人本于天，天是“人之曾祖父也。”（《春秋繁露·为人者天》）他想通过天、人之间的血缘关系强化政治神学，试图建立政治宗教的伦理尊卑关系，突出皇权的合理性和神圣性，强化封建宗法等级的专制制度。因此，董仲舒的“天人合一”论是扭曲、变形的“神化”哲学。

北宋张载在批判佛教的基础上，以“气”论为基础阐述“天人合一”。他在《正蒙·乾称》中说：“凡可状皆有也，凡有皆象也，凡象皆气也。”气聚而为万物，气散而为太虚，太虚与万物都是气的存在形态。认为太虚为气未聚之本然状态，即“由太虚，有天之名”（《正蒙·太和》），气指阴阳二气，太虚本性与阴阳结合，便构成人性，“合虚与气，有性之名”（《正蒙·太和》）。他在《西铭》中说：“故天地之塞，吾其体；天地之帅，吾其性；民吾同胞，物吾与也。”他以“天人一气”“天人同本”“天道同一”等为依据论证“天人合一”，具有比较严密的理论逻辑。季羡林说：“张载是宣扬天人合一思想的最深刻最鲜明的代表。”[①] 显然，张载的论述也具有明显的天人“血缘”观。

程颢、程颐则把世界统一于“理”：“自理言之谓之天，自禀受言之谓之性，自存诸人言之谓之心。”（《河南程氏遗书》卷二十二）二程的“理”是以道德为核心的“天理”。朱熹继承张载与二程的理论，站在心性本体论的高度，以“理气”来论证“天人合一”，抛弃了“血缘”，又把“天人合一”的哲学思想回归到天道与人道合为一体的关系上来。

可见，“天人合一”观是与整体宇宙观同步产生的，并在《周易》中得到了理论呈现，在道家思想体系中得到哲学阐释，在儒家学说中突出地体现为政治哲学、道德哲学和人生哲学，在董仲舒那里被扭曲和神化，又在程朱理学中回归于“道本”合一。

在中国早期思想文化的变迁过程中，各个时代、各家学派的思想理论都以“天人合一”为根本依据，以“中和”为思想理论的根本指向。因此，“天人合一”和“中和”共同构成了中华民族传统文化的灵魂系统，成为中国古代社会审美学、生命审美、艺术审美的核心精神和最高审美追求。

三、“中和”思维与儒家伦理审美

从现有典籍来看，《中庸》最早把“中”与“和”构筑成“中和”审美范畴并加以阐述。《乐记》中有“中和之纪”一说，但主要指君臣“和敬”、长幼

---

① 季羡林. 三十年河东三十年河西. 北京：当代中国出版社，2006：59.

“和顺”、父子兄弟“和亲”等人伦之礼。《中庸》说：“中也者，天下之大本也；和也者，天下之达道也。致中和，天地位焉，万物育焉。”把“中”“道”“性”三者结合起来，把孔子“中庸”人格观进一步升华为“中庸”情性观，又把“中和”引入伦理，从理论上对“中和”进行了明确界定和系统阐述，使之具有鲜明的哲学依据和逻辑基础，体现了对孔子“中庸”观的重大发展。《中庸》第一章就说：“天命之谓性；率性之谓道”，首先建立了“道”与“性”的逻辑关系。又说“道也者，不可须臾离也”，进一步强调“性”不离“道”。以此为前提，指出“喜怒哀乐之未发，谓之中”，显然，这里的“中”是指人的“情性”。朱熹注：“喜怒哀乐，情也。其未发，则性也。无所偏倚，故谓之中。发皆中节，情之正也。无所乖戾，故谓之和。”[①]“发而皆中节”“无所乖戾”是指具有自我控制能力的理性。朱熹注曰“大本者，天命之性，天下之理皆由此出，道之体也”，“达道者，循性之谓，天下古今之所共由，道之用也”。可见，“中”与“和”是“体用”关系，即前提和目的、标准和效果的关系。《中庸》进一步把“中和”“天地位”“万物育”三者联系起来，回到“生生之谓《易》”，突出了生命价值，表现了人生审美观。

“中和”以其深厚的哲学文化内涵，从哲学思想发展成为道德和人生审美思想，进而成为社会审美思想。中国封建社会是以伦理政治为主体的管理体系。《论语》和《中庸》作为道德理论的基石，确立了社会审美理想的基本精神。在整个封建历史上，孔子一直拥有“圣人”地位，儒家思想始终是社会政治和社会文化的主体和主导。但是，随着儒、道、释的不断合流和政治体制的不断变迁，儒家思想文化也处于动态演变之中。同时，由于不同时期封建统治的社会审美价值取向不同，对儒家思想的取舍也具有很大差别。随着封建专制体系的日益加强，注重政治实用性，成为封建统治者对儒家思想进行取舍的基本原则。汉代董仲舒杂糅各家思想，将“中和”与天地人、阴阳五行、政治社会、伦理道德等结合在一起，贯通体用，建构了完整的宇宙论体系和方法论原则，把“中和”转化为治国安邦的政治伦理准则，成为扭曲的社会审美观。可以说，以孔子为代表的、包括“中和”观念在内的儒家思想，在历史进程中也处于不断地被扭曲的过程。因此，我们讨论儒家“中和”审美观的本质特征，应从《论语》和《中庸》等典籍中来寻求。

（一）《论语》与理想人格

《论语》是孔子社会审美思想的集中体现。它包括政治主张、伦理思想、道德观念和教育原则等，但孔子主要强调个体人格修养。孟子对他有很高评价：

---

① （南宋）朱熹. 四书集注·中庸. 长沙：岳麓书社，1985：30.

“孔子，圣之时者也。孔子之谓集大成。集大成也者，金声而玉振之也。”（《孟子·万章下》）宋代以后曾流传“半部《论语》治天下”之说[①]。孔子崇尚以“知”为前提的“君子”之“德”和以“乐”为至高的精神境界，追求以“仁”为核心、以“礼”主分、以“乐”主和的道德社会，在《论语》中，充满了关于生命与人格的完美的“中和”精神。

1.“天命”与“中”

殷商时期，人们所崇拜的“天帝”是人格神，实为祖先神灵、在天之灵，“天”和“天帝”具有至高无上的主宰人间的权威。西周时期，“天帝”观逐步转向了“天命”观。以周公为代表的“敬德保民”“崇德贵民”的天命观得到孔子的继承。周人虽然开始怀疑天神，认为“天不可信”（《尚书·君奭》），但还承认上天具有道德准则，坚信“天命”与“民欲”一致，“民之所欲，天必从之”，“惟天地万物父母，惟人万物之灵”（《尚书·泰誓》）。认为只有遵守上天立下的道德标准，才能获得福禄，取得“天命”。西周末年，作为人格神的“天帝”的权威逐步瓦解，由主宰之天转向了运命之天。孔子继承了西周的“天命观”，但他在学《易》之前，对于“天命”观的本质认识应该是模糊的，处于“畏天命”与怀疑“鬼神”之间的矛盾状态。由于对“天道”的内涵没有立论的依据，故“不语怪，力，乱，神”（《述而》），重人事而轻鬼神，因此其“天命”观倾向于无神论思想。他说：“天何言哉！四时行焉，百物生焉。天何言哉？”（《阳货》）可见，孔子的“天”主要是指自然之天和道德之天。

随着生活阅历的增加，尤其从“晚而喜《易》”（《史记》卷四十七）开始，孔子对“天命”具有独特的人生体验和深切感受。子曰：“加我数年！五十以学《易》，可以无大过矣。”（《述而》）因“五十而知天命”，才领悟了“《易》穷理尽性以至于命”的许多真谛。马王堆帛书《要》记载孔子晚年学《易》：“夫子老而好《易》，居则在席，行则在囊。”[②]他四十七岁才无意仕途，专心整理《诗》《书》《礼》《乐》等古代典籍，开始接触到《周易》。但是，对于致力于人事研究的孔子来说，研究《周易》、探求天道并非一蹴而就、立竿见影，对其义理和天道的理解和把握也并非马到功成、茅塞顿开。关于孔子多次求道于老子的记载说明，他学《易》并非易事。《庄子》有三段话：

孔子行年五十有一而不闻道，乃南之沛见老聃，老聃曰：“子来乎！吾闻子，北方之贤者也！子亦得道乎？”孔子曰：“未得也。”老子曰：“子恶乎求之哉？”曰：“吾求于度数，五年而未得也。”老子曰：“子又恶乎求之哉？”曰：

---

① 相传出于北宋宰相赵普. 辞源. 北京：商务印书馆，1979. 引用南宋罗大经《鹤林玉露》解释“半部《论语》”，见：辞海编辑委员会. 辞海. 上海：上海辞书出版社，1981.

② 李学勤.“五十以学《易》”问题考辨//周易经传溯源. 长春：长春出版社，1992：50.

“吾求之于阴阳，十有二年而未得。”（《庄子·天运》）

孔子问于老聃曰：“今日晏闲，敢问至道。”老聃曰：“汝斋戒，疏瀹而心，澡雪而精神，掊击而知。夫道，窅然难言哉！将为汝言其崖略。夫昭昭生于冥冥，有伦生于无形，精神生于道，形本生于精，而万物以形相生。故九窍者胎生，八窍者卵生。其来无迹，其往无崖，无门无房，四达之皇皇也。邀于此者，四枝强，思虑恂达，耳目聪明。其用心不劳，其应物无方。天不得不高，地不得不广，日月不得不行，万物不得不昌，此其道与！”（《庄子·知北游》）

夫子问于老聃曰：“有人治道若相放，可不可，然不然。辩者有言曰：‘离坚白，若县寓。’若是则可谓圣人乎？”老聃曰：“是胥易技系，劳形怵心者也。执留之狗成思，猿狙之便自山林来。丘，予告若，而所不能闻与而所不能言：凡有首有趾、无心无耳者众；有形者与无形无状而皆存者尽无。其动止也，其死生也，其废起也，此又非其所以也。有治在人。忘乎物，忘乎天，其名为忘己。忘己之人，是之谓入于天。”（《庄子·天地》）

孔子悉心学道而五年未得，习阴阳而十二年未得。“问礼”、求“天道”于老子，但老子所言玄乎其玄，足见孔子学《易》之艰辛。他不可能在短期内能够系统、完整地把握《周易》并完全内化为自己的思想。他心中的《周易》犹如眼中的老子：“吾乃今于是乎见龙。龙，合而成体，散而成章，乘乎云气而养乎阴阳。”（《天运》）所以他不言“道与性”乃情理之中。

孔子所关注的是现实社会问题和人生修养，他显然不善于、也不愿意去阐述神秘莫测、虚无缥缈的抽象之“道”，也不关心祝卜占断的宿命法则，而善于从抽象的哲理中或自然山水中领悟实用的道德意义和社会价值，“德”是他最敏感的命题。对于《周易》更是如此，史巫重在《易》之占断，而孔子则重在《易》辞所含之德义。马王堆帛书《要》载孔子曰：“易，我后其祝卜矣，我观其德义耳也……吾与史巫同途而殊归者也。”他认为：“务民之义，敬鬼神而远之，可谓知矣。”（《雍也》）但他不反对占筮和祭祀鬼神，甚至称赞：“鬼神之为德，其盛矣乎！视之而弗见，听之而弗闻，体物而不可遗。使天下之人齐明盛服，以承祭祀，洋洋乎如在其上，如在其左右。”（《礼记·中庸》）他认为祭祀之礼蕴涵着“盛德”，所重视的不是祭祀行为本身，而是主体在祭祀时所表达与寄托的对祖先、神灵的崇敬和感恩之真情。正如有学者所说：“孔子所关切者：祭祀鬼神是否足以培养众人具有礼、义、忠、信、诚悫之心而已。”[①]对《易》、乐、礼的道德育化价值的发现和阐述，是孔子“知天命”的本质，也是孔子的学术核心。

孔子对《周易》中的“天命”观具有特殊的哲学认识，那就是“我观其德

① 程石泉. 孔子与《易经》——马王堆帛书《易》之经传中新发现. 孔子研究，2002，(5)：85-94.

义耳也”。他认为，只有施行仁义，才能求福求吉，没有德行的人，占筮也不会求得神灵的帮助，不如“不占而已矣”（《子路》）。孔子从《周易》中发现了“德”的本质和真谛，从而明确了“天命”观的核心是“德”，并把“德”视为人生最高的精神修养，看作君子必备条件：“不知命，无以为君子也”（《尧曰》），“君子有三畏：畏天命，畏大人，畏圣人之言”（《季氏》）。他的“天命”就是指《周易》中的道德与生命哲学，他把“天命”“大人”“圣人”加以并列，认为“君子务本，本立而道生”（《学而》）。“本”就是他所倡导的君子之“德”，即“天命”之所在，“天命”就是“天道”，“德”就是“中”。

上述分析说明，孔子以人生哲理和道德育化为指归的“天命”观，最终抛开了主宰性、人格化的“天”和“天命”，强调发挥人的主体性与主动性。他虽然主张“神道设教”，但其用心不在神而在人的行为，在于人德与“天道”的统一，“神道”与人道的统一，“神为人而存在”，“天命”彰显生命的庄严。可见，孔子“天命”观的本味是以“天人合一”为基础的“中和”观，是以“以和为贵”的人生和社会审美观。

2.“人格”与“中”

“知”“仁”“礼”“乐”可以视为孔子的“人格四要素”。《论语》中，孔子有关人格阐述所使用的频率较高的词分别是：“知”117 次，“仁”109 次，“礼”75 次，“乐”48 次，与“知”相关的“学”和“好学”共 65 次。他认为“君子”“圣人”来源于“好学”与“博学”。“知”是内在修养，“仁”是情商培育，“礼”是行为表现，“乐”是精神境界，四者共同构成了“中和”的人格审美追求。在《论语》中，“知”（zhī）既作动词，指认识、知晓、求知的过程，包括见识、学识、学问等；又作名词，通“智”，包括智慧、德行、境界等。“知”以“学”为前提，是“志于学”的结果。“乐者，所以导乐也”，是指导人心快乐的一种规范，因此孔子崇尚“乐”，把“知”“好”“乐”看作三个不同的层次：“知”是追求真理，贵在真；“好”是求知情趣，表现善；“乐”是精神境界，体现美。三个层次通过“礼”来实现，并形成以“仁”为核心的真、善、美相统一的“中和”人格。

1）知、仁与“中和”

“知”是孔子的认识论，也是他的人生、道德审美论。关于“知”，老子主张“悟道”，庄子主张“知己”，孔子则主张“知天命”和“知人”。

“知天命”包括知《易》理和“天道”。在《周易》中，“知”与“仁”是统一的，《系辞传上》曰：“仁者见（xiàn）之谓之仁，知者见（xiàn）之谓之知。”在“阳”与“阴”“刚”与“柔”的辩证统一体中，“天德”具有“始物”功能，是万物之本源，叫“天德之善”，是“知”的表现。“地德”具有“成物”功能，使万物定形、定相，“坤厚载物”“万物资生”是“仁”的表现。始、动、乾、阳为“知”，成、静、坤、阴为“仁”。“仁”本来是指宇宙万物的“真性”，即“立天之道曰阴阳，立地之道曰刚柔”，由此推及人类则是“立人之道曰仁义”。“继之者善”“成之者性”是“仁义”的基本内涵，是“知”的最终归宿。对于“知天命”的人来说，“知者”呈现为“智”“仁者”呈现为“仁”。孔子继承了“仁者见仁，知者见知”的思想，肯定了“知”与“仁”的统一。

“知”与“仁”是圣人之德。“易与天地准，故能弥纶天地之道”“故知死生之说”“知鬼神之情状”。孔子认为只有“知”才能“与天地相似”，不违才能“道济天下”。知“天道”即“通乎昼夜之道”，才能达到“范围天地之化而不过”，做到“曲成万物而不遗”。所以“乐天知命，故不忧”，“安土敦乎仁，故能爱”。孔子从这里找到了“知天命”与“仁”的关系依据，他说：“君子道者三，我无能焉。仁者不忧，知者不惑，勇者不惧。”（《宪问》）他所追求的君子形象首先是“知者”，然后是“仁者”，即“盛德”。有了“盛德”才能“日新”，才能“生生”。可见他所倡导的“德”就是《周易》所言的这种“中和”之理、乾坤之德、阴阳之道，即“中道”。他以切身体会到的“知天命”而“无大过”的真实人生来阐释了“知”与“中道”“中庸”的思想，这与老子的“致虚守静”“复归婴儿”“复归于朴”，以及庄子的“真性”“真人”和“真知”的人格追求是一致的。但《周易》言“君子之道鲜矣”，孔子也感叹：“知德者鲜矣。”（《卫灵公》）可见“知”非“圣人”莫属。孔子把“知”“仁”与“乾”“坤”相配，以“知”为“君子”之“大始”，“仁”为“君子”之“成物”。由“知”与“仁”所塑造的“君子”，能使“天地交而万物通”（《泰卦·彖传》）、“天地感而万物化生”（《咸卦·彖传》）、“阴阳接而变化起”（《荀子·礼论》）。这表现在“君子”身上就是“巍巍乎，其有成功也。焕乎，其有文章”（《泰伯》），是“恭宽信敏惠。恭则不侮，宽则得众，信则人任焉，敏则有功，惠则足以使人”（《阳货》），是“圣人所以崇德而广业也”（《系辞上》）。可见，孔子的“知”与“仁”不仅是理想的“君子”人格，而且是“圣人”功成名就的基本条件。

“知人”是孔子人学思想的一个基本理论。子曰：“不患人之不己知，患不知人也。”（《学而》）“知”要做到“闻一以知十”（《公冶长》）。“知人”的前提是“知天命”，而“知命”包含了“知人”。故曰：“不知命，无以为君子；不知礼，无以立也；不知言，无以知人也。”（《尧曰》）可见，“知命”与“知人”是一致的。孔子的“知人”原则是：“可与言而不与之言，失人；不可与言而与之言，失言。知者不失人，亦不失言。”（《卫灵公》）他认为：“巧言令色，鲜矣仁。”这与老子的“绝圣弃智”“绝仁弃义”（简本作“绝智弃辩”“绝伪弃虑”）

一脉相承。人与人之间的“知”的问题是永恒的重大难题，所以孔子把“知”提到最高的认识境界，把“知人”摆在十分重要的位置，与“知天命”共同作为“知”的基本内容。子曰：“好学近乎知，力行近乎仁，知耻近乎勇。知斯三者，则知所以修身；知所以修身，则知所以治人；知所以治人，则知所以治天下国家矣。”（《中庸》）孔子的“知”即修身，修身在于“知天命”，“知天命”在于“知人”，“知人”是为了“治人”。

“知”作为儒家认识论的重要学说，在《大学》中被发挥为“格物致知”：“欲诚其意者，先致其知，致知在格物。”郑玄注：“格，来也；物犹事也。其知于善深，则来善物；其知于恶深，则来恶物；言事缘人所好来也，此致或为至。”朱熹在其《补〈大学〉格物致知传》中更精确地表述为：“致知在格物者，言欲致吾之知，在即物而穷其理也。”孔子以“中”为天道，以“知”为前提，以“仁”为目标，以“中庸”为准则的道德观，成为我国古代人生审美学的理论开端。

2）乐、礼与“中和”

“乐”是孔子关于人的精神生活的最高审美理想。孔子对“乐”具有多个侧面的阐述：一是贤者之“乐”。子曰：“贤哉回也！一箪食，一瓢饮，在陋巷，人不堪其忧，回也不改其乐。贤在回也！”（《雍也》）他把善于安贫乐道的颜回赞为“贤德”典范。子贡曰：“贫而无谄，富而无骄，何如？”子曰：“可也；未若贫而乐，富而好礼者也。”（《学而》）二是“中庸”之“乐”。主张“乐而不淫，哀而不伤”（《八佾》），把情感与理性的结合作为“中和”之乐。三是发愤之“乐”。子曰：“发愤忘食，乐以忘忧，不知老之将至云尔。”认为拥有追求学问、学而不厌的态度，具备忘我的、废寝忘食的精神，是一种自得其乐的审美境界，即“天行健，君子以自强不息”。四是“益损”之“乐”。子曰：“益者三乐，损者三乐。乐节礼乐，乐道人之善，乐多贤友，益矣。乐骄乐，乐佚游，乐宴乐，损矣。”（《季氏》）他把得到礼乐调节、善于讲别人好话、结交贤友等作为人的精神和心灵的快乐，而骄纵、游荡忘返、吃喝等视为有害的物质和感官的享乐。孔子认为，快乐的前提是“仁”和“礼”，曰：“人而不仁，如礼何？人而不仁，如乐何？”可见，孔子对于人的精神与灵魂的追求，是以“仁”“礼”为基本要义的“中庸”之乐。

孔子把“乐”提到了人生的最高境界。知、仁、礼、乐四要素相互联系、相互渗透，共同构筑成一个有机整体，作为“为人”的标准。对“乐”的认识，是孔子深厚的音乐素养同他对“乐”的独特感受与体验的结果。他把“乐”与人格、性灵、人生紧密联系起来，并视为人格修养的最高理想，代表了先秦诗乐思想的一个新起点。《史记·孔子世家》记载：

孔子学鼓琴师襄子，十日不进。师襄子曰："可以益矣。"孔子曰："丘已习其曲矣，未得其数也。"有间，曰："已习其数，可以益矣。"孔子曰："丘未得其志也。"有间，曰："已习其志，可以益矣。"孔子曰："丘未得其为人也。"有间，有所穆然深思焉，有所怡然高望而远志焉。

孔子学琴的过程经历了"未得其数""未得其志""未得其为人"等不同音乐境界的不断追求与提升。可以看出，他对"乐"的认识已经远远高出了"诗言志，歌咏言，声依永"的境界。《史记・孔子世家》评价孔子："学者宗之，自天子王侯，中国言六艺者折中于夫子。"徐复观说"到了孔子，才有对于音乐的最高艺术价值的自觉；而在最高艺术价值的自觉中，建立了为人生而艺术的典型"，且"就现在所能看到的材料看，孔子可能是中国历史中第一位最明显而又最伟大的艺术精神的发现者"[①]。

孔子还把"乐"提到了国家兴衰的政治高度来论述。他说："天下有道，则礼乐征伐自天子出；天下无道，则礼乐征伐自诸侯出。自诸侯出，盖十世希不失矣；自大夫出，五世希不失矣；陪臣执国命，三世希不失矣。天下有道，则政不在大夫，天下有道，则庶人不议。"（《季氏》）孔子认为礼与乐相辅相成，国家的音乐状态反映了"礼"的状态，而"礼"的状态又能够反映天下"有道"与"无道"的社会兴衰状态。礼乐出自天子、诸侯、大夫等不同政权机构，能够显示出政权的集中与分散、安定与混乱状态，还能预示着国家兴亡。因此，他对季氏"八佾舞于庭"的"超格"行为感到"是可忍也，孰不可忍也！"（《八佾》）并以此总结出："诗可以兴，可以观，可以群，可以怨。"（《阳货》）他还主张"不学诗，无以言"（《季氏》），认为要以诗三百来"授之以政""使于四方"。可见，孔子对"乐"与"礼"的追求，始终以"和"为最终指向。

"礼主分"与"乐主和"，是孔子"礼乐"思想的归宿。其大致有三方面的理论依据。一是"礼乐"本身的特点决定。《礼记・仲尼燕居》载，子曰："礼也者，理也；乐也者，节也。君子无理不动，无节不作。不能诗，于礼缪；不能乐，于礼素；薄于德，于礼虚。""理"的本意是"纹理"，表示人和事物有界线，人的行为也要有层次差别、讲求适合相应身份的"度"，与"节"相近；音乐有"节"，这便是礼、乐的共同点。但"乐"是以"和"为前提下的"节"，而"礼"则是以"节"（尊卑之分）为前提的"和"。"礼乐"论就是对这种相辅相成关系的发现、阐述和运用。二是"乐"论具有哲学逻辑。《乐记》理论与孔子思想同源，都以《周易》哲学思想为立论依据。试看《乐记》中关于"礼""乐"的论述：

天尊地卑，君臣定矣；卑高已陈，贵贱位矣；动静有常，小大殊矣。方以

① 徐复观. 中国艺术精神. 沈阳：春风文艺出版社，1987：4.

类聚，物以群分，则性命不同矣。在天成象，在地成形，如此，则礼者天地之别也。

地气上齐，天气下降，阴阳相摩，天地相荡，鼓之以雷霆，奋之以风雨，动之以四时，煖之以日月，而百化兴焉。如此，则乐者天地之和也。

“礼者天地之别”“乐者天地之和”都是根据《周易》的原话引申出来的。《乐记》中还有许多关于礼、乐关系的论述。例如，“乐合同，礼别异，礼乐之统，管乎人心。”“乐者，天地之和也，礼者，天地之序也。和故百物皆化，序则群物皆别。乐由天作，礼以地制。”“圣人作乐以应天，制礼以配地。”“大乐与天地同和，大礼与天地同节。”可见，“乐”为“和”，“礼”为“序”；“和”而“化”，“序”而“别”。这与孔子的知、仁、礼、乐思想相同，都源于乾坤相感、天地相合的哲学体系。荀子的《乐论》，进一步体现了“礼主分”“乐主和”思想的统一性。但孔子不仅把礼乐审美体验上升为理想人格和社会精神，还上升为道德灵魂，把礼乐同美与善有机统一起来，以“和”为核心提出了“尽善尽美”的审美评价标准，认为“《韶》，尽美矣，又尽善也”，“《武》，尽美矣，未尽善也”（《八佾》）。这种从深层内涵来加以理解、转化和应用“乐”，被学者称为“精英审美趣味”。

总之，孔子以“天命”观为哲学基础的知、仁、礼、乐人格四要素，贯穿了《周易》之“天道”观，构建了一个关于人生哲学和社会哲学的思想体系。随着封建道德规范的不断具体化、形式化和制度化，封建专制体系对孔子思想往往藏其“体”而取其“用”，所承传的仿佛只是一套僵死的教条。正如庄子所说的那样：“是故内圣外王之道，暗而不明，郁而不发，天下之人各为其所欲焉以自为方。悲夫，百家往而不反，必不合矣！后世之学者，不幸不见天地之纯，古人之大体，道术将为天下裂。”（《天下》）所以，关于知、仁、礼、乐的追求，对于历史，只能是一个理想化的审美学说，而对于当代和未来，将是一颗永不失色的明珠。

（二）《中庸》与理想社会

“中庸”一词最早见于《论语·雍也》中的“中庸之为德也”。至战国，孔子的仁学体系分化出荀子学派和思孟学派，“中庸”思想在思孟学派的《中庸》中得到体系化并发扬光大，继而成为一个独立的哲学范畴。《中庸》第一章提出了“中和”论，并分别以“天命”“性”“道”“教”等加以阐述，于是把“中和”引入道德范畴，转变成道德的应用哲学。“中和”的根本在于，只有“人道”与“天道”一致，“人德”与“天德”吻合，才能叫作“和”，才能称为“达道”，才能实现“天地位”“万物育”的理想社会。可见，以“中和”作为

“人德”标准，是“中庸”之最高的德行，而作为理想社会的标准，则是极致的中庸之道。“中立”“中节”“时中”“诚明”是“中庸”的基本内涵。

1.“正”与“中立”

《中庸》引用了孔子对舜的评论：“执其两端，用其中于民。”程颐诠释：“不偏之谓中，不易之谓庸。中者天下之正道，庸者天下之定理。”朱熹注：“中庸者，不偏不倚，无过不及，而平常之理，乃天命所当然，精微之极至也。”[①]可见“中庸”即“正道”“平常之理”。

“中”即“正”，在哲学上是符合“道”的“支点”，在行为上则是“定点”，即立场上的“客观”“公正”“平等”。同时，“中”在道德上符合“天德”，表现在思想行为上则为“中立”。“立”指在一个整体中立于“支点”而顺应“正道”，这是“强”的表现。在各种不同的认识之间，既要有自己独立的见解，又要持有符合于“道”的观点，而不倾斜于任何一端。所以，《中庸》又引孔子语：“故君子和而不流，强哉矫！中立而不倚，强哉矫！国有道，不变塞焉，强哉矫！国无道，至死不变，强哉矫！”也就是说，要保持中道立场，政治清平时不改变志向，政治黑暗时坚持操守，宁死不变才是真强。又说：“齐庄中正，足以有敬也；文理密察，足以有别也。”“故曰配天。”威严庄重，忠诚正直，能够博得人们的尊敬；条理清晰，详辨明察，能够辨别是非邪正，这种圣人之美德能与天相匹配。可见，“中立”不是以人为标杆，而是以“道”为准绳。

2.“度”与“中节”

《中庸》说：“发而皆中节，谓之和。”“节”指“度”，即合规律的界限。儒家肯定“情”为人之“性”，但“情”之所发须“正”，即朱熹所说的“发皆中节，情之正也”。“节”“度”都是以理智为准则的概念。

关于“中节”，孔子认为：“君子中庸，小人反中庸。”《中庸》进一步把“性”和“情”纳入“天命”，明确提出“修道”的人生观：“道也者，不可须臾离也，可离，非道也。”认为“道”乃“率性”，人必须“修道”，然后以“道”来把握和控制“性”与“情”，以达到“中正”，成为理智的情感。再由人生推移到人格，就成为区别君子与小人的标准。“节”的范围是“度”，“度”的准则是“道”，以“道”率性。但是，人的情感与欲望是无限的，只有以“中庸”为最高德行而加以节制，这才是“中节”。“中节”作为“中庸”的一个具体内容，又最终以“和”为度。所以，连最能体现尊卑等级的《礼记》也说“礼不下庶人”。孔子也认为：“礼之用，和为贵。”“知和而和，不以礼节之。”（《学而》）

随着“止乎礼仪”的道德规范的强化，“中节”逐步丧失了本义，由情感节

---

① （南宋）朱熹. 四书集注·中庸. 长沙：岳麓书社，1985：31.

制转化为行为控制。随着“五行”学说的道德化，“中节”不断变形，“度”也越来越具体，“节”变为以伦理纲常和礼教为“度”，“中节”逐步失去了本来的哲学内涵和审美意味。

3.“易”与“时中”

有学者认为“时中”起源于《周易》。实际上“时中”思想起源于原始农业和原始天文历法。“时”即季节，即农时，尧舜时期特别注重“授以农时”。

“时中”上升为行为哲学，就是一个“变”字，即《周易》中的“待时而动”。《易·革·象》曰：“顺天而动，不失其时。”“变”是为了“顺乎天而应乎人”，在“变”中抓住时机就是“时”。《系辞下》云：“君子藏器于身，待时而动。”“潜龙勿用”就是“待时而动”，“见龙在田”可谓时机已到，“利见大人”。《艮·象传》曰：“时止则止，时行则行；动静不失其时，其道光明。”《周易·蒙卦》正式提出“时中”：“蒙，亨。以亨行，时中也。”（《象传》）可见，“待时”是万事俱备，审时度势，捕捉时机。“时中”是因时、因地制宜。

儒家关注“时中”原则，《中庸》引入了“时中”概念。子曰：“君子之中庸也，君子而时中。小人之中庸也，小人而无忌惮也。”（《中庸》）“时中”即合乎时宜、随时变通。《中庸》说：“正己而不求于人，则无怨。上不怨天，下不尤人。故君子居易以俟命，小人行险以徼幸。”可见，“时中”也是区分君子与小人的一个标准。荀子对“时中”进一步发挥：“与时屈伸，柔从若蒲苇，非慑怯也；刚强猛毅，靡所不信（伸），非骄暴也。以义变应，知当曲直故也。《诗》曰：‘左之左之，君子宜之，右之右之，君子有之。’此言君子能以义屈信（伸）变应故也。”（《荀子·不苟》）其意思是说，君子能审时度势、适时屈伸，但柔顺卷曲而不显懦弱低下，刚强勇猛而不显骄横凶暴，这就是君子“时中”的原则。在儒家思想中，“时中”不仅成为个人道德修养和行为实践的根本原则，还是治国安邦的重要原则。

4.“真”与“诚明”

“诚”是《中庸》全文的主线索。“诚者，天之道也；诚之者，人之道也。诚者，不勉而中，不思而得，从容中道，圣人也。诚之者，择善而固执之者也。”可见，《中庸》以“道”而论“诚”。

同时，《中庸》还以“性”论“诚”：“自诚明，谓之性；自明诚，谓之教。诚则明矣，明则诚矣。”把真诚而明理叫作天性，明理而达真诚叫作教育。认为真诚才能明理，明理才能做到真诚。又曰：“唯天下至诚，为能尽其性；能尽其性，则能尽人之性；能尽人之性，则能尽物之性；能尽物之性，则可以赞天地之化育；可以赞天地之化育，则可以与天地参矣。”认为“至诚”之人能充分发挥天赋本性、众人的本性和万物的本性，乃至于赞助天地养育万物，并能与天地并列为三。所以，由“天命”到“性”，由“尽性”而回到“天道”，达到“与天地参”。“至诚”即回归天然之真的境界，似于老子的“赤子之心”。“中庸”即“用中”，即“用心”，用心就是诚。故“诚”是“中庸”之道，是《中庸》的核心思想。以“诚”为道，作为“德之行”，既与道家之“真”相接应，又与孔子的“忠信”相衔接，这就是《中庸》的创造。“诚”是天道、人道、“性之德”，它存于人之心中。“至诚”的根本是“真”，“真”而能“明”，故有“诚明”，“诚明”与“明诚”又相反相成、互为条件。

《中庸》还认为，至诚可以使人“先知”。“至诚之道，可以前知。”“祸福将至：善，必先知之；不善，必先知之，故至诚如神。”把“诚”提升到“如神”的高度，“诚”能使人先知祸福与善恶。又说：“故至诚无息，不息则久，久则征，征则悠远，悠远则博厚，博厚则高明。博厚，所以载物也；高明，所以覆物也；悠久，所以成物也。博厚配地，高明配天，悠久无疆。如此者，不见而章，不动而变，无为而成。”“至诚”“无息”“悠远”“博厚”“高明”等，回归到“无为而成”，再次与老子的“无为”相接应。又强调：“诚者自成也；而道自道也。诚者物之终始，不诚无物。是故君子诚之为贵。”“诚者自成”“君子诚之为贵”与开篇的“是故君子戒慎乎其所不睹，恐惧乎其所不闻。莫见乎隐，莫显乎微，故君子慎其独也”相应。《中庸》通过一个前所未有的、高度严密的道德逻辑圈，把一个“诚”字论证得天衣无缝、至高无上，最大限度地突出了关于“诚”的理想化追求。

在《论语》和《中庸》里，“真诚”与“礼仪”是相互依存的。但在封建社会，二者终究不可能成为终身伴侣。随着时代的变迁，“礼仪”逐步沾染了“虚伪”，成了面具，甚至掩盖虚伪、抹杀真诚，走向了与儒家原意相背离的歧途。其实庄子早就批评道：“骈拇枝指出乎性哉，而侈于德；附赘县疣出乎形哉，而侈于性；多方乎仁义而用之者，列于五藏哉，而非道德之正也。是故骈于足者，连无用之肉也；枝于手者，树无用之指也；多方骈枝于五藏之情者，淫僻于仁义之行，而多方于聪明之用也。”（《庄子·外篇·骈拇第八》）然而，《中庸》以“诚”为核心，把“中庸”衍化为“用中”，以最高的哲学逻辑，把“中和”的审美特质凸显出来，在中国古代审美理论史上是无与伦比的。

综上所述，孔子的“知”“仁”“乐”“礼”作为一个完整的思想系统，充分体现了以“中和”为核心的关于人生、道德和社会的审美境界。我们研究孔子的哲学和美学思想，应该回到孔子思想的本质意义上来。《中庸》建立在哲学基础上的“中立”“中节”“时中”“明诚”等思想，作为人生和社会的审美理想，对于铸造人类灵魂、净化社会环境，无疑是我国古代遗留下来的巨大精神财富。

四、“中和”思维与老庄人生审美

在中国哲学体系之中，老子的宇宙“道”本体论始终居于主体地位。正如张岱年所说：“老子的道论是中国哲学本体论的开始，这是确然无疑的。……在中国哲学本体论的发展过程中，道家学说居于主导地位。”[①] 儒、道思想分别形成中国文化坐标系中的两个“坐标轴”。所不同的是，儒家立足于人本身，以相对模糊的“天命”论为逻辑起点，强调“治人”与“治国”，阐述人生准则。道家以宇宙“道”论为逻辑起点，站在超越现实的宇宙高度来观察世界，主张以“处世”智慧而“治世”，阐释人生哲理。从理论源头上说，儒、道都源于《周易》哲学，都以“天人合一”观为思想理论基础，共同体现“中和”审美的理念。

（一）“尊道贵德”与“守中”

如果说《周易》哲学开始摆脱宗教神学，那么老子哲学则是对原始宗教与神学的彻底决裂。老子以“一”为宇宙本质论而主张“守中”：“多闻数穷，不如守中。”（《老子》第五章）。“守中”就是守“一”、守“道”、守“自然”。老子哲学的可贵，就在于其“道”论以科学的思维揭示了自然界、人类社会发展的本质。他以“阴阳”观为基础，立足于“自然”本身寻找到形而上的宇宙的终极本原和本质，把《周易》中的天、地、人之有形之“道”统一于无形之“道”，把“道法自然”“虚静”“无为”等宇宙运行法则命之为“德”，进而提出人类“尊道贵德”的生存法则，并以更高的人生境界阐述了修身、养性、齐家、治国、平天下等诸多生存哲学，形成宇宙观与人文价值观念融为一体的道家哲学，为人类指明了合乎自然规律的养身之道与治国方略，这与《周易》“与天地合其德”的思想是一脉相承的。因此，如果说“道”是老子哲学理论的核心，那么“尊道贵德”则是老子思想体系的核心。“尊道贵德”直接来源于《周易》，并以更高的哲学视野体现了“穷天人之际”的思想。

1. 老子的“守一”与人生论

《老子》的“道”论与《周易》的“道”论关于宇宙本体和宇宙结构的哲学内涵不同。关于宇宙本体，《周易》的最高哲学为“太极”，“一”的本质是“一体”，是对宇宙在形体上的“整体”性认识，即“整体”观念，具有形而下的“实体”性特征。《周易》的“道”为天道、地道、人道，分别对应“阴阳”“刚柔”“仁义”。而老子的“道”则是“无”“无形”。也就是说，《周易》还没有以

---

① 张岱年. 道家在中国哲学史上的地位//陈鼓应. 道家文化研究（第六辑）. 上海：上海古籍出版社，1995：5.

最高范畴的宇宙论来揭示宇宙的本质和本原，而老子的“一”是“道”，是高于《周易》整体之“一”的形而上的哲学概念，是概括宇宙万物本质和本原的最高哲学范畴。关于宇宙结构，《周易》的“一阴一阳之谓道”具有“道二元”本体论思想。《老子》的“道”是“无”，是一元本体论。《周易》的天、地、人“三才”论是从空间结构来突出人居于“中”的地位和主体功能，富有主观性，缺乏逻辑基础。《老子》则从时间上来排列道、天、地、人“四大”的顺序，描述了其顺承关系与生成逻辑。周敦颐的《太极图说》曰：“无极而太极。太极动而生阳，动极而静；静而生阴，静极复动。一动一静，互为其根。分阴分阳，两仪立焉。”这里的“无极”虽然补充了《周易》的不足，但与老子的“道”依然是两个不同的概念。“无极”“太极”都具有“实体性”意义，所描述的是万物生成的起点，进而以“阴阳”为法则，以感性意象来表现宇宙“情性”与万物生成的关系，故有太极、两仪、四象、八卦的衍生模式。思维上由情感想象到情感体验，主要依托想象；而老子的“道”“一”是“非实体”性意义，所描述的是宇宙万物的本质和规律，进而以“自然”为法则，以理性的辩证思维来概括“效法”规则与万物生成的关系，故有道、一、二、三、万物的生成模式。思维上凭借悟性，由抽象到具体。这正是儒家与道家分道扬镳的理论起点。

在理论表述上，《老子》与《周易》之间也存在理论视角的差异。老子认为：“域中有四大，王居其一，”而且人、地、天、道、自然依次效法。在地位上“王居其一”而不是“居中”，在顺序上人居其后而不是天人相混。“无自然之浑浑，无君子之乾乾，然欲守而立之，终须君子自悟其道，善其身也。”（《老子》第二十五章）老子笔下的“君子”即“王”，强调“君子”后于“自然”，须“悟道”而“善其身”。这是对《周易》重想象的突破，也是对当时主观唯心主义的抨击，矛头直指君王。所以，老子的“道”本体论，既是对《周易》“中和”思想的吸收，又是对《周易》宇宙观念的哲学理论升华。“守一”“抱一”就是守道：“曲则全，枉则直，洼则盈，敝则新，少则得，多则惑。是以圣人抱一为天下式。”（《老子》第二十二章）故庄子曰：“我守其一，以处其和。”（《在宥》）老子在阐述天道与天德的基础上提出“尊道贵德”的人生论。天德集中表现为“负阴抱阳”“有无相生”“致虚守静”三个方面，其本质是“和”与“生”。主张“贵德”就是人生应以天德为行为准则，遵循“道生一，一生二，二生三，三生万物”的自然逻辑。

2. 老子的“无为”与道德论

“尊道贵德”是老子的核心思想和基本主张。“道”是化生天地万物之母，其性是“无”，其法则为“自然”，其过程为“万物自化”与“天下自定”。“道法自然”便是“天德”，表现为“无为”“无欲”。

老子阐述“天道”与“天德”的目的在于揭示“人道”与“人德”，主张“人德”应遵循“天道”、效法“天德”，坚守“无为”与“无欲”。历来学者都孤立地认识“无为”，而忽视了“无为”归宿于“无欲”。战乱纷纷的格局，正是君王们无止境的兼并欲望所导致的。“无为”是针对那些肆意妄为、违背自然功能和自然力量的强权力量而言的，他认为万物“生而不有，为而不恃”（《老子》第二章），“为无为，则无不治”（《老子》第三章）。“无为”就是在行为上要顺应自然规律和法则，寻求事物各自进化的最优过程。而“无欲”则是在主观意愿上不能具有超越事物自身固有的循环周期与内在平衡的追求，“无欲”是“无为”的核心和前提。这是“人德”的本质。

“人德”还表现为“无诈”。在群雄争霸“欲望”日盛时期，统治阶级内外交困，尔虞吾诈，横行于世，即所谓“善者不辩，辩者不善”（《老子》第八十一章）。围绕封建专制建设，学术论争纷纷迭起，儒墨争论十分强烈。所谓“邪说暴行”显然包括许多不仁不义的主张和行为，也包括互相攻讦的论争。孟子就揭示过“诸侯放恣，处士横议”状态，抨击各种利用智慧的奸诈与巧作、“仁义”掩盖下的虚伪与残酷现实。例如：“世衰道微，邪说暴行有作，臣弑其君者有之，子弑其父者有之。孔子惧，作《春秋》。”（《孟子・滕文公下》）又如：

> 圣王不作，诸侯放恣，处士横议，杨朱、墨翟之言盈天下。天下之言不归杨，则归墨。杨氏为我，是无君也；墨氏兼爱，是无父也。无父无君，是禽兽也。公明仪曰：“庖有肥肉，厩有肥马；民有饥色，野有饿莩，此率兽而食人也。”杨墨之道不息，孔子之道不著，是邪说诬民，充塞仁义也。仁义充塞，则率兽食人，人将相食。吾为此惧，闲先圣之道，距杨墨，放淫辞，邪说者不得作。作于其心，害于其事；作于其事，害于其政。圣人复起，不易吾言矣。（《孟子・滕文公下》）

老子认为，作为群雄争霸，“兵强则灭，木强则折”（《老子》第七十六章）。作为群言争辩，“有为之作”所谓的“仁义”无非是虚伪的假面具，即“大道废，有仁义”（《老子》第十八章），“故失道而后德。失德而后仁。失仁而后义。失义而后礼。夫礼者忠信之薄而乱之首”（《老子》第三十八章）。仁义不见，人君失道，世风危殆。因此针对现实提出“绝圣弃智”“绝仁弃义”“绝巧弃利”“见素抱朴”“少私寡欲”“含德之厚比于赤子”等主张，认为人应该达到“善行无辙迹，善言无瑕谪”（《老子》第二十七章）的修养高度，社会现实应该“终日号而不嗄，和之至也。知和曰常”（《老子》第五十五章）。“无为”就是“归真”，即“复归于朴”“复归于婴儿”（《老子》第二十八章），这种“真”并非幼稚的真，而是高度成熟的游刃有余。“无为”“无欲”“无诈”的“人德”，是以“和”为根本的内涵的“尊道贵德”。

总之，老子认为“知和曰常，知常曰明”“知止不殆，可以长久”。《黄帝内经》说：“恬淡虚无，真气从之，精神内守，病安从来。”王弼说：“抱朴无为，不以物而累其真，不以欲而害其神。”（《老子注》第三十二章）其所阐述的都是以“无为”“无欲”“虚静”而求进取的人生法则。可见，老子“尊道贵德”的本质体现了“中和”审美境界，所追求的是一个由健康人格所构筑的轻松、和谐，生命高度自由，人性充分张扬的理想社会。

（二）“诗人哲学家”与“真人”

在中国当代，人们善于使用“唯物主义”或“唯心主义”为一个思想家下定论。关于《老子》的哲学性质的评判就曾经有唯心主义、主观唯心主义、客观唯心主义、朴素唯物主义等多种观点，庄子也免不了被贴上相应标签。诸如，“从唯心主义走到人生哲学”“不折不扣的主观唯心主义”“源本于老子或关尹，而更把老子唯心主义的因素推之极端”“从主观唯心主义导向于宗教信仰主义”“发展了《老子》的消极部分，由客观唯心主义变为主观唯心主义”“离开了老子的‘道’和‘德’的学说，完全陷入了主观唯心主义”“他的知识论是绝对的相对主义，和他的唯心主义宇宙观是相应的”“倒向了相对主义和宿命论”等。再则，以往人们总是看中庄子哲学家的一面，忽视了庄子是一位“诗人哲学家”和“哲学诗人”。

1. 哲学家与诗人

庄子的人生观是“不为福先，不为祸始”。在《刻意》中具有许多描述，例如，“刻意尚行，离世异俗，高论怨诽，为亢而已矣”。这是一种精神独立、心灵自主的精神境界。“不刻意而高，无仁义而修，无功名而治，无江海而闲，不导引而寿，无不忘也，无不有也。”这是一种淡忘名利、把人生作为审美过程的生活态度。“生也天行，其死也物化。静而与阴同德，动而与阳同波。不为福先，不为祸始。感而后应，迫而后动，不得已而后起。”这是一种注重自身“阴德”、真正富有社会责任感的人生境界，是人类社会追求和谐的永恒不变的真谛。

庄子淡名利而又重“生存”。一方面，他生活极其穷困，却不接受楚威王的重金聘请，具有人性本真的傲骨。他一生淡泊名利，主张修身养性、清静无为。另一方面，他审时度势，清醒地感受到“螳螂捕蝉，黄雀在后”的现实，他情愿做泥泞中的“乌龟”长期存活，也不愿做披着锦绣、等待祭祀宰杀的肥牛。面临污浊世道、群言纷争、物欲横流的背景，他对现实无可奈何、无力拯救、深感绝望，但他能凭借敏锐的目光和觉醒的理智来判断现实、主持自我，掌握自身的命运，不顺风漂流，更不充当涂炭生灵的工具。而用诗一样的生活情趣来捍卫自己“不为福先，不为祸始”的信念。所以，他于贫贱生活中自得其乐，并非怀才不遇、恃才自傲或消极避世，而是一个才华横溢的“诗人哲学家”在特殊时代背景下最明智的人生选择，这才是“顺应自然”的本质。

庄子的思维既是哲学思维，又是“诗性”思维。作为哲学思维，庄子渲染“天地与我并生，万物与我为一”(《齐物论》)，主张“相对”哲学，认为“淡然无极而众美从之”，人生既可以安时处顺，又能够乘云气、骑日月、游四海之外。表面看来，庄子渲染的是主观精神境界，而本质上既是哲学家的智慧，同时又是诗人的艺术思维。他以艺术方式来熔铸对人生、理想和自然的真实感悟，以真挚、强烈之情融哲理于幻化形象，让人在“悲剧”感受中体验哲学韵味，以夸张的手法表现主观精神。他自由逍遥，人间与神境无所不往，万物无不渗溢着宇宙哲学的灵魂。他凭借天人一体的“天道”为核心的宇宙观，创造出缥缈玄虚的寓言故事，令人倍感奇妙。其实，《寓言篇》开篇即提出：“寓言十九，重言十七，卮言日出，和以天倪。”这说明，庄子已经对自己的作品进行了明确定位，它是文学，是用哲理思维和艺术思维共同筑成的文学，是人生体验所铸就的文学，又是文学艺术表现出来的人生哲学。严格说来，庄子就是一位诗人。如果把庄子定为“唯心主义”，那么历史上所有诗人都将成为“唯心主义”。

作为“诗性”思维，由于他的主观精神处于逍遥状态，不受任何拘束，所以他能够以真人的思维任意想象、夸张，以幻化的文学形式，通过众多的艺术“意象”的创造，把高深而玄乎的哲学理论转化为生动感人的寓言故事，并充满了幽默与讽刺意味，达到了诗人和哲人高度统一、情感和理智最佳结合的审美境界。宣颖曰：“庄子之文，喻后出喻，喻中设喻，不啻峡云层起，海市幻生。”(《南华经解·庄解小言》) 刘熙载曰：“《庄子》缥缈奇变，乃如风行水上，自然成文也。”(《艺概·文概》) 韦勒克·沃伦说过：“历史上确曾有过哲学与诗之间真正合作的情形，但这种合作只有在既是诗人又是思想家的人那里才可以找到。”[①]当代也有学者认为：“在中国诗史上庄子是第一位将哲学诗化的哲人。”[②]可见，传统观念中还是把庄子定位为“哲学家”，故在世人眼里，庄子太过冷漠，连荀子批评他“蔽于天而不知人”(《荀子·解蔽》)。实际上庄子作为哲学家和诗人，却拥有真情、深情和诗情，故精诚而能感人，正如他所说“不精不诚，不能动人”(《渔父》)。清代胡文英曰：“庄子最是深情，人第知三闾之哀怨，而不知漆园之哀怨有甚于三闾也。盖三闾之哀怨在一国，而漆园之哀怨在天下。三闾之哀怨在一时，而漆园之哀怨在万世。”(《庄子独见·庄子论略》)《庄子》作为文学形式，融理性于感性，以“淡”为底色体现本真，以“奇”为特征突出玄妙。在中国文学史上，庄子融汇了《周易》哲学“易象”的“观物

① 韦勒克，沃伦. 文学理论. 刘象愚等译. 上海：上海三联书店，1984：119.

② 孙明君. 三源一流：中国诗史流变大势. 学习与探索，1999，(1)：110-116.

取象”和《诗经》文学“意象”的奇特想象，最早把哲学“象思维”与诗学“象思维”融为一体，开创了以寓言构筑诗性意象、阐述宇宙哲学和人生哲学的语言表达方式，因此庄子是中国第一个诗化哲学家和哲学化诗人，但更倾向于“哲学诗人”。

《庄子》作为一部诗集，是我国古代唯一的、卓越的“心理药方”。正如南怀瑾所说：“《庄子》是医心的。”南怀瑾认为中医西医都是医身体，而人的思想情绪最难医治，目前只有《庄子》能够医治。而《庄子》既是“治心的药”，也是“治心的方法”。《庄子》可以医治“所有思想病、政治病、经济病，各种病”[①]。人生艰难，充满了坎坷与波折。人的追求永无止境，但福祸难测。用什么心境来迎接呢？功利使无数勇士变形、社会扭曲，这是历史的通病。庄子基于对心灵天然化的人生审美学主张，开启了心理治疗。他认为人的思维应充满审美细胞，对于万物应投射纯真、自然之情感，应像感受“鱼”的快乐一样，善于设身处地、移情对象、同体感受、心照不宣。审美心理是不受任何制约的，审美过程是心灵和情感的自由驰骋，所以《庄子》的情感是真、是爱，是语重心长，是彻底的审美情感、审美体验、审美想象、审美超越。这种以审美思维来对待人生，才是智慧的“艺术人生观”。

2.“死亡”观与审美思维

庄子并非主张“不需要依赖外力而能成就”的逍遥自在境界，而是主张借助符合“大道”的“自然”的外力，以实现精神上的逍遥自在、形体上的万物平衡。这样的人才能融入万物，才能安时而处顺，与宇宙相终始。这样的德性修养，才能使生命自然流注出一种自足的精神力量。所以《庄子》的“超越”实际上是以“中和”为本的审美学思想。

庄子主张“真人”的“至乐”。回归“自然”是对人为的超越，即为“真人”。他认为：“天地有大美而不言，四时有明法而不议，万物有成理而不说。”（《知北游》）主张以特有的审美积淀去探究天地万物的运行与生长之理，感悟天地不可言说的伟大之美，用审美之情去观照天地之心，达到“人乐其性”的人生境界。他和老子一样，主张“自然无为”，认为凡严刑峻法、仁义道德、功名利禄、智巧机变及权谋术数，凡不顺乎人性的强制手段，都会扭曲自然人性，扼杀自发个性，最终“使天下瘁瘁焉，人苦其性，是不愉也。夫不恬不愉，非德也”（《在宥》）。他主张“游心于淡，合气于漠，顺物自然而无容私焉，而天下治矣”（《应帝王》），认为人的“妄为”追求，对于个人常常带来痛苦和不安，于国家往往导致国事纷乱、国破人亡。他主张“自然无为”，是希望人性应该在自然美中孕育而成，人性的自由伸展与人格的充分发展，应该不受任何外

① 南怀瑾. 小言《黄帝内经》与生命科学. 北京：东方出版社，2008：88.

力的强制或约束。应在自然中领悟大道，在自然法则中实现大道，以自然之心去感受大道，在超越人为的情景中领略自然和谐之美。

“真人”是庄子理想的人格追求。孔子把人分为圣人、君子、小人三等，推崇人为塑造而使道德完备的“圣人”和“君子”。庄子所推崇的理想人格首先是“真人”，其次是“至人”“神人”“圣人”。“至人无己，神人无功，圣人无名。”（《逍遥游》）“无己”即“乘物以游心”（《人间世》），而“顺物自然”（《应帝王》），是抛开“妄想”的“逍遥游”。“无功”就是安时而处顺，“与物为春”，不以物而斗，“不以寒为恶”，而是“顺物”与“游心”互相依托。“无名”就是洗刷了功名利禄观念的心境。可见，庄子的理想人格，不是儒家那种着意雕塑的道德人格，而是指人的心胸所处的境界。他主张放弃超越现实的妄想，淡化超越客观的梦想和追求，以现状的审美满足来冲淡与“自然”失衡的欲望，以顺应自然的思维释放心灵的负荷，所获得的是和谐宁静的心境、和谐自然的人际关系。现实本来如此，当你用审美的心境和审美的眼光来对待一切，那么一切痛苦和灾难都会在这个心境中转化为审美享受，获得审美愉悦，成为至乐的人。

以“真人”为理论基础，庄子建立了“死亡”审美理论。“无忧”，是对“生死”的超越。人生的痛苦，莫过于对死亡威胁、恐惧和忧虑。而庄子则以死亡为审美对象，建立了“其生若浮，其死若休”的“死亡审美”理论。

“死亡”问题是古代中外哲学家不约而同的话题。和庄子同时代的古希腊哲学家苏格拉底曾有过“死亡”哲学，他认为如果死后化为乌有，则死亡是件幸福的事，因为它表示结束痛苦；如果死后仍有来生，则死亡仍属幸福之事，因为他可不受被放逐或临刑的骚扰。伊壁鸠鲁派认为，破除“灵魂不朽”之说，便可消除对于死亡的恐惧感。伊壁鸠鲁在致友人美诺寇的书信中说：“你要习惯于相信死亡是一件和我们毫不相干的事。因为一切善恶吉凶都在感觉中，而死亡不过是感觉的丧失……所以一切恶中最可怕的——死亡——对于我们来说是无足轻重的。因为当我们存在时，死亡对于我们还没有来，而当死亡时，我们已经不存在了。贤者既不厌恶生存，也不畏惧死亡。”①这是从感觉论的角度来“征服”死亡的恐惧。黑格尔说：“理性的生活不是害怕死亡而幸免于蹂躏的生活，而是敢于承当死亡并在死亡中得以自存的生活。”②弗洛伊德在《对战争和死亡时期的思考》中写道：“你想和平，就得奋战。”有人译为：“你想长生，就得准备去死。”看来，“准备死”是为了“好生”和“长生”，只有奋斗，才能逃避死亡，获得生命的延伸。但西方古代关于面对死亡的理论，其主流是宗教和神学意义的死亡观，其基本内核是：死亡是灵魂由此岸引渡到彼岸、由今生寄

① 北京大学哲学系外国哲学史教研室. 古希腊罗马哲学. 北京：生活·读书·新知三联书店，1957：366.
② 黑格尔. 精神现象学（上）. 贺麟，王玖兴译. 北京：商务印书馆，1987：21.

托于来生，往往是一种带着精神负重的幻想，还包括着主客对立的斗争哲学。

中国古代自庄子开始，关于死亡问题具有许多审美认识。曹操有诗：“神龟虽寿，犹有竟时。腾蛇乘雾，终为土灰。”（《龟虽寿》）儒家则把死亡同“仁义”紧密联系起来，形成富有民族气质的死亡审美观。孔子主张“杀身以成仁”（《卫灵公》），孟子主张“舍生而取义”（《告子上》），荀子认为：“节者，死生此者也。”（《君子》）司马迁说：“人固有一死，死有重于泰山，或轻于鸿毛。”（《报任少卿书》）《三国志·魏书·曹爽传》曰：“仁者不以盛衰改节，义者不以存亡易心。”明朝名臣于谦有“粉身碎骨全不怕，要留清白在人间”之语。死亡审美思想在古代诗人笔下具有生动的描写，如陶渊明诗：“朝与仁义生，夕死复何求。”（《咏贫士七首》）李白有：“纵死侠骨香，不惭世上英。”（《侠客行》）欧阳修说：“所以宁以义死，不苟幸生，而视死如归。”（《纵囚论》）韩愈说：“生而不淑，孰谓其寿，死而不朽，孰谓之夭。”（《李元宾墓铭》）柳宗元曰：“宁为有闻而死，不为无闻而生。”（《上扬州李吉甫相公啟》）李清照诗云：“生当作人杰，死亦为鬼雄。”（《夏日绝句》）可见，在儒家思想体系中，仁义值千金，苟活如粪土，仁义之死是英雄壮士之死，虽死犹生，死而无憾。仁义、名节之死，乃是“蹈仁义而弘大德”（魏征《十渐不克终书》），其死也壮，其魂也美！体现了“贫贱不能移，威武不能屈”的民族气节（《滕文公下》）。“舍生取义”“杀身成仁”，保持气节，成为中国人的立身格言和面对死亡时的警语，并得到历代仁人志士为仁义而死亡的实践，成全了无数美名，获得了万世称颂。显然，儒家以“仁义”为核心的死亡观念属于道德审美范畴，它是立足于人与人、人与社会的关系来建立的，体现了死亡审美的外在意义，具有道德主宰的性质。

庄子的“死亡”观念，没有西方的宗教“诱因”与精神负重，也没有儒家的“仁义”动机与道德主宰。而是主张面对死亡，应该立足于人本体的内在精神，具有心灵自我主宰意识。应直面死亡，以死亡为审美对象。“生死相对”论是其审美思想的立论依据。可以说，庄子这种“精神自主”的死亡理论，才是真正意义的、代表中国古代人性思想的“死亡审美学”，在整个古代人类独树一帜。

庄子关于“死亡”审美的最高理想是“真人”境界。“真人”不受死生界限纷扰，心境安宁、精神自在：“古之真人，不知说生，不知恶死。”（《大宗师》）“真人”的根本在于悟道，悟道才能使生死界限消失，从而产生精神快乐。正如有学者所说：“能够体悟道的人才得到最大的自由，享受人生最大的快乐。”[①]庄子认为生死同一，“死生存亡之一体者”（《大宗师》），生与死相伴，“生也死之徒，死也生之始”（《知北游》）。生死不是人本身的事，而是万物普遍存在的

① 安澔. 论庄子审美哲学的思维特色及其对中国艺术精神的影响. 中国近代、古代文学研究，1991，(9)：47.

方式，它仅仅是一种过眼云烟，可以通过假想而置之度外的。“生者，假借也；假之而生生者，尘垢也。死生为昼夜。”(《至乐》)把死生看作昼夜交替、四时变换而已。这种以审美的思维遐想来冲破生死界限的人生法则，正是“真人”的表现。所谓“真人”就是理智的一种高级境界，“当一个人理性地把自己的存在和一种永恒的、无所不包的存在整体结合在一起，理智地感受到他个人存在也是一种无限之时，胸襟就会变得宽广起来”[①]。庄子认为“真人”面对死亡的境界具有三种形式。

一是把死亡当作“价值过程”。首先，把生死视为一种过雨云烟，“是相与春秋冬夏四时行也”(《至乐》)。其次，把死亡当作“梦中的睡眠”，犹如庄周蝶化后的一个精彩的世界，“悠然而往，悠然而来而已”(《大宗师》)。他认为，世俗人群无不生活于被死之恐惧与生之情欲的困扰之中，然而事实恰好相反，死神不可能产生怜悯。“夫大块载我以形，劳我以生，佚我以老，息我以死。故善生者，乃所以善死也。”(《大宗师》)只有肯定死的价值，才能感悟人生的意义，才能享受圆满的生死过程，“善吾生者，乃所以善吾死也”。正如清代学者熊伯龙所说：“畏死心迫，神明说兴。”[②]只要视生死如飘然而来、翩然而去，便可达到视死生如一的心境。

二是把死亡当作“气之消散”。他认为：“人之生，气之聚也；来则为生，散则为死。”(《知北游》)《至乐》有云：“察其生命之始，而本无生；不仅无生也，而本无形；不仅无形也，而本无气。阴阳交杂在冥茫之间，变而有气，气又变而有形，形又变而有生，今又变而为死。故人之生死变化，犹如春夏秋冬四时交替也。”认为死生乃一气所化，不悟此理故有悲乐心生，明白道理则能以理化情，摆脱对死亡恐惧。“且夫得者，时也；失者，顺也。安时而处顺，哀乐不能入也。”(《大宗师》)

三是把生死当作“天地之委”。“死生，命也；其有夜旦之常，天也。汝身非汝有也，是天地之委形也；生非汝有，是天地之委和也；性命非汝有，是天地之委顺也；子孙非汝有，是天地之委蜕也，故生者，假借也；假借它而成为生命的东西，不过是尘垢。”(《大宗师》)又说：“死生存亡，穷达富贵，贤与不肖，饥寒渴暑，是事之变，命之行也。”(《德充符》)死生乃自然法则、天地之委、命运所行，人力不能主宰，只能“安时而处顺，哀乐不能入也”。他又说：“死，无君于上，无臣于下，亦无四时之事，从然以天地为春秋，虽南面王乐，不能过也。”(《至乐》)“夫欲免为形者，莫如弃世。弃世则无累，无累则正平，正平则与彼更生，更生则几矣！”(《达生》)庄子认为死亡对于世人都是平等的，不论地位高低，也不分四时春秋，所以还不如把自身逍遥世外，让心灵复

① 崔大华. 庄学研究. 北京：人民出版社，1992：158.
② 熊伯龙. 无何集. 北京：中华书局，1979：139.

归大道而与自然合体，就能以正平之心面对死亡，甚至把死亡视为一次生命的更生。

可见，庄子并非宣扬宿命论，而是一种面对“死亡”的一种艺术化的审美思维方式。通过审美思维的遐想来冲破一切生死时光的界限，就是理智的一种高级境界。以唯物论的理论逻辑和审美思维对于死亡的关照，庄子开了我国历史的先河。他在“生”“死”与“天道”之间建立了逻辑性关系，以艺术化的想象思维为自身创造一种安宁、恬静的心境，赋予了独特的审美意义，具有浓厚的“审美人生”的特征。以一种高度成熟的人生境界和游刃有余的人生态度来面对现实，正是庄子关于“真人”“真知”和“真性”的人生哲理，表现了一种“超以象外，得其环中”的远大志向。

庄子和老子具有一致的哲学理论，都以天人一体的道、气、阴阳等来构筑自身的思想体系。他们具有一致的人生观，都以虚、静、无欲、无我等作为养生法则。同时，还具有一致的审美理想，都以自然、无为、恬淡等为最高的人格审美追求，都与《周易》的“中和”思想一脉相承。但是，由于审美思维、审美体验等方式不同，他们对于审美理论的表达方式也存在着很大的差别：老子从哲人角度论道，庄子以诗性精神入道；老子在天人关系中循道以致用，庄子在天人关系中任自以逍遥；老子重人生的理性思辨，长于理性格言，庄子重人性的感性妙悟，长于审美意象；老子着眼于人类社会整体领域的冷静思考，庄子着眼于情感世界个性自由的处身策略。可见，老子和庄子的审美思想和审美理论，各有其位，各有其要，各有其法，各有其趣，各有其用。智慧人生，是共同的审美追求。

综上所述，“合”（天人合一）的“整一”观是中国古代的基本宇宙观，“道”是中国哲学的本体论，“中”与“道”的统一是中国哲学思想的基石。“和”作为“生”的法则，是中国古代一切思想文化的核心精神，“中和”是中国古代审美思想的归宿。“合”与“和”贯穿整个中国思想文化发展的全过程，经过历代各派思想家的不断阐释与发掘而形成深厚的文化积淀，体现着中国思想文化的核心价值理念和理论精髓，也是中国思想文化体系中最完善、最具全球性意义的生命哲学和生存哲学，凸显了“象思维”在社会审美过程中的思维特征。

第二节　古希腊“和谐”观与“主客对立”

古希腊的“和谐”思想同样形成于早期的音乐理论。“和谐”一词源于古希腊合唱音乐，原指一组听起来同步或是此起彼伏的音乐。它在英语中为 harmony，表示感情、兴趣、意见等的和睦、一致，体现了一种整体协调统一的情景。在古希腊城邦民主奴隶制由盛而衰的历史动荡时期，哲学家们面对城邦社会混乱、无主、无序的社会现实，以倡导“哲学王”统治的“理想国”为主导，自然哲学之“和谐”概念应运而生。可见，古希腊早期的“和谐”观是建立在“求同”的理念基础之上的“形式”和谐的思维。追求一种以“数”“序”为特征的“整一”“统一”“同一”的理想社会，是古希腊“和谐”理论的根本归宿。因此，古希腊“和谐”观体现了“形思维”的本质特征。

一、“永恒和谐”与“对立和谐”

毕达哥拉斯最早提出了“美是和谐”。其“和谐”概念的内涵是“比例协调”，延伸于社会则为“有序协调”。他以“数”为宇宙本原，以“永恒和谐”为依据，具体阐述“宇宙和谐”“音乐和谐”和“对立和谐”等内容。

首先是“数”本体论的“宇宙和谐”论。他认为“数”是万物的本质和本原，是众神之母，整个宇宙是数及其关系构成的体系，“比例和谐”是“存在由之构成的原则”。“数”是永恒的，因此“和谐”是永恒的。该学派进一步提出宇宙“整体和谐”的理论，认为整个天体的运行秩序是一种和谐，各个星球以“数”为依据其大小、距离和速度运行，并产生各种和谐的声音，故为“天体音乐”，认为“整个的天是一个和谐”，“一切都是和谐的”[①②]。

其次是自然科学的“音乐和谐”论。毕达哥拉斯曾用数学研究乐律，以此阐述“和谐”的概念，认为音乐的和谐是由高低长短轻重不同的音调按照一定的数量上的比例组成，对以后古希腊的哲学家产生了重大影响。他以“数”的结构和比例阐述音乐之“和谐”，以声学的原理对器乐、声乐的形成进行了科学解释，其音乐“和谐”就是指物理现象，体现了古希腊科学思维的本质特点。以自然科学为基础，又回归于自然哲学，这是古希腊哲学的一个突出特点，其音乐“和谐”论就是典型的代表之一。

再次是神本观念的“对立和谐”论。毕达哥拉斯学派始终以“对立”原则来认识“和谐”，认为“每一个数都与奇数和偶数这组对立有关，都是奇偶两个对立面的统一，而奇偶两个对立面的统一就是和谐”[③]。“音乐是对立因素的和谐的统一，把杂多导致统一，把不协调导致协调。”[④]“数”的奇偶对立是永恒的，显然由之构成的“和谐”也是永恒的，体现了古希腊辩证法思想特征。认

① 黑格尔. 哲学史讲演录（第一卷）. 贺麟译. 北京：生活·读书·新知三联书店，1956：241.
② 北京大学哲学系外国语哲学史教研室. 古希腊罗马哲学. 北京：生活·读书·新知三联书店，1957：37.
③ 策勒尔. 希腊哲学史. 翁绍军译. 济南：山东人民出版社，1996：185.
④ 北京大学哲学系美学教研室. 西方美学家论美和美感. 北京：商务印书馆，1980：14.

为“和谐”源于差异和对立的元素，是不同元素的矛盾和斗争，代表了古希腊“天人对立”观。“和谐”的内涵是事物形式上的数量和比例关系，是主体对于外物的直观的“感觉”，即人与对象之间的外在的对立与契合关系。艺术和谐是“寓整齐于变化”的形式与秩序。然而，认为“数”是众神之母，“和谐”的本质是“灵魂”和谐，是“永恒和谐”的根源。这一神本和谐观，成为古希腊“和谐”论的思想根基。

二、“对立和谐”与“相反相成”

赫拉克利特从宇宙和谐的视角深入阐述“对立”，进一步认为“对立造成和谐”，“和谐即对立面的统一”，表现为相反相成①。认为和谐是暂时的，斗争则是永恒的，是宇宙之本、“万物之父”。其“对立和谐”观主要表现在以下几个方面。

首先，认为“斗争”是普遍的。他的“火”本体论和本原论认为，火产生一切，一切又复归于火。“万物统一的世界，既非神所创造，亦非人所创造，而是永恒的活生生的火，合规律地燃烧着，同时又合规律地熄灭着。”因此“万物皆流”，“人不能两次走入同一河流”。整个天体就是地、水、火、风四大元素的运动过程，其中最主要的因素是火，因为火最能引起事物的运动和变化，其动力源于事物对立面的冲突和斗争。因此“火”即“对立”，“斗争”是万物的本原，“战争是万物之父，也是万物之王”②。对立面的统一产生和谐，“差异的东西相会合，从不同的因素产生最美的和谐，一切都起于斗争”③。毕达哥拉斯只看到“对立统一”的形式法则，而赫拉克利特则把“对立”视为“统一”（和谐）的本原和动力。这一“对立”“斗争”的哲学，成为西方人“天人对立”的宇宙观的基因，并由此决定了西方人未来的宇宙视角和思维范式。

其次，认为对立面之间能够互相转化。认为事物是“相反者相成”的，即“对立的统一”，“生与死、梦和醒、少与老始终是同一的，前者转化就成为后者，后者转化就成为前者”③④⑤。“善与恶是一回事。”“上升的路和下降的路是同一条路。”④“神是昼又是夜，是冬又是夏，是盈又是亏。”⑥“最美丽的世界也好像一对马马虎虎堆积起来的垃圾。”⑦同时，他又重视对立面转化的“尺

---

① 北京大学哲学系外国语哲学史教研室. 古希腊罗马哲学. 北京：生活·读书·新知三联书店，1957：23.

② 北京大学哲学系外国语哲学史教研室. 西方哲学原著选编（上卷）. 北京：商务印书馆，1981：27.

③ 朱光潜. 西方美学史（上卷）. 北京：人民出版社，1979：35.

④ 北京大学哲学系外国语哲学史教研室. 西方哲学原著选编（上卷）. 北京：商务印书馆，1981：24.

⑤ 北京大学哲学系外国语哲学史教研室. 西方哲学原著选编（上卷）. 北京：商务印书馆，1981：22.

⑥ 北京大学哲学系外国语哲学史教研室. 西方哲学原著选编（上卷）. 北京：商务印书馆，1981：25.

⑦ 北京大学哲学系外国语哲学史教研室. 西方哲学原著选编（上卷）. 北京：商务印书馆，1981：30.

度”和“分寸”，认为“太阳不超出它的限度”，“在一定的分寸上燃烧，在一定的分寸上熄灭”，“太阳是时间的管理者和监护者”[①]。“自满是进步的退步。”[②]他看到了事物发展变化的周期循环性，所谓“分寸”“尺度”“限度”等，是以科学术语来描述事物循环的“转折点”，既体现了宇宙本质论，又体现了宇宙认识论，还体现了关于社会及人生的方法论。赫拉克利特建立在“斗争”哲学基础之上的“和谐”观，其根本归宿在于追求“正义”：“战争是普遍的，正义就是斗争，一切都是通过斗争和必然性产生的。”[③]

最后，强调“隐藏的和谐”。认为真正的和谐是内在斗争的“和谐”，“看不见的和谐比看得见的和谐更好”[④]。看得见的和谐属于事物的表面，具有伪装性和欺骗性，因此“和谐”往往处于事物的深层，“自然喜欢躲藏起来”[①]。深层才是真理，“思想是最大的优点，智慧就在于说出真理”[⑤]。事物表面又往往是不和谐的，而这种不和谐可能孕育着更高的和谐。他认识到事物内部的“和谐”才是“和谐”的本质，超越了毕达哥拉斯的“形式和谐”论而形成一个理论转折。他将“和谐”概念转化为“真理”内涵，回到了宇宙本体论的哲学范畴，把古希腊宇宙本体论、运动论、认识论等哲学理论引入更深层次，代表了古希腊哲学的一次极大的飞跃。

毕达哥拉斯以“万物皆数”为依据，认为“和谐”是绝对的、无条件的、永恒的法则，是平衡、静止的“和谐”观。而赫拉克利特则以“万物皆流”为依据而认为“和谐”是相对的、有条件的和暂时的，是“斗争”的结果，同时由于“斗争”所形成的“和谐”又是暂时的，是新的“斗争”的开始，事物就是在“斗争—和谐—斗争”的过程中循环发展，“和谐”所指的是事物趋于暂时“平衡”的状态，因而是斗争、运动的“和谐”观。毕达哥拉斯的“和谐”观认为由“数”构成的和谐，是万物外在的、形式的、感官的和谐，而赫拉克利特则认为，万物构成以“火”为本质的事物内在的和谐，更富有辩证思维。但是，以“火”为宇宙本质和本原，尚未真正寻找到科学的宇宙本质。同时，在强调对立面“和谐”转化的理论中，忽视了“转化”的条件和依据。把“火”视为转化的“动力”，并归结为“神本”，体现了宇宙认识论的局限性。

---

① 北京大学哲学系外国语哲学史教研室. 西方哲学原著选编（上卷）. 北京：商务印书馆，1981：28.
② 北京大学哲学系外国语哲学史教研室. 西方哲学原著选编（上卷）. 北京：商务印书馆，1981：31.
③ 北京大学哲学系外国语哲学史教研室. 西方哲学原著选编（上卷）. 北京：商务印书馆，1981：27.
④ 北京大学哲学系外国语哲学史教研室. 古希腊罗马哲学. 北京：生活·读书·新知三联书店 1957：19.
⑤ 北京大学哲学系外国语哲学史教研室. 西方哲学原著选编（上卷）. 北京：商务印书馆，1981：25.

三、“灵魂和谐”与“理念世界”

柏拉图以“理念”论为哲学基础，认为和谐的本质是永恒的和谐理念，实际上是对毕达哥拉斯的平衡、静止的“和谐”论的继承和发展，进而阐述“灵魂”的“和谐”。他说：“最聪明的事物是什么？‘数’，最优美的事物是什么？‘和谐’。”他把毕达哥拉斯的“数”本原理论上升为形而上的“理念”学说，认为理念“可知不可见”，是永恒不变的、独立于宇宙万物之外、没有感性形式的理性世界，“天空中那位神灵是它的原因，它的光能使眼睛很好地看，把可见事物显示出来”[①][②]。他认为理念本质上是一种主观意识的客观化、绝对化，因而走向宗教神秘主义的“神灵”观。柏拉图的“和谐”观是通过“灵魂”和“理念”的关系来阐述的，他认为“灵魂是不朽的”，“理性是智慧，关注整个灵魂，所以应当占统治地位”[③][④]。“灵魂”与“理念”是同一的，“和谐”的本质是“理念”的“和谐”，即灵魂的“和谐”。“灵魂独立于肉体并具有思想”，因此认识就是灵魂的回忆[⑤]。“和谐”就是来自灵魂对理念世界的直观认识，所以灵魂中存在着永恒的和谐，人的“和谐”其实就是人的“灵魂”的“和谐”。

柏拉图的“和谐”论建立在永恒理念、灵魂不朽的哲学基础上的永恒“和谐”，他把这一哲学延伸于社会“和谐”，倡导“理想国”。其理想国的核心思想是追求“正义”，“正义就是这样一条真理：每个人必须从事最适合他天性的工作，尽一个人的职责，而不去干预他人。拥有自己的东西，从事属于自己的工作——这就是正义”[⑥]。“理想国”就是充分体现“正义”的“和谐”社会。为实现这种“正义”与“和谐”，柏拉图把人分为智慧、勇敢、节制三种阶层，并相应把公民划分为三个阶层，即统治者、护卫者和劳动者，各阶层的成员应按其自身的素质、能力和人性特点“各行其是、各尽所能”，这就是整个社会的“正义”，即“位”的“和谐”[⑦]。他所说的“正义”，并非“某种特殊的正义的行为”，而是“关于正义的普遍正义”，即“正义的人，正义的国家以及正义人里的正义和正义国家里的正义”[⑧][⑨]。他把城邦国家和社会的“正义”与“和谐”的根本归结为个人的灵魂的“和谐”，认为人的“灵魂”包括理性、激情、欲望三种人性，三者各有其作用，其中理性统治着激情、欲望，激情体现为勇敢，但又是理性的盟友，欲望又经理性和激情的教化而远离贪婪，体现为节

① 苗力田. 古希腊哲学. 北京：中国人民大学出版社，1989：313.
② 苗力田. 古希腊哲学. 北京：中国人民大学出版社，1989：314.
③ 苗力田. 古希腊哲学. 北京：中国人民大学出版社，1989：261.
④ 苗力田. 古希腊哲学. 北京：中国人民大学出版社，1989：297.
⑤ 苗力田. 古希腊哲学. 北京：中国人民大学出版社，1989：267.
⑥ F. N. 麦吉尔. 世界哲学宝库. 《世界哲学宝库》编委会译. 北京：中国电视广播出版社，1991：127.
⑦ A. E. 泰勒. 柏拉图——生平及其著作. 谢随知等译. 济南：山东人民出版社，1991：48.
⑧ 中国大百科全书总编辑委员会. 中国大百科全书（哲学）. 北京：中国大百科全书出版社，1984：247.
⑨ 柏拉图. 理想国. 郭斌和，张竹明译. 北京：商务印书馆，2002：173.

制。这三者的“和谐”就是个人的“正义”，也就是灵魂的“和谐”。

柏拉图认为“正义”与“和谐”的原则就是中庸之道。“真正的‘中庸’却是对一个确然不移的标准的坚信，它不随任何一己一时的好恶，也不因意力的强制或念愿的诱惑而有所变通。”[①] 他的“中庸之道”实际上是一种政治技艺，“中”的标准就是“理念”，就是“神”，它通过“灵魂”来自动调节。

四、“社会和谐”与“灵魂诸善”

亚里士多德则相反，他把毕达哥拉斯的“数”本和谐论改为具体事物的形式和谐论，从对象的形式中寻求“和谐”的特征，认为“和谐”是事物诸要素的有机统一性，各部分按照一定的大小、比例和秩序，组合成一个相融相贯的整体，从而显现出和谐的形式。同时，亚里士多德继承了“对立和谐”的思想理论：“也许，自然喜爱相反的东西，且正是从它们中，而不是从相同的东西中，才求得了和谐，就像自然把雌与雄结合在一起，而不是使每对相同性别的东西结合一样；所以，最初的和谐一致是由于相反，不是由于相同。在这方面，技术似乎也摹仿自然。例如，绘画就是把白与黑、黄与红混合起来，才创造出与自然物一致的作品；音乐是糅和了高音与低音、长音与短音，才谱写出一曲不同音调的悦耳乐章；文法也是把母音与子音结合在一起，才从中形成了这门整体的艺术。”[②] 他以这一原则为基础，提出叙事诗的悲剧内容和形式的“和谐”，认为形式上应情节完整、长度适中，内容上要描述符合规律的事和人。同时，他倡导社会的“和谐”，主张理想的“和谐”社会是以“德性”为核心的“灵魂诸善”和“成善邀福”。

首先是“灵魂诸善”为首的优良生活。他认为社会发展是向善的发展，“德性”是向善的需要，因此把“德性”视为“优良生活”的中心和前提，认为城邦的宗旨在谋求优良的生活，“人们能够有所造诣于优良生活者一定具有三项善因：外物诸善，躯体诸善，灵魂诸善……所有这些外物［财产和健康］之为善，实际都在成就灵魂的善德，因此一切明哲的人正应该为了灵魂而借助于外物，不要为了外物竟使自己的灵魂处于屈从的地位”[③]。他认为和谐社会应该是“灵魂诸善、身体诸善、外物诸善”三者的和谐，其中“灵魂诸善”既是“和谐”的前提，又是“和谐”的目的。“灵魂诸善”指人们的知识、智慧和崇高的品质，“政治学家依靠这种知识应当能够判断出什么统治形式最适合于大多数国家，而且这种统治形式是无须超乎人们通常具有的道德和才智可以达到的”[④]。

---

① 柏拉图. 政治家. 黄克剑译. 北京：北京广播学院出版社，1994：11.

② 苗力田. 亚里士多德全集（第二卷）. 北京：中国人民大学出版社，1991：618.

③ 亚里士多德. 政治学. 吴涛彭译. 北京：商务印书馆，1996：340.

④ 乔治・萨拜因. 政治学说史（上卷）. 刘山等译. 北京：商务印书馆，1986：139.

“身体诸善”指人们的健康的体魄，“外物诸善”指人们的物质财富、权力地位等外部条件。三者“和谐”，就构成人们的优良生活，这是社会和谐的具体表现，“全人类的目的显然在于优良生活或者快乐”[①]。他认为“凡能成善而邀福的城邦，必然是在道德上最为优良的城邦”，主张通过公民的道德教育来培养良好的道德素质，以理性为基调，对城邦公民进行习惯训练，培养公民善德，才能实现“天赋”“习惯”“理性”三大素质的“和谐”[②]。而“灵魂诸善”“身体诸善”“外物诸善”“成善邀福”都是以“灵魂”学说为核心的神秘主义理念。

其次是“中庸之道”的城邦政体。柏拉图从政治技艺的视角主张以“理念”为标准的“中庸之道”，而亚里士多德则从伦理视角阐述“中庸之道”。他主张以中产阶级主导，认为“共和政体的本旨只是混合贫富，兼顾资产阶级和自由出身的人们而已”[③]。“在一切城邦中，所有公民可以分为三个部分（阶级）——极富、极贫和两者之间的中产阶级。”“处在这种境界的人们最能够顺从理性”，“很少有野心”。[④]他认为“对于大多数城邦而言，最好是把城邦保持在中间形式”[⑤]。所谓“中间形式”，就是以中产阶级为政权的中坚力量。“那些处于中间的东西是最美好的，但愿中道存在于我们的恶城邦吧。”[⑥]中产阶级能够协调贫富矛盾、调和利益平衡、缓解阶级对立、控制政治格局面、稳定社会状态。他认为只有这样，才能够形成“优良的政体”，才能达到理想的“和谐”社会，“共和政体中的各个因素倘使混合得愈好愈平衡，这个政体就会存在得愈久”[⑦]。“如果不兼容富户和穷人，这两种政体都不能存在或不能继续存在。”[⑧]

从毕达哥拉斯学派的“对立和谐”到赫拉克利特的“斗争和谐”，从赫拉克利特的“正义”斗争到柏拉图的“正义”社会，从柏拉图的“理想国”到亚里士多德的“中庸之道”，体现了古希腊由自然和谐观到社会和谐观的发展脉络。然而，贯穿这一发展脉络的核心精神是“神”的主宰与“灵魂”的和谐。

第三节 中西古代社会审美的思维比较

人类思维可以概括为科学思维、哲学思维、审美思维三种基本思维形式。

---

① 亚里士多德. 政治学. 吴涛彭译. 北京：商务印书馆，1996：382.
② 亚里士多德. 政治学. 吴涛彭译. 北京：商务印书馆，1996：342.
③ 亚里士多德. 政治学. 吴寿彭译. 北京：商务印书馆，1965：199.
④ 亚里士多德. 政治学. 吴寿彭译. 北京：商务印书馆，1965：205.
⑤ 亚里士多德. 政治学. 吴涛彭译. 北京：商务印书馆，1996：207.
⑥ 苗力田. 古希腊哲学. 北京：中国人民大学出版社，1989：567-568.
⑦ 亚里十多德. 政治学. 吴涛彭译. 北京：商务印书馆，1996：202.
⑧ 亚里士多德. 政治学. 吴涛彭译. 北京：商务印书馆，1996：273.

科学思维的主导心理是认知和感性，哲学思维的主导心理是意志和理性，审美思维的主导心理是想象和情感。三种思维形式始终伴随着感性思维和理性思维的交互作用、递进循环、螺旋上升，不断推动人类文明与社会进步。但不同民族具有不同的精神特质和思维特征，从而显现其个性化的思维方式和思维境界。而作为精英的中西古代圣贤们，他们“个体”的思想、观念和理论往往代表了所属时代的民族主体精神，直接影响着该民族的社会文化及其思维主流。

追求社会和谐，是中西古代源远流长的共同的价值取向。古希腊哲学家们往往从对实体的、有形的自然物质的科学思维开始，上升为探索宇宙本原的哲学思维，进而形成探索社会的审美思维，“和谐”观的产生体现了古希腊最早的社会审美思维的形成。与此同时，中国先秦圣贤们为“究天人之际”、探索人类的生存和发展的根本出路，把人的生命同生产科学和天文学结合起来，因而能够“早熟”地形成了自然科学和社会科学融为一体的宇宙本原论，同时形成了以“中和”为核心概念的社会审美观。因此，“和谐”观和“中和”观分别体现了中西古代社会审美思维的本质特征。

一、中西古代关于社会和谐的价值理念比较：生成与共存

古希腊关于“和谐”的理论，与同时期中国先秦儒家关于“和”的美学思想具有相通之处，都包含着协调、统一的意义。但从概念的本质看，毕达哥拉斯学派关于“宇宙和谐”“音乐和谐”和“对立和谐”等一切“和谐”，都是指“数”的比例协调，是事物在空间上的“序”的表现，是以物理为依据的形式逻辑思维来阐述事物实体的、外在的、形式的“协调”所引起的感官的愉悦。它表现在人与对象之间，是外在的对立与契合关系；表现在艺术上，是“寓整齐于变化”的形式与秩序。作为审美的价值理念，毕达哥拉斯和赫拉克利特都关注了“不同”构成“和谐”，看到了“和谐”源于差异和对立的元素，但其“和谐”是指不同要素之间的数的比例、秩序与协调关系。“对立和谐”“对立统一”是指对立面的斗争与平衡，是对立面的“共存”。而中国古代的“中和”则是以“中道”为准则的，以“事理”的辩证逻辑来类推万物内在精神的“融和”，把人融入宇宙万物、生命一体，“和”是诸事物及其要素的“内化”或“化生”，在乐论中概括为“比音而乐”，是“异性繁殖”的理念，《中庸》称之为“中和”，因此中国古代哲学理论中并没有“和谐”一词。作为审美价值理念，“和”所言的是事物整体在“阴阳”消长过程中的包容与“优势互补”，所表现的是不同事物相互“协作”所产生的新事物，即“和而不同”“和实生物”，是“协和”要素共同构筑的“生”，因此“和”的本质是追求“生成”。

古希腊的“对立和谐”观、“斗争和谐”观和“相反相成”论等，看起来与

老子的“相反相成”“物极必反”和庄子的“生死同一”等比较相似，但在思想内涵上具有本质的差别。中国先秦“中和”思想和理论，以“天人同体”为立足点和观察视角，以阴阳互动的“节律”为宇宙动力，既“中”又“和”，以“致中和，万事兴”为理想目标，追求的是“生生不已”的动态。而古希腊关于“和谐”的“尺度”“分寸”等基本思想，以“对立”为立足点和观察视角，以“斗争”为宇宙动力，以“正义”为理想目标，追求的是永恒对立与平衡的“静态”，与中国哲学的“中”的观念较为接近，但缺少了中国哲学的“和”的思想。

古希腊认识到了“和谐”的周期性与运动性，但却始终以“对立”“对抗”为哲学依据，把“和谐”视为对立面之间“斗争”与“平衡”的转化过程，把“斗争”视为宇宙万物运动和发展的本质和根本动力。而先秦“中和”观则是以整体观念的“太极”“阴阳”哲学和“乐和”思想为哲学依据，认为宇宙万物永恒地处于“运动中的和谐”和“和谐中的运动”，“和”既是诸要素各就其位、各尽其能、共同作用的创生结果，又是宇宙万物运动和发展的本质和根本动力。因此，以“和”为核心的哲学观和审美观，更能体现其思想体系的完整性、系统性、深刻性和唯物辩证的思维境界。

归根结底，中国古代关于“中和”审美的价值理念是追求互动而“生成”，而古希腊关于“和谐”审美的价值理念所追求的是对立而“共存”。中国哲学是永恒的“整一”观，古希腊哲学是永恒的“对立”观。“万物皆流”等运动观，与中国古代的阴阳互动、刚柔相推的“易变”理论具有相通之处，但它在古希腊哲学中仅仅成为显现朴素辩证法的一抹曙光。

二、中西古代关于社会和谐的审美思维比较：道本与神本

（一）中西古代宇宙本体论与思维本质

哲学是思维方式的体现。中西古代不同的宇宙本体观，呈现出不同的思维特性。

古希腊关于理想社会的追求中，毕达哥拉斯由“音乐和谐”推理出“美是和谐”，开启了关于和谐社会的本质的探索，并通过“整体和谐”“永恒和谐”来论证了“对立和谐”。还进一步以“万物皆数”为依据，提出“万物的本原是一。从一产生出二，二是从属于一的不定的质料，一则是原因。从完满的一与不定的二中产生出各种数目；从数产生出点，从点产生出线，从线产生出面，从面产生出体；从体产生出感觉所及的一切形体……”[①] 这样，毕达哥拉斯在肯定“整个宇宙是一个和谐”的基础上所形成的宇宙生成逻辑就是：一生二，

① 北京大学哲学系外国哲学史教研室. 西方哲学原著选读. 北京：商务印书馆，1981：20.

二生多；点生线，线生面，面生体，体生万物。这与先秦老子的“道生一，一生二，二生三，三生万物”何等相似！但毕达哥拉斯以“神”为数之本，“数”为众神之母，“一”是“数”，“二”是“对立统一”，“多”是由点、线、面、体构成的具体物质，即由“数”构成的实体，由此主张通过“对立”而达到“平衡”的和谐社会状态。而老子则以“道”为万物之母，“一”是“道”，“二”是“阴阳之气”，“三”是“多”，都是表示形而上的非实体，只有“万物”才具有实体性，并由此主张“为而不争”的自然和谐的社会理想。

赫拉克利特进一步把“对立和谐”发展为“斗争和谐”，并在“形式和谐”的基础上提出“隐藏的和谐”，认为“和谐”的本质就是“平衡”，进而提出“一”的哲学本体论和“整体和谐”观。他说：“承认一切是一，那就是智慧的。”[①] 但“一”的主要内涵有以下几点。其一是 “火”本原论，“一”指万物的终极本质——“火”，“一切”指世界万物，认为火产生一切，一切又复归于火。其二是“对立统一”的整体观、“和谐”观，认为“一”是由不同的东西或相反的力量构成的一个整体，而这个整体是指宇宙物质的形而下的实体和过程。其三是神本观，认为万物是“一”，即智慧，智慧（逻各斯）即灵魂。人的灵魂是“火”的一部分，是认识万物的主宰。可见，赫拉克利特以形而下的、实体的有形物质“火”为“一”，“一”是本原论、整体观、认识论（智慧）等，没有寻求到形而上的、客观实在的、最高的哲学本体范畴，并把“整体和谐”视为“对立”和“斗争”所形成的暂时“平衡”。同时，“一”又是超越宇宙、超越现实的独立存在，是一种没有逻辑基础的万物主宰者和造物者，其本质是以神为本的神秘主义思维特性。

与古希腊哲学同时期的中国先秦哲学，也以“一”来概括宇宙本质和本体。以“变”为核心思想的《周易》哲学以“太极”为“一”。对于宇宙整体的“太极”的认识，是以天文观测为科学基础所类推的结果。作为“太极”的“一”，具有客观的物质特性——“阴阳”二气，阴阳相荡、刚柔相推是宇宙运行的原动力。可见，《周易》是以宇宙万物自身的特性为依据而形成的“太极”和“一”，因此成为摆脱原始宗教神学的宇宙观。老子以“道”为“一”，通过“有”与“无”的辩证逻辑，揭示了宇宙形而上的最高哲学范畴，通过“道法自然”进一步阐述了“道”的普遍性、永恒性和客观实在性，以唯物和辩证的思维逻辑表现了对原始宗教、原始神学的彻底决裂。老子还继承并发展了《周易》的“道”论，阐述了宇宙共有的“天道”与“天德”，揭示“人道”与“人德”，提出人类“尊道贵德”的生存法则，也就是“守中”“守一”的自然法则。庄子的人生哲学主张万物“齐一”、物我合“一”，“一”的本质是“真”，

① 北京大学哲学系外国哲学史教研室. 古希腊罗马哲学. 北京：商务印书馆，1961：23.

也是指宇宙万物的本质和本体。“天人合一”是中国哲学的思维根基，天、人之间从生命合一到情性合一，再到血缘合一，一致贯穿了以人为本的生命哲学。

可见，中国先秦和古希腊哲学都以“一”为宇宙本体和最高哲学范畴，但各具有自身的思维特性：古希腊哲学以形而下的实体之“物”为哲学范畴，中国先秦哲学则以形而上的非实体之“象”为哲学范畴；古希腊的整体观以“灵魂”为统帅，先秦的整体观以“道”为根本；古希腊哲学始终以神为宇宙本体，先秦哲学始终以人为宇宙核心。

（二）中西古代“和谐”观与思维方式

古希腊的“和谐”理论与中国古代的“中和”思想都源于音乐理论，但中西古代不同的“和谐”观，同样体现了不同的思维方式。

毕达哥拉斯以“数”为本揭示“和谐”的本质，又以“音乐和谐”来论证和阐述“和谐”的“数本”内涵。他所提出的“天体音乐”与庄子的“天籁之音”尤为相近。但是，“数”本“和谐”观是指实体物质在“数”的比例与排序的外形协调一致，是“对立”事物之间的整体统一、力量平衡和多元共存的状态。其“音乐和谐”论的基本特征表现在以下几方面。其一，外在性和形式性，即数量关系，属于感官视角所能体验出来的“和谐”，即“比例的适当和和谐的性质与状态的一种特殊的感觉能力”[①]。其二，音乐艺术的“模仿”性，即人间音乐摹仿天体音乐的和谐。认为音乐家只有艺术模仿，没有艺术创造。其三，音乐艺术的“净化”性，即外在的艺术和谐同人的灵魂的内在和谐相合，通过“同声相应”而陶冶和改变人的性格和情感。认为净化灵魂的目的是使灵魂处于和谐状态，通过音乐的熏陶和哲学的思辨就可以达到灵魂的净化。柏拉图认为“和谐”的本质就是理念的和谐，灵魂是永恒的和谐，人类的和谐就是灵魂的和谐。“对立”和谐观、“神本”和谐观、“灵魂”和谐观和“净化”灵魂说等，共同构筑了古代西方人类以神为核心的关于“和谐”的思维逻辑体系。

古希腊关于音乐“净化”的认识，认为音乐的和谐能够影响人的心灵，可以改善人的性格，矫正人的行为等，这与我国先秦“乐论”与“乐教”的思想具有相近的思想。但与古希腊“对立”和“斗争”的和谐观相反，中国古代的“乐论”与“乐教”观是建立在对“乐和”的理性认识和深刻理解的基础上的“中和”观，主张音乐之“和”作用于人则在于调控情性，延伸于社会实践则“礼乐并重”，“乐主和，礼别序”是“礼乐”制度的根本依据。

在“和”文化的背景下，中国古代也曾具有本土的“和谐”思想和理论。“和谐”作为一种思想则源远流长，《尚书》中关于道德价值观、教育观等许多

---

① 朱狄. 当代西方美学. 北京：人民出版社，1984：179-184.

记录都蕴含着和谐思想，《周易》作为宇宙的系统哲学，其核心思想就是阐述天人和谐、人类和谐。而“和谐”成为一种审美理论则源于对“乐”的论述。但“和”与“谐”分别是两个不同层次的概念，二者是“道”与“器”的关系，“和”属于“道”的范畴，而“谐”则属于“器”的范畴。一般认为，中国的“和谐”一词来源于《左传》，《左传·襄公十一年》记载：“晋侯以乐之牛赐魏绛，曰：‘子教寡人和诸戎狄，以正诸华，八年之中，九合诸侯，如乐之和，无所不谐。请与子乐之。’”其实不然，这里只是分别提出“和”与“谐”两个词，“和”指“乐”的本质及其整体效果，“谐”指乐的要素形式及其关系。《管子·兵法》对“和”与“谐”就有具体的阐述：“畜之以道则民和。养之以德则民合。和合故而能谐，谐故能辑。谐辑以悉，莫之能伤。”在先秦时期，“和”与“中和”成为儒家思想理论体系的核心概念，但在哲学体系中很少论及“和谐”，也很少使用“和谐”一词。

“和”与“谐”的思想最早在《尚书·尧典》中有“八音克谐，无相夺伦，神人以和”的表述。“克谐”具有“和谐”之意，就是指“八音”的相互配合而“相应”，各有其“位”而互不冲突。“和”与“谐”在音乐中具有不同的含义，音相“谐”，故成“和”，“和”则成“乐”[yuè]，“乐”[yuè]则生“乐”[lè]。故《说文解字》曰：“和，相应也。”“谐，洽也。”“谐”具有“位”“序”的意思。“谐”的结果是“和”，“和”的本质是“生”“生成”，音乐之“和”通过情感的感化与沟通，可以实现“神人以和”。

“和谐”作为一个词来使用，最早出现于西汉司马相如《凤求凰》中的歌辞：“交情通意心和谐，中夜相从知者谁？”这里表现的是心性相通、情投意合、志同道合，表现的是因“谐”而实现“和”，重心在于“和”。类似的诗句在明代高明《琵琶记·寺中遗像》中也有：“敢天教我夫妇再和谐，都因这佛会。”“和谐”作为诗学的概念早见于东汉郑玄笺《诗经·关雎》的：“后妃说乐，君子之德，无不和谐。”这里以“和谐”来形容夫妻关系融洽，其意义同前面诗中一致，此后被历代文人广泛使用，儒家学说进一步引申形容家庭、社会、政治等关系。唐孔颖达为《周易·乾》中“元亨利贞”作疏时，赋予了“和谐”哲学意义：“元，始也；亨，通也；利，和也；贞，正也。言此卦之德，有纯阳之性，自然能以阳气始生万物，而得元始、亨通，能使物性和谐，各有其利，又能使物坚固贞正得终。”（《周易正义》卷二）“谐”是“共存”之意，“和”是“生成”“发展”之意，“物性和谐”指出了宇宙万物的协和共存与发展的本质。但在中国哲学中，这种“共存”与“发展”合为一体的思想，通常以“中和”来描述。宋代徐大升编著的《渊海子平》被称为八字命理学的宗祖之作，其《五行生剋赋》篇中提出：“五行贵在中和。”“和谐”的概念作为社会审美理想的范畴而广泛应用，主要流行于当代，其思想内涵和哲学理念主要受西方“和谐”论的影响。其意义也趋向于狭义，主要指社会的和平、安定。

我国后世使用的“和谐”与“和”“中和”具有相近的意义。其共同点是，它们都必须以多要素的整体性为前提，体现“存异”的思想，都具有审美意义。同时它们之间有着内在的联系和区别：“中”“和”“中和”都是以“象”的方式表达的概念。“中”所体现的是“位”，指符合“正位”、行“中道”，其标准是“道”，表现为“静”。“中和”所体现的是整体中的各要素既守“中”又“协调”，共同发挥，表现为由“静”而“动”，其标准是“和”，即“创生”。而“和谐”仅仅是形容一种“状态”，表现整体中的诸要素之间协调配合、各就其位、各司其职的关系，不具有明显的“象”的特征。例如，“比音而乐”，“比音”主要指“和谐”，“乐”则是所至的结果“中和”。从概念的理论范畴来看，“中”是由宇宙本体论的哲学范畴延伸到哲学方法论的范畴。“和谐”则是由宇宙结构论的哲学范畴延伸到伦理学的范畴，主要指理想的人与自然、人与人、人与社会等关系。“中和”则是由宇宙生成论的哲学范畴延伸到社会伦理政治范畴。在儒家思想理论体系中，“和谐”与“中和”是两个相互联系而内涵层次又不同的两个概念。“中和”描述的是“本性”，偏重于本体论意义，体现为内在的精神融合与协作，即“和实生物，同则不继”。“和谐”描述的是关系和状态，偏重于认识论意义，体现为外在的平衡与稳定。

通过“和谐”观的源头比较可以看出：古希腊的“和谐”观是以“数”和“形”为内涵的思维方式，而中国古代的“中和”思想则是以“象”为核心的思维方式。古希腊“和谐”观关注的是对立面在形式和外在的平衡与稳定，先秦“中和”观主张的是多元素相感相通、相生相融而实现“天地位，万物兴”。古希腊“和谐”观主张音乐于人的“灵魂净化”，先秦“中和”观主张音乐于人的“情性”感化。

三、中西古代关于社会和谐的理想境界比较：“中和”与“平衡”

中国古代关于社会和谐的审美价值观及其审美理论成熟较早。《尚书》中的“洪范九筹”，从天道到人德，从人到事，从思想到言行，从管理法则到“五福”追求，构成了代表远古时期的一套系统而规范的、以“协和万邦”为归宿的管理机制，表现了关于和谐社会的、具有科学思维的审美观。《周易》以“阴阳”为核心概念的宇宙哲学，关于“守道”与“通变”、天地尊卑与“位序”关系、“阴阳互动”与“生生不息”、“自强不息”与“厚德载物”等系列思想和理论，都是关于天地人相通、社会和谐发展、“崇德广业”、“万国威宁”的生存思维。道家老子针对群雄争霸的现实，主张复归自然、无为而治、小国寡民、安居乐业的理想社会。庄子主张通过练就“忘我”和“逍遥”的人生境界而实现天人一体、物我合一、万物群生的至德之世。儒家从人的“情性”入手，通过诗教、乐教和礼教而实现以“仁爱”为核心精神的理想社会。纵观中国古代“中和”观，包含主体应该具有的诸多思想内涵，诸如，①万物有“生”，包括生命、生成、生生不息；②万物具有“位序”，各就其位、各有其职；③万物具有“易变”；④人是宇宙的中心，能够主动认识和掌控万物；⑤人类顺应自然但不盲从，必须修身养性、自强不息、厚德载物、崇德广业；⑥万物皆有节度和周期性，“过而不及”，物极必反，否极泰来。如此等等，皆以人本为核心，主张人类及社会的进取、通变、尊道、贵德、求和、重生等众多生存法则，在整个中国古代哲学体系中根本找不到关于依附神灵、灵魂的思想理念。这就从全方位体现了中国古代关于和谐社会的思维境界和理想追求。

毕达哥拉斯认识到了“美是和谐”，主张人类社会应该像“天体音乐”一样自然协调、悦耳悦目，这与老子的“自然无为”的社会观十分相近。但是老子主张以至高的生存智慧，透过事物的“有形”去体道、守道，从而实现“无为而治”的理想社会。而毕达哥拉斯则主张通过“灵魂净化”，以感官的体验方式去“模仿”自然的和谐，以“灵魂”的和谐来实现社会的平衡。

柏拉图以“灵魂和谐”为依据，把“和谐”阐述为“正义”，认为“正义”是“理想国”的本质特征，但“正义”概念是主观的、模糊的，只好归结为“灵魂”。还认为智慧是治理国家和社会的知识和能力，哲人是智慧的代表，主张智慧的哲人治理国家，“勇敢”的军人控制社会、节制百姓。而治理国家的根本法则是“正义”，但只有“灵魂”是正义的，因而主张“灵魂和谐”。而为了保证“政治权力与聪明才智合而为一”，这就需要法治的力量来捍卫国家与个人的正义、美、节制等，因为法治就是与人类本性一致的唯一可能的最好的政治法律制度，实际上就是“对立”哲学的翻版①。同时，柏拉图关于智慧、勇敢、节制“阶层三等”和理性、激情、欲望“人性三分”说，与我国先秦时期“尊卑之位”的思想具有相近的内涵。但先秦哲学融天、地、人为一体，以人为中心，从宇宙整体的高度论及天人关系，其本质是追求“伦理和谐”与“自然和谐”融为一体的人际和谐，体现了血缘宗法制度背景下的伦理哲学观念。而柏拉图的“正义”之“位”是由以神学化的“理念”论来推理“灵魂”之“位”，仅仅从社会的视角论述人与人的关系，其本质是追求“心理和谐”与“政治和谐”相统一，即个人与国家之间的“和谐”，体现了对于奴隶制统治的人身依附观念。

再从治国理念来看，柏拉图主张“智慧”政治，哲人治国，主张以法制和武力来维护城邦社会的“正义”。老子则反对强权政治和武力征服，认为：“道

① 柏拉图. 理想国. 郭斌和，张竹明译. 北京：商务印书馆，2002：215.

常无为，而无不为。侯王若能守之，万物将自化。”“天之道，不争而善胜，不言而善应，不召而自来，单然而善谋。天网恢恢，疏而不失。”（《老子》第三十七章）主张统治者应“绝圣弃智”，以“道”为法则，以“正”治国，“无为”而治，“我无为而民自化，我好静而民自正，我无事而民自富，我无欲而民自朴”（《老子》第五十七章）。法家韩非子针对宗族社会的本质特征，提出“凡治天下，必因人情”（《八经》）。他以老子的“道”论为依据，认为“道者，万物之始，是非之纪也”（《主道》）。认为法是治国之道、齐民之术，法度高于智慧、高于人情，“夫治法之至明者，任数不任人”（《制分》）。但由于儒家思想成为中国古代宗族社会的主导和主流思想，以“礼教”为核心的“以德治国”成为沿袭几千年的治国方略，“仁义礼智信”与“三纲五常”共同构成纵、横交错的严密的封建宗法政治管理体系，成为推进社会和谐的具体法则。

柏拉图提出坚守“正义”的“中庸之道”，政治中庸就是公正和正义，而维护“中庸”的政治策略就是法治。亚里士多德则从伦理视角明确提出“灵魂诸善”的“德性”和“中庸之道”的城邦社会，并提出“真理”“仁爱”等社会价值观、正义观。其“中庸之道”是指两个极端之间的“中道”，其本来意义主要指“适度”和维持“平衡”的“中间形式”，即“正义”和“真理”，是以“平衡点”为准则的“中庸”。作为理想社会，是指以城邦民主制和“自由意志”为立足点、以“灵魂诸善”为前提、以“幸福快乐”为目的、以“公平”、“正义”为准则的道德行为习惯，本质上是行为形式的“中庸”，“灵魂诸善”又是“和谐”的目的，“净化灵魂”是“中庸之道”的最终归宿。可见，其“中庸”的本质是“形式”和谐观。

先秦儒家“中庸之道”的基本内容是“五达道”“三达德”。“五达道”是指通过正确处理君臣、父子、夫妻、兄弟及朋友这五种人际关系，使天下达到“中和”与太平的理想境界。“三达德”是把智、仁、勇视为天下通行的能够实现“五达道”的品德。故《中庸·第二十章阐明道》说：

天下之达道五，所以行之者三。曰：君臣也，父子也，夫妇也，昆弟也，朋友之交也。五者，天下之达道也。知、仁、勇三者，天下之达德也，所以行之者一也。或生而知之，或学而知之，或困而知之，及其知之，一也。或安而行之，或困而行之，或勉强而行之，及其成功，一也。子曰：好学近乎知，力行近乎仁，知耻近乎勇。知斯三者，则知所以修身；知所以修身，则知所以治人；知所以治人，则知所以治天下国家矣。

中国先秦与古希腊的“中庸之道”所追求的理想社会具有以下不同特点：第一，古希腊以“灵魂”为核心主张整个社会形成“灵魂诸善、身体诸善、外物诸善”三者和谐的优良生活，是神木和谐观；而先秦儒家则以天道为“中道”，主张通过“修道”而使人道符合天道并且“唯变是从”，是人本和谐观。第二，古希腊针对城邦社会，以“灵魂和谐”为目的，以“正义”为政治标准，主张公民具备“天赋”“习惯”“理性”三大素质，顺从理性而没有野心，是“灵魂净化”思想；先秦儒家则是针对血缘宗法伦理社会现实，以处理人际关系为目的，以“仁爱”为心灵标准，主张通过“修身、齐家、治国、平天”的逻辑链而实现和谐社会，是“情性”教化思想。第三，古希腊主张以中产阶级为中坚力量而协调各种利益的矛盾，形成社会平衡与稳定的“和谐”局面，是一种调和主义、折中主义的“平衡”思维方式。而先秦儒家则主张以“圣人”和“君子”为引领社会和谐的主体，形成以“仁义礼智信”为精神纽带的整体和谐社会，是一种以“中和”为最高理想的更高境界的思维方式。

中西古代思想文化，同是“轴心时代”的产物。但古希腊时期毕达哥拉斯的“永恒和谐”观、赫拉克利特的“对立和谐”论、柏拉图的“灵魂和谐”论、亚里士多德“社会和谐”论等，对于审美对象而言，主要体现对象要素的外在协调关系。对于审美主体而言，主要体现感官的“愉悦”，它们都渗透着“对立斗争”哲学基础和神秘主义的宗教意识。而中国先秦的“中”“和”“中和”思想具有更深刻的文化内涵、哲学意蕴、思维方法和审美境界，它以“天人合一”为哲学基础，以“气”为宇宙本原，以“情性”为宇宙本体，以“整体平衡”为宇宙视觉，通过辩证思维的方式以“乐”论“和”、以“味”证“和”，阐述了“中和”的“生”的本质特征，成为儒家伦理政治和社会学的理论依据，同时也成为中国古代以生命为主体的核心审美思想。在审美本质上，古希腊的“和谐”论以“数”为宇宙本源，以“灵魂”为宇宙本体，以“对立斗争”观念为宇宙视角，通过逻辑思维方式以宇宙结构来论“和谐”、以“天体音乐”而证“和谐”，最终阐述了以“神”为本的审美“和谐”论，它首先作为以自然和艺术为主体的核心美学理论，在亚里士多德那里演化为伦理学说和政治学说。而“中和”所关注的则是天人一体、心灵相通、情性互感的内在与精神之“和”，它主要通过人的生命情感的体验来实现其审美价值。在审美内涵上，古希腊的“和谐”所关注的是主体心灵对于外在和形式之“谐”的感受，它主要通过人听觉和视觉来实现其审美价值。而先秦“中和”观所关注的是社会与自然、人与自然、人与人之间符合“道”的协调、发展与创造。由此可见，古希腊“和谐”观是“形思维”的结果，先秦“中和”观是“象思维”的成果。

然而，古希腊“美是和谐”的思想和我国“中和”审美观都具有源远流长的哲学文化渊源，都对后世民族文化心理、民族精神以及审美思维等产生了深远的影响，体现了古代中西文化精英们对于自然和谐、人生和谐、艺术和谐、社会和谐等具有一致的审美理想和追求。在当代中西文化大融合的趋势下，我们一方面需要对中西古代“和谐”思想、理论和思维方式的民族特性具有深刻的认识和理解，以避免“相互阐释”、借用概念等对当代现实生活所造成“强加观念”或“审美误导”的弊端；另一方面又要深入发掘其相通的思想内涵和价值目标，寻求其能够相融的审美理念和文化结合点，逐步使中和、和睦、和谐、和平的内涵及其理想社会成为具有民族性与世界性相统一的共同审美文化和共同理想追求。

第七章
中西古代关于艺术审美的思维
——先秦“物感”论与古希腊“摹仿”说比较

美学理论必然涉及审美关系论，即审美主体对于“美的对象”或“对象的美”所产生的审美发现、审美体验、审美品鉴、审美表达和审美感化（净化）等，实际上就是关于“审美发生”的理论。“物感”说和“摹仿”说分别是中西古代关于审美发生论的核心范畴，“物感”说源于《乐记》中的“感于物而动”，“摹仿”说源于毕达哥拉斯“音乐家模仿天体音乐”，它们一开始就呈现为艺术审美的理论。“情本”和“形本”分别是“物感”和“摹仿”的基本精神，集中体现了中西古代“象思维”与“形思维”的不同思维特征，以及不同的话语方式、审美经验和审美视角。

第一节　“物感”说与中国古代诗乐“情性”论

我国关于“乐”的审美活动，伴随着远古生活和原始宗教而产生。早期“乐”论散见于《尚书》《诗经》等，而音乐审美专论则始于先秦，周代至清代逐步有一系列音乐美学思想著述，最具代表性的有《乐记》《声无哀乐论》《谿山琴况》，其余见于“经”“史”“子”“集”和诗赋中的一些专篇论述和部分散论。墨子的《非乐》、荀子的《乐论》、阮籍的《乐论》等也是具有代表性的专篇论述。《乐记》作为我国古代第一部比较系统的“乐”论专著，开启了诗乐“物感”说和“情性”论，奠定了我国诗乐审美理论和审美思维的基础。

一、“物感”说与中国古代乐论

（一）“乐”论与思辨

自古以来，学界对于《乐记》的成书时代与作者，一直处于争论而无定论的状态。古籍记载为战国说、西汉说两种基本观点，战国说又包括公孙尼子著、子夏著之分歧。近代以来的考辨主要有三种倾向：一是以康有为、郭沫若、蒋伯潜、杨公骥、李学勤等为代表的公孙尼子说；二是以李泽厚、孙尧年等为代表的荀子说；三是蒋孔阳等许多学者的战国至西汉说，并认为《乐记》非出于一人一时之手。从《乐记》所反映的宇宙论、认识论依据及审美思想的内涵等来看，本书倾向于该书成于荀子之前，后经儒家不断阐释、补充，汉代完善，荀子主要是用作论据。

关于“乐”的认识，也处于不断思辨、论争和深入过程。《乐记》《乐论》以基本一致的思想主张，代表了儒家学派的思想，主张“乐”“礼”并举，并同社会道德和社会政治的等级制紧密联系起来，成为整个封建社会关于音乐的主流审美思想。但墨子的“非乐”论、嵇康的“声无哀乐”论等，表现了先秦时期关于“乐”的思辨与论争特点。明末徐上瀛的琴论专著《溪山琴况》，以琴乐实践为基础，从琴艺中的“弦、指、音、意”关系阐述“和”的审美意义、层次和内涵，并通过系列“琴普”，将秦汉时期以“性质论”“功能论”为主的“乐”论，转向了以“表演”和“审美”为主的艺术审美理论，从实践上体现了源远流长的中国“乐”论的民族性审美特征。20 世纪 80 年代，发生了一场关于“比音而乐”的论争，形成了新时期关于“乐”的辩论高潮，其辩论的核心围绕“比音而乐”的“乐”是“lè”还是“yuè”而展开。主张“lè”者，认为“比音而乐”是指审美主体的精神活动之“乐”［lè］，主张“yuè”者分别认为“比音而乐”是指对器乐的演奏和表演活动之“乐”［yuè］，或指“乐曲”。实际上，三者都分别站在审美主体、审美客体和审美活动的不同角度，偏执一端。所以，探讨“比音而乐”的本质，应从古代“乐”的本意入手。

“诗为乐心，声为乐体”。自古以来，“乐”（樂）是“lè”和“yuè”的统一体，既作动词，也作名词。《论语》中通常连用。例如，孔子曰：“益者三乐，损者三乐。乐节礼乐，乐道人之善，乐多贤友，益矣。乐骄乐，乐佚游，乐宴乐，损矣。”欧阳修《醉翁亭记》也有“不知太守乐其乐也”。《说文解字》曰：“喜，乐也。乐者，五音八声总名。”可见，《说文解字》是把情感的“乐”［lè］、器乐的“乐”［yuè］和表演之“乐”［yuè］三者合为一体的。古代关于“乐”的意义，大概有以下用法：①表示内心的幸福感或满意感，如“有朋自远方来，不亦乐乎”（《学而》）。②表达内心深处的特定情感，如“夫乐者，人情之所必不可免也”（《荀子·乐论》）。③儒家之“乐”包括道德情感之“lè”和“yuè”，如“乐，备德者之所乐也。得者乐，失者哀”（《楚简·语丛》）。④表示“安乐”之意，如《诗·硕鼠》曰：“逝将去女，适彼乐土。”⑤表示效果之“和”，如《乐记》曰：“乐者，天地之和也。夫乐者，先王之所以饰喜也。”⑥指奏乐、演唱、表演，如“置酒设乐”（《汉书·李广苏建传》）。⑦“乐”作名词，指五声或概指器乐，如《诗·小雅·宾之初筵》中有“乐既和奏”。

由此看出，“乐”往往包括审美主体（性情、品格、道德政治趋向）、审美客体（器乐、整体音乐）、审美活动（表演、演奏、演唱）三个方面。在汉魏以前，诗、乐、舞三者密不可分，故认识古代之“乐”，须把诗乐舞当作整体来对待。

（二）《乐记》与“物感”说

《乐记》是建立在我国古代自然科学、哲学、情性论、心理学、艺术学、伦理学和政治学基础之上的一部综合性的经典审美理论。在自然科学上，《乐记》主要从音响构成规律和听觉器官的自然反应特点来概括其物理法则；在哲学上，它以《易经》天人合一、天人感应和阴阳观为理论基础；作为情性论，它立足于人本身，把心性论思想融入了自身体系；在心理学上，它充分论述了“乐”与人的情感、意志等关系，以及心理发生、发展、变化等现象和规律；作为艺术理论，它注重主体的审美情感的认识和创造性想象力的发挥；在伦理学上，它把“乐”与道德、政治紧紧联系起来，表现了对“乐”的社会价值及人的主体性价值的认识和肯定。可以说，《乐记》是古代一部多位一体的审美理论著作，它摆脱了原始宗教神学思想，从审美学的高度来阐述了“乐象”的思维特征。

1.《乐记》与心、物关系论

“物感”又称“心物感应”，它是中国古代诗学中最早的一个审美范畴，其核心内容是“心物”关系，反映了中国古代关于艺术创造和艺术欣赏的独特审美体验。“物感”作为一种意识，根源于原始初民与外物之间的一种无意识的生命感应，是万物有灵的观念在原始宗教和原始艺术发展中的孕育。在《尚书》《礼记》等许多古代文献记载中，原始的祭祀、巫术、图腾崇拜等活动中都反映了古代对人与天地自然、祖宗神灵之“感”的认识，其艺术思维的成熟在《诗经》中表现出来，其哲学思维的成熟则显现在《周易》之中，而作为审美理论则在《乐记》中最早论述。

《周易·咸·彖辞》云：“咸，感也。……二气感应以相与。”“天地感而万物化生，圣人感人心而天下和平。观其所感，而天地万物之情可见矣。”“感”

即言人与天地外物相感应而互通。《周易》中的“感”是以阴阳二气感应而化生万物、融通万物，且感而可观万物之情状。所以“感”又指天人之间、万物之间的“感应”和“感通”，包含着物与物和心与物的联系、沟通与融合。故《系辞传上》曰：“寂然不动，感而遂通。”“物感”的本质是“思”和“想”，表现在诗乐创作中就是“比兴”，这在《诗经》中已成为普遍的艺术手法。可见，“物感”早已表现在原始艺术创造之中。

《乐记》最早从艺术思维的角度系统阐述“心物感应”。《乐记》以先秦及其以前的“歌舞乐”一体的“乐”为实践基础，以“心物”互动为枢纽，具体阐述了“乐”的本质、本原、特征和功能等，认为文艺起源于人心对外物的感应，遵循的是“心物交感”原则。“乐者，音之所由生也，其本在人心之感于物也……感于物而后动。”认为外物引起人心之动，促使主客交融，导致情感产生，即“情以物兴”，“声以情发”，“声和”为“音”，“音和”为“乐”。因此“物”是艺术的本源，“情”是艺术的动力，“心”是沟通物、乐关系的桥梁，“和”是“乐”的核心价值。“物感”强调心、物之间的交感互通、相互激荡的互感过程。在诗、乐各自独立后，关于“物感”的思维方式和理论不断影响着后世诗乐创作及其理论发展。魏晋以后，“物感”说在诗学理论中逐步走向成熟。从《周易》中的“交感”到《乐记》中的“物感”，是中国古代审美思维的一次重大飞跃。“物感”说与“言志”说相结合并成为艺术的审美理论，推动了诗学审美理论的独立发展，体现了艺术“象思维”根本特征。

《乐记》围绕“物感”说，以《周易》“万物交感”思想为理论依据，展开了“物”→“心”→“情”的生成关系和过程的论述，从情性论、认识论的哲学高度揭示了“乐本于心”“心动于物”的理论逻辑。同时，《乐记》还具体阐述了“声”“音”“乐”的关系，通过区分“知声”“知音”“知乐”的审美层次差别，以此区分君子、庶人和动物，实际上指出了君子人格塑造、道德修养的三个阶段：

> 是故知声而不知音者，禽兽是也；知音而不知乐者，众庶是也。唯君子为能知乐。是故审声以知音，审音以知乐，审乐以知政，而治道备矣。是故不知声者不可与言音，不知音者不可与言乐。知乐，则几于礼矣。礼乐皆得，谓之有德。(《乐本篇》)

在《乐记》中，“声→音→乐”是“乐”论，“审声→审音→审乐”是“鉴赏”论，“知音→知乐→知政”是人格论，“礼”“乐”一体是政治观。

“礼”“乐”并重是儒家治国安邦的基本政治制度。儒家认为，“礼”“乐”并行，则“仁”“义”兼得，可以“揖让而治天下”，体现了内、外兼治的政治观。《乐记》云：“乐由中出；礼自外作”(《乐论篇》)；“乐也者，动于内者也；

礼也者，动于外者也”（《乐化篇》）。“礼”主外在的“位序”之别，“乐”主内在的情感调和，“乐统同，礼辨异。穷本知变，乐之情也；著诚去伪，礼之经也”（《乐情篇》）。

“礼”“乐”合一，是儒家的独创。“礼”“乐”分别是行为和艺术两种不同的活动。儒家主张“礼”“乐”结合，就意味着把行为当作一种艺术。“仁”“义”本来都是道德范畴，但《乐记》说：“春作夏长，仁也。秋敛冬藏，义也。仁近于乐；义近于礼。”于是寻找到了“仁”“义”与“乐”“礼”的一致性，成为道德和艺术统一的理论根据。“礼”“乐”本来是两种不同的制度和方略，但“是故治世之音安以乐，其政和；乱世之音怨以怒，其政乖；亡国之音哀以思，其民困。声音之道，与政通矣”（《乐本篇》）。可见，儒家又从艺术生活中透视了社会生活的内在精神，把社会的治乱和国家的兴亡同人们的思想感情联系起来，即“同民心而出治道”。认为“礼”“乐”同是一种精神，从“乐”入手，“以一叶而窥全貌”，这是儒家独特的审美发现。把艺术同人生、道德、政治等融为一体，也是儒家独特的审美创造。以“寓教于乐”的方式，通过感动人心、愉人情性而实现民众的忠诚和悦，逐渐达成理想的文质彬彬、尽善尽美、仁义兼得的“大同”世界。

2.《乐记》与“情性”论

“情性”论是秦汉至宋代儒家理论中的重要命题，也是中国传统审美理论的重要内容。把“情性”作为审美范畴并进行系统阐述，也是从《乐记》开始的。《乐记》以“乐”为主题，具体阐述了“生情、表情、观情”三个审美过程。

1）“心”以生情

“生情”即“情动于中”，它是“乐”的审美发生阶段。首先是“动于中”，情自心出。《乐记》认为，“情”属于“性”，体现“真”。“是故先王本之情性，稽之度数，制之礼义。”（《乐言篇》）“阴阳”“刚柔”乃宇宙本原的实体之生气，情之“真”就在于“情”生于气。其次是“形于声”，情形于表。“声”乃“情”之文，“四畅交于中，而发作于外”，故“合情饰貌，礼乐之情同”（《乐论篇》）。认为情是自然而通畅的，其表于外并形成“文”，自然也是本真的。再次是“声成文，谓之音”。情为音之质，音为情之“文”，无情则无“音”。同时，合音成“乐”，乐以情和，故“乐”的本质也是情。心为乐之源，情为乐之根，故“乐也者，情之不可变者也”（《乐情篇》）。且“故乐者，天地之命，中和之纪，人情之所不能免也”（《乐化篇》）。可见，“情”具有本质之“真”，生发于“中”，其性“中和”，故“情”“乐”皆为“中和之纪”，“和顺积中而英华发外，唯乐不可以为伪”（《乐象》）。《乐记》主张“生情”以导乐，就在于“真”。“生情”靠“物感”，“物感”在于发挥情感联想和想象，凝聚“意念”，这就是

“乐”的基本要求。可见，《乐记》立足于对人性自身的认识，以哲学为立论依据，对“情”的来源和本质特性，以及情、乐关系进行客观阐述，寻求“乐”的客观生成方式和途径，远远高于宗教那种凭借空想的“意念”和神化理论。

2）“乐”以表情

儒家则主张“有为”，“表现”是儒家一贯的艺术思维，成为中国艺术审美的一个根本特征。作为儒家经典，“表现”的核心是“言志”，而《乐记》则关注乐以“表情”，这是《乐记》与儒家其他经典最明显的差别，它直接影响了后世的“缘情”说和“情景”说。

首先，“表情”即表“正气”。心为内藏，情为心生，“表情”即表“心”。“穷本知变，乐之情也”，喜怒哀乐在“心”，显然“穷本”就是穷情。“欣喜欢爱，乐之官也”，说明“穷本”就是穷“欣喜欢爱”，这种“乐之情”叫作“正声”。与之相对，《乐记》把“奸声”“逆气”“淫乐”等叫作“邪”，不属于“情”的范畴：“凡奸声感人，而逆气应之。逆气成象，而淫乐兴焉。正声感人，而顺气应之。顺气成象，而和乐兴焉。倡和有应，回邪曲直，各归其分，而万物之理，各以类相动也。是故君子反情以和其志，比类以成其行。”（《乐象》）所以要扬“正”抑“邪”，即扬“情”抑“邪”，让“邪”声“反情”。“反”即“返”，按照“以类相动”之理“反情以和其志”，兴其“和乐”，抑其“逆气”，导其“正声”，所谓“乐至则无怨，礼至则不争”，故能达到“倡和有应，回邪曲直，各归其分”的目的。《乐象》中进一步阐述：“君子乐得其道，小人乐得其欲。以道制欲，则乐而不乱，以欲忘道，则惑而不乐。”可见，主张“表情”，倡导“比”“兴”，是《乐记》关于“乐”的重要审美原则之一。显然，《乐记》中的“情”是狭义之情，也是性善论的表现。

其次，“表情”即表“和气”。在《乐记》中，和、同是一致的。“乐”的核心价值是“和”，故以乐求同，“乐者为同，礼者为异，同则相亲，异则相敬”。“乐”可以“合生气之和”，因此通过“乐”来诱发“和气”，可以平衡阴阳，能够“使之阳而不散，阴而不密，刚气不怒，柔气不慑。四畅交于中，而发作于外，皆安其位而不相夺也”（《乐言篇》）。同时，通过张扬“和气”可以协和异端、统筹四海。因“乐者异文，合爱者也”，“礼乐之情同，乐文同则上下和矣”。以“乐”求同，可以达到“暴民不作，诸侯宾服，兵革不试，五刑不用，百姓无患，天子不怒，如此则乐达矣”（《乐论篇》）。也就是以“乐”来化合异端，以“情”来化解邪气。《乐记·乐化篇》对“乐”表“和气”的特点进行了具体的概述：

是故，乐在宗庙之中，君臣上下同听之，则莫不和敬。在族长乡里之中。长幼同听之，则莫不和顺，在闺门之内，父子兄弟同听之，则莫不和亲。故乐者，审一以定和，比物以饰节，节奏合以成文。所以合和父子君臣，附亲万民也。是先王立乐之方也。故听其雅颂之声，志意得广焉。.执其干戚，习其俯仰诎伸，容貌得庄焉。行其缀兆，要其节奏，行列得正焉，进退得齐焉。故乐者，天地之命，中和之纪，人情之所不能免也。

最后，“表情”即“章德”。乐以“章德”，礼以“报情”。《乐记》认为：“乐也者，施也；礼也者，报也；乐，乐其所自生，而礼反其所自始。乐章德，礼报情，反始也。”（《乐象篇》）“表”就是显现，显现的目的是为了“治”。通过“乐”的表现，代表各种情感的声音都显现出来，有利于识别，有利于调整治国方略，治理“淫声”以匡扶“正声”，理顺邪气以复归正道。同时，一“施”一“报”，相辅相成，共同达到“章德”的目的，突出道德教化功能。《乐论篇》说：“故知礼乐之情者能作，识礼乐之文者能述。作者之谓圣，述者之谓明。明圣者，述作之谓也。”这里进一步提出“表情”的最高层次有两种方式，即“作者之谓圣，述者之谓明”，实际上就是把审美创造能力和鉴赏能力分别作为“圣人”“明人”的重要标准，从而强化了“表情”的审美价值。可见，“王者功成作乐，治定制礼”的道理就在于表情以“章德”、昌礼以“报情”。

3）“乐”以观情

“乐”取象于声，“比音”而作，“比类”而发。它是通过“象思维”，以“乐象”为基础构建起来的意象系统，富有极强的象征性，具体表现在四个方面。

一是“乐”为心声，可观其心。“乐者，心之动也；声者，乐之象也；文采节奏，声之饰也。君子动其本，乐其象，然后治其饰。”（《乐象》）这也就是说通过其“乐”的格调透视人的思想和追求，通过乐的风格观察社会风气、审视国家的治乱状态。所以孔子从“乐”中概括出“兴观群怨”的社会审美功能，揭示了诗乐独特的审美认识价值。《毛诗序》概括地说“治世之音安以乐，其政和；乱世之音怨以怒，其政乖；亡国之音哀以思其民困”。

二是“乐”象德行，可观其德。“德者，性之端也；乐者，德之华也”，故“乐”为“德”之象，其声可以观其志。“逆气成象，而淫乐兴焉”，“顺气成象，而和乐兴焉”（《乐象》）。就是通过其“乐”的风格倾向，审视其人的修养与情操。“是故君子反情以和其志，广乐以成其教。乐行而民乡方，可以观德矣。”（《乐象》）

三是“乐”表事行，可察其风。在“乐”的“表情”过程中，“各以类相动也”，即“奸声乱色，不留聪明；淫乐慝礼，不接心术；惰慢邪辟之气，不设于身体”。所说的是通过“乐”的表现，可以观察其思想和行为的正邪、善恶、美丑、曲直，然后“反其情”，“成其行”，“使耳目，鼻口，心知，百体皆由顺正，以行其义”。

四是“乐”以象和，可测政通。“声音之道与政通矣。”“宫为君，商为臣，角为民，征为事，羽为物。五者不乱，则无怙懘之音矣。宫乱则荒，其君骄；商乱则搥，其臣坏；角乱则忧，其民怨；征乱则哀，其事勤；羽乱则危，其财匮。五者皆乱，迭相陵，谓之慢。如此则国之灭亡无日矣！”（《乐象》）这是“乐象”观情法，即通过不同层次的文艺生活、风俗民情，可以审视人格和国势，这是以经验为主的哲学思维、艺术思维和审美思维。这种以诗乐观民风民俗、察政绩得失的“观情”之法，可以说在任何历史条件下都具有一定的普遍性。故《乐记·乐象》曰：

是故清明象天，广大象地，终始象四时，周还象风雨，五色成文而不乱，八风从律而不奸，百度得数而有常。大小相成，终始相生，倡和清浊，迭相为经。故乐行而伦清，耳目聪明，血气和平，移风易俗，天下皆宁。

在“生情—表情—观情”三个审美过程中，“生情”阐述的是“乐”的性质和特征；“表情”关注的是“乐”的表现手法；“观情”是强调“乐”的审美功能和效果。

3.《乐记》与“动静”论

《乐记》以《周易》的阴阳之道阐述“乐”之“动静”关系，突出“乐”的情性审美功能。《乐礼篇》引用了《周易》中的“天尊地卑”“动静有常”等理论来论述“乐”的“动静”，证明“乐者，天地之和也”。在《周易》中，乾为天、代表“动”，主“施”；坤为地，代表静，主“养育”“生生”等，《乐记》以此提出“大乐与天地同和”。并由阴阳二气一动一静、相互交感，推理出“人生而静”“乐由中出故静”“乐必发于声音，形于动静，人之道也”等。

《乐记》中的“静”代表了儒家的“静”，与道家的“静”是完全不同的两个概念。道家是“无为”之“静”，《乐记》是“有为”之“静”；道家是超越现实的“静”，《乐记》是惠利现实的“静”；道家之“静”主张无功利的“欲念”，《乐记》的“静”主张没有邪念的功利；道家之“静”主张顺应自然的“真”，《乐记》的“静”主张顺应道德情感之“真”；道家之“静”主张“纯净”与“心斋”，《乐记》的“静”主张“纯洁”与协和等。由于《乐记》中的“动静”思想是沿袭《周易》而来的，其中还借用了类比、象征等思维。所以“动静”的内涵及其逻辑关系比较模糊，但也可以寻找到以下三个层次的脉络。

第一层次：人心与情性之由“静”而“动”。对于“心”，“人生而静，天之性也”（《乐本篇》）。认为人的心理本来是没有邪念、丑恶和贪欲，这是“静”的心理状态。一旦受到外物刺激和引诱，在“静”的基础上顺应自然而发生心物共振，心开始运动，形成不同的欲望、意念和情绪，并通过其声、音表现出来。正如王夫之所说："非贵其中出也，贵其外动而生中也。"（《诗广传》卷三）"夫民有血气心知之性，而无哀乐喜怒之常，应感起物而动，然后心术形焉。"（《乐言篇》）这是心之由"静"而"动"。对于情性，"感于物而动，性之欲也"（《乐本篇》）。在欲望、意念和情绪之中，正、和、善、美的那些部分属于"静"，而相反的部分则属于"动"。故"动静有常，小大殊矣"。《乐记》对"动"的阐述是："物至知知，然后好恶形焉。好恶无节于内，知诱于外，不能反躬，天理灭矣。夫物之感人无穷，而人之好恶无节，则是物至而人化物也。人化物也者，灭天理而穷人欲者也。"认为如果"动"而不能自制，欲望膨胀使人不能自我遏制时，那就是人隶于物，无疑是人的一种邪恶。

第二层次："乐"之由"静"而"动"。与人的天性一致，"乐由中出故静"。当人心感物而动，心动而生情并形于声，这是"乐由中出"，由静而动。"声相应，故生变"，"变"意味着"动"的产生。同样，在"动"之中又分"动静"。即"乐必发于声音，形于动静。人之道也，声音动静，性术之变"（《乐化》）。"性术之变"必然产生正、反两种声音。其中"变成方，谓之音。比音而乐之"，符合"正声"，能表现"天地之情"、体现"天地之和"之"真"，可称为"乐"，归属"静"的范畴。反之，因"恶无节于内，知诱于外，不能反躬，天理灭"，具有"有悖逆诈伪之心，有淫泆作乱"之列，则属于"动"，这种声音是与"同""和"相违背的"乱"，"动"的声音所反映的是动乱的人心。

第三层次：以"乐"化"声"、以"静"制"动"、返动为静。儒家主张"礼乐"并举，在于"礼节民心，乐和民声"。因此作乐以化声，施乐以化情。即"和故百物皆化"，"和故百物不失"，"乐文同则上下和"。"圣人之所乐也，而可以善民心。其感人深，其移风易俗，故先王著其教焉。"（《乐施》）所以"乐"由圣人而作、明人而述。"流而不息，合同而化，而乐兴焉"，"乐由天作，礼以地制"，是说乐根据"天象"而作，礼根据"地形"而制，体现"天地之和"。"乐"有三通：一为"乐者，通伦理者也"，二为"声音之道与政通"，三为"通乎鬼神，礼乐交通"。故乐化则皆通，声和则心同，化动则为静。"故乐行而伦清，耳目聪明，血气和平，移风易俗，天下皆宁。"（《乐象》）化还须因时至宜，选择时机，"化不时则不生"。同时，化还须因"乐"至宜，"宽而静，柔而正者，宜歌颂。广大而静，疏达而信者，宜歌大雅。恭俭而好礼者，宜歌小雅。正直而静，廉而谦者，宜歌风"。虽"礼乐"并举，但在《乐记》看来，"生民之道，乐为大焉"，主张乐为主，礼为辅。

总之，《乐记》作为古代艺术经验和艺术审美理论的集成。虽然在理论逻辑上尚未成熟，含糊、矛盾的表述也较多，主要体现了儒家伦理政治思想。但它试图以阴阳宇宙观作为阐述依据，立足于宇宙高度和情性本质来认识"乐"的本质和意义，力求以"乐和"来沟通情感、人生、道德和政治之间的关系。以

"物感"为核心范畴的艺术审美思维，极大地突出了"情"的审美性质，表现了"象思维"的艺术审美特征，成为后世诗学思维的基本方式。

二、"物感"说与诗学"情性"论

中国古代诗歌虽然从歌、舞、乐三位一体的综合艺术中分离出来，成为独立的文学样式，但却保留了音乐的情感、节奏、韵律等特征。所以"诗是运用优美的韵律，和谐精美的语言和丰富的想象来表达人类意志、愿望和情感，并且是最有韵味的一种文学"[①]。尤其是以"心物"关系为基本要素的"物感"说，发展成为中国古代诗学理论中以"情物"关系、"情景"关系为特征的重要审美范畴。"情"逐步上升为诗学的核心内容，《毛诗序》成为中国诗学理论独立的开端。

（一）"物感"说与诗学审美

"物感"本身是一种诗性智慧活动。在《毛诗序》中，"物感"说由乐论转化为诗论，"赋、比、兴"正式成为诗歌创作的基本表现手法，"穷情写物"成为审美的极致。其理论的核心思想是以情感为本体、以外物触发为契机。张载说："感者性之神，性者感之体。"[②]"感"是贯穿心与物、情与景的不可或缺的通道，是主体的心灵活动。邵雍云："声色气味者，万物之体也；目耳鼻口者，万人之用也。体无定用，惟变是用，用无定体，惟化是体，体用交而人物之道于是乎备矣。"[③]可见，"物感"理论始终没有脱离感官系统，只不过把诗性智慧活动从整个生活中分辨出来。

《周易》的"阴阳交感"从生命范畴揭示了"物感"的情性本质，呈现为生命哲学。"感"与"情"不可分离，因"情"的冲动而生"感"，又因"感"发而使"情"活跃。《易·咸》强调"阴阳相感""男女相感"，《周易正义》云"感物而动，谓之'情'也。天地万物皆以气类共相感应，故观其所感，而天地万物之情可见矣"。可见，"感物"的本质是一种生命本真的情感交流，董仲舒就说："喜气取诸春，乐气取诸夏，怒气取诸秋，哀气取诸冬，四气之心也。"[④]从原始宗教、原始歌舞乐中可以看出，"物感"一开始就与情感和艺术思维联系在一起，通过主、客对应关系来体现主体的主观情感、诗性智慧和创造性审美思维。《乐记》中的"物感"着力突出了主体的"情性"和"乐象"的象征意

---

① 陆凌霄. 诗道. 北京：民族出版社，2004：1.
② 张载. 正蒙·太和//陈望衡. 中国古典美学史. 长沙：湖南教育出版社，1998：708.
③ 邵雍. 皇极经世·观物内篇//陈望衡. 中国古典美学史. 长沙：湖南教育出版社，1998：18.
④ 董仲舒. 春秋繁露·阴尊阳卑//陈望衡. 中国古典美学史. 长沙：湖南教育出版社，1998：2480.

义，体现了以“比附”为特点的艺术化的“象思维”，但它毕竟不是诗论，只不过从理论上将“比”“兴”方法推向了艺术审美范畴，成为诗歌艺术的基因。

自觉化的“感物吟志”始于孔子，源于对《诗经》艺术“意象”和传统“象思维”的领悟，呈现为伦理思维。孔子善于感悟山水之情，但他是以诗性智慧和艺术思维去感受山水之德，本质上是一种思维范畴。孔子观于东流之水曰：“夫水大，遍与诸生而无为也，似德。”于是把知、仁与山、水、动、静、乐、寿联系起来。朱熹的《论语集注》注曰：“智者达于事理而周流无滞，有似于水，故乐水；仁者安于义理而厚重不迁，有似于山，故乐山。动静以体言，乐寿以效言也。动而不括故乐，静而有常故寿。”它说的是“智者达于事理”，“仁者安于义理”，其动则与水同乐，静则与山同寿。可见孔子的山水审美无非是感悟人伦心志与君子道德。至两汉废黜百家、独尊儒术，《五经》便成为衡量一切文学作品的最高准则，“物感”主张主要是感时事、感人伦道德，所强调的是其思维方式。

“物感”说在《毛诗序》中转化为诗论，魏晋以来得到陆机、刘勰、钟嵘等诗论家的诗学阐发，在意象理论、意境理论中得以深化和张扬。儒家思想体系中的“物感”，实际上是班固所说的“感于哀乐，缘事而发”，即“感物吟志”。随着魏晋以来“情本”诗学理论的不断扩张，“感物吟志”逐步由对诗歌“吟志”主题的审美追求升华为对诗歌“感物”艺术的审美追求。

“物感”说由生命范畴上升为思维范畴，进而上升为审美范畴，落实于“寄情于景”的创作实践。除《诗经》以外，例如，屈原的《离骚》以抒情主人公的情感变换（包括时光流逝的无情、美人迟暮的感伤、理想追求的艰险、心怀天下的怅惘等）借助丰富的意象，把诗人复杂的情境表现得淋漓尽致，成为我国以主体情感为中心的审美意象创造的典范。曹操的《观沧海》是一首经典的观物吟志代表作。曹植的《七步诗》通过真挚而生动的比喻来表达独特情感而逃过一劫。曹操南征孙权时令曹植留守邺都，曹植写下了表现志欲为国效力的慷慨精神的啼血般的诗篇：“烈士多悲心，小人偷自闲。国仇亮不塞，甘心思丧元。抚剑西南望，思欲赴太山。弦急悲声发，聆我慷慨言。”（《杂诗》第六首）可见，“物感”早已成为诗人们审美创作的自觉行为。但它正式成为诗歌艺术审美理论，则始于《毛诗序》。《周礼·春》云：“大师教六诗：曰风，曰赋，曰比，曰兴，曰雅，曰颂。”[①]这显然是对“诗教”内容的总结。《毛诗序》曰：“故诗有六义焉：一曰风，二曰赋，三曰比，四曰兴，五曰雅，六曰颂。”[②]称之为诗的“六义”，正式明确了“赋、比、兴”作为诗歌艺术的基本手法。

总之，“物感”经历了自然生命哲学范畴、道德思维范畴和艺术审美范畴的

① 张少康. 先秦两汉文论选. 北京：人民文学出版社，1996：253.
② 张少康. 先秦两汉文论选. 北京：人民文学出版社，1999：344.

逐步升华。如果把“诗言志”作为中国诗歌功能论的开端，孔子把它阐释为“兴观群怨”，那么，可以把“物感”说看作中国诗歌本质论和创作论的开端，《毛诗序》把它阐释为“赋、比、兴”。中国古代诗歌理论以心与物、情与景关系为本质，以“物感”说为起点，逐步形成了以“意象”为核心的诗学审美范畴体系。故王国维说：“文学中有二原质焉：曰景，曰情。”①

（二）“缘情”说与诗学本质

“物感”转化为诗学理论，主张借物的灵性来表现主体情感和主观情趣，这就决定了情感超越道德政治的必然走向。陆机、刘勰、钟嵘等关于诗歌心与物、情与景关系的阐述，进一步揭示了诗歌的“情性”本质，并形成了中国文艺审美的核心范畴——“意象”论。

1.“缘情”说与思维转向

1）“诗言志”到“诗缘情”

关于“诗缘情”与“诗言志”的辨析，自 20 世纪 20 年代以来，我国学术界有很多争议，主要表现为“对立”论和“相通”论两种基本倾向，其中以“对立”论为主流。最早的“对立”论源于朱自清《诗言志辨》，认为“‘言志’跟‘缘情’到底两样，是不能混为一谈的”②。80 年代以后，王运熙认为：“诗缘情”说“特别强调了诗歌的感情因素”，“是摆脱儒家思想的传统，要求表现出诗歌的特征”③。蔡镇楚认为“陆机在《文赋》中大胆地否定了汉儒关于诗歌观念中的理念化倾向”④。陈良运认为“诗缘情”说“将诗情的关系说得这么直接，撇开了‘言志’”⑤。张少康认为“具有开一代风气的重大意义”，“起到了使诗歌的抒情不受止乎礼义’束缚的巨大作用”⑥。成立认为：二者“一个侧重感性，一个侧重理性；一个强调诗的审美特征，一个强调诗的道德内容。由此而展开中国诗论的‘言志’说和‘缘情’说的矛盾冲突”⑦。持相近观点的还有李泽厚、刘纲纪、周来祥等。“对立”论普遍认为“诗缘情”深刻把握了创作主体情感特征，揭示了诗歌的抒情本质。“相通”论可以追溯到李善所注的《文赋》：“诗以言志，故曰缘情；赋以陈事，故曰体物。绮靡，精妙之言，浏亮，清明之称。”（李善《文选注》）周作人认为：“诗言志”就是“言情”（《中国新

---

① 姚淦铭，王燕. 王国维文集（第 1 卷）. 北京：中国文史出版社，1997：25.

② 朱自清. 诗言志辨. 上海：华东师范大学出版社，1996：29.

③ 王运熙，顾易生. 中国文学批评史（上册）. 上海：上海古籍出版社，1985：103.

④ 蔡镇楚. 中国古代文学批评史. 长沙：岳麓书社，1999：103-104.

⑤ 陈良运. 中国诗学批评史. 南昌：江西人民出版社，1995：101.

⑥ 张少康，刘三富. 中国文学理论批评发展史. 北京：北京大学出版，1995：190.

⑦ 成立.“言志”与“缘情”——论中国美学的儒道互补关系. 杭州师范学院学报（社会科学版），1991，（2）：1-6.

文学的源流》)。毕万忱认为:"'诗缘情'并非排斥'诗言志'","其涵义都是相通的"①。还有不少学者阐述了"情志统一""情志相同",或认为"诗言志""诗缘情"都关注人生等。上述两种观点,都是从文艺审美的角度去认识。其实,从"诗言志"到"诗缘情"是一个从社会审美到文艺审美的思维发展过程。

《尚书》"诗言志"所记载的是巫师掌祝的巫术歌舞仪式,所阐述的是诗、歌、声、律四者的关系,其中"诗"是活动中为求"神人以和"的祝辞或歌词,体现了当时"神道设教"的教育观。《易·观》曰:"观天之神道,而四时不忒,圣人以神道设教,而天下服矣。""言志"是人对神表白"志向",是一种虔诚的宗教崇拜,"情"是人、神相通之情。所以,情、志是统一的,"诗言志"不具有艺术审美性质。

春秋时期,情、志具有了伦理道德意义。在《周易》中,"情性"是天之"阴阳"、地之"刚柔"、人之"仁义"三者相通的"道德"。孔子把"神道设教"转化为人文教化,抛弃了神秘的宗教成分,主张"教诗明志",教化人的道德心志。《国语·楚语上》记载:"教之《诗》,而为之导广显德,以耀明其志。"②孟子以"仁义礼智"为"情性",从而把自然的"情性"转化为伦理道德的"情性",提出说诗者应"以意逆志"。可见,孔、孟之道德志向,是"情""性"与"志"的合一。《乐记》把心、情分开,但情性合一。荀子进一步把性、情、欲分开,并把道、志统一起来:"《诗》言是,其志也。"(《荀子·儒效》)强调诗要明"圣王之道"。郑玄注《礼记·学记》中认为"志"乃"心意所趣向"。所以"诗言志"具有了道德审美意义,但仍然不具有艺术审美性质。以往学者认为《毛诗序》提出了"情志合一",但恰恰相反,《毛诗序》从诗歌艺术上把"情"与"志"分开。

《毛诗序》体现了"诗言志"由道德审美到艺术审美的转折,表现为两个方面。一是《毛诗序》明确了诗、志、情三者关系,突出了"情"在诗歌中的价值:"情动于中而形于言","情发于声,声成文","言""文"表"志"则为"诗"。孔颖达的《毛诗正义序》曰:"六情静于中,百物荡于外,情缘物动,物感情迁","夫《诗》者,论功颂德之歌,止僻防邪之训,虽无为而自发,乃有益于生灵"。又引《春秋说题辞》云:"在事为诗,未发为谋,恬澹为心,思虑为志。诗之为言,志也。""志之所之"是由于"情动于中"的动力和能量,故"情"与"志"相联系但不是等同概念,且"情"在巫术和诗教中具有突出的功能:"故正得失,动天地,感鬼神,莫近于诗。"二是《毛诗序》明确了诗歌的"体用"关系,揭示了诗歌的艺术手法:"风、雅、颂者,《诗》篇之异体;赋、

① 毕万忱. 言志缘情说漫议//古代文学理论研究编委会.古代文学理论研究(第六辑). 上海:上海古籍出版社,1982.

② 徐元诰. 国语集解. 王树民,沈长云点校. 北京:中华书局,2002:37.

比、兴者，《诗》文之异辞耳”，“赋、比、兴是《诗》之所用，风、雅、颂是《诗》之成形”。一方面强调了诗歌的道德教化功能，认为“风以动之，教以化之”，“故变风发乎情，止乎礼义”。另一方面又通过“赋、比、兴”的阐释进一步突出了诗歌创作的艺术审美思维。《毛诗正义序》通过对“情缘物动”的阐释，进一步突出了《毛诗序》关于“物感”的“情性”价值观。《汉书・翼奉传》中有“诗之为学，性情而已”的记载。“情性”理论虽然没有摆脱“诗言志”的道德教化的桎梏，但它作为“物感”的基本动力，已在道德“情性”中孕育着艺术“情性”的审美趋向，成为诗学理论的基础。“诗缘情”与“物感”说的理论呈现，标志着艺术“情性”论的分娩。

2）“缘情”说与视角转换

陆机“诗缘情”说的问世，代表了古代诗歌思维方式的一次转型。“诗缘情”在诗学领域的独特魅力，推进了魏晋诗学理论的生成与发展，至唐代产生了关于“情景”“根情”等的审美情景论，使“意境”审美论得以产生、发展完善。但也曾有对“诗缘情”估价过高的诸多论点，例如，认为“诗缘情”是陆机“对‘发乎情，止乎礼仪’的一场反叛”，“展示了六朝文学从‘文学的自觉’走向‘为艺术而艺术’的全过程，而联系二者起重要作用的便是‘诗缘情而绮靡’”[①]。甚至有学者认为“陆机冲破了儒家正统文学观念——‘诗言志’的严重束缚”，是与儒家“尖锐对立、斗争中形成的新的文学观念”等，显然赋予了现代人的观念。魏晋之际，佛教的盛行与玄学的兴起，使儒家伦理道德观日趋动摇，思想逐步解放，这也是客观的历史事实。但认为“文学也自由了，即从儒家思想的束缚中解脱出来，无需再‘发乎情，止乎礼义’，而大胆地率性而为，任其自然”，“从‘诗言志’向‘诗缘情”’的转化，突破了儒家政教的束缚，要求自由抒发创作主体的感情”，都是对历史的绝对化[②]。

首先，陆机不是反儒的“激进派”。《晋书・陆机传》记载，陆机出身名门，“少有异才，文章冠世，伏膺儒术，非礼不动”。这说明陆机思想当以儒学为本。他在《豪士赋并序》中写道“而游子徇高位于生前，志士思垂名于身后”，“夫盖世之业，名莫大焉”，赞扬“方励志而淫诗书，便好学而寻子史”（《晋平西将军孝侯周处碑》），追求“畅才思清敏，志节贞厉，秉心立操，早有名誉”（《荐张畅表》）。据《抱朴子佚文》载：“陆平原作子书未成，……临亡时曰：‘古人贵立言，以为不朽。吾所作子书未成，以此为恨耳。”[③]这说明儒家“三不朽”的建功立业思想在陆机观念中根深蒂固。作为一个满腹儒家经文、怀抱着立身扬名、复兴家门、匡平世难的求仕之徒，无论如何也不可能成为反儒

① 陈良运.“诗缘情”诗学意义新识. 文艺理论研究，1990，(04)：51.

② 洪树华. 20 世纪“诗缘情”阐释之述评. 社会科学研究. 2004，(04)：136-140.

③ 郁沅，张明高. 魏晋南北朝文论选. 北京：人民文学出版社，199：219.

“激进派”。所以认为陆机与儒家“尖锐对立与斗争”，是一种茫然的推断。

其次，陆机的论著与诗作始终贯穿着“志”的思想。《遂志赋序》论及崔篆之诗时许以“明道述志”，《文赋并序》中“及其六情底滞，志往神留”等，明显没有脱离儒家诗论的“言志”纲领。他的诗赋均以“志”为核心，“志”呈现于大部分作品。诸如，“从容泽畔，肆志汪洋”（《鳖赋并序》），“分索古所悲，志士多苦心”（《赠冯文罴》），“男儿多远志，岂知妾念君”（《为周夫人赠车骑一首》），“臣闻忠臣率志，不谋其报”（《演连珠五十首》），“形可以暴，志不可凌”（《汉高祖功臣颂》），“盖企及进取，仕子之常志”（《五等诸侯论》），等等，都表现了一个具有雄才大略的儒家心志，大有“感物多远念，慷慨怀古人”（《吴王郎中时从梁陈作》）的伤怀情志。正如朱自清所言：“六朝人论诗，少直用‘言志’这词组。他们一面要表明诗的‘缘情’作用，一面又不敢无视‘诗言志’的传统；他们没有胆量全然撂开‘志’的概念，径自采用陆机的‘缘情’说。”[①] 当代也有学者认为：“魏晋时期，虽然在诗歌创作中对个体情感的追求已成趋势，但在诗歌理论上人们还没有完全摆脱儒家诗论的框架。”[②]

可见，在陆机的创作思想中，“言志”体现了创作的根本目的，“缘情”体现了创作的根本动力和根本方法，二者并不矛盾。这种“言志”为本的思想在刘勰的《文心雕龙》中依然表现得十分浓厚。但是，以曹丕“诗赋于丽”和嵇康与“声无哀乐”论的思想为基础，陆机的《文赋》最根本的特点是思维的转换，即站在诗人的立场、真正从诗歌创作方法探究的角度提出“诗缘情”说。一方面，他具有丰富的创作实践和审美情感体验；另一方面，他从以往的诗歌创作中总结了“唱而靡应”“应而不和”“和而不悲”“悲而不雅”“雅而不艳”的五种通病，提出“文不逮意”的根本问题，并发现解决问题的关键是“缘情”。关于“情”在创作中的地位的认识和阐述，除了《文赋》以外，他还在《叹逝赋》中写道“乐心其如忘，哀缘情而来宅”，在《思归赋》中又说“悲缘情以自诱，忧触物而生端”，进一步阐发了《毛诗序》“吟咏情性”的思想，足见陆机对“缘情”的体验和认识之深刻。可以说，“缘情”的产生标志着对“情”的审美自觉，标志着人们对诗歌的审美思维视角由功能审美转向了艺术审美。

陆机不仅主张“缘情”，而且主张极力渲染“缘情”之感，即“诗缘情而绮靡”。“绮靡”是指言辞精妙、华丽、浮艳，是主张把“缘情”之所感描写得明丽细致、生动具体，达到至美的程度，“遵四时以叹逝，瞻万物而思纷。悲落叶于劲秋，喜柔条于芳春。心懔懔以怀霜，志眇眇而临云”（《文赋并序》）。可见，“绮靡”就是主张不仅把情感描写得真实可感，而且还应表现得淋漓尽致、变化无穷。“缘情”说之所以能体现艺术审美的视角转换，与道家和玄学的影响

① 朱自清. 诗言志辨. 上海：华东师范大学出版社，1996：37.
② 高文强. 论“诗缘情”说的现代误读. 湖北大学学报（哲学社会科学版），2004，(1)：54-58.

分不开，例如，《文赋》中就有“课虚无以责有，叩寂寞而求音”，“或遗理以存异，徒寻虚以逐微”等论述，还有“清”“清虚”“玄览”“玄黄”等用语。正如罗根泽所认为的那样，由言志转向言情，在社会学术因素方面主要有社会的转折、政治的倡导、经学的衰微、佛经的东渐四大原因①。但接受了一种新思想，发生了一种思维转折，采取了一种新的审美视角，并不意味着是对传统的“反叛”。所以“缘情”的跨越在于从“恒患意不称物，文不逮意”的问题出发，指出了“尽与不尽”“足与不足”的言与意关系的矛盾，本质上是从艺术上对“言志”的诗歌创作的完善，并使“志”的范畴得到了有力的扩展，它不仅包含伦理道德，还包括义理、意志、意念等主观意识，从“志”的广度上体现了主体情感的自由。就创作而言，“审美意象构造完成，呈现于审美理想之前，与之相符合，便产生满足欲望的情感。审美情感有从无意义中释放出来的巨大心理能量，因而能消魂夺魄，是人生最大的享受”②。

“诗缘情”体现了由道德思维向审美思维转型的一次飞跃，把抒情主体的感物之情从“言志”中凸显出来，强调了诗歌艺术的基本特征，推进了后世诗歌理论和诗歌创作的审美视角从“志”的重心转移到“情”与“物”的关系上来，并成为诗歌审美认识、审美情感和审美理想的核心内容，成为魏晋诗学意象理论的根本依据，也成为“情景”说的开端。

2.“神思”说与“物感”升华

在“诗缘情”基础上，刘勰展开了“物情”关系的论述，根据陆机提出的“文不逮意”的问题和“物—情—辞”的结构主张，创立了“意象”理论体系。他一方面吸取了“感物吟志”说，另一方面他发挥并升华了“物感”的情性观，在艺术思维上提出了“神思”说。

“物感”是“意象”审美理论构建的基石。首先，刘勰丰富和完善了“物”的概念，认为物包括自然景物、客观事物和现实生活，它们都是“感”的对象、创作的源泉，“且何谓为比？盖写物以附意，扬意以切事者也”（《比兴》）。其次，他在阐述物、情、辞三者关系时，始终以“物感”为前提，把“物”和主体思想感情紧紧联系起来：“春秋代序，阴阳惨舒；物色之动，心亦摇焉。盖阳气萌而玄驹步；阴律凝而丹鸟羞；微虫犹或入感，四时之动物深矣。”（《物色》）认为物是“感”的对象、创作的前提。

“畅情”是刘勰对“物感”和“缘情”的发展。刘勰在肯定了“感物吟志，莫非自然”“持人情性”（《明诗》）的基础上，进一步倡导情感的自由与自然，即“物色之动，心亦摇焉”（《物色》）。全面论证了“神与物游”“情以

① 周胜林. 高级新闻写作. 上海：复旦大学出版社，1999：127-131.
② 杨春时. 审美意识系统. 广州：花城出版社，1986：152.

物迁”的“畅情”思维，主张以“睹物兴情”（《诠赋》）为前提，最大限度地调动情感联想，让人之所到则心之所游，心之所往则情之所附，即“婉转附物”（《明诗》），让情感随着千变万化的自然景物而徘徊与流连，即“联类不穷，流连万象之际”（《物色》），达到情景相生、物我交融、相互征服的境界。这种任情畅游的主张，即“神思”主张，把“情感”自由推到了前所未有的新高点。

“吟志”是刘勰“物感”论的主旨。在特定时代背景下，刘勰深感“遂物实难，凭性良易”（《序志》）。所以，坚守“原道”“征圣”和“宗经”的信条，紧随“诗言志”的根本宗旨，成为刘勰“物感”论的枷锁，使其审美思维制约于“物—情—辞”的“单向”思维之中。正如鲁迅在《摩罗诗力说》中所说的那样，中国古代诗歌的总特征“许自由于鞭策羁縻之下”[①]。

（三）“感荡”说与“物感”突破

从“物感”论到“感鬼神”的艺术气魄，我国古代抒情诗歌倍增了艺术审美魅力。《毛诗序》中的“动天地，感鬼神，莫近于诗”是原始宗教和巫术时代的歌舞乐中的图腾崇拜的愿望和期待，也是对诗歌教化功能的阐述，所谓“正得失”即化邪为正，化淫为雅。而从艺术角度主张以诗来“感鬼神”，则是对诗歌“情性”本质和创作艺术认识的一种思维转换，是对“物感”理论的新发展。随着诗论由“言志”功能逐步转向“缘情”艺术，诗论中的“感鬼神”也逐步转化为一种独特的比喻，表现主体以真情去沟通自然景物，强调诗歌艺术情感的感染力，使诗歌的审美特性从本质上独立出来。所以，在刘勰“神思”论的基础上，钟嵘的《诗品序》也强调“动天地，感鬼神，莫近于诗”，显然，其“感鬼神”重在突出主体与自然相感应的审美体验状态，强调诗歌独特的情感价值和艺术魅力。这种情感当然首先是诗歌作者在“物感”过程中形成并熔铸于其中的。南北朝画家宗炳在《画山水序》也提出了“应会感神，神超理得”“万趣融其神思”等绘画美学思想，表现了对情感自由和艺术自由的追求。与陆机、刘勰相比，钟嵘的“物感”理论才真正摆脱了政治教化的色彩，倾向于诗人自身的情感世界和个性品质，强调自然情性的真实可感和自然天成。“摇荡性情”“感荡心灵”，是钟嵘关于“物感”审美理论最突出的主张。

“摇荡性情”与“穷情写物”是钟嵘关于“物感”的一个基本命题。他说：“气之动物，物之感人，故摇荡性情，形诸舞咏，欲以照烛三才。”他批评王、扬、枚、马之徒“词赋竞爽”“吟咏靡闻”“激扬教化”，缺少物感的自然和自

① 鲁迅. 鲁迅全集（第一卷）. 北京：人民文学出版社，1981：68.

由；指责“贵黄老，尚虚谈”的玄言诗“理过其辞，淡乎寡味”，缺乏感物、少有真情；他推崇谢灵运“才高辞盛”的风格，认为“戚戚感物叹，星星白发垂”（谢灵运《游南亭》），不仅感物真切，而且是一种透彻的人生感悟。他认为五言诗“指事造形，穷情写物，最为详切”，认为“五言居文辞之要，是众作之有滋味者也”，其实就是主张摆脱教化，在“物感”体验基础上张扬诗歌情感的自然性，以气动物，以物感人，故能“摇荡性情，形诸舞咏”。他认为凭借“比兴”的诗歌言辞，或“意深”而晦涩，或“意浮”浅表，由于没有真实感受而必然缺少灵魂，缺少真切。而“干之以风力，润之以丹采，使味之者无极，闻之者动心，是诗之至也”。钟嵘倡导“穷情写物”，从欣赏者的立场提出“滋味”说，首开了诗歌“味”论之新风，对诗歌的审美鉴赏与审美批评产生了推动作用。如果说陆机和刘勰所强调的是创作主体的情感自由，那么钟嵘“滋味”则是强调作品应为欣赏主体创造出自由的情感想象空间，同时也强调欣赏主体再创造的自由情感。可以说，“滋味”说与孟子“以意逆志”“知人论世”的“德义”鉴赏观形成了鲜明的对比。

“感荡心灵”是钟嵘关于“物感”的更深层的基本命题。钟嵘“物感”论不是局限于自然景物，而是在摆脱教化的基础上，把认识延伸到社会生活本身和人生体验，形成一种新的审美视角。他关于“气之动物，物之感人”的命题，是对“物感”说的承接和发展。他认为自然景物固然是诗人感触和描写的对象，但各种各样的人生境遇、多姿多彩的社会生活现实及对人的灵魂的触动等，都能够使诗人“陈诗以展其义”“长歌以骋其情”。他说：

嘉会寄诗以亲，离群托诗以怨。至于楚臣去境，汉妾辞宫。或骨横朔野，魂逐飞蓬。或负戈外戍，杀气雄边。塞客衣单，孀闺泪尽。或士有解佩出朝，一去忘反。女有扬蛾入宠，再盼倾国。凡斯种种，感荡心灵，非陈诗何以展其义？非长歌何以骋其情？故曰：“诗可以群，可以怨。”使穷贱易安，幽居靡闷，莫尚于诗矣。

从表面看，似乎又回到了“兴观群怨”说和“言志”说，但实际上却抛弃了“正得失”的思想，选择了“诗可以群，可以怨”的情感审美意义。在钟嵘看来，骨横与魂逐、负戈与杀气、塞客与闺泪、宫廷与战场、官宦与士民等各种生活景象，“凡斯种种，感荡心灵”，不仅具有感物之情感，还能“感荡心灵”，震撼最深处的灵魂。这种对诗歌与人的灵魂关系的认识，对人的灵魂与生命体验的开掘，与纯粹的感物言志、表现自我感受、抒发个体情感的理论追求相比，是“物感”说内涵的一个空前的突破。

更重要的是，把个体之情推及整个社会生活领域，把单纯的“言志”教化诗扩展到社会生活的诸多方面，不仅体现了一种社会责任感，还把自然和社会，把诗歌的艺术审美同整个社会生活审美联系在一起，体现了钟嵘对于情感本身的认识拓展，也赋予了诗歌更广阔的社会性。与围绕道德人伦、社会政治和个体人生的“言志”说相比，其“物感”主张之广度更是一个极大幅度的拓展。“摇荡性情”“感荡心灵”的“物感”论，以“大我”的生活审美情怀，关注时代色彩和生活气息，更关注社会整体的精神灵魂，不仅从更深层次突出了诗歌的情感表现特色，还开创性地揭示了“文学与生活”关系的文学原理。“滋味”是诗作审美价值的标准，也是诗歌审美品评的基本方法。“物感”说对人的灵魂与生命体验的开掘，对社会生活领域的拓展，极大地推动了我国“借景抒情、托物言志”的抒情诗的繁荣昌盛。到了唐宋时期，“物感”创作不仅在诗歌领域达到了空前繁荣的景象，而且还在散文、词曲等方面尽领风骚。

综上所述，在“天人合一”思想的观照下，“物感”的审美思维不断转换，推进了诗歌创作实践的不断拓展，启迪诗人们对于山水自然美的不断发现，并作为独立的审美对象表现于独特的山水诗，故“写山水之诗起自东晋初庾阐诸人”①。山水诗的出现，给沉闷乏味的诗坛带来了生机和活力，并奠定了它在我国诗歌史上的地位，成为我国诗歌创作思维的一个新转折，体现出诗人对自然景物的审美认识和艺术创造能力达到了新的高度。有学者指出：“山水诗作为一个诗歌流派、一种文学潮流，终于在东晋形成，这比欧洲出现风景诗早了一千多年。”②在创作理论上，“物感”说经过陆机、刘勰、钟嵘等关于审美情感的不断阐释，其思维视角不断转换，“情”“物”关系成为诗歌创作和审美的核心要素，也成为诗歌审美理论的核心内容。

“物感”论起源于乐论，发展为诗论。“物感”说一开始就以“情性”论为哲学基础，始于对“乐和”的认识，体现为以人为本、以情为根、心物一体的唯物与辩证的思维方式，以艺术审美思维成就了“赋、比、兴”手法和“情景”要素的诗学理论。而相近时期的古希腊“摹仿”理论，虽起源于艺术探索，但始终以天人对立、主客分离的思维为主体，始终与宗教神秘主义盘根错节。从“摹仿自然”的理论开始，经历了许多哲学家的理论探索和思想演变，直到亚里士多德的“快感”说，才开始从理论上触及艺术“摹仿”与“情感”的关系。但是，西方“主客对立”的宇宙视角及“神本”宇宙观，决定了以“摹仿”为核心范畴的“形思维”不可能形成“主情”和“情本”的审美思维，“主形”永远是“摹仿”说的主旋律。

---

① 范文澜. 文心雕龙注. 北京：人民文学出版社，1958：91.

② 陶文鹏，韦凤娟. 灵境诗心：中国古代山水诗史. 南京：凤凰出版社，2004：2.

第二节　古希腊“摹仿”说与艺术“形象”论

古希腊“摹仿”说从探讨艺术起源和艺术本质开始，逐步发展为艺术创作理论的学说。英国著名人类学家泰勒和弗雷泽认为艺术起源于原始巫术活动，黑格尔则认为艺术起源于人类的宗教活动：“从客体或对象方面来看，艺术的起源与宗教的联系最密切。最早的艺术作品都属于神话一类。”①后来相继产生艺术起源的“劳动”说、“游戏”说等。托尔斯泰又说：“艺术起源于一个人为了把自己所体验的情感传达给别人，就重新唤起自己心中这份情感，并用某种外在的标志表达出来。”②总的来说，古希腊原始神话是“通过人民的幻想用一种不自觉的艺术方式加工过的自然和社会形式本身”，并随着希腊悲剧的繁荣与盛行而成为巫术、宗教与政治的礼仪体现形式，与之相适应的希腊音乐、舞蹈、雕塑、建筑等艺术繁荣也达到一个高峰③。所以，古希腊“摹仿”理论的产生具有其深厚的艺术实践基础，包括原始劳动、原始图腾、原始巫术、原始宗教和神话传说等多种艺术实践。到希腊城邦社会变革时期，哲学家们在关注政治的同时也就更加关注艺术，“摹仿”说就是哲人们以哲学思维来探索艺术本原和本质的产物。

一、“摹仿”说与古希腊艺术本质探索

毕达哥拉斯最早论及艺术“摹仿”。他按照“数的和谐”原理探讨宇宙、阐述音乐艺术，由音乐“和谐”推及宇宙“和谐”，把宇宙的整体和谐视为“天体音乐”，提出“音乐家摹仿天体音乐和声谱写人间音乐”的理论。他认为艺术创造就是摹仿由“数”构成的自然的“和谐”，音乐家的天职就是把宇宙永恒的和谐“摹仿”出来并传到人间，因此“摹仿”是音乐创作的本质，“和谐”是艺术的本体。摹仿的主体是艺术创造者，摹仿的客体是与主体相对立的、静态的自然现象。于是，“摹仿”说一开始就体现了主客“二元分立”关系。

赫拉克利特以音乐“摹仿”为理论基础，以“对立造成和谐”为哲学依据，坚信艺术“摹仿”的对象是“对立和谐”，“自然是由联合对立物造成最初

---

① 黑格尔. 美学（第二卷）. 朱光潜译. 北京：商务印书馆，1979：24.

② 托尔斯泰. 艺术论. 张昕畅，刘岩，赵雪予译. 北京：中国人民大学出版，2005：40.

③ 马克思. 马克思恩格斯选集（第 2 卷）. 中共中央马克思恩格斯列宁斯大林著作编译局译. 北京：人民出版社，1972：113.

的和谐，而不是联合同类的东西。艺术也是这样造成和谐的，显然是由于摹仿自然”[①]，进一步把“摹仿”提升为“艺术”创作的性质，并指出“摹仿”的过程是“描绘”，“摹仿”的艺术作品是“酷似原物的形象”，所有艺术的性质是“摹仿自然”。他以事物的“对立和谐”为核心，进一步肯定了艺术创作过程中的主体与对象、“形象”与“原物”的对立关系。但他和毕达哥拉斯一样，其“摹仿”说都侧重于艺术本质，属于自然哲学范畴，还没有成为纯粹的艺术创作理论，尚未摆脱宗教神学的体系，认为“最智慧的人和神相比，无论在智慧、美和其他方面，都像一只猴子”，“神的一切都是美的、善德和公正的”，认为自然是神的造物，“艺术摹仿自然”就是描绘“原物的形象”，即摹仿“神”的杰作，否则就是对神的意志的背离，也是对美、善和公正的背离。

德谟克利特的“摹仿”说是一个的新转折。他的“摹仿”论由摹仿对象（原物）的“形象”转化为摹仿对象的“行为”，使“摹仿”说真正成为了艺术创作论。他以“原子”本体论为核心建立了宇宙系统论，著有《论荷马》《节奏与和谐》《论音乐》《论诗的美》《论绘画》等艺术理论著作。他把劳动技艺和艺术等同起来，认为艺术“摹仿”是一种对“行为”的“效仿”，同时把“摹仿”主体的“心灵”提到了很高的地位，主张发挥创作主体的主观能动性，较早提出“灵感”说。其“摹仿”说超越赫拉克利特的思想还在于，他进一步提出艺术摹仿人的才智、行为和心灵。他说：“身体的美若不与聪明才智相结合，是某种动物性的东西。”[②]认为艺术应摹仿“好人”和“好事”，摹仿“坏人”则是一种“恶劣的行为”。从摹仿自然到摹仿人和人的心灵，体现了“摹仿”说的一次思维转折。关于摹仿“行为”的理论和“灵感”说，初步把艺术从哲学中分离出来，把“摹仿”视为创作的本质，真正体现了对艺术起源、艺术特点和艺术创作的自觉探索，标志着古希腊文艺理论的独立。

苏格拉底的“摹仿”说又是一个新的转折。他进一步把艺术摹仿的主要对象由“自然”转移为社会和人，即由艺术摹仿自然发展为艺术摹仿生活，并且强调通过对人的外部形态摹仿而传达人的灵魂、表现人物的内心世界，应该“描绘心灵的性格”，“应该通过形式把内心活动表现出来”[③]。这标志着古希腊的艺术摹仿说步入了追求内在真实、展现人物精神的新境界。他进一步肯定并阐述了德谟克利特的“灵感”说，“我知道了诗人写诗并不是凭智慧，而是凭一种天才和灵感”[④]。他所提出的“外部形态摹仿”与“描绘心灵的性格”，体现了形式和内容的二元对立哲学，但关于艺术创作的对象由“摹仿自然”转化为以人为中心的社会生活和人的行动，从社会学的角度提出了艺术描写人的“神

---

① 北京大学哲学系外国哲学史教研室. 古希腊罗马哲学. 北京：商务印书馆，1961：112.
② 伍蠡甫. 西方文论选（上）. 上海：上海译文出版社，1979：4.
③ 色诺芬尼. 回忆苏格拉底. 吴永泉译. 北京：商务印书馆，1984：129-131.
④ 北京大学哲学系外国哲学史教研室. 古希腊罗马哲学. 北京：商务印书馆，1961：147.

色”“心境”“感情”和“性格”的人物塑造理论，成为西方艺术“典型”理论的开端。

二、“摹仿”说与古希腊“灵感神赐”理念

柏拉图以“理念”论作为其文艺思想的理论基础，把“摹仿”视为宇宙原理，也是文艺的起源和文艺创作的基本原则。他以“灵感”为创作的原动力，建立了较为完整的理论体系，奠定了西方关于叙事作品的基本方法，成为西方几千年来一直居于主导地位的“写实”原则，对整个西方哲学、美学、文艺学及思维方式等方面的影响十分深远。后来浪漫派重理想和想象，现实派重现实人生，趋向虽然相反，但都离不开柏拉图的“摹仿”说。正如英国著名哲学家怀特海（1861—1947）所说：“欧洲哲学传统最可信赖的一般特征是，它是由柏拉图的一系列注脚所构成的。”①

柏拉图的“摹仿”说是在形而上的“理式”世界、感性的现实世界和创作的艺术世界三者之间建立起来的理论体系。认为“理式”世界独立于现实世界之外而存在，是一个超验的永恒的形而上，即永恒不变的范本和原型。现实摹仿“理式”，艺术摹仿现实，现实是艺术的直接根源，“理式”为艺术的最终根源，“理式—现实—艺术”的“摹仿”关系构成柏拉图艺术“摹仿”理论体系的基本框架。他完全是从社会学的角度肯定了文学艺术创作与社会现实的直接关系，成为后来“文学艺术是对现实生活的反映”的理论基础。他的“摹仿”学说中最为突出的美学思想是艺术的“欺骗”性和灵感的神秘性。

（一）艺术的“欺骗”性

柏拉图认为艺术“和真实隔着三层”。“画家只是现象的摹仿者，而不是真理的摹仿者，他的作品越好，欺骗性就越大。这种艺术以现象为媒介，在复制事物外形方面有无穷的能力，因为它的目标只是欺骗。”②诗也一样，“从荷马起，一切诗人都只是摹仿者，无论是摹仿德行，或是摹仿他们所写的一切题材，都只得到影像，并不曾抓住真理”③。

柏拉图居于感性与理性、现象与本质、主体视觉与摹仿对象之间的“二元对立”的哲学理念，认为“理式”是永恒不变的本质、真实和真理。现实摹仿“理式”而呈现为现象，“总是变化不居的、不真实的”，而艺术只能摹仿感觉现实的现象，无法摹仿事物的“理式”，因而是虚伪的和欺骗性的。认为“摹仿”

① 怀特海. 过程与实在. 杨常斌译. 北京：中国城市出版社，2003：70.
② 伽达默尔. 伽达默尔论柏拉图. 余纪元译. 北京：光明日报出版社，1992：66.
③ 柏拉图. 文艺对话集. 朱光潜译. 北京：人民文学出版社，1997：76.

就像一面“镜子”照射外物，“是对外界世界的一种被动的，忠实的抄录”，“并不是通向真理的正确道路”[①]。在这种现象与本质之间的矛盾状态下，只有通过“理念”，即灵魂的理性，才能实现人的智慧与“理式”世界的统一，才能认识本质、真理及其一般规律。尽管柏拉图割裂了现象与本质、普遍与具体之间的必然联系，但其“理念”论作为形而上的哲学思想，开创了本质与现象、共性与个性、普遍与个别等“对立统一”的哲学理论，为整个西方哲学探寻世界的本源铺开了形而上哲学发展的道路。然而，他在肯定艺术与现实关系的同时，又否定了艺术的真实性。

柏拉图把世界分为可知世界（理式）、可感世界（现实）和智慧世界（理念），以现象和本质的“对立”论为依据，进一步认为理性是灵魂中的高级部分，感觉是灵魂中的低级部分。而哲学家的活动是理性的智慧活动，即获得真理的“理念”活动。真理是至高无上的，理性是被尊崇的，哲学家用智慧来追随理性世界，成为“洞见真理”的人，因而是“高级”的。而艺术家的创作则是感性的“技艺”的活动，诗人和其他艺术创作只是摹仿者，所得到的只是影像而不是真理。因此艺术创作是感性的，其作用仅仅是引起快感，满足和打动人们的情感，激发人性中的非理性成分，摆脱理性的控制，因此是“低级”的“技艺”，“摹仿感性现实的功能之卑鄙，不仅使视觉艺术和诗降低到技艺水平，甚至还使这些功能处于技艺的最低一个等级，比高尚的手工艺还要低贱”[②]。他认为理想国应该是“哲王之治”，哲学家应该是政治家，因此应该将追随感性的、非理性的诗人逐出理想国，“除掉颂神的和赞美好人的诗歌以外，不准一切诗歌闯入国境”[③]。

柏拉图从他的政治观、教育观出发，在批判“低级”诗人的同时，又肯定了“高尚艺术”对于心灵的感化功能。认为“只有歌颂神明和赞扬好人的颂歌才被允许进入我们的城邦”，主张艺人应凭着优良的天赋，能够追随真正的美和善的踪迹，其美好作品应该“好比春风化雨，潜移默化，使他们不知不觉地受到熏陶，从童年起就与美好的理智融合为一”[④][⑤]。可见，柏拉图的艺术“摹仿”说从逻辑上表现出三大矛盾：一是关于哲学家“智慧”活动与艺术家“技艺”活动的辨析，表现理性与感性的绝对对立观；二是关于“歌颂神明和赞扬好人的颂歌”的艺术主张，反映了其人性与神性观的矛盾；三是关于艺术欺骗性与艺术感化功能的同时肯定，表现了其政治观与教育观的分离。

---

① 塔达基维奇. 西方美学概念史. 褚朔维译. 北京：学苑出版社，1990：364.
② 塔达基维奇. 西方美学概念史. 褚朔维译. 北京：学苑出版社，1990：135.
③ 柏拉图. 文艺对话集. 朱光潜译. 北京：人民文学出版社，1997：74-76.
④ 柏拉图. 理想国全集（第二卷）. 王晓朝译. 北京：人民出版社，2003：630.
⑤ 柏拉图. 柏拉图全集（第二卷）. 王晓朝译. 北京：人民出版社，2003：368.

（二）“灵感”的“神性”论

在古希腊哲学中，“灵感”是指神赐的灵气，即获得神的启示。关于“灵感”概念的解说，在德谟克利特和苏格拉底那里没有可考的依据，但是，他们的“灵感”说主要侧重于艺术创作的思维方式。从理论上阐述“灵感”的本质，最早见于柏拉图。他把“灵感”解释为“神”的力量，并且视为创作的原动力。

柏拉图哲学的核心精神是“神”，他认为“理式”就是神。“灵魂”与“理式”是统一的，因而“灵魂”的本质就是“神”。灵感是灵魂的迷狂，因而是神赐的。其实，“灵魂”“灵感”都成为柏拉图关于“神”的存在的佐证。朱光潜认为，柏拉图关于“灵感”有两种不同的解释：其一是神灵凭附于诗人或艺术家身上，赋予灵感，使之处于迷狂状态，并操纵着创作过程；其二是“不朽的灵魂从生前带来的回忆”。因此其灵感说“基本上是神秘的”[①]。柏拉图把“回忆”与“灵魂不朽”统一起来，认为人的一切认识都是灵魂的“回忆”，“知识就是回忆”，并且灵魂的“回忆”产生于“出生为人之前”，“因此人的灵魂能够使他从前所得到的关于美的及其它事物回忆起来”[②]。

柏拉图的“灵感”说存在三个方面的问题。一是把理智和灵感、诗和哲学对立起来，否定了理智在文艺创作中的地位和作用，从而否定了摹仿的认识作用。二是理论逻辑的自相矛盾，既认为艺术创作是感性的、低级的“技艺”，又认为创作灵感是理性（神力）的驱使。三是对“灵感”的神化，把“理念”“灵魂”视为“神”，把“灵感”视为神的力量和启示，诗人成了“神”的代言人，极力贬低了艺术家的智慧和创造。柏拉图的哲学始终囿于宗教神秘主义和唯心主义，其根本原因在于：在宇宙观上来说，古希腊“二元对立”的哲学理念在柏拉图思维体系中根深蒂固，致使其宇宙本体的“理式”论同以往的宇宙本体论一样，难以寻找到最终的本原。在思维境界上，由于柏拉图始终充当着雅典贵族统治者的代言人，成为他所主张的融哲学家和政治家为一体的典型代表，其哲学观、社会观、艺术观等始终难以摆脱其“贵族观点”的基本立场，因此他不能像老子、庄子那样超越现实、超越社会，不能达到超功利的思想境界。正如美国文论家鲍桑葵所评价的那样，“在柏拉图的著作中，我们既可以看到完整的希腊艺术体系，同时又可以看到一些破产的概念”[③]。

三、“摹仿”说与求知“天性”论

亚里士多德第一次明确把艺术摹仿同人性联系起来。他的《诗学》在批评

---

① 朱光潜. 朱光潜全集（第6册）. 合肥：安徽教育出版社，1990：73-76.

② 北京大学哲学系外国哲学史教研室. 古希腊罗马哲学. 北京：商务印书馆，1961：191.

③ 鲍桑葵. 美学史. 张今译. 北京：商务印书馆，1995：73-74.

柏拉图“理念”论的基础上，成为超越以往美学和文艺学的系统理论，成为西方第一部完整形态的美学和文艺学专著，马克思誉之为“古代最伟大的思想家”，恩格斯称他为“古代的黑格尔”“最博学的人”和“百科全书式的科学家”。亚里士多德批判了柏拉图关于“理式”与“现实”分离、一般脱离于个别的思想和理论，吸收了以前哲学中的科学理念，认为“美的最高形式是秩序、对称和确定性，数学正是最明白地解释他们”[①]。进一步指出“理式”不是存在于现实之外，而是存在于现实之内的，是现实的本质，理式和现实是一般与个别、形式和本质的对立统一关系，一般存在于个别之中，本质存在于现实之中，并以此建立了他的“摹仿”理论，认为艺术所摹仿的就是现实的真实。尽管“亚里斯多德没有放弃‘神’的概念，神还是‘形式的形式’”，但在很大程度上抛弃了柏拉图的神秘思辨方法，把自然科学与社会科学结合起来，以逻辑学的思维方法来进行分析论证，认为“摹仿”是人的本能，求知也是人的本能，因而“摹仿”活动就是一种求知活动，“在一个不是太坏的意义上说，艺术是知识，或者至少它所提供的快感，就其中的某一成分而言，与获取知识具有同样的状态”[②][③]。

亚里士多德的“摹仿”说以肯定人的智慧和力量为前提，认为“求知是人类的本性”，并以“诗学”为依据来论证人的两种“天性”（本能），一是摹仿的天性，即艺术的本质；二是喜爱和谐节奏的“天性”，即艺术的形式[④]。“一般说来，诗的起源仿佛有两个原因，都是出于人的天性。人从孩提的时候起就有摹仿的本能……摹仿出于我们的天性，而音调感和节奏感也是出于我们的天性，起初那些天生最富于这种资质的人，使它一步步发展，后来就由临时口颂而作出了诗歌。”[⑤]中国当代哲学家、美学家汝信说：“从这里可以看到，亚里斯多德认为艺术起源于人的天性，这是因为，第一，人生来就具有摹仿的本能，而摹仿就是艺术的本质；第二，人本来就有喜爱和谐与节奏的天性，而和谐与节奏构成艺术形式的两个方面，因此无论在内容方面或形式方面，艺术都是在人的天性中有着深刻的根源。”[⑥]从这个意义上说，亚里士多德不仅肯定了艺术的理性价值，而且认为艺术起源于天性的求知，从而张扬了人的主体性和主动性。他以“求知天性”论为依据，创造性地阐述了艺术摹仿的认识价值、教育与审美价值和创造性价值，不仅是对古希腊艺术“摹仿”说的总结和完善，而且体现着古希腊“摹仿”说由“神本”转向“人本”的一次思想理论突破。《诗

① 苗力田. 亚里士多德全集（第七卷）. 北京：中国人民大学出版社，1991：92.
② 朱光潜. 朱光潜全集（第6册）. 合肥：安徽教育出版社，1990：86.
③ 门罗·C. 比厄斯利. 西方美学简史. 高建平译. 北京：北京大学出版社，2006：34.
④ 亚里士多德. 形而上学. 吴涛彭译. 北京：商务印书馆，1991：1.
⑤ 亚里士多德. 诗学. 罗念生译. 北京：人民文学出版社，1962：11-12.
⑥ 汝信. 西方美学史论丛续编. 上海：上海人民出版社，1983：10.

学》英译者布乔尔就认为，亚里士多德“是第一个设法把美学理论和伦理理论分开的人。他一贯地主张诗的目的就是一种文雅的快感”[①]。亚里士多德的艺术摹仿说主要表现出在以下四个方面的理论突破。

第一个突破：肯定了艺术的真实性及其认识价值。认为诗人“必然在三种方式中选择一种去摹仿事物，照事物本来的样子去摹仿，照事物为人们所说的样子去摹仿，或是照事物的应当有的样子去摹仿”[②]。“事物的应当有的样子”就是指事物的可燃性、必然性。显然，他认为艺术摹仿就是对事物可能性和必然性的认识，是对事物本质和规律的反映。这同柏拉图的艺术“虚假性”观全然相反，认为艺术家比历史家更能描写真实和真理，“历史家描写已发生的事，而诗人则描写可能发生的事，因此诗比历史更哲学的，更严肃的：因为诗所说的多半带有普遍性，而历史所说的则是个别的事”[③]。认为艺术能反映事物的本质和规律，揭示事物发展的可能性和必然性，“知识和理解属于艺术的较多，属于经验的较少。我们以为艺术家比只有经验的人更明智”，“因为艺术家知道原因而只有经验的人不知道原因。只有经验的人对于事物只知其然，而艺术家对于事物则知其所以然”[④]。同时，与柏拉图“艺术摹仿影像”和“摹仿人性中的低劣的部分”的理论相反，亚里士多德认为艺术是内容和形式的统一，并通过个别表现一般、通过现象反映本质，所以悲剧、喜剧艺术要“描写行动中的人物”，描写典型的人物性格，“喜剧总是摹仿比我们今天的人坏的人，悲剧总是摹仿比我们今天的人好的人”[⑤]。这是对艺术本质及艺术对于社会和人生价值的深层认识。

第二个突破：肯定艺术的理性及其创造价值。他认为事物的成因不外乎四种，即材料因、形式因、创造因和最后因。他以建筑师建造房子为例来进行论证，要把材料转化为某种目的形式，必须经过创造者的创造，而所实现或达到的某种目的就是“最后因”。因此质料通过创造，以某种形式来实现目的的过程，就是一个创造的过程。“艺术就是创造能力的一种情况，其中包括真正推理的过程。一切艺术的任务都在生产，也就是设法筹划怎样使一种可存在也可不存在的东西变为存在的，这东西的来源在于创造者而不在于所创造的对象本身……创造和行动是两回事，艺术必然是创造而不是行动。”[⑥]认为艺术创造与生产生活中的制作技术相同，在艺术创造过程中，自然现象是材料因，艺术家是创造因，艺术作品即形式因，艺术作品的产生是最后因，由此肯定了艺术的

① 朱光潜. 朱光潜全集（第6册）. 合肥：安徽教育出版社，1990：101.
② 朱光潜. 朱光潜全集（第6册）. 合肥：安徽教育出版社，1990：91-92.
③ 朱光潜. 朱光潜全集（第6册）. 合肥：安徽教育出版社，1990：90.
④ 朱光潜. 朱光潜全集（第6册）. 合肥：安徽教育出版社，1990：91.
⑤ 亚理士多德. 诗学. 罗念生译. 北京：人民文学出版社，2002：7.
⑥ 朱光潜. 朱光潜全集（第6册）. 合肥：安徽教育出版社，1990：87.

创造性。同时，他根据人类活动把“科学”分为三类：一是以指导知识为主体的理论性科学，包括“数学”“物理学”和“形而上学”；二是以指导行为为主体的实践性科学，包括“政治学”和“伦理学”；三是以指导创造为主体的创造性科学，包括“诗学”和“修辞学”。朱光潜就指出“既然都叫‘科学’，就有一个共同的任务：求知识”[①]。在亚里士多德关于“科学”的结构体系中，艺术摹仿的理性及其创造性具有高于自然科学和社会科学的地位。

第三个突破：肯定艺术摹仿的情感性，从而肯定了艺术的教育、净化和审美功能。柏拉图认为艺术只能激起“人性中低劣的部分”，而亚里士多德则把艺术摹仿视为“求知”的过程，并提出“快感”说，“我们看见那些图像所以感到快感，就因为我们一面在看着，一面在求知”[②]。正是艺术摹仿能给人带来“文雅的快感”，所以才能够震撼人心、陶冶性情、净化心灵，因此悲剧是“借引起怜悯与恐惧来使这种情感得到陶冶”[③]。他在《修辞学》中说：“美是一种善，其所以引起快感，正因为它善。”[④]因此倡导：“音乐应该学习，并不只是为着某一个目的，而是同时为着几个目的，那就是（1）教育，（2）净化，（3）精神享受，也就是紧张劳动后的安静和休息。”[⑤]认为“善”是艺术美的本质，“快感”与“精神享受”就是审美，是情感基础，“教育”“净化”是审美目的，即艺术的“寓教于乐”思想，具有道德理论的内涵。

在古希腊哲学中，艺术的“快感”说和“寓教于乐”思想最早从人性的角度揭示了艺术与情感的关系，体现了“摹仿”说的一个新转折，不断影响着整个西方美学关于艺术与情感的关系理论。古罗马贺拉斯在《诗艺》中说：“诗人的愿望应该是给人益处和乐趣，他写的东西应该给人以快感，同时对生活有帮助。……戏剧……如果是一出毫无益处的戏剧，长老的‘百人连’就会把它驱下舞台；如果这出戏毫无趣味，高傲的青年骑士便会掉头不顾。寓教于乐，既劝谕读者，又使他喜爱，才能符合众望。这样的作品才能使索修斯兄弟赚钱，才能使作者扬名海外，流芳千古。”[⑥]19世纪，托尔斯泰认为，艺术在“唤起心中曾经体验过的情感之后，通过动作、线条、色彩、声音以及言语所表达的形象来传达出这种情感，使其他人也能体验到这种情感——这就是艺术活动。艺术是一种人类活动，其中一个人有意识地用某种外在标志把自己体验的情感传达给别人，而别人被这种情感所感染，同时也体验着这种情感”[⑦]。因此“艺术不是享受、慰藉或消遣，艺术是一项伟大的事业，艺术是人类生活中把人们的

---

① 朱光潜. 朱光潜全集（第6册）. 合肥：安徽教育出版社，1990：89.
② 亚里士多德. 诗学. 罗念生译. 北京：人民文学出版社，2002：10.
③ 亚里士多德. 诗学. 罗念生译. 北京：人民文学出版社，2002：16.
④ 朱光潜. 朱光潜全集（第6册）. 合肥：安徽教育出版社，1990：102.
⑤ 朱光潜. 朱光潜全集（第6册）. 合肥：安徽教育出版社，1990：106.
⑥ 贺拉斯. 诗艺. 杨周翰译. 北京：人民文学出版社，1962：196.
⑦ 托尔斯泰. 艺术论. 张昕畅，刘岩，赵雪予译. 北京：中国人民大学出版社，2005：41.

理性意识转化为情感的工具”[①]。英国哲学家、历史学家科林伍德认为：“没有什么比说艺术家表现情感再平凡不过了，这个观念是每个艺术家都熟悉的，也是略知艺术的任何其他人都熟悉的。”[②] 20世纪初，弗洛伊德进一步把艺术同人性统一起来，认为性欲是人最原始、最强烈的本能，艺术是性欲的表现[③]。克莱夫·贝尔认为：“唤起我们审美情感的所有对象的共同属性是什么呢？”“可能的答案只有一个——有意味的形式。在每件作品中，以某种独特的方式组合起来的线条和色彩、特定的形式和形式关系激发了我们的审美情感。我把线条和颜色的这些组合和关系，以及这些在审美上打动人的形式称作‘有意味的形式’，它就是所有视觉艺术作品所具有的那种共性。”[④]美国当代女性美学家苏珊·朗格认为：“艺术，是人类情感的符号形式的创造。”[⑤]又说：“艺术品是将情感（指广义的情感，亦即人所能感受到的一切）呈现出来供人观赏的，是由情感转化成的可见的或可听的形式。它是运用符号的方式把情感转变成诉诸人的知觉的东西，而不是一种征兆性的东西或是一种诉诸推理能力的东西。艺术形式与我们的感觉、理智和情感生活所具有的动态形式是同构的形式，正如亨利·詹姆斯所说的，艺术品就是‘情感生活’在空间、时间或诗中的投影，因此，艺术品也就是情感的形式或是能够将内在情感系统地呈现出来以供我们认识的形式。艺术中的‘善’就是看其是否能够将内在情感系统明晰地呈现出来以供人们认识。”[⑥]

可见，古希腊艺术“摹仿”说经历了一个复杂的演变过程：毕达哥拉斯认为艺术摹仿对立和谐，赫拉克利特认为“艺术摹仿自然”，德谟克利特提出“艺术摹仿行为”，苏格拉底认为艺术摹仿社会和人、“描绘心灵的性格”，柏拉图认为艺术是“摹仿的摹仿”。亚里士多德否定了柏拉图的“理式”论和“艺术神赐”的观点，肯定了艺术创作的理性、真实性和创造性，并从不同角度揭示了艺术美的本质：从自然科学的角度，认为“美”的本质是以数为基础的比例协调；从社会伦理角度，认为“美”的本质是“善”；在艺术的本质上，认为“美”是摹仿事物的本质和规律、揭示事物的真实，并且艺术是理性的、具有创造性的；从情感价值角度，认为“审美”的目的是激起“快感”，艺术通过“快感”来实现人的情感陶冶与净化。从亚里士多德开始，艺术与情感的关系在西方美学理论中得到了确立，“摹仿”说理论体系也因此得到完善，成为西方以叙事文学为主体的文艺理论的基本范畴。

---

① 托尔斯泰. 艺术论. 张昕畅，刘岩，赵雪予译. 北京：中国人民大学出版社，2005：179.
② 乔治·科林伍德. 艺术原理. 王至元，陈华中译. 北京：中国社会科学出版社，1985：112.
③ 朱光潜. 谈美. 合肥：安徽教育出版社，2006：34.
④ 克莱夫·贝尔. 艺术. 薛华译. 南京：江苏教育出版社，2005：3-4.
⑤ 苏珊·朗格. 情感与形式. 刘大基，傅志强，周发祥译. 北京：中国社会科学出版社，1986：51.
⑥ 苏珊·朗格. 艺术问题. 滕守尧译. 南京：南京出版社，2006：28-29.

18 世纪德国古典美学家黑格尔关于“摹仿”说的阐述，成为西方“摹仿”说的又一个新的理论转折。他说：“如果艺术的形式方面的目的只在单纯的摹仿，它实际所给人的就不是真实生活情况而是生活冒充。”[①]他批判了传统“摹仿”说的“复制”观，主张艺术是心灵的外在表现，是一种情感的激发。“摹仿”说作为西方艺术审美的核心理论，贯穿了整个西方艺术审美理论史，19 世纪的歌德（1749—1832）在《雅典神入口》发刊词中进一步提出：“对艺术家提出的最高要求就是：他应该依靠自然，研究自然，摹仿自然，并创造出与自然现象毕肖的作品来。”[②]从亚里士多德的“快感”说到黑格尔关于“心灵表现”说的思想理论发展，尽管没有形成“情本”和“主情”观，但却呈现出与中国传统的“言志”“缘情”观“趋同”的趋势，求“真”是中西审美思维的共同追求。

第三节　中西古代关于艺术审美的思维比较

在中国当代，不少人认为中国古代也具有“摹仿”说的思想和理论，并以西方“摹仿”说来阐释中国古代的文论。我们必须认识到，西方“摹仿”说与中国古代“物感”说具有完全不同的宇宙哲学观、理论范畴、审美思维和文艺创作观。“取形”与“取象”分别是“摹仿”和“物感”两种不同艺术创造观的基本思维形式，也是区别中西古代艺术审美思维的基本特质。

古希腊“外求”的思维方式，决定了其“摹仿”说始终以外物的“形体”为摹仿对象，以“描绘”为基本手法，更注重以“修辞”为核心的“技艺”理论和以“镜子”学说为特征的“反映”论，属于“取形”的思维。而在中国古代文论体系中，虽然曾经有过“模拟”“效仿”“扮演”“摹写”等词语或创作方式，但其“内求”的思维方式和理念决定了“物感”的本质，它始终不脱离“观物取象”的思维方式和“赋、比、兴”手法，属于“取象”思维。“物感”说发展的结果，形成了中国独特的抒情性文学，并创立了以“意象”“意境”为核心的审美范畴体系。而“摹仿”说发展的结果，则形成了西方独特的“再现”型文学，创立了“典型”这一关于叙事文学的核心审美范畴。“摹仿”与“物感”的文化体系、理论体系及其思维方式的差别，充分体现出西方叙事文学与中国抒情文学是并驾齐驱的两朵奇葩。

中国书画理论中曾有“摹仿”一词，例如，清人唐岱就有“不时摹仿树石式样”[③]之说，但其“摹仿”是以“精气神”为核心的一种“取象”手法。“立

① 黑格尔. 美学（第一卷）. 朱光潜译. 北京：商务印书馆，1979：53.
② 凌继尧. 西方美学史. 北京：北京大学出版社，2004：331.
③ 周积寅. 中国画论辑要. 南京：江苏美术出版社，1985：468.

象尽意”始终是其基本思维方式，“形神”相依、“虚实”相生、“情物”相随等，始终是创作的基本法则。故荀子说：“形具而神生。”（《天论》）司马迁说：“神者生之本也，形者生之具也。”（《史记・太史公自序》）从严格意义上说，中国古代文论中从来就不存在“摹仿”说的理论话语。《文心雕龙》有“结言摹《诗》，促节四言，鲜有缓句”等，但并非一些学者所说的“与西方的摹仿有异曲同工”，而是以“文心”而“雕龙”的意象创造手法。

时至明末清初，李贽在《水浒传回评》中多处使用了“摹写”一词，例如，他引用李卓吾的话：“此回文字逼真，化工肖物。摩写宋江、阎婆惜并阎婆处，不惟能画眼前，且画心上；不惟能画心上，且并画意外。顾虎头、吴道子安得到此。”（《容与堂本李卓吾先生批评忠义水浒传回评》）这说明，随着中国叙事文学的发展，关于人物性格的描写开始成为自觉的理论。这体现出中国叙事文学理论与西方叙事文学理论具有“趋同”的趋势。然而，纵观中国叙事文学的诸多名著，每一部经典作品中最高的文学价值主要还在于能够体现“象”和“象思维”的特征，“诗情画意”历来是中国戏曲和小说的重要组成部分。如果抛弃了诗歌的意象，“四大名著”及许多古典小说和戏曲就会暗淡无味。借助诗歌意象，通过“摹神肖影”“遗貌取神”“各尽人情”，读者达到“心领神会”，这是中国清代所形成的关于小说创作与审美的至高境界，也是中国叙事文学的民族特色[①]。

“物感”说与“摹仿”说分别作为中西审美理论发展的不同“基因”，以两种不同的审美思维方式，形成了不同的理论发展线索。下面分别从审美发生论、审美体验论和审美境界论三个方面加以比较。

一、中西审美发生论比较：“应感”与“灵感”

审美发生论的产生，反映了人类对于自身审美意识的自觉，它是人们对于审美思维进行主动反思的结果。中西古代先哲们关于审美发生的理论探索，不约而同地由各自的哲学理论向审美理论延伸：中国古代形成了以“情”为本、以“应感”为核心的审美发生理论，古希腊则形成了以“神”为本、以“灵感”为核心的审美发生理论。

（一）“应感”与“灵感”的哲学思维比较

1.“应感”说的哲学基础：“万物有生”

“物感”说建立在“万物有生”“万物有情”的生命哲学基础上，以“心物

① 丁锡根. 中国历代小说序跋集（上、中、下）. 北京：人民文学出版社，1996：1100-1605.

一体”的审美视角来呈现诗歌的审美意蕴，其思维特征是“应感”。

“应感”即应物生感。由于“应感”和“灵感”在思维上有很多相近之处，因此我国当代不少学人用西方的“灵感”来阐释应感，甚至认为“应感”就是“灵感”，认为仅仅是话语方式的不同，从而忽视了“摹仿”说和“物感”说的本质差别。虽然二者都是用以描述文艺创作灵性的“突发”现象，但它们在审美发生的观念和理论上具有各自的意义。

“应感”是“物感”的具体内容之一。关于“应”的阐释，《易·咸卦》曰“二气感应以相与。”《广韵》曰：“物相应也。”本义是指以心中的“情性”来接受、回答、相适和随声相和。“应感”的哲学基础是宇宙一体、万物有生、情性相通。“应感”作为一种思维方式的概念产生于先秦，《周易》以男女情性相感比喻万物阴阳两性相感，说明人与人、人与物或物与物之间的自然应和，即弥纶天地之道。随着汉代谶纬迷信的兴起，这种感应曾被理解为一种神秘的、神灵左右的活动，董仲舒从伦理政治的角度提出“天人感应”论，把“应感”的自然属性阐释为神性，成为统治阶级维护统治地位的理论基础。但“应感”作为诗学理论始终没有被神化，它通过乐论、诗论、画论等关于心、物关系的具体阐述，使“应感”说越来越体现出中国“情性”诗学发生论的本质特征。

“应感”发生的心理现象作为诗学理论的提出和阐述，始于魏晋时期。陆机在《文赋》中正式提出诗学“应感”论，认为“若夫应感之会，通塞之纪，来不可遏，去不可止”，认为“应感”的缘由在于“思风发于胸臆，言泉流于唇齿”，“及其六情底滞，志往神留”，“故时抚空怀而自惋，吾未识夫开塞之所由”。“应感”到来时“方天机之骏利”。刘勰说：“率志委和，则理融而情畅；钻砺过分，则神疲而气衰；此性情之数也。”他认为“应感”来临是由“神疲而气衰”到“率志委和”的转换，是“理融而情畅”“从容率情”。钟嵘评谢灵运才思富捷的应感为“此语有神助，非我语也”。唐代王昌龄的《诗格》评曹植诗：“自古文章，起于无作，兴于自然，感激而成，都无饰练，发言以当，应物便是。”皎然说“应感”产生时“意静神王，佳句纵横，若不可遏，宛如神助”。宋朱熹的《诗集传序》开篇即说：“人生而静，天之性也。感于物而动，性之欲也。”在齐梁时代，萧子显说：“每有制作，特寡思功，须其自来，不以力构。”[①] 刘孝绰也说：“握牍持笔，思若有神，胸不斯须，风飞雷起。”[②]“不以力构”和“风飞雷起”描绘了“应感”发生时的情状为“思若有神”。

2.“灵感”的哲学基础：“万物有灵”

古希腊“摹仿”说建立在“万物有灵”、以“神”为本的生命哲学基础上，

---

① 胡经之. 中国古典文艺学丛编（一）. 北京：人民大学出版社，2001：31.

② 刘孝绰. 昭明太子集序//郁沅，张明高. 魏晋南北朝文论选. 北京：人民文学出版社，1999：354.

以“对立和谐”来阐述艺术的审美特点。在心、物关系上，“摹仿”说认为审美发生是由于“灵感”的作用。西方“灵感”说的发展大致经历了三个基本阶段：一是古希腊关于神赐的“灵感”说，即神灵凭附所产生的迷狂；二是康德时代关于天才的“灵感”说，即天生的自然心理禀赋；三是弗洛伊德时代关于潜意识的“灵感”说，即原始本能的欲望冲动。

“灵感”一词在希腊原文中的意思是神的灵气、神性的着魔。古希腊哲学家认为，诗人是神的代言人，因而是神性的着魔者。早在荷马时代，表现人文主义思想、肯定人的尊严、价值和力量的《荷马史诗》开篇就写道：“神啊，请赐给我灵感吧！”德谟克利特认为荷马凭借与生俱来的神性才能创作出伟大的作品，他在总结《荷马史诗》创作的基础上提出“灵感”的概念。柏拉图对“灵感”的神性加以发挥和系统阐述，他在《伊安》篇中说：“诗人不得到灵感，不失去平常理智而陷入迷狂，就没有能力创造，就不能作诗或代神说话。”[①]他认为诗人的灵感就是由诗神依附造成“迷狂”，这正是艺术家创作的动力。凡是高明的诗人都不是凭技艺来作成优美的诗歌，而是因为“得到了灵感，有神力凭附着”。因此“诗人只是神的代言人，由神凭附着，最平庸的诗人也有时也唱出最美妙的诗歌。”[②]“一切诗人之所以称其为诗人，都由于受到爱神的启发。一个人不管对诗多么外行，只要被爱神掌握住了，他马上就成为诗人。”[③]柏拉图奠定了古希腊“灵感”说关于“神灵凭附”观的思想理论基础，直到 18 世纪，德国哲学家康德的“天才”论才改变了西方“灵感”说历时 2000 多年的“神灵凭附”的神秘主义倾向。康德认为“灵感”源于人的秉性，是与生俱来的，或者说“灵感”就是“天才”的本质力量的感性显现。这虽然突出强调了人的主体意识，但却走向了另一个极端，既否认了后天的修养，又否定了心与物的关系。

把“灵感”视为主体与客体的照应，当始于黑格尔。他认为灵感是一种在艺术想象过程中所表现出来的创作欲望冲动和高度密集的精神状态，它产生于理性内容的感性化过程：“要煽起真正的灵感，面前就应该先有一种明确的内容，即想象所抓住的并且要用艺术方式去表现的内容。灵感就是这种活跃地进行构造形象的情况本身。”[④]英国浪漫主义诗人雪莱也提出“灵感源于心灵”的理论，并认为“生命的形象表达在永恒的真理中是诗”。19 世纪以后，随着西方心理学的发展，弗洛伊德的“个体无意识”、荣格的“集体无意识”等理论的诞生，才使西方神秘的“灵感”说得到了心理学意义的科学阐释。

可见，以“万物有生”为哲学基础的“应感”说，所体现的是以人为本的审美心理发生论，而以“万物有灵”为哲学基础的“灵感”说，则体现了以神

① 伍蠡甫. 西方文论选. 上海：上海译文出版社，1979：18.
② 柏拉图. 伊安篇//文艺对话集. 朱光潜译. 北京：人民文学出版社，1980：7-8.
③ 柏拉图. 会饮篇//文艺对话集. 朱光潜译. 北京：人民文学出版社，1980：249.
④ 黑格尔. 美学（第一卷）. 朱光潜译. 北京：商务印书馆，1982：363，364.

为本的神性发生论。康德把“灵感”视为人的秉性，黑格尔把灵感视为“想象”活动，以及弗洛伊德和荣格的心理学阐释，使西方“灵感”说逐步趋向于中国古代的“应感”和“物感”说的审美思维。

（二）“应感”与“灵感”的审美法则比较

“应感”和“灵感”分别作为古代中西诗学术语，都反映了主体之“心”与客体之“物”的关系。但“应感”主张心与物的双向互动，而“灵感”则主张主体的单向“反映”，即“复制现实”。

1.“物感”说的诗学审美法则：“心物”互动

中国古代诗学中的“应感”是心与物的双向互动，是“物之感人”与“心之应物”的辩证统一，“既随物以宛转，亦与心而徘徊”，包括“应感起物而动”和“物至而人化物”两方面。

一方面，“应感起物而动”。在哲学上，“起物而动”源于《周易》，《乾·文言》曰：“同声相应，同气相求。”《吕氏春秋·有始览·应同》也说：“类固相召，气同则合，声比则应。”董仲舒进一步阐释：“无非己先起之，而物以类应之而动者也。”由于“天有阴阳，人亦有阴阳。天地之阴气起，而人之阴气应之而起，人之阴气起，而天地之阴气亦宜应之而起，其道一也。”所以“百物去其所与异，而从其所与同，故气同则会，声比则应，其验皦然也”（《春秋繁露·同类·相动》）。王夫之再次从“理”的高度上来解释这种“类应”：“要以俯仰物理而咏叹之，用见理随物显，唯人所感，皆可类通。”①

除诗论以外，很多诗歌也表现了“起物而动”的思想。例如，屈原的《九章·抽思》曰：“悲夫秋风之动容。”曹植的《赠白马王彪诗》云：“感物伤我怀，抚心长太息。”应玚的《报赵淑丽诗》说：“嗟我怀矣，感物伤心。”刘祯的《赠五官中郎将诗四首》写道：“秋日多悲怀，感慨以长叹。”阮籍的《咏怀》有“感物怀殷优，悄悄令心悲”“远望令人悲，春气感我心”。辛弃疾的《祝英台近·晚春》说：“是他春带愁来，春归何处，却不解带将愁去。”清代叶燮与其门人薛雪论诗的一段对话，进一步肯定了“起物而动”的诗学思想。薛雪问曰：“无所触发，摇笔便吟，村学究之流耳，何所取哉？”叶燮答曰：“必先有所触而兴起，其意、其辞、其句劈空而起，皆自无而有，随在取之于心；出而为情、为景、为事，人未尝言之，而自我始言之。”②

另一方面，“物至而人化物”（《乐记》）。“起物而动”讲的是审美创作中的“物动”“物”的激发，即“物之感心”“音之所由生”“借物托起”，相当于“起

① 王夫之. 姜斋诗话笺注. 北京：人民文学出版社，1981：127.
② 叶燮. 原诗//郭绍虞，霍松林. 中国古典文学理论批评专著选辑. 北京：人民文学出版社，1979：5.

兴”中的“起”。而“人化物”讲的是创作中的“心动”，即情感表现，是“心之应物”“感于物而动”“因物联想”，相当于“起兴”中的“兴”。《乐记》曰：“其本在人心之感于物也。”“感于物”为审美发生之“本”。又曰：“物之感人无穷，而人之好恶无节，则是物至而人化物也。”“物感人”就是当主体情感被激发到了极点，人与物就融为一体而没有区别，即所谓“物至而人化物”。“物至”就是“物”的刺激和“心”的应和所形成的情、物互动状态达到了极致，表现为因物动心、心物交感、以景荡情的状态，便能够创作出物我合一、心物互渗的意象。可见“意象”的本质就是“人化物”的结果。“感物而动”建立在主体心灵对于“物”中之“义”的认知、领悟的基础之上，当“心”中之“意”与“物”中之“义”达到“同声相应，同气相求”的程度，心与物便进入“类应而动”的状态，创作主体则表现为对于“物”的沉迷。刘勰也有很多相关的描述，诸如，“物色之动，心亦摇焉”“物色相召，人谁获安”“诗人感物，联类不穷”“物色尽而情有余”（《文心雕·龙物色》），物“与心而徘徊”，心“随物以宛转”。钱钟书在《管锥编》中概括为“物逐情移，境由心造”（楚辞洪兴祖补注之一五·九辩一）。古代无数著名诗人创作出许许多多的佳作名句，实践了“物至则应”的审美发生论。诸如，“洛阳亲友如相问，一片冰心在玉壶”（王昌龄《芙蓉楼送辛渐》），“孤帆远影碧空尽，唯见长江天际流”（李白《黄鹤楼送孟浩然之广陵》），“桃花潭水深千尺，不及汪伦送我情”（李白《赠汪伦》），“多情自古伤离别，更那堪冷落清秋节”（柳永《雨霖铃》），“人有悲欢离合，月有阴晴圆缺”（苏轼《水调歌头·明月几时有》），“海上生明月，天涯共此时”（张九龄《望月怀远》）。如此诗句，成为千百年来诗作“物至而人化物”境界的典范。

在诗歌创作中，从“物之感人”到“心之应物”表现为三个基本层级。

第一层级：“心物”交感。交感即互动，通过“生命互感”原理而揭示了审美艺术的发生。首先是因物动心，“人心之动，物使之然也。感于物而动，故形于声”（《乐记》）。其次是应物感发，刘勰叫作“应物斯感”“感物吟志”，即由客观事物的特征激发了主体的审美体验、拨动了主观情感的心弦，于是引起了审美创作的冲动。

第二层级：“物我”渗透。创作主体本于情，凭借其主观性和主动性寄情于物、融情于景，实现“情景交融”。但“物感”理论把心、物都视为活的因素，都具有生命勃发的能量，当“心”的律动与“物”的神韵相碰撞的时候，审美主体所体验到的是心物合一、物我渗透，刘勰将其概括为“神与物游”“情以物迁”“物因情变”“与心徘徊”“随物宛转”等。

第三层级：“神用象通”。“神用象通”指创作冲动时的表现方式及其特征，它以“观物取象”为基本思维方式，联类取象、化物为象。其创作思维经过

“取义”“取象”，形成了“尽意”的欲望，“辞以情发”、以情措辞、“窥意象而运斤”，实现审美意象的创造，达到以象寓情、以象表情的审美艺术效果。此时，“象”作为心、物一体的“符号”，已经脱离了感官形态，成为表现主体精神的情感想象空间，成为传神写意和表达志、情、理的媒介。“神用象通”是“物感”说在创作上的至境追求，它包括意象的审美创造过程到意象的审美鉴赏过程，完全充满了“想象”思维。

可见，“应感”论历来没有出现神秘主义的“灵感”观念和论述。其基本特点可以概括为：一是以“道”为本的宇宙哲学；二是以“情”为本的审美理念；三是以“才性”修养为前提的创作主张；四是以“心物”互动为特征的“神思”方式。

2.“灵感”说的诗学审美法则：“复制现实”

古希腊“摹仿”说以“主客分离”为宇宙视角，把客体视为静态的、无机的对象，把主体视为被动的、感官的“摹仿”者。艺术创作是由主体单向地“反映”客体，并按照客观对象的外形进行“逼真”的摹写，具体表现为以下几点。

第一，艺术起源于“天性”。柏拉图主张对情感的绝对压制，认为在摹仿艺术中，如果诗人与诗参与了主体的情感，就会“增大欲念的强度，削弱了理性的力量，破坏了心理的平衡，是低劣的东西”[①]。亚里士多德把审美发生归结为“天性”和“本能”：“一般说来，诗的起源，出于人的天性。人从孩提起就有摹仿的本能。”[②]而决定这一天性和本能的主体是“神”，从而否定主体情感在艺术创作中的作用，排斥主观能动性的参与，认为只有这样，才能使艺术能够客观地、逼真地、理性地摹仿“原物形象”。朗吉弩斯在《论崇高》中论及了情感与文本修辞的关系，但他否定虚假的情感表达，实际上就是“逼真”和“理性”的诗学思想的翻版。

第二，摹仿客观属性。在“摹仿”说中，柏拉图、亚里士多德特别推崇理性。柏拉图认为“理念”是世界的本质，实体是“理念”的“影子”，艺术摹仿实体的“真形”就在于摹仿“理念”，所谓“理念”就是“神”“上帝”。在艺术本质上，他试图将艺术摹仿的“逼真”形象同事物的“理念”本质统一起来，但这种“逼真”的外物形象与高度抽象“理念”本体之间存在着生硬的逻辑，于是他归结为神和“灵感”说，以“神本”哲学来解决摹仿中的“理念”与“真实”之间的矛盾。

亚里士多德抛弃了神本理念，认为“摹仿不是忠实地复制现实”，而是摹仿

① 陈中梅. 柏拉图诗学和艺术思想研究. 北京：商务印书馆，1999：126.

② 亚里士多德. 诗学//伍蠡甫. 西方文论选. 上海：上海译文出版社，1979：53.

实体对象的“客观属性”，反映客观现实的本质[①]。还提出艺术的“快感”说和“寓教于乐”，肯定了艺术与情感和伦理的关系及其“陶冶情感”的艺术功能。但所谓“艺术快感”是通过作品对外物形象的摹仿，把创作主体的“快感”原原本本地传达给接受者，使接受者从作品中获得“二次摹仿”的“快感”。所谓“陶冶情感”就是“摹仿情感”，并非“以情动情”。可见，“摹仿”说决定了一切过程皆“摹仿”，创造则与之无缘。这与“物感“说的“取象”“取义”“尽意”的“三度创造”的审美体验过程，以及“以情动情”“以情感人”等创造性想象空间，形成了鲜明的对比。

第三，摹仿“真形”。毕达哥拉斯主张摹仿“数”所构成的“比例与和谐”，赫拉克利特主张摹仿“对立和谐”，德谟克利特、苏格拉底、亚里士多德分别提出艺术摹仿人、社会和人的心理，柏拉图主张摹仿“真形”（理念），但都是把审美对象视为审美主体的对立面，主体与客体之间通过视觉、听觉的感官来联系，因此“外形”“真形”“客观形象”“原物形象”始终成为艺术创作的本体，所描摹的是客观的、静态的、纯空间的实体。对于人物来说，就是摹仿人物的“行动”（情节）、“性格”（形象）。如果说追求“真”是中西古代诗学理论的基本审美法则，那么，“物感”说所追求的“真”则是指审美主体的“真情”，是以“意象”为艺术审美的本体，所表现出的是主观的、情感的、动态的、时空一体的非实体。中国画论把这一过程概括为“眼中之竹”“胸中之竹”和“手中之竹”三个基本阶段，揭示了艺术作品所经历的“三度创造”的基本过程，其审美主张是“以象传神”“以神动情”。而“摹仿”说所追求的“真”是指审美客体的“真形”，仅相当于把“眼中之竹”复制为“手中之竹”，是一种“以形传形”“以心摹情”的艺术审美主张。

（三）“应感”与“灵感”的审美标准比较

“应感”和“灵感”都涉及“形神”问题，但“应感”的“形神”所描述的是艺术审美中的自然情性，而“灵感”说中的“形神”则是超自然的神性。二者比较如下。

1. 中国古代“应感”说的审美标准：“形神”互见

在中国古代诗学中，以“神”论诗是诗学审美理论的一个重要法则。即“神”与“形”对举，用以描述作品中所处理的“心物”“情景”关系。“形神”统一的审美法则，从更深层次揭示了“物感”理论关于生命灵性的审美价值的精神实质。

在中国本土文化中，“神”的观念经历了自然神、祖先神和人的心神等思想

① 托塔凯维奇. 六概念史//张法. 中西美学与文化精神. 北京：北京大学出版社，1994：215.

发展。在巫术时代，人们对变幻莫测、难以认识的事物加以猜测和想象，并视其为天地万物的创造者的“神灵”而加以图腾崇拜。殷商以后，出现“天神”与“人神”并存的局面。“天神”是“自然神”，因宇宙运行的神奇、神异而被视为有灵性的“神”。故《广韵》曰：“神，灵也。”《礼记·祭法》说：“山陵川谷丘陵能出云为风雨，皆曰神。”《史记·五帝本纪》写道：“历日月而迎送之，明鬼神而敬事之。”张守节正义：“天神曰神，人神曰鬼。”又云“圣人之精气谓之神，贤人之精气谓之鬼”。《诗·小雅·大田》曰：“田祖有神。”随着“敬德”观念的产生，逝去的祖先被视为神，即“人神”。人们把值得崇拜的人死后的精灵视为“神”，把逝去的帝王称为“帝”“先帝”，表明是一种特权的“神”。从汉字结构也可以看出，“神”字是会意兼形声，从示从申，“申”本义为“交媾”“生殖”，“示”指“先人序列”，“示”与“申”组合表示“繁育众庶的先人”，即人们的祖先，并引申为繁育万物的天灵。随着血缘宗族政治的发展，“敬天”和“敬祖”成为祭神礼仪的基本内容，“礼教”成为“神坛设教”的根本目的。

《周易》开启了关于“神”的辩证唯物论的哲学阐释，使“神”的概念发生了极大的变化。《说卦》云：“神也者，妙万物而为言者也。”《系辞传上》曰：“精气为物，游魂为变，是故知鬼神之情状。”韩康伯注：“尽聚散之理，则能知变化之道。”孔颖达疏：“物既以聚而生，以散而死，皆是鬼神所为，但极聚散之理，则知鬼神之情状也。”汉代《大戴礼记·曾子天圆》曰：“阳之精气曰神。”王充的《论衡·论死》曰：“鬼神，阴阳之名也。阴气逆物而归，故谓之鬼；阳气导物而生，故谓之神。”《礼记·中庸》曰：“鬼神之为德，其盛矣乎。”程颐章句：“鬼神，天地之功用，而造化之迹也。张子曰：‘鬼神者，二气之良能也。’愚谓以二气言，则鬼者阴之灵也，神者阳之灵也。以一气言，则至而神者为神，反而归者为鬼，其实一物而已。”《朱子语类》卷三云：“鬼神只是气，屈伸往来者气也。”唐韩愈的《原鬼》云：“无声与形者，鬼神是也。”《孟子》曰：“圣而不可知之谓神。”以“气”来论“鬼神”，表现了我国秦汉时期朴素的唯物史观。

道家进一步对“神”给予了唯物论的解释，唐代仙人张果老在《太上九要心印妙经》中认为：“真乃人之神，一者人之气。”“神乃人之性也”，“真相者，神气也。神者，心之主”。“动者，气也。气者，命也。静者，性也。性，乃神也。神不离气，气不离神。神气不相离，道本自然也。”“精，乃元气之母，人之本也，在身为气，在骨为髓，在意为神，皆精之化也。”可见，道家以“道”为本，以“动静”来阐释“神”与“气”，把“神”释为心、性。

天人一体的宇宙观，把“阳之精气”引入人的“心神”，认为神作为宇宙万物正常运行的法则，能够寄于心，牵引心，给心以法则，使心认识本体。这样，

“心”与“神”就被统一于一体，指人的生命活力和内在精神，被肯定为客观存在的自然心理现象，并逐步引入诗画等艺术理论。

在古代诗画理论中，“神”成为一个重要的审美范畴，指人的“情性”。自汉魏以来，佛教关于形灭神存的禅理思想对诗画思维产生了积极影响。同时，随着先秦哲学和医学关于“精气”的理论发展，道教内丹学提出了“精气神”的理论，“精”为生命本源，“气”为生命原动力，“神”为生命活力。于是，“神”被引入诗画理论，表现作品所显现的生命情性。东晋名画家顾恺之提出“传神写照”的理论，“精、气、神”逐步成为书画理论的核心审美范畴。南齐谢赫的《古画品录》提出“神韵”和“气韵”概念。在诗论中，“神”与“形”相对举，用以揭示作品中所显现的生命灵气，本质上是人的“情思”在作品中的映射。刘勰的《文心雕龙·神思》篇奠定了中国诗学关于“形神”关系的理论基础，唐代诗人张九龄进一步阐述了“意得神传，笔精神似”（《曲江集》卷十六）的“形神”一体观，王昌龄阐述了“形神互动”的理论：“为诗在神之于心，处心于境，视境于心，莹然掌上，然后用思，了然境象，故得形似。”（《诗格》）宋代严羽认为“入神”才能使诗歌创作达到“极致”：“诗之极致有一，曰入神。诗而入神，至矣尽矣。”（《沧浪诗话·诗辨》）并提出“神韵”说以推崇司空图“不着一字，尽得风流”的神韵。明清时期，“神韵”成为胡应麟、王夫之等许多诗论家谈及的重要诗学概念，王士禛尤其推崇和倡导“神韵”说，认为“神韵”是诗歌创作的根本要求。总之，神韵、神气、风神等都成为诗学理论话语，一致体现“情本”诗学观。

“应感”主张“形神”互见，即形神合一。南北朝范缜在《神灭论》中说：“形者，神之质地；神者，形之用也。是则形称其质，神音其用；形之与神，不得相异。”又说：“神即形也，形即神也。是以形存则神存，形谢则神灭也。”作为诗画理论，唐代李世民在《指意》中说：“夫字以神为精魄，神若不知，则字无态度也；以心为筋骨，心若不坚，则字无劲健也”，“夫心合于气，气合于心；神，心之用也，心必静而已矣”。宋代袁文曾在《瓮牖闲评》中说：“形者，其形体也；神者，其神采也。”明代高廉说：“夫神在形似之外，而形在神气之中。形不生动，其失则板；生外形似，其失则疏。故求神似于型似之外，取生意于形似之中。”明代李日华在《六研斋笔记》中说：“凡状物者，得其形，不若得其势；得其势，不若得其韵；得其韵，不若得其性。”可见，“形神”互见逐步成为“应感”说的诗学审美标准。

2. 西方古代“灵感”说的审美标准：“代神立言”

在古希腊，“神本”意识几乎贯穿了全部诗学理论。“摹仿”说是古希腊诗学理论的核心范畴，始终充满了神性观。“灵感”说是古希腊诗学的又一个核心概念，其基本内涵是神的赐予、神的意志和模仿神性，诗人仅仅是“诗神的代言人”。

德谟克利特认为：“没有一个疯狂式的灵感，就不能成为一个大诗人。”[①]苏格拉底也认为诗人不是凭智慧，而是凭天才和灵感来创作的。柏拉图进一步认为诗人不是靠“技艺”而是凭借“灵感”来创作的，认为诗人对自己所写的作品知之甚少或一无所知，因为他们完全凭借天赋和神助而作。所谓“灵感”就是“灵魂的回忆”，而“灵魂”在神界。他认为诗人获得了神灵赐予的灵感，得到了神灵附体，才有机会“代神立言”，写出优美的诗歌，所以凡是优秀的作品都是诗神所授。因此诗人不应该掠神之美，而应该“摹仿”自然，也就是摹仿神之美。

柏拉图把“灵感”阐释为“迷狂”，认为是诗神的凭附、神力的驱遣，“若是没有这种诗神的迷狂，无论谁去敲诗歌的门，他和他的作品都永远站在诗歌的门外”[②]。他认为：“巫师们在舞蹈时，心里都受一种迷狂支配；抒情诗人们在作诗时也是如此。他们一旦受到音乐和韵律节拍的支配，就感到酒神狂欢，由于这种灵感的影响，他们正像酒神的女信徒受酒神凭附。……因为诗人是一种轻飘的长着羽翼的神明的东西，不得到灵感、不失去平常的理智而陷入迷狂，就没有能力创造，就不能够作诗或代神说话。”[③]因此他的结论是：“伟大的诗人从来都是诗神的代言人。”可见，描写出上帝所造之物的“真实”形式，即代神说话，就是古希腊关于艺术创作的审美标准。

18—19 世纪欧洲浪漫主义时期，西方文艺理论为探索创作主体的灵感的来源，开始涉足“想象”在文艺创作中的功用价值。康德在他的哲学中深刻分析并肯定了“想象”的创造力与再生力，同时肯定了“想象”离不开认识主体的心灵与客体对象。雪莱虽然抛弃了柏拉图“灵魂附体”的神秘主义思想，肯定了作为创作主体的天才的自由创造性，但仍没有寻找到“灵感”的真正来源，把“灵感”解释为“思想和情感的不可捉摸的袭来”[④]。雨果认为灵感就是天才，并认为灵感、天才是自由的，肯定了创作主体的能动性。但他们的“天才灵感”观并没有完全摆脱神秘主义的思想。

19 世纪末，受悲观主义、现代非理性主义的影响，“灵感”被阐释为本能的冲动。例如，受柏拉图思想的影响，叔本华的唯意志论认为艺术复制着由纯粹观审而掌握的永恒理念。尼采认为，肉体的活力是艺术发生的动力，艺术家要有作为就必须像野兽一样充满情欲。精神分析学把灵感视为一种无意识的直觉思维活动，叔本华、尼采和弗洛伊德都肯定了灵感与情感的关系，但他们的

---

① 伍蠡甫. 西方文论选. 上海译文出版社，1979：5.
② 柏拉图. 裴德若篇//柏拉图. 文艺对话集. 朱光潜译. 北京：人民文学出版社，1963：118.
③ 柏拉图. 伊安篇//柏拉图. 文艺对话集. 朱光潜译. 北京：人民文学出版社，1963：8.
④ 刘若瑞. 十九世纪英国诗人论诗. 北京：人民文学出版社，1984：154.

“灵感”观都是非理性的情欲观，没有揭示“灵感”作为一种创造性思维形式的复杂内涵。可见，由神秘主义走向非理性，是西方“灵感”说发展的基本脉络。

中国古代也曾有过反映神灵感应观的“灵感”一词，但未曾引入文学理论。明代方孝孺曾经认为兴会“不可学而致也，惟心通乎神者能之”（方孝孺《苏太史文集解》），但这种个别现象的“神灵凭附”审美观并未得到主流诗论家和主导审美观的认同。至于像金圣叹“鬼神来助，而风云忽通”之类的句子纯属一种比喻的论述方法[①]。因此“灵感”主要在一些文学作品中用于表现作品中主人公的思想。例如，唐王勃在《广州宝庄严寺舍利塔碑》中写道：“以法师智遗人我，识洞幽明，思假妙因，冀通灵感。”这里记载的是佛门法师的灵感。又如，元无名氏《冤家债主》第四折有：“城隍也是泥塑木雕的，有甚么灵感在那里？”《说岳全传》第六九回也有：“你既为神，岂无灵感？难道岳家不应报仇的么？”这是表现主人公对神灵感应的“灵感”的质疑。再如《西游记·唐三藏收妖过通天河》中写道：“敝处通天河，有一灵感，每岁要一男一女祭奉。”明张凤翼在《红拂记·华夷一统》中说：“靖所请重修西岳庙，听支军前银两，专遣幕官一员督修。仍敕赐灵感扁额。”这里反映的是宗教信仰中的“灵感”观。中国古代诗学不言“灵感”而言“物感”，发展着“情、性、道”相统一的“应感”“物感”等审美思想。正如宋代田锡在《贻宋小著书》中所说：“若使授毫之际，属思之时，以情合于性，以性合于道，如天地生于道也，万物生于天地也。”在中国文论中，“灵感”是当代才引进的西方术语。

在中国历代诗论中，曾出现和“灵感”具有相近意义的不少诗学术语，诸如“灵气”“感兴”“顿悟”“天机”“神来”等，分别从不同侧面阐述艺术创作过程中的高度兴奋状态，但与西方“灵感”说的文化背景、意义和内涵都不尽相同。因此，不能以此认为这是“中国传统的灵感说”。然而，中西古代文论关于创作思维和情感达到极致兴奋状态的认识和思想理论，成为中西当代文论相通相融而走向国际性的一个结合点。

二、中西审美体验论的比较：“兴会”与“回忆”

审美体验是审美主体与审美对象之间的构成关系，它既是文学艺术创作的开始，又贯穿于创作、欣赏等全过程。审美经验是审美体验的前提和基础，正如胡经之所说：“审美体验是一种特殊的审美经验，是今人根据过去的审美经验，对当下审美对象有感而生的新的审美感受，是审美经验强烈而深刻、丰富

① 金圣叹. 金圣叹评点《水浒》（四十一回回评）. 天下才子必读书·中国第一批评家金圣叹全集（上下卷）. 北京：中国物资出版社，1987：1416.

而高妙、充分而激烈的动态形式，并以其投身处地、情感激烈、想象丰富、灵感突现、物我两忘、浑化同一为鲜明特征。”[①] 如果说审美发生论主要反映了审美体验初始阶段的思维特性，那么审美体验则是反映“心”与“物”之间以何种思维方式建立起一种交相融合的精神活动关系。审美体验一方面表现为“心”对于“物”的审美意蕴的理解和感悟，另一方面又表现为“物”的审美意义激起“心”的情感波动和想象空间。中国古代诗学中的“兴会”说和西方古代文论中的“回忆”说，体现着中西古代审美体验论的本质差别。

（一）审美理解方式比较：“兴会”与“回忆”

1.“兴会”的审美理解方式：顿悟与妙悟

“兴会”是产生于魏晋时期的关于审美体验论的核心范畴，是审美体验的基本思维方式。当代也有不少学人把“兴会”等同于西方的“灵感”，忽略了中西古代关于诗学审美体验论的文化意蕴：中国古代诗学认为“兴会”源于人的“情性”，受动于“物”的刺激，凭借于审美经验的积累；而古希腊诗学则认为“灵感”源于“天赋”，受动于“神力”，凭借“灵魂”的回忆。“兴会”作为审美体验，既能够体现于创作阶段的心物交感，也能体现于鉴赏过程中的创造性想象。而“灵感”作为审美情感的冲动，主要体现于创作过程。

“兴会”是指忽然有所感触而发生的兴致和情趣，类似的概念如“感应”“感兴”“兴意”“兴味”“兴体”“兴寄”“兴托”“兴象”“兴致”“兴趣”等，它是宇宙自然和人生意义在审美主体的心灵深处高度融合所引起的强烈的情感冲动。“兴”是“感物起兴”，即“感兴”，指“物”对于“心”的触动与感召，是“物”所包含的某些意义和特征调动和激发了主体相应的审美经验，是对审美体验初发时的“物”的生命活力的描述。“会”是“心”对于“物”的“应会感神”，即“起情”，是对审美体验发起时的“心”的生命感通力的描述。《说文解字》曰：“会，合也。”可见，“兴会”包括“应物起情”和“以情合物”，是心、物之间的双向“互感”与“互动”，表现了“心”的审美感受力、审美想象力和主观创造性，刘勰称之为“神思”，阐述为“神与物游”，体现了人的主体性、主动性和主导性。

“兴会”说是“情性”为本的审美体验论，其思想源于早期乐论：“人心之动，物使之然也。”又云：“感于物而动，性之欲也。”（《乐记》）魏晋陆机最早提出“应感之会”，所阐述的是诗歌创作艺术构思阶段的思维特征：“若夫应感之会，通塞之际，来不可遏，去不可止。藏若景灭，行犹响起。方天机之骏利，夫何纷而不理。思风发于胸臆，言泉流于唇齿。”“及其六情底滞，志往神

① 胡经之. 文艺美学. 北京，北京大学出版社，1979：57.

留，兀若枯木，豁若涸流，揽营魂以探赜，顿精爽于自求。”（《文赋》）“应感之会”就是“兴会”的原质，刘勰将其概括为“睹物兴情”，指出审美体验是“情以物兴”“物以情观”的“情物”双向活动，并进一步把这一“应感”现象视为人的自然本性及其心的灵动：“人秉七情，应物斯感，感物言志，莫非自然。”（《明诗》）其表现为“精骛八极，心游万仞”。南朝沈约在《宋书·谢灵运传论》中评谢灵运：“灵运之兴会标举。”李善注：“兴会，情兴所会也。”北朝颜之推在《颜氏家训·文章篇》中明确提出“兴会”概念：“文章之体，标举兴会，发引性灵。”把“兴会”视为“文章之体”，其功能为“发引性灵”，把“兴会”视为创作和鉴赏共同具有的审美思维。唐宋诗论进一步把创作与鉴赏有机统一起来，“兴会”的思维被融入诗歌的审美韵味之中。例如，严羽在《沧浪诗话·诗辨》中说：“诗者，吟咏情性也。盛唐诗人惟在兴趣，羚羊挂角，无迹可求。故其妙处莹彻玲珑，不可凑泊，如空中之音，相中之色，水中之月，镜中之象，言有尽而意无穷。”“兴会”论还成为唐宋书画理论的重要审美范畴。例如，李嗣真评晋代画家顾恺之：“顾生思侔造化，得妙物于神会。”（《续画品录》）张怀也说：“偶有兴会，则触遇造笔。”（《书断》）到明清之际，随着“性灵”说的发展，文论家们进一步把“兴会”同“性灵”说、审美经验联系起来。例如，清人袁守定在《占笔丛谈》中说：“文章之道，遭际兴会，摅发性灵，生于临文之顷者也。然须平日餐经馈史，霍然有怀，对景感物，旷然有会，尝有欲吐之言，难遏之意，然后拈题泚笔，忽忽相遭，得之在顷俄，积之在平日。”（《谈文》卷五）王夫之常以“兴会”为标准来衡量诗人独特的审美感兴及其艺术表现能力，他说：“吾特赏其兴会。”（《唐诗评选》卷四）“一用兴会标举成诗，自然情景俱到。恃情景者，不能得情景也。”（《明诗评选》卷六）王夫之认为兴会的表现是“含情而能达，会景而生心，体物而得神，则自有灵通之句，参化工之妙。”（《姜斋诗话·夕堂永日绪论内编》）王士祯进一步把“兴会”与“情性”“学问”“学力”联系起来：“诗之道，有根柢焉，有兴会焉。”“根柢原于学问，兴会发于性情”，“学力深始能见性情”（《带经堂诗话》）。金圣叹认为，获得“兴会”必须具备“灵眼”和“灵手”两个条件，强调艺术认识能力和艺术表现能力。

“兴会”的发生，需要“心”的审美经验与“物”的某种性质和特征的契合，因此必然具有偶然性、突发性，同时还具有情感的亢奋性、冲动性。在“兴会”的冲动过程中，审美经验的作用在于点燃心灵的火花，引起“心”的类推、联想及超时空和超现实的创造性想象思维。而当代一些学人用古希腊那种神性的、表现主体单向思维的、“复制”审美经验的“灵感”概念来阐释“兴会”、阐述“物感”，纯属牵强附会。

“兴会”的审美理解方式主要是“悟”，包括“顿悟”与“妙悟”，与道学的

"得意忘言"和"得意忘形"、玄学的"得象忘言"和"得意忘象"、佛学的"觉悟如来"等具有密切联系。在庄子和王弼的笔下，"悟"主要是以思辨为特征的玄学思维。随着儒、道、佛的不断融合和中国佛学的兴起，文人士大夫与禅师的交往与学术交流日盛，禅学思想不断影响着我国的艺术思维。玄学关注悟"道"，佛学关注悟"性"，于是玄、佛之间拥有了相互沟通的内在桥梁，第一次形成了中西文化与思维的融合。随着唐代禅宗的发展，唐代著名诗人、诗论家们无不与佛门和禅学之间具有千丝万缕的关系，进一步推进了禅学思维与诗学思维的融合，"悟"与佛学中的"顿悟佛法""觉悟人生"融为一体，并与"想象"结合而转化为艺术思维，形成了独特的审美思维和审美理论。禅学中的"顿悟"思维逐步被引入诗书画等艺术审美思维。严羽的"以禅喻诗""妙悟"等艺术思维术语，标志着禅学的哲学思维向诗学的艺术思维延伸。

"妙悟"表现了艺术意象、意境创造和欣赏过程的"虚静"（"忘形""忘欲""忘我"等）审美心境。张彦远说"凝神遐思，妙悟自然，物我两忘，离形去智"（《历代名画记》），宗炳称之为"神超理得"。苏东坡在《书晁补之所藏与可画竹》中具体描绘了这种境界："与可画竹时，见竹不见人。岂独不见人，嗒然遗其身。其身与竹化，无穷出清新，庄周世无有，谁知此凝神。"这种境界正是中国诗学的"正宗"和"本味"，是一种物我两忘、情景互见、主客合一的"以神遇而不以目视，官知止而神欲行"的艺术审美思维境界。

禅学中的"顿悟"是指超越"现世"的精神解脱与精神自由状态，而诗学中的"妙悟"则是指艺术家所达到的"信手拈出皆成章""等闲拈出便超然"的娴熟程度，能够进入一种相对自由自在的、超越现实的艺术思维境界。元好问曾在《赠嵩山侍者学诗》一诗中说"诗为禅客添花锦，禅为诗家切玉刀"，一语道尽了诗与禅融合的最为显著的文学特征。可见，从禅学的"顿悟"到诗学的"妙悟"，体现了中国诗学审美思维的一次巨大转折。"禅境"的思维拓开了"诗境"的思维，摆脱了儒学以"礼"为核心的"诗教"思维，促成了诗学由"象"思升华为以"象"为核心元素的"境"思，从而产生了"意境"理论。

2."回忆"的审美理解方式："神附"与"轮回"

"回忆"的诗学思想源于古希腊神话中的"回忆女神"。古希腊神话中有两个女神：文艺女神缪斯和回忆女神谟涅摩绪涅。可见，"回忆与诗"与古希腊神话具有血缘关系。从柏拉图到近代，几乎所有著名的西方哲学家、美学家都关注"回忆与存在""回忆与诗"的关系。柏拉图最早提出"诗缘回忆"，认为回忆不仅是人们学习一切知识的智慧途径，而且是达到至真、至善、至美的极致境界的天梯。他的"回忆"说以神秘主义的"灵魂轮回"为哲学基础，几乎把

“回忆”提到了本体论的高度，认为人的领会原本于“上界”并与神同在，现世学习就是回忆生前所具有的知识，审美体验中的回忆就是复现灵魂在“上界”所见到的美，而这种回忆又必须得到神灵的依附并进入“迷狂”状态。

神学家奥古斯丁以神学理论为基础研究“回忆与存在”的关系，认为每个人的灵魂都是由上帝制造并植入了知识和真理，使之成为人的记忆和储备。只有经过教会和圣经的提醒而得到上帝的“光照”，才能使他们产生回忆，将记忆中的真理召唤为现实中的思想。因此，他认为回忆是灵魂通向上帝的“金光大道”。

笛卡儿、莱布尼茨、康德等哲学家都继承并阐述了柏拉图、奥古斯丁关于“回忆”与“上帝”“天赋”的关系。笛卡儿认为人的头脑中具有上帝赋予的真理，认识这种真理必须经过“回忆”。17 世纪的莱布尼茨和 18 世纪的康德也曾继承柏拉图的“回忆”说，并为这种“先验认识论”而辩护。直到近代黑格尔、叔本华的哲学阐释，“回忆”才开始摆脱“上帝”的制约。

黑格尔认为“绝对精神”是万物的共同本质和精神实体，是万物最初的原因和最内在的本质。黑格尔的“绝对精神”和柏拉图的“理念”都是指宇宙的本体，都是“主观精神”。不同的是，柏拉图的“理念”最终归结为“上帝”的“灵魂”，而黑格尔的“绝对精神”则是先于宇宙万物而存在，成为万物的产生与发展过程的本质、原则和生命，并通过现象世界来呈现。“绝对精神”的发展包括逻辑自演、自然外化和精神返回三个阶段。“精神返回”又先后表现为主观精神（个人意识）、客观精神（社会意识）和绝对精神（返回自身）。绝对精神首先意识到自我在个人中的存在，这叫主观精神。主观精神在家庭、社会与国家之中达到更高的意识，这叫客观精神。艺术、宗教和哲学是绝对精神在自身中所达到的最高形式的自我实现，其中又以哲学为最高形式。艺术以感性形象把握理念，宗教以表象把握理念，哲学则以概念把握理念。“绝对理念”在哲学中最终认识了自己，达到了主观和客观、思维与存在的同一。可见，在黑格尔哲学体系中，艺术本身是“绝对精神”的“最高形式的自我实现”，艺术的“回忆”就是历史精神的自我积淀、自我深化和自我升华。或者说，艺术的“回忆”就是以感性去追溯历史过程、认识事物真理。艺术哲学即美学，艺术是内容与形式、感性与理性的对立统一，因此提出“美是理念的感性显现”的命题。黑格尔把“回忆”视为人的主体精神，阐述为认识真理的思维过程，摆脱了柏拉图“原于上界”和“灵魂轮回”的神秘主义哲学，但没有否定“绝对精神”的神性本质。

叔本华以生命哲学的审美思维来阐述艺术“回忆”，认为人生来就具有意志，这种意志盲目而无止境，在欲望的追求中永远得不到满足，因而产生终身不息的痛苦。要解脱痛苦就必须消除意志、消灭欲望，这只有审美回忆才能实现。因为在审美回忆中，审美主体对于审美对象而言是处于纯粹静观的状态，无欲求、无功利，充满了喜悦，因而能够抛开痛苦。所以，“天才”的内在苦闷是不朽之作的源泉，他们是应时代精神的要求而来的，并通过书本与古人神交，“天才”就是指重认识的智人和哲人。这样，“天才诗人”的审美回忆实际上就是一种居于智慧和哲理的审美思维。

20 世纪，海德格尔从心理学的角度研究审美思维，认为在古希腊神话中，“回忆乃缪斯之母”，诗歌都出自回忆女神的孕育，以此强调“回忆”的本体地位；认为回忆不是对经验的简单复现，而是对存在的体验和反思，是一种精神回味，是“思的聚合”。于是西方诗学史上最早提出的“思”是诗的根源，把艺术“回忆”阐述为一种艺术审美思维过程。弗洛伊德以“性”为本的精神分析学也高度重视“回忆”，认为文艺是对童年游戏的回忆。因为童年游戏使人快乐，这种快乐在成年被“白日梦”所代替，文艺作品就是这种“白日梦”的代表，因此诗心就是回归童心。弗洛伊德还提出“投射”理论，认为“投射”就是将本属自身一部分的某种不快的思绪、动机、欲望、或情感，投射到他人或他物身上。这就从心理学上阐释了西方文论关于审美主体面对客体的“单向”思维的特征。

西方审美“回忆”论经历了复杂的演变过程。柏拉图提出“诗缘回忆”，主张“上帝”与“天赋”的“回忆”，开启了神本“回忆”观。奥古斯丁的上帝“光照”说，使“回忆”成为彻底的神学理论。黑格尔关于“绝对精神”的“回忆”说，摆脱了神学的束缚，成为西方最早肯定主体“自我”的审美理论。叔本华关于“天才诗人”的“回忆”论，进一步张扬了智慧和思维在审美过程中的主体地位。海德格尔最早把“回忆”阐释为思维过程，认为“思”是诗的根源，并为“诗与回忆”注入了心理学的科学内涵。而弗洛伊德又把“回忆”阐释为非理性的简单思维活动。可见，西方观与审美理解的“回忆”论，一直处于摇摆不定的理论状态。

与此同时，中国古代关于审美理解的“兴会”论，以“观物取象”和“立象尽意”为哲学基础，始于“诗言志”说，儒家孔子阐释为“兴观群怨”，孟子阐述为“以意逆志”。道家老子视为“虚静”“无为”，庄子视为“得意忘言”。秦汉诗乐理论升华为“物感”，魏晋时期发展为以“想象”为特征的“诗缘情”和“神思”学说，并形成了“意象”理论。唐代延伸为“情景”说、“韵味”说并形成“意境”理论。可见，中国古代以“物感”和“兴会”为基本思想的审美理解理论，始终体现着主客一体的思维视角和“一以贯之”的发展脉络，始终坚守着主体思维、主体情感和主体精神的主体地位和主导作用。

（二）审美思维方式比较："想象"与"摹仿"

中国古代"象思维"与古希腊"摹仿"思维的差异，决定了中西艺术审美思维的根本差异。以"象"为主体的艺术想象思维注重主体情感，而以"形"为主体的艺术摹仿思维注重客体形象。想象以"类推"为基本方式、以"立象尽意"为基本特征，表现非实体、非现实的时空一体的意志和情感，铸就了中国特有的思辨哲学和抒情艺术。摹仿则以"定义"和"归纳"为基本方式，以对象的"形象"为基本特征，表现实体性、现实性、空间存在性为特征的自然科学和自然哲学，成全了西方"形式逻辑"和叙事艺术。因此，"想象"和"摹仿"分别体现了中西古代审美思维和艺术创作手法的民族特征。

1. 中国古代审美思维："想象"与"神思"

中国古代从宗教图腾的"想象"行为发展为哲学、艺术思维的"想象"活动，从天文观测到"观物取象"的哲学性卦象系统，再到"神用象通"的诗学"意象"理论，一致体现了"象思维"的民族文化内涵。

中国古代的"想象"活动源于宗教图腾活动，哲学和艺术中的"想象"就是构筑"象"。但"想象"一词最早出现在《楚辞·远游》中的诗句："思旧故以想象兮，长太息而掩涕。"三国时期，曹植在《洛神赋》也使用过"想象"一词："于是背下陵高，足往神留，遗情想象，顾忘怀愁。"这里的"想象"与图腾中的"想象"活动一致，都是象征追忆或怀念。"想象"历来是华夏民族普遍的基本思维方式，渗透在哲学、政治、伦理、艺术和医学等各个领域。作为诗学理论，刘勰最早阐释为"神思"，用以阐述"意象"构思的基本思维方法，可算是中国古代较为系统的"想象"理论。唐代王昌龄提出"境思"论，后来诗论家分别从众多角度阐述了诗歌创作中的"想象"方法，但一直没有专门阐述"想象"概念的理论。

"应感""物感""兴会"等都以"想象"为基本思维方式。秦汉诗乐理论中的"物感"就是阐述"乐象"的想象思维。"诗言志"的"志本观"，"诗缘情"的"情本"观，都是以"象"为核心的想象思维。刘勰的"神思"论可以视为是中国文论史上具有一定系统性的"想象"理论。钟嵘的"滋味"说，王昌龄"三境"及其"境思"说，皎然的"情景"说，司空图的"韵味"说，严羽的"妙悟"说，"性灵"说，"童心"说等，一致表现了中国诗文创作、诗歌欣赏、诗学理论等想象思维特征，始终以"象"为核心，围绕"心物""情景"关系，发挥创作主体的思维主动性，成为哲学、自然科学、社会科学、艺术审美等各个领域相通相融的基本思维方法。

"思维"与"技巧"并重，是中国古代以"想象"为主体的诗学理论的基本特征，这是由“人本”思维所决定的，诸如《毛诗序》关于“赋、比、兴”手法的阐述，曹丕关于“诗赋欲丽”的主张，陆机的《文赋》关于“物、意、文”关系问题的揭示，刘勰的《文心雕龙》及其“情、辞、物”关系的阐述，钟嵘的《诗品》，王昌龄的《诗格》，皎然的《诗式》，司空图的《二十四诗品》，严羽的《沧浪诗话》，等等，都是把诗歌的创作思维和创作技巧融为一体的思想理论。因重“思维”则以“心物”关系为核心产生了“物感”“神思”等审美范畴，因重“技巧”而以“物、情、辞”关系为核心形成了“赋、比、兴”的基本手法。

2. 西方古代审美思维：“想象”与“摹仿”

古希腊“摹仿”说着力关注艺术创作技巧，这是由“神本”意识所决定的。“摹仿”说始于“艺术模仿自然”，发展为主张“模仿”人的行动、心理、性格和“灵魂”等，所关注的都不是创作思维而是创作技巧。亚里士多德的《诗学》的核心思想是“摹仿”说，着力阐述的就是艺术“摹仿”的技巧问题。他提出“悲剧是对于一个严肃、完整、有一定长度的行动的摹仿”的定义，本质上就是对悲剧创作技巧的界定，认为“其中情节和性格是最为重要的”，这是重技艺的创作主张。他的《修辞学》进一步体现了古希腊以“技艺”为主的艺术思想。

在古希腊，“想象”（imagination）一开始就作为一种与客观、真实相对立的、表现“想象力”的心理学概念被正式提出来，指空想、幻想、猜想、设想、推想等心理特征。亚里士多德是古希腊最早论述“想象”概念的人，他说：“想象不同于感觉和判断。想象里蕴蓄着感觉。而判断里又蕴蓄着想象，显然，想象和判断是不同的思维方式，想象可以随心所欲。”[①] 17 世纪以后，“想象”被视为人的认知能力和理解能力而加以论述。英国哲学家霍布斯（1588—1679）曾把“想象”与“幻想”加以比较，说：“想象无非就是正在衰退的感觉”，“想象和记忆无非就是一回事”（《利维坦》）。意大利哲学家维柯（1668—1744）把“想象力”与“推理力”加以对举，提出：“推理力越弱，想象力越强。”[②] 英国“湖畔派”浪漫主义诗人华兹华斯（1770—1850）在其《抒情歌谣》的一个注脚中说，想象是“简单元素所产生的印象效果”。柯勒律治在《文学生涯》中把想象分为两等：第一等是介于感觉与知觉之间的一种才能，是“一切人类知觉的活力与原动力”；第二等是第一等的回声，功用和性质上与第一等的想象相同。这些关于“想象”概念的阐释，仅仅从心理学上揭示了人类共同的心理机制，特指人的一种猜想、设想、推测等思维形式。

---

① 伍蠡甫. 西方文论选. 上海：上海译文出版社，1979：561.
② 哈尔滨师范学院. 形象思维资料汇编. 北京：人民文学出版社，1980：31-140.

把“想象”视为创造思维并用于文艺理论，始于古罗马斐罗斯屈拉塔斯。他说想象“是用心来创造形象”，“想象比起摹仿是一位更灵巧的艺术家。……摹仿只能创造出他已经见过的东西，想象却能创造出它所没有见过的东西”[①]。到了16世纪，意大利批评家马佐尼（1548—1598）在《但丁〈神曲〉的辩护》中再次肯定了艺术想象的创造性：“想象真正是驾驭诗的故事情节的能力，只有凭这种能力，我们才能进行虚构，把许多虚构的东西组织在一起，从此就必然生出这样的结论：因为诗依靠想象力，它就要由虚构的和想象的东西来组成。”培根（1561—1626）指出艺术想象的特征：“历史涉及记忆，诗涉及想象，哲学涉及理智。”认为想象的特征是“放纵自由”[②]。

18世纪以后，西方文论才开始把灵感同想象和情感联系起来。康德把想象力分为“创造的想象力”和“复制的想象力”两种：前者是指连接感性直观和知性概念的能力；后者是指回忆或联想的能力，“只是受制于经验规律即联想律”。从而肯定“创造的想象力”在审美体验中的作用，认为想象力就是通过审美形象来表现一种理想、理念（典型）。其追随者费希特进一步认为现实只是人的一种创造，因而更强调天才、灵感，强调主观能动性，把人的心灵提高到客观世界创造者的地位。随着法国启蒙思想家卢梭（1712—1778）所宣扬的“感情至上”和“人的本性善良”等主张的影响逐渐扩大，欧洲各国浪漫主义文学先后兴起，“想象”概念也随之与情感结合起来并成为西方文论中的重要概念。华兹华斯在《抒情歌曲集》（序言）中说：“一切好诗都是强烈情感的自然流露。”并强调诗歌要描写真实情感，认为想象力是由诗人的灵魂来掌管和支配的，真理能够“凭借热情深入人心”[③]。柯勒律治在《文学生涯》中指出：“想象是天才的灵魂。”认为“诗人从自己的精神中把一个有人性、有智慧的生命转移给它们”[④]。这正是“移情”说的蓝本。雪莱也说：“想象是创造力，诗可以理解为想象的表现。”别林斯基（1811—1848）说：“在诗中，想象是主要的活动力量，创造过程只有通过想象才能得以完成。”他认为“诗人用形象思索，他不证明真理，却显示真理”。“任何情感，任何思想，必须形象地表现出来，然后才是诗的情感或思想。”[⑤]英国哲学家布莱士列特进一步认为：“诗歌是想象和激情的语言。”休谟曾经阐释过“想象”，认为“想象”有两种含义：一是指心灵对简单观念进行复合（联系或联结）或创造的能力；二是指通常意义上的“幻想”“幻觉”和任意虚构等，休谟对这种想象感到厌恶[⑥]。可见，这时期的文

① 北大哲学系美学教研室. 西方美学家论美和美感. 北京：商务印书馆，1980：52.
② 《文艺学专题研究》编写组. 文艺学专题研究. 武汉：华中理工学院出版社，1986：58.
③ 伍蠡甫，胡经之. 西方文艺理论名著选编（中卷）. 北京：北京大学出版社，2000：50-70.
④ 柯勒律治. 文学生涯//刘若端. 十九世纪英国诗人论诗. 北京：人民文学出版社，1986：50.
⑤ 哈尔滨师范学院. 形象思维资料汇编. 北京：人民文学出版社版社，1980：19-92.
⑥ 休谟. 人性论（上册）. 关文运译. 北京：商务印书馆，1997：296.

艺理论都肯定了主体想象的情感自由性，肯定了想象的创造力，但本质上是借助“想象”，按照事理逻辑来“填补”艺术形象的“血肉”，使之更加丰满，因此“想象”没有脱离“实证”的思维范畴。也就是说，西方古代以“实证”为前提的“想象”，同中国古代以“情性”和“物感”为基础的“立象尽意”中的“想象”具有本质的区别。

浪漫主义思潮关于主观情感自由抒发的主张，使想象思维日益备受西方人关注。一些西方学者甚至以现实性的“情欲”来阐释情感想象的地位与作用，突出情感的原动力价值。弗洛伊德就认为文学是“性欲的升华”，20 世纪初法国学者李博在《论创造性想象》中认为：“最初还是感情的因素作为原动力，然后感情的因素又配合着创造的不同阶段……诗人、小说家、音乐家甚至雕刻家和画家，都能感受到自己所创造的人物的情感和欲望，和所造的人物完全融合为一，这是一个众所周知的事实，几乎也是一条规律。因此，在这第一种情形中，有两道感情之流：一道构成激情，这是艺术的材料；另一道则激起创造的热情，随着创造而发展。”又如现代德国哲学家（1903—1969）阿多诺就说过：“情欲高潮是审美体验的一种肉体原型。”①

黑格尔尤其推崇“想象”，主要表现为五个方面。一是把“想象”当作把握现实的一种认识方式，把艺术想象思维同认知思维、宗教思维和科学思维中的概念思维区别开来，认为“美是理念的感性显现”，艺术想象是一种辩证思维，也是认识世界的一种思维方式，即通过感性而认识理性的思维方式。二是肯定艺术想象的自由空间与创造力，认为“艺术作品既然是由心灵产生出来的，它就需要一种主体的创造活动，它就是这种创造活动的产品……这种创造活动就是艺术家的想象”②。“不要把想象和纯然被动的幻想混为一事，想象是创造性的。”三是肯定艺术想象思维伴随着情感活动，认为“艺术最杰出的本领就是想象”，“想象是艺术创作中最杰出的艺术领域”。四是强调想象的偶然性和任意性，即近代西方的“灵感”概念。五是阐述情感在艺术创作中的动力作用。但他又认为想象是一种以“客观方式”表现出来的世界，艺术想象是借助现实现象的“形态”来显示现实世界背后的真理。可见黑格尔仍然以“主客分离”的哲学观来认识“想象”，没有脱离“摹仿”说的“客观”“形态”“形象”等思维方式，“想象”所指的是主体对于外物的认知能力、感受能力和实践能力的结合，表现在艺术创作上就是能够把实体“形象”与“理念”统一起来的思维能力。这与中国古代主客统一、重主观情感、重“意象”表达的“想象”内涵具有本质的差别。

黑格尔还把“灵感”与“想象”统一起来，认为灵感赋予想象以创造力：

---

① 阿多诺. 美学理论. 王柯平译. 成都：四川人民出版社，1998：304.

② 黑格尔. 美学（卷一）. 朱光潜译. 北京：商务出版社，1996：356.

“想象活动和完成作品中技巧的运用，作为艺术家的一种能力单独来看，就是人们通常所说的灵感。”“灵感就是这种活跃地进行构造形象的本身，这一方面是就主体的内在的创作活动来说，另一方面也是就客观的完成作品的活动来说，因为这两种活动都必须有灵感。”[①] 他进一步认为，在“灵感”的前提下，“内心喜悦”是一种创作动力。“他自己的快乐就是创作动力，这种从内心迸发出来的东西本身就可以成为作品的材料和内容，推动他对自己的喜悦进行艺术的欣赏。”其“愉悦”动力说的价值在于，主体通过审美对象来获取情感的愉悦，因此尤其关注偶然性的“灵感”爆发。但是，时空分离是西方“摹仿”说和“想象”论的本质特征，莱辛就曾经通过诗与画来区分时间与空间的差别：“对时间上的先后承续，属于诗人的领域，而空间则属于画家的领域。”甚至认为：“把在时间上必须有距离的两点纳入同一幅画里……就是画家对于诗人领域的侵犯，是美好的趣味所能赞许的。”“如果绘画把不同的时间放在同一空间中去描绘，它也就同样不是摹仿的艺术而只是解说的工具。”[②]

随着近代西方“灵魂”说、“摹仿”说、“灵感”说等思想理论的发展，情感与想象越来越成为西方文论和美学着力关注的美学思想。由此可以看出，情感与想象将成为当下和未来中西审美思维和审美理论的一个重要结合点。

（三）审美情感体验比较：“韵味”与“快感”

审美情感体验需要充分调动创作主体的情感、想象、联想等心理因素来对特定的审美对象进行审视、体味和理解。在一定审美经验的基础上，情感体验一般具有三个心理过程：感知、想象、超越。感知是建立“心物”关系，想象是“心物”互动与交融，超越是超现实、超功利的生命搏动与品味。但由于中西关于情感想象的思维方式和理解方式的差别，形成了不同的审美情感体验观。下面通过“缘请”与“移情”、“韵味”与“快感”的比较来透视这一差别。

1）中国诗学重“缘情”，西方文论重“移情”

朱光潜曾经引进西方“移情”概念来阐述审美情感，阐述“缘情”与“移情”之间共通的艺术思维特点。由此，国内许多学者直接用“移情”来阐释中国古代的“缘情”说，并视为等同的概念，这对于认识和理解中西古代审美思维，将是一种误导。

“摹仿”的艺术本质是再现“和谐”，“物感”的艺术本质是表现“情性”。这就决定了情感想象分别在“摹仿”和“物感”中的价值理念差别：“物感”中的想象是“缘情”，“摹仿”中的想象是“移情”。“移”与“缘”分别表现了“情”的两种不同的情感动力源。“移情”是生命主体主动将自身情感主动投射

① 黑格尔. 美学（卷一）. 朱光潜译. 北京，商务印书馆，1981：363-364.
② 莱辛. 拉奥孔. 朱光潜译. 北京：人民出版社，1997：98，172.

到无生命的对象上，即以“我”为动力之源，然后将情“移植”“外射”于客体之“物”，即“由我及物”。而“缘情”则视“物”为动力源，即“感于物而后动”“物使之然也”，表现为“情因景生”“景因情变”，是心、物的双向互动所产生的生命勃发与情性相通。

西方“移情”说的内涵源于柯勒律治的“诗人从自己的精神中把一个有人性、有智慧的生命转移给它们”。“移情”这一术语则源于德语“einfuhlund”，意指直观与情感直接结合，从而使知觉表象与情感相融合的过程。“移情”作为审美心理学概念，最早由德国审美心理学家费肖尔之父（1807—1887）、费肖尔（1847—1933）提出。费肖尔把移情作用称为“审美的象征作用”，认为“移情”就是主体的生命和情趣灌注于无生命的对象之中，使对象显示出情感色彩的现象，因此，美根源于主体的移情活动，美的本质和核心就是移情现象。费肖尔之子在《视觉的形式感》中把“审美的象征作用”改称为“移情作用”，认为审美感受的发生就在于主体与对象之间实现了感觉和情感的“共鸣”。他们把艺术审美创作看作主体“由我到物”的感情单向移植，而审美鉴赏则是接受主体“由物到我”的单向领悟，移植与领悟的统一则为艺术作品的“共鸣”。可见，“移情”说明显体现出“主客对立”的哲学观。

美国心理学家 E.铁钦纳（1867—1927）将“移情”英译为“empathy”，意为共鸣、同情。德国立普斯和格罗斯各持一端，分别以“同情”说和“内摩仿”说来阐释“移情”说。德国心理学家立普斯（1851—1941）在其著作《空间美学》（1879 年）和《论移情作用》（1903 年）中将美感的根源阐释为一种“心理错觉”，一种在客观事物中看到自我的错觉，即“移情”。认为美感是由于主体把情感投射于审美对象并融为一体，即“同情”说。格罗斯（1861—1946）在《动物的游戏》一书认为审美的“移情”就是主体对于审美对象的一种心领神会，即“内摹仿”，“内摹仿”产生的快感就是审美感受，认为审美体验的核心是内摹仿活动，是产生移情的根源。西方心理学中的“移情”转化为审美理论以后，它就成为西方“想象”说的核心内容，受到许多美学家关注。英国美学家 V. 李（1856—1935）在《美与丑》（1897 年）一文中阐述了移情的概念，认为美的价值是一种客观化的自我价值感，移情是审美欣赏的基本前提，同时又认为移情现象是自身对经验的反省，仍然回到“回忆”理论范畴。弗洛伊德的“投射”理论认为，“移情”就是将基本上本属自身一部分的某种不快的思绪、动机、欲望或情感，投射到他人或他物身上。但是，近代瑞士心理学家布洛（1880—1934）又提出“心理距离”说，从“美感效应”的角度阐述审美心理，在肯定审美活动中的主体创造性和审美情感的个体性的同时，进一步强化了“主客对立”的审美思想。

从上述分析可以看出，近代西方审美理论开始认识、肯定并阐述了审美体验过程中的想象与情感问题，“移情”说成为西方一个富有代表性的审美情感体验论，并形成了关于“移情”说阐释的诸多话语，诸如“生命转移”“灌注”“共鸣”“同情”“情感投射”“内摩仿”“回忆”“心理距离”等。这些理论表现出以下四个特征：一是以“主客分离”观为基础的心、物“对立”观；二是以“摹仿”说为基础的“回忆”观；三是从“有情”主体向“无情”对象“投射”和“转移”的“生命”观；四是“情感”仅仅是主体的“纯主”观，在艺术想象和审美体验中始终没有获得本体地位。意大利著名当代文艺批评家、哲学家克罗齐曾经为艺术下定义：“艺术即直觉，直觉即表现”，“艺术的直觉总是抒情的直觉”，“直觉只能来自情感，基于情感”，“情感给了直觉以连贯性和完整性”①。这种“直觉”和“情感”，是指纯“自我”的内心世界和精神生活，是主体对于对象的“单相思”，所谓“表现”实际上是纯主体的情感宣泄。可见，以西方心、物分离的“移情”说来阐释我国古代心物交感、物我合一的“物感”说、“缘情”说等审美思维，显然行不通。

但是，“移情”说与“缘情”说作为中西富有民族性的审美理论，情感和想象已经成为他们共同关注的核心内容。要实现中西方关于情感和想象理论的结合，其根本走向在于“心物”关系理论的思维融合。

2）中国诗学重“韵味”，西方审美重“快感”

“韵味”说作为中国古代形成的一个重要审美范畴，是对“意境”的审美想象空间的阐释，司空图概括为“韵外之至”和“味外之旨”，它是通过“象外之象”“境外之境”来实现的。“意境”具有三个基本特征：一是情景交融；二是虚实相生；三是想象空间，即“韵味”。“韵味”除了感官的快感和情感的愉悦，还包括情感的奔放和思维的驰骋。“韵味”说借助听觉和味觉之“和”来作比喻，表现意境所具有三个基本内涵：情感表现的韵律性、思想内涵的层次感、再创造想象空间的无限性。

西方源于古希腊的审美“快感”说，是由生理快感延伸到伦理快感，再升华到审美快感的理论。古希腊数学家阿契塔（约公元前 420—前 350）最早从生理感官角度阐述快感：“感官上的快乐是自然赋予人类最致命的祸根；为了寻求感官上的快乐，人们往往会萌生各种放荡不羁的欲念。”② 认为“快感”可以消除有害的欲念。德谟克利特从伦理视角把肉体的“快感”与灵魂的“善”加以对举：“凡期望灵魂的善的人，是追求某种神圣的东西，而寻求肉体快乐的人则只有一种容易幻灭的好处。”③ 这显然是以伦理价值来否定肉体“快感”的理论。

苏格拉底率先提出审美“快感”说，他问雕刻家克莱陀：“把人在各种活动

① 克罗齐. 美学原理·美学纲要. 朱光潜等译. 北京：外国文学出版社，1983：227-229.
② 西塞罗. 论老年·论友谊·论责任. 徐奕春译. 北京：商务印书馆，2003：11.
③ 北京大学哲学系外国哲学史教研室. 古希腊罗马哲学. 北京：生活·读书·新知三联书店，1957：107.

中的情感也描绘出来，是否可以引起观众的快感呢？”他的学生阿瑞斯提普斯（公元前 435—前 356）则直接主张“快感”人生，即倡导人生的目标是通过掌控逆境和顺境来使自身适应环境，从而获得快乐，成为享乐主义的先驱。他的另一个弟子亚里斯提卜明确提出享乐主义的人生观，认为“生活的目的就是最佳地去享受身体上的快乐，幸福就是快乐享受的总和”①。伊壁鸠鲁（公元前 341—前 270）发展了阿瑞斯提普斯的享乐主义，认为最大的善来自快乐，认为没有快乐就不可能有善。快乐包括肉体快乐和精神快乐，肉体的快乐大部分是被强加的，精神的快乐则可以被自己所支配。他还区分了积极的快乐和消极的快乐，认为消极的快乐拥有优先的地位，它是“一种厌足状态中的麻醉般的狂喜”。他主张通过节制自我欲望来实现平和心境，帮助人们忍受痛苦，认为“纯粹的”享乐是人生最高的目的。

柏拉图最早从审美的角度以灵魂和肉体来区分“美感”与“快感”。苏格拉底认为“美就是通过视觉和听觉而来的快感”，把美感与快感等同起来。而柏拉图则说：“真正的快感来自所谓美的颜色，美的形式，它们之中有很大一部分来自气味和声音。”②他认为美感是纯洁的、高尚的、灵魂的愉悦，而快感是混乱的、粗俗的、身体的愉快。还认为以性快感为代表的那种最强烈的生理快感“是一切骗子中最坏的”，它是非理性的、无尺度的、丑陋的，会激荡和鼓励人的低下的情欲，文艺摹仿的是虚幻的幻影而不是真理，其中的心理作用正是非理智的情欲，因此摹仿的文艺品是低劣的，它逢迎了人性中的无理性和低劣性，而摧残了理性的美好，会使灵魂迷路，因此主张“禁止一切身体欲望与快感，通过追求纯粹的知识而将灵魂从肉体的牢笼中解救出来，从而使生命保持神圣和不朽”③④。可见，柏拉图把美感视为一种无功利（无欲）的精神愉悦，成为西方美学史上主张审美非功利性的第一位美学家。这种基于视觉和听觉的非功利的“愉悦”和“快感”，成为西方审美观的基本思想，康德的“审美无利害”理论正源于此。

亚里士多德则主张理智的“快感”和理智的生命，认为“快感”本身不具有治疗性，但却能够驱赶痛苦，即通过追求快乐的事物而避开使人痛苦的事物。他以其“中庸”观来阐述“快感”的伦理价值，认为过度追求快感就是放纵，而“体验不足则是感觉迟钝，唯有节制是放纵与不及的中间性，是一种值得追求的德性”⑤。反之，压制快感或快感体验不足乃是一种恶，因此，“具有

① 弗洛姆. 占有还是生存. 关山译. 北京：生活·读书·新知三联书店，1989：5-6.

② 北京大学哲学系外国哲学史教研室. 古希腊罗马哲学. 北京：生活·读书·新知三联书店，1957：236.

③ 柏拉图. 斐莱布篇//柏拉图. 柏拉图全集（第三卷）. 王晓朝译. 北京：人民出版社，2003：260-261.

④ 季中扬. 论西方美学思想史中的快感概念. 北方论丛，2009，(5)：129-132.

⑤ 亚里士多德. 尼各马科伦理学//亚里士多德. 亚里士多德全集（第八卷）. 苗力田译. 北京：中国人民大学出版社，1994：156.

净化作用的歌曲可以产生一种无害的快感”[①]。他把快乐分为感官的快乐和思维的快乐：“视觉以其纯净而有别于触觉，听觉与嗅觉优于味觉。各种快乐同样以其纯净性相区别。思维的快乐就比一切更为纯洁，而其他各种快乐也不相同。”[②]“对每一事物是本己的东西，自然就是最强大、最使其快乐的东西。对人来说这就是合于理智的生命。如若人以理智为主宰，那么，理智的生命就是最高的幸福。”[③]

康德在进一步系统而深刻地区分美感与快感的过程中，主张审美的纯粹愉悦和无利害愉悦。他说：“凡是我们把它和一个对象的存在之表象结合起来的快感谓之利害关系。”[④]“关于美的判断只要混杂有丝毫的利害在内，就会是很有偏心的，而不是纯粹的鉴赏判断了。”[⑤]他认为心灵的审美愉悦天生容易成为道德完善的象征，它能使人成为合乎人性的人，因而是高级的、值得追求的。相反，快感是享乐主义的，它奴役着人们，阻碍人们由沉思而获得自由，因而是暴政式的、有害的、低俗的[⑥]。在康德这里，自柏拉图以来关于审美非功利的美学思想得到了最自觉最系统的表述。尼采针对理智的“快感”说、享乐主义“快感”说及叔本华的悲观主义，提出了“酒神”陶醉的快感，认为快感是“醉的快乐状态”，“醉之中有性欲和情欲”，因为生理具有强力感，故主张以生命的强力来战胜生命的痛苦，并在抗争中体验强烈的生命快感。

弗洛伊德针对伦理学关于快感的道德禁忌，从性本能的精神分析角度肯定了快感的精神生命价值。他说：“追求快感是生命的至深本能，决定生活目的只是快乐原则的意图。甚至把享乐主义视为人类文化发展的目标之一。”[⑦]认为人生的目的就是追求幸福感，通过体验高度的快感来消除痛苦与不适，因而张扬肉体和生理的快感及享乐主义的人生观。阿多诺就说：“继禁欲主义时代之后的几个历史阶段中，快感成为一种解放力量。”[⑧]客观上，随着资产阶级登上历史舞台，弗洛伊德的“快感”说和人生观成为该时代解放一切被束缚的理论力量和资本主义发展的巨大动力，“快感”说迅速成为 20 世纪西方审美观念的核心和审美文化的主流，进而成为西方资本主义社会背景下的人生价值和生活方式的普遍的理想追求。

---

① 朱光潜. 西方美学史（上卷）. 北京：人民文学出版社，1983：88.

② 亚里士多德. 尼各马科伦理学//亚里士多德. 亚里士多德全集（第八卷）. 苗力田译. 北京：中国人民大学出版社，1994：223.

③ 亚里士多德. 尼各马科伦理学//亚里士多德. 亚里士多德全集（第八卷）. 苗力田译. 北京：中国人民大学出版社，1994：228.

④ 康德. 判断力批判（上）. 宗白华译. 北京：商务印书馆，1985：40.

⑤ 康德. 判断力批判. 邓晓芒译. 北京：人民出版社，2002：37-41.

⑥ 季中扬. 论西方美学思想史中的快感概念. 北方论丛，2009，(5)：129-132.

⑦ 弗洛伊德. 一种幻想的未来？文明及其不满. 严志军，张沫译. 石家庄：河北教育出版社，2003：63-69.

⑧ 阿多诺. 美学理论. 王柯平译. 成都：四川人民出版社，1998：25.

在弗洛伊德理论的影响下，德裔美籍哲学家马尔库塞（1898—1979）关于“快感”的论述，成为当代西方最具有代表性的“快感”理论，其内容主要包括三个方面。一是人的本能与社会文化的本性的关系：“只要使本能获得这种本性的基本条件发生了变化，这个本性也会随之变化。”[①]二是人的本能与社会发展的关系：在现代社会中，“连续的、压抑性的本能组织所以必须存在，与其说是为了‘生存斗争’，不如说是为了延长这一斗争，即为了延长统治”[②]。三是快感与社会文明的关系，认为爱欲能使人获得一种全面、持久的快感，有助于建立一种新型的社会关系，因此主张以快乐原则来建立以爱欲为基础的消遣王国。[③]

纵观西方关于审美体验中的“快感”和“愉悦”，其理论内涵及其发展具有两个突出特点：其一，审美体验是以视觉与听觉为主的感官愉悦；其二，审美体验的主张，经历了“有欲”（感官）—“无欲”（理性）—“有欲”（享乐）”的“文化转型”及其理论历程，最终形成了以“享乐主义”为主流的“快感”审美观。17—18 世纪，以霍布斯、拉梅特里、德·萨德、边沁、穆勒为代表的西方哲学家们，一致倡导享乐主义。在资本主义社会环境中，审美“快感”说逐步扩展为极端的个人主义和拜金主义。当代人本主义哲学家和精神分析心理学家、美籍德国犹太人弗洛姆就总结道：“在不同的时代中，极端享乐主义是富人干的事。比如说罗马帝国、复兴时期的意大利城邦、十八和十九世纪的英法两国的精英们，那些拥有无限财富的人都把尽情享乐看作是生活的意义。但是这与中国、印度、近东和欧洲那些伟大的哲人们所提出的关于幸福地生存的理论是相悖的。”[④]

从上述比较可以看出：代表中国古代审美体验的“缘情”说、“韵味”说，始终表现为一种以“情”为本的超功利的精神境界；而代表西方审美体验的“移情”说和“快感”说则日益显现为以“欲”为核心的享乐主义人生价值观。

三、中西审美境界论比较：“神韵”与“意蕴”

在 17 世纪，中国诗学理论中出现了以“物感”思维为基础的“神韵”说。而 18 世纪西方文论则出现了以“摹仿”思维为基础的“意蕴”说。“神韵”说与“意蕴”说分别体现了近代中西文关于审美境界和审美追求的民族特征。

---

① 赫伯特·马尔库塞. 爱欲与文明. 黄勇，薛民译. 上海：上海译文出版社，2005：106.
② 赫伯特·马尔库塞. 爱欲与文明. 黄勇，薛民译. 上海：上海译文出版社，2005：99.
③ 赫伯特·马尔库塞. 爱欲与文明. 黄勇，薛民译. 上海：上海译文出版社，2005：166.
④ 弗洛姆. 占有还是生存. 关山译. 北京：生活·读书·新知三联书店，1989：5.

（一）中国古代诗学中的至高审美境界："神韵"

中国古代诗学先后出现了"滋味""韵味""神韵"等审美范畴。这些范畴排斥肉体的、物质的、个人主义的享乐性的快感，而注重人生与诗歌情景相融的、富有丰富想象空间的精神审美体验，以"和"为核心价值，以"韵""味"为精神特质，表现了审美体验所追求的至高境界。

在中国古代哲学中，听觉之乐与口舌之味都以"和"本，具有"平心"的功能。因此，"乐""味"曾被诗论家们用以阐述"和"的美感体验。老子最早以"味"论"和"，如以"治大国如烹小鲜"来比喻社会之"和"。孔子则把"味"与诗乐审美情趣联系起来："子在齐闻《韶》，三月不知肉味，曰：'不图为乐之至于斯也。'"（《论语·述而》）以"不知肉味"反衬诗乐的审美情趣令人沉迷，使人忘记感官之欲，同时也表达了孔子的审美观：精神审美具有抑制感官欲求的价值，能够使人"无欲"而达到"心平气定"的精神状态。管子曾把"滋味"与情感联系起来："滋味动静，生之养也；好恶喜怒哀乐，生之变也。"（《管子·戒》）他以此说明人生"滋味"表现为不同感情的复杂变化所引起的"苦乐一体"的感受。晏婴曾提出"声亦如味""君子听之，以平其心"（《左传·昭公二十年》）。这是最早以"味"来比喻音乐之和的记载。荀悦也以"味"之"和"来阐述音乐之"和"："夫酸咸甘苦不同，佳味以济谓之和羹，宫商角徵不同，佳音以章谓之和声。"（《申鉴·杂言》）可见，早在先秦理论中，"味""乐"已逐步脱离了感官意义而成为以"和"为准则的诗乐艺术情趣，并形成了中国诗学的传统。

魏晋时期，以"味"言诗已成为诗学理论的普遍现象。例如，陆机说："阙大羹之遗味，同朱弦之清汜。"（《文赋》）刘勰曰："声得盐梅，响滑榆槿。"（《声律》）盐、梅、榆、槿为古代调味品，宋苏辙在《除冯京彰德军节度使制》中就说："和而不同，性有盐梅之德。"刘勰以"味"来阐述声律之和，评"张衡《怨篇》说诗典可味"（《明诗》），并提出"义味腾跃而生，辞气丛杂而至"的诗文审美标准。钟嵘在《诗品序》中提出"滋味"，最早把"滋味"一词纳入诗学范畴并视为最高审美境界。他说："五言居文词之要，是众作之有滋味者也。"他批判玄言诗"理过其辞，淡乎寡味"，主张诗歌应"于之以风力，润之以丹彩，使味之者无极，闻之者动心"。"滋味"作为意象化的术语，"取象"于"酸甜苦辣"等多"味"一体之"和"，"取义"于"喜怒哀乐"等多种情感之交揉变换，以象征诗歌所蕴含的人生百味或生活情景、时空一体的、富有立体感的生活情趣和情感想象空间，所表现出的是以"心心相映"的激情而感荡着欣赏者的精神灵魂，进一步突出了诗歌的艺术感染力，成为诗歌内蕴的审美标准。钟嵘的《诗品》之"品"与"味"相映，指诗歌意蕴应该达到的"品级"和层次。

唐代王昌龄提出“意境”概念，皎然整合“意境”理论，分别阐述了诗歌审美标准的“品味”。司空图从诗歌鉴赏的视角总结、创立并阐述了“韵味”说，揭示了诗歌的“可再造”想象空间、富有旋律的情韵及玩味不尽的“余味”。与钟嵘不同的是，司空图的《二十四诗品》及其“韵味”说主要偏重于诗歌鉴赏活动中的“品评”“品味”，即关于“韵外之致”和“味外之旨”的审美体验论。王昌龄、皎然和司空图共同为“意境”理论建立起了“情”“景”“韵”“味”四位一体的系统结构，完成了“意境”范畴的“定型”。严羽融入道、佛思想，“以禅喻诗”，用“妙悟”“兴趣”“入神”等来阐释意境的想象空间和韵味，概括为“空中之音，相中之色，水中之月，镜中之象，言有尽而意无穷”（《诗辨》），突出了以“悟”为特征的诗歌欣赏思维方法。

“神韵”被引入诗学，“滥觞于魏晋，形成于唐宋，发展于明清”，成为诗学审美的一个重要范畴[①]。“神韵”一词始于对人物的风采与风度的品评，指风情韵致。南朝沈约的纪传体史书《宋书・王敬弘传》曰：“（敬弘）神韵冲简，识宇标峻。”宋司马光的诗《送守哲归庐山》用于描写自然景色：“哲公金陵来，神韵自孤秀。”南齐画论家谢赫把“神韵”引入画论，在《古画品录》中分别使用了“神韵”“气韵”“体韵”“情韵”“韵雅”等术语来品评许多画家。唐张彦远的《历代名画记・论画六法》继承了谢赫的思想，他说：“至于鬼神人物，有生动之可状，须神韵而后全。”与此同时，“韵”也被引入诗论，例如，武元衡的《刘商郎中集序》说“是谓折繁音于弧韵”，这是指诗文所呈现出的能够超越于“声音”的具有内在节奏性的“韵律”感。司空图的“韵外之致”主要指“情韵”或“意韵”，开创了以“韵”论诗的先河，主张“生气远出”“近而不浮，远而不尽”。严羽的“兴趣”“妙悟”借助“禅”思维来阐释“韵味”，主张“入神”：“诗之极致有一：曰入神。诗而入神，至矣尽矣，蔑以加矣。惟李、杜得之。”把“入神”视为“诗之极致”，成为“神韵”说滥觞。北宋黄庭坚提出“书画以韵为主”“书者能以韵观之，当得仿佛”。范温又由画韵推及诗韵，以“韵”通论书画与诗文，对诗学的“神韵”说影响极大。他在《潜溪诗眼》中与王偁讨论“韵”，王偁具体阐述了“韵”的内涵：一是“不俗之谓‘韵’”，“俗者，恶之先；韵者，美之极”；二是“潇洒之谓‘韵’”，把“韵”解释为“尽美”，与司空图的“全美”一脉相承；三是“笔势飞动，可以为‘韵’乎”。范温则说：“夫生动者，是得其神。曰‘神’则尽之，不必谓之‘韵’也”，“有余意之谓韵”，即“大声已去，余音复来，悠扬宛转，声外之音”。这与司空图的“韵味”如出一辙。钱钟书说：“吾国首拈‘韵’以通论书画诗文者，北宋范温其人也。”“其所论者因书画之‘韵’推及诗文之‘韵’，洋洋千数百言，匪特为

① 张文勋. 胡应麟神韵说述评——兼论神韵理论的美学内涵. 社会科学战线，1990，(1)：241-250.

‘神韵说’之弘纲要领，抑且为由画‘韵’而及诗‘韵’之转捩进阶。”

明清时期，“神韵”被普遍用于诗评。明代“前七子”之一的徐祯卿对儒、佛、道兼收并蓄，并在《谈艺录》中以“复古”为基本观念，以“主情”为思想核心，以“气”“声”“辞”“韵”“思”等为理论要素，形成了以含蓄委婉为主旋律的诗学理论体系。在“文必秦汉、诗必盛唐”的“复古”主张背景下，胡应麟的《诗薮》多以“神韵”评诗，并认为“诗之神韵宜以格调为基，而格调应以神韵为归”。王夫之也曾多次以“神韵”评诗，例如，《明诗评选》评贝琼《秋怀》说：“一泓万顷神韵奔赴。”《古诗评选》评《大风歌》说“神韵所不待论”，评谢朓《铜雀台》说“凄清之在神韵者”。

清代王士桢积极标举和倡导“神韵”说，推进了“神韵”说在诗坛上的广泛影响。他盛赞司空图和严羽的诗论，倡导清远、冲淡、超逸和含蓄蕴藉的诗风，主张“兴会神到”“神会超妙”的诗境，把“神韵”标举为诗歌审美的最高境界，并在《丙申诗集》序言中提出“典、远、谐、则”的四字纲领，归纳了“神韵”的基本特征，被同时代的诗人钱谦益称为“谈艺四言”。“典”是对“文必秦汉，诗必盛唐”的概括，既是对诗人修身养性的要求，又是诗歌创作的审美标准。“远”是对“韵外之致”“味外之旨”“言外之意”的高度概括，主张“言有尽而意无穷”“不着一字，尽得风流”的审美韵味，他称之为“无声词”。“谐”是指诗歌本身的辞韵、音韵、气韵、情韵、体韵高度融合的旋律美，他称之为“风藻神韵”。“则”是指文辞、文采的华丽须有“节制”，即“丽以则”。西汉扬雄的《法言吾子》有云：“诗人之赋丽以则，辞人之赋丽以淫。”因此，“则”是与“淫”相对举的概念，就是要求“兴会发于性情”（《突星阁诗集序》）。王士祯所倡导的“神韵”说开了一代诗风，晚清词人况周颐把“神韵”引入了词评，如《蕙风词话》卷一所说：“填词先求凝重。凝重中有神韵，去成就不远矣。所谓神韵，即事外远致也。”

从“滋味”到“韵味”和“神韵”，体现了中国古代诗学以“韵”为审美情感体验的标准及其思维境界的不断提升。

（二）西方古代文论中的至高审美境界：“意蕴”

古希腊的“摹仿”说是西方现实主义的源头，成为欧洲文学千年不衰的文学原则。“快感”一直成为“摹仿”说关于审美体验的基本方式，体现了“摹仿”说的审美境界。直到 18 世纪中叶至 19 世纪，狂飙运动的主将、德国诗人歌德才揭示了历来“摹仿”说所存在的共同问题——自然主义“摹仿”，认为“自然与艺术之间有一条巨大的鸿沟把它们分开”。他分析了当时“感觉与理性”分离的文学艺术现状，指出“对自然的全盘摹仿在任何意义上都是不可能的”。同时他还提出了以“普遍人性”为本质、以“艺术真实”为特征、以“独特风格”为最高艺术境界的“生气灌注”的“意蕴”说，认为“意蕴”是文学艺术的审美价值所在，进一步为西方“摹仿”说拓开了新的视野。

与传统“摹仿”说相比，歌德的“意蕴”说体现了三个基本转折：一是由神本艺术审美观转向了人本艺术审美观，认为艺术应摹仿固有的人性和本能；二是由摹仿对象的形式转向了摹仿对象的内蕴（思想和意义），认为艺术源于自然而又超越自然；三是由摹仿客体对象为核心转向摹仿主体的心灵和情感为核心，认为艺术家既是自然的奴隶，又是自然的主宰。他把艺术作品分为材料、意蕴、形式三大因素，“意蕴”指人在素材中所见到的思想和意义。《歌德谈话录》对“意蕴”说的思想展开了以下四个方面阐述。

1. 文学艺术来源于现实生活

歌德认为“现实生活应该有表现的权利。诗人由日常现实生活触动起来的思想情感都要求表现，而且也应该得到表现”①。“我只劝你坚持不懈，牢牢地抓住现实生活，每一种情况乃至每一顷刻都有无限的价值都是整个永恒的代表。”②“凡是没有从艺术中获得感性经验的人最好不要去和艺术打交道。”“一部重要的作品是生活的结果。”他还认为席勒的诗因注重哲学而脱离了现实生活，没有把感觉与理性联系起来，因此“席勒对哲学的倾向损害了他的诗，因为这种倾向使他把理念看得高于一切自然，甚至消灭了自然。凡是他能想到的，他就认为一定能实现，不管它是符合自然，还是违反自然”③。席勒曾经把感伤诗和素朴诗进行区别，所谓“素朴诗”就是古典主义和现实主义的诗，“感伤诗”就是浪漫主义的诗。歌德则认为，近代感伤诗源于古代素朴诗，“感伤诗也是从素朴诗生长出来的”。而现实生活与文学艺术与之间则是源流关系，古人所写的正是他们所生活的那个世界，现实世界是唯一的源泉。“世界是那样广阔丰富，生活是那样丰富多彩……现实生活必须提供诗的机缘，又提供诗的材料。一个特殊具体的情景通过诗人的处理，就会变成带有普遍性和诗意的东西。我的全部诗都是应景即兴的诗。”④

2. 文学素材包含诗意和动机

歌德认为，现实生活本身蕴含着某种思想和意义。“每个情节必须本身就有意义，而且必须指向某种意义更大的情节。”⑤“不要说现实生活中没有诗意，诗人的本领，正在于他有足够的智慧，能从惯见的平凡事物中见出引人入胜的

① 爱克曼. 歌德谈话录. 朱光潜译. 北京：人民文学出版社，1978：4.
② 爱克曼. 歌德谈话录. 朱光潜译. 北京：人民文学出版社，1978：11.
③ 爱克曼. 歌德谈话录. 朱光潜译. 北京：人民文学出版社，1978：12.
④ 爱克曼. 歌德谈话录. 朱光潜译. 北京：人民文学出版社，1978：6.
⑤ 爱克曼. 歌德谈话录. 朱光潜译. 北京：人民文学出版社，1978：99.

一个侧面。必须由现实生活提供作诗的动机，这就是要表现的要点，也就是诗的真正核心；但是据此来熔铸成一个优美的、生气灌注的整体，这却是诗人的事了。”[①] 所谓“整体”，就是要把主体的生命和情感熔铸于客体对象，使所描绘的事物成为主客统一、情物相合、富有生机的整体艺术形象，他主张“艺术要通过一种完整向世界说话，但这种完整体……是一种丰产的神圣的精神灌注生气的结果”[②]。在西方文论中，歌德正式开启了心与物、情与景、意与象关系的理论阐述。但他所说的“整体”，并非中国诗论中的“情景交融”和“心物合一”，而是关注“理性的高度”与“普遍的人性”，认为“理性的高度”源于创作主体的“知解力”，“知解力高攀不上自然，人只有把自己提高到最高理性的高度，才可以接触到一切物理的和伦理的本原现象所自出的神。神既隐藏在这种本原现象背后，又借这种本原现象而显现出来”[③]。同时，他又认为“知解力”应回归“自然”和“人性”，“每种最高级的创造，每种最重要的发明，每种产生后果的伟大思想，都不是人力所能达到的，都是超越一切尘世力量之上的。人应该把它看作来自上界、出乎意外的礼物，看作纯是上帝的婴儿……它接近精灵或护神，能任意操纵人，使人不自觉地听它指使，而同时却自以为在凭自己的动机行事”[④]。所谓“超越一切尘世力量之上”“看作来自上界”“看作纯是上帝的婴儿”等，并非传统的“神本”观，而是指回归“自然”的情感和“普遍的人性”，但又要体现理性的高度。

3. 艺术摹仿表现“第二自然”

歌德打破了“艺术摹仿自然”的传统的“再现”观，透露出艺术“表现”性的思想。他首先肯定“摹仿自然”，他在《论文学艺术》中对艺术家提出最高的要求：“他应依靠自然，研究自然，摹仿自然，并创造出自然毕肖的作品来。”他认为“自然”就是追求“艺术真实”，认为“莎士比亚就是自然”。同时又认为自然只是艺术的“材料宝库”，创作主体只从中“选择对人是值得愿望的和有味道的那一部分”，因此“艺术摹仿自然”不是自然主义的摹仿，而是“超越自然”的创造。文学艺术不是现实的“镜子”，也不是“再现”生活的原样（第一自然），而是通过个别的“第一自然”来展现“整体”的“第二自然”。所谓“第二自然”，是指“采取从客观世界出发的原则”，从现实生活中的“个别”中提取“意义重大的、有典型意义的、引人入胜的东西，或者甚至给它注入更高的价值”，然后“以特殊表现一般”，即表现“理性的意蕴”，它是创作主体“感觉过的，思考过的，按人的方式使其达到完美的自然”，它源于“自然”

① 爱克曼. 歌德谈话录. 朱光潜译. 北京：人民文学出版社，1978：6.
② 爱克曼. 歌德谈话录. 朱光潜译. 北京：人民文学出版社，1978：125.
③ 爱克曼. 歌德谈话录. 朱光潜译. 北京：人民文学出版社，1978：169.
④ 爱克曼. 歌德谈话录. 朱光潜译. 北京：人民文学出版社，1978：155.

而又超越“自然”，故曰“第二自然”。他认为“艺术的真正生命在于对个别特殊事物的掌握和描述”，并以个别“显出特征的、优美的、生气灌注的整体”，又以“整体”表现“理性的意蕴”，“显出特征的艺术，才是唯一真实的艺术”[①]。因此，“诗人应该抓住特殊。如果其中有些健康的因素，他就会说这种特殊中表现出一般”[②]。“第二自然”既强调了文学艺术的真实性，又强调文学艺术的典型性，还强调了文学艺术的主客融合的关系。在主张真实性和典型性相统一的同时，他更强调创作主体的主观意识和思想情感在创作中的主体地位：“一件艺术作品是由自由大胆的精神创造出来的，我们也就应尽可能用自由大胆的精神去观照和欣赏。”[③]他在《就吕邦斯的风景画泛论美：艺术既服从自然，又超越自然》一文中说：“艺术家对于自然有着双重关系：他既是自然的主宰，又是自然的奴隶。他是自然的奴隶，因为他必须用人世间的材料来进行工作，才能使人理解；同时他又是自然的主宰，因为他使这种人世间的材料服从他的较高的意旨，并且为这较高的意旨服务。”可见，歌德在很大程度上超越了以往“摹仿”说的主客对立的观念。

而对于主体精神，歌德在继承传统“道德”思想的同时，还主张“自然”“纯朴”的道德。他说：“现实的东西如果没有道德的关系，我们就把它叫做平凡的东西。”“造型艺术所涉及的是可以眼见的东西，是自然的东西的外在现象。纯然自然的东西只要同时是在道德上使人喜爱的，就叫做纯朴的，所以纯朴的对象才是艺术领域的。”“艺术应该是自然的东西的道德表现。同时涉及自然和道德两方面的对象才是最适宜于艺术的。”也就是说，自然对象要成为艺术的对象，它就必须具有社会性而显出它和人的意义关系。

4. 文学风格与作家人格

在歌德之前，法国启蒙主义思想家布封（1707—1788）就提出“风格即人”的文学观。他指出：“宇宙的主人不是上帝而是人，人事自然界地中心，决定周围的一切。”[④]他认为风格是文学作品的灵魂，本于创作主体的修养、智力和思想，并通过作品的语言表现出来。而歌德的“风格”论不仅具有“风格即人”的人本思想，而且更加强调人的精神灵魂中由崇高的道德修养和高尚人格品质所呈现出来的“内心生活”。他说：“一个作家的风格是他的内心生活的准确标志，所以，一个人如果想写出明白的风格，他首先要心里明白；如果想写出雄伟的风格，他也首先要有雄伟的人格。”[⑤]他主张“自然”与“典型”相统

① 爱克曼. 歌德谈话录. 朱光潜译. 北京：人民文学出版社，1978：10.
② 爱克曼. 歌德谈话录. 朱光潜译. 北京：人民文学出版社，1978：90.
③ 爱克曼. 歌德谈话录. 朱光潜译. 北京：人民文学出版社，1978：126.
④ 中国大百科全书总编辑委员会《外国文学》编辑委员会. 中国大百科全书（外国文学）. 北京：中国大百科全书社，1982：217.
⑤ 爱克曼. 歌德谈话录. 朱光潜译. 北京：人民文学出版社，1978：36.

一基础上的精准的“独特风格”，并以此作为文学艺术审美的最高水准。在《对自然的简单摹仿，虚拟，独特风格》一文中说：“如果艺术通过摹仿自然，通过努力为自己创造一种具有普遍性的语言，通过精确地、深刻地研究对象本身，终于达到这样的地步，它准确地……而且越来越准确地了解了事物的特性以及它们的生成的方式，它认识了许许多多的形态，它懂得把各种不同的具有典型意义的形式并列并加以摹仿——如果艺术达到了这样的地步，独特风格就成了艺术可能达到的最高水准。”

同时，歌德还进一步提出并阐述了文学风格与想象力的关系。他所倡导的“想象”不是当时消极的浪漫主义者片面强调的想象，而是认为想象力必须是建立在感觉力、知解力和理性基础之上的真实、自然的“高尚资禀”。他认为“感觉力把誊写清楚的形象交付给它，知解力对它的创造力加以约束，而理性则使它具有完全的确实性，不是戏弄梦中幻象，而是根据观念”。“一个伟大的自然科学家根本不可能没有想象力这种高尚资禀。我指的不是脱离客观存在而想入非非的那种想象力，而是站在地球的现实土壤上、根据真实的已知事物的尺度、来衡量未知的设想的事物的那种想象力……这种想象力的先决条件就是要有开阔的冷静的头脑，把活的世界及其规律都巡视遍，而且能够运用它们。”[①]“想象力”又与“知解力”具有本质的区别，“知解力对想象的规律不但不能而且也不应该去窥测。想象如果创造不出对知解力永远是疑问的事物来，它就做不出什么事来了。这就是诗和散文的分别。在散文领域里起作用的一向是，而且也应该是，知解力”[②]。他认为只有“想象力”才能创造出“审美趣味”，“没有东西比没有审美趣味的想象力更为可怕”。“想象力”在文学艺术创作中具体表现为“虚构”，“在艺术创造的较高境界里，一幅画要真正是一幅画，艺术家就可以挥洒自如，可以求助于虚构”[③]。

由此可见，歌德的“意蕴”说成为西方“摹仿”说发展的一个具有“集成”意义的审美范畴。它主张以“现实生活”为艺术本源，以“自然”的“普遍人性”为艺术本质，以“摹仿”为艺术手段，以“独特风格”为艺术水准，以“想象力”创造“审美趣味”，以个性特征“生气灌注的整体”。它要求文学艺术必须是一个辩证统一的“整体”，即古典主义与浪漫主义的统一、自然性与社会性的统一、理性与感性的统一、主观与客观的统一、内容与形式的统一、艺术与自然的统一。“意蕴”说以其辩证的艺术思维，体现了西方以“二元”哲学为基础的文艺理论特征。

歌德关于生活与诗意、素材与思想、情景与动机关系的认识和阐述，与我

① 爱克曼. 歌德谈话录. 朱光潜译. 北京：人民文学出版社，1978：186.
② 爱克曼. 歌德谈话录. 朱光潜译. 北京：人民文学出版社，1978：138.
③ 爱克曼. 歌德谈话录. 朱光潜译. 北京：人民文学出版社，1978：125.

国古代诗学关于“意象”“物感”和“情景”的学说具有许多相似性。但“神韵”说同“意蕴”说相比，具有自身的民族特征。首先，“意蕴”说主张文学艺术的“多角度”的“对立统一”，而“神韵”说所追求的是不同审美“层次”感的融合与贯通，譬如，“入神”—“传神”—“余韵”相贯通；“禅境”—“诗境”—“意境”相融合；“情性”—“兴会”—“妙悟”相通达。其次，“意蕴”说是在批判传统神学艺术观基础上所建立的“人本”艺术观，“神韵”说则是将禅学思想融入诗学理论的“人本”审美观，集中表现在三方面：一是把禅境融入诗境，使诗歌进一步扩展了无穷的审美韵味，进而强化了中国诗学的审美想象特征；二是主张以“妙”“悟”“神”“韵”论诗，进一步凸显了诗学关于含蓄委婉的审美追求，使诗境的审美“韵味”呈现出无限的层次感和想象空间；三是主张以平淡、清丽的语言风格创造艺术意象，进一步体现了苏轼所总结的“诗中有画”“画中有诗”“诗画一体”的民族特色。“神韵”说在漫长的历史文化形成过程中，融入了儒、佛、道思想的诗学审美精神，成为中国民族文化在诗学“意境”审美的更高境界。

歌德关于“意蕴”说、主体的“心灵与情感”核心观、“整体”观、“普遍人性”观、想象与虚构等思想理论的阐述，表明西方“摹仿”说的思维逐步转向了关注主体情感、注重想象、以人性为核心内容的艺术审美思维。“意蕴”与“神韵”蕴含着中西共通的审美理念，将是当代及未来中西审美思维“合璧”的一个根本结合点。

综上所述，“物感”说和“摹仿”说作为中西关于审美发生论的两种不同审美思维方式，决定了它们在后期发展中的走向和归宿。在中世纪基督教统治时期，西方“摹仿”说作为文艺理论，和哲学一起成为神学的奴婢。宗教神学认为，上帝创造了一切，创造了艺术和美。美和自然都是上帝的“杰作”，因此艺术不能创造，只能“摹仿”，突出“再现”性。摹仿自然就是摹仿神和上帝，人不能有创造，只能最大限度提升摹仿的技巧和能力，于是推动了以“悲剧”为主体、以“典型”为核心范畴的叙事学理论的成熟。而“物感”说虽然在原始巫术和原始宗教中孕育，但从《易经》哲学开始，就摆脱了宗教神学的羁绊，突出了以人为主体的哲学思维特征。在儒家思想体系中，“物感”说又成为伦理政治的理论基础，“诗言志”说、“兴观群怨”说等，极力表现了“声音之道与政通”的功能，最大限度地开发了“心声”的主动创造性。在诗学理论体系中，“物感”说以“赋、比、兴”为诗歌的基本表现手法，形成了以“心”“物”关系为枢纽、以“意象”为核心范畴的审美理论体系，进而推进了以“情”“景”关系为要素、以“意境”为核心范畴的审美理论体系的产生和发展。

“物感”说和“摹仿”说产生于同一时期，分别代表了中西古代早期关于审美发生的认识、理论和思维方式。在哲学理念上，“物感”说是居于“天人合一”观的一元论思维。而“摹仿”说则是居于“天人对立”观的二元论思维。在思维方式上，“物感”说致力于“心物”关系的审美认识，注重审美想象，始终以“象思维”为基本思维方式。而“摹仿”说致力于对象形态的审美认识，注重“实证”与逻辑，始终以“形思维”为基本思维方式。在审美意义上，“物感”说立足于万物“情性相通”，关注心与物、情与景的“双向互动”。而“摹仿”说立足于主体的心理感受，强调客观对象的审美形式的再现。在审美体验过程中，“物感”说以主体“情性”为质，强调人自身情感的道德与政治价值，具有突出的社会功利性。“摹仿”说以客体“形象”为质，强调个体主体的心理快感与愉悦，关注对象所呈现的审美特性。作为艺术审美，“物感”说重主体的情感想象，突出“象”的表现手法。“摹仿”说重主体的描绘技艺，突出“形”的再现技巧。“物感”说铸就了中国“意象”“意境”理论的审美范畴体系，“摹仿”说成就了西方“典型”理论的成熟。可见，“象思维”与“形思维”分别体现了中西古代不同的审美思维和艺术表达方式，正如季羡林先生所说：“东西文艺理论之差异，其原因不仅由于语言文字的不同，而根本是由于基本思维方式不同。”①

---

① 季羡林. 门外中外文论絮语. 文学评论，1996，(6)：7.

第八章

中西古代关于悲剧审美的思维

——中国“悲情”观与西方“悲剧”论的理论碰撞

人类的一切活动，归根结底都是生命实践活动。生命本身是个体的，具有自然属性和本能特征。但实践活动中的生命则是社会的，它充满对立、冲突和抗争。生命实践过程中的对立和冲突不外乎两种基本类型：一是生命与宇宙自然的冲突；二是生命与社会的冲突。人们在生命实践中不断逢迎灾难、体验痛苦、经历挫败，同时又在生命冲突中不断积累经验、表现精神价值。当各种生命冲突的精神价值被转化为审美对象后，就形成了悲剧意识、悲剧精神和悲剧艺术。由于中西古代自然环境、社会生活实践和艺术表现方式的差异，西方古代以叙事文学为主体而形成了以“冲突”为特征、以“情节”为核心的悲剧理论体系，其悲剧观体现了“形思维”的审美方式。中国古代则先后以诗歌、戏曲、小说等多种文学样式形成了以“悲壮”为特征、以“悲情”为核心的戏曲理论，以独特的“悲情”观体现了“象思维”的审美方式。

第一节　中国古代悲剧意识中的“悲情”与“崇高”

中国古代以“象思维”为主体方式的诗学思维，其审美取向是以“大团圆”结局、充满艺术想象的“悲情”意识。在当代，曾有学者提出中国古代“没有悲剧”和“没有悲剧理论”等论断，他们只关注了来自西方的“悲剧”术语、“悲剧”文学式样及“悲剧”理论体系，忽视了中国古代固有的“悲情”观念、“悲情”作品、“悲壮”审美和“悲情”理论。尽管中国古代关于叙事性的作品及其文学理论起步较晚，但以“悲”“愤”“怒”“怨”为特征的“悲情”价值观依然源远流长。

现代汉语中的“悲剧”术语来源于西方文论，既可以指作为文学体裁的戏剧作品，也可以指具有“悲剧性”的现象与结局。从文学艺术的内在情调来说，无论是西方的“悲剧”意识，还是中国古代的“悲情”观，其核心都在于一个“悲”字。但西方“摹仿”说注重“悲”的实体性表现过程，追求视觉形式的“快感”审美，因而形成了以“情节”为核心的悲剧体裁和悲剧理论，“冲突”是“主客对立”观的表现，“情节”关注的是“形”，因此西方悲剧审美的基本思维方式仍然是“形思维”。中国古代“物感”说注重“悲”的非实体的情感体验，追求以想象为特征的再创造思维空间，因而形成了以“悲情”为核心的、不同表现形式的悲情文学艺术，诗歌、散文、戏剧、小说等都是“悲情”审美观的重要载体。“悲情”文学往往通过诗化的意象和情感想象空间来呈现审美意义，因此其基本思维方式是“象思维”。

一、“情本”诗学与“悲情”审美

中国古代“情本”诗学理论本身已经包含着“悲”的思想和对“悲”的正视，喜怒、哀乐、怨恨、忧伤、痛苦等不同情感形式，都是作为人的“情性”而被先秦诗乐理论所肯定的一个重要的审美取向。秦汉时期崇哀怨，唐宋时期尚悲美，元代“四大悲剧”的问世更加显示了诗人们日益关注“悲情”的审美倾向。明清“四大名著”以长篇叙事的文学形式代表了中国“悲剧”意识的发展和“悲剧”艺术形式的升华。乐观精神是“悲情”美的灵魂，“大团圆”结局是悲情艺术的基本表现形式。

中国远古神话是中国古代悲情艺术的滥觞，许多创世神话、始祖神话和英雄神话，以及原始宗教的图腾信仰中的神兽故事，都善于以“悲情”故事来表现远古先民们对于自然、社会的理想和愿望。在原始农耕和原始游牧生活中，人们面对频繁的自然灾害和复杂的社会矛盾，感受到自我的渺小和生命力的有限，渴望并敬仰能够战胜自然的高大威猛、英勇无畏的英雄，于是出现了诸如夸父逐日、女娲补天、精卫填海、鲧禹治水之类表现半人半神的英雄神话，同时还出现了“九尾狐”“嫦娥”等因社会冲突所导致的悲情主人公，这体现了先民正视悲剧命运、崇尚崇高英雄的“悲情”情怀。

早期悲情艺术还表现于诗歌、散文和诗词等。《诗经》中的“怨诗”开启了“悲情”艺术的诗乐表现形式，其中以“怨刺”为基调的“政治伤怨”诗，其矛头直指社会政治现实，初步显露出诗人对于人生与社会的关注。屈原的《离骚》成为我国早期诗歌体裁的“悲情”艺术表现的典范。司马迁的《史记》开创了我国人物传记和散文体裁的“悲情”艺术，通过人物传记描写了上至王侯将相，下及氓隶之人、游侠刺客等不同阶层、不同性格的许多悲剧人物。

起于汉代、兴盛于唐代的“宫怨诗”，充满了浓厚的悲情色彩。东汉蔡琰的

《悲愤诗》、东汉王粲的《七哀诗》、晋代张载的《七哀诗》、南北朝谢朓的《玉阶怨》、西晋陆机的《班婕妤》等诗作，成为宫怨诗的推助力量。《自悼赋》中的“勉虞精兮极乐，与福禄兮无期”，《怨歌行》中的“常弃捐箧笥中，恩情中道绝”等诗句，充分体现了“悲”的结局。唐代以描写宫女幽怨为主题的大量宫怨诗的出现，进一步体现了诗人们对于人生“悲情”与社会关系的高度关注，白居易的《上阳白发人》，刘方平的《春怨》，顾况、刘禹锡、朱庆余分别写的《宫词》，王维的《秋夜曲》，杜牧的《秋夕》，李白的《玉阶怨》，孟郊的《怨诗》等，展示了宫怨诗的繁荣，王昌龄的《西宫春怨》《长信秋词》等尤为著名。唐代的“闺怨诗”以弃妇、思妇为主要描写对象，以伤春怀人为主题，从不同侧面剖析了妇女在特定社会情态和生活遭遇下或悲悼、或悔恨、或失落、或惆怅的复杂心理状态，体现了诗人们对社会生活的“悲情”的更为广泛的关注。唐代杜甫的《三吏》与《三别》表现战争给人民带来的灾难。唐诗、宋词中的名作大多以离别相思等“悲情”而著称于世。明末清初王马为的《七哀诗》等，都是“悲情”艺术的诗化表现。

元代兴起的戏曲，把诗乐、剧情和人物性格刻画融为一体，充分体现出“主情”的艺术特征。随着宋元戏剧文学的繁荣，产生了关汉卿的《窦娥冤》、白朴的《梧桐雨》、马致远的《汉宫秋》和纪君祥的《赵氏孤儿》等元代“四大悲剧”杰作，王国维在《宋元戏曲史》中称赞《窦娥冤》《赵氏孤儿》为“最具悲剧之性质”，认为“列之于世界大悲剧中，亦无愧色也”。明清时期的《娇红记》《精忠旗》《长生殿》《桃花扇》《清忠谱》等也都是我国悲剧创作的重要典范。

明清“四大名著”，代表了中国古代悲剧小说创作发展的高峰。《三国演义》不自觉地把社会悲剧和性格悲剧熔为一炉，既表现了特定历史时代以愚“忠”和狭“义”为思想背景的社会悲剧结局，又构筑了一幅由众多“英雄人物”所构成的“性格悲剧”画卷，从不同侧面展示了悲剧人物的性格缺陷及其悲剧结局，曾一度被称为“我们民族的雄伟的历史悲剧”①。《水浒传》同样以众多英雄人物所构筑的性格悲剧画卷展示了包括“忠义”价值观的悲剧、英雄人物命运悲剧和农民起义的社会悲剧等，揭示了社会历史的悲剧结局。《西游记》体现了儒、佛、道高度融合的文化历史背景下的悲剧意蕴，主人公孙悟空原本是一个崇尚自我、追求自由、肆意张扬个性、主张“皇帝轮流做”的具有时代意义的典型性格，但其人生最终没有摆脱“西天取经”的目标追求，其精神灵魂始终屈服于以“唐僧”为首的“精忠”“仁爱”“中庸”等诸多儒家思想的钳制，其人格最终被佛家“观音”的“紧箍咒”所限制，他的“七十二变”

① 熊笃. 三国演义的悲剧发微. 明清小说研究，2003，(2)：57-69.

始终不能跳出如来佛的手心，除妖斩魔的过程大都必须求助于以玉皇大帝为首的道家系统的种种魔法，最终个性泯灭、丧失自我、全心皈依佛门。《红楼梦》被王国维视为中国文学史上摆脱了“大团圆”结局的、真正意义的、彻头彻尾的悲剧，作品以贾府家族的兴衰史描绘了一个社会时代的悲剧，以大观园各阶层众多女性的悲剧来展示了封建礼教与皇权背景下的女性悲剧，以贾宝玉、林黛玉的命运揭示了该时代的爱情悲剧。

纵观中国古代悲剧性文学创作的发展历程，诗歌、散文、传记、小说、戏曲等不同文体中都曾经涌现出不少英雄悲剧、爱情悲剧、性格悲剧等各种悲剧类型，产生不少以“悲壮”“壮举”“壮烈”为审美特征的经典悲剧作品，分别从不同侧面揭示社会悲剧、表现“悲情”观。中国固有的“情本”和“情根”文学决定了悲剧艺术的“本土”色彩及其“悲情”特质，其主要表现在以下方面。

一是“情性”主导。中国文学的基因是“情本”文学和“情根”文学，悲剧性艺术所强调的不是主体行为的“情节”，而是主体观念的“悲情”。因此，关于悲剧性作品的审美和诗歌审美具有一致的审美趣味：在叙写扣人心弦的情节的基础上，更关注诗一样的情感和诗一般的意境，“想象”始终是各类文学创作的基本思维方式，所谓“情景交融”的“场景”展示，其实就是以“情”为本的“情景”展示。

二是“中庸”观念。中国文学渗透了儒、佛、道思想，但以儒家思想为主流，因此，“乐而不淫、哀而不伤”的“中庸”思想潜移默化，渗透于创作观念深处，支撑着“大团圆”结局的审美心理。

三是“和”“乐”文化。中国文学始终充满了“和”“乐”文化和“柔弱胜刚强”的哲学，其“悲剧”性结局不是西方那种在“对立”哲学基础上的激烈的对抗与冲突，而是一种舒缓的、委婉的、犹如绵绵细雨的“润物细无声”，以虚幻的“大团圆”结局来使读者的情感获得回旋与舒展，在“化悲为喜”的过程中作为“历史必然性”而成为情感想象的思维导向，让人们以“乐观”的情绪来看待或寄托于未来，而表现的却是一种“天地悠悠、怆然泣下”的曲径通幽之悲，是“苦乐相错、悲喜相乘”的旋律柔和之悲，是“满纸荒唐言，一把辛酸泪”的情感深处之悲。在中国传统文化和人生哲学中，现实人生态度和文学创作观念具有血脉相连的观念：“忠臣、义士之曲，不难于激烈，难于婉转，盖有心人决不做卤莽语。此剧极肖口吻，遂使神情逼现。”①

四是“诗性”风格。首先，“悲剧”创作动因的“情本”观念，决定了“言志”和“缘情”始终是中国一切文学创作形式的根本动力。其次，“悲剧”创作

① （明）吕天成. 远山堂剧品//中国戏曲研究院. 中国古典戏曲论著集成（六）. 北京：中国戏剧出版社，1980：152.

过程的想象思维，与诗学思维、哲学思维高度一致，诸如注重情感想象，追求“立象尽意”“赋、比、兴”的基本手法等。最后，“悲情”体裁样式的多元性与融合性。更为独特的是，诗词曲赋始终是中国古代戏曲、小说的重要组成部分，元明清各类叙事作品几乎都融入了诗歌艺术的基本精神，或是展示“诗情”的意境、扩展审美空间，或是借以引发想象、推波助澜、画龙点睛等。可见，“诗情画意”是中国古代各类文学式样独具的艺术审美风格。

五是审美效果的“气韵”化特征。中国“悲情”作品往往注重情节的“一波三折”和情感的“回肠荡气”。在中国哲学思想体系中，周期性回环与递进式上升是宇宙万物生生不息的必然性，宇宙自然的运行、人类社会的兴衰、国家治乱的交替、各类事物的生灭和人生命运的起落等，无不遵循这样的规律，文学艺术的创作思维也不例外。例如，《三国演义》开篇第一回就以社会历史为实证，明确指出：“话说天下大势，分久必合，合久必分。”把宇宙的气韵、历史的气韵和情感气韵等融合为艺术“气韵”，成为中国古代文学艺术创作中的重要审美思维法则，在叙事性文学创作中明显地表现为章回小说的形成与发展。宋元话本初步具有了章回小说的雏形，明代章回小说的体例正式形成，《三国演义》《西游记》《金瓶梅》等逐步成为章回小说的典范，清代《红楼梦》代表了章回小说的艺术高峰。章回体几乎成为明清时期中长篇小说的普遍形式，并影响着当代通俗小说。回环式的艺术气韵，是文学创作内容的基本思维，集中体现为“一波三折”的情节发展过程、跌宕起伏的主人公生活历程、“大团圆”的命运结局范式和“回肠荡气”的艺术情感体验等，把主人公的价值人格与社会现实的激烈冲突、不同价值人格之间的悲剧性的矛盾斗争，以及价值人格毁灭的原因、过程等，转化为一种“柔性”的“自然规律”，以强烈而又“温和”的艺术情感表现了作者对社会的探索与批判、情感与态度。可以说，章回体小说从内容到形式都以其“气韵”体现了中国“悲情”文学的民族特色。回环式的艺术气韵同样广泛地表现在诗歌创作之中，形成了与情感节奏相适应的对仗、押韵、平仄、反复、工整句式、对称句式等表现精神气韵和生命气韵的艺术法则。历代优秀诗作，大多以富有节奏和韵律、情感波澜起伏、思绪千回百转等审美特性而著称于世。

二、“气韵”审美与“崇高”意蕴

中国古代的“崇高”术语，最早见于《周易·系辞上》：“县象著明莫大乎日月，崇高莫大乎富贵。”《国语·楚语上》记载：“不闻其以土木之崇高彤镂为美，而以金石匏竹之昌大嚣庶为乐。”这是从自然界的高大和宏伟的形象中发掘出“崇高”，并延伸为象征“壮美”的精神实质，逐步形成多层面的、以“心灵”为本体的主客相融的关系。在西方早期，古罗马朗吉弩斯的《论崇高》较早提出“崇高”概念，并将其阐释为“伟大心灵的回声”，所揭示的是“心灵”与“对象”的对立关系。因此，“回声”与“象征”成为区别中西关于“崇高”的思想内涵及其思维方式的关键。

中国古代的“崇高”具有三个层面不断延伸的象征意义。

第一个层面：自然现象的高大。北魏郦道元的《水经注·淇水》写道：“石壁崇高，昂藏隐天。”宋欧阳修的《游儵亭记》写道：“夫壮者之乐，非登崇高之丘，临万里之流，不足以为适。”元虞集的《记梦》诗写道：“梦行衡庐间，千仞过苍壁，崇高仰神明，深广下不测。”古代帝王崇拜高山具有悠久的历史，《汉书·郊祀志上》记载：“（武帝）乃东幸缑氏，礼登中岳太室。从官在山上闻若有言‘万岁’云……乃令祠官加增太室祠，禁毋伐其山石，以山下户凡三百封崈高，为之奉邑。”颜师古注：“崈，古崇字耳。以崇奉嵩高之山，故谓之崈高奉邑。”王念孙的《读书杂志·汉书一》写道：“崇高即嵩高，师古分崇、嵩为二字，非也。诏曰‘翌日亲登崇高’，《志》曰‘以山下户凡三百封崈高’，则崇高本是山名，而因以为邑名，非以崇奉中岳而名之也。”

第二个层面：地位的高大。《周易》中的“崇高莫大乎富贵”一语，按照“观物取象”的法则把“崇高”转化为象征地位和身份之“高大”，《文选·谢灵运〈从游京口北固应诏〉诗》就写道：“玉玺戒诚信，黄屋示崇高。”李善注：“居黄屋，所以示崇高。”元辛文房在《唐才子传·薛涛》也说：“其所作诗，稍窥良匠，词意不苟，情尽笔墨，翰苑崇高，辄能攀附。”清百一居士在《壶天录》卷中又说：“庸人俗耳，见当世富贵崇高声名赫赫者，莫不震而惊之。”被称为“五岳独尊”的泰山受到历代封建帝王们的敬仰和崇拜，就在于它的高大，从秦朝到清代一直成为封建帝王祭祀封禅、树立皇权国威的“神坛”，成为至高无上的神圣地位的象征。

第三个层面：精神品质和形象的高尚。“崇高”与“优美”相对举而表现“壮美”，“壮美”体现“阳刚”之气，“优美”则体现“阴柔”之性，其思维源于《易传》中关于天性之“阴阳”、地性之“刚柔”、人性之“仁义”等思想。孔子所言“及其壮也，血气方刚”，孟子主张“浩然之气”等，代表了儒家所主张的人的精神气质的“壮美”。道家老子主张“虚静”“无为”“上善若水”等，所体现的是“优美”的意蕴。“壮美”和“优美”，都是通过类推和象征的思维，由自然推及人类，再推及人的精神灵魂。儒家善于借助自然界的“气势”作为“壮美”的象征意义，伦理政治历来推崇表现进步社会的“风气”，而伦理道德则推崇人格品质的“骨气”“意气”“气节”等。在诗学理论上，自魏晋以来逐步倡导“文气”之美，诸如“风骨”“骨气”“志气”“血气”“神气”“气势”等，凡有关气、神、风、骨的理论，大多是描述诗文中的“壮美”的精神气度与气韵。因此，在历代文人笔下，崇山峻岭成为佳诗名作气韵横生的重要素材。

诗学中的“壮美”与“优美”，体现了相对而又相融的两种审美思维和审美风格。例如，刘勰将文章风格美分为“八体”，其中典雅、精约、轻靡和远奥属于“优美”的风格范畴，而新奇、繁缛、壮丽和显附则是“壮美”的风格范畴。而这些风格又分别通过作品的“意气”“辞气”“神气”“文气”等不同角度来显现，即表现为不同的“气韵”。从“气势”和“气度”的角度看，“壮美”具有高大、动感、激烈、铺张、奇艳等“气韵”特征，属于“崇高”的范畴，反之则属于“优美”的表现。从伦理哲学的角度来看，“壮美”和“优美”都必须具有崇高（高尚）的思想灵魂和崇高（高格）的精神境界，这就是二者相互交融的具体表现。而古代西方的“崇高”则是“主客对立”的“冲突”与“毁灭”，所谓“伟大心灵”则是与“堕落的心灵”相对立的概念，柏拉图就说：“堕落的心灵一定以坏的方式进行管理，崇高的心灵一定以好的方式指挥。”

三、“悲剧”意识与“悲情”理论

随着我国古代戏剧文学的产生和发展，悲剧精神的艺术表现及其理论也日趋自觉。关于“悲情”的审美思想和理论，孕育于秦汉悲情诗歌创作实践之中。戏曲作为一种独立的文学样式在宋元时代产生，“评点”式的戏曲理论也随之萌芽，至明末清初形成了以李渔的《闲情偶寄》为代表的系统性戏剧理论。与此同时，具有“悲剧”意义的戏剧理论也逐步崭露头角，“悲情”观念在戏剧理论中的地位日益突出，先后出现了许多关于“寓哭于笑”、“悲情”与“苦境”、“怨谱”与“苦戏”等有关悲情戏剧的术语和理论。

元代陈刚中就主张“抑圣为狂，寓哭于笑”①。元曲论家顾瑛在《制曲十六观》中说：“曲中最难离情，情至于离，则哀怨必至。”元末明初戏剧理论家祁彪佳在《远山堂剧品》中提出“苦境”和“苦情”的审美标准：“词之能动人者，惟在真切，故古本必直写苦境，偏于琐屑中传出苦情。”（《寻亲》）吕天成在《曲品》中认为《教子》一剧“古本俱佳，今已两改。真情苦境，亦甚可观”，还高度评价了同时代沈自徵《杜秀才痛哭霸亭秋》中的“哭”：“传奇取人笑易，取人哭难。有杜秀才之哭，而项王帐下之泣，千载再见；有沈居士之哭，即阅者亦唏嘘欲绝矣。长歌可以当哭，信然。”他又评《簪花髻》：“人谓于寂寥中能豪爽，不知于歌笑中见哭泣耳。曲白指东扯西，点点是英雄之泪。曲至此，妙入神矣！”明人巽倩龙氏品评《二胥记》说：“哭不得则笑，笑之悲深于哭。”李渔在《闲情偶寄》中又提倡“说悲苦哀怨之情，亦当抑圣为狂，寓哭

① 北京大学哲学系美学教研室. 中国美学史资料选编（上）. 北京：中华书局，1981：151.

于笑”。“悲情”与“苦境”、“怨谱”与“苦戏”等理论的破空而出，成为中国“悲情”理论的开端。同时，理论家们还把“动人”“取人哭”等悲剧审美艺术同“笑”“乐”等作品加以理论比较，标志着悲剧理论已经作为一个崭新的理论方向从诗学理论中脱胎而出。

在明清戏剧理论中，“悲怨”一致成为“评点”戏剧的标准。例如，王世贞说：“南曲以《琵琶》为冠，是一道陈情表，读之使人歉嘘欲涕。”[①] 汤显祖评《琵琶记》说：“从头至尾，无一句快活话。读如此传奇胜读一部《离骚》。”[②] 冯梦龙高赞《洒雪堂》说：“穷极男女生死离合之情，词复婉丽可歌。”“若当场更得真正情人写出生面，定会四座泣下数行。”[③] 吕天成在《曲品》中称赞《紫钗》道：“指写闺妇怨夫之情，备极娇苦，直堪下泪，真绝技也。”评高则诚曰：“情从境转，一段真堪断肠。”评《琵琶》曰：“苦乐相错，具见体裁。”评《荆钗》曰：“以真切之调，写真切之请，情文相生，最不易及。”评《双忠》曰：“此张、许事，境惨情悲，词亦充畅。”[④] 陈洪绶把“悲情”戏剧称为“怨谱”，认为《娇红记》“泪山血海，到此滴滴归源。昔人谓诗人善怨，此书真古今一部怨谱也”。(《娇红记》评点本)“上逼《会真记》，下压《牡丹亭》。”李渔也认为：“传奇原为消愁设，费尽杖头歌一阙。何事将钱买哭声，反令变喜成悲咽？惟我填词不卖愁，一夫不笑是吾忧。举世尽成弥勒佛，度人秃笔始堪投。”(《风筝误》卷首）清代梁廷楠在《曲话》中论洪升的《长生殿》曰：“为千百年来曲中巨擘。以绝好题目，做绝大文章，学人、才人一齐俯首……读至弹词第六、七、八、九转，铁拨铜琶，悲凉慷慨，字字倾珠落玉而出，虽铁石人不能不为之断肠，为之下泪！笔墨之妙，其感人一至于此，真观止矣!”[⑤] 程瑛进一步把“怨谱”称作“苦戏”。“怨谱”“苦戏”以“真情苦境”“境惨情悲”“催人泪下”作为悲情艺术的审美标准，成为元代以来戏剧家们的共识，标志着中国古代悲剧意识已经走向了自觉化、理性化的时期。

第二节　西方悲剧理论中的“情节”与“冲突”

古希腊悲剧起源于酒神祭祀的庆典活动，繁荣于公元前 5 世纪前后，大多数悲剧取材于有关古希腊的神话、英雄传说和史诗等。悲剧通过展示神与神、

---

① 蔡毅. 中国古典戏曲序跋汇编（二）. 济南：齐鲁书社，1989：599.
② 蔡毅. 中国古典戏曲序跋汇编（二）. 济南：齐鲁书社，1989：598.
③ 蔡毅. 中国古典戏曲序跋汇编（二）. 济南：齐鲁书社，1989：1349.
④ 吕天成. 曲品//中国戏曲研究院. 中国古典戏曲论著集成（六）. 北京：中国戏剧出版社，1980：224-228.
⑤ （清）梁廷楠. 曲话//中国戏曲研究院. 中国古典戏曲论著集成（八）. 北京：中国戏剧出版社，1959：269.

人与神的斗争与残杀，以揭示现实中人与自然、人与命运、人与社会和人与人之间难以调和的矛盾冲突与斗争，展现人的意志与命运之间的冲突，反映了古希腊人对于掌握人自身命运的渴望。在各种悲剧所展现的一系列惊心动魄、波澜壮阔的斗争场面之中，悲剧主人公作为英雄主义的典型代表，往往在抗争中遭到厄运和失败等结局，从而引起人们的怜悯、恐惧，激起人们对于苦难与不幸的同情。在悲剧实践和“摹仿”说的基础上，产生了悲剧“摹仿”理论。亚里士多德奠定了西方悲剧理论的基础。“情节”是亚里士多德关于悲剧理论体系中具有核心地位的悲剧理论范畴，“情节核心”论、“情节动态”和“情节严肃”论是其悲剧摹仿的“情节”论的基本内容。

一、悲剧摹仿的“情节核心”论

亚里士多德提出：“整个悲剧艺术的成分必然是六个——情节、性格、言辞、思想、形象与歌曲。”他认为其中“最重要的是情节，即事件的安排”。[①]他把情节看作悲剧的基础和灵魂。他以逻辑分析法，分别从题材选择、事件安排、悲剧效果等方面展开了详尽的论述，进而形成了以“情节”为核心的系统的悲剧论。关于悲剧本质的分析，亚里士多德同时提出两个结论：“悲剧是行动的摹仿”和“情节是行动的摹仿”。

首先，他说：“悲剧是行动的摹仿，主要是为了摹仿行动，才去摹仿在行动中的人。”[②]他认为“悲剧摹仿的目的不在于摹仿人的品质，而在于摹仿某个行动”[①]。“行动”是人物在一定时间过程的外在活动，即“行动中的人”。他以“对立统一”的宇宙观为哲学基础，认为万物都是本质，内容寓于并通过现象、形式表现出来。悲剧的主体对象是人，“思想”和“性格”是人的内在因素，“行动”是人的外在表现，“悲剧是行动的摹仿，而行动是由某些人物来表达的，这些人物必然在‘性格’和‘思想’两方面都具有某些特点”。他认为“性格”和“思想”是行动的造因，“决定着他们行动的性质”，“所有人物的成败取决于他们的行动”，因此，他认为悲剧所摹仿的不是人，而是摹仿人的行动、生活、幸福[③]。而幸福与不幸则取决于剧中人物的行动，情节的组织安排作为悲剧创作的核心和悲剧艺术的目的，具有决定性的地位，“情节乃悲剧的基础，有似悲剧的灵魂；性格则占第二位”，“思想占第三位”[④]。

其次，他认为“‘情节’是行动的摹仿，‘性格’是人物的品质的决定因素，

① 亚理士多德. 诗学. 罗念生译. 北京：人民文学出版社，2002：18.
② 亚理士多德. 诗学. 罗念生译. 北京：人民文学出版社，2002：20.
③ 亚里士多德. 诗学. 罗念生译. 北京：人民文学出版社，2002：17.
④ 亚里士多德. 诗学. 罗念生译. 北京：人民文学出版社，2002：18-19.

‘思想’指证明论点和讲述真理的话”[①]。还认为悲剧人物的“品格”“性格”“思想”等是具有不同内涵而又具有因果关系的概念：“品格”指人物的“本质”，它具有普遍性，摹仿“行动中的人”，“必然是好人或坏人，——只有这种人才具有品格（一切人的品格都只有善与恶的差别）——因此他们所摹仿的人物不是比一般人好，就是比一般人坏”[②]。“性格”是指通过行为方式表现出来的具有相对稳定性的、核心的现实观念和态度，实际上是由言行举止所构筑的人物“造型”。“思想”实际上是两种思想：一是悲剧人物的思想，它是支配人物行动的动因，体现悲剧人物的政治观、道德观和人生观等，与其性格有关，属于社会学的范畴；二是悲剧艺术的思想，即“证明论点和讲述真理的话”，它是通过悲剧的“情节”所反映出来的必然律与可然律的“逻辑因”，与悲剧创作的思想有关，属于修辞学范畴。

“情节”艺术是亚里士多德悲剧论的着力点。悲剧人物的命运逻辑应该是：“品格”（善恶本质）→“思想”（行为动力）→“性格”（稳定形象）→“行为”（命运过程）。但他所论述的不是“人”，而是“悲剧艺术”，认为既然现实中的人是“品格决定思想”“性格决定命运”，那么在作品中则应体现“命运展示性格”“思想折射品格”的逻辑，这是悲剧艺术的价值所在，因为“品格”“思想”是模仿不出来的，只能模仿行为。因此他认为，悲剧摹仿的“情节”逻辑正好与人物的命运逻辑相反：“行为”（命运过程）→“性格”（稳定形象）→“思想”（行为动力）→“品格”（善恶本质）。由此看出亚里士多德所关于“情节是灵魂”的真正意义，他的结论是：“悲剧艺术的目的在于组织情节（即布局）。”[③]

“悲剧是行动的摹仿”和“情节是行动的摹仿”并非意味着“悲剧”等于“情节”，而是突出“情节”在悲剧摹仿中的核心地位，强调“情节”和“行动”高于“性格”，正如灵魂是人的生命一样，情节就是悲剧的生命。认为“悲剧中没有行动，则不成为悲剧，但没有性格，仍然不失为悲剧”[④]。因为“‘形象’固然能吸引人，却最缺乏艺术性”[④]。这里所说的“形象”是指经过服装和面具装扮的演员形象，并非指悲剧人物自身的形象。

二、悲剧摹仿的“情节动态”论

苏格拉底最早提出摹仿动态的理论：“描绘心灵的性格”，“把内心活动表现

① 亚里士多德. 诗学. 罗念生译. 北京：人民文学出版社，2002：17-18.
② 亚里士多德. 诗学. 罗念生译. 北京：人民文学出版社，2002：6.
③ 亚里士多德. 诗学. 罗念生译. 北京：人民文学出版社，2002：18.
④ 亚里士多德. 诗学. 罗念生译. 北京：人民文学出版社，2002：19.

出来"[①]。他认为"性格"是人对现实的态度和行为方式中较稳定的个性心理特征，是体现人物个别差异的核心部分，具有静态的特点。而内心活动则是动态的，表现"内心活动"就是表现动态。亚里士多德继承了这一思想，并进一步阐述了情节与性格的关系，主张情节高于性格。"情节"即"行动中的人"，体现为人物行动的时间流动过程，揭示了叙事的基本特点。他强调"情节"的地位，因为"性格"作为时间与空间的结合体，体现为空间的静态特性，所以悲剧应通过时间动态的"情节"来展示静态的人物性格、再现动态的现实生活。

亚里士多德尤其关注"情节"的动态性价值。他认为悲剧情节有三个组成部分，即"突转""发现"和"苦难"，他说："悲剧所以使人惊心动魄，主要靠'突转'与'发现'，此二者是情节的成分。"[②]"突转"即按照可然律或必然律而发生的逆境与顺境之间的意外转变，从而形成动机与效果的相反和对立。"发现"指主人公从不知到知的转变，即处于顺境或逆境的人物对自己身份或者与其他人物关系的新的发现，而"发现"与"突转"的结合是最好的"发现"，因为它造成剧情的激变，最能引起怜悯或恐惧之情[③]。"苦难"是"毁灭或痛苦的行动"，是对悲剧情节性质的描述，是悲剧之"悲"的关键所在。"苦难"表演的是有形的、"可见的"，如死亡、痛苦、伤害等。而"突转"与"发现"是无形的，是剧情中的内在结构。"恐惧与怜悯可以借'形象'来引起，也可以借'情节'的安排来引起，以后一办法为佳，也显出诗人的才能更高明。""诗人若是借'形象'来产生这种效果，就显出他比较缺乏艺术手腕。"[④]"一切'发现'中最好的是从情节本身产生的、通过合乎可然律的事件而引起观众的惊奇的'发现'。"[⑤]

亚里士多德还提出"错误"说，以揭示悲剧的根源，阐述"情节"与"快感"的关系。他认为悲剧人物产生"突变"和"苦难"、导致毁灭的原因，不是大德至善，也非穷凶极恶，而是"介乎这两者之间：他不以美德或正义著称，他所以陷于否运，并非因其邪德败行，而是由于'错误'"[⑥]，即"不在于人物为非作恶，而在于他犯了大错误"[⑦]。悲剧的效果是"给我们一种特别它能给的快感"，"这种快感是由悲剧引起我们的怜悯与恐惧之情"[⑧]，恐惧与怜悯同属于引起快感的缘由，但却是不同的情感意义，"怜悯是由一个人遭受不应遭受的厄

---

① 色诺芬尼. 回忆苏格拉底. 吴永泉译. 北京：商务印书馆，1984：129-131.
② 亚里士多德. 诗学. 罗念生译. 北京：人民文学出版社，2002：19.
③ 亚里士多德. 诗学. 罗念生译. 北京：人民文学出版社，2002：29.
④ 亚里士多德. 诗学. 罗念生译. 北京：人民文学出版社，2002：36.
⑤ 亚里士多德. 诗学. 罗念生译. 北京：人民文学出版社，2002：46.
⑥ 章太祺. 缪灵珠美学译文集（第三卷）. 北京：中国人民大学出版社，1990：19.
⑦ 亚里士多德. 诗学. 罗念生译. 北京：人民文学出版社，2002：34.
⑧ 亚里士多德. 诗学. 罗念生译. 北京：人民文学出版社，2002：36.

运而引起的，恐惧是由这样遭受厄运的人与我们相似而引起的”①。“怜悯”是观众面对悲剧人物出乎意外的“突变”而产生的“同情”，“恐惧”则是观众对于悲剧人物与自身相似的“突变”的“同感”。诗人的悲剧摹仿正是通过“情节”，才能产生这种最佳的艺术效果。

古希腊思想家和理论家所主张的“动态”，是指人物行动的动态和人物心理的动态，它通过“情节”的“动态”来体现欣赏主体与悲剧人物的“性格”之间的心理照应。而中国古代的“意象”所表现的动态，则是主体的生命情感与客体的气韵节律相“应和”的生命本质的动态，是宇宙万物之“情性”相通观在诗歌审美艺术中的具体表现。

三、悲剧摹仿的“情节严肃”论

亚里士多德是最早给“悲剧”下定义的理论家。他说：“悲剧是对于一个严肃、完整、有一定长度的行动的摹仿；它的媒介是语言，具有各种悦耳之音，分别在剧的各部分使用；摹仿方式是借人物的动作来表达，而不是采用叙述法；借引起怜悯与恐惧来使这种情感得到陶冶。”②

他认为“严肃”是悲剧情节的本质特征：“诗由于固有的性质不同而分为两种：比较严肃的人摹仿高尚的行动，即高尚的人的行动，比较轻浮的人则摹仿下劣的人的行动，他们最初写的是讽刺诗。”“古代诗人有的写英雄格的诗，有的写讽刺格的诗。”③把写“英雄格”的诗人视为“严肃”的诗人，即悲剧诗人，他们从“酒神颂”的临时口颂发展而来。把写“讽刺格”的诗人视为喜剧诗人，从“低级表演”（滑稽表演）的临时口颂发展而来。亚里士多德认为在荷马之前没有严肃的诗人，只有讽刺的诗人。“荷马从他严肃的诗说来，是个真正的诗人，唯有他的摹仿既尽善尽美，又具有戏剧性。”其意即从荷马开始才有了悲剧、喜剧的并存。以“严肃”和“滑稽”来区别悲剧与喜剧，认为摹仿“好人”与“坏人”、“赞美”与“讽刺”是二者的内容差别，而悲剧“行动”的主人公应当是“高尚的人，比一般人好的人”。但由于性格缺陷、看事不明、错误行事等而最终酿成悲剧。“悲剧动作的运行，先是充满期望，而且过于信赖这种期望，然后走向错误，一切希望终成泡影，逐渐有所认识最后至于完全失败。”悲剧人物的遭遇，最能激发读者的怜悯与恐惧，从而获得精神的愉悦，即通过引起怜悯和恐惧来使这种感情得到“陶冶”。由此可见，“严肃”的基本内涵有四：一是摹仿并赞美“好人”；二是好人因“错误”而“失败”；三

① 亚里士多德. 诗学. 罗念生译. 北京：人民文学出版社，2002：32.
② 亚里士多德. 诗学. 罗念生译. 北京：人民文学出版社，2002：16.
③ 亚里士多德. 诗学. 罗念生译. 北京：人民文学出版社，2002：11.

是摹仿过程由“期望”到“失望”；四是审美体验表现为由痛感的震撼到愉悦的陶冶。反之，喜剧则是摹仿“坏人”，但“‘坏人’不是指一切恶而言，而是指‘丑’而言。其中一种是指滑稽，滑稽的事物是某种错误和丑陋，不致引起痛苦和伤害”[①]。通过“悲剧”与“喜剧”的比较，突出了悲剧“严肃”这一基本特征。

“完整”是指悲剧的“整一性”，是“严肃”的具体表现之一。首先是结构完整：“‘完整’就是指事之有头，有身，有尾。”[②]“头”是引起事发的原因，“身”即承前启后，“尾”即必然性、自然性的结局。悲剧情节由三者构成一个符合事理逻辑的起因、过程和结果，通过演员摹仿出悲剧人物的一个完整的故事。因此，情节摹仿“只限一个完整的行动”，这样“就有整一性”，成为“一个整一的行动”。[③]“完整”和“整一”的思想被后世阐释为戏剧“情节”发展的“开端、发展、高潮、结局”四要素。其次是性格“统一”，有三个基本要求：一是必须善良；二是必须适合人物的身份；三是必须与传说中的人物相似或一致。最后是模仿艺术完整，要寓一致于不一致的性格之中，刻画性格应“求其符合必然律和可然律”。[④]

“有一定长度”是亚里士多德提出的关于悲剧摹仿（演出）的时间限制。他通过“史诗”和“悲剧”的比较来阐述“一定长度”的内涵：“史诗和悲剧相同的地方，只在于史诗也用‘韵文’来摹仿严肃的行动，规模也大。不同的地方在于史诗纯粹用‘韵文’，而且是用叙述体；就长短而言，悲剧力图以太阳一周为限，或者不起什么变化，史诗则不受时间的限制，虽然悲剧原来也和史诗一样不受时间的限制。”[⑤]“太阳一周”即指一个白天的时间，这是与史诗比较而言的。

亚里士多德关于“严肃”与“完整”的悲剧的理论，成为西方戏剧“三一律”的理论开端。“完整”的核心是人物行动的布局和安排，即时间与空间相统一的艺术思维，正如恩斯特·卡西尔所说：“空间和时间是一切实在与之相关联的构架。我们只有在空间和时间的条件下，才能设想任何真实的事物。”[⑥]

四、悲剧摹仿的“情节冲突”论

在古希腊“二元对立”哲学思想体系中，对立、冲突、斗争是一切事物矛

① 亚里士多德. 诗学. 罗念生译. 北京：人民文学出版社，2002：14.
② 亚里士多德. 诗学. 罗念生译. 北京：人民文学出版社，2002：21.
③ 亚里士多德. 诗学. 罗念生译. 北京：人民文学出版社，2002：23-24.
④ 亚里士多德. 诗学. 罗念生译. 北京：人民文学出版社，2002：40-41.
⑤ 亚里士多德. 诗学. 罗念生译. 北京：人民文学出版社，2002：15.
⑥ 恩斯特·卡西尔. 人论. 甘阳译. 上海：上海译文出版社，1985：54.

盾运动的核心，是“和谐”的本质，也是悲剧理论的核心思想。随着西方历史的演变，悲剧理论亦与时俱进，而体现了时代的文化特征。古希腊所开启的是“对立和谐”、以“神本”为主流的悲剧理论，文艺复兴时期产生了以提倡“人权”、反对“神权”为主流的悲剧理论，古典主义时期又形成了崇尚“三一律”的悲剧艺术潮流，产生了以“冲突”为本质的悲剧理论，启蒙运动时期则以追求真实和自然的悲剧理论为新的时代潮流，18 世纪形成了反理性主义的悲剧主张，19 世纪以“矛盾”为核心范畴的唯物辩证法悲剧冲突论代表了西方悲剧理论的最高峰。

关于这一复杂多变的悲剧理论，从不同的视角来评判，具有不同的分类方式。按照悲剧类型，黑格尔把“绝对精神”的“冲突”视为悲剧艺术的本质，把悲剧分为命运悲剧、性格悲剧、伦理冲突悲剧三种类型。叔本华以“意志”论为哲学基础，把悲剧分为主人公性格缺陷导致的悲剧、盲目命运导致的悲剧、社会地位对立导致的悲剧三种类型。当代人们普遍公认的四种悲剧类型是命运悲剧、性格悲剧、社会悲剧、历史悲剧。① 按照悲剧发展历史，当代英国批评家约翰·奥尔在《悲剧与现代社会》导论中，把西方悲剧发展史分为三大时期，即希腊悲剧时期、莎士比亚悲剧与法国古典主义悲剧时期、易卜生以来的现代悲剧时期。

我们试图立足于悲剧理论“核心”的视角，围绕悲剧“冲突”论的发展主线，把西方悲剧理论史分为三个阶段：古希腊以亚里士多德悲剧理论为代表的“情节核心”论的形成——悲剧冲突论由“命运”观到“运命”观转折；文艺复兴时期以莎士比亚悲剧理论为代表的“性格核心”论的发展——悲剧冲突论由道德观到“意志”论的转折；以马克思恩格斯悲剧理论为代表的“思想（主题）核心”论的诞生——悲剧冲突得到科学的理论升华。

（一）“情节核心”论与悲剧“运命”观的形成

在早期希腊哲学思想及其精神观念中，人和神都应服从“命运”的安排。命运既制造了人的悲剧，又制造了神的悲剧，体现着一种悲观的宿命论。正如罗素所说：“在荷马诗歌中所能发现与真正宗教感情有关的，并不是奥林匹克的神祇们，而是连宙斯也要服从的‘运命’、‘必然’与‘定数’这些冥冥的存在。运命对于整个希腊思想起了极大地影响，而且这也许就是科学之所以能得出对于自然律的信仰的渊源之一。”② 以亚里士多德为代表的“情节核心”论，标志着古希腊神本“命运”的悲剧观向人本“运命”悲剧观的转折，体现了西方悲剧理论发展第一阶段的基本特征。

---

① 邹红. 中西方悲剧特点比较与分析. 江西社会科学，2011，(8)：129-132.

② 罗素. 西方哲学史. 何兆武，李约瑟译. 北京：商务印书馆，2002：33-34.

亚里士多德的“运命”观与神本观针锋相对，认为悲剧人物的厄运来自主人公的“过失”，是一种“不知情的行动”。这就以全新的视角来正视悲剧命运中的主体，否定了悲剧冲突的神本“命运”观，树立了人本“运命”观。“过失”说肯定了“人为”在悲剧发生过程的主体地位及其合理性：“亚里士多德要求一切合理，在《诗学》里从来不提及希腊人所常提的‘命运’二字，并且明白地谴责希腊戏剧所常用的‘机械降神’，即遇到无法解决的事情就请神来解决的办法。”[①] 亚里士多德并非无神论者，但他的“过失”说充分凸显了与“命运”相悖的“人本”色彩。所以车尔尼雪夫斯基说：“亚里士多德没有把‘命运’拉进悲剧的概念，这是完全正确的。这一种外在的、不相干的力量只是削弱了事件的内在的联系，而把一种不是从行动本质上涌现出来的倾向加在它的身上——这就是悲剧中的‘命运’对美学的害处。诗应当描写人的生活——诗不应当拿不相干的混合来歪曲生活的图画。”[②] 这说明亚里士多德的悲剧理论在很大程度上不自觉地摆脱了“神”的理念，他的《诗学》既是西方悲剧理论的开端，又是“情节核心”论的代表。车尔尼雪夫斯基认为亚里士多德是“第一个以独立体系阐明美学概念的人，他的概念竟雄霸了 2000 多年”[③]。“《诗学》是第一篇最重要的美学论文，也是迄至前世纪末叶一切美学概念的根据。”[④]《诗学》以“对立和谐”为哲学基础，渗透了“对立”思想，充满了“冲突”意识，诸如人物的思想与行为的对立，剧中人与现实人的对立，摹仿主体与摹仿对象的对立，正义与厄运的对立，痛感与快感的对立，等等。在亚里士多德“人本”观和悲剧“冲突”观的基础上，中世纪朗吉弩斯从人与自然的“冲突”中引申出了“崇高”理论。18 世纪，伯克指出“崇高”起源于社会是专制的政府，给人以神秘的惊异和恐惧情绪，最早地揭示了人的心灵与社会的矛盾冲突关系。康德的“想象”论进一步肯定了主体性灵的价值，认为崇高所引起的愉悦感来源于想象所唤起的理性的心灵愉悦。这时期的悲剧理论发展，在张扬人本、发掘主体心灵价值的同时，尚未探究和论及悲剧主人公及其悲剧根源与历史根源和社会现实环境的关系。

亚里士多德关于悲剧的“冲突”观，主要阐述社会力量的冲突，即非正义势力压倒正义势力，强调“厄运”引起“怜悯”和“恐惧”的审美效果。但他致力于“情节”的阐述，并没有明确提出“冲突”的理论，更没有从“冲突”中寻找悲剧命运的根本原因，仅仅把悲剧的本质及其厄运的根源归结为主人公自身的“过失”：“这样的人不十分善良，也不十分公正，而他之所以陷于厄运，不是由于他为非作恶，而是由于他犯了错误，这种人声名显赫，生活幸

① 朱光潜. 西方美学史. 北京：人民文学出版社，1979：85.
② 车尔尼雪夫斯基. 车尔尼雪夫斯基论文学（中卷）. 辛未艾译. 上海：上海译文出版，1979：210.
③ 车尔尼雪夫斯基. 美学论文选. 辛未艾译. 北京：人民文学出版社，1957：129.
④ 车尔尼雪夫斯基. 美学论文选. 辛未艾译. 北京：人民文学出版社，1957：124.

福，例如，俄狄浦斯，堤厄斯忒斯，以及出身于他们这样家庭的著名人物。”[①]他认为悲剧所展示的往往是在对立的社会力量的打击、迫害和摧残下遭到不幸、苦难甚至死亡的“斗争英雄”，它启示人们正视现实、反思自我、弥补缺陷、强化自身力量，同时引导人们肯定正义力量、肯定历史必然趋势、坚定斗争精神、坚信斗争前途。可见，以“情节”为核心展现“过失”，使人们反思“厄运”而自觉“运命”，成为这一阶段悲剧理论的基本精神。

（二）“性格核心”论与悲剧“冲突”论的确立

在“过失”说基础上，西方悲剧理论形成了以主体心灵和客体对象“冲突”为主旋律的发展态势和进程。

朗吉弩斯在《论崇高》中提出“崇高是伟大心灵的回声”，他没有从理论上阐述“冲突”的思想，但“崇高”概念却揭开了“冲突”理论的序幕。“伟大心灵”显然是指主体的心灵世界，“回声”则指客体对象的“返照”或“折射”，“崇高”作为“回声”，是主体与对象之间的矛盾冲突的结果，而“伟大心灵”则是“崇高”的本体，只不过它是在与客体对象的对抗和斗争中显现出来的精神气质、生命激情和生存力量。当主体具有了“伟大心灵”，由于客体对象的不可抗拒的威力，通过其令人恐惧、惊诧和压抑的力量和气势，使人产生“惊心动魄”的心灵震撼，并使主体的生命力量瞬间提升到超乎平常的程度，从而唤起主体的尊严感、振奋感，激起强烈的生活激情与生命活力，在理性领悟的基础上获得对自身价值的肯定，进而产生喜悦、快乐和自豪的精神审美体验。这种在“对抗”过程中显现出来的“伟大心灵”就是“崇高”。“崇高”实际上是一种经历了由“痛感”到“快感”的过程的精神，或者说建立在“痛感”基础上的“快感”。所以朗吉弩斯认为，“崇高”具有五个来源：一是庄严伟大的思想；二是热烈的激情；三是惊人的措辞；四是辞格的藻饰；五是完整的结构。其中“庄严伟大的思想”是最重要的。他认为，“思想”和“激情”是“崇高”的内在精神，而措辞、藻饰和结构则是显现“崇高”的外在艺术形式。“崇高”论虽然建立在“天赋”“神赐”的思想基础上，但它对主体心灵的关注及其对主体地位的肯定，成为西方关注人性的悲剧理论起点，成为西方人文主义的思想基础，还成为“性格悲剧”的理论基础。当代不少人把“崇高”理解为客体“对象”或自然实体的“形象”，在一些教材、论文中也常出现“崇高的对象”等言辞。但从朗吉弩斯的理论可以看出，“崇高”并非指客体“对象”，而是指主体“心灵”。康德在《判断力批判》中反复强调，“崇高”是人与自然“冲突”的结果，崇高类型以其巨大的威力和超常的体积，给审美主体以明显的威

① 亚里士多德. 诗学. 罗念生译. 北京：人民文学出版社，2008：39.

胁、压力。例如，“高耸而下垂威胁着人的断岩，天边层层堆叠的乌云里面挟着闪电与雷鸣，火山在狂暴肆虐之中，飓风带着它摧毁了的荒墟，无边无界的海洋，怒涛狂啸着，一个洪流的高瀑……”“崇高不存于自然界的任何物内，而是内在于我们的心里”，“崇高只须在我们内部和思想的样式里去寻找根据，这种思想样式把崇高性带进自然的表象里去”①。因此，他认为有三种对象唤起崇高感：一种是数量的无限大；一种是力量的无限大；一种是“绝对”或“无上”的神性和道德律令。“崇高是伟大心灵的回声”的论断，以至高的境界肯定了“心灵”在悲剧冲突中的本体的地位，为悲剧的“性格核心”论奠定了思想理论基础。

文艺复兴时期“性格核心”论的形成，标志着人本主义悲剧“冲突”理论的确立。以莎士比亚的《哈姆雷特》为代表的悲剧作品，明确肯定人性、高歌人性，对人类充满了理性的信念：“人类是多么了不得的杰作！多么高贵的理性！多么伟大的力量！多么优美的仪表！多么文雅的举动！在行为上多么像一个天使！在智慧上多么像一个天神！宇宙的精华！万物的灵长！”②同时，莎士比亚的悲剧善于描写性格，被誉为“性格悲剧”。意大利人文主义戏剧理论家卡斯特尔维特洛明确肯定“性格”在悲剧中的地位和作用，认为没有性格的悲剧不算是“悲剧”。“性格悲剧”表现了西方资本主义萌芽时期倡导人性、反对神性的人文主义思想。17 世纪，法国兴起古典主义悲剧，以高乃依、拉辛的作品为代表的古典主义悲剧则代表了封建专制的立场，以“理性至上”为基本原则，要求以理性战胜情感。在艺术上崇尚和谐与典雅，并提出时间、地点、情节“三一律”的创作原则，其理论核心是突出戏剧主人公的“性格”。歌德进一步揭示了“冲突”的多样性：“悲剧的美关键在于有冲突而得不到解决，而悲剧人物可以由于任何关系的矛盾而发生冲突，只要这种矛盾有自然基础，而且真正是悲剧性的。”③可见，在朗吉弩斯的“崇高”理论的基础上，以莎士比亚为“性格悲剧”创作实践的典范，西方文艺复兴时期形成了以“性格核心”论为主旋律的文艺理论高峰。

德国哲学家席勒是“过失”说转向了“冲突”说的理论先驱。他把悲剧与崇高范畴密切联系起来，认为崇高源于主体与对象之间所形成的感性与理性的“冲突”，悲剧就是这种“冲突”所产生的由感性痛苦转化到理性快感的体验，是激情崇高的集中体现。他说：“崇高之感的产生，一方面是我们自觉无力，受到限制，不能掌握某一对象，另一方面则是由于我们感到自己宏伟无比的力量，不怕任何限制，在精神上压倒迫使我们的感性能力屈服的东西。”“一个崇

① 康德. 判断力批判（上卷）. 宗白华译. 北京：商务印书馆，1964：101-104.
② 莎士比亚. 莎士比亚全集. 北京：人民出版社，1994：233.
③ 爱克曼. 歌德谈话录. 朱光潜译. 北京：人民文学出版社，1978：122.

高的对象，正是由于它抗拒感性，因此对理性说来是有目的的，它通过低级的能力使人痛苦，这样才能通过高级的能力使人愉快。”①以“激情崇高”论和“道德目的”性来阐述悲剧，既把“悲剧”与“崇高”联系起来，又把“悲剧”引向伦理的“冲突”。席勒把悲剧题材划分为三种类型，实际上是以“道德快乐”为目的的三种“冲突”：一是某一个自然的目的性，屈从于一个道德的目的性；二是一个犯罪之徒受到良心谴责，因为越出道德法则而惩罚自己，亲手毁掉自己的生命；三是某一个道德目的性，屈从于另一个更高的道德目的性。②黑格尔正是在此基础之上形成了伦理“冲突”说的悲剧理论。

黑格尔的“冲突”说是建立在他的矛盾冲突哲学基础之上的悲剧审美观。他一方面以矛盾冲突学说来阐述悲剧理论，另一方面又以悲剧实践来验证其矛盾学说，成为西方第一个以辩证思维方法将哲学矛盾论和悲剧冲突论结合在一起并形成系统的悲剧冲突论的哲学家。他首先以矛盾法则来阐释悲剧冲突的性质，认为悲剧冲突的根源和本质并非个人的偶然性，而是精神本身的冲突，是“两种实体性伦理力量”的冲突。“绝对精神”在不同发展时期化为各种普遍力量，冲突双方所代表的伦理力量本质上是“绝对精神”分化出来的对立统一体，它们所代表的双方的伦理力量都是合理的。但在冲突过程中，各自以坚持自己的片面性而损害对方的合理性，这两种善的斗争必然引起悲剧性的冲突。他把这种必然性分为三个基本类型：一是物理或自然的冲突，这是消极的、邪恶的、有危害的；二是由自然条件产生的心灵冲突，这是积极的，但是对于心灵却带有差异对立的可能性；三是由心灵性的差异而产生的分裂，这才是最重要的矛盾，因为它起于人所特有的行动。他认为悲剧冲突有两种结局，由于双方都存在合理性和片面性，或者冲突双方同归于尽，或者一方自动退让，放弃片面性，双方和解③，“在冲突中互图否定对方的那些行动所根据的不同的伦理力量，得到了和解”③④。因此，悲剧的结局是“永恒的正义”或“永恒的公理”取得胜利。黑格尔的悲剧“冲突”论的卓越点在于，通过辩证法学说对于悲剧性质的阐述，以理性思维论证了悲剧的“内在冲突”的必然性。

1848 年德国资产阶级革命失败后，资产阶级丧失了在政治上前进的信心，知识分子普遍对现实产生了失望与悲观情绪。叔本华受益于东方文化思想，在印度宗教影响下形成了他的生存意志和悲观主义哲学。他抛弃了黑格尔哲学，放弃了理性主义，把非理性的、悲观厌世的主观意志和情感“夸大为宇宙的本

① 席勒. 论悲剧题材产生快感的原因//吴世常. 美学资料集. 郑州：河南人民出版社，1983：340.

② 席勒. 论悲剧题材产生快感的原因//古典文艺理论译丛编译委员会. 古典文艺理论译丛（第 6 辑）. 孙凤成，张玉书译. 北京：人民文学出版社，1963：79-81.

③ 田俊武，程保乐. 西方悲剧理论的发展历程. 广西社会科学，2006，(9)：130-134.

④ 黑格尔. 美学（第三卷下册）. 朱光潜译. 北京：商务印书馆，1981：310.

原和万物的本质，把意志提到精神的首位，并视之为存在的最高原则”[①]，认为世界就是我的意志，意志是人的实体，是人的真实本质，因此只有本能和直觉才把握实在。由于人的欲壑难填，所以人生充满痛苦，人生不过是一场悲剧，主张用禁欲主义来解脱人生的苦难。这一哲学表现在他的悲剧理论中，他认为悲剧的最终结局是悲剧人物在“漫长的斗争和痛苦之后，最后永远地放弃了他们前此热烈追求的目的，永远放弃了人生一切的享乐，或是自愿的，乐于为之而放弃这一切”[②]。他还认为悲剧人物的不幸并非由于自身缺陷，而是由于人类的局限，悲剧的本质是人类的悲剧命运，由于人类生存的世界只有痛苦和不幸，所以悲剧随时都会在这个环境里发生。这种不幸的悲剧命运分为三种：一是某一剧中人本身就是悲剧的肇祸人；二是由盲目的命运或偶然的错误造成；三是由剧中人地位不同、相互间关系造成[③]。可见，与黑格尔的理性主义悲剧冲突观不同，叔本华的非理性主义悲剧观把悲剧冲突的根本原因归结为人类本身，即悲剧的结局就是“冲突”的双方从自身认识上来否定生命意志、舍弃欲求。

尼采吸取了叔本华的反理性主义理论，他坚信“一切神必定会死亡”，在《快乐的哲学》中批判“灵魂不朽”论和基督教神学，指出“上帝死了”，认为“上帝信仰不可信”“我们已经杀死了他”，并提出强力意志希望给人以新的信仰。他的悲剧理论主要集中在其《悲剧的诞生》一书中，他认为古希腊悲剧衰落的原因是理性取代了酒神精神，因此，其悲剧理论的核心是推崇以酒神精神为根基的反对理性主义悲剧文化。他以日神代表造型艺术，以酒神代表音乐艺术。日神和酒神都植根于人的至深本能，“前者是个体的人借外观的幻觉自我肯定的冲动，后者是个体的人自我否定而复归世界本体的冲动”，因此，个体生命对痛苦和悲剧的体验是悲剧命运产生的根源和始因，日神和酒神是悲剧艺术生成的原动力和根源[④]。日神的基本精神是梦幻现实，创造个体，即使人沉醉在事物的外观美与梦幻之中，进而忘却现实的痛苦、获得心灵的宁静。酒神的基本精神是迷醉现实，消解个体，即体现为一种“惊骇”或“狂喜”的醉态，醉态中的人飘然欲仙，主观消失在自我忘却中[④]。梦幻与迷醉是使个体心灵超越现实苦难与痛苦的基本途径，日神与酒神则代表了个体生命与社会现实的悲剧冲突的两种艺术境界。

由此可见，在悲剧冲突论由道德观到“意志”论的转折过程中，席勒较早阐述了“崇高”与“冲突”的关系，黑格尔进一步阐述了悲剧的“冲突”观，

① 古冰川渔夫. 命悬哲学（中）. http：//blog. sina. com. cn/s/blog_494ba91e0100e0ay. html［2009-06-16］.
② 叔本华. 作为意志和表象的世界. 石冲白译. 北京：商务印书馆，1982：350-351.
③ 田俊武，程保乐. 西方悲剧理论的发展历程. 广西社会科学，2006，（9）：130-134.
④ 谢劲秋. 悲剧快感：认知快感与理性快感的结合体. 艺术评论，2012，（1）：91-96.

指出悲剧冲突根源于“伦理力量”的冲突，认为悲剧冲突的解决是道德的胜利。“伦理力量”已经突破了以往只关注主人公自身的伦理观的理论视角，开始转向关注悲剧主人公与“国家政治生活”“宗教观念”“国王意志”等社会现实环境的关系。叔本华和尼采立足于悲剧人物的主观意志和本能来寻找悲剧产生的原因，集中表现出了悲剧冲突观的三个基本特点：一是批判“神本”而主张“人本”；二是否定政治与道德的功利价值观而主张“无欲”的非功利价值；三是由关注社会转向关注人生。这一阶段的悲剧“冲突”论，不论是“理念”论，还是“意志”论，都突出地表现出“精神冲突”和超越现实的主观主义特征。在“心灵”为本的基础上形成的“性格核心”论和人本主义悲剧“冲突”论的确立，体现了西方悲剧理论发展第二阶段的基本特征。

（三）“思想核心”论与悲剧“冲突”观的升华

19 世纪中叶，马克思、恩格斯以辩证唯物主义和历史唯物主义阐述悲剧冲突和悲剧理论，突出强调悲剧的思想性。其具体表现在：提出悲剧主人公必须以历史正面力量为代表；提出悲剧主人公应以推动社会进步和历史发展、张扬美好事物和高尚美德为己任；提出悲剧主人公一般应处于新的社会力量正在孕育和形成的特殊历史阶段，由于进步力量比较弱小而导致了苦难、挫败乃至于毁灭。马克思、恩格斯关于悲剧思想价值的核心地位的肯定，形成了近代西方以“思想（主题）核心”论为主旋律的悲剧理论。关于“冲突”理论的阐述，不仅肯定了悲剧主人公的历史正义的价值存在，而且还进一步从悲剧人物的“性格”与外部生活环境的关系中寻找到悲剧产生的历史与社会原因，从而揭示了悲剧冲突的内在规律，以真正科学的理论姿态代表了西方悲剧理论的巅峰，体现了西方第三阶段悲剧理论的基本特征。“冲突”成为贯穿西方悲剧理论史的审美范畴，成为西方悲剧创作的重要原则之一。

首先，马克思、恩格斯以科学理论揭示了悲剧的根源。恩格斯在评论拉萨尔的剧本《济金根》时提出，悲剧产生于“历史的必然要求和这个要求的实际上不可能实现之间的冲突”[①]。所谓“历史的必然要求”，并非历史本身的必然趋势，而是指作为悲剧主人公所代表的在特定历史时代必然具有的主观愿望和要求，即动机和目的。“这个要求的实际上不可能实现”是指悲剧主体所处的客观社会现实和条件。恩格斯认为济金根的悲剧正是这样，在 16 世纪德国封建割据的历史背景下，德国贵族中最低级的骑士阶级从自身利益出发，妄图回复封建社会初期的贵族民主制，以统一的帝国来取代诸侯割据的局面，代表了历史性的必然要求。在济金根所领导的反对诸侯统治的斗争中，只有贵族国民同城

① 陆贵山，周忠厚. 马克思主义文艺论著选讲. 北京：中国人民大学出版社，2007：198.

市平民和农民结成联盟，才能取得最终胜利。然而，贵族与平民和农民之间以经济利益为核心的阶级对立的不可调和的现实条件，决定了联盟结成的不可能性，也就决定了政治斗争失败的必然命运和恢复贵族民主制“要求”的不可能实现。这种代表历史必然趋势的主观要求与客观现实必然具有的历史局限之间的矛盾冲突，就是悲剧的根源。马克思、恩格斯明确指出“悲剧最深刻的根源只存在于客观的社会矛盾中”，“在悲剧中起决定作用的是同某种必然性相联系着的客观的社会因素”，“特定历史条件下的典型环境，揭示这环境中的真实的阶级关系”，即悲剧的根源在于社会性、历史性和阶级性[①]。

其次，马克思、恩格斯以科学理论阐述悲剧冲突。他们“把悲剧冲突放在一定的社会发展、时代变革和阶级斗争中来考察”，从哲学和社会学的高度审视悲剧冲突[②]。马克思说：“历史上依次更替的一切社会制度都只是人类社会由低级到高级无穷发展过程中的一些暂时阶段，每一阶段都是必然的。因此，对它所由发生的时代和条件来说，都有它存在的理由。但是对它自己内部发展起来的新的、更高的条件来说，它就成为过时的和没有存在的理由了，它不得不让位于更高的阶段，而这更高的阶段也同样是要走向衰落和灭亡的。”[③]诚然，任何一种社会制度都是历史发展索链上的一个环节，它的出现和存在既是合理的又是暂时的和有限的，当它完成了自己的历史使命而丧失了存在的合理性的时候，往往还自认为在历史发展中具有永恒性，这就是在犯现实性的历史谬误，它与代表合理性的新的社会制度发生着冲突，结果必然走向毁灭。

最后，马克思、恩格斯以科学理论分析人物性格的悲剧，认为“理想的悲剧性格应是矛盾复杂的性格。而具有这种复杂性格的主人公，往往被内心两种相互冲突的激情所煎熬，从而产生巨大的痛苦”[④]。由于主人公的性格缺陷，其内心的矛盾必然将悲剧人物引向悲剧结局。主人公的内心矛盾与性格缺陷均源于现实社会的复杂矛盾，是外因通过内因所产生的悲剧效应。这就把悲剧人物的毁灭与社会发展紧密联系起来，在揭示社会发展和人类自身内在规律的基础上，科学地分析了人物性格与悲剧冲突的关系，把悲剧冲突理论推向了最高峰。

西方悲剧理论在其发展过程中形成了独特的理论体系和艺术审美特征。其悲剧理论体系可以概括为三个方面。一是关于悲剧的哲学观，始终以“主客对立”为哲学基础，因而形成了以“悲剧冲突”为主旋律的理论发展线索，体现

---

① 马克思，恩格斯. 马克思恩格斯选集（第 4 卷）. 中共中央马克思恩格斯列宁斯大林著作编译局译. 北京：人民出版社，1995：551-554.

② 宋小梅. 试论马克思恩格斯悲剧冲突论. 柳州职业技术学院学报，2001，(2)：45-49.

③ 马克思. 马克思恩格斯文集（第 4 卷）. 中共中央马克思恩格斯列宁斯大林著作编译局译. 北京：人民出版社，2009：270.

④ 田俊武，程保乐. 西方悲剧理论的发展历程. 广西社会科学，2006，(9)：130-134.

了古希腊“对立和谐”观在艺术审美思维中的贯彻。二是关于悲剧的艺术观，始终以“摹仿”说为审美基因，形成了以“情节”为核心的悲剧理论体系，认为“冲突”的过程是呈现对立双方力量由不平衡趋向于平衡的过程，即“一个完整的行动”。三是关于悲剧的审美价值观，始终以“快感”说为核心审美价值，形成了悲剧过程是一个由“痛感”到“快感”的“心灵震撼”的审美价值体系。西方悲剧理论的艺术审美特征也表现为三方面：一是悲剧的基本精神是因矛盾冲突而产生了的毁灭性的悲惨结局；二是悲剧冲突的基本特征是非正义势力压倒正义势力，以正面价值的不幸和毁灭来揭示生活中的罪恶，激起观众的悲愤及崇敬，达到提高思想情操的目的；三是悲剧的审美意义是通过主人公在“冲突”中的“毁灭”而引起观众的悲伤、怜悯、恐惧等痛感的同时，显示出伟大和崇高的抗争精神。

“悲剧是通过美的毁灭来达到肯定美，否定丑的目的，是用悲的方式来激起人们对于美的追求，能使人在悲痛之中由情感的巨大震荡而达到理性的升华，从而提高精神境界，得到审美愉悦。”[①]“冲突”使“正义”的主体发现自我、认识自我、完善自我。这一思想得到了中国近代美学家的认同，也在当代中国文艺学和美学领域达成了共识，西方悲剧理论引入中国，进一步体现了“思想核心”论的倾向。近百年来，西方关于“情节”和“性格”的理论逐步成为中国当代戏剧理论的重要范畴，但是，真正体现中西戏剧理论和叙事文学理论的融合，其最高的融合点就在于“思想核心”论。“悲剧的本质不在苦难而在崇高，悲剧的审美效果是给人予崇高感，这是悲剧美感的特点。”[②]

第三节　中西“悲剧”的价值取向与理论碰撞

王国维说过：“叙事的文学（谓叙事诗、史诗、戏曲等，非谓散文也），则我国尚在幼稚之时代。”[③]客观上，中国诗学理论的国际地位毋庸置疑，但“悲剧”理论不仅起步较晚，而且在中国古代文论中也居于“附属”地位，因此曾有学者称之为“缺位”，甚至是“缺席”。但“缺位”不等于“缺席”，“缺位”指缺少应有的“地位”，“缺席”则是指完全的“空白”。中国的悲剧理论是“缺位”，但不是“缺席”。

西方古代“悲剧”意识与中国古代“悲情”观念，作为关于诗学理论的一

① 朱克玲. 悲剧与喜剧. 北京：文化艺术出版社，1985：39.
② 任生名. 西方现代悲剧论稿. 上海：上海外语教育出版社，1998：105.
③ 王国维. 文学小言//王国维. 王国维遗书（第三册）. 上海：上海古籍出版社，1983：634.

个重要审美取向，其核心价值在于“悲”。关于二者的比较如表 8-1 所示。

表 8-1　西方“悲剧”意识与中国“悲情”观念的比较

角度	西方“悲剧”意识	中国“悲情”观念
艺术表现	摹仿冲突—对立抗争（重“行动”）	情景交融—悲情苦境（重“情感”）
戏剧结果	价值毁灭（主人公失败）	价值毁灭（正义力量失败）
审美主体	心灵震撼、心灵回声	催人泪下、以情动情
悲剧根源	“过失”（主观愿望与不可能性的矛盾）	力量悬殊（进步因素与反动势力的矛盾）
审美价值	震撼力强大—崇高（与滑稽相对）	精神伟大—壮美（与优美相对）
审美体验	痛感到快感—自我反思（人本）	激发情感—调动想象（情本）

从比较中看出，一方面，中西“悲情”观念与“悲剧”意识具有不同的哲学基础、艺术实践方式及发展途径。另一方面又具有相近、相通的审美思维特征：一是都以强弱“冲突”为根本艺术特征；二是都以“毁灭”为结局；三是都关注审美主体的思想、激情和生命活力；四是都以主人公的精神、品质为核心的价值取向；五是都以审美主体的情感振奋、人格感化为体验效果。这些特征，正是现当代中西“悲剧”意识碰撞及中国悲剧理论转向的思想理论结合点。

一、中西“悲剧”意识与“悲情”观念的价值取向

乐观精神和大团圆结局，是中国悲剧观念的基本特征，王国维和鲁迅都对中国文学中的悲剧意识进行了严肃的批判。一方面，中国文学中的悲剧意识是严密的封建专制体系、严格的封建等级制度以及严肃的封建礼教这一特殊文化土壤中的产物，“敢鸣其苦痛者与不敢鸣其苦痛者之间，其势力之大小必有辨矣”[①]，悲剧主人公往往是以“正义”的心态期望于“正义”而失败，或者具有反叛意识而又无能为力。另一方面，它是中国儒、道、佛交融的哲学文化思想的反映，诸如“太极”和“阴阳”哲学中的周期循环与“否极泰来”等哲学思想的影响，“道”“义”思想和礼仪文化的渗透，“因果报应”思想的寄托，等等，把美好的结局寄托于理想中的“正义”的必然性。作品中的这种团圆心态和乐观精神，虽然符合民众的共同审美理想，但它首先是由文人来承载与传达的，而文人们在现实面前同样无能为力。因此，鲁迅的观点与王国维的观点一脉相承，并在《论睁了眼看》一文中就给予了一针见血的批评：“中国的文人，对于人生，至少是对于社会现象，向来就多没有正视的勇气。”“从他们的作品

① 王国维. 人间嗜好之研究//王国维. 王国维遗书（第三册）. 上海：上海古籍出版社，1983：584-585.

上看来，有些人确也早已感到不满，可是一到快要显露缺陷的危机一发之际，他们总即刻连说‘并无其事’，同时便闭上了眼睛。这闭着的眼睛便看见一切圆满……于是无问题、无缺陷、无不平，也就无解决、无改革、无反抗。因为凡事总要‘团圆’，正无需我们焦躁。”事实上，作家无论是无能为力，还是为了缓解“悲情”，都为给予欣赏者心灵的慰藉而用心良苦，采用了理想化的想象思维。面对现代，鲁迅呼吁“真正的猛士，敢于直面惨淡的人生，敢于正视淋漓的鲜血”。又说：“灵魂的深处并不平安，敢于正视的本来就不多，更何况写出？”“凡是人的灵魂的伟大的审问者，同时也一定是伟大的犯人。审问者在堂上举劾着他的恶，犯人在阶下陈述着他的善；审问者在灵魂中激发污秽，犯人在所揭发的污秽中阐明那埋藏的光耀。这样，就显示出灵魂的深。”“也可以说，挖掘着灵魂的深处，使人受了精神的苦刑而得到创伤，又即从这得伤和养伤的愈合中，得到苦的涤除，而上了苏生的路。”[①] 这就从灵魂深处揭示了中国古代特殊历史背景下的悲剧作家的精神状态，同时也从另一个侧面揭示了中国古代的悲剧意识及其审美思维。这与西方“一悲到底”的悲剧艺术相比较，各具有自身的民族文化精神特征，具体表现在以下方面。

第一，“冲突”的表现不同。中西悲剧性作品都是以“矛盾”和“冲突”为悲剧动力。但西方悲剧以“主客对立”观为哲学基础，表现行为冲突、性格冲突和意志冲突，重在突出悲剧主人公的“斗争”行为，强调主人公在悲剧过程中对于命运的积极“抗争”行动，以剧烈的“冲突”及其“情节”的高潮来表现主人公的抗争力量，肯定主人公的“斗争”精神。而中国古代悲剧性作品则以“主客一体”观为哲学基础，表现为主人公的社会冲突、情感冲突和内心冲突，重在呼唤社会的正义，强调主人公由于社会政治、社会道德等“外力”的压迫所产生的“悲情”与“苦境”，以矛盾利害关系中的“情感”高潮表现一定阶层的人们在特定社会背景下的哀怨、凄凉、无力抗争与无可奈何，力求以柔和、舒缓、委婉与回旋“冲突”方式表现对“正义”的呼唤和呐喊。

第二，“悲”的内涵不同。西方悲剧意识中的“悲”，是以“摹仿”说为理论基础，通过“冲突”与“情节”来展现“斗争”双方力量的巨大悬殊以及主人公必然毁灭的趋势，震撼人们的心灵，启示人们正视现实，肯定主体的“斗争”精神。而中国古代的“悲情”则是以“物感”说为理论基础，通过对主人公“柔韧”性格的塑造和“悲情苦境”的渲染，表现主人公在社会整体中因“非正义”的迫害所导致的悲惨遭遇，以催人泪下的悲情来唤起人们对邪恶势力或“劣根性”的否定，进而表现创作主体所代表的对现实的不满情绪和正义观。

---

① 鲁迅.《穷人》小引//鲁迅. 鲁迅全集（第7卷）. 北京：人民文学出版社，1981：96.

第三，“毁灭”的意义不同。西方悲剧以神本理念为基础，主人公在剧烈的“对抗”与“斗争”中彻底毁灭、一悲到底，以引起人们的怜悯与恐惧。暂时胜利和暂时毁灭的力量都来源于“神性”，人们只有回归“神”的本位才能强大自身力量、征服邪恶势力，所展示的是主人公自由个体的独立意志、欲念、力量和精神气质。所以歌德总结说：“古代的悲剧是以一种不可避免的天命为基础的，抵御着它的愿望只是使它更严酷更快速的来临。神的谶语是一切可怕事物的据点，在这个领域中《俄狄浦斯》是首屈一指的代表作。”[①]中国的悲情则是以“阴阳”“整体循环”观念为基础的“人本”哲学和“情本”文学，主人公对于现实具有“怒不敢言”的不满情绪和微弱轻缓的反抗意识，但在经历了“以柔克刚”的“悲惨”之后又迎来“圆满”结局，在引起同情与怜悯的同时又能看到一抹曙光，以委婉含蓄的艺术手法和舒缓的“和解”思维来揭示现实矛盾与冲突，以“想象”思维把改变命运的重负寄托于“未来”的道德与政治，坚信社会整体通过“人性”的教育和改良，具有最终回归“大道”的必然性。这种“柔性”的手法，体现了中国特定的封建伦理、封建专制、封建等级和封建礼教社会的土壤所培育的共同创作心理，具有政治和道德“利害”关系的深深的烙印。

二、中西“悲剧”意识与人生审美境界

西方古代悲剧“冲突”论，从亚里士多德到黑格尔，从“情节中心”论到“性格中心”论，所关注的是神本的现实世界、“和谐”的社会关系和“正义”的伦理政治。在黑格尔的“绝对精神”论的基础上，叔本华和尼采的“意志”论才把视角转向了人生，把“精神冲突”视为悲剧“冲突”的根源，主张以“赤子之心”而关照人生。

尼采主张笑对人生悲剧。他将人生及其悲剧看作一种审美现象，强调“只有作为一种审美现象，人生和世界才显得是有充足理由的。在这个意义上，悲剧神话恰好要使我们相信，甚至丑与不和谐也是意志在其永远洋溢的快乐中借以自娱的一种审美游戏”[②]。认为只有把悲剧当作欢悦的审美人生，才是真正战胜人生悲剧性的人生，才能提高人的生命力量，因此主张笑对人生一切悲剧。他认为科学无法解决人生态度问题，无法使人类摆脱人生固有的痛苦，唯有将人生和世界看作一种审美现象，才能真正解决人生态度问题，才能使人敢于面对现实、直面人生。因此，尼采认为艺术高于科学，人首先以艺术家的方式看待世界和人生，然后才以科学家的方式看待它们。他还认为人首先应该是一个

① 杨周翰. 莎士比亚评论汇编（上）. 北京：中国社会科学出版社，1980：304.
② 周国平. 尼采美学文选. 上海：上海三联书店，1986：105，211，211.

艺术家，然后才成为科学家，“科学乃是艺术家的进一步发展”，通过艺术思维的熏陶，“人们尽管可以放弃艺术，但不会因此而丧失从它学得的能力；正如同人们已经放弃了宗教，但并没有放弃因它而获得的崇高和升华的心境[①]。正像造型艺术和音乐是借宗教而实际获得和增添的情感财富的尺度一样，在艺术一度消失之后，艺术所培养的生命欢乐的强度和多样性仍然不断要求满足”[①]。“艺术的根本仍然在于使生命变得完美，在于制造完美性和充实感；艺术本质上是对生命的肯定和祝福，使生命神性化。”[②]尼采还主张人生的“强力意志”，他在《强力意志》中认为，强力意志源于生命，归于生命，它就是现实的人生。人生虽然短暂，但只要具有强力意志，创造意志，就能成为精神上的强者并实现自己的价值。他认为哲学思索家是生活，生活就是哲学思索，“最平静的话语乃是狂飙的先声；悄然而至的思想会左右世界”。他在《悲剧的诞生》中指出，在资本主义社会里，尽管物质财富日益增多，人们并没有得到真正的自由和幸福。僵死的机械模式压抑人的个性，使人们失去自由思想的激情和创造文化的冲动，现代文化显得如此颓废，这是现代文明的病症，其根源是生命本能的萎缩。他认为要医治现代疾病，必须恢复人的生命本能，并赋予它一个新的灵魂，对人生意义作出新的解释。所谓“审美人生”与“强力意志”，不再是单一追求感官的快感、快乐和愉悦，而是对主观精神的自我解脱。

中国古代历来崇尚智慧人生。老子首先追求具有审美意义的人生境界，但不是把人生看成艺术，而是主张以至高的人生智慧来超越现实条件的限制，实现人生的自由。所以，庄子反对声色之华美，崇尚虚静恬淡，高扬“淡然无极而众美从之”的境界。因此，智慧的审美人生观，逐步成为主导中国古代雅文化的审美价值观，在中国历史上具有强大的影响力和渗透力。孔子把人生分为四种境界，即凡俗境界、功利境界、道德境界、审美境界。他认为人生的最高境界是“乐”的审美境界。东晋陶渊明特别倡导审美人生，他在《饮酒》中描绘“忘世”“忘我”“忘言”三个层次的人生境界。宋代苏轼善于以一种游刃有余的姿态来赏玩人生宇宙和世间色相，以自身独有的生活秩序和节奏来获取人生的愉悦。陶渊明和苏轼都是超越功名利禄，以读书来获取智慧，通过文学创作来体现自由创造的审美境界。明代王阳明认为，境界即本心良知在现实人生中的呈现，良知在不同的境域、不同的层次中呈现为不同的境界，即诚境、仁境、乐境。“诚”体现为“真”的境界，“仁”体现为“善”的境界，“乐”体现为“美”的境界。诚境为基础，仁境为核心，乐境是理想。这种审美境界同样是心灵和智慧的结果。可见，以“审美人生”来强化生命力量，这是古今中外美学家的共同认识。但是，与“艺术人生”不同，中国古代“审美人生”的本

① 阿尔森・古留加. 黑格尔小传. 卞伊始，桑植译. 北京：商务印书馆，1978：20.
② 尼采. 权力意志. 北京：商务印书馆，1991：543.

质是“智慧人生”，其审美智慧具有自由、超越和理性三个基本特点：自由建立在睿智基础上，它要求凭借丰厚的知识文化，对宇宙、自然、人生和社会现实的达观认识，使身心达到“中和”、独立的高智能状态；超越是指超越自我命运、超越现实生存现状的审美思维境界；理性是建立在高智能、高境界基础上的辩证思维，是对自我人生的恰如其分的判断和对人生道路的明智的选择与掌控。这种以智慧为前提的艺术人生，不仅是充实的审美人生，而且是最高境界、最具有强大生命力的审美人生。

王国维吸收尼采的“无欲之我”“主观诗人”“天才诗人”，主张悲剧表现人生、使人“解脱痛苦”。朱光潜则主张“人生的艺术化”，宗白华又主张“艺术的人生观”。这种崇尚艺术的审美人生观，就是中西悲剧审美思想碰撞的结果。

三、中西“悲剧”意识与“悲情”观念的理论碰撞

20 世纪初期，中西文化发生了剧烈的大碰撞。以王国维为代表的文学理论家、美学思想家们作为时代的先驱，把目光转向了西方哲学、美学和文论，在吸收西方思想、反思中国文学、进行中西比较的基础上，形成了中国现代悲剧理论，主要表现于《红楼梦评论》和《宋元戏曲史》之中。

《红楼梦评述》中的悲剧理论主要受叔本华“意志”论和悲观主义人生哲学的影响。叔本华认为，世界的本质是盲目的意志，意志即痛苦，艺术可以使人暂时摆脱意志而获得慰藉。而一切艺术中又以悲剧最能达到这种功效。悲剧引发的快感在于崇高，正如在对自然的崇高之欣赏中得到纯粹的观照而使我们从意志中抽身而退，在悲剧的苦难中我们甚至会摆脱生之意志。美国美学家斯托尔尼兹也曾指出：“除非我们能理解‘无利害性’这个概念，否则我们就无法理解现代美学理论。”[①] 依据叔本华的理论，王国维认为“研究人如何而生活之问题，此实科学中之科学”[②]。他认为悲剧是艺术的顶点，其作用在于揭示“人生之真相”。于是从探索人生问题出发，首先揭示了国人精神中的悲剧思想：“吾国人之精神，世间的也，乐天的也，故代表其精神之戏曲小说无往而不着其乐天之色彩，始于悲者终于欢，始于离者终于合，始于困者终于亨，非是而欲餍阅者之心，难矣。”他认为国人这种精神表现在文学作品中，贯于秉承乐观精神，喜欢团圆结局，带着封建意识、阶级局限和些许浪漫色彩，因而具有艺术

---

① 杰罗姆・斯托尔尼兹. “审美无利害性”的起源//中国社会科学哲学研究所美学研究室. 美学译文（3）. 北京：中国社会科学出版社，1984：17.

② 王国维. 脱尔斯泰伯爵之近世科学评//王国维. 王国维文集（第三卷）. 北京：中国文史出版社，1997：451-452.

价值的有限性。他认为中国文学中具有西方悲剧定义的悲剧作品寥寥无几，仅有《桃花扇》《红楼梦》等能体现出厌世解脱之精神，能够真实客观地表现出人生的悲剧和个体生命的悲剧，而《红楼梦》则是“悲剧中的悲剧”。叔本华说：“一切欲求皆出于需要，所以也就是出于缺乏，所以也就是出于痛苦。”（《作为意志和表象的世界》）王国维以此为依据，从西方悲剧理论的视角来审视中国文学，在《红楼梦评述》中着力阐述了以下三个基本问题。

一是生活之欲与人生悲剧：由关注社会转向关注人生。叔本华认为悲剧是最高的诗艺，它通过表现人类生活中的不幸，通过意志客体性的最高级别来表现意志同其自身的矛盾冲突与分裂。王国维吸收了“求生意志”观，并展开了关于“生”与“欲”的讨论：“生活之本质何？欲而已矣。欲之为性无厌，而其原生于不足。不足之状态，苦痛是也。既偿一欲，则此欲以终。然欲之被偿者一，而不偿者什佰。一欲既终，他欲随之。故究竟之慰藉，终不可得也。即使吾人之欲悉偿，而更无所欲之对象，倦厌之情即起而乘之。于是吾人自己之生活，若负之而不胜其重。故人生者，如钟表之摆，实往复于痛苦与倦厌之间者也，夫倦厌固可视为苦痛之一种……故欲与生活，与苦痛，三者一而已。”[①] 把生活本质归结为“欲”，欲之不足则为“苦痛”，悲剧产生于“生活之欲”与现实矛盾冲突所产生的痛苦。

二是悲剧艺术与“解脱之法”：由改良社会转向解脱人生。叔本华认为人生的“解脱”有宗教和艺术两种途径，宗教比艺术更为高级，能够通过遁世绝欲、意志消亡而实现永恒的解脱，而作为艺术中最高级别的悲剧，能使人尝到解脱的滋味，带来“整个生命意志的放弃”，从而让人得到暂时的解脱。王国维抛弃了叔本华的宗教解脱说而推崇审美解脱，认为：“前者之解脱，超自然的也，神明的也；后者之解脱，自然的也，人类的也[②]。前者之解脱，宗教的也，后者美术的也。前者平和的也，后者悲感的也，壮美的也。”[③] 他还认为解脱具有两种方法：“一存于观他人之痛苦，一存于觉自己之痛苦。”“观他人之痛苦”来自艺术中的悲剧，“觉自己之痛苦”即受艺术中“悲情”的感染与震撼，即“昔雅里大德勒于《诗论》中谓：悲剧者，所以感发人之情绪而高上之，殊如恐惧与悲悯之二者，为悲剧中固有之物，由此感发，而人之精神于焉洗涤”[④]。他进一步认为：“解脱之道存于出世，而不存于自杀。出世者，拒绝一切生活之欲者也。”因此，把悲剧艺术对于人生的慰藉和解脱价值视同“上流社会的宗教”，所以认为《红楼梦》中“真正之解脱仅宝玉、惜春、紫鹃三人耳”[⑤]。把

① 王国维. 王国维遗书•静庵文集（影印本，第三册）. 上海：上海古籍出版社，1983：416.
② 叔本华. 作为意志和表象的世界. 石冲白译. 北京：商务印书馆，1982：351.
③ 王国维. 王国维遗书•静庵文集（影印本，第三册）. 上海：上海古籍出版社，1983：429-430.
④ 王国维. 王国维遗书•静庵文集（影印本，第三册）. 上海：上海古籍出版社，1983：439.
⑤ 王国维. 王国维遗书•静庵文集（影印本，第三册）. 上海：上海古籍出版社，1983：430.

他们抛弃“欲望”的举动视为“最壮美之一例”，而那些“自杀”的女性们则尚未得到真正的解脱[①]。王国维并非宣扬宗教的力量，而是主张人生应放弃“欲望”。

三是悲剧人物与“无欲之我”：由表现“冲突”转向表现“无利害”。王国维在吸收西方“崇高”思想的同时，立足于中国哲学文化，提出并阐述了壮美与优美的关系。他把叔本华思想融入到中国文化，立足于“主客一体”的“阴阳”“刚柔”等中国哲学文化思想，把“平和”称为“优美”，把“悲感”称为“壮美”，并以“利害”关系来阐述二者之别。首先，他说：“美之中有优美与壮美之别。令有一物，令人忘利害之关系，而玩之不厌者，谓之曰优美之感情；若其物不利于吾人之意志，而意志为之破裂，唯有知识冥怒其理念者，谓之曰壮美之感情。”[②]其次，他把“利害”关系、“欲”之有无、“动静”之情等融为一体，把“无我之境”（“无利害”“无欲”的平衡境界）和表现“静”的艺术统一于“优美”，把“有我之境”（不利、冲突、意志破裂的境界）与表现“由动之静”的艺术统一于“宏壮”或“壮美”（详见第四章第三节），并把中国古代的“壮美”和西方古代的“崇高”区别开来，既呈现了中国文化和审美思维的特质，又体现了“学贯中西”的理论特征。

在《宋元戏曲史》中，王国维对中国古典戏曲的发展线索进行了严密的考证、分析和反思，把西方“悲剧”理论和中国“意境”理论同时引入了戏剧理论，开创了中国戏剧理论的新视角。他认为：“明以后，传奇无非喜剧，而元则有悲剧在其中。就其存者言之：如《汉宫秋》、《梧桐雨》、《西蜀梦》、《火烧介子推》、《张千替杀妻》等，初无所谓先离后合，始离终亨之事也。其最有悲剧之性质者，则如关汉卿之《窦娥冤》、纪君祥之《赵氏孤儿》，即列之于世界大悲剧中，亦无愧色也。”（《宋元戏曲史》十二章《元剧之文章》）《宋元戏曲史》中的悲剧思想虽然吸收了西方思想理论，但与《红楼梦评论》的视角和话语方式完全不同。《红楼梦评论》主要以西方思维、西方理论视角乃至于西方话语来表达其悲剧观，而《宋元戏曲史》则主要以中国哲学文化视角、传统艺术思维和中国本土话语来阐述。其具体表现有三方面。一是悲剧结局“无所谓先离后合、始困终亨之事”。这是对传统“大团圆”结局和乐观精神的否定。二是悲剧根源于“剧中虽有恶人交构其间，而其蹈汤赴火者，仍出于其主人翁之意志”（《宋元戏曲史》十二章《元剧之文章》），没有强调“冲突”，而是强调“主人公的意志”，重在突出主人公的精神灵魂。三是“元剧最佳之处，不在其思想结构，而在其文章。其文章之妙，亦一言以蔽之，曰：有意境而已”。“元曲之佳处何在？一言以蔽之，曰，自然而已矣。”他不推崇“情节”而推崇“意境”，

---

① 王国维. 王国维遗书·静庵文集（影印本，第三册）. 上海：上海古籍出版社，1983：436.

② 王国维. 王国维遗书·静庵文集（影印本，第三册）. 上海：上海古籍出版社，1983：329.

崇尚“自然”，主张“真情”和“情境”。与《红楼梦评论》的理论相比，《宋元戏曲史》表现了更加成熟的美学思想，一方面吸收西方“审美无利害性”的思想理论，反思中国艺术的“道德与政治功利”的审美精神，另一方面立足本土审美思维和本土话语，回归民族思维特性，把中国传统的以“象思维”为特征的诗学理论引入戏剧理论。对于西方思想，他主张“非与我中国固有之思想相化，决不能保其势力”[①]。这成为“融贯中西”与“学术独立”相统一的学术精神的典范，同时也成为中国美学理论现代转型的理论开端。

鲁迅没有专门的悲剧理论作品，但他对于西方悲剧理论的本质具有深入的理解和吸收。他在《再论雷峰塔的倒掉》一文中严肃批评了国人“只知破坏不知去建设”和“事事求全的杭州十景病”的“劣根”，同时揭示了西方理论中的“悲剧”和“喜剧”的本质内涵：“悲剧将人生的有价值的东西毁灭给人看，喜剧将那无价值的撕破给人看。讥讽又不过是喜剧的变简的一支流。”他把揭示社会复杂矛盾的悲剧性的作家称作“人类灵魂的伟大的审问者”，并评价 19 世纪俄国作家陀思妥耶夫斯基说：“到后来，他竟作为罪孽深重的罪人，同时也是残酷的拷问官而出现了。他把小说中的男男女女，放在万难忍受的境遇里，来试炼它们，不但剥去了表面的洁白，拷问出藏在底下的罪恶，而且还要拷问出藏在那罪恶之下的真正的洁白来。”[②]与此同时，鲁迅以其大量的短篇小说展示了主人公在特定社会背景下的形形色色的悲剧命运。

其实，人类社会发展中的任何一个历史时期都在不断经历着不同的悲剧，人生也不例外。因此，古代哲人们及其哲学思想充满了忧患意识，总结出“生于忧患，死于安乐”的哲理。不断清醒地正视人生悲剧和社会悲剧，正是“生”的希望所在，是中西“悲情”观念和“悲剧”意识共同的审美趋向。

---

① 王国维. 论近年之学术界//王国维. 王国维文集（第三卷）. 北京：中国文史出版社，1997：36-39.

② 鲁迅. 且介亭杂文二集·陀思妥耶夫斯基的事//鲁迅. 鲁迅全集（第 6 卷）. 北京：人民文学出版社，1981：411.

第九章
中西审美思维的融合与共生

本书针对中国当代文论和当代美学理论并存的“失语”“失根”“失体”的现象，为帮助当代学人系统全面理解中西文化本质和民族文化精神，为当代文学理论和美学理论的体系构建提供新的思路。上编追根溯源，梳理了中国古代“象思维”发展的基本线索，构建并阐述了宏观视角下的中国古代审美范畴体系、中国传统哲学与文论中的“象思维”体系和以“意象”为核心范畴的中国文论范畴体系。下编围绕中西古代“象思维”与“形思维”的根本区别，紧扣中西古代哲学思想和理论，从生命审美、艺术审美、社会审美、悲剧审美四个维度，分别对“情性”与“灵感”、“中和”观与“和谐”、“物感”和“摹仿”、“悲情”观与“冲突”进行了审美思维的具体比较。全书立足于已有的文献资料，以新的视角、视点和理念，以新的体系构建，系统比较并阐述了中西审美思维体系的哲学基础、文化基因、话语语境和审美精神。

文化是世界的文化，但首先是民族的文化。中西古代审美理论及其思维体系，各自承载着自身的生命灵魂和生存精神，都具有足够的理由走进世界文化。中西文论与美学的审美思维比较，不是为了“扬此抑彼”，而是为了寻求中西文化价值的相互认同、审美价值的相互取舍和审美思维的相互融合。这需要在辨析中西古代审美文化及其源流、审美思维体系演变及其特征的基础上，以科学的态度来取舍固有的历史精华、寻求本真的审美精神共性，以“中和”的思维方式和理论形态，自觉推进当下和未来的中西“生命共识”“智慧互补”和“文论共生”。

不可否认，中国历史风雨兼程。在漫长的封建时代，由“圣人”所创造的中国审美文化曾经被扭曲地利用，成为人们的精神枷锁，给人们带来深重的精神负重，这正是鲁迅所批判的一系列“国民劣根性”，也是近代新文化运动中“反对旧文化”的原因所在。近百年来，中国古代人文精神和审美文化经历了具有震撼性的两次外部冲击和两次内部涤荡。新时代以来，中西文化激烈碰撞和新旧文化猛烈斗争，使如梦初醒、近乎“半愚昧”状态的人们，把精华连同糟粕一起扔进了历史的“垃圾堆”。对西方文化精髓或许还一知半解，却把西方当代强调个人中心、功利主义等价值观当作“现代性”人生法宝。当市场经济步入“爆炸”式发展阶段以后，物质文明与精神文明的不协调性越来越显现：传统文化中的价值观被撕得粉碎，以“权”“钱”为核心的“竞争”意识自觉不自觉地转化为潮流化的人生追求；人与自然之间的“和合”观被遗忘，人与人之间的“义利”观被蔑视，人格修养的“形神”观被扭曲；人们的生命观、生存观和生活观处于“无根系”的飘零状态，难以找到精神家园的港湾；以西方“感性学”为依据的“感官”性审美理念越来越占据了人们精神灵魂和审美追求的主流地位。审美情感浮躁，审美形式“轻佻”，对“形式”和“快感”的享受性追求普遍渗透于现实生活。所以说，一个民族对于传统人文精神的严重缺失，是这个民族的生命危机的信号，而一个人对于传统人文修养的残缺，则是这个人的性格畸形扭曲的本质原因。因此，在全球化的文化交融中，“我们没有理由不积极地去发掘、阐述、转化、继承和发扬我们轴心时代以来伦理文化的精粹，为构建中华民族的核心价值观所用”①。“在各种文明的冲突和对话中，人们必定要对自己原有的价值体系作出反思和变革，从而追求某种更具有普遍意义和更为健全的文明价值。”②

人文精神是构成一个民族的文化个性的核心内容，是衡量一个民族生命力强弱的标志。国民的人文修养水准，取决于人文教育在国民教育中的地位和水平。把优秀的历史文化、传统审美精神系统地纳入人文教育的最基本内容，是一个国家的民族心理健康、民族精神独立、人格品质健全的客观需要。因此，我们在奋力追寻现代科学、现代经济和现代文化的同时，需要把已经断裂的民族传统人文精神重新连接起来，把已经被歪曲或遮蔽了的民族精华重新树立起来，把曾经被砸得七零八碎的审美思想体系重新建立起来，把已经失落的精神灵魂重新唤醒归来，使之既能在新时代的继承与发展、交流与融合中获得人类共有的国际文化价值，又能在吸纳、兼容、化合中强化“共生”能力、现实独立的民族特色。“象思维”体系体现了中华民族的独特智慧，曾对西方产生过比较广泛的影响，在整个世界越来越富有魅力。18 世纪，它曾对欧洲启蒙思潮产生了“文化冲击”，伴随着近代“西学东渐”的滚滚洪流，中国传统文化源源不断地渗入西方文化的血脉。20 世纪初，庞德对中国古典诗歌“意象”及其思维的理解和诠释，对西方意象派诗人产生了巨大的影响，为西方现代主义诗歌的发展揭开了崭新的页面。尤其近代以来西方世界所面临的文化危机日益严重，

---

① 李高君. “五德”论. 船山学刊，2008，(3)：106-108.
② 樊浩. 伦理精神的价值生态. 北京：中国社会科学出版社，2001：11.

不少西方人纷纷把研究和吸收的目光投向中国古代智慧。正如王树人说："当科学发展到今天，西方却发现，传统西方科学理论在解决科学前沿问题，如涉及有机整体等复杂问题时已经无能为力。这时，西方科学家在东方特别是在中国传统思想文化中，发现了解决这种复杂问题的宝贵资源。"①

中国古代儒家、道家都一致崇尚智慧人生。智慧人生的基本特征是人生的生命力量。个体的生命力量是一个人的世界观与人生观、科学知识与人文精神、生存情感与生命意志等高度综合而使人生境界得到提升的表现，是现代审美人生最重要的一个基本因素。而强化生命力量，就必须提高审美能力，因为"理性的最高行动是一种审美行动"②。

提高审美能力的归宿是提升人生审美境界。不同的幸福观，体现出不同的人生审美境界，具有不同的生命力量。追求快乐、快感和愉悦，这是人性本身所决定的，譬如，中国人尤其不善于接受"悲剧"，孔子把"乐"视为人生的最高境界，一直成为中华民族所追求的具有"快感"意义的审美理想，但它不仅仅是古希腊美学中的生理快感和形式引起的情感愉悦，不仅仅是当代人们所认为的摆脱精神压力的心理快感或"艺术化"了的快乐人生，而更重要的是对于生命意义、人格品质和人生价值的快感。它能使人积极上进而又超越现实功利，坚强勇敢而又宽容醇厚，富有忧患意识而又心胸豁达开朗、情绪乐观进取。这就是中国"本土"的人生审美境界和生命力量特征的民族性价值。

通过对中西审美思维体系的比较，正确认识和对待中西古代审美思想理论的精神内涵，发掘其固有的当代价值，同时获得对自身文化价值的坚定认同和对自身文化影响的充分认识，重建国人的文化自信，对于背负民族自卑感的人们来说，有利于唤醒其民族灵魂，矫正其失态心理，振作其审美精神。正如有论者笃信的那样："人类绝不会听任灵魂的沦丧，绝不会淹没在财富和金钱中而不能自拔，他们一定能够在新的条件下，在更高的水平上把自己高尚的灵魂再现出来。""理由非常简单：就因为他们是人。"③

一、谋求"生命共识"

"国际化"是文明进步的必然走向。中西当代审美观念各自承载着自身民族的生命灵魂和生存精神，都有足够的理由并且应该走进世界文化。在当代中西文化激烈汇合、审美观念不断聚变的时期，一方面需要"修补"曾经严重断裂了的中国古代文化和古代审美思想，另一方面需要以科学精神来克服"浮躁"

① 王树人. 中国哲学与文化之根——"象"与"象思维"引论. 河北学刊，2007，(5)：21-25.
② 阿尔森·古留加. 黑格尔小传. 卞伊始，桑植译. 北京：商务印书馆，1978：20.
③ 成复旺. 呼唤失落的人文精神. 中国人民大学学报，1994，(3)：66-67.

的"劣根性"。克服妄自菲薄、自卑自弃的心态，以"虚静"的心态来发掘西方古代审美理论的现代价值，以睿智的眼光审视西方"后现代"的各种"新的美学原则"，同时又以自信的情感找回优秀民族文化的核心精神，以客观的态度张扬中国传统审美学的核心价值，这是治疗"浮躁"病的良方。对于中西古代形成的两种不同的审美思维体系，我们需要"一视同仁"地寻求其共同的人生观照价值、民族文化价值、社会发展价值和历史生态价值，并谋求当代和未来的审美情感的融合。当代不少人坚持认为中国古代的想象思维是非逻辑、非科学的，但通过文化"寻根"发现，夏、商、周时期是我国天文学的辉煌与灿烂时期，也是"象思维"的成熟、早期哲学和审美理论的形成时期，原始天文学、原始数学、原始哲学等都以"象"的思维方式集中显现于《河洛》与《周易》之中。可见，中国古代的审美理论，不是只凭想象和幻想，而是以科学为基础的，具有"中国式"的思维逻辑和理论逻辑。

中西古代审美思维、审美理论的发展和演变过程，最终都回归到对于人生观照这一共同的核心价值上来，都聚焦于主体审美心理和审美灵魂的塑造，关注审美灵性和审美境界的提升，潜藏着"生命共识"的基本因素。这正是塑造当代"国际性"人文精神的"先天性"优势。

作为民族文化价值，中西古代分别基于不同的审美立足点和审美视角形成了自身的思维特质，其审美思想的核心都指向智慧人生，强化生命力量，都熔铸着世界观与人生观、科学知识与人文精神、生存情感与生命意志等"生存"理念。因此，需要理性地站在世界文化的高度来审视和吸收中西审美思维共有的民族文化价值，因为"理性的最高行动是一种审美行"[①]。只有理性，才能有效增进"智慧互补"。

关于社会发展价值，无论是西方的"和谐"观还是中国的"中和"观，都始终围绕"社会和谐"这一基本主题。但新时期以来，中国数千年来以"和"为核心的审美文化和以"象"为核心的审美思维，被西方"感性学"的审美思维和"形式美""艺术美"的追求所"边缘化"。在生活实践中，受西方多元化的娱乐文化、生活方式、审美思维、消费观念等的闪电式冲击，以消费为核心的全部生活领域，几乎成为中国"当代审美观"的主体精神，或崇尚鲍桑葵所说的"除掉那些可以让我们看的东西外，什么都对我们没有用处，而我们感受或者想象的只是那些能成为直接外表或表象的东西。这就是审美表象的基本学说"，或推崇叔本华所说的"不管它是由艺术品引起的，或是直接由于观审自然和生活而引起的，本质上是同一愉快"[②③]。对"形式美""艺术美"的追求迅

① 阿尔森·古留加. 黑格尔小传. 卞伊始，桑植译. 北京：商务印书馆，1978：20.
② 鲍桑葵. 美学三讲. 周煦良译. 上海：上海译文出版社，1983：5.
③ 叔本华. 作为意志和表象的世界. 北京：商务印书馆，1986：250.

速成为中国“当代审美”的主流意识，使中国审美观念、审美思维和审美境界发生了前所未有转变。这种转变在猛烈推动着现实经济繁荣的同时，也加速着古今审美文化的断裂，影响着社会发展观的扭曲，消磨着整体思维和忧患意识的价值。

因此，比较中西审美思想体系，就应该以生命和生存为中心，“自信”与“开放”并举，领悟中西两种体系中共有的生命意识到生活理念，树立既“合规律”又“合目的”的智慧化的审美观念，形成生命意识、人生意识、社会意识相统一的审美境界，推进中西审美情感、审美理论、审美思维的生态性融合。

二、推进“智慧互补”

宗白华在《中国青年的奋斗生活与创造生活》一文中说：“将来世界新文化，一定是融合两种文化的优点而加之以新创造的，这融合东西文化的事业，以中国人最相宜，因为中国人吸取西方新文化，以融合东方，比欧洲人采撷东方旧文化，以融合西方，较为容易，以中国文字语言艰难的缘故。中国人天资本极聪颖，中国学者，心胸思想，本极宏大，若再养成积极创造的精神，不流入消极悲观，一定有伟大的将来，于世界文化上一定有绝大的贡献。”中西美学各有自身的特质、优势和生命力，各自在传统继承中发展，又在相互交流融合中完善，在“共生”过程中走向成熟。所谓继承、融合、共生，最根本的是“智慧互补”。

首先，“智慧互补”既是“化合”又是“自律”。“化合”不是简单的“拿来”，而是智慧的“内化”。“自律”是通过“化合”，使自身的民族文化精神既有主宰性又有兼容性，而不是被“遮蔽”或“边缘化”，因此，通过“内化”而走向“自律”，是“智慧互补”的根本特征。近代王国维为推进中西审美文化的融合所作的尝试，为当代美学的“智慧互补”作出了示范。王国维早期曾经接受了叔本华的唯意志哲学和悲剧性美学人生观，认为人生的本质是“欲与生活与苦痛”，由此提出“解脱欲望”说。当他接受了席勒的美学观念之后，放弃了叔本华哲学而转向康德、席勒美学，放弃了艺术解脱欲望、消除痛苦的观念，重新肯定现实人生的意义和价值，认为现实人生才是文艺的基础，文艺也可以帮助人生实现价值。他以此重新肯定了情感在艺术活动中的价值，承认情感与想象是中国审美思想体系中的基本因素。通过王国维对许多美学概念的反复阐释、修订与确立的过程，我们都可以看出，王国维对西方美学的态度是积极和冷静的统一，是吸收与化合的统一，是以继承为前提的借鉴。继承是在研究中使认识不断深入，而借鉴需要在比较中反复选择。正如宗白华所说，“我以为中国将来的文化绝不是把欧美文化搬来了就成功”，而是“借些西洋的血脉和精神来使我们的病体复苏”，从而“发挥中国民族文化的‘个性’”[①]。中国美学的奠基者们为当代美学指明了一条明确的方向：面对世界文化、世界美学，应该变消极被动为积极主动，变自卑为自信，以国际视野和冷静态度来审视外来审美文化，“一方面应该积极主动地介绍、了解、解释和理解外国文化；另一方面，要以对话的姿态去正视它，迎接它，使我们自己的社会、历史、文化视野交相融合，并极力地在这种相交中产生出一种新的视野”[②]。只有这样，中国当代审美文化才能做到“既不是对传统文化的重复，也不是对西方文化的机械摹仿和搬运”，从而不会丧失自身的文化特质[③]。美国学者尼尔·米克兰也说：“一个民族必须容纳各种新的东西，然而，如果它为此而丢失自己原有的传统，那它就失去了自己的重心。”[④]

其次，“智慧互补”既是互动又是“共生”。中西交流不是相互替代，中西“化合”不是彼此“化灭”。互动，就是相互吸收借鉴，共同促进。“和而不同”，在互动过程中“共生”，这是民族文化与整个国际文化发展共同的生命特征。

20 世纪后半期，朱光潜、宗白华对中国美学体系化的重大探索，代表了中国现代美学发展的历史趋势。他们的美学历程同王国维一样，反映了从古典走向现代、寻找中西融合两大趋势。朱光潜曾经接受了西方“主客二分”的思维模式，但却回归中国古代“天人合一”的思维模式；他曾经受到里普斯“移情”说的影响，但依然回归到中国古代美学话语语境。譬如，他通过对中国传统的“物”与“我”“情”与“景”关系的分析，阐述了“美在意象”的美学思想，认为审美对象（美）是“意象”，是审美活动中“情”“景”相生的产物，是一种创造。在《谈美》一书中，他一开始就明确指出：“美感的世界纯粹是意象世界。”在《谈文学》一书中又指出：“凡是文艺都是根据现实世界而铸成另一超现实的意象世界，所以它一方面是现实人生的返照，一方面也是现实人生的超脱。”可见，朱光潜始终立足本土立场和本土话语，坚持认为“意象”是中国文艺审美的核心范畴。

宗白华一直倡导并追求中西美学的融合与“共生”。他说：“将来的世界美学自当不拘于一时一地的艺术表现，而综合全世界古今的艺术理想，融会贯通，求美学上最普遍的原理而不轻忽各个性的特殊风格。……各个美术有它特殊的宇宙观与人生情绪为最深基础。中国的艺术与美学理论也自有它伟大独立

① 宗白华. 宗白华全集（第 2 卷）. 合肥：安徽教育出版社，1994：321.
② 滕守尧. 当代审美文化与“对话意识”. 文艺研究，1994，(1)：27-30.
③ 宗白华. 宗白华全集（第 2 卷）. 合肥：安徽教育出版社，1994：321.
④ 樊美筠. 中国传统美学的当代阐释. 北京：北京大学出版社，2006：74.

的精神意义。”[①] 他的美学思想始终立足于中国古代生命哲学，他在《形上学》的笔记和提纲中认为，中西的形上学分属两大体系：西洋是唯理的体系；中国是生命的体系。他认为唯理的体系是宇宙论、范畴论，生命的体系则是本体论、价值论。所以，他的美学思想中的一个重要的基本主张就是：审美活动是人的心灵与世界的沟通[②]。

“智慧互补”是中西文化交流与融合的根本价值。“大凡一国家各民族总有他持久的优点，也有他遗传的弱点，世界人类全体的进化就是将各地民族的优点充分发展，弱点调整消灭，总汇成一个更幸福的世界，更优秀的人类，这个大事业是世界各地民族的共同责任。各地民族解决他自己的问题，发展他自己的点，以共同解决世界问题，促进世界的进化。”[③] 当代中国文论和美学体系建设的基本态度、基本思路和基本出路就在于，坚持以费孝通先生关于“各美其美，美人之美，美美与共，天下大同”的“十六字箴言”，以“各美其美”而“存异”、以“美美与共”而“求同”、以“天下大同”而“趋和”。以王国维、朱光潜、宗白华等为典范，立足于中国文化语境，既从古典走向现代，又致力寻找中西融合途径，谋求中西民族文化的共存与共生，这是当代关于中西审美思维研究的核心价值。

三、坚持“文论共生”

宇宙万物具有“共生”原理，生物具有“共生”现象，中西文论也同样遵循互利共生法则。中西文论在共生过程中就应该像生物的“共生”现象那样，各自都从对方身上选择吸收对自身最有利的生存因素而更富有生命力，但一方面不损害对方的利益和特质，另一方面不改变自身的基因和根系。通过对中西审美思维体系的比较和鉴别，让我们进一步理清各自的根系，明白各自的基因，同时发掘共生关系中的互利因素，建立智慧互补、思想互动的共生体。这是中国文论和美学建立沟通古今、学贯中西的“当代形态”的基本航向，是当代理论形态的“民族性”与“国际性”相统一的本质所在。

中西古代文论及其审美思维体系，具有同源性、同步性和共生性。它们几乎同时源于对宇宙本质、本原和本体的探究。中国形成“万物有生”论的同时，西方产生了“万物有灵”论；中国先秦形成“中和”“中庸”观的同时，古希腊形成了“和谐”观；中国先秦形成“情性”为本的诗乐“物感”说的同时，古希腊也形成了“神性”为本的艺术“摹仿”学说；在西方“悲剧”意识

---

① 宗白华. 宗白华全集（第 2 卷）. 合肥：安徽教育出版社，1994：43.
② 宗白华. 宗白华全集（第 2 卷）. 合肥：安徽教育出版社，1994：642-646.
③ 宗白华. 宗白华全集（第 2 卷）. 合肥：安徽教育出版社，1994：65.

及其理论不断发展的同时，中国古代“悲情”意识和理论也在默默孕育。而中西审美思维在同源、同步、共生的同时，又各具有自身的生成基因、思想体系、话语方式和发展逻辑。

因此，面对当代中国文论和美学“失语”“失体”“失根”的现实问题，通过中西两种审美思维体系的比较，应该把“当代形态”的建设思路回归于自身的根系和民族文化精神上来。中国古代审美思想体系所特有的吸纳、兼容、化合外来文化的包容能力，中国审美范畴“生生不息”的衍生特性，中国审美理论根基深厚、蕴涵丰富、枝叶繁盛的“树状”的、富有生命活性的结构体系，中国审美思维的至高理论境界，在整个世界审美文化体系中独树一帜。它们作为中国当代审美理论体系的坚强柱石，是当仁不让的。成中英曾经把中国“和合”审美文化特质概括为“三大原理”：中国式因果律首要特质在于“一体统合原理”（“整合性原理”），即“世间万物由于延绵不绝地从相同的根源而化生，因而统合成一体。换一种说法：万物通过创生的过程得以统合。于是，在道或天的形象覆盖下的万物实为一体，万物都共同分有实在的本性。此外，万物之间莫不交互相关，因为万物皆同出一源。……万物所共同分有的一体（道），既维系万物之生存，又孳生化育万物。”“因为万物间莫不交互相关，而形成各种过程间的变化网络，于是运动力的传送就被视为生命活动的表现。”由此构架出“内在的生命运动原理”（“内在性原理”）。复次，“由于‘一体统合原理’之故，世间恒有和谐与平衡存在”，形成中国因果律之“生机平衡原理”（“生机性原理”）。此因果律的三大基本层面衍生出中国式因果律模型：串连式思考（整体式观照）和辩证法则。[①] 这一精辟的理论把中国古代审美文化重视万物间的整合关系、辩证运动关系、有机性联系等诗性智慧和审美运思凸显出来，为建立包括文学理论体系和美学理论体系在内的中国审美理论体系提供了一种新的思维方法。

中国古代文论中的审美思想和审美理论，是以儒家文化为主导并融儒、道、佛为一体的思想体系，其产生、发展、嬗变过程都具有其客观的内在逻辑和演变线索。从哲学“易象”到艺术“意象”，再到“意境”理论，形成了以“象”为核心范畴、以“象思维”为基本方式并且一以贯之的系统审美思维体系，贯穿于各类体裁的文学创作思维。中国文论和美学的当代体系建设，只有建立在这个审美思维体系的“基因”和“根系”基础上，才可能从根本上形成“民族性”与“国际性”相统一的“当代形态”。所以，叶朗从冯友兰那里发现的“接着讲”的理论，正是中国当代审美理论发展的基本逻辑[②]。冯友兰认为，

① 成中英. 论中西哲学精神. 上海：东方出版中心，1991：279-280.

② 叶朗. 从朱光潜“接着讲”——纪念朱光潜、宗白华诞辰一百周年. 北京大学学报（哲学社会科学版），1997，(5)：69-78.

哲学史家是“照着讲”，例如，康德是怎样讲的，朱熹是怎样讲的，你就照着讲，即介绍出来。而哲学家不能限于“照着讲”，他要反映新的时代精神，他要有所发展，有所创新，叫作“接着讲”，例如，康德讲到哪里，朱熹讲到哪里，后面的人要分别接下去讲。他说：“我们讲一种科学，可以离开一种科学史。但讲哲学则必须从哲学史讲起，学哲学亦必须从哲学史学起，讲哲学都是‘接着’哲学史讲底。”“例如讲物理学者，必从亚里士多德的物理学讲起。讲天文学者，不必从毕达哥拉斯的天文学讲起。但讲西洋哲学者，则必须从苏格拉底柏拉图的哲学讲起。所以就哲学的内容说，讲哲学是‘接着’哲学史讲底。”①叶朗说：美学作为一门哲学学科，当然也是如此。美学也不能离开美学史，美学也要“接着讲”。②可见，构建中国当代审美理论和文学理论的新形态，必须以“接着讲”为基本的逻辑线索来进行一切吸收与化合。顺着人类思维发展的自然法则，“象思维”与“形思维”必将逐步趋向契合、走向融合。

---

① 冯友兰. 论民族哲学//冯友兰. 三松堂全集·第五卷. 郑州：河南人民出版社，2001：270-280.

② 叶朗. 从朱光潜“接着讲”——纪念朱光潜、宗白华诞辰一百周年. 北京大学学报（哲学社会科学版），1997，（5）：69-78.

主要参考文献

柏拉图. 2002. 理想国. 郭斌和，竹明译. 北京：商务印书馆.

陈良运. 1992. 中国诗学体系论. 北京：中国社会科学出版社.

程颢，程颐. 1981. 二程遗书. 北京：中华书局.

冯・沃格特. 1999. 宗教与艺术. 何其敏等译. 成都：四川人民出版社.

冯友兰. 1962. 中国哲学史新编. 北京：人民出版社.

高亨. 1984. 周易古经今著. 北京：中华书局.

高振农. 1986. 中国佛教. 上海：社会科学院出版社.

郭鹏. 2004. 文心雕龙的文学理论和历史渊源. 济南：齐鲁书社.

何文焕. 1981. 历代诗话. 北京：中华书局.

何星亮. 1992. 中国图腾文化. 北京：中国社会科学出版社.

黑格尔. 1990. 美学. 朱光潜译. 合肥：安徽教育出版社.

胡厚宣. 1986. 中国文化与中国哲学. 北京：东方出版社.

胡经之. 1979. 文艺美学. 北京：北京大学出版社.

胡适. 2002. 中国哲学史大纲. 石家庄：河北教育出版社.

胡雪冈. 2002. 意象范畴的流变. 南昌：百花洲文艺出版社.

江慎修. 1989. 河洛精蕴. 北京：学苑出版社.

蒋孔阳. 1980. 德国古典美学. 北京：人民文学出版社.

居阅时，瞿明安. 2001. 中国象征文化. 上海：上海人民出版社.

卡西尔. 1985. 人论. 甘阳译. 上海：上海译文出版社.

李昌舒. 2008. 意境的哲学基础. 北京：社会科学文献出版社.

李光地. 2002. 周易折中. 北京：九州出版社.

李玲璞等. 1997. 古汉字与中国文化源. 贵阳：贵州人民出版社.

李湘. 1989. 诗经名物意象探析. 中国台北：万卷楼图书有限公司.

李约瑟. 2006. 中国古代科学思想史. 陈立夫译. 南昌：江西人民出版社.

李泽厚. 1986. 中国古代思想史论. 北京：人民出版社.

列维•布留尔. 1981. 原始思维. 丁由译. 北京：商务印书馆.

刘长林. 2008. 中国象科学观. 北京：社会科学文献出版社.

罗素. 2002. 西方哲学史. 何兆武，李约瑟译. 北京：商务印书馆.

蒙培元. 1997. 中国哲学主体思维. 北京：人民出版社.

苗力田. 1992. 古希腊哲学. 北京：中国人民大学出版社.

牟钟鉴. 1993. 道教通论——兼论道家学说. 济南：齐鲁书社.

聂振斌. 1986. 王国维美学思想述评. 沈阳：辽宁大学出版社.

聂振斌. 1991. 中国近代美学思想史. 北京：中国社会科学出版社.

潘知常. 1991. 生命美学. 郑州：河南人民出版社.

叔本华. 1995. 作为意志和表象的世界. 石冲白译. 北京：商务印书馆.

叔本华. 1999. 叔本华论说文集. 范进等译. 北京：商务印书馆.

塔达基维奇. 1990. 西方美学概念史. 褚朔维译. 北京：学苑出版社.

泰勒. 2005. 原始文化. 连树生译. 桂林：广西师范大学出版社.

陶阳，牟钟秀. 1989. 中国创世神话. 上海：上海人民出版社.

汪涌豪. 1999. 范畴论. 上海：复旦大学出版社.

王夫之. 1996. 船山全书. 长沙：岳麓书社.

王国维. 1997. 王国维文集. 北京：中国文史出版社.

王树人. 2005. 回归原创之思. 南京：江苏人民出版社.

王运熙，顾易生. 1985. 中国文学批评史. 上海：上海古籍出版社.

王振复. 2006. 中国美学范畴史. 太原：山西教育出版社.

维柯. 1986. 新科学. 朱光潜译. 北京：人民文学出版社.

吴登云. 2009. 中国古代审美学. 昆明：云南人民出版社.

吴建民. 2001. 古代诗学原理. 北京：人民文学出版社.

席勒. 1983. 美学资料集. 郑州：河南人民出版社.

休谟. 1997. 人性论. 上册. 关文运译. 北京：商务印书馆.

徐复观. 1987. 中国艺术精神. 沈阳：春风文艺出版社.

亚里士多德. 1962. 诗学. 罗念生译. 北京：人民文学出版社.

亚里士多德. 1965. 政治学. 吴寿彭译. 北京：商务印书馆.

叶朗. 1998. 胸中之竹——走向现代之中国美学. 合肥：安徽教育出版社.

叶朗. 2002. 现代美学体系. 北京：北京大学出版社.

叶舒宪. 1987. 神话——原型批评. 西安：陕西师范大学出版社.

俞剑华. 1998. 中国古代画论类编. 北京：人民美术出版社.

曾祖荫. 1986. 中国古代美学范畴. 武汉：华中工学院出版社.

张岱年，成中英等. 1991. 中国思维偏向. 北京：中国社会科学出版社.

张岱年. 1995. 道家文化研究. 上海：上海古籍出版社.

张岱年. 2005. 中国哲学大纲. 南京：江苏教育出版社.

张国庆. 2010. 中国古代美学要题新论. 北京：中央编译出版社.

张晓凌. 2004. 中国原始艺术精神. 重庆：重庆出版社.

赵明，薛明殊. 1991. 道家文化及其艺术精神. 长春：吉林文史出版社.

周祥来，陈炎. 1992. 中西比较美学大纲. 合肥：安徽文艺出版社.

周裕锴. 1992. 中国禅宗与诗歌. 上海：上海人民出版社.

周振甫. 2006. 文心雕龙今译. 北京：中华书局.

朱熹注. 1994. 新刊四书五经 周易本义. 北京：中国书店出版社.

朱伯崑. 1995. 易经哲学史. 北京：华夏出版社.

朱光潜. 1979. 西方美学史. 北京：人民文学出版社.

朱光潜. 1997. 朱光潜全集. 合肥：安徽教育出版社.

宗白华. 1994. 宗白华全集. 合肥：安徽教育出版社.

后　　记

哲学、美学、文论，它们各有自身的范畴、研究对象、理论逻辑和话语方式，然而在思想和理论上，它们往往又若即若离、形影相伴、相依为命，呈现出“学科交叉”的特性。本书正是立足于这一特性所建立的关于文论和美学内在逻辑的一个具有宏观视角的体系。

随着历史的变奏，中国古代的哲学、美学、文论经过近现代多次的“文化洗礼”，历史的“跨越”使之形成持续的“文化断代”，原有的“体系”被敲打成支离破碎的文化“碎片”，散落在文化“断桥”旁边，摔打在川流不息的“现代文化”的“河床”上，不时与河面的粼粼波光相映射，其生命的星辉依稀可见，可谓“零落成泥碾作尘，只有香如故”。

在我国当代“西化”的理论背景下，在普遍追赶“学术时尚”的“现代”潮流中，中国古代的哲学、美学、文论还能够在学术领域“独自芬芳”，可谓“驿外断桥边，寂寞开无主”。幸运的是，在百花争艳、百舸争流的学术汪洋中，仍有无数资深学人依然饶有兴味、不甘寂寞、承前启后，“无意苦争春，一任群芳妒”，积极乐观地坚守这一学术阵地，孜孜不倦地追寻着它的灵魂，默默无闻地沿袭着它的生命，津津有味地品评着它的精髓。

我算不上“资深”，但我却对此富有特别的情趣。近 20 年来，有关文学、文论和美学等多门课程的教学和研究，把我悄然带进了这一学术行列，培育了我这一不够时尚的情趣。通过课题研究的逐步推进，我试图从中国古代的文论和美学中寻求到一种固有的、内在的精神线索，构建起一个符合其自身发展逻辑的中国美学思想体系，努力让曾散落的、人们熟知的，甚至曾经被许多人误读的一些古代美学和文论“碎片”回归于它的精神本体。2006 年，我以“中国古代意象审美研究”为研究课题在学校立项，2008 年又以“中国古代‘象’与‘象思维’研究”为研究课题在省级立项。我于 2008 年到北京大学做访问学者，在我的导师、当代著名文艺理论家董学文教授的精心指导下，寻求到了关于中国古代美学和文论的一种内在逻辑体系——“象思维”体系，于2009年完成并出版了专著《中国古代审美学》，构建了关于社会的“中和”审美、“情性”的生命审美、艺术的“意象”审美“三位一体”的中国古代审美思想体系，真是师恩永驻。以此为基础和动力继续推进，我进入中西文论和美学的比较研究，最终聚焦于中西“审美思维体系”的诉求，于2010年获得国家社科基金关于“中国文论中的‘象思维’体系与西方审美思维体系比较研究”的课题立项，本书就是这一课题的最终成果。作为一个处于云南边陲的地方高校的普通研究者，能获得这样的研究机会，能获得这样高难度的基础学科、基础理论研究课题，可谓三生有幸！

在地方高校，对于基础理论的课题研究往往是孤独寂寞的，甚至是“单打独斗”的！在家里的熬更守夜，它需要家人的理解、支持与默默付出。在学校的穷愁潦倒，它需要领导和同事的关心、帮助和无私援助。本课题得到了曲靖师范学院与国家社会科学基金等同的配套经费，得到了省内外许多专家的成果支持和研究指导，得到了学校有关学科建设、专业建设和专项课题的精神鼓励和经费资助。曲靖师范学院“云南省十二五硕士授权建设学科中国语言文学学科”、省院省校合作人文社科项目“云南省战略性新兴产业应用型人才培养机制创新研究”、曲靖师范学院“小学教育重点建设专业”、曲靖师范学院“民族信息化教育部重点实验室联合研究基地”等项目，分别为本书出版给予了不同额度的资助。天时、地利、人和，保证了本书的顺利出版，我在此一并表示深深感谢、鞠躬致敬！

作为一种观点，难分对错；作为一种学理，永无定论；作为一种学术，永无止境；作为一个研究方向，前景越来越开阔。本书作为一个居于宏观视角的理论体系的成果，无论从著作的思想、理论或观点的方面，还是从作者的学识、见识和水平方面，都难免存在不少肤浅、疏漏和尚可质疑之处。但是，关于中西古代文论和美学研究，转换一种理念、思维、视角来与同仁进行讨论、交流，呈现一种即使不够成熟的新的思想理论体系来参与学术讨论、启迪和引导，应该是绝大多数学术研究者共有的心境，也是我的初衷，以求广泛赐教，这是真诚的心愿，我将受教于乐。

笔　者

2016年11月24日

于曲靖